国家级一流本科专业建设·公共经济学教学用书
国家级精品课程教材
国家级线下一流课程教材

# 公共经济学（财政学）第四版

刘小兵◎主编　范子英◎副主编　蒋洪　朱萍◎顾问

Public Economics

上海财经大学出版社
上海学术·经济学出版中心

**图书在版编目(CIP)数据**

公共经济学. 财政学 / 刘小兵主编. -- 4 版. -- 上海：上海财经大学出版社，2024.9. --(国家级一流本科专业建设). -- ISBN 978-7-5642-4400-2

Ⅰ.F062.6；F810

中国国家版本馆 CIP 数据核字第 2024MG6411 号

□ 责任编辑　施春杰
□ 封面设计　张克瑶

## 公共经济学(财政学)

### (第四版)

刘小兵　主编

范子英　副主编

蒋洪　朱萍　顾问

上海财经大学出版社出版发行
(上海市中山北一路 369 号　邮编 200083)
网　址：http://www.sufep.com
电子邮箱：webmaster @ sufep.com
全国新华书店经销
上海叶大印务发展有限公司印刷装订
2024 年 9 月第 4 版　2024 年 9 月第 1 次印刷

787mm×1092mm　1/16　25.5 印张(插页:2)　621 千字
印数：66 501-70 500　定价：69.00 元

# 第四版前言
FOREWORD

本书自第三版以来转眼又过去了数年,其间中国经历了政府的换届。新一届政府执政以来在财税领域推出了众多的改革举措,相关财税制度发生了不少变化。由于本书不纯粹是一本关于财税基本理论方面的教材,同时也安排了部分篇幅阐述我国公共经济现状以及政策制度,并应用基本理论和方法对我国的具体情况进行分析与评价,因此,有必要将这些年来的变化充分地反映进来,及时对教材做相应的修订,使其中的分析和评价能与我国的改革实践保持密切的联系。

鉴于公共经济学相关理论比较成熟,近年来未有大的突破,因而第四版保持了原有的框架结构,在基本理论和方法方面改动很少,主要对介绍、分析和评价我国财政政策、制度和法规的章节进行了必要的修改和补充,并与时俱进地在每章增加了具有思政内容的案例。为更好地做好课程建设的传承,本书由蒋洪教授和朱萍副教授担任顾问,刘小兵教授担任主编,范子英教授担任副主编。本书的写作与修订分工如下:第一、二、三章,刘小兵教授;第四、五、六章,范子英教授;第七章,孙宇锋讲师;第八、十三章,张牧扬教授;第九、十章,汪峰讲师;第十一、十二章,吴一平教授;第十四、二十一章,郭长林副教授;第十五章,唐为副教授;第十六、十七章,孔晏讲师;第十八、二十章,林矗讲师;第十九、二十二章,温娇秀副教授。全书由刘小兵教授和范子英教授总纂定稿。由于水平有限,不足之处在所难免,望各位专家学者以及使用本书的教师和学生提出宝贵意见和建议。

编 者

2024 年 6 月

# 目 录 CONTENTS

## 第一章　公共经济学导论
- 2　第一节　公共经济学的基本课题
- 5　第二节　政府的组织体系
- 7　第三节　公共部门的收入与支出
- 12　第四节　公共部门的经济活动
- 15　本章小结
- 16　习　题

## 第二章　公共经济政策的目标
- 18　第一节　资源配置与收入分配
- 19　第二节　效率
- 23　第三节　公平
- 26　第四节　公平与效率的权衡
- 32　本章小结
- 32　习　题

## 第三章　政府与市场
- 34　第一节　市场机制
- 39　第二节　政府机制
- 43　第三节　混合经济
- 48　本章小结
- 49　习　题

## 第四章　政府与消费
- 51　第一节　公共产品

| 55 | 第二节 私人产品 |
| --- | --- |
| 57 | 第三节 混合产品 |
| 63 | 本章小结 |
| 64 | 习　题 |

## 第五章　政府与生产

| 66 | 第一节 垄断 |
| --- | --- |
| 72 | 第二节 生产中的外部成本 |
| 76 | 第三节 生产者与消费者之间的信息不对称 |
| 79 | 第四节 生产者的盲目性 |
| 83 | 本章小结 |
| 83 | 习　题 |

## 第六章　政府与分配

| 86 | 第一节 公共提供与收入再分配 |
| --- | --- |
| 90 | 第二节 公共生产与收入再分配 |
| 92 | 第三节 社会保障与收入再分配 |
| 96 | 本章小结 |
| 97 | 习　题 |

## 第七章　公共选择

| 99 | 第一节 公共选择的民主基础 |
| --- | --- |
| 103 | 第二节 简单多数规则 |
| 105 | 第三节 一致同意规则 |
| 108 | 第四节 其他多数规则形式 |
| 112 | 第五节 公理化决策规则 |
| 114 | 本章小结 |
| 114 | 习　题 |

## 第八章　公共支出的成本—效益分析

| 117 | 第一节 公共支出成本—效益分析方法概述 |
| --- | --- |
| 119 | 第二节 公共支出成本—效益分析的评价标准 |
| 121 | 第三节 公共支出的贴现率 |

| 124 | 第四节 公共支出效益和成本的测定 |
| 129 | 第五节 不确定性、收入分配与成本—效益比较分析 |
| 132 | 第六节 成本—效益分析方法的局限性及成本效果法 |
| 133 | 本章小结 |
| 134 | 习　题 |

## 第九章　国防支出与行政管理支出

| 136 | 第一节 国防支出 |
| 140 | 第二节 行政管理支出 |
| 143 | 本章小结 |
| 144 | 习　题 |

## 第十章　科教文卫支出

| 146 | 第一节 科教文卫支出的性质与内容 |
| 147 | 第二节 教育支出 |
| 155 | 第三节 科学研究支出 |
| 160 | 第四节 医疗卫生支出 |
| 169 | 本章小结 |
| 169 | 习　题 |

## 第十一章　社会保障支出

| 171 | 第一节 为什么要实行社会保障 |
| 172 | 第二节 社会保障政策的效应分析 |
| 174 | 第三节 社会保障体系 |
| 177 | 第四节 社会保险资金的筹集模式 |
| 178 | 第五节 我国社会保障制度的改革 |
| 181 | 本章小结 |
| 182 | 习　题 |

## 第十二章　政府与基础设施、基础产业

| 184 | 第一节 基础设施、基础产业概述 |
| 186 | 第二节 政府与道路交通 |
| 189 | 第三节 政府与电信 |

## 第十三章 税收概论

- 192　第四节　基础设施的生产问题
- 197　第五节　政府与农业
- 200　本章小结
- 201　习　题

## 第十三章　税收概论

- 203　第一节　税收要素
- 207　第二节　税收分类与税制结构
- 210　第三节　税收原则
- 216　本章小结
- 217　习　题

## 第十四章　税负的转嫁与归宿

- 219　第一节　税负转嫁与归宿的基本概念
- 222　第二节　竞争市场条件下的税负转嫁与归宿
- 226　第三节　垄断条件下的税负转嫁与归宿
- 230　本章小结
- 231　习　题

## 第十五章　税收与效率

- 233　第一节　税收的超额负担
- 239　第二节　税收与劳动供给
- 241　第三节　税收与储蓄、投资
- 247　本章小结
- 248　习　题

## 第十六章　流转税

- 250　第一节　增值税
- 261　第二节　消费税
- 266　第三节　关税
- 270　本章小结
- 271　习　题

## 第十七章　所得税

- 273　第一节　所得税的特点及类型
- 275　第二节　所得税制概述
- 280　第三节　我国现行所得税制度
- 288　本章小结
- 288　习　题

## 第十八章　财产税和其他税

- 290　第一节　财产税的特点及类型
- 291　第二节　我国的财产税制度
- 303　第三节　财产税有关问题的探讨
- 306　第四节　资源税和其他税
- 311　本章小结
- 312　习　题

## 第十九章　公共定价与政府性收费

- 314　第一节　垄断市场的公共定价
- 317　第二节　蛛网市场的公共定价
- 320　第三节　竞争市场的公共定价
- 321　第四节　专卖收入
- 324　第五节　政府性收费
- 326　本章小结
- 327　习　题

## 第二十章　公债

- 329　第一节　公债概述
- 331　第二节　公债的经济效应
- 337　第三节　公债的规模
- 342　第四节　公债的负担
- 346　第五节　公债市场
- 350　本章小结
- 351　习　题

## 第二十一章　财政宏观调控理论与政策

- 353　第一节　需求管理中的财政理论与政策
- 359　第二节　促进社会总供给能力的财政理论与政策
- 363　第三节　财政政策与货币政策的协调配合
- 366　第四节　财政赤字及其弥补
- 369　本章小结
- 369　习　题

## 第二十二章　政府间的财政关系

- 372　第一节　政府的财政目标与收支规模的决定
- 374　第二节　财政的集权与分权
- 375　第三节　财政职能在中央与地方政府间的分工
- 379　第四节　政府间财政收支关系
- 385　第五节　政府间的财政转移支付制度
- 390　第六节　我国政府间财政关系概述
- 397　本章小结
- 397　习　题

# 第一章
# 公共经济学导论

**全章提要**

- 第一节　公共经济学的基本课题
- 第二节　政府的组织体系
- 第三节　公共部门的收入与支出
- 第四节　公共部门的经济活动

本章小结

习题

公共经济学研究的对象是政府。在某种意义上，我们可以把政府看成一个实体，就如同个人、家庭和企业一样，它有收入，有支出，有资产和负债，从事各种活动。然而，政府与一般的实体之间显然有极为重要的区别。首先，它规模巨大，这是一般的经济实体无法与之相提并论的。其次，它具有法律赋予的行政权力，可以强迫其他实体服从它的意志。最为重要的是，政府所拥有的资产、所取得的收入不是某个人或某些人的，而是社会公众的共有财产和收入，政府的支出不应用于维护一己或一方的利益，而应用于满足社会公众的共同需要。因此，对政府的行为以及它对整个国民经济和公众利益的影响进行研究是极其重要而又富有挑战性的。如果说家政学研究的是当家之道，企业或公司财务研究的是经营之道，那么公共经济学研究的则是治国之道。

思政案例

财政学的治国之道

## 第一节　公共经济学的基本课题

### 一、特殊视角

公共经济学(public economics)研究政府。政府的活动通过它的组织体系来进行，这个组织体系称为公共部门，有人把公共经济学称为公共部门经济学(public sector economics)或政府经济学(government economics)。它主要研究政府收入、支出等与资金的筹集和使用相联系的活动，因此以往更多地被称为财政学(public finance)。不管人们怎样称呼这门学科，其实质内容都是一样的。

公共经济学以经济学为基础。经济学对人的行为目标、生产技术、消费者偏好和需求以及生产者行为、市场结构、社会福利的分析为我们研究和评价政府的行为以及它对经济各方面的影响提供了分析工具。公共经济学是经济学理论和方法在某个特定领域中的应用。由于分析对象——政府——具有其他经济实体所不具备的一些特点，因此对公共经济学的研究丰富和拓展了经济学理论，并使之更加深入。

正如一种物体可以从形状、颜色、硬度、重量等不同方面来观察一样，人们可以从多种角度考察经济。将经济学的一些主要分支在研究经济问题时所采用的特殊视角加以比较，有助于我们理解公共经济学的特点。货币经济学是经济学的一个分支，它从货币与产品、价值形态与使用价值形态的相互关系来研究经济。区域经济学是经济学的又一分支，它从地区与地区之间的相互关系来研究经济。如果把国家视为一个区域，区域经济学就表现为国际经济学。此外，我们也可以将整个国民经济划分为不同的产业部门，例如第一产业、第二产业、第三产业，或者更细一些如种植业、渔牧业、制造业、采矿业、旅游业等，从各个产业部门之间的相互关系来研究经济。

与其他经济学分支相比较，公共经济学采用了一个特殊视角来考察经济。它将整个国民经济看成"公"和"私"两大部分，并从公与私的相互关系来研究经济。在一个社会中，政府是"公"的代表者。政府办的事情越多，国民经济中"公办"的部分就越大，留给个人和家庭

"私办"的部分就越小。显然,一个社会不可能所有的事情都由政府包揽,也不可能所有的事情都让个人、家庭自己去办。政府与仅仅追求自身利益的各种实体总是并存的,关键问题在于两者职能范围的相对关系是否恰当。不言而喻,一个经济中"公"和"私"两者的比例关系对整个经济的健康发展有极为重要的影响,怎样才能使两者的关系恰到好处是公共经济学研究的永恒主题。

## 二、研究的问题

公共经济学研究的基本问题是国民经济中"公"与"私"的分工。它试图回答这样的问题:在整个经济中,哪些事该让政府去做,哪些事该让私人自己去做。换言之,它研究政府适当的职能范围和运行方式。为了回答这个问题,公共经济学必须从事两种性质不同的研究和分析:一类是实证分析,另一类是规范分析。

### (一) 实证分析

#### 1. 实证分析的内容

实证分析(positive analysis)的目的是确认事实,弄清因果关系。它要回答的问题是"是什么""会怎样"以及"为什么"。

要回答"是什么"就要弄清事实,了解政府在做什么、怎样做。这可以通过调查和观察政府的活动、搜集反映政府活动的各种资料来实现。我们可以了解政府制定的各种政策、规定的具体内容,通过一些统计数字(例如政府的收入和支出)来反映政府在做些什么。下面这些问题都是在问"是什么":

- 政府每年的财政收入、支出和赤字有多少?
- 政府是采取怎样的税收方式取得收入的?各种不同的税收在总收入中所占的比重如何?
- 政府花在行政管理、教育、农业、城市基础设施建设上的钱分别是多少?

在弄清了政府在做什么之后,接下来的问题是"会怎样"。也就是说,政府这样做了之后会产生怎样的影响和结果。研究"会怎样"不单单依靠观察,因为有时候"会怎样"只有在未来才能观察到。要在结果还未产生的时候回答"会怎样"就需要依靠理论。下面这些问题是在问"会怎样":

- 积极的财政政策究竟在多大程度上拉动了总需求?如果积极的财政政策淡出的话,我国的 GDP 会发生怎样的变化?
- 如果向房地产征税,房地产价格会发生怎样的变化?变化幅度如何?
- 对大学的财政拨款会让社会的哪个群体得益最多?

在弄清政府在做什么之后,我们还需要问的另一个问题是政府为什么要这样做,是什么原因促使政府采取了这样的行动。了解了"为什么",我们就能够理解政府的决策,并且在某种程度上设法改善政府决策的质量。下面这些问题是在问"为什么":

- 为什么一些地方政府会倾向于把资金用在"形象工程"上?
- 为什么政府要规定一些公共服务(如民航、电信、铁路)的价格?
- 为什么财政收入和支出规模会不断扩大?

#### 2. 实证分析的方法

从分析方法来看,实证分析可以分成两种:一种是理论实证分析,另一种是经验实证分析。理论实证分析是高度抽象的,它通过逻辑推理,从一些基本假定前提推导出一些结论。

例如,当人们分析政府增加个人所得税会对个人的工作积极性产生怎样的影响时,理论实证分析会这样进行:它会用无差异曲线来表现个人对收入和休闲的偏好与满意程度,这种无差异曲线只需符合某种一般的性质(向右下方倾斜,并且凸向原点),它又假定个人会追求自身利益的最大化,在给定的预算约束条件下,个人会选择无差异曲线与预算约束线的切点。政府增加税收会改变预算约束线,它与无差异曲线有一个新的切点。这个切点就是征税后个人做出的选择。理论实证分析提供了分析的思路,在一定情况下也能得出一些结论。经济学理论为理论实证分析提供了工具,本书的理论篇凡涉及实证分析的内容,大多采用理论实证分析方法。理论实证分析只能定性,不能定量。有时它能做出方向上的判断,但却不能得出确切的变化幅度。有时甚至连定性的结论也是模棱两可的。例如,在讨论税收对劳动时间的影响时它的回答是:如果收入效应占支配地位,个人的劳动时间会增加;如果替代效应占支配地位,个人的劳动时间就会减少。然而在某个具体的情况下,究竟是收入效应还是替代效应占支配地位呢?理论实证分析就无法给出明确的答案,只能依靠经验实证分析。

经验实证分析是以观察到的事实来论证因果关系的。同样对上面那个问题,经验实证分析可以通过面谈询问的方式来寻求答案。例如,向调查对象发放问卷,问他们如果税收增加的话他们工作的时间会因此而长些还是短些,再根据调查者的回答得出结论。除此之外,在某种能控制的条件下进行试验也是一种方法。例如,对一组人的收入不征税或者征轻税,而对另一组人的收入征税或者课征较重的税,观察这两组人群工作时数的差别来回答上述问题。还有一种办法是查阅以往的统计资料,通过经济计量模型来揭示税收与劳动时间之间的关系。例如,收集历年税率以及劳动者工作时数的统计资料,看看税收的增加究竟是使劳动者的工作时间增加了还是减少了,或是没有什么变化。经验实证分析比起理论实证分析能够给出更清晰的答案,但是也有一定的局限性,比如,收集哪些经验证据,统计资料是否真实、准确,收集的资料是否具有代表性,以及人们对这些资料的解释,都会影响分析的结果。本书在讨论某些具体财政政策的时候会采用一些经验实证分析的案例。

### (二) 规范分析

实证分析的目的是弄清事实;规范分析(normative analysis)的目的是分清是非,它回答的问题是"该怎样"。在明确了政府在做什么、这样做会产生怎样的结果、政府为什么要这样做之后,我们还会问政府这样做好不好、怎样做才好。公共经济学的根本问题就是考虑什么事情政府该做,什么事情政府不该做,如果该做的话,是这样做好还是那样做好。下面这些问题都与规范分析有关:

- 政府的规模是太大了还是太小了?
- 如果政府的资金有限的话,应将有限的资金用于哪些用途才符合公众的利益?
- 文化事业单位是靠政府拨款来维持,还是让它们像企业那样自己养活自己?
- 是继续执行积极的财政政策还是让它逐步淡出?

要回答这些问题,就要确立一套理论体系来说明什么是"好"、什么是"不好",要有一套评价的标准,这就是规范分析的首要任务。如果没有一套评价标准,就无从说好还是不好,就不能回答"该怎样"这一问题。显然,什么是好、什么是不好涉及价值判断和伦理观念。对此不同的人有不同的看法,要建立一套所有人都能接受的是非判断标准是十分困难的。但是对公共经济学来说又是必不可少的,离开了它,公共经济学就只能解释政府的活动,而不能指导政府的活动。

## 第二节　政府的组织体系

政府的活动通过其组织体系来进行。通常,这个组织体系非常庞大,要了解政府的活动,就需要对政府的组织体系进行考察。

### 一、公共部门

一个社会中属于政府所有、使用公共财产和公共资金、在一定程度上贯彻和执行政府意图的实体(机关、事业和企业单位)都属于政府的组织体系,人们通常将这一组织体系总称为公共部门(public sector)。国民经济中与公共部门相对的概念是私人部门(private sector),它由个人、家庭和私人所拥有的企业单位组成。私人部门的活动依赖于个人资产,所取得的收入属于个人,消费和生产决策以自身的利益为目标,他们的活动受到政府法令的制约,但政府只能通过税收、补贴等间接手段来影响或引导他们,而不能用直接指令来规定他们的行为。对公共部门可以从纵向和横向两个方面进行考察。

从纵向来看,政府被分为若干层次,通常有中央政府和各级地方政府。例如,在我国,政府分为中央、省(自治区、直辖市)、地(市)、县、乡五级。省和省以下各级政府都被称为地方政府。根据2022年的统计资料,全国(不含台湾省和香港、澳门特区)共有32个省级区划,333个地级区划,2 843个县级区划和38 558个乡镇区划。每一个行政区划都有一级政府,所有各级政府都属于公共部门,无论哪一级政府的活动都属于公共经济学的研究范围。尽管不同层次政府的职责范围和侧重点有所不同,但公共经济学的一般原理适用于任何一级政府。

从横向来看,每一级政府都有众多的机关、事业和企业单位。以中央为例,国务院由下属百余个部委、直属机构、直属办事机构、事业单位、部委管理的国家局等部门和单位组成。其中,每一个部门和单位又都可能有一系列其下属的机关、事业或企业单位。各级地方政府的机构设置与中央尽管不完全相同,但都有为数不少的下属部门和单位,从而构成了该级政府的组织体系。

### 二、政府部门和公共企业部门

#### (一) 政府部门

为了更深入地分析政府的活动,可以将公共部门中的单位按其从事活动的性质划分为两个子部门,图1-1表现了整个公共部门的内部结构。

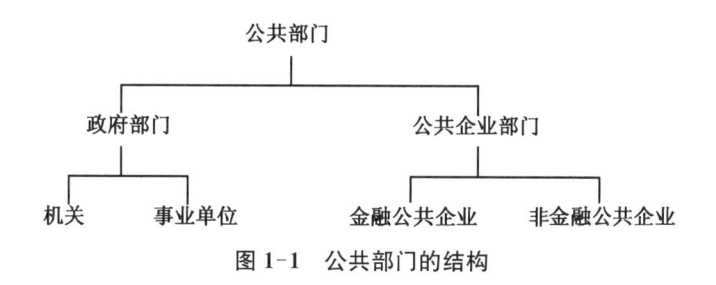

图 1-1　公共部门的结构

政府部门是指公共部门中不从事产品或服务的生产和销售,主要依靠税收取得收入,免费或部分免费地为社会提供产品或服务的单位的总称。例如,各委办、部(厅、局)机关、法院、检察院、公安、环保、气象、水利、交通、消防、研究所、学校、医院等。当然,有些单位在提供产品或服务时并不是完全免费的。例如,上法院要缴诉讼费,学校要收学杂费,医院要收医药费。如果一个单位的收费不足以维持生存,还须依靠财政拨款来补充收入来源,那么它所提供的产品和服务仍具有部分免费的性质,这些单位就属于政府部门。

从狭义上来看,政府是通过政治程序设立,在一定区域范围内行使立法、司法和行政权力的实体。狭义的政府只包含行使这些职责的机关。政府设立的事业单位虽然不拥有行政权力,但它们却实际上在执行政府的政策。政府可以通过事业单位来实行政府的某些政策,例如,通过政府办的学校来实施政府的教育政策,通过政府建立的医院来执行医疗保健政策,通过社会保障基金来执行政府的社会保障政策,等等。因此,这些由政府设立的事业单位实际上就成为政府的一个部分。中央与各级地方政府部门的总体又被称为广义政府部门(general government sector)。

### (二) 公共企业部门

公共企业部门是指公共部门中从事产品或服务的生产和销售,依靠销售取得收入来源,以营利为主要目的的单位的总称。政府所拥有的工厂、商店、公司、银行、农场、旅行社等都是公共企业,属于公共企业部门。与公共企业相对应的是私人企业,两者之间的区别是明显的:前者的所有者是政府,后者的所有者是私人;前者占用的是公共资产,后者占用的是私人资产;前者取得的收入属于公众,而后者取得的收入归私人所有。由于公共企业是政府的企业,它的管理者由政府聘任,企业在一定程度上就得听从政府的安排,成为政府贯彻和执行其政策的组织机构。

公共企业部门内部按其性质还可以划分为金融公共企业(public financial corporation)和非金融公共企业。金融公共企业是指由政府设立的从事金融业务的企业,主要是中央银行和政府所拥有的商业银行。非金融公共企业是指除金融公共企业以外的其他公共企业。

不论是政府部门还是公共企业部门,它们的活动都在不同程度上体现为政府的活动。但这两个部门所从事的活动的性质有所区别:前者不以营利为目的,后者以营利为主要目的;前者一般不从事销售,后者要从事销售;前者以财政拨款为主要收入来源,后者以销售收入为主要收入来源;前者很大程度上依据政府的指令行事,后者则具有相对独立性;前者主要从事社会消费活动,一般不生产物质产品,后者主要从事物质产品以及各项服务的生产活动。

### (三) 公共经济学的视角

综上所述,在公共经济学的视角中,整个国民经济由公共部门和私人部门两个部分组成,两者的相对比例关系体现了一个社会公与私的分工结构。图1-2反映了公共经济学视野中的国民经济,它研究公共部门与私人部门在国民经济中的相互关系。如果将整个国民经济比作一幢大厦的话,各种不同观点的公共

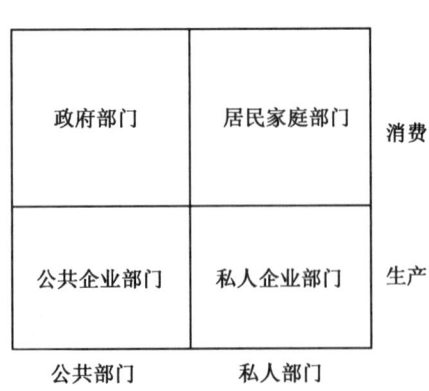

| 国民经济 | | |
|---|---|---|
| 政府部门 | 居民家庭部门 | 消费 |
| 公共企业部门 | 私人企业部门 | 生产 |
| 公共部门 | 私人部门 | |

图1-2 公共经济学视角中的国民经济

经济学家和政府理财人以不同的方式设计这幢大厦。自由放任的市场经济采用了图 1-3 中的方案 A,而集中统一的计划经济则采用方案 B。在这两个极端方案之间还有无数种构造方案。究竟采取怎样的一种公私结构才有利于国民经济协调而迅速地发展,这正是公共经济学所要研究的中心课题。

方案 A：自由放任的市场经济
(a)

方案 B：集中统一的计划经济
(b)

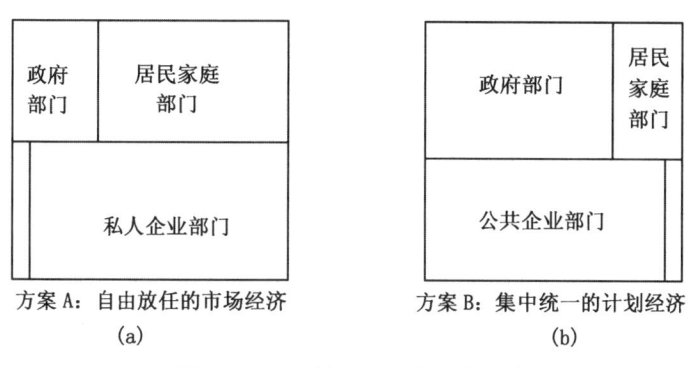

图 1-3　不同的国民经济结构设计

从公共部门内部来看,政府部门的活动更直接地反映了政府的行为,人们通常把政府部门作为公共经济学的主要研究对象。有的学者将研究对象局限于政府部门,而把公共企业部门看成政府以外与私人部门类似的一个部门。这样的看法有一定的道理,因为政府部门遵循的是非市场的运行机制,而公共企业在行为方式上来看类似于私人企业,都是通过市场交换、追求自身利润最大化的经济实体。但另一方面,公共企业部门与政府部门的联系又是非常紧密的,两者都是由政府设立、占用公共资产、从根本上来说受政府支配的部门,这又使公共企业部门不同于私人企业部门,从而有必要将它与政府部门一起作为一个整体来看待。

本书以公共部门为对象研究政府活动,在重点分析政府部门活动的基础上,将视野扩大到公共企业部门。这样能使我们对政府资金的来龙去脉有更全面的认识,同时也有助于我们了解政府的职能以及它对整个国民经济所产生的影响。当我们将公共企业部门纳入公共经济学的视野时,就提出了一个不可回避的问题:政府究竟该在多大程度上介入生产?正是在这个问题上,计划经济与市场经济的财政发生了根本性的分歧,同时也形成了本质上不同的公共经济政策。

## 第三节　公共部门的收入与支出

公共经济学一般通过公共部门的收支来衡量政府活动的范围以及它对经济的影响程度,同时也通过考察收支来了解政府活动的具体内容。

### 一、公共收入

政府取得收入或获得资源支配权的方式有三种,即税收、收费和公债。

#### (一) 税收

税收(tax)是政府依据其行政权力强制性地、无偿地取得收入的方式。这是一种最常见也最引人注目的收入方式。在我国,不论公共企业还是私人企业,利润的一定比例都要作为企业所得税缴给政府。几乎所有商品的价格中都包含着税,消费者在购买商品的同时也向政府缴了税。

税收的基本特点是:(1)强制性。纳税是法律规定的公民的义务,公民必须依法纳税,如果拒绝缴纳就要受到法律的制裁。(2)无偿性。纳税人缴税是一种单方面的支付,并不因此得到任何补偿。税收的无偿性强调的是各个纳税人所缴纳的税与他从政府所得到的产品或服务之间没有直接的对应关系。

税收的主要目的是取得收入,这有别于政府罚款。罚款也是强制性的、无偿的,但主要目的是禁止某些活动,而不是取得收入。税收自然会对相关的活动产生限制作用,但目的在于取得收入而不是禁止这些活动。税收严厉到一定程度也能起到禁止的作用,但通常会有损于取得收入这一目的。

税收是政府部门取得收入的主要形式。这由政府部门所承担活动的性质决定。政府部门提供产品和服务是免费或部分免费的,要弥补生产这些产品或服务的成本就必须依靠税收。从国民经济部门结构来看,税收来源于两方面。一是来源于私人部门的收入。政府通过税收将收入的所有权从私人转移到政府手中。这一过程调节经济社会中公共部门与私人部门的比例关系。税收的另一个来源是公共企业的收入。这部分税收不直接影响整个社会的公私结构,它所改变的是公共收入的支配权。税收使得一部分原来由公共企业支配的收入变成了由政府职能部门直接支配的收入,它会改变公共部门内部政府部门与公共企业部门的结构,以及政府部门对公共企业部门的管理方式。

税收的方式是多种多样的,不同的税收方式会对纳税人的行为以及整个国民经济产生不同的影响。分析各种税收方式的经济影响,研究采用怎样的税收方式来达到一定的社会和经济目的是公共经济学在税收领域所关注的问题。

### (二) 收费

政府也可以通过收费来取得收入。收费是公共部门中的单位通过销售自己所生产的产品或服务,用有偿交换来获得收入的形式,也称为价格或使用费(use charge)。例如,学校收学费,医院收医药费和住院费,电厂收电费,水厂收水费,公路、桥梁收取通行费,产品按价出售,等等。价格或使用费的特点正好与税收相反。它通常是自愿的,政府规定了电价,用不用电以及用多少,取决于消费者的意愿;它是有偿的,消费者付款换取了电的消费,付款越多,可消费的电也就越多,支付与受益完全对应。价格和使用费一般用于补偿所提供的产品或服务的成本,为该项产品或服务的再生产提供资金来源;税收则用于政府的一般性用途,与课征对象的再生产无直接联系。

在某些情况下,收费也可以是强制的。例如,政府可以强制规定个人或企业购买由公共机构开办的保险。在这种情况下,收费与税收的主要区别是个人或企业的支付与它们的得益是否具有对称性。如果是完全对称的,那么它在本质上就属于"费";如果得益与交款完全没有联系,那么它就具有"税"的性质。在有的情况下,政府的收入可能兼有两种成分,这就需要具体分析,看缴款人的得益与其缴纳在多大程度上具有关联性。

对政府部门来说,价格或使用费只是取得收入的一种辅助手段,因为政府部门所提供的产品或服务大多不能销售或不适宜销售。然而对公共企业部门来说,价格或使用费则是其取得收入的主要手段。销售收入是否能够补偿成本,是企业运营正常与否的一个重要标志。

从取得收入的角度讲,价格是税收的替代手段。公共经济学中常要考虑这样的问题:某一公共项目是用税收来筹集资金,还是用价格或使用费来筹集资金?应该如何制定合理的收费标准?在许多公共服务项目中,例如学校、医疗、高速公路、桥梁、公园、博物馆等,都需要考虑这一问题。

### (三) 公债

公债(public debt)是政府通过信用进行融资的方式。当公共部门的收入不足以弥补支出时,政府可以借债来取得资金以弥补这一缺口。我国发行的国库券就是一种公债,国库券本身就是借据。此外,政府还通过其他一些途径取得贷款,例如,向银行借款,向外国政府、金融组织或国际组织借款。

公债作为政府取得收入的一种手段,具有自愿性和有偿性特点。公债的购买通常是自愿的,是否要把钱贷给政府以及贷多少取决于贷款者的意愿。公债是有偿的,贷款者将获得利息,在使用权期满之后,政府须偿还本金。从自愿性和有偿性来看,公债与价格或使用费是一致的,区别只是在交易发生时,前者的付款人得到的是债权,而后者的付款人得到的却是产品或服务。

政府部门通常通过财政部门来借债。财政部门发行债券,向银行或外国借款通常都计入政府预算,并被视为公债。政府部门的债务收入可能来源于私人部门,也可能来源于公共企业部门。来源于前者的公债调节着国民经济的公私结构,公债意味着更多资金的支配权掌握在政府手中;来源于后者的公债调节着公共部门内部两个子部门的比例关系。本书将政府部门的借款称为政府部门债务。

公共企业部门也会发生债务。例如,企业投资可能向银行借款,或者发行企业债券,或者向国外金融机构借款。这种债务是不是公债要看最后偿债的责任人是谁。公共企业偿还债务有两种可能性:一是用企业的盈利来偿还债务;二是亏损破产,用企业的资产偿还债务。公共企业的盈利或资产的所有者是政府,因此政府是公共部门债务的最后承担者。本书把公共企业部门的借款称为公共企业部门债务。

整个公共部门从私人部门或国外得到的借款称为公共部门借款需求。它在统计上不等于政府部门债务与公共企业部门债务之和,因为前者包含着政府部门向公共企业部门的借款,后者包含公共企业部门从政府部门得到的借款。公共部门借款需求实际上是将公共部门看成一个整体,只计算公共部门从私人部门以及国外得到的贷款。这一数字全面地反映了政府及其组织体系所欠的债务、通过信用取得的收入以及由此形成的公共部门与私人部门在结构上的变动。

## 二、公共支出

公共部门的支出可以按多种方式分类,每一种分类都为研究和分析政府活动提供了有价值的信息和不同的观察视角。

### (一) 按支出效益时间性分类

公共部门的支出按支出所产生效益的时间跨度可分为经常性支出和资本性支出。

经常性支出(current expenditure)是维持政府部门的正常运转而进行的支出,这类支出所产生的效益只对本期产生影响。例如,行政机关和事业单位的工资奖金、办公经费和业务费支出等。这类支出支持着行政事业单位的日常活动,为社会提供公共服务,其价值一次性地转变为这些活动和服务所带来的效益。它是消费性的,也就是说,支出期之后其价值就不复存在,它所带来的效益仅限于本期。

另一类是资本性支出(capital expenditure)。公共部门中的有些支出只是价值形式的转换,支出的资金形成了某种形式的资产,这些资产会在未来的一段时期内发挥其功能,这类支出被称为资本性支出。例如,各种基本建设支出、固定资产投资支出。资本性支出的价值在资产的使用期内逐步地转变为社会的效益,因此,它对公共部门以及整个社会的发展有十分重要的影响。

经常性支出与资本性支出的比例关系是公共部门支出结构的一个重要问题。经常性支出的不足会使得公共部门的正常运转发生困难,而忽视了资本性支出又会使公共部门的发展和社会的长远利益受到影响。在公共部门收入既定的情况下,两者之间有此消彼长的关系。因此,合理地安排经常性支出和资本性支出就显得极为重要。

**(二) 按支出的回报性分类**

公共部门的支出按其是否具有回报性可分为购买支出和转移支出。

购买支出(purchase on goods and services)是政府用于购买商品和服务的支出,它的基本特点是政府支出是有回报的,它以市场交换的方式换取了相应的产品或服务。例如,政府机关要实现其职能就要花钱购买许多东西,如购置办公楼、购买办公设备以及支付机关工作人员的工资等。政府要投资创建一个公共企业也要花钱购买厂房、设备。这些支出都可以取得与之相应的回报。

公共部门的购买支出分为政府部门购买支出和公共企业部门购买支出。前者主要用于政府行政事业单位的经常性支出和资本性支出,后者用于公共企业的投资与扩大再生产。购买支出是政府调节经济最直接的手段,其规模大小直接反映了政府对社会产品结构和收入分配的控制能力。例如,政府决定大规模投资高速公路建设,就会大大改善道路交通的供给情况,同时也会对水泥、建材、建筑机械等部门造成旺盛的需求,促进这些部门的发展。掌握了购买权,实际上就拥有了直接影响产品结构、部门结构以及社会总需求的能力。公共部门的购买支出规模越大,调控经济总量和结构的能力就越强。

转移支出(transfer payment)是公共部门无偿地将一部分资金的所有权转让给他人所形成的支出。例如,职工退休以后政府发给养老金,发生自然灾害时政府给予一定的救济,生活困难家庭得到政府的补助,对企业的补贴,对其他国家的捐赠,等等。转移支出的基本特点是无偿的,它是单纯的支出而无相应的回报。

转移支出可能表现为政府部门的支出,也可能表现为公共企业部门的支出。在我国以往的体制中,有相当一部分公共部门的转移支出并不反映在政府的预算上。例如,公共企业职工的养老金(退休金)、医疗保险、丧葬抚恤金等,都是从企业的账上开支,直接扣除了政府在这些企业所拥有的利润。不论受益人是从政府的职能机关还是从企业领到这笔钱,其实质都是政府对私人的转移支出。

公共部门的转移支出不能直接调控产品结构、部门结构以及总需求,因为它不直接构成对社会最终产品的需求。这笔资金转移到其他经济实体手中后,购买什么、购买多少以及是否用于购买都取决于受让者的决策。但这种支出形式仍能成为政府的政策手段。因为政府掌握资金转让的决策权,它可以决定将这笔资金转让给谁,因此它是政府调节收入分配的重要手段。

### (三) 按支出的功能或部门分类

公共部门的支出按其功能或部门可以分为行政管理支出、国防支出、社会公共服务支出、社会保障支出以及经济建设支出。这种分类在某种程度上与政府的机构设置有较大的对应性。维护社会正常秩序的政府机构，例如我国的人大、政协、检察院、法院、政府行政机关等的支出大体上都属于行政管理支出。国防支出通常直接表现为国防部门的支出。政府举办的各种文化、教育、卫生等事业部门向社会公众提供各种服务，其支出构成了社会公共服务支出。社会保障部门的主要职责是调节收入分配，为社会成员提供"安全网"，该部门的支出是社会保障支出的主要部分。政府为发展经济提供社会基础设施，对公共企业的投资以及对其他经济组织生产经营进行支持的支出，例如社会基础设施建设支出、国有企业固定资产和流动资金投资、企业挖潜改造支出以及政府对农业生产和经营活动的投入等，都是经济建设支出。

支出按功能或部门进行的分类可以让我们了解政府从事活动的具体内容以及公共资源在各种不同用途之间的配置情况，进而对政府职能和作用作出分析和评价。

## 三、隐性收支

政府收支规模在一定程度上反映了政府对整个国民经济的影响力，但仍有一定的局限性。因为在一些情况下，政府对经济的影响可以不表现为收入或支出，而有些政府收支并不反映在收支账户上。我们把这种收支称为隐性收支。隐性收支有以下几种形式：

### (一) 税式支出

税式支出（tax expenditure）是指以税收优惠的方式进行的支出。如果某个企业应缴纳100万元的税，当政府决定给企业免征100万元的税收时，企业就从政府得益100万元。这个过程可以视同为政府收了100万元的税，然后又将100万元作为对这个企业的转移支出。在政府的收支账上，既可以表现为没有相关的收入和支出，也可以表现为政府取得了100万元收入，同时又进行了100万元的转移支出。两种记录在本质上是一样的，但反映出来的现象却不一样。后一种做法比前一种做法在政府的收支规模上大100万元。由于收支账户通常只记录实际收支的数额，所以，税收优惠所隐含的100万元收支不会从收支账户上反映出来。

### (二) 公共定价

公共定价（public pricing）是指政府通过其权力规定交易价格。假定某种产品的市场竞争价格为10元，政府规定按15元的价格进行交易，这就等同于政府对买方所购买的每一单位商品用强制的手段征收5元，同时又将这5元无偿地交给卖方；如果政府规定按8元的价格进行交易，这就等于向卖方销售的每一单位商品强制性地征收2元，并将这2元无偿地给予买方。这一过程所包含的税收和转移支出也不会显示在政府的收支账户上。公共定价可以表现在商品市场（规定某些商品的价格）、劳动力市场（规定工资）、资本市场（规定利率）或外汇市场（规定汇率）。不论哪个市场的公共定价都包含着隐性的政府收支。

### (三) 政府担保

政府担保（government guarantee）就是政府正式承诺在被担保的经济实体不能履行偿

还责任的时候替它承担这一责任。在市场上,贷款的价格表现为利率,它通常反映了贷款的风险,风险越大则利率越高。政府的担保可以降低贷款者风险,使借款者能以较低的利率获得贷款。从借款者的角度来看,相当于政府给了他一笔资助。承诺担保时,政府并没有拿出任何钱,账面上也没有支出,但是包含着政府未来实际支出的可能性。一旦借款者无法偿还贷款,政府就要承担偿还的责任。政府担保给被担保人带来的利益以及它所包含的潜在支出不会反映在政府当前的收支中。

### (四)公共管制

政府依靠行政权力对经济实体的行为作出约束性规定称为公共管制(public regulation)。假如在自由竞争的状态下某个市场的参与者可获得平均利润率,政府若作出规定,使某些参与者不能进入这一市场,那么准许进入的参与者,在某种程度上就可以获得超过平均水平的垄断利润,被禁止者则失去了获得利益的机会。这种情况等同于政府向一些人征税并用来补贴另一些人。当获得许可的是公共部门中的单位、被禁止的是私人部门的单位时,这种管制就成为政府从私人部门取得收入的一种手段。

### (五)预算外和体制外收支

政府有些收支不反映在预算收支账户上,而是登记在预算外的一些独立账户中,由各部门、单位按一定的规定自主支配使用,这种收支称为预算外收支。在政府会计监督较为薄弱的情况下,有些收支甚至不记录在预算外收支账户上,它只是登记在不受政府会计制度监督的账户中,或者不做任何会计记录。这种收支可以称为体制外收支。不记在账上的收支其实质仍然是政府的收入和支出,它同样是政府活动的重要组成部分。

隐性收支的存在表明,在现行的会计制度和会计管理能力的条件下,记录在案的收支并不足以反映政府活动的全貌,有时甚至会有很大的偏差。要全面地考察政府对经济的影响以及调控能力,必须将所有的政策手段,不论是否形成有记录的收支,都纳入我们的考察范围中。

## 第四节 公共部门的经济活动

经济的运行是一个连续不断的过程,这个过程可以分为生产、分配、交换、消费四个环节。我们可以从这四个环节来考察公共部门的经济活动。

### 一、消费和交换

消费是生产的最终目的。所有的社会产品都要被使用,以满足人们精神和物质生活的需要。不同的产品在消费上具有不同的性质,可以分为两类:一类是人们可以共同受益的产品,例如公路、水坝等;另一类是只让特定的个人受益的产品,例如食品、服装、住房。在现代社会中,消费要通过交换才能实现。人们必须通过交换才能获得自己消费所需要的各种产品。这种交换可分为两种形式:一种是个人的交换,用个人的收入去购买产品;另一种是集体的交换,大家共同出钱去购买某种产品。由于存在着社会共同受益的产品,集体的交换就成了交换的一种必要方式。政府通过税收将个人的收入集中起来,用以购买某种公益性产品或服务。整个社会的消费和交换活动产生了两种基本形式：一是公共提供，二是市场提供。

公共提供（public provision）指政府免费地向消费者提供产品和服务，消费者可以不受个人经济约束，无偿取得产品的消费权或享受这一产品所带来的好处。例如，政府花钱建造公路，来往的人流和车辆可以免费使用这一公路，这就是一种公共提供。又如，政府花钱建立了中小学，学生免费上学，无须像购买商品那样购买教育服务，这也是公共提供。政府能够免费地向消费者提供产品或服务，是因为它可以通过税收的方式取得收入来源，以补偿这些产品或服务的生产成本。因此，公共提供依赖于税收，公共提供的范围越大，需要的税收就越多，通过税收方式从个人收入中扣除的份额也就越大。

市场提供（private provision）是指消费者用自己个人的收入通过购买的方式来取得消费品。个人能得到多少产品或服务，取决于他用以交换的个人收入。公共部门生产的产品或服务，若采用市场方式就要按价出售，取得销售收入来弥补这些产品或服务的成本。可见，市场提供与价格或使用费这种收入形式密切相关。现实生活中用市场提供方式进行消费的例子很多。个人的日常生活用品，如手表、自行车、电视机等都通过销售和购买到达消费者手中。一些公共项目，如政府修建公路的资金可以通过收取过路费的方式来筹集，学校的教育成本可以通过收取学费的方式来补偿。

现实中的公共提供与市场提供不一定以纯粹的形式出现，有些产品或服务的消费和交换方式是公共提供与市场提供两种方式的混合。假定一种产品价值10元，政府为消费者付款，各消费者可以免费使用这一产品，这是公共提供；如果让消费者自己去花10元钱购买这一产品，这是市场提供；假如政府补贴了消费者5元，消费者购买这一产品时只要花5元就可以买到，这种产品是半免费半购买，这种方式将公共提供与市场提供混合在一起，两者成分的大小则取决于政府在多大程度上用税收为消费者提供补贴，在公共项目中常会碰到类似的情况。仍以上面所举的公路和学校为例。假如公路和学校教育的一部分成本由政府收税后拨款来弥补，一部分靠收取过路费和学费来弥补，这就采用了公共提供与市场提供的混合方式。

公共提供是政府在消费和交换领域内从事的活动，从可能性来说不以公益性的产品或服务为界限，一切产品和服务都可以公共提供。将一切收入集中在政府手中，个人所需要的产品和服务全部由政府按一定标准免费提供的供给制，是历史上确实存在过的一种极端情况。理论上需要研究的问题是：哪些产品和服务应该公共提供？合理界限如何确定？

## 二、生产

生产必须依赖一定的生产资料，生产资料归谁所有决定了生产方式。从整个社会来看，生产方式可以分为两类：一是公共生产，二是私人生产。

公共生产（public production）是以政府为生产资料所有者的生产，其组织形式是政府所属的行政、事业单位和企业。公共生产是政府在生产领域所从事的活动。例如，政府投资建立医院、学校、商店、企业都是在从事产品或服务的生产。只要投资来源于政府、生产资料归政府所有，所从事的生产都是公共生产。

私人生产（private production）是以私人为生产资料所有者的生产方式。以私人为出资人的企业、商店、公司、农场等都是私人生产的组织形式。当然，生产不一定采用纯粹的公共生产或私人生产方式,政府与私人共同成为某个企业的所有者也是可能的。这是公共生产与私人生产的混合方式。

社会的生产方式结构可以有多种选择。从可能性来说,一切产品和服务都可以公共生产。例如,我国改革开放之前以及苏联和东欧国家,基本上对所有的生产都采取了公共生产的方式。另一方面,绝大部分产品和服务也可以采用私人生产的方式。因此,需要从整个国民经济角度研究生产方式的结构,即公共生产与私人生产的相对关系,使之有利于经济的发展。

公共生产与私人生产的结构实际上是生产领域中公私的分工问题,与公共提供与市场提供所研究的问题有所不同,前者考虑的是由谁来生产产品和服务;而后者则考虑由谁来付款,以供人们消费。

在现实生活中,生产方式与消费方式可能出现四种极端的组合形式,如图1-4所示。第一种组合是公共生产、公共提供,以医疗服务为例,这种组合由政府建立医院,免费向消费者提供医疗服务,医疗所发生的成本全部由政府拨款来补偿;第二种组合是私人生产、公共提供,医院是私人办的,病人看病的医药费则由政府替他支付,对消费者个人而言是免费的;第三种组合是公共生产、市场提供,即医院是公立的,但医院为病人看病要收取能补偿医疗服务成本的医疗费,医疗费由消费者自己支付;第四种组合是私人生产、市场提供,医院由私人办,病人看病自己掏钱,医院就像一般的私人企业一样将自己所生产的医疗服务出售给消费者。

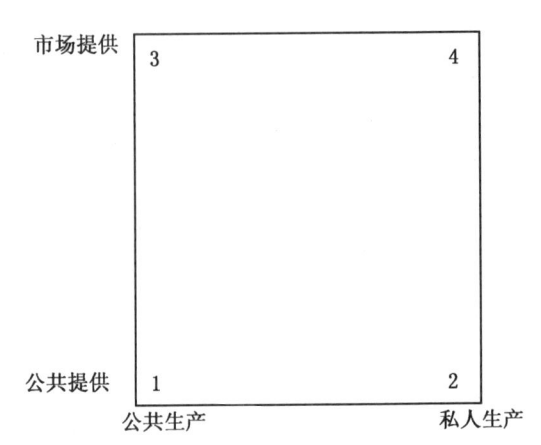

图1-4 提供方式与生产方式的选择空间

在这四种极端的组合之间还存在无数可供选择的方案,图1-4四边形中的任何一点都表示一种方案,整个四边形就构成了一个政策选择空间。不论什么产品或服务,都要考虑由谁来生产、由谁来付款,在这四种基本组合方式所构成的政策空间进行选择。政府仅仅是充当产品和服务的购买者和提供者还是兼任产品和服务的生产者有着重大区别。后一种情况需要政府拿出一笔钱作为资本,还要承担资本所形成的资产的监管营运责任。对于整个国民经济,政府在多大程度上作为投资者或经营者去参与生产活动,对生产的效率有重大影响。因此,研究公共生产的适当范围是公共经济学不可回避的一个研究课题。

## 三、分配

分配是社会再生产过程中的一个重要环节,决定着各社会成员所拥有或享有的社会产品份额。

公共经济学的研究需要涉及两种分配问题。第一种分配问题讨论的是社会产品或收入在公与私之间的分配,这个问题在本质上是属于资源配置问题。政府要发挥其职能,就要占有一定的收入份额。这样,整个社会的收入就要划归公、私两大部门,前者由政府占有和支配,后者由个人占有和支配。公共经济学要考虑政府应占多少份额,私人应占多少份额。这个问题归根结底取决于公共提供的范围究竟应该多大,公共生产的范围究竟应该多大。公私之间的分配只是分配过程中的一环,不是分配的终结。政府占用一定收入是为社会成员谋福利的,这种好处最终将为各社会成员所分享。另一种分配问题讨论的是社会产品在个人之间的分配,表现为各社会成员占有或享有社会产品的相对份额。这一问题不仅涉及留归个人的总收入中每个人所占的份额,而且涉及归政府拥有和使用的那一部分社会产品所产生的好处是如何被各社会成员分享的。这两方面综合起来才完整地反映了分配。公共经济学中所讨论的分配主要指的是这种分配。

市场是一种自发的分配机制,每个人用自己所拥有的生产要素去换取生产的成果,从而形成一种收入分配的格局。人们通常把这种分配称为初次分配。

收入再分配(income redistribution)是指政府通过其活动,对市场所形成的收入分配格局进行调整,它是政府在收入分配领域所从事的活动。这种活动具体形式是多种多样的。收入再分配往往与公共提供和公共生产过程结合在一起。例如,在公共提供过程中,政府要向公众收税,并免费向社会提供产品和服务,用什么方式收税以及提供什么产品或服务则会影响到个人之间的收入分配。公共生产所产生的收入分配格局与私人生产所产生的收入分配格局会有很大的不同,因此公共生产可以作为政府调节收入分配的一种手段。有时收入再分配可以采取更为直接的方式,例如,向一部分社会成员征税,并将所取得的收入直接转移给另一部分社会成员。

一个社会应该在多大程度上依靠市场来进行分配?多大程度上可以通过政府对收入进行再分配?政府的各种活动以及各种不同的再分配方式会对收入分配产生怎样的影响?哪些方式可以较好地实现既定的目标?这些都是公共经济学所要研究的问题。

## 本章小结

公共经济学是经济学的一个分支,它研究经济的公私结构。公共经济学的基本课题是政府活动会对国民经济产生怎样的影响,政府应该做些什么以及怎样才能将这些事做好。

在公共经济学的分析框架中,国民经济被分为公共部门和私人部门,两者的比例结构体现了一国经济政策和制度的基本特征。公共部门是政府的组织体系,分为政府部门和公共企业部门两个部分。前者依靠税收取得收入,并在相当大的程度上免费向社会公众提供产品和服务;后者则通过销售产品和服务来维持自身的生存和发展。

公共部门的收入和支出是衡量公共部门规模以及考察政府活动内容的指标。公共部门取得收入的方式有税收、价格或使用费以及公债,支出的方式有购买支出和转让支出。要全面了解政府对国民经济的干预,必须将各种形式的隐性收支纳入公共经济学的分析范围。

公共提供、公共生产以及收入再分配是政府在消费、交换、生产和分配各个领域中的活动。确定公共提供与市场提供、公共生产与私人生产以及市场分配与政府再分配的适当范围,选择与目标相符的活动方式,是公共经济学研究的重要课题。

# 习 题

## 一、名词解释

公共经济学　实证分析　规范分析　公共部门　政府部门　公共企业部门　税收　价格和使用费　公债　购买支出　转移支出　税式支出　政府担保　公共定价　公共管制　预算外收支　体制外收支　公共提供　市场提供　公共生产　私人生产　收入再分配

## 二、思考题

1. 为什么说公共经济学是经济学的一个特殊分支，它与经济学的其他分支有什么不同？

2. 公共经济学要研究哪些基本课题？提出你想研究的一些公共经济问题，想想它属于基本课题中的哪一类。

3. 公共部门与私人部门有哪些区别？政府部门与公共企业部门有哪些区别？分析我国下述经济组织，看看它们属于哪个部门：电视台、公园、报社、银行、医院、财政部、学校、旅行社、首都钢铁公司、农场、外资企业、全聚德烤鸭店以及其他你所能提出的单位和机构。

4. 查阅一下有关资料，看看我国每年的 GDP 是多少、政府税收是多少、政府部门收取的使用费是多少、政府部门公债是多少、公共部门借款需求是多少、公共部门的购买支出是多少、转移支出是多少，它们占 GDP 的比例如何。看看是否能找到国外同口径的统计资料，比较一下我国与其他国家的差别。

5. 想一想，下述产品和服务在我国采取了哪一种消费方式和生产方式的组合：住房、医疗服务、社会治安、污水处理、家用电器、高等教育、广播电视、城市公共交通以及你所能提出的其他产品和服务，并在图 1-4 中指出它们所在的位置。

6. 公共经济学与财政学、公共部门经济学、政府经济学是否相同？

# 第二章
# 公共经济政策的目标

💡 **全章提要**

- 第一节　资源配置与收入分配
- 第二节　效率
- 第三节　公平
- 第四节　公平与效率的权衡

本章小结

习题

政府管理和支配了国民生产总值中相当大的一部分,这部分资金的筹集和使用将直接或间接地对国民经济产生重大影响。这种影响的好坏取决于公共经济政策——政府在多大程度上参与或干预经济,用怎样的方式来筹集资金,以及用这些资金做什么。研究公共经济的最终目的自然是希望政府财政能有助于产生好的结果,但究竟怎样的结果是好的呢?公共经济政策最终要达到怎样的目标?这是本章所要阐述的主题,它为评价公共经济政策提供了依据。

思政案例

长三角一体化:携手共富的示范之旅

## 第一节　资源配置与收入分配

对于社会经济状态可以从两个不同的方面进行评价:一是资源配置,二是收入分配。

资源配置(resources allocation)是指社会使用现有资源的方式。一个社会能够使用的资源总是有限的,这些资源包括土地、森林、矿藏等自然资源以及社会通过长期积累而形成的生产手段,例如厂房、设备等以及具有一定知识和技能的生产者。如何使用这些资源是社会面临的一个重要问题,用这些资源来生产哪些产品、每一种产品生产多少以及所生产出来的产品应如何为不同的消费者使用,关系到这些资源能在多大程度上用以满足社会的愿望和要求。资源配置反映了人与自然的关系,规范分析的任务在于阐明资源配置的最佳状态。

收入分配(income distribution)指的是社会产品在不同的社会成员及经济主体之间的归属。不论社会的资源配置状态如何,社会产品都有一个归谁所有或享有的问题。在产品的种类以及各类产品数量给定的条件下,产品归谁所有可以有各种不同的状态,一些人的份额大些,另一些人的份额就会小些。收入分配反映了社会经济中人与人之间的关系,规范分析需要阐明怎样的收入分配状态被认为是好的。

本章从资源配置和收入分配两个方面来阐述财政政策的目标和评价标准。这里需要特别提请注意的是,我们所讨论的是对整个国民经济状态进行评价的标准,它不是单纯对某一个局部进行评价。从某个局部来看,例如钢铁,多生产一些总比少生产一些要好;但从全局来看,某种产品多生产可能意味着其他产品的生产要减少,怎样的资源配置状态才是好的,需要根据国民经济中所有不同产品的相对关系来判断。对一个人来说,收入多些比收入少些要好,但从整个社会来看,这个人收入多了可能会使其他人的收入减少,怎样的收入分配状态才是好的,必须根据全社会不同个人之间的相互关系作出判断。一个社会通常拥有许多种资源,用以生产许多种产品,并且要在许多人之间进行分配和使用,因此资源配置和收入分配的理想状态只能用非常抽象的方式来描述。

好坏标准取决于价值判断。客观只是存在,没有好坏之分,好坏是主观对客观的评价,必定存在评价的主体。究竟由谁的观念来判别是非呢?

一种看法认为,什么是好、什么是不好,应该由超然的观念来决定,这种观念与任何个人的要求和愿望没有关系,因为不管什么人都是狭隘的、自私的,因而不能作为普遍接受的是非标准。按照这一观点,是非标准应该由人以外的神灵来定,它引导人们去了解神的旨意,从神学或宗教教义中去寻找好坏的标准。然而,神灵究竟持怎样一种观点?如何证明这种观点就是适当的,故而可以作为价值判断的依据?这些都是不可验证的,因而不能形成科学的理论体系。

与之相反的观点则是人本主义。这种观点认为,价值判断源于人的要求和愿望,符合人的要求和愿望就是好的,否则就是不好的,除此之外不存在其他的价值判断标准。由此得出的一个根本性的命题是,人的要求和愿望是价值判断的唯一源泉。由于人对某种状态是否满意、一种状态是否比另一种状态更令人满意,是可以通过人的行为观测到的,因此好不好是完全可以验证的。

即使在这一点上取得了一致的看法,但分歧仍然是巨大的。因为世上有很多的人,每一个人的要求和愿望都是不同的,该以谁的要求和愿望来作为好坏评价的标准呢?有些人认为,只有某些人甚至是某个人的要求和愿望是明智的,而其他大多数人则不然。因此什么是好、什么是不好,要以那些明智人的理念和意志为标准。与此针锋相对的另一种观点认为,世上的人生来就是平等的,每一个人的要求和愿望都是合理的,没有优劣之分,在判断是非的时候应该得到同等的尊重。这两种看法所形成的价值判断标准是很不相同的。按前一种观点,怎样的资源配置和收入分配状态是好的取决于那些被认为具有理性偏好的某个人或某些人,一种政策是好是坏就看这些人是怎么说、怎么想的。而按照后一种观点,什么是好、什么是不好,该由大家说了算。

按照前一种观念建立规范理论是比较容易的。只要认准那些具有理性偏好的个人,然后到他们的书籍、言论和行为中去寻找价值判断的依据。而按照后一种观念则需要让所有的人都表达自己的要求和愿望,并以此为基础建立起规范分析的框架体系,这显然不是一件容易的事。

需要指出的是,本书所采用的规范分析理论是建立在这样一种基本观念的基础之上的:个人的要求和愿望是价值判断的唯一源泉,每一个人都是平等的,他们的要求和愿望在评价体系中应得到同等的尊重。不论是对资源配置状态还是对收入分配状态进行评价,也不论是在市场过程还是在政治过程中,这一观念都是规范理论的基石。

## 第二节 效 率

我们用效率(efficiency)来表示资源配置的最佳状态,然而这个词在经济学和公共经济学中的含义远远比平常使用时的含义要复杂得多。

### 一、帕累托效率

怎样的资源配置状态才是最好的?对于这个问题,我们必须确定一个关于好与不好的最基本的判断标准。

假定一个社会有甲、乙两人,甲有100单位的粮食,乙有100单位的布匹。这时,社会的产品在甲、乙两个使用者之间有了一种配置状态。甲不仅想吃饱(他所拥有的粮食足够他吃饱),而且还想穿得暖和些。而乙有自己用不了的布匹,却没有粮食充饥。这时两人都想用自己所拥有的产品去换取对方所拥有的产品。假定甲用50单位的粮食换取了乙的50单位的布匹,这样,社会的产品在两人之间形成了一种新的配置状态,甲和乙各有50单位粮食和50单位布匹。这种状态使得甲、乙两人的满意程度都提高了。这说明,在资源总量相同的情况下,不同的资源配置会使人们得到不同的满意程度。将原来的配置状态与后来的配置状态相比,我们有充分理由说,后一种配置状态比前一种配置状态好,因为组成这一社会的甲、乙两个人都认为他们各自的境况得到了改善。

如果对某种资源配置状态进行调整之后,甲认为自己比原先的境况要好,而乙认为与调整前的状态相比没有变坏,那么调整前后的资源配置状态哪一个较好呢?我们有理由说,调整后的资源配置状态优于调整前的资源配置状态。假如调整之后,甲认为比原先要好,而乙认为还不如原先的境况(当然,这种情况绝不会是两人自愿交换的结果),那么哪种资源配置状态好呢?对于这个问题,经济学家帕累托说:不知道,我们无法辨别两者之间哪个好些。对于最后一种情况,有的经济学家还试图比出一个好坏[①],但不管怎样,对前面两种情况的判断是大家公认的。

如果某种资源配置状态在经过调整之后,社会中的一些人的境况得到改善,而其余人的境况至少没有变坏,那么我们就认为调整后的资源配置状态优于调整前的资源配置状态。我们把符合这一性质的调整称为帕累托改进(Pareto improvement)。一种资源配置状态如果能够进行帕累托改进,说明这种资源配置状态不是最好的,调整之后的状态比现有状态好。

如果有某种资源配置状态,任何可行的调整都无法使得调整之后一些人的境况变好,而其他任何人的境况至少不变坏,我们就把这种资源配置状态称为帕累托最优(Pareto optimal)或者帕累托效率(Pareto efficiency)。把这种资源配置状态看成最好的是因为已没有什么办法能使之变得更好一些。本书所说的效率就是指帕累托效率。

下面,我们运用这种基本的好坏判断标准来进一步阐明理想的资源配置状态所具有的性质。为了简明起见,我们假设一个社会中只有甲、乙两人,他们使用$X$、$Y$两种资源去生产$A$、$B$两种产品。但分析所得出的结论适用于$L$个个人、使用$M$种资源、生产$N$种产品($L$、$M$和$N$都是大于2的任意自然数)的一般情形。

## 二、生产效率

如果一个社会只使用$X$、$Y$两种资源作为生产的投入,在资源数量给定的情况下,我们可以画出一个长方形,它表示用既定数量的两种资源去生产两种不同产品的所有配置方案。这个长方形被人们称为埃奇沃斯箱形图(Edgeworth box)。

在图2-1中,长方形的$OM$长度代表资源$X$的总量,$ON$代表资源$Y$的总量,点$O$和$O'$分别是$A$产品和$B$产品的原点。$a_1$、$a_2$、$a_3$、$a_4$是$A$产品的等产量曲线,$b_1$、$b_2$、$b_3$是$B$产品的等产量曲线。当然,两种产品的等产量曲线还可以画出许多条,这里省略了。长

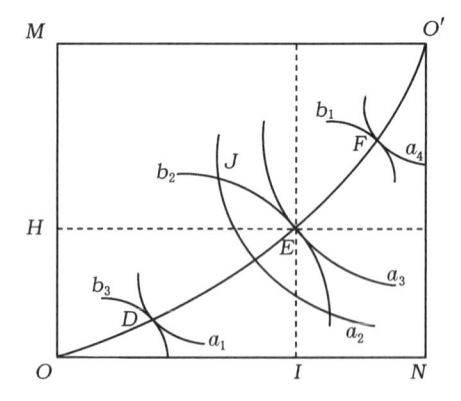

**图2-1 用两种资源去生产两种产品的埃奇沃斯箱形图**

---

① 参见本章下文中关于潜在的帕累托改进的论述。

方形中的任何一点都代表着 $X$、$Y$ 两种资源在 $A$、$B$ 两种产品之间的一种配置。例如，$E$ 点表示用数量为 $OH$ 的资源 $X$ 和数量为 $OI$ 的资源 $Y$ 投入 $A$ 产品的生产，投入 $B$ 产品生产的 $X$ 和 $Y$ 两种资源的数量分别为 $HM$ 和 $IN$。

在这个长方形中，哪些点代表资源在不同产品之间的理想配置状态呢？先看图中 $J$ 点，该点的资源配置所生产的 $A$ 产品产量等于 $A$ 产品等产量曲线 $a_2$ 上所有的点，所生产的 $B$ 产品产量等于 $B$ 产品等产量曲线 $b_2$ 上所有的点。将 $J$ 点与 $E$ 点进行比较，我们发现，$E$ 点所生产的 $B$ 产品产量与 $J$ 点相同（因为它们处在同一条等产量曲线上），但 $E$ 点的 $A$ 产品产量高于 $J$ 点（因为 $E$ 点处在 $A$ 产品的等产量曲线 $a_3$ 上）。这两个点所耗用的资源总量是相同的，但 $E$ 点的资源配置能生产更多的产品。

根据前面已经确认的评价标准，我们可以肯定 $E$ 点所代表的资源配置状态优于 $J$ 点所代表的资源配置状态，因为由 $J$ 点向 $E$ 点的调整使得 $A$ 产品的生产者所生产的产量增加了（境况得到改善）；而与此同时，$B$ 产品生产者的产量依然保持不变（境况至少没有变坏）。我们还可以断定，从生产上来看，$E$ 点是一个符合帕累托效率的资源配置状态，因为从 $E$ 点出发，不论朝哪个方向移动，都会在某个生产者产量增加（境况得到改善）的同时，使另一个生产者的产量减少（境况变坏）。

$E$ 点之所以是一个在生产上符合帕累托效率的点，是因为它处在 $A$、$B$ 两种产品的等产量曲线的切点上。任何一个不处在切点上的点都可以被认为是无效率的，是可以作帕累托改进的。正如 $J$ 点那样，我们总可以找到一个点，使得一种产品产量增加的同时，另一种产品的产量能够保持不变。

由于 $E$ 点处在 $A$、$B$ 两种产品的等产量曲线的切点上，因此，两种产品在该点上的资源边际替代率（即等产量曲线在该点处的斜率）必然相等。由此，我们可以得出一个结论，要使给定的各种资源在不同产品之间的配置实现帕累托效率，必定要满足这样的条件：一种产品的资源边际替代率等于任何一种其他产品的资源边际替代率。满足这一条件的资源配置状态被称为生产效率（production efficiency）。

由于 $A$、$B$ 两种产品都有无数条等产量曲线，因此，$A$、$B$ 两种产品等产量曲线的切点也就有无数个，将所有这些切点连起来，就形成了图中 $ODEFO'$ 曲线。由于这条曲线上所有的点都是 $A$ 产品的等产量曲线与 $B$ 产品的等产量曲线的切点，所以它们的共同特征是两种产品的等产量曲线的斜率相等。也就是说，$A$ 产品的资源边际替代率等于 $B$ 产品的资源边际替代率。我们把图 2-1 中的 $ODEFO'$ 曲线称为生产效率曲线，它表示所有符合生产效率的资源配置状态。

生产效率是理想的资源配置状态的一个特征，它要求在资源和技术给定的条件下，使产出量达到最大化，没有资源的闲置，没有资源被浪费，技术的运用达到最合理的程度。用通俗的话来说，就是要在每一种产品的生产中以最低的耗费实现最大的产出。

### 三、交换效率

生产效率回答的是如何将既定的资源用于不同产品的生产才是有效率的，而交换效率则试图回答在给定产品种类和数量的情况下，产品应如何在不同的消费者之间进行配置才是有效率的。

我们再次用埃奇沃斯箱形图来分析这个问题。假定 $A$ 产品的数量已经给定，在图 2-2

中表现为 $OM$；B 产品的数量也已给定，在图中表现为 $ON$。$O$ 是个人甲的原点，$O'$ 是个人乙的原点。长方形中任何一点都代表着给定数量的 A、B 两种产品在甲、乙两个人之间的配置状态。甲$_1$、甲$_2$、甲$_3$ 为甲的三条个人无差异曲线，它们所代表的满意程度依次递增。乙$_1$、乙$_2$、乙$_3$ 为乙的三条个人无差异曲线，同样，乙$_3$ 所代表的满意程度高于乙$_2$，而后者又高于乙$_1$。

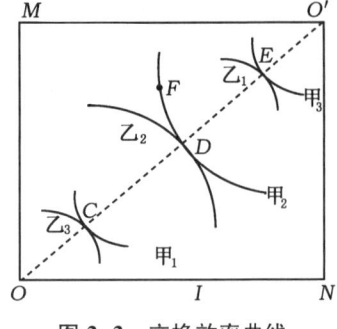

图 2-2 交换效率曲线

图 2-2 中 $D$ 点是甲的无差异曲线甲$_2$ 与乙的无差异曲线乙$_2$ 的切点，将 $D$ 点与 $F$ 点相比较，不难看出，对甲来说，$D$ 点与 $F$ 点的满意程度一样（因为它们处在同一条无差异曲线上）。但对乙来说，$D$ 点的满意程度高于 $F$ 点（因为 $D$ 点处在无差异曲线乙$_2$ 上，而 $F$ 点则处在乙$_2$ 靠近原点 $OO'$ 的一侧）。

根据前面已认定的判断标准，我们可以肯定，由 $F$ 点调整到 $D$ 点是一种帕累托改进，因为这种调整改善了乙的境况，而甲的境况至少没有变坏；同时，我们也可以认定，$D$ 点是一个在消费上满足帕累托效率的配置状态，因为对于 $D$ 点的配置已无任何进行帕累托改进的可能。

$D$ 点具有这样的性质：消费者甲的产品边际替代率（无差异曲线的斜率）等于消费者乙的产品边际替代率。我们把满足这一条件的资源配置状态称为交换效率（exchange efficiency）。在产品品种和各品种产品的数量给定的条件下，符合交换效率的配置状态有许多种。在图 2-2 中我们看到，每一条甲的无差异曲线都与乙的某一条无差异曲线有一个切点，将所有这些切点连起来就形成了图中 $OCDEO'$ 曲线，这条曲线上的每一点都满足甲的产品边际替代率等于乙的产品边际替代率这一条件，因此都具有交换效率。

在实践中，交换效率的含义是要让每一种产品都物尽其用，只有让相对来说最需要它的人来消费，才能最大限度地发挥其功效。

## 四、产品组合效率

在讨论生产效率时，我们只考虑在资源和技术给定的条件下，如何将不同的资源用于各种产品的生产。从图 2-1 中可以看到，符合生产效率的资源配置状态有无数种，生产效率曲线 $ODEFO'$ 上的每一点都符合生产效率，各点之间的区别在于 A、B 两种产品的比例不同，我们没有进一步考虑怎样的产品组合（各种产品之间的比例关系）是最好的。

在讨论交换效率时，我们是在给定的产品组合（A、B 两种产品的数量比例）条件下考虑这些产品在各消费者之间如何配置，而这一产品组合本身是否符合效率的问题被暂时撇开了。

这里我们进一步考虑怎样的产品组合才符合帕累托效率。如果用纵轴表示 A 产品的产量，横轴表示 B 产品的产量，我们可以将满足生产效率的所有产品组合表现为图 2-3 中的 $GH$，它是生产可能性曲线。在这条曲线之外的点都是在现有资源和技术

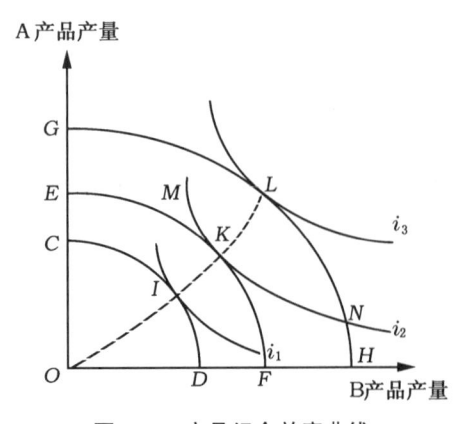

图 2-3 产品组合效率曲线

条件下不可达到的产品组合,而在这一曲线之内的点则是存在资源闲置、浪费或技术运用不当的产品组合。$EF$ 和 $CD$ 为两条不具有生产效率的生产曲线。$i_1$、$i_2$ 和 $i_3$ 为消费者的无差异曲线。$I$、$K$ 和 $L$ 分别为无差异曲线与各产出水平不同的生产曲线的切点。不难证明,图中 $L$ 点所代表的产品组合优于 $N$ 点所代表的产品组合。因为从 $N$ 点移到 $L$ 点,生产者所耗用的资源是相同的;而从消费者方面来看,他们的境况得到了改善,福利水平由较低的无差异曲线 $i_2$ 上升到福利水平较高的无差异曲线 $i_3$。在 $L$ 点上,已不可能再获得帕累托改进,因而 $L$ 点是一个符合帕累托效率的产品组合状态。

$L$ 点所代表的产品组合满足这样的条件:生产者方面的产品边际转换率(生产可能性曲线的斜率)与消费者方面的产品边际替代率相等。我们把符合这一条件的资源配置状态称为产品组合效率(product mix efficiency)。各种产出水平不同的生产曲线都会与无差异曲线有一个切点,将这些点连起来就形成了一条产品组合效率曲线(图中为 $OIKL$)。这条曲线上的点的共同特征是,它们都是生产曲线与无差异曲线的切点,在这些点上,产品的边际转换率(生产曲线的斜率)都等于产品的边际替代率(无差异曲线的斜率)。产品组合效率曲线上的所有产品组合都具有产品组合效率,不同之处仅表现为产出水平的差别。$K$ 点具有产品组合效率,但由于它不处在生产可能性曲线上,因而不具有生产效率;$N$ 点处在生产可能性边界 $GH$ 上,它具有生产效率,但它不具有产品组合效率;$L$ 点既具有生产效率(生产达到最大限度),又具有产品组合效率(使消费者达到最大满意程度)。

这里需要说明的一个问题是,在生产可能性曲线给定的条件下,产品组合效率取决于消费者的偏好(无差异曲线),这个消费者究竟是谁呢? 是甲,是乙,还是甲和乙? 这个问题不仅关系到产品组合效率的意义,而且也会引致不同的经济体制。一种观点认为,社会生产什么和消费什么应由社会中的某个人或某些人的偏好来决定,因为这些人的偏好比其他人的偏好合理。另一种观点认为,社会所生产和消费的产品组合应能反映所有消费者个人的愿望和要求,因此,理想的产品组合应满足这样的条件:产品的边际转换率等于每一个消费者的产品边际替代率。本书以后一种观点来定义产品组合效率。

产品组合效率用我们通常的话来说,就是各种产品的生产和消费应符合一定的比例关系。在市场经济中,这种比例不再由政府计划者的偏好来决定,而是由所有消费者的要求和愿望来决定。

## 第三节 公 平

效率只是阐述了资源配置的理想状态,丝毫没有涉及分配问题。它没有说明各人之间所拥有或享有的产品份额应该如何。交换效率曲线上的所有点都满足交换效率(参见图 2-2),曲线上各点之间的区别在于甲、乙两人所消费的产品量不同,它表现出各种不同的分配状态。哪一种状态最好呢? 效率分析没有回答。因此,有必要进一步阐明分配的最佳状态。

### 一、公平的含义

可以用两个字来概括一个社会收入分配的理想状态,这就是公平(equity, equality, fairness)。然而,公平的含义究竟是什么? 不同的人有不同的解释。对公平的理解和认识主要有三种,概括地说,就是规则公平、起点公平和结果公平。

主张规则公平①的人认为,经济活动是所有社会成员参与的竞争,竞争的规则必须公平。这种规则对各社会成员来说应是统一的、一视同仁的,既不偏袒某些人,也不压抑某些人,所有人都遵循同一规则参与经济活动。这一规则包括确认各人对生产要素的所有权,承认他所拥有的体力、智力和财富,你的就是你的,我的就是我的;各人以自愿的、诚实的方式进行交换,禁止抢劫、盗窃和欺骗;各人都按自己对生产所作出的贡献大小取得属于自己的收入份额。什么是公平?规则公平的回答是,在统一的市场规则的前提条件下,各人的收入份额与其对生产的贡献份额相一致的收入分配就是公平的。由于各人所拥有的生产要素(劳动和资本)是不相同的,各人的努力程度(将生产要素投入生产的积极性)是不同的,各人在生产过程中所作出的选择是不同的,有些人的收入会多些,有些人的收入会少些。但从规则公平来看,最终谁多谁少不是公平与否的衡量标准,公平的含义仅在于所有社会成员都按统一的竞争规则行事,各人的收入份额与其对生产的贡献份额相一致。

起点公平②试图对规则公平进行补充。主张起点公平的人认为,不仅竞争过程中规则要公平,而且对所有社会成员来说,竞争的起点也应是公平的。就像赛跑,选手们要从同一条起跑线上出发一样,在社会经济活动中,每一个人应有大致相同的起点,这样每个人的机会才是均等的。在现实生活中,人们参与竞争的起点是不同的:有人出生在富裕家庭,有机会接受大量遗产;有人出生在贫困家庭,进入社会时"赤手空拳";有的人在智力或体力上具有某种天赋,而有的人则不具备这些条件。因此,当人们参与社会竞争时,起点就不一致。在这种情况下,即使竞争过程中的规则是公平的,所产生的收入分配状况——从起点公平的观点来看——仍是不公平的。起点公平强调在起点一致的条件下的规则公平。

如果所有社会成员参与竞争的起点是公平的,那么分配的结果,即各人所拥有的收入份额之间的差距将比单纯的规则公平小,但差距仍会存在。在规则公平的条件下,各人收入份额的差距来源于:(1)天然禀赋的差别,即参与竞争之前所拥有的财富,以及智力和体力上的差别;(2)选择上的差别,即使各人拥有同样的生产要素,如何运用这些生产要素,如何在不同的方案之间进行选择仍会有所不同。这些因素都会影响各人的收入份额。起点公平主张消除由第一种原因所造成的分配结果差别,但承认和肯定第二种原因所产生的收入分配差别。

假定甲、乙两人在参与竞争时在天然禀赋方面的条件完全相同,甲可以做到的乙也可以做到,乙可以做到的甲同样可以做到,这就意味着两者之间机会是均等的,起点是公平的。这样,甲、乙两人就有相同的个人生产可能性曲线。在图 2-4 中,甲和乙都有能力达到个人生产可能性曲线 $AB$ 上的任何一点。甲选择了 $C$ 点而乙选择了 $D$ 点。这种选择上的差别是由于两人偏好的不同引起的。如果从两人的福利状况(满意程度)来看,我们很难说两者中谁更好一些,一个收入多些,另一个休闲多

图 2-4 因选择不同而造成的收入差别

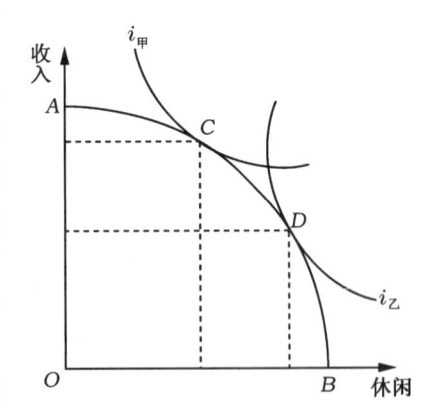

---

① 有的书中称之为"经济公平"。
② 有的书中称之为"机会均等"。

些。但如果仅从收入来看,两者就有差别。

从某一个单独过程来看,起点公平似乎是对规则公平的一个补充,但若从一个连续的过程来看,起点公平则是对规则公平的否定。假定甲、乙两人有相同的起点,由于选择的不同,两者的最终收入份额就会有所不同,这种差别必然形成甲、乙两人子女在起点上的不同。甲的子女由于家庭收入较丰或可继承父辈较多的财富而在他们的生活起点上优于乙的子女。这里我们看到,一代人的起点恰恰是前一代人的结果,要使这一代人起点相同就必然要使前一代人收入分配结果相同,而不论他们对生产所作的贡献有多大,这就违背了规则公平。从这一意义上来说,起点公平最终将引致结果公平。

结果公平[1]强调生产成果在分配上的均等,强调各社会成员之间所拥有收入份额的相对关系。从结果公平的观念来看,公平指的是各人收入份额的均等。贫富差距较大就是不公平,缩小贫富差距就促进了公平,而公平的理想境界则是平均分配。显然,结果公平是对规则公平的否定,不管一个人对生产的贡献的大小,他的收入份额应与其他人相等。

公共经济学将结果公平作为收入分配的理想状态。本书正是从这一意义上来定义公平的。这是因为规则公平实际上主张以交换的方式来进行收入分配,在市场经济条件下,这种公平与效率是一致的,它是实现效率的必要条件,因此它不能构成效率之外的一个独立目标。起点公平似乎介于规则公平和结果公平之间,但从实质上来看,它只能归于结果公平。只有结果公平才能形成可以与效率并列的一个独立的评判标准。

## 二、公平的衡量

对公平的衡量主要有两种方式:一是贫困指数,二是基尼系数。

贫困指数(poverty index)是处于贫困线以下的人口占总人口的比例。这就需要确认某一个收入水平为贫困线。贫困指数越大,说明贫穷者越多,收入分配也就越不公平;反之,则越公平。

用贫困指数来衡量公平的程度有两个主要缺陷。首先,贫困线怎样确定没有一个客观的标准。通常人们以满足基本生活水平所需要的收入作为贫困线的标准。但基本生活水平又怎样确认?衣、食、住、行、教育、卫生的一定水平可以被看作为基本生活水平,也可以被视为小康水平。若把贫困线定得高一些,贫困指数所反映的公平程度就会低一些;定得低一些,就会使人感到收入分配状况变好了。其实两者反映的是同一种收入分配状态。其次,贫困指数对收入分配状况变动的反映不敏锐,甚至包含着一些武断的因素。

表 2-1 贫困指数对收入分配状态的反映

| 收入分配状态 | A | B | C | D | E | 贫困指数 |
|---|---|---|---|---|---|---|
| 最初的收入分配状态 | 10 | 20 | 30 | 40 | 50 | 40% |
| 改变后的收入分配状态(一) | 20 | 20 | 30 | 40 | 40 | 40% |
| 改变后的收入分配状态(二) | 10 | 30 | 30 | 40 | 40 | 20% |

表 2-1 是一个五人社会的收入分配状态。假定贫困线为 20 单位收入,小于或等于 20

---

[1] 有的书中称之为"社会公平"。

单位收入的人是贫困者。最初,A、B、C、D、E五人的收入分别为10、20、30、40、50单位。这样,最初的贫困指数是40%。若采用方案一,将E的10单位收入用某种方式转给A,E的收入下降为40单位,A的收入上升到20单位,贫富差距有了一些改观,但贫困指数仍是40%,它没有能够反映出这种变化。若采用方案二,将E的10单位收入转给B,E的收入下降为40单位,B的收入上升到30单位,贫困指数为20%。将方案一和方案二进行比较,我们发现,方案一较符合公平,因为它缩小了最高收入与最低收入之间的差距,整个社会收入分配较为平均。但贫困指数反映的情况则是方案二优于方案一。它包含着一种武断的看法,即将收入给予贫困线临界者是一种较好的再分配。显然,用贫困指数来反映收入分配的公平性程度是有偏差的。

衡量公平程度的另一种方法是基尼系数。计算基尼系数时需要将各社会成员从低收入至高收入排列,就像表2-1中所给出的那样,然后将收入及人数分别逐个相加,并算出这些人的收入占总收入的比例以及这些人的人数占总人数的比例。以表2-1第一行数字为例,A的收入为10,总收入为150,收入占总收入的比例为1/15,人数占总人数的比例为1/5,这样,我们就可以在图2-5中确定$H$点的位置,其坐标为(1/5,1/15)。A与B的收入之和为30,占总收入的比例为1/5,人数占总人数的比例为2/5,我们可以确定另一点$I$的位置,其坐标为(2/5,1/5)。以此类推,就会得到一系列组合,并在图2-5中标出它们相应的点$J$和$K$。将这些点连接,就会得到一条下凹的曲线,这条曲线被称为洛伦茨曲线(Lorenz curve)。贫富差距越大,洛伦茨曲线就越往下凹,若全社会的收入都集中在一个人手中,洛伦茨曲线就会与图2-5中的$OAD$相重合;贫富差距越小,洛伦茨曲线就越平直,当每一个人的收入都相等时,洛伦茨曲线就会变成一条对角线,与图2-5中的$OD$相重合。洛伦茨曲线与对角线之间的面积$E$与三角形$OAD$的面积之比称为基尼系数,它用以衡量收入分配的公平程度。绝对平均分配(每个人的收入相同)的基尼系数为零,极端不公平的分配(所有的收入都属于一个人)的基尼系数为1。一般情况下,基尼系数的取值总是在0到1之间,其数值越小,收入分配就越公平;反之,则越不公平。

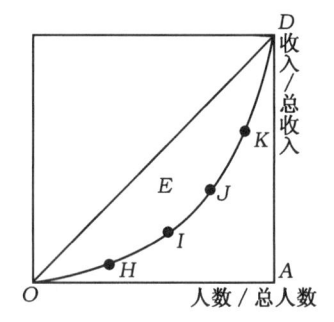

图 2-5　洛伦茨曲线与基尼系数

需要注意的是,以基尼系数表示的公平是结果公平。它不反映社会总收入或各个人收入绝对额的大小,而只反映各个人收入之间的相对关系。如果社会总收入增加1倍,每个人的收入也增加1倍,只要各个人收入之间的相对比例关系不发生变化,基尼系数就不会有任何改变。

## 第四节　公平与效率的权衡

前面我们分别讨论了财政政策的两个目标,即效率与公平。这两个目标之间既有联系又有矛盾。当它们相互间发生冲突时,就需要进行权衡。

### 一、公平、效率与社会福利

单独地用效率或者公平为标准来评价某种状态,只是理论的抽象,这样可以在比较单纯的情况下进行判断。然而在现实中,某种资源配置状态必然与某种收入分配方式联系在一起,要做出评价就必然会涉及效率和公平这两个目标的权衡。

假定在一个由甲、乙两人组成的社会中,如果按照7∶3的比例在两人之间分配产品,产出总量是100单位;如果按6∶4的比例分配产品,产出总量是90单位。单纯从效率来看,我们会说前一种状态优于后一种状态,因为在给定的资源条件下,前一种情况所获得的产品总量大于后一种情况。单纯以公平目标来衡量,我们会认为后一种状态好,因为后者的收入差距小于前者。但总的来看究竟哪一种状态好呢?这就需要确定效率与公平两者之间的关系究竟对社会福利产生怎样的影响。

在社会福利定义为所有社会成员效用之和的条件下,人们对提高公平度对社会福利的影响有不同的看法。

一种观点认为,提高公平程度可以使社会福利水平提高。这种观点的逻辑基础是收入的边际效用递减。假定甲、乙两人都有相同的收入边际效用曲线,甲的收入为700单位,乙的收入为300单位。由于边际效用递减,所以甲的收入边际效用必定小于乙的收入边际效用。假定两者的边际效用分别为5和10。在这种情况下,如果减少甲1单位的收入,并把它转移给乙,甲失去的效用为5,但乙得到的效用为10。经过这一调整,甲与乙之间的收入分配差距缩小了,而且社会总效用增加5。也就是说,提高公平度有助于提高社会福利。从这个观点来看,只要人们之间收入分配存在差距,只要每个人的收入效用函数是相同的,缩小收入分配差距,提高公平度总可以提高社会福利。这种调整可以一直进行到每个人的收入相等为止。根据这一观点,缩小贫富差距是一种潜在的帕累托改进(potential Pareto improvement),即可以通过调整,使得一些人得益,而且这种得益大于所有受损者的利益损失,因而具有向受损者进行补偿的潜在能力。

另一种观点则相反,认为提高公平度会使社会福利水平下降。这种观点认为,生产与分配有着密切的联系。人们在多大程度上将自己所拥有的生产要素投入生产中去取决于他能够从生产的成果中得到多少。只有在生产成果的分配与他所提供的生产要素的数量和质量有直接的对应关系,或者说,他是用自己所拥有的生产要素去换取生产成果的时候,人们才能最大限度地将自己所拥有的生产要素贡献给生产,产出才能在给定的资源潜力条件下最大化。一旦分配与生产贡献的关系变得模糊、不确定,或者相分离,社会的总产出以及社会福利必定下降,而且分离的程度越大,下降的幅度也越大。前一观点之所以会得出平均分配能够使社会福利最大化的结论,就是因为它忽视了生产与分配之间的联系,不论如何分配,生产的总量即总收入始终保持不变。这与人们从社会实践中获得的观察显然不相符。

这两个观点虽然是对立的,但各自都有一定的合理性。前一种观点强调了收入边际效用递减,后一观点强调了生产与分配的关联性。在考虑效率、公平与社会福利之间关系的时候,需要把这两方面综合起来,以构成可供选择的所有可能状态。

## 二、可供选择的社会状态

需要展现在给定的资源技术和分配方案条件下所有可能的社会状态,以便进一步做出选择。每一种状态既代表着一种特定的资源配置,也代表着一种特定的收入分配。它有点类似于在讨论生产问题时的生产可能性边界,为社会选择提供了一个适当的范围。我们通过两个步骤将上述考虑的两个因素逐个纳入分析框架。

## (一) 分配与生产的函数关系

为了简明起见，我们假定一个社会只生产一种产品，或者我们在观念上把社会所生产的所有产品看成一个大类，视为一种产品，笼统地称之为收入。这样，效率问题就可以全部归为生产效率，收入越多，效率也就越高。只要在现有资源和技术给定的条件下，做到使这种产品的产量达到最大化就满足了效率的全部条件。交换效率和产品组合效率只有当我们把社会产品分成不同的类别时才有意义。

假定在社会现有的资源中，甲拥有80%，乙拥有20%，要使社会的产出总量最大，就必须按甲、乙两人分别对社会生产所做贡献大小的比例来分配社会产品。由于每个人的收入份额与他们各自对生产所做的贡献份额成正比，因此两人都会尽自己的能力将所拥有的资源用到生产中去，使资源得到最充分的利用。如果社会分配给甲、乙的收入比例为7：3，甲、乙两人将资源投入生产的积极性就会受到损害，因为他们对生产所做的贡献与他们各自得到的收入份额出现了脱节。这种脱节越严重，积极性受到损害的程度就越大，生产成果就越少。

假定在甲、乙的收入与他们各自的生产贡献成比例，社会能够最充分地使用现有的资源和技术的条件下的产量为100，其他分配状况条件下的产量如表2-2所示。与市场交换所产生的收入分配状态发生偏离，就会使总收入降低。偏离的程度越大，效率受到的损害也就越大。根据表2-2中所列数字，我们可以看到分配与总收入之间的关系。用横轴来表示收入分配状态，纵轴表示总收入，将表2-2的各组数据标在图2-6上，就可以得到一条分配与生产的关系曲线。

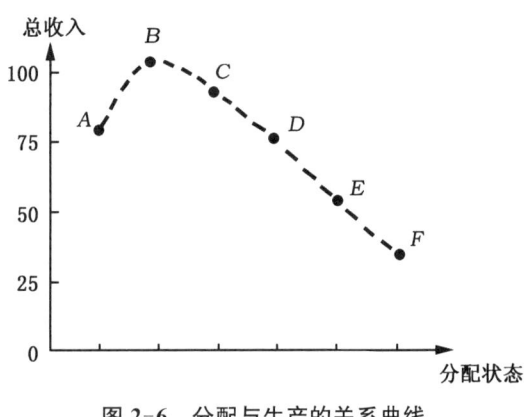

图2-6 分配与生产的关系曲线

表2-2 假设的收入分配与总收入之间的关系

| 状　态 | A | B | C | D | E | F |
|---|---|---|---|---|---|---|
| 总收入 | 80 | 100 | 90 | 70 | 50 | 40 |
| 甲的收入：乙的收入 | 9：1 | 8：2 | 7：3 | 6：4 | 5：5 | 4：6 |

## (二) 效用分配可能性曲线

如果我们从社会福利的角度来考察这一问题，就需要将收入转换成效用。根据经济学的基本假定，总效用随收入的增加而增加，但边际效用却随之递减。为了说明的方便，我们假定甲、乙两人有相同的收入效用曲线，并且为已知。表2-3显示了这条曲线上若干点的数值。

表2-3 收入效用曲线

| 收　入 | 8 | 16 | 20 | 24 | 25 | 27 | 28 | 42 | 63 | 72 | 80 |
|---|---|---|---|---|---|---|---|---|---|---|---|
| 效　用 | 16 | 32 | 40 | 48 | 49 | 51 | 52 | 64 | 85 | 94 | 102 |

可以在坐标上描出甲、乙两人社会的效用分配可能性曲线。在图 2-7 中，纵坐标表示甲的效用量，横坐标表示乙的效用量。当社会处于状态 A 时，总收入为 80，甲分得 9 份，收入为 72，根据表 2-3，效用量为 94；乙分得 1 份，收入为 8，效用量为 16。这样，我们就可以在坐标上找到相应的一点 A，它表示在状态 A 的条件下甲、乙两人各自获得的效用分配状况。类似地，我们也可以在坐标上分别找到状态 B、C、D、E、F 的对应点。将这些点连接起来就可以画出一条效用分配可能性曲线，它表示一个社会在各种可能的收入分配状态下甲、乙两人的效用状况。

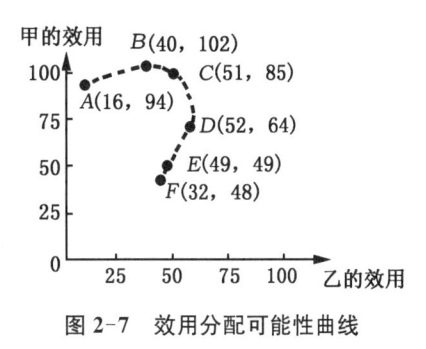

图 2-7 效用分配可能性曲线

### 三、社会福利函数

可供选择的所有状态都摆出来了，现在的问题是，在这条效用分配可能性曲线上哪一点是最理想的，可以作为财政政策所追求的目标呢？这条曲线上的任何一点都包含着两个方面的含义：既表示一种资源配置状态（社会的总产出水平），又表示一种收入分配状态（甲、乙两人各自的收入以及效用份额）。有的点，例如 B 点，具有效率（收入最大），但公平性较差；有的点，例如 E 点，达到了公平目标（基尼系数为 0），但效率低下。当我们将效率和公平综合起来考虑时，应如何权衡两者，兼顾效率与公平呢？

首先我们注意到，对某些状态进行调整可以既改善效率又改善公平。例如，从状态 A 改变到状态 B 或者从状态 F 改变到状态 E，社会总收入可以有所增加，同时又可以使收入分配变得较为公平。在这种情况下，公平目标与效率目标不相矛盾。

但是，在效用分配可能性曲线上的 B 点到 E 点之间，公平目标与效率目标之间就会发生矛盾，要改进效率就要在一定程度上放弃公平，或者要提高公平性就要在一定程度上损失效率。那么，一个社会究竟应该在多大程度上放弃效率去换取公平，或者在多大程度上放弃公平去换取效率呢？在效用分配可能性曲线上的 B 点到 E 点之间哪一种状态应作为政策的目标呢？对这个问题，人们有各种不同的看法，但分析问题的方法是一致的，即通过构造社会福利函数来分析这一问题。

社会福利函数（social welfare function）表明社会福利水平与所有社会成员的效用水平之间的关系。在社会福利函数中，每个人的效用被作为因变量，而社会福利水平则作为自变量。对于一个两人社会，社会福利函数可以表示为：

$$社会福利水平 = F(甲的效用, 乙的效用)$$

在社会福利水平给定的条件下，可以有多种甲和乙的效用组合，这些组合构成了一条社会无差异曲线。不同的社会无差异曲线表示不同的社会福利水平。在图像（见图 2-8）上，处于较高位置的社会无差异曲线表示较高的社会福利水平。

关于社会无差异曲线的性质，有一点是统一的，即它应与从原点出发的 45°射线对称。例如，甲的效用为 8 单位、乙的效用为 2 单位的组合必定与甲的效用为 2 单位、乙的效用为 8 单位的组合处在同一条无差异曲线上。因为不论从效率还是从公平指标来衡量两种状态都是一样的,因此社会的满意程度也是一样的。否则,社会福利函数就不是公正的,因为它对不同的社会成员持不同的态度。社会无差异曲线的某种一般形式可以表示为如下方程:

$$给定的社会福利水平 = a \times 甲的效用 + b \times 乙的效用$$

式中,$a$和$b$为系数,它们的具体数值反映了不同的社会伦理观念,同时也决定了社会无差异曲线的具体形状。具体而言,有以下几种不同的观点:

一是功利主义。这种观点认为,社会福利水平就是社会总效用,它等于社会所有成员的效用之和,一个社会应追求社会总效用的最大化。从这一观点来看,不论是高收入者还是低收入者,他们之间的每一单位效用是等价的。换言之,在上面所列出的社会无差异曲线的方程中,$a=b,a>0,b>0$。在图像上(参见图2-8),功利主义的无差异曲线是一条斜率为-1的直线。这条直线上的每一点都代表着甲、乙两人效用的一个组合,各点之间的总效用相同。

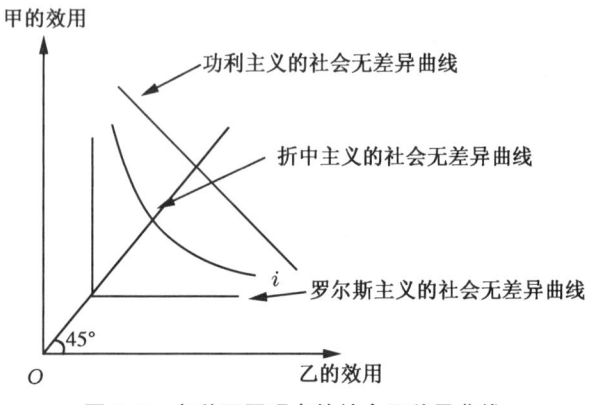

图 2-8 各种不同观点的社会无差异曲线

二是罗尔斯主义。从罗尔斯主义的观点来看,社会福利水平不应该是各社会成员的效用的简单加总,在社会成员之间的收入水平存在差距的情况下,富人的1单位效用与穷人的1单位效用不是等价的,一个社会应重视增加穷人的效用。如果某种改变使得穷人增加了一定量的效用,而富人则减少了一定量的效用,这一增一减达到怎样的一种关系可以认为社会福利不发生变化呢?罗尔斯主义的回答是:只要穷人的效用能够增加,哪怕只增加一点点,不管富人的效用减少多少,都会使社会福利水平提高;一种改变不论使富人的效用增加多少,只要穷人的效用没有增加,社会福利水平就没有提高。换言之,从罗尔斯主义的观点来看,社会无差异曲线方程中$a=0$(如果甲的收入高于乙的话),$b>0$,社会福利水平等于最低收入者的效用水平。罗尔斯主义是要在既定的效用分配可能性曲线上使得效用最小的社会成员的效用达到最大化,因此又被称为最小者最大化(maximize the minimum)原则。在图像上,罗尔斯主义的社会无差异曲线呈L形,其顶点处在由原点出发的、斜率为45°的射线上(参见图2-8)。

三是折中主义。功利主义和罗尔斯主义对富人和穷人的效用的权数采取了截然不同的立场,它们可以被视为两个极端。折中主义介于两者之间。在社会无差异曲线的方程中,功利主义认为$a/b=1$,而罗尔斯主义认为$a/b=0$,折中主义则认为$0<a/b<1$。从折中主义的观点来看,富人的1单位效用的社会评价小于穷人的1单位效用的社会评价,这就使它区别于功利主义;但另一方面,折中主义又认为富人的效用只要大到一定的程度总可以等同于穷人1单位的效用。例如,如果一种改变能使富人的效用增加10个单位而穷人的效用只减少1个单位,折中主义可能会认为这种改变对社会福利没有影响,也可能认为是对社会福利的一种改进。这就使之又区别于罗尔斯主义。在折中主义的社会无差异曲线方程中,$a$与$b$的比值是随着贫富差距的变化而变化的。贫富差距越大,$a$与$b$的比值就越小,并逐渐趋向

于 0；反之，比值就越大，并逐步趋向于 1。折中主义的社会无差异曲线的图像介于功利主义和罗尔斯主义之间，呈弧状（参见图 2-8）。

将各种不同观点的社会福利函数与效用分配可能性曲线放在一张图上，可以看到不同的观点所追求的政策目标（参见图 2-9）。功利主义的观点比较强调效率目标，但它并不完全赞同按各人对生产的贡献来分配收入，这一观点可以容纳比较温和的收入再分配；折中主义的目标介于功利主义和罗尔斯主义之间；罗尔斯主义较为注重公平目标，但需要注意的是，在一般情况下，罗尔斯主义并不等于平均主义（equalitarianism）。

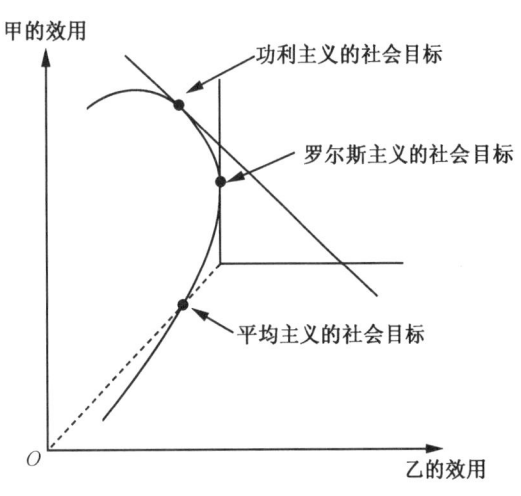

图 2-9 不同观点的政策目标

## 四、无知的面纱

在这些不同观点的政策目标中究竟哪一个目标是合意的呢？人们对此没有统一的意见。但是持不同观点的人都倾向于承认，只有在"无知的面纱"（veil of ignorance）之后产生出来的社会目标或者社会福利函数才是公正的。每一个人都生活在具体的环境中，他意识到自己的切身利益并倾向于从自身利益出发来评价政策目标。一个生来就具有较好的天赋、生活在较为富裕的家庭中、受到良好教育或接受了大笔遗产的人会意识到，按各人为生产所做的贡献——提供的智力、体力和资本来分配社会产品对他比较有利。因此，他会倾向于赞同市场交换的分配原则，或者赞同只作有限再分配的功利主义；一个生来缺乏天赋，在体力、智力和财力方面都处于劣势的人会意识到按贡献分配会使自己陷于困境，因而倾向于赞同具有强烈再分配性质的罗尔斯主义，甚至主张平均主义。在自己的前景为已知或有所知的情况下，人们出于自身利益会对社会目标和社会福利函数作出不同的评价，对社会应该追求的目标不会有统一的看法。不论一个人赞成什么，他的看法总是不公正的，因为他是出于自己的利益，而不是出于整个社会的利益；一旦他的社会地位发生变化，比如说，从一个穷人变成了富人，他就会采取与以往截然不同的立场。只有当所有的人都处在"无知的面纱"之后——完全不知道自己在未来竞争中所处的地位，也无法预见竞争的结果时，他们的选择才会具有相对一致性、客观性和公正性。

那么，在"无知的面纱"之后，人们究竟会做出怎样的选择呢？罗尔斯认为，他们会选择罗尔斯主义的政策目标，因为每一个人都有可能成为社会中境况最糟的人，他们希望一个社会能尽可能地保障处于这种境地时的收入水平。而功利主义者则通过对风险市场的观察认为，在风险市场上，人们会以投资收益的期望值最大化为目标，人们在"无知的面纱"之后进行的选择必定以个人效用的期望值为目标，从整个社会来说就是以社会总效用最大化为目标。对于这个问题，理论界尚无一致意见，规范分析的最终答案仍需要通过实证分析来获得。

以上我们讨论了公共经济政策的目标。这种讨论是高度抽象的，但并非与实际无关。当我们分析或者评价公共经济政策时，首要的问题是这项政策究竟要实现怎样的目标，或者应该实现怎样的目标。尽管资源配置与收入分配的综合目标在理论上尚不太明确,但分项目标——效率与公平已在理论上分别阐明,它们为评价公共经济政策提供了依据。

## 本章小结

帕累托效率是资源配置的最佳状态,它要求资源配置满足生产效率、交换效率以及产品组合效率。

人们对公平的含义有不同的看法,一种是以分配的规则来定义公平,另一种则以分配的结果来定义公平。人们通常以基尼系数来衡量公平或不公平的程度。

效率与公平之间存在着矛盾,双元目标的权衡取决于人们的社会伦理观念。功利主义偏重于效率,而罗尔斯主义则在较大程度上强调公平。

## 习 题

### 一、名词解释

规范分析　帕累托效率　帕累托改进　潜在的帕累托改进　生产效率　交换效率　产品组合效率　规则公平　起点公平　结果公平　贫困指数　基尼系数　社会福利函数　功利主义　罗尔斯主义　折中主义　平均主义　无知的面纱

### 二、思考题

1. 谈谈资源配置与收入分配的区别。
2. 生产效率、交换效率和产品组合效率分别要满足哪些理论标准?
3. 试述起点公平与规则公平、结果公平之间的区别。
4. 到统计年鉴上去查一下我国最低、次低、中等、次高和最高的20%人口的平均收入是多少,并计算基尼系数。
5. 假定有三个社会分别有不同的分配政策,而且运行的结果有以下已知信息:如果你进入A社会,你可能得到的最低收入为10,收入的期望值为20;如果你进入B社会,你可能得到的最低收入为0,收入的期望值是200;如果你进入C社会,你可能得到的最低收入为5,收入的期望值是100。你完全不能判断自己进入这三个社会后会处在怎样的相对位置上。这时你会选择哪一个社会?你的选择与功利主义、罗尔斯主义和折中主义有何联系?

# 第三章 政府与市场

## 全章提要

- 第一节　市场机制
- 第二节　政府机制
- 第三节　混合经济

本章小结

习题

在阐明了公共经济政策的目标之后,我们需要考虑用什么方式才能实现目标。有两种基本方式可供选择,就是市场与政府。这是两种不同的经济机制,同时也是两种不同的公共经济政策。因为不同的经济运行方式意味着政府和公共部门的职责范围以及所采取的行动有根本性的不同。本章分析这两种基本政策可能产生的结果,并对其进行评价。

思政案例

公平与效率的权衡

## 第一节 市场机制

要实现资源配置的效率就要求人们不断地寻求帕累托改进的机会,并一直到无法再做出这样的改进为止。这在实践中存在着一个问题:我们怎样才能知道对资源配置进行某种调整是不是帕累托改进?市场机制为实践中寻求帕累托改进提供了一种自然而又简明的方式:让大家在自愿、诚实的基础上进行交换。这种交换必然是帕累托改进,因为如果有一方利益受损,自愿的交换就肯定不会进行;一旦交换发生,我们就可以肯定这一过程一定是双方都得益,至少无人受损。市场机制使得所有个人都在努力寻找帕累托改进的机会,并确保所进行的调整是帕累托改进。这一过程将引导整个社会不断地逼近帕累托效率。我们先从一种理想化的市场条件来考察这种交换的最终结果。

### 一、完全竞争市场

我们将一种理想化的市场——完全竞争市场(perfect competitive market)——作为分析的起点。完全竞争市场是指一种竞争不受任何阻碍和干扰的市场结构,其定义和需要满足的条件已在一般的初级经济学教科书中阐明,这里不再赘述。

#### (一) 完全竞争市场的运行结果

在市场中,每一个人,不论是消费者还是生产者,都谋求自身利益的最大化。然而,交换意味着追求个人利益最大化的行为将受到约束,他只能用自己所拥有的去交换他人的东西。这种约束表现为预算约束线,它的斜率由不同资源、不同产品的相对价格决定,而它的高低位置则由个人所拥有的收入份额决定。在市场经济中,相对价格取决于资源或产品的供求关系,当某项资源或产品供过于求时,价格会下降;反之,则会上升。这种调整会改变相对价格,即预算约束线的斜率。

1. 市场的生产效率

我们首先来考察在社会资源给定的条件下,完全竞争市场将使资源在不同产品的生产之间的配置产生怎样的结果。假定一个社会用数量已经给定的 A、B 两种生产要素,去生产 X、Y 两种产品。在图 3-1 中,$OA$ 表示 A 资源的总量,$OB$ 表示 B 资源的总量。箱形图中的任何一点都表示社会的全部资源在 X、Y 两种产品的配置。$O$ 点表示用于产品 X 的 A 资源和 B 资源为零,即 X 产品的产量为零,全部资源都用于产品 Y。$O'$ 点表示用于 Y 的 A 资源和 B 资源都为零,产品 Y 的产量为零。$i_{X1}$、$i_{X2}$ 表示不同产出水平的 X 产品的等产量线,$i_{Y1}$、$i_{Y2}$ 表示不同产出水平的 Y 产品的等产量线,$C_1$、$C_2$ 为两条不同的预算约束线。

在产品 X 和产品 Y 的生产者各自的收入份额以及这两种产品的价格给定的情况下,就可确定一条两种产品生产者的预算约束线。假定这条预算约束线为 $C_2$,这时,产品 X 的生产者的决策点为 $E_2$,它表明该生产者打算用数量为 $OF$ 的 A 资源和数量为 $OG$ 的 B 资源去生产产量为 $i_{X2}$ 的产品 X;产品 Y 的生产者决策点为 $E'_2$,它表明产品 Y 的生产者打算用数量为 $O'I$ 的 A 资源以及数量为 $O'H$ 的 B 资源去生产产量为 $i_{Y2}$ 的 Y 产品。这时资源 A 就会供不应求($OF + O'I > OA$),而资源 B 则供大于求($OG + O'H < OB$)。显然,预算约束线 $C_2$ 所表示的相对价格是一种不稳定的非均衡的价格。由于资源 A 供不应求、资源 B 供大于求,A、

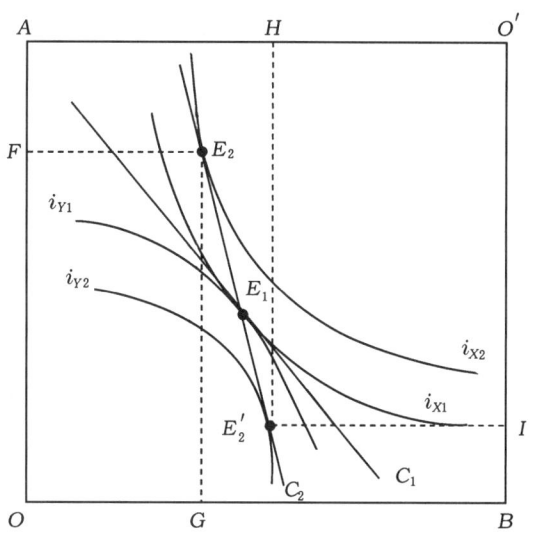

图 3-1 均衡价格与生产效率、交换效率

B 两种资源的相对价格就会发生变化,资源 A 的价格上升,资源 B 的价格下降,使得预算约束线由原来的 $C_2$ 往 $C_1$ 方向转动。当预算约束线为 $C_1$ 时,X、Y 两种产品的生产者决策都在 $E_1$ 点上,这表明 A、B 两种资源的供求得到了平衡,因此相对价格不再发生变化。这就是完全竞争的要素市场的运行结果。这一结果必然具备这样的性质:产品 X 的要素边际替代率等于产品 Y 的要素边际替代率,并且等于预算约束线的斜率。这意味着只要市场是完全竞争的,市场运行的结果就必然满足生产效率。

2. 市场的交换效率

我们再来考察在社会的生产水平和产品结构既定的条件下,给定数量的不同产品在各消费者之间的配置在完全竞争的市场条件下会产生怎样的结果。我们可以将图 3-1 中的 $OA$ 和 $OB$ 看成两种不同产品的产量,$O$ 和 $O'$ 分别为两个不同消费者的原点,$i_{X1}$、$i_{X2}$ 以及 $i_{Y1}$、$i_{Y2}$ 是这两个消费者的无差异曲线,$C_1$ 和 $C_2$ 代表两种不同情况的预算约束线。根据同样的道理,我们可以得出这样的结论:完全竞争市场将使得不同产品在不同消费者之间的配置达到各自无差异曲线的相互切点上,即使得一个消费者的产品边际替代率等于另一个消费者的产品边际替代率,并且等于预算约束线的斜率。也就是说,完全竞争市场的运行结果必然满足交换效率。

3. 市场的产品组合效率

最后,我们来考察一下完全竞争市场所产生的产品组合。在图 3-2 中,$AB$ 为产品 X 和 Y 的生产可能性曲线。前面我们已经论证了在完全竞争的市场条件下,生产必定能满足生产效率,因此,我们可以在生产可能性曲线 $AB$ 上任取一点(在图 3-2 中为 $E$ 点)作为生产者已确定的产品组合。在产品组合已定的条件下,我们可以画出一个埃奇沃斯箱形图 $MENO$,以表示这些产品在甲、乙两个消费者之间的配置空间。我们已经证明,在完全竞争的市场条件下,不同产品在不同消费者之间的配置必然处在交换效率曲线上,这条曲线在图 3-2 中为 $OFE$。我们在这条曲线上任取一点(在图 3-2 中为 $F$ 点),在这一点上,甲、乙两个消费者的产品边际替代率相等,在图 3-2 中表现为预算约束线 $C_0$ 的斜率。现在的问题是:

消费者的产品边际替代率是否等于生产者的边际转换率？换言之，图 3-2 中 $C_0$ 的斜率是否等于生产可能性曲线 $AB$ 上 $E$ 点处的斜率？如果不等的话，完全竞争市场将作出怎样的调整？

由于图 3-2 中 $E$ 点和 $F$ 点是任意假定的，因为预算约束线 $C_0$ 的斜率很可能不等于 $AB$ 线上 $E$ 点处的斜率。在图 3-2 中，直线 $P$ 与 $AB$ 线相切于 $E$ 点，它的斜率为 $E$ 点处的产品边际转换率。$C_1$ 是过 $E$ 点并平行于 $C_0$ 的直线，它是在既定的相对价格条件下生产者的一条等收入曲线。我们可以看到 $P$ 与 $C_1$ 的斜率不等，也就是说，消费者的产品边际替代率不等于生产者的产品边际转换率。

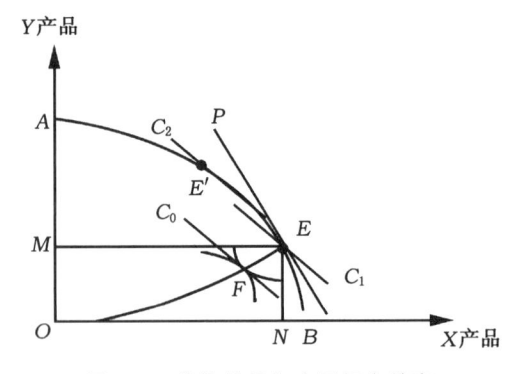

图 3-2 均衡价格与产品组合效率

在这种情况下，$E$ 点不符合生产者的利益，因为它不能使生产者在现有的价格条件下实现收入的最大化。在相对价格为 $C_0$ 的斜率时，生产可能性曲线上的哪一种产品组合能使生产者的收入最大化呢？我们可以将 $C_1$ 平行地往上移到 $C_2$ 的位置，$C_2$ 与 $AB$ 切于 $E'$，这一点即为在既定的价格条件下生产者收入最大化的产品组合。这就是说，生产者将调整产品结构，逐步地由 $E$ 点移向 $E'$ 点。在这一过程中，生产者的产品边际转换率在发生变化，逐步在向消费者的边际替代率（$C_0$、$C_1$ 或 $C_2$ 的斜率）靠拢。从消费者方面来看，由于生产者的这一调整增加了 Y 产品的生产，减少了 X 产品的生产，因而 X、Y 两种产品的相对价格也会发生变化，Y 产品相对于 X 产品将变得便宜些，在图 3-2 中表现为预算约束线 $C_0$ 将变得较为陡直。也就是说，$C_0$ 的斜率会逐步向直线 $P$ 斜率的方向变化。生产者和消费者的这种调整将一直进行到消费者的产品边际替代率等于生产者的产品边际转换率时才停止。上述分析表明，在完全竞争的市场条件下，产品组合最终将符合这样一种性质：生产者的产品边际转换率等于消费者甲的产品边际替代率，并且也等于消费者乙的产品边际替代率，这种产品组合满足产品组合效率。

### （二）福利经济学的基本定理

我们已经用理论实证分析的方法论证了完全竞争市场的运行结果。虽然这一分析并未告诉我们在现实的市场中生产者会用多少 A 和多少 B 去生产多少产品 X 和产品 Y，但它已告诉我们运行结果所具有的性质。我们发现，完全竞争市场的运行结果正好符合本书第二章所阐述的资源配置理想状态——效率所规定的全部条件。这就意味着，要达到资源配置的理想状态，要想知道一个社会应生产多少种不同的产品，应如何使用现有资源去生产这些产品以及各人应获得怎样的产品组合为好，只需要遵循市场规则，答案就会自然地呈现出来，而无须我们去苦苦思索各种产品的生产函数、每个人的无差异曲线以及社会的生产可能性曲线究竟具有怎样一种具体形式。我们可以在对所有这一切一无所知的情况下实现和认识一个社会最为理想的资源配置状态。

福利经济学得出了两条基本定理：第一条定理是，在完全竞争的条件下，市场运行的结果必定符合帕累托效率。第二条定理是，任何一种符合帕累托效率的配置状态都能通过完全竞争市场来实现。前面我们已经论证了第一条定理，这里只需要对第二条定理作进一步的说明。

福利经济学第二条定理包含着这样的意思：在一个社会的资源、技术、人们的偏好给定的条件下，存在着多种符合帕累托效率的配置状态。这是因为每一种效率状态都是与特定的收入分配状态相联系的，不同的收入分配状态会产生不同的帕累托效率状态。

在图 3-3 中，$AB$ 是在资源和技术给定条件下 X、Y 两种产品的生产可能性曲线。假定图中 $E$ 点是一个符合生产效率的点（因为它处在 $AB$ 曲线上），同时也是一个符合产品组合效率的点（$AB$ 曲线在该点处的斜率等于消费者甲、乙在分配点 $F$ 处的产品边际替代率，在图中表现为 $C_0$ 与 $C_1$ 平行）。这样，我们就可以把 $E$ 点所代表的资源配置看成是符合帕累托效率的一种状态。当产出水平和产品结构为 $E$ 点所表示的情况时，满足交换效率的状态有无数种，它们构成了图中 $OGFE$ 曲线。这条线上各点之间的区别在于分配状态不同。$F$ 点意味着将较多的收入份额分配给甲，而 $G$ 点则意味着将较多的收入份额分配给乙。只有分配状态处在 $F$ 点时，$E$ 点才是一个符合帕累托效率的产品组合状态。如果分配状态发生改变，例如由 $F$ 点改变为 $G$ 点，$E$ 点就不再符合产品组合效率，因为在 $G$ 点处，消费者的产品边际替代率（在图中表现为 $C_2$ 的斜率）不再与 $E$ 点处的生产者的产品边际转换率相等。由此可见，一种收入分配状态对应着一种资源配置的效率状态，不同的分配状态有不同的符合帕累托效率的资源配置状态。

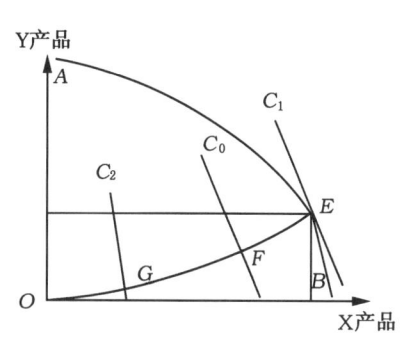

图 3-3 分配与效率

在市场经济中，生产的成果在不同个人之间的分配取决于各人所作的贡献份额，而这种份额又取决于各人的禀赋，即他在参加生产之前所拥有的资本和劳动力（包括智力和体力）。由于市场中每个人只能用自己所拥有的去换取自己所需要的，因此，各人的禀赋决定了分配的结果。福利经济学第二条定理的含义是，如果人们认为市场产生的收入分配结果不能令人满意，可以由政府改变各人初始禀赋的分配状态，同时保持市场的运行和分配规则，这样就可以得到一个在资源配置上满足帕累托效率、在收入分配上又能符合公平的结果。换言之，从福利经济学第二定理所阐述的观点来看，在完全竞争的市场条件下，政府需要做的事只是改变各人之间禀赋的初始分配状态，其余的一切都可由市场来解决。

## 二、市场失灵

现实的市场并不严格符合完全竞争市场的假定条件，人们对完全竞争市场的结果是否令人满意仍存有不同看法。我们把现实市场中不符合完全竞争假定条件以及市场运行结果被认为不令人满意的方面称为市场失灵（market failure）。

市场失灵可以分为两类：第一类市场失灵是指现实市场中不符合完全竞争假定条件的那些方面。由于存在着这类市场失灵，市场机制的运行就不能实现效率。指出这类市场失灵的经济学家并不否认完全竞争市场运行结果的合理性，他们只是说，完全竞争市场所产生的结果是理想的，可惜现实中的市场不是完全竞争市场。第二类市场失灵是指完全竞争市场运行结果本身的失灵，即它所产生的资源配置和收入分配状态是不理想的。指出这类市场失灵的经济学家实际上是说，即使现实的市场严格符合完全竞争的所有条件，它所产生的结果也是不好的。可见，对市场机制的批评出于两种本质上不同的理由。

## (一) 第一类市场失灵

1. 竞争失灵(competition failure)

完全竞争市场要求每一市场都拥有众多的买者和卖者,每一个人或行为主体都不具有控制市场供求和价格的能力。显然,一个市场上的买者或卖者越多,个别厂商对市场的影响力就会越小;反之,会越大,市场的竞争性就要受到影响。只有一个买者或卖者的市场称为垄断(monopoly)。受少数几个可以相互串通的大买者或卖者控制的市场称为寡头(oligopoly)。在现实市场的某些领域中存在着这两种情况,因而不能通过市场竞争来实现理想目标。影响现实市场竞争性的因素不仅仅是买者或卖者数量,产品差别、产品之间的可替代性、产量的流动性以及生产成本递减等因素都会增强个别厂商影响市场的能力,削弱市场的竞争性。

2. 公共产品(public goods)

完全竞争市场要求所有的产品都只能为特定的个人享受,一个人享受了这一产品,其他人就不能同时享受这一产品,或从这一产品中得到任何好处。现实生活中往往存在着这样一些产品,它们在消费中能使公众共同受益,而且很难做到不让某些人受益,例如消除空气污染。当出现这种产品时,个别经济实体之间的交换就难以进行。因为这种产品的成本往往高于某一个人的得益,每个人都期待着其他人去购买这一产品,而自己则能免费得到好处。公共产品的存在显然违背了完全竞争市场的假定,它使得市场交换无法进行。

3. 外部效应(externality)

完全竞争市场要求所有产品的成本和效益都内在化。也就是说,该产品的生产者要承担生产这一产品而给社会带来的全部成本,同时这一产品所带来的全部好处都归这一生产者或该产品的购买者享有。然而在现实生活中,有些产品或服务具有外部效应,即产品或服务对生产者或购买者以外的其他人所产生的影响。这种影响可分为两种情况:一是外部效益(external benefit 或 positive externality),即产品或服务给所有者以外的其他人带来的好处。例如,门前绿化不仅使购买者本人得到了好处,同时也使其邻居或过路人的环境有所改善。当外部效应非常大而内部效益很少时,这种产品就可视为公共产品。因此,公共产品是外部效益的一个特例。另一种是外部成本(external cost 或 negative externality),即产品或服务给所有者以外的其他人带来的损害。例如,生产过程中所排放的废气、废水会污染环境,使生活在这一环境中的人们都受到损害。

4. 信息失灵(information failure)

完全竞争市场要求所有的生产者和消费者都具有充分信息。显然,现实的市场不具备这一条件,不论是生产者还是消费者都可能发生信息失灵现象。生产者不能准确地知道消费者需要什么产品,需要多少;生产者相互之间也缺乏信息的沟通,它们只知道自己的情况,但对其他同类或相关企业的情况却知之甚少,以至于当某种产品供不应求时,大家一哄而上,生产出现过剩;而当某种产品供大于求时,又纷纷转向,使得这一产品又出现了供不应求的局面。消费者也会遇到信息不灵的情况,他可能因不识货而受骗上当,也可能因不了解市场行情而支付了较高的价格。在这种情况下,市场无法实现效率。

5. 交易成本(transaction cost)

完全竞争市场所描述的是一种无任何阻力和摩擦的市场,所有交易或资源的流动都无须耗费资源。但在现实的市场中,交易的实现总是有成本的。人们要看管自己的财产或产品,以防其他人以非交易的方式侵占,要在大量的潜在交易者中寻找交易的对象,要与对方签订合同并保证合同的履行等。总之,要使交易得以实现,需要耗费大量的精力和财力。生产结构的调整也会耗费资源。生产电冰箱的厂商若发现该产品已供过于求,而微波炉的生产供不应求,因此想转而生产微波炉,这种调整过程通常会使一部分投资或产品报废,造成资源的损耗。这种情况显然与完全竞争所要求的条件不相符。

6. 宏观经济失调

完全竞争市场假定价格是有弹性的,它会随供求关系的变动而变动,一直到产品的供求达到平衡为止。但实际上,有时价格具有刚性。例如,按市场规律,当出现失业(劳动力供大于求)时,工资水平下降,一直到雇主愿意雇用所有的劳力时为止。但现实中往往由于工会的影响,工资并不下降,这样就会使失业长期存在,经济出现萧条。解决这一问题不能单纯依靠市场的自发力量。

### (二) 第二类市场失灵

1. 偏好不合理

个人偏好的合理性是市场竞争结果合理性的前提条件,因为市场就是按所有个人的偏好来配置资源的。在现实的市场中,是否可以认为每个人的要求、愿望都是合理的?是否会出现这样的情况:某种东西能给一个人带来较大的利益,但消费者本人却没有意识到这一点,只给予它以较低的评价(表现为在很低的价格上才愿购买);或者出现相反的情况,某种东西能给人们带来的好处并不大,或者有害无益,但消费者却给予较高的评价(表现为他愿意以较高的价格购买)。尽管对什么是合理的偏好,怎样的评价才是正确的,理论界还未取得一致的看法,但大家都认为在现实市场中至少某些人的偏好在某些方面不尽合理。例如,有人低估教育带来的好处,不愿为子女教育花费代价,导致学龄儿童弃学打工。又如,有人高估香烟给自己带来的好处,甚至给予毒品很高的效用评价,愿以高价购买。我们把消费者的评价低于合理评价的产品称为优值品(merit goods),把消费者的评价高于合理评价的产品称为劣值品(dismerit goods)。"优值"或"劣值"都不是对产品本身自然属性的评价,它只是表明消费者偏好存在问题,需要加以纠正。

2. 收入分配不公

市场以各人对生产所作的贡献(包括劳动和资本)大小来分配收入。由于各人所拥有的体力、智力、天赋和资本在质和量上会有很大差别,按市场规则进行分配会造成贫富差距,而且,这种差距本身又会成为收入分配差距进一步扩大的原因。根据市场规则进行分配,有的人就会成为百万富翁,而另一些人就会一无所有,难以维持生计。收入分配的悬殊差距不仅会与公平目标相抵触,而且还会引起许多社会问题,直接威胁到市场机制本身的存在。

由于现实的市场存在着失灵状态,因此市场运行的结果将会偏离资源配置与收入分配的理想状态,要纠正市场失灵只能依靠政府的活动。市场失灵的存在不仅证明了政府财政存在的必要性,同时也为确定政府活动的范围提供了一条线索。

## 第二节 政 府 机 制

市场失灵的存在使人们设想另一条通往理想状态的途径——政府机制(government

planning mechanism），即社会生产什么、怎样生产以及为谁生产的问题由政府来决定的经济运行机制。在纯粹的政府计划体制中，整个社会仿佛是一个有机的整体，所有社会成员就好像是这一整体中的细胞，完全服从政府计划这一"大脑"的支配。

## 一、理想的政府

在怎样的条件下，一个完全由政府计划来作出安排的经济才能实现效率和公平呢？

首先，政府必须具有充分信息。它必须事前全面、准确、及时地了解影响资源配置效率的所有因素。根据我们前面阐述资源配置效率时的思考逻辑，政府通过计划实现效率必须拥有以下信息：(1)现有一切资源的种类以及各种资源的数量。只有了解这些信息，计划者才能确定现实中的埃奇沃斯箱形图，认定资源配置的选择空间。(2)所有不同产品的生产技术。了解在各种不同的产出水平上各种可行的要素组合方式，这样计划者才能了解现实经济中各种产品的生产函数，画出各种产品的等产量曲线，并确定符合生产效率的要素组合。(3)所有不同个人的偏好，即各人对各种产品的无差异曲线。只有具备了这一信息，计划者才能设计出符合效率的资源配置方案。了解了以上方面的信息，政府才有可能知道怎样的资源配置符合生产效率、交换效率以及产品组合效率，才能够制订出与效率目标一致的计划。作为一个理想的政府，我们不仅要假定它具有充分信息，而且还必须假定它能够以最低的成本（至少要比市场条件下获取信息的成本低）获得这些信息，否则，在获取信息的过程中，政府将耗费大量的资源，可供生产产品和服务的资源减少，从而使社会无法实现生产效率。

其次，参与制订计划和执行计划的所有个人都必须一心为公。充分信息只是计划机制实现理想目标的一个必要条件，当政府具有充分信息，知道怎样配置资源才能使整个社会的福利达到最大化时，我们还必须假定政府的行为目标是谋求全社会的福利，满足人们在物质和文化生活方面的需要。如果政府的行为不是以此为目标，那么即使它获得了所有必要的信息，也未必会做出符合全社会利益的计划，并贯彻执行这一计划。理想的政府必须满足以下条件：(1)计划的制订者是全心全意为人民服务的，他的唯一目标是满足人民群众的愿望和要求。在计划制订过程中，他完全不考虑自己的个人利益、自己个人的要求和愿望，他不会利用制订计划、进行决策的特权谋求个人的或特殊集团的利益。(2)计划的执行者毫无私心杂念。在一个生产什么、怎样生产以及为谁生产的问题全部由计划来进行安排的集中计划体制中，每一个人都是计划的执行者，他从事什么工作、使用哪些投入、生产什么产品，以及取得多大的收入份额都是由计划安排的。计划要得到不折不扣的执行就必须假定每一个人都想政府所想、急政府所急，不计较个人得失，忘我地去完成计划。

## 二、政府失灵

正如现实中的市场不是理想中的完全竞争市场一样，现实中的政府也不完全具备理想化政府所应满足的条件。政府的不完善之处被称为政府失灵（government failure），它通常包括以下几个方面：

### （一）信息失灵

政府与市场一样，也会存在信息失灵的问题。即使政府计划的制定者精明强干，并且掌握了现代化的管理技能和工具，他仍不可能达到无所不知的理想境地。这首先是因为社会经济是一个非常复杂的系统,资源的种类、产品的种类多得不计其数,每一种产品都存在着许多种技术可能性。在众多的消费者中,每个人的偏好各不相同,而且,不论是资源、技术还是消费者的偏好都在不断变化之中。这些情况不论是对政府机制还是对市场机制来说,都会使了解信息变得十分困难。政府机制中信息失灵的特殊原因在于以下几个方面:

1. 不通过市场交换,消费者对不同产品的显示偏好难以显示出来

政府机制实现资源配置效率的一个必要条件是政府计划者能全面、准确地了解消费者的偏好,了解他们需要怎样的产品和服务,他们对不同产品和服务的相对效用评价是怎样的。在市场机制中,这种偏好通过消费者的自主选择反映出来。当人们愿意支付较高的价格购买某种商品,而对另一种商品只愿支付较低的价格时,这两种产品对消费者的重要性、它们能满足消费者愿望的程度就会显示出来。而计划体制并不以交换的方式来决定产品的生产和消费,人们消费的产品数量和种类由计划决定,消费者无法通过交换来表现他们的愿望和要求。这时,计划者就无法观察到消费者究竟需要哪些产品,也无法知道各种不同产品对消费者的重要性如何。

2. 计划体制中的个人利益作用将使信息的获得受到很大的影响

现实中的政府并不能先验地得到信息,它只是一个"大脑",其信息完全依赖于它的感觉"细胞"——各基层单位和个人提供。由于在集中计划体制中,基层单位没有独立的行为能力,它们的利益完全由计划所决定,这就使得信息的搜集和传递受到阻碍,主要表现在以下几个方面:

(1) 搜集信息的动力不足。由于计划体制中的基层单位缺乏独立的利益,因而也就缺乏搜集信息的积极性。从企业来看,它该生产什么、生产多少、怎样生产并不依赖于计划外的其他信息,计划已经规定了它的行为;另一方面,搜集信息需要企业花费人力、物力和财力,但不管得到怎样的信息,都不会对企业的自身利益产生影响,因为企业经营者和生产者的利益已经由计划决定了。这在实际中往往表现为企业对环境的变化反应迟钝、麻木、熟视无睹。

(2) 信息污染。有效的计划取决于计划者所获得的信息的真实性。然而,基层单位为了维护自身的利益往往对信息进行筛选,仅汇报对自己有利的信息,或者编造一些对自己有利的信息;另一方面又隐瞒对自己不利的信息。例如,为了显示自己的成绩而报喜不报忧,为了取得政府的计划拨款而有意夸大某一项目的好处,或者为了使单位能够比较容易地完成计划交给的任务,获得较多的调拨资源而夸大成本。这样,政府计划者得到的信息就会是片面的、失实的,这种信息污染将造成政府信息失灵。

(3) 信息滞后。信息具有很强的时效性,计划者的信息必须是及时的,一旦时过境迁,本来准确的信息就会转变为不准确的信息。集中计划体制的一个特点就是信息传递链较长,而且层次重叠。由于情况是在不断变化的,从基层单位到计划制订者之间有众多的环节,每一环节不仅起着信息污染的放大器作用,而且还会阻碍信息的传递速度,使得信息滞后,造成政府计划的信息失灵。

**(二) 公共决策中的经济人行为**

政府机制实际上是以公共决策代替私人决策。政府机制产生理想结果的必要条件之一是参与公共决策和执行过程的所有个人都是一心为公的,他们的行为目标是使社会全体成员的福利最大化。然而在现实中,计划的制订者和执行者都是具有自身利益和偏好的个人。

他们承担公共责任、掌握公共权力,这一事实本身并不必然使之具有追求公共利益的行为目标。他们可能在一定程度上像在市场活动中一样具有经济人的行为特征,即在自己能力所及的范围内最大限度地追求自身利益。计划体制中的信息失灵部分就是这种追求自身利益的结果。然而,一旦经济人行为在公共决策中发挥作用,导致政府机制失效的原因就不单纯是信息失灵。换言之,即使计划制订者和执行者能够获得实现效率的所有信息,政府机制的运行结果仍然可能是无效率的。

1. 从计划的制订者来看,他可能根据自己的偏好来决定生产什么、怎么生产以及为谁生产

可以用不同的方式来解释计划制订者的行为。一个解释是,计划制订者认为消费者的偏好是不合理的、不理智的,他们所要求的产品组合不能真正代表他们自己的利益,因此,不能根据消费者的偏好来制订计划。社会的资源配置和收入分配应由社会中的某些精英来决定,因为他们的偏好代表了社会所有成员真正的和长远的利益,而政府计划的制订者则是这些精英的代表。从这一论点来看,计划制订者的目的仍是社会的总体利益,他不按消费者的偏好来制订计划并不是因为他追求自身利益,而是认为自己的偏好能够更好地体现社会公众的利益。但是,从经济人的观点来看,计划制订者不依据广大消费者的偏好而是依据他自己的偏好来制订计划,正是追求自身利益的表现。计划制订者之所以按自己的偏好来制订计划,是因为这种偏好代表着他个人的要求、愿望和利益,能使他得到更多的物质财富,或者更大的权力和功名。

2. 从计划的执行者来看,如果计划的制订者得到了充分的信息,并且按公众的偏好制订了计划,这一计划是否能得到不折不扣的贯彻执行

由于计划的执行者都是具有自身利益的个人,在计划执行过程中追求个人利益的行为就很可能发生。当计划与执行者的利益相冲突时就会出现对策性反应,所谓"上有政策、下有对策"就是计划执行者追求自身利益的表现。在他们能够自主决策的场合,就有可能利用自己所掌握的权力谋取本部门、本单位或个人的私利。这些行为都会使计划在执行过程中"走样",从而无法实现计划所要达到的目标。

### (三) 公共决策程序的缺陷

如果我们假定政府计划制订者能够得到充分信息,并且愿意根据公众的偏好来制订计划和执行计划,即排除他们利用特权追求个人私利的可能性,计划机制仍存在着一个独立的非效率因素,这就是公共决策程序所具有的缺陷。如果一个社会的所有成员都参与公共决策,并且在决策过程中拥有相同的权力,即使每一个参与者都是追求私利的,这种行为也会受到公共决策程序的制约。在民主社会中,计划是一个公共决策——由公众共同来决定该生产什么、怎么生产以及为谁生产。然而,不同的个人有着不同的偏好,这就产生了一个问题:按照谁的偏好来制订计划。人们曾经设想能否将各个人不同的偏好"汇总"成社会偏好,整个社会就像一个人那样具有一套符合逻辑的偏好体系,这一偏好体系能够反映这一社会所有个人的愿望和要求。然而,研究表明这是不可能的,公共决策在符合一部分人偏好的同时必然要违背另一部分人的要求和愿望。在实际过程中,政府在某些事上根据一些人的偏好来进行决策,在另一些事上又根据另一些人的偏好来进行决策。换言之,政府并不像一个人那样具有逻辑一贯的偏好体系,它没有一个稳定的判断是非的标准。这个问题与参与决策过程的个人品行无关,它是公共决策本身所固有的缺陷,无论采取怎样的决策程序都无

法彻底消除这一缺陷。

以上三种政府缺陷对于政府机制的改革具有不同的含义。如果所强调的主要缺陷是政府的信息失灵,那么,改革的重点就会是强化政府对实际情况的调查研究,采用现代化的信息工具(例如电脑和互联网),完善信息传递中的管理(例如健全会计和统计法规和制度),提高计划方法的科学性,以及提高计划制订者和执行者的思想觉悟,使他们全心全意地为人民服务。这种改革的立足点是完善计划体制。如果认为公共决策中的经济人行为是现实社会中不能从根本上得到改变的一个事实,并且认为公共决策程序具有不可克服的缺陷,政府不会具有一贯的、合乎逻辑的,同时又符合所有公众愿望和要求的偏好体系,那么,改革的重点就不单纯是强化政府的管理技术手段,而是考虑如何限制政府机制的作用范围。在那些可以用市场机制去代替政府机制的领域中,用私人决策去代替公共决策以及改革政治决策程序,以便将公共决策中追求私人利益的行为对社会造成的危害限制在尽可能低的程度。

## 第三节 混合经济

由于市场失灵和政府失灵的存在,单纯的市场机制或单纯的政府机制都无法实现理想目标。实际上,世界上还未曾有过纯粹依靠市场机制或纯粹依靠政府机制运行的经济。即使在最为崇尚市场的国家里,人们也可以看到政府在许多方面起着积极的作用;而在高度集中的计划经济中,在某些生产或消费领域仍然保留着个人的决策权。尽管在现实中,市场机制和政府机制都不是完美的,但它们又是不可或缺的,两者都是经济正常运行的必要组成部分。

从这一意义上来说,现代所有的经济都是混合经济(mixed economy)。在这种经济中,生产什么、怎么生产、为谁生产的问题部分由私人通过市场机制来解决,部分由政府通过计划机制来解决,整个经济由公、私两个部门构成。各国在经济运行机制上的千差万别全部表现在政府与市场、公共部门与私人部门分工的具体方式和结构上。

### 一、不同政策的思想基础

在混合经济中,人们对政府的看法也是混合的,通常包含着两种在本质上相互对立的思想观念。一种观念认为,个人是社会活动的真正主体,他有自身的愿望、要求和利益,并能在自己能力所及的范围内去实现这一切;政府只是众多个人为了自身的利益而创立的社会工具,它是由众多个人的行为所操纵的机械装置。这种观点被称为机械论(mechanistic view)。另一种观念认为,整个社会是一个自然的有机体,每一个人都是这个有机体中的一个细胞,而政府则是大脑;个人的利益不是独立存在的,它总是与社会的整体利益相联系,因此,个人的愿望、要求和利益是无关紧要的,他只有在听从政府这个大脑的支配,并符合社会整体利益的情况下才是有意义的。这种观点被称为有机论(organic view)。

机械论的思想基础是个人主义,而有机论则依赖于集体主义。显然,前者支持市场机制,而后者则支持政府机制。它们之间的分歧可以归纳为以下几点:

1. 本位论

从个人主义的观点来看,个人是社会的基本单位,每一个人都有自己的要求和愿望,追求自身利益是自然赋予的天性,它是社会进步的原动力。从集体主义观点来看,在一个社会中,人与人之间是相互依存的,集体才是社会的本位。个人追求自身利益会与集体利益相冲突,个人应该自觉地服从集体利益,并服从集体的安排。

2. 价值标准

个人主义持消费者主权(consumer sovereignty)的观点,即认为什么是好,什么是不好,什么较为重要,什么相对来说不太重要,只能取决于个人的要求和愿望,个人的偏好是价值判断的唯一源泉,除此之外,不存在其他任何超个人的价值判断标准。集体主义则主张家长主义(paternalism),认为一般个人的偏好不能作为价值判断的标准,因为个人的要求和愿望是不理智的,好坏的标准应由理智的偏好来确定,而这种理智的偏好只有少数精英才具有。因此,个人不应该按自己的要求和愿望行事,而应听从于社会精英的安排。

3. 福利的衡量

从个人主义的观点来看,人的福利只与他拥有和享有的产品或服务有关,而与他人的福利无关。只要这个人所享有的产品没有减少,不管其他人的福利状况发生了怎样的变化,他自己的福利状况就没有变坏。而集体主义则强调人与人之间利益的相互联系,强调不同个人之间的福利对比关系对个人福利的影响。如果某个人所拥有的产品或服务不变,但其他人拥有的产品或服务有所变化,那么这个人的福利也会随之发生变化。简而言之,从个人主义观点来看,福利取决于人与自然的关系;但从集体主义观点来看,福利取决于人与人之间的关系。

我们不能在这两种对立的思想观念之间简单地判断孰是孰非,两者只是从不同的侧面反映了我们所生活的社会。对混合经济中的财政而言,最为重要的是判断它们所支持的经济机制各自应在怎样的范围和怎样的程度上发挥作用。

## 二、财政思想简史

究竟哪些事该让政府去做?在人类社会发展的历史长河中,许多思想家都试图回答这个问题,政府理财人也做过各种不同的尝试。尽管国家和政府自产生以来已有数千年历史,但真正形成系统的财政理论,并用这种理论来指导实践还只有200多年。我们从西方和东方两条线来简要地回顾一下财政思想的发展历程。

1776年,英国经济学家亚当·斯密发表了《国民财富的性质和原因的研究》,它在确立政治经济学体系的同时,也标志着财政学的创立。斯密生平处在一个强调政府干预的时代,当时他的思想是反潮流的。在这本划时代的著作中,他反复强调了这样一个思想:追求自身利益是人的自然本性,社会的组织方式必须以此为基点。一旦自愿交换的自然法则得到确立,追求自身利益的行为就会受到市场的约束,从而使追求私利的行为所产生的结果与整个社会的利益相一致。如果把希望寄托于政府的安排,就会造成少数人利用手中的权力谋求自己的私利,在这种情况下,私欲会使整个社会的利益受到损害。市场机制就像是一只"看不见的手",会引导经济协调地发展,政府的干预应减少到最低的限度。尽管斯密所倡导的是自由竞争,但他并不否定某些事需要由政府来做。斯密在回答政府该做些什么这一问题时明确指出了该由政府做的三件事:第一,保护社会不受外国侵略;第二,保护每一个社会成员不受其他社会成员的不公正对待;第三,提供某些公共机构和公共工程。

亚当·斯密的思想被称为古典主义经济学,它产生了深远的影响。从18世纪末到20

世纪初,西方各国基本上遵照这一思想制定各国的财政政策。正是在这一时期中,西方资本主义国家的经济得到了突飞猛进的发展。与此同时,经济学家和财政学家将亚当·斯密的理论发展到了一个新高度。他们运用边际效用理论以及数理逻辑的方法论证了在完全竞争的市场条件下经济运行结果的有效性,用一种非常严格的理论方式证明了斯密所提出的"猜想"。这一理论被称为新古典主义。它的主要贡献在于分析方法方面,对于政府该做些什么这一问题,它的回答与斯密的观点基本一致。

然而,市场并不像斯密所描绘的那样美好。20世纪30年代爆发了震惊整个西方世界的经济危机,斯密与他的追随者的理论受到了挑战。1936年,英国经济学家凯恩斯发表了他的《就业、利息和货币通论》,宣告了凯恩斯主义的诞生。从凯恩斯的观点来看,市场不能解决总供给与总需求的平衡问题,持续的、大规模的经济危机就是最好的证明,解决这一问题需要政府的干预。政府应该通过财政收入、支出以及赤字预算政策来调节总需求,使经济实现稳定。这一思想很快在处于萧条困境中的西方国家中引起了共鸣。

从第二次世界大战结束到20世纪70年代是凯恩斯主义盛行、西方各国财政规模急剧扩张的一段时期。为了对付周期性的经济危机,西方国家将凯恩斯主义视为灵丹妙药。支出的增加不单单增加了总需求,而且也使得政府财政的职责范围扩大。除了亚当·斯密认定的三项政府该做的事之外,又增添了一些新的内容,其中最主要的一项是调节收入分配。在这一时期中,西方各国的社会保障体系发展迅速,成为政府财政支出中的一个重要组成部分。此外,相当一部分国家的政府还在一定程度上参与了斯密最为忌讳的事情:建立公共企业,从事经营性的生产活动。西欧各国曾多次掀起大规模的国有化浪潮。除了受凯恩斯主义的思想影响之外,新古典主义的理论方法也在某种意义上对这一时期的财政潮流起着推波助澜的作用。这并非新古典主义的本意,但它所论证的市场机制的有效性是在完全竞争这一严格假定条件下进行的,这就使得现实中的市场失灵变得一览无遗。在这一时期中,经济学家都在努力地挖掘各种各样的市场失灵,将现实生活中凡是不符合完全竞争假定的方面理所当然地纳入了政府干预或参与的范围。而福利经济学则论证了收入再分配可以改善整个社会的福利,在效率与公平的权衡方面又没有明确结论的情况下,政府大规模地参与收入再分配似乎有了理论依据。

不管西方学者如何修正亚当·斯密的财政观点,主张扩大政府的职责范围,加强政府对经济的干预,但是他们的思想观点都不能与马克思主义相提并论。伟大的思想家和革命家卡尔·马克思认为,资本主义最基本的矛盾是生产的社会化与生产的无政府状态,这一矛盾不可避免地会引起经济危机,造成对生产力的巨大破坏,同时也造成社会收入分配的极度不公平。所有这些问题的根本原因在于生产资料的私有制,解决的办法是彻底铲除私有制,建立社会主义社会。在这样一个社会中,政府代表无产阶级和全体劳动者占有生产资料,并通过计划直接管理社会生产。马克思在他的著作《哥达纲领批判》中指出,社会产品在分配给个人之前必须作下述六项扣除,这些扣除项表明了马克思认为该由政府做的事:第一,用来补偿消费掉的生产资料部分;第二,用来扩大生产的追加部分;第三,用来应付不幸事故、自然灾害等的后备基金或保险基金;第四,与生产没有关系的一般管理费用;第五,用来满足共同需要的部分,如学校、保健设施等;第六,为丧失劳动能力的人等设立的基金。

马克思列出的这些项目有些与西方学者的看法是一致的(第三、四、五、六项),但有一个最根本的区别,这就是在马克思看来,政府应成为一切生产资料的所有者,生产投资应由政府全部包揽(第一、二项)。1917年,俄国爆发了"十月革命",地球上出现了有史以来的第一个社会主义国家。第二次世界大战后,在东欧和亚洲又有一系列国家走上了社会主义道路。马克思的构想成了现实。在中华人民共和国成立之后就立即没收了官僚买办阶级的财产,紧接着又通过公私合营的方式使政府成了工商产业的最大所有者。在农村,农业合作化运动使得农业生产资料成为集体所有,而代表集体行使权利的则是政社合一的组织——人民公社。到了20世纪60年代,"资本主义的尾巴"已被彻底割除,计划体制达到了前所未有的集中度。在这样一种体制中,整个社会的生产通过政府的计划来进行安排。公共部门几乎覆盖了整个国民经济,留给私人的决策权只是用有限的收入在有限的消费品之间进行选择。打开那个时代的财政学教科书,给人的感觉是它与国民经济管理学没有什么区别。这些教科书没有提出政府该做些什么、哪些事可以或者应该让私人部门去做的问题。这也表明了一种观点:没有政府不该做的事,唯一需要讨论的只是政府如何去做好它。

在计划经济国家的初始阶段,经济取得了显著的发展。这一事实对广大发展中国家甚至西方发达国家的财政理论和政策产生了很大的影响。由于集中计划体制中的政府取得了生产和分配的决定权,积累和投资可以达到其他体制所不能企及的高度,经济发展主要是高积累率的结果。但这种发展并非可持续的,随着时间的推移,这一体制的弊端日益显现出来。主要表现在生产效率低下,产品结构严重扭曲,公共企业效益滑坡,甚至出现严重亏损,消费品短缺,计划失误往往迫使国民经济结构作重大调整,造成资源巨大的浪费,人民生活水平的提高极为缓慢。这种情况最终引致了我国的经济体制改革。

20世纪70年代以来,人们的看法再次发生了变化,市场的重要性被人们重新认识。这种变化是前一阶段实践结果的反映,而在理论上则归功于公共选择理论的出现。美国经济学家布坎南指出,政治过程中的个人与市场过程中的个人一样都是追求自身利益最大化的。一个社会不论如何设计政府的决策程序,都不可避免地会产生政府失灵。这一思想使人们意识到,我们所面临的是有缺陷的市场和同样有缺陷的政府。市场失灵的存在不是政府取代市场的充分理由,在许多场合,试图用政府干预来纠正市场失灵可能会产生更大的危害。人们开始重新审视政府与市场的关系以及公共部门与私人部门的分工格局。我国自20世纪70年代末开始进行经济体制改革,这场改革的中心任务是使市场机制在国民经济的运行中发挥更大的作用。世界各国正在以不同的方式控制公共部门规模,改革税制,放松管制,改革公共企业。与以往财政思想的不同点在于,人们在考虑政府该做哪些事的时候,不仅要分析所涉及的领域是否存在市场失灵,同时也要分析政府参与可能会出现的政府失灵,并且将这两种失灵所造成的损失加以比较。另一方面,人们更多地把注意力放在公共决策程序的设计上。一种好的决策规则虽然不可能完全消除政府失灵,但可以将可能产生的消极影响限制在较低的程度。

### 三、混合经济中的政府职能

政府职能(fiscal function)是政府活动所固有的经济功能,只要政府存在,就必然有财政,并会对经济产生影响。这种影响可以分为三个方面:资源配置职能、收入分配职能以及宏观经济职能。

#### (一)资源配置职能

资源配置职能(resource allocation function)是指政府对资源配置所产生的影响。这种影响可以从以下几个方面进行分析：

(1) 政府活动会使资源在公共部门与私人部门之间发生流动。一方面，这一过程会使社会的产品组合发生变化，因为公共部门所要生产或提供的产品与私人部门所要生产或提供的产品是不一样的；另一方面，也会改变社会的生产方式结构，即公共生产与私人生产的相对比例关系，从而影响社会生产效率。

(2) 当公共部门与私人部门所占用的资源给定时，公共部门筹集资金的方式（例如税收）、使用资金的方式（例如购买或补贴）以及对私人部门的管制（例如价格管制），会对私人部门如何使用既定量的资源产生影响。它既会影响私人部门的产品组合效率，同时也会影响私人部门的生产效率和交换效率。

(3) 公共部门如何使用它所占用的资源将影响到公共部门内部生产或提供的产品结构，同时也关系到这些产品的生产效率。

### (二) 收入分配职能

收入分配职能(income distribution function)是指政府对收入分配所产生的影响。从公共部门与私人部门的相互关系来看，政府首先构成了社会收入在两大部门之间的分配格局，一部分收入归政府所有，另一部分收入则归个人所有。但公共部门占有一部分收入只是收入分配的一个中间环节，而不是分配的最终结果。因为公共部门的收入以及所生产或提供的产品和服务带来的好处最终要被社会成员拥有或享有。从收入分配角度来看，公共经济学关心的是不同的社会成员或不同的社会群体所占有或享有的份额。政府对收入分配的职能可以从收入和支出两个方面来进行分析。

(1) 政府取得收入的方式会影响收入分配状态。例如税收，向什么人征收、以什么为课税对象、税率结构如何等因素都会对各个企业和个人所缴纳的税产生影响，有的税可能使这些人缴得多些，有的税则使另一些人缴得多些，不同的税收方式会对企业和个人的税后收入产生不同的影响。分析税收负担的最终归宿也就是分析财政收入方式与收入分配之间的关系。

(2) 政府使用资金的方式对收入分配的影响。如果政府将它所取得的收入直接转让给其他经济实体，例如，某些企业和个人，那么它对收入分配的影响是一目了然的，受让者的收入将会因此而增加。当政府将它的资金用于生产商品或服务，并按市场价格向消费者出售，那么它对收入分配的影响是中性的，既不增加也不减少任何人的收入。但是，如果政府将它的资金用于免费或者部分免费地向公众提供产品或服务，谁是受益者以及受益的程度有多大就取决于谁是这些产品或服务的消费者以及他们各自的消费量。

一般来说，只要某个过程具有强制性，它总具有收入再分配性质，使有些人得益而另外一些人受损。全面地考察财政对收入分配的影响必须从收入和支出两个方面来进行分析。看看政府取得的收入是从哪些人的口袋里来的，再看看政府将这些钱用到哪里去了，谁从中获益。将两方面结合起来，我们可以得出财政对收入分配影响的完整图像。

### (三) 政府的宏观经济职能

政府的宏观经济职能是指政府对宏观经济的影响。政府的资源配置职能和收入分配职能都侧重于微观分析，也就是说，在一个既定的总量基础上研究结构性问题。例如，在既定的产出总量情况下讨论产品的组合，在资源总量既定的情况下讨论资源在不同产品或不同生产者之间的使用,在既定的产品组合情况下讨论产品在不同消费者之间的配置,在既定的收入总量条件下讨论如何在不同的社会成员之间进行分配。而政府的宏观经济职能则主要讨论它对经济总量的影响。经济总量通常由一些总量指标来反映,例如总产出水平、就业水平、物价水平等。这些经济总量由总供给和总需求决定。政府的宏观经济职能可以从以下两个方面来考察:

(1) 对总需求的影响。从短期来看,一个社会的潜在生产能力是既定的,实际的产出水平即总供给取决于总需求。总需求是一个社会中所有经济实体的有效购买力的总和。个人、家庭或企业的支出虽然是总需求的组成部分,但每一个人、家庭或企业的支出相对于整个社会来说是微不足道的,它不足以影响总需求。政府通常支配着大量资金,它的收支活动可以对总需求产生很大的影响。增加购买支出会直接增加社会的有效需求,增加转移支出或者减少税收可以使公众的可支配收入增加,从而间接地增加总需求。

(2) 对总供给的影响。从长期来看,一个社会的潜在生产能力会发生变化,资源的增加以及科技的进步可以促进生产力的发展。政府的财政政策会阻碍或促进劳动供给、资本积累以及科学技术进步,更重要的是,它实际上构造着社会经济的运行机制,从而对社会生产力的发展产生重大影响。虽然总供给是宏观经济的一个重要因素,但对这一问题的分析通常采用微观经济的分析方法。因此,本书将这方面内容包含在财政的微观分析中,而在分析财政的宏观经济职能时只讨论财政对总需求的影响。

以上三种职能只是对政府所产生的经济影响所做的分类。政府可能对经济产生好的影响,也可能产生不好的影响。不管它所产生的影响是好是坏,都是政府职能的体现。当然,人们研究政府的目的是让它产生好的影响。能否达到这一目的取决于政府实现其职能的具体方式。在混合经济中究竟应该采取怎样的政策才能在微观上实现效率和公平、在宏观上实现稳定与发展呢?或者更具体地说,为了实现已确立的目标,在我国现实的情况下应采取怎样的公共经济政策呢?这正是本书所要分析的问题。作为教科书,我们的重点在于阐述对这一问题进行分析的一般方法,而不是给出结论。有些章节对我国现行的公共经济政策以及基本状况进行了描述,这不仅是为了使读者对我国公共经济运行的基本情况有所了解,更重要的是为理论分析提供具体的对象,使读者能够进一步地思考现实中的财政问题。

## 本章小结

在完全竞争的市场条件下,经济运行的结果必定符合帕累托效率,政府的唯一职责是维护市场交换的规则,同时调节社会各成员的初始分配状态,以求达到收入分配的公平。

现实的市场中存在着各种形式的市场失灵,单纯地依靠市场机制不能实现理想目标。通过政府财政进行干预,纠正市场失灵是实现理想目标的一种可供选择的方式。

政府干预会出现政府失灵,其原因在于政府信息失灵、公共决策中的经济人行为,以及公共决策程序的固有缺陷,单纯地依靠政府计划机制同样不能实现理想目标。在考虑一个社会的公私分工时,必须将所要纠正的市场失灵与潜在的政府失灵加以比较,选择适当的财政政策。

市场机制与政府机制依赖于不同的社会观念,200多年来的财政思想反映了人们对这些社会观念的反复思考和比较。在混合经济中,公共经济政策的关键问题是选择两者的适当作用范围和配合方式。

## 习 题

### 一、名词解释

福利经济学的两条基本定理　市场失灵　政府失灵　有机论　机械论　消费者主权　家长主义　公共产品　外部效应　优值品　劣值品　资源配置职能　收入分配职能　宏观经济职能

### 二、思考题

1. 理论实证分析与经验实证分析有何联系？有何区别？
2. 市场过程的实证分析与政治过程的实证分析在研究的内容上有何不同？
3. 在完全竞争的市场条件下，哪些事需要由政府来做？
4. 第一类市场失灵与第二类市场失灵有什么区别？
5. 政府失灵主要表现在哪些方面？
6. 亚当·斯密与马克思是怎样回答"政府该做些什么"这一问题的？他们之间最明显的分歧是什么？

# 第四章 政府与消费

## 全章提要

- 第一节　公共产品
- 第二节　私人产品
- 第三节　混合产品

本章小结
习题

在市场经济条件下,市场失灵提供了政府干预的经济学基础。因此,消费领域内财政支出范围的界定可以从这样三个方面来考虑:第一,在消费领域内,市场是否能够有效率地提供社会所需要的各种产品?第二,政府通过什么方式来为社会提供这些产品?第三,政府应当如何确定公共提供的最适规模?这些问题的讨论将为政府介入消费领域提供理论上的依据,同时,也为我们后面几章具体财政支出项目的消费方式分析构建一个基本理论框架。

思政案例

杭州市智能城市交通系统建设

## 第一节 公 共 产 品

社会的进步、经济的发展需要消费产品。产品消费有两种截然不同的方式:一种是公共提供,另一种是市场提供。公共提供是政府通过财政渠道筹措资金用于弥补产品的生产成本,免费为消费者提供产品的方式。市场提供是消费者用自己的收入,通过市场购买获得产品消费权的方式。产品消费方式上的差异来自产品性质上的差异。产品按其受益范围进行分类,可以分为公共产品、混合产品和私人产品。

### 一、公共产品的性质

公共产品(public goods)是具有非竞争性和非排他性的产品。非竞争性(non-competition),即消费者消费某产品时并不影响其他消费者同时从该产品消费中获得利益。例如国防,每个社会成员都可以从政府提供的国防安全服务中获得安全保障,增加或减少一个社会成员的消费,并不会因此而影响他人的利益。非竞争性也意味着公共产品的提供与消费者群体规模没有必然联系,增加一个消费者的边际成本为零。

非排他性(non-exclusion),即在产品消费中很难将其他消费者排斥在该产品的消费利益之外。这种性质应从技术上来加以理解。首先,当一种产品在消费中从技术上来说无法进行排斥时,就意味着所有的消费者都可以不费任何代价、不受任何限制地获得该产品的消费权。例如防洪堤坝,避免了地区内洪涝灾害造成的损失,保证了该地区正常的生活和工作,它为该地区内所有的社会成员带来了利益,要排斥某一社会成员不让其从中获得利益,从技术上来说是不可能的;公共经济学上最有名的例子还是灯塔,海上归来的渔船,无法限制其使用灯塔来导航。其次,当一种产品在消费中从技术上来说排斥是可能的,但是排斥非常困难,如果进行排斥,排斥的技术成本会很高时,这意味着这种排斥从技术成本上来说是不可行的,因而我们仍然认为这种产品具有非排他性。例如,一般的道路设施,要排斥某些消费者不让其消费,从技术上来说是可能的,但是,这种排斥所带来的技术成本会比较高昂,显然,这种排斥在通常情况下是无效的。

公共产品的非竞争性和非排他性源自产品的不可分割性。由于产品在消费中不能按照消费者的需求进行数量上的分割,因而这类产品在消费中呈现出集体消费、共同受益的特征,或者说呈现出受益完全外部化的特征。即所有的消费者共同消费同一个产品,每一个消费者均可从该产品消费中获得利益,在自己获得利益的同时,并不妨碍他人从中获得利益,消费者之间不存在利益上的冲突。这使得这类产品在消费中具有了非竞争性。同时,这类产品在消费中所产生的利益广泛外溢,在外溢过程中产品消费利益的边界是不清楚的。这意味着在这类产品消费中要对某些消费者进行排斥从技术上来说是不可能的或者是很困难的。因此,产品的不可分割性使得这类产品在消费中还具有了非排他性。凡是在消费中具有非竞争性和非排他性的产品即为公共产品。

在理解公共产品的定义时,我们还应注意以下几点:

第一,公共产品按其受益空间还可进一步分类。凡是受益范围局限于某一区域的,即为地方性公共产品(local public goods),如路灯。凡是受益范围分布于全国范围的,即为全国性公共产品,如国防。凡是受益范围跨越国界的,即为国际性公共产品,如保护臭氧层。受益范围之所以重要,是因为涉及哪一级财政的支出责任。

第二,一种产品的非排他性不是绝对的。随着科学的进步、技术的变革,在过去不可排斥的产品,在今天或在未来某个时期可能是可排斥的。有线电视、卫星电视、数字电视的产生便是一个极好的例证。

第三,不同的个人消费等量的公共产品,并不一定获得等量的利益。不同的消费者虽然消费同一种公共产品,但是,由于各人的偏好不同,因而对公共产品的评价可能会有所不同。例如城市社会治安服务,富人的需求可能大于穷人的需求。因此,虽然消费相同的公共产品——城市社会治安服务,但是,富人所获得的利益可能大于穷人。

## 二、公共产品的消费方式

公共产品一般采用公共提供的方式进行消费。这是因为,公共产品是具有非竞争性和非排他性的产品。非竞争性意味着消费者在消费产品时并不影响其他消费者同时从该产品的消费中获得利益,这表明增加一个消费者并不会因此而增加该产品的成本,换言之,增加一个人消费的边际成本为零。于是,按照市场有效配置资源的要求(价格取决于边际成本与边际效益的等量关系),不应该向消费者收费。但是,这些产品的提供是有代价的。在这种情况下,理性的生产者将不愿意为市场提供这种产品。非排他性则意味着消费者无论付费与否,都可以消费产品,消费者并不会因为付了费而比他人获得更多的利益,也不会因为没付费而比他人获得更少的利益。在这种情况下,消费者就会产生一种期望他人承担成本而自己坐享其成的心理,我们把这种心理称为"搭便车"(free rider)心理。在这种"搭便车"心理的驱动下,理性的消费者将不愿在市场上通过购买来显示自己的偏好,进而市场偏好显示机制就会消失,于是,市场无法提供这种产品。即使有例外的情况发生,如有生产者愿意提供这种产品,所提供的数量也是极其有限的,根本无法满足社会经济发展的需要。因而,如果由市场来提供公共产品,那么,公共产品与私人产品的配置将不可能达到有效的水平。

图 4-1 说明的是公共产品市场提供所带来的效率损失。图中的 $AB$ 为生产可能性曲线,$i$ 为消费者无差异曲线,其中,$i_1$ 与生产可能性曲线相切

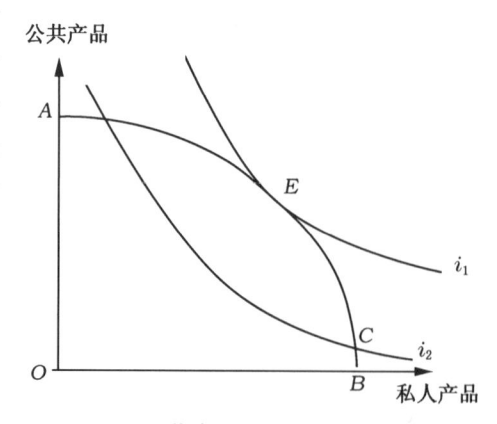

图 4-1 公共产品市场提供的效率损失

在 $E$ 点,这代表了在产出水平最大条件下,消费者从公共产品与私人产品的组合中,获得了最大的效用,这意味着资源在生产和消费两个方面都达到了最佳配置。如果公共产品与私人产品都由市场来提供,则正如前面所分析的,市场将不愿意也不能够提供公共产品,即使提供,也是很少量的,如图中 $C$ 点,市场几乎把资源全部配置到了私人产品上。显然,公共产品与私人产品的这种组合并不符合消费者的需要,因而,我们从图 4-1 可以看到,过 $C$ 点的消费者无差异曲线 $i_2$ 的位置,相比 $i_1$ 要低得多,这说明消费者从这种产品组合中所获得的效用大大减少了,两种不同产品组合给消费者带来的效用之差就是市场提供公共产品所带来的效率损失。

因而,我们有理由认为,公共产品的非竞争性和非排他性决定了市场不能有效地提供这种产品。鉴于市场不能有效率地提供公共产品,而没有公共产品,社会经济的发展也就无从谈起,因而,由政府来提供这种产品,即公共产品采用公共提供的消费方式也就成为政府弥补市场失灵的唯一有效的方式。由此,财政支出的首要任务就是在消费领域内为社会经济的发展提供必需的公共产品。典型的公共产品有国防、行政管理、立法与司法、水利、环境保护等。

### 三、公共产品的最适规模

如果说产品的性质为界定消费领域内财政支出范围确立了一个质的标准的话,那么,产品的成本效益对比关系则将为界定财政支出范围确立了一个量的标准。通过前面的分析,我们已经明确了公共产品必须公共提供,但是,提供的数量应该是多少呢？或者说,公共产品应该依据什么来确定它的最佳规模呢？经济学的基本原理告诉我们,经济活动的最优水平应该处于边际成本等于边际效益的水平上。财政活动是一种经济活动,因而,这一基本原理同样可用来确定公共产品的最佳水平。

假设一个社会中只有 A、B 两个人,$D_A$ 为消费者 A 的需求曲线,$D_B$ 为消费者 B 的需求曲线,$D_{A+B}$ 是社会需求曲线,$S$ 是社会供给曲线。图 4-2(a)是私人产品的情况。由于私人产品是可分割的,产品的利益严格内部化,因此,消费者可以根据各自的偏好和价格水平决定自己的消费量,社会需求总量是给定价格水平上所有消费者需求量的总和。例如,当价格为 $OP$ 时,社会需求总量为 $OQ$,它等于 $OQ_A + OQ_B$,即等于消费者 A 的消费量加上消费者 B 的消费量,所以,整个社会的需求曲线就是个人需求曲线的横向加总。当供给与需求相等时,从社会的角度看,该产品的产量和价格都达到了合理的水平,产品市场完美出清。在这个合理的价格水平上,消费者通常会把他的消费量确定在他的边际效益等于产品价格的水平上,以期获得最大的效益。如:当产品的价格为 $OP$ 时,消费者 A 会把他的消费量确定在 $OQ_A$ 的水平上,而消费者 B 会把他的消费量确定在 $OQ_B$ 的水平上,这时,他们的边际效益都等于产品的价格,即等于产品的边际成本,由此,他们各自在产品消费中获得的消费者盈余达到最大,同时,每一个消费者的边际效益也都等于社会边际效益,等于社会边际成本。由此,当个人利益最大化时,社会福利也将最大化。

图 4-2(b)是公共产品的情况。公共产品具有不可分割性,产品一旦提供,往往是集体消费,即产品总量规模是给定的。由于每个人的偏好不同,因而对于给定数量的公共产品可能有着不同的评价,进而为消费相同数量公共产品所愿支付的价格也可能有所不同。因此,社会边际效益应该等于给定数量水平上所有消费者所愿支付的价格之和。如:当公共产品

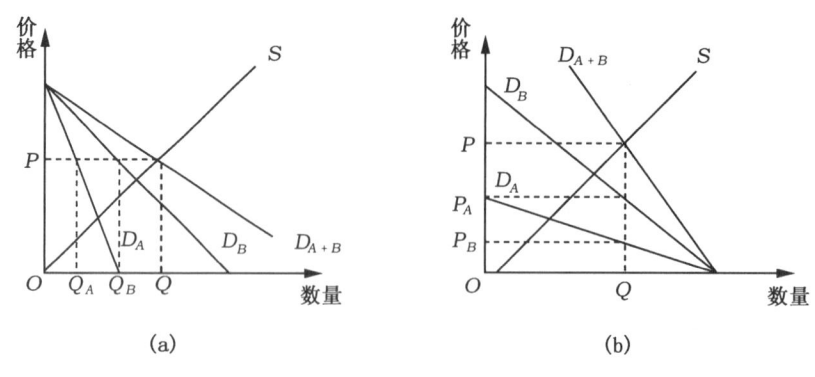

图 4-2 公共产品(b)与私人产品(a)最适规模的决定

的数量为 $OQ$ 时,社会边际效益是 $OP$,它等于 $OP_A+OP_B$,即等于消费者 A 愿意支付的价格加上消费者 B 愿意支付的价格。由此推论,社会需求曲线是由个人需求曲线的纵向加总而形成的。因此,给定消费者个人的需求曲线,我们总能找到相应的社会需求曲线。当供给曲线给定时,我们就能确定公共产品提供的最佳数量。它应该处于社会边际成本等于社会边际效益的水平上,如图 4-2(b)中的 $OQ$ 水平。接着,我们需要考虑的是,为生产公共产品所发生的成本(政府为提供公共产品须征收相应的税收)应如何在消费者之间进行分摊?从效率的角度来看,要使每一个消费者的净效益达到最大化,公共产品的成本应该在给定的数量上,按照消费者的边际效益来进行分摊。如:当产品的数量为 $OQ$ 时,分摊给消费者 A 的单位成本应该是 $OP_A$,而分摊给消费者 B 的单位成本应该是 $OP_B$,这时,消费者 A 和消费者 B 各自支付的边际成本等于他们各自从产品中所获得的边际效益,整个社会的边际效益等于各个消费者的边际效益之和,而且等于产品的边际成本,由此,在每一个人利益最大化的同时,社会福利也实现了最大化。

综观上述,从效率的角度来看,整个社会公共产品的最优配置,是建立在每个消费者效用最大化的基础上的,只有当社会边际效益等于社会边际成本、个人边际效益等于个人边际成本时,公共产品提供的数量才会达到最佳。

通过以上分析,我们可以看到,公共产品在决定其最佳规模时,所适用的基本原理与私人产品是一致的。但是在需求形成过程中,有着与私人产品完全不同的特点,这是由两种产品的不同性质所决定的。私人产品的性质决定了每一个消费者在产品市场上,面临的是一个给定的价格,消费者所要决定的是他所要消费的数量。而公共产品的性质决定了每一个消费者面临的是一个给定的数量,消费者所要决定的是他所愿支付的价格,也即他所愿承担的税收。

上述分析有两个基本的结论:一是从生产端的成本曲线来看,公共产品和私人产品并没有本质差别,两者的差别仅体现在消费端;二是假设消费者愿意表达其对公共产品的效用评价,政府就可以根据效用评价进行差异化分摊成本,从而实现公共产品的有效提供。但实际上,公共产品的非竞争性和非排他性决定了消费者不愿通过市场购买来显示自己的偏好,因此,公共产品的社会边际效益曲线难以描述,进而,公共产品的最佳规模也就无法确认。实践中,一种可能的并有效的方法是,实行广泛的民主制度,让公众通过投票等方式来表达他们的偏好,以使实践中所提供的公共产品数量尽可能接近理论上所分析的最优水平。因此,在"搭便车"问题下,用政治程序替代市场机制,可能是迄今为止唯一一种比较可行的方法。

## 第二节 私人产品

私人产品是我们日常生活所需产品的最主要组成部分。这种产品在性质上具有什么特征?由这种特征决定了它应采用什么样的消费方式?实际经济生活中,政府为什么要对私人产品的消费方式进行干预?本节将逐一进行分析。

### 一、私人产品的性质

私人产品(private goods)是同时具有竞争性和排他性的产品。竞争性即消费者消费某产品时会影响其他消费者同时从该产品中获得利益。例如,某件服装被某个消费者穿着后,它可以给该消费者带来保暖、舒适、美观等利益。这些利益完全为该消费者所有,其他消费者无法同时从这件服装中享受到这些利益。这就是产品的竞争性,它表明私人产品在消费过程中消费者之间存在着利益上的冲突。

排他性即在产品消费中,从技术上来看能够通过某种方式比较容易地将某些消费者排斥在产品的消费利益之外。当排斥在技术上成为可能并比较容易时,消费者消费这种具有排他性的产品往往要为之付出代价或受到某些条件的限制。如果消费者不愿付出代价或不符合限制性的条件,那么,这些消费者将不能获得产品的消费权。排斥的方式通常是收费,通过收费可以阻止不付费的消费者消费该产品。例如水果的消费,按价付款的消费者才能享受到水果给其带来的解渴、充饥、营养、美味等利益,而不付款的消费者则被排斥在这一产品的利益之外。除了收费以外,也可通过法律规定等来排斥一些不符合规定的消费者。

私人产品的竞争性和排他性源自产品的可分割性。由于产品可以根据消费者的需要分割为不同单位,因而产品消费利益可以通过数量上的分割,严格地限定在消费该产品的某一个消费者范围之内,即产品的受益可以严格内部化。这意味着就某一特定的私人产品而言,其一旦被某消费者消费,其他的消费者就不能从该产品消费中获得同等的利益。这使得这类产品在消费中具有了竞争性。同时,当一种产品在消费中可以根据消费者的需要进行数量上的分割时,从技术上来说就可以对某些我们希望被排斥的消费者(例如不付费的消费者)进行排斥。这使得这类产品在消费中还具有了排他性。如果一种产品同时具有竞争性和排他性,那么,这就是私人产品。

### 二、私人产品的消费方式

私人产品应该由市场来提供,通常是基于市场提供的可能性与必要性两方面的考虑。就可能性而言,私人产品的竞争性和排他性使得它可以通过出价竞争的方式来排斥一部分的消费者,这就意味着私人产品具备了市场提供的条件。就必要性而言,由于私人产品市场提供,使得消费者在产品消费中既有收益,又有代价,因此,消费者必然要权衡付款代价与消费收益之间的关系。在图 4-3 中,只要边际效益大于边际成本,消费量就会增加;反之,只要边际效益小于边际成本,消费量就会减少;当边际效益等于产品价格 $OP_0$ 时,消费数量的调整就停止了,这时,该产品处在最有效的消费水平 $OQ_0$ 上,社会从该产品中得到的净效益达到了最大化,图 4-3 中 AEO 的面积表示这一净效益的量。因此,私人产品一般应该由市场来提供。

如果私人产品采用公共提供的方式,对消费者来说,消费这一产品的边际成本为零,由此,他的消费量也会扩大到边际效益为零时为止(在图 4-3 中,这时消费量为 OB),即使是生产成本已大大高于消费收益,消费者仍然可能继续进行消费,因为这一成本不由他的消费行为负担,其结果自然是资源被大量地浪费掉了,由此造成资源配置过度的效率损失。当消费者选择的消费量为 OB 时,这一效率损失表现为图 4-3 中阴影部分面积,即 BCE。因此,在消费者偏好合理的假设下,在私人产品的消费领域内,市场机制能够对资源进行有效的配置,无需政府干预。

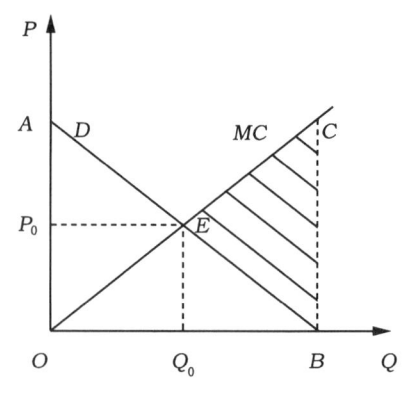

图 4-3 私人产品不同消费方式的效率比较

那么,现实生活中政府为什么要对某些私人产品的消费方式进行干预呢?

### 三、政府干预私人产品消费方式的原因

#### (一) 纠正不合理的消费偏好

在被消费的产品中,有这样一种产品,消费者对其效用评价低于该产品应有的效用评价,我们把这种产品称为优值品,如汽车座位上的安全带。在优值品的情况下,由于消费者没有充分认识到产品给其带来的利益,使得其对产品的效用评价过低,如果任由消费者根据自己的偏好去购买的话,市场提供的优值品数量就会低于资源配置的最佳水平,从而造成资源配置不足的效率损失。在这种情况下,政府可能会对某些优值品的消费进行干预。如,对某些优值品的消费采取一定的公共管制措施(即对经济主体的决策作出某些限制),强制性地要求消费者将购买量增加到某个合理的水平。这种公共管制与市场提供相结合的方式,能够在一定程度上减少单纯市场提供所带来的效率损失。

#### (二) 对公平的关注

按贡献分配是市场经济运行的内在要求,它强调的是,在平等竞争的环境中,由市场按照生产要素的投入来实现收入分配。这有利于鼓励人们投入更多更好的生产要素,有利于资源的优化配置,也符合社会上大多数人的利益。但是,现实生活中总存在着这样一些情况,如残疾、年老、疾病、失业、意外灾害等。当一个人缺乏得以谋生的生产要素时,市场对他而言,不存在平等竞争的环境,甚至连最基本的生存权利都没有。资产极少的个人可能得不到充足的资源来达到可接受的生活水准。对处境艰难者生活与生命的漠视反映了市场机制在分配领域内所存在的缺陷,从这种意义上来说,市场分配的结果是不公平的。竞争性市场会使收入分配的结果不为社会所广泛接受。市场分配可能会导致诸如贫困、富裕阶层的浪费、社会冲突、低收入阶层得不到发展与改善自己处境的机会等一系列不良社会后果。为了避免这种情况、为了保护社会上承受能力差的阶层,政府的干预是必要的。

从财政支出的角度来看,为了改善收入分配状况,政府可以采用的方式,一是公共提供,

二是社会保障。就公共提供来看,如果提供的是公共产品,并且通过累进性的税收来弥补产品成本,它虽然能够在一定程度上缩小贫富差距,但不能从根本上保证这些社会成员拥有最基本的生存权利;如果提供的是类似教育、卫生保健等混合产品,它虽然向社会全体成员提供了一个比较平等的经济机会,使得人们能够在一个相对比较平等的起点上开始他们的竞争,但是,对那些非常贫困的家庭来说,最需要解决的问题莫过于基本生活来源问题。因此,就公共提供的角度来看,唯有提供某些私人产品,即一些生活必需品,方能保障这些社会成员最基本的生活需要。

但是,正如我们前面所分析的,私人产品公共提供是对按贡献分配的一种否定,它必然会影响到人们的生产积极性,从而给资源配置带来效率损失。从财政支出的角度来看,解决这对矛盾比较有效的方式为:一是建立比较完善的社会保障制度,主要通过社会保障途径来改善收入分配状况;二是把私人产品的公共提供限制在一定的范围之内,如面向贫困家庭酌情、限量提供一些生活必需品等,以尽可能减少因过度消费而造成的效率损失。

以上的分析表明,在私人产品消费领域内,虽然存在着一些市场失灵,但是这些市场失灵并不要求政府提供这些私人产品,政府可以通过其他一些适当的方式,如市场提供与公共管制相结合的方式来弥补这些市场失灵。贫困不是消费领域内的市场失灵,而是分配领域内的市场失灵,公共提供仅是解决贫困的一种可能的方法,而不是唯一的方法。

## 第三节　混合产品

从理论上来说,我们可以按照受益范围把产品划分为公共产品与私人产品,并根据两种产品截然不同的性质采用两种完全不同的消费方式。但是,现实生活中许多产品既非公共产品,又非私人产品,而是两种性质兼而有之。这种产品在消费中具有哪些特点?什么样的消费方式才有利于该产品的有效配置?如何来确定该产品的最适规模?这些问题是本节讨论的主题。

### 一、混合产品的性质

混合产品是在性质上介于私人产品与公共产品之间的产品。它可以分为两类:第一类是非竞争性和非排他性不完全的产品,或者说是同时具有竞争性、排他性和非竞争性、非排他性的产品,如教育、卫生、科技等。这类产品在消费中往往既有明显的内部效益,又有显著的外部效益(指行为人以市场以外的方式给他人带来的福利)。其中,竞争性和排他性主要通过这类产品的内部效益反映出来。如教育这种产品,受教育者通过接受教育,学到了知识、掌握了技能,从而提高了自身在未来经济活动中的竞争能力,也增强了自己获取收入与享受生活的能力,这是一种内部效益。就这部分内部效益而言,一方面这种利益完全为受教育者所拥有,或者说其受益是严格内部化的,这说明这种产品在消费中具有竞争性;另一方面针对这部分内部效益,按照其未来生产要素报酬进行收费从技术上来说不仅是可能的,而且是比较容易的,这说明这种产品在消费中还具有排他性。

教育产品的非竞争性和非排他性则主要通过这类产品的外部效益反映出来。这表现为这种产品在给受教育者个人带来利益的同时,还有相当大的一部分利益会通过受教育者外溢给社会，如社会成员通过接受良好的教育，有助于提高一个国家的民族文化素养，改善人们的生活与工作环境，使得其周边人的潜在收入提高，这是一种外部效益。就这部分外部效益而言，一方面这部分利益为生活在这个环境中的其他社会成员所共享，或者说其受益是完全外部化的，这说明这种产品具有非竞争性；另一方面这部分利益广泛外溢，外溢的边界是不清楚的，这意味着要对某些消费者进行排斥从技术上来说是不可能的，这说明这种产品还具有非排他性。当一种产品既具有私人产品的竞争性、排他性的属性，又具有公共产品非竞争性和非排他性的属性时，我们把这种产品称为非竞争性和非排他性不完全的产品。

第二类是具有排他性和一定范围非竞争性的产品，如桥梁、公园、博物馆、图书馆等。这类产品在消费中都有一个饱和界限，在产品消费还远未达到饱和状态时，产品的消费具有非竞争性，增加一个消费者并不会减少其他消费者从该产品中获得的利益，也不会因此而增加产品的成本。但是，当产品消费趋于饱和状态时，再增加消费者就会影响其他消费者对该产品的消费，因而，这类产品的非竞争性是局限在一定范围之内的，或者说是局限在饱和界限范围之内的。这类产品的另一个特征是排他性，以较低的排斥成本不让某些消费者消费这种产品，从技术上来说是完全可能的。

由于这类产品在消费中存在一个饱和界限，这实际上给这类产品划定了一个消费范围，使得这类产品在消费中既不同于私人产品的受益严格内部化，又有别于公共产品的受益完全外部化，而是有一个比较清晰的利益边界，即大家消费同一个产品，并且由消费这一产品所产生的利益被限定在某一边界范围（饱和界限）内。正因为如此，这类产品又被形象地称为俱乐部产品。此外，由于消费中存在一个饱和界限，随着消费的增加，边界范围内闲置的、可使用的资源在减少，当消费数量渐渐趋向饱和界限时，拥挤的问题便会产生，于是，产品的非竞争性就会逐渐消失，这时，我们把这类产品称为拥挤产品。从拥挤的产生来看，拥挤产品实际上是俱乐部产品的一种特例。

既然混合产品在性质上不同于公共产品和私人产品，那么，在消费方式上是否也会有别于这两种产品呢？换言之，混合产品应该采用什么消费方式呢？这将为我们界定财政支出范围提供又一个理论上的依据。

## 二、非竞争性和非排他性不完全产品的消费方式

首先，我们来看第一类混合产品。第一类混合产品具有非竞争性和非排他性不完全的特征，这种特征根源于产品的外部效益。对于这类产品，市场提供的消费方式是否有效？政府是否应该在这种产品的消费领域内有所作为？

如果一种产品具有外部效益，那么，购买者个人的需求曲线就会与社会需求曲线相分离。前者仅反映购买者本人从该产品中的得益，而后者还包括通过购买者外溢给社会的利益。图4-4是外部效益产品不同消费方式的效率比较。假定$AB$为购买者个人的需求曲线，$CD$为社会需求曲线，$AB$与$CD$之间的垂直距离代表了每单位产品的外部效益。$EF$为产品

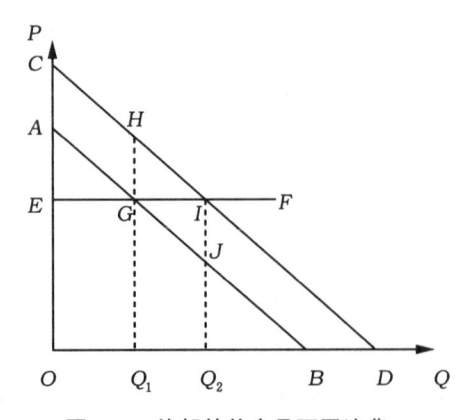

图4-4 外部效益产品不同消费方式的效率比较

的边际成本曲线,假定产品的边际成本等于平均成本,等于产品的价格,并保持不变。

从自身利益的角度出发,购买者将选择 $OQ_1$ 的消费量,这时,他的边际效益等于产品的价格,这样,购买者在给定的价格条件下,以最小的代价实现了最大的效用,他的净得益为 $AEG$,而社会的净得益为 $CEGH$,这之间的差额为产品的外部效益。但是,进一步分析发现,从社会的角度来看,按照社会边际效益等于社会边际成本的原则,最佳的消费量应该是 $OQ_2$,这时,社会从产品消费中所获得的净效益为 $CEI$,社会的净得益增加了 $GHI$,这增加的净得益实际上就是市场提供外部效益产品所损失的效率。其中的原因就在于市场上产品价格仅仅反映产品的内部效益,当一种产品具有外部效益时,市场价格并不反映产品的这部分效益,因而,由这一价格所引导的资源配置就会显得相对不足。例如,由于产品的价格仅仅反映了产品的内部效益,所以,当产品的价格为 $OE$ 时,所引导的消费量为 $OQ_1$。这时,社会边际效益大于产品的价格,大于产品边际成本,这意味着社会在这种产品的消费中还没有获得最大满足,因此,外部效益产品的市场提供会导致资源配置不足的效率损失。

如果采用公共提供的方式,事情则会走向它的反面,资源将由于消费者的过度消费而被极大地浪费。

在产品存在外部效益的情况下,如何来引导购买者的行为,使得他的购买量既符合自身利益,又符合社会利益?一种可行的办法是,根据最佳产量上产品的外部效益,对购买者进行补贴,以鼓励购买者扩大购买量,从而扩大社会净效益。我们把这种方式称为部分公共提供。由于对每单位产品向消费者补贴 $IJ$,购买者个人的需求曲线就会由 $AB$ 上移到 $CD$,与边际成本曲线 $EF$ 相交于 $I$ 点,产品价格保持不变。这样,购买者的购买量就会从 $OQ_1$ 扩大到 $OQ_2$。在 $OQ_2$ 的产出水平上,购买者的边际效益等于产品的价格,社会边际效益等于社会边际成本,边际成本中的 $Q_2J$ 部分由消费者付款来弥补,$JI$ 部分由政府补贴来弥补,于是,社会净效益由 $CEGH$ 增加到 $CEI$,净增加了 $GHI$,这意味着部分公共提供的方式弥补了市场提供所损失的效率,这样,购买者利益和社会利益均实现了最大化。

但是,还有待于我们进一步了解的是,部分公共提供过程中,为筹措补贴资金而发生的征纳成本和税收效率损失是多少?因此,比较部分公共提供所弥补的效率损失大,还是由此所带来的效率损失(包括征纳成本和税收效率损失)大就成为我们选择该类产品消费方式的关键所在。在部分公共提供所带来的税收成本与税收效率损失既定,并且部分公共提供所弥补的效率损失大于所造成的效率损失的情况下,我们可依据产品外部效益的大小对产品进行适当的补贴。通常,产品外部效益越大,市场提供所带来的效率损失越大,当外部效益大到足以使整个经济中的每个成员都受益时,产品实质上已具有公共产品的性质,这时,采用公共提供的方式是适当的。从这种意义上来说,依据产品外部效益的大小,对产品进行适当的部分公共提供,应该是弥补市场提供所造成的效率损失的一种行之有效的方法。

## 三、具有排他性和一定范围非竞争性产品的消费方式

其次,我们来看第二类混合产品。就可能性而言,公共提供可适用于任何性质的产品,而市场提供仅适用于具有排他性的产品。第二类混合产品在性质上具有排他性,因而,两种消费方式对它而言都是可能的,需要比较的是究竟选择哪种方式更好?

以桥梁为例。如图4-5所示,$C$ 为造桥成本,$F$ 为收费成本,$AB$ 为桥梁需求曲线,$D$ 为征纳成本,$E$ 为税收效率损失,$OB$ 为最大车流量,$OQ$ 为桥梁最大设计流量。在此假设

条件下,增加消费者并不会增加产品的成本,即增加消费者的边际成本为零,于是,产品边际成本曲线与横轴重叠。

在公共提供的情况下,由于消费者是免费消费该产品的,换言之,消费者消费该产品的边际成本为零,因而,按照边际效益等于边际成本的原则,消费者将把他的消费量扩大到边际效益为零时为止,即消费者选择的消费量为 $OB$,这时消费者从该产品消费中所获得的消费效益为 $AOB$。由于是公共提供,因此,造桥的成本必须由政府筹措资金来弥补。假定政府通过税收的方式筹措资金,那么,课税过程中还会发生征纳成本 $D$ 和税收的效率损失 $E$。综合考虑产品的效益和成本以后,我们可以得到下列等式:

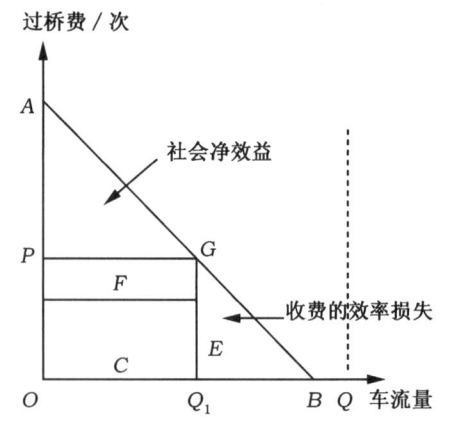

图4-5 桥梁收费与免费的效率比较

$$社会净效益 = AOB - C - D - E \tag{4-1}$$

在市场提供的情况下,假定以通过收费的方式来弥补造桥成本,由于收费本身要发生相应的成本,因此,收费标准应能恰好弥补单位造桥成本和单位收费成本。在图4-5中,收费标准应为 $OP$。由于桥梁的使用在未达到饱和状态之前消费具有非竞争性,因此,增加消费并不会增加产品的成本,相反,增加消费能更大限度地、充分地发挥桥梁的作用,让桥梁为社会带来更多的利益。但是,由于要收取标准为 $OP$ 的费用,消费者的消费量将会由 $OB$ 减少到 $OQ_1$,由此,造成收费的效率损失见图4-5中 $BGQ_1$ 部分的面积。收费的效率损失是指由收费所引起的消费量的减少,从而引起的社会净效益损失。这样一来,整个社会从该产品的生产和消费中获得的净效益由潜在的消费效益(充分使用该桥梁所能得到的利益)减少为 $APG$。于是,我们可以得到下列等式:

$$社会净效益 = AOB - C - F - BGQ_1 \tag{4-2}$$

比较等式(4-1)、(4-2),我们发现,这类混合产品究竟应该采用哪种消费方式,实际上取决于征纳成本、税收的效率损失与收费成本、收费的效率损失之间的对比关系。一般来说,征纳成本主要取决于税务机构的管理水平,其次要受到税收制度复杂程度与征收难度的影响。税收的效率损失主要取决于税收制度的合理与否(有关征纳成本与税收的效率损失的内容将在税收章节中进一步讨论),而收费成本主要取决于收费的难易程度。收费的效率损失一是取决于收费的难易程度,收费管理越困难,收费成本越高,收费标准也越高,进而,收费的效率损失也越大;二是取决于产品的需求弹性,需求弹性越大,收费的效率损失也越大,反之亦然。

因此,在征纳成本与税收效率损失既定的情况下,这类混合产品消费方式的取舍主要由收费管理的难易程度和产品的需求弹性来决定。当收费管理较为困难、需求弹性较大时,可考虑采用公共提供的方式;反之,可考虑采用市场提供的方式。实践中,究竟采用哪种消费方式还有待于进行具体的成本效益分析。

## 四、拥挤产品的消费方式

拥挤产品是排他性和一定范围非竞争性产品的一种特例。

在前面讨论第二类混合产品时,我们的讨论基于这样一种假设:产品具有非竞争性。但是,非竞争性实际上是被局限于饱和界限范围之内的,当产品的消费逐渐趋近饱和界限,乃至超过饱和界限的时候,产品消费就会逐渐失去其非竞争性,甚至还会产生外部成本。外部成本指行为人以市场以外的方式对他人福利造成的损害,这里指由拥挤给他人带来的不便以及给社会带来的潜在危害。外部成本会导致资源的非有效配置。如何使这种外部成本转化为内部成本,从而避免或减少拥挤?一种可能的方式是,对拥挤产品的消费实行收费。

图 4-6 说明的是对拥挤桥梁就其拥挤所产生的外部成本实行收费前后车流量的配置情况。假设该桥梁原先采用市场提供消费方式,$P_1$ 为收费标准,$Q_1$ 为行车拥挤点,$D$ 为桥梁需求曲线,$MPC$ 为行车的边际个人成本曲线,$MSC$ 为行车的边际社会成本曲线。最初,当需求曲线为 $D_1$ 时,车流量还未达到行车拥挤点 $Q_1$,车流量的增加并不会额外增加行车成本,这时行车边际外部成本为零,在图 4-6 上表现为行车的边际社会成本曲线与边际个人成本曲线重叠(此即第二类非拥挤混合产品的情形)。但是,当需求曲线由 $D_1$ 改变为 $D_2$ 时,车流量已超过行车拥挤点 $Q_1$,随着车流量的增加,桥梁越来越拥挤,这给人们的出行带来了诸多不便,也给行车安全带来了隐患,因而边际外部成本开始大于零,在图 4-6 上表现为行车的边际社会成本曲线 $MSC$ 不再与边际个人成本曲线 $MPC$ 重叠,而是边际社会成本越来越大于边际个人成本。消费者只会考虑个人的边际成本与边际效益,而不会考虑自己车辆投入运行是否会加剧道路拥挤、是否会给他人增加成本。因此,只要消费者认为自己的行车收益大于自己的边际成本,就会源源不断地加入车流,以致当最终的车流量达到 $Q_3$ 时,虽然个人行车的边际成本($MPC$)等于边际效益($D_2$),但是,从社会角度来看,行车的边际成本($MSC$)却已大大高于边际效益($D_2$),从而造成了桥梁消费的严重过度。

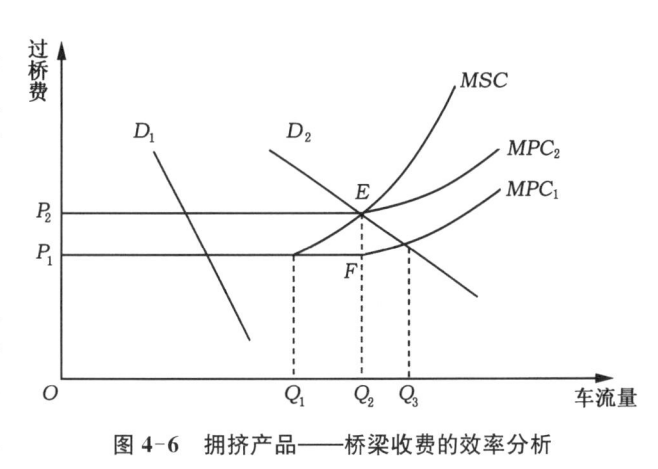

图 4-6 拥挤产品——桥梁收费的效率分析

如何使桥梁通行达到有效率的水平?在该产品消费已超过饱和状态,而其他并行的、可替换的通行设施资源尚未充分利用的情况下,一种可行的办法是,在原先收费标准($P_1$)的基础上进一步收取拥挤费用。拥挤费的收费标准应根据行车的边际社会成本($MSC$)等于边际社会效益($D_2$)时的边际外部成本($Q_2$ 产量上的 $MSC$ 与 $MPC_1$ 之差)来确定,即确定在 $EF$ 水平上。这时过桥收费的标准由 $P_1$ 提高到 $P_2$,它弥补的是两部分成本:造桥与收费成本;由行车拥挤所产生的外部成本。从图 4-6 我们可以清楚地看到,当对桥梁消费者按行车边际外部成本 $EF$ 收取拥挤费用时,边际个人成本曲线由 $MPC_1$ 上升到 $MPC_2$,这意味着让消费者承担了由自己行为带来的外部成本,由此,外部成本转化为内部成本。这样,在成本机制约束下,车流量由 $Q_3$ 降低到了 $Q_2$ 的水平,这时桥梁消费处于边际社会成本等于边际社会效益的效率状态。

由此可见,就拥挤所产生的外部成本进行收费,有助于消费者了解自己的行为给他人带来的成本,促使个人从社会的角度来选择消费水平,从而有利于缓解产品消费中的拥挤程度,使产品消费达到或接近效率所要求的水平。

以上我们分析了第二类混合产品在拥挤与非拥挤两种情况下的消费方式,需要注意的是:第一,即使第二类混合产品采用了市场提供的消费方式,在这类产品的配置中仍然需要政府的干预。这包括为了弥补外部效益而进行的区域规划,为了解决垄断问题而实行的价格管制,以及为了补偿交易成本而提供的投融资政策扶持等。第二,这类产品在消费中往往还存在类似于第一类混合产品的外部效益,区域规划是这种外部效益的一种反映。如果以这类产品的饱和界限为边界的话,那么,这类产品的消费在给边界内的消费者直接带来利益的同时,还会有一部分的利益溢出边界,给他人间接带来利益。例如轨道交通带来了相应地区的房产增值、人口导入和商业繁荣等,从而促进了这些地区的经济发展。因此,就产品消费中溢出边界的这部分外部效益而言,由政府提供相应的财政补贴显然是必要的。有关这方面消费方式的分析类似于第一类的混合产品,这里不再赘述。

以上的分析表明,混合产品或因为其一定范围内的非竞争性,或因为其非竞争性不完全而导致了市场提供的效率损失。因此,诸如教育、卫生、科技、桥梁、公园、图书馆、博物馆等混合产品应该成为财政支出范围的又一个组成部分。当然,与公共产品不同的是,这种混合产品由于具有排他性或具有较大的内部效益,我们可考虑采用市场提供与公共提供相结合的方式(即部分公共提供的方式)。其中,公共提供的份额应该建立在成本—效益分析的基础之上,这既能较好地避免市场提供可能造成的消费不足的效率损失,又能有效地防止公共提供可能造成的消费过度的效率损失。

### 五、混合产品最适规模

至此,我们讨论了公共产品、私人产品和混合产品三种情形。从这三种产品消费中的外部性(这里指外溢的效益)来看,公共产品的效益是完全外溢的;混合产品的效益是部分外溢的;而私人产品的效益则是完全内在的。因此,三种产品的差别主要体现在外部性的程度有所不同,而产品的消费方式或者说政府提供的份额主要是取决于产品的外部性。据此,我们对前面的"公共产品最适规模"理论进行适当的调整,将"公共产品最佳规模"理论转换为能适用于三种产品的、一般化的"产品最佳规模"理论,以便全面反映三种产品的情况。因此,这里的混合产品最适规模同样可以用来说明纯粹公共产品和纯粹私人产品两种情况。

图4-7是对混合产品最适规模的说明。假设一种产品,例如教育服务,同时具有内部效益和外部效益。图4-7(a)说明私人对教育服务内部效益的需求。由于消费者可以在给定的价格下购买不同数量的产品,因此消费者A和B的个人需求曲线的横向加总就形成了只反映内部效益的总需求曲线。图4-7(b)说明社会对教育服务外部效益的需求。由于A和B两人在给定外部效益的情况下对它有不同的评价,因此代表社会需求的总需求曲线应是A和B两人外部效益需求曲线的纵向加总。图4-7(c)中的$S$曲线表示教育服务的供给曲线。纵向加总后,我们得到整个社会(包含私人部分)对教育服务的需求曲线。最适产量为$Q_0E$。在单位成本$Q_0E$中,$Q_0F$由消费者来支付,$EF$由政府以补贴的形式来支付。如图4-7(a)所示,在市场价格为$OP_0$时,A购买$OQ_A$,而B购买$OQ_B$。如图4-7(b)所示,A缴纳的单位税款等于$Q_0H$,而B缴纳的单位税款等于$HG$,在图4-7(b)中的$Q_0G$等于图4-7(c)中的$EF$。在纯粹私人产品的情况下,图4-7(c)中的$EF$等于零,而在纯粹公共

产品的情况下，$Q_0F$ 等于零。至此，关于公共提供最适规模的理论，不仅可以说明纯粹的公共产品和纯粹的私人产品两种情况，也可以用来说明一般的混合产品情况。

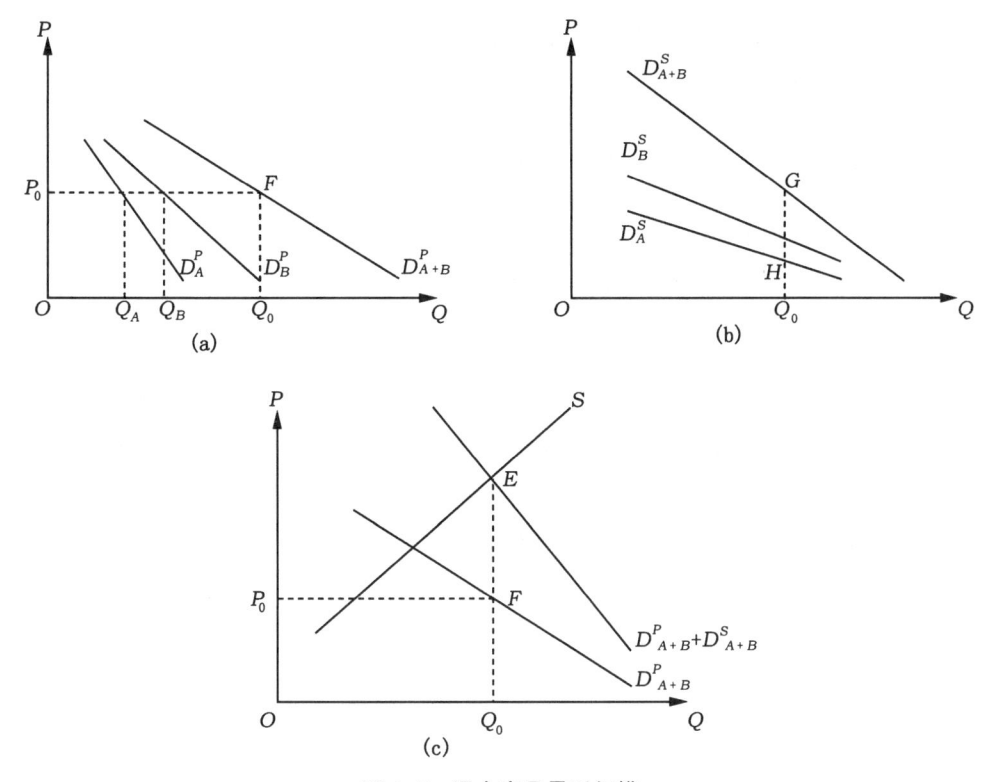

图 4-7　混合产品最适规模

## 本章小结

公共产品具有非竞争性和非排他性。非竞争性源自产品的不可分割性。非排他性首先应从技术上来加以理解，其次应从成本上来理解。在理解公共产品的定义时，我们还应注意以下几点：第一，公共产品有空间上的区分；第二，一种产品的非排他性不是绝对的；第三，不同个人消费等量的公共产品并不一定获得等量的利益。

公共产品的消费通常采用公共提供的方式。这是因为，非竞争性意味着产品消费的边际成本为零。于是，按照市场有效配置资源的要求，不应该向消费者收费。这使得理性的生产者不愿意为市场提供这种产品。非排他性则会使消费者产生"搭便车"的心理，消费者将不愿在市场上通过购买显示自己的偏好，于是，市场无法提供这种产品。

公共产品在决定其最佳规模时，所适用的基本原理与私人产品是一致的。即只有当社会边际效益等于社会边际成本、个人边际效益等于个人边际成本时，公共产品提供的数量才会达到最佳。但是在需求形成过程中，公共产品有着与私人产品完全不同的特点。私人产品的性质决定了每一个消费者在产品市场上面临的是一个给定的价格，消费者所要决定的是他所要消费的数量，因而私人产品需求曲线是个人需求曲线的横向加总。而公共产品的性质决定了每一个消费者面临的是一个给定的数量,消费者所要决定的是他所愿支付的价格,因而公共产品需求曲线是个人需求曲线的纵向加总。

私人产品具有竞争性和排他性。私人产品应该由市场来提供,一般是基于市场提供的可能性与必要性两方面的考虑。在消费者偏好合理的假设下,市场机制能够对私人产品进行有效的配置,无需政府干预。现实生活中政府对某些私人产品的消费进行干预通常是基于两方面的原因:纠正不合理的消费偏好、对公平的关注。

混合产品在性质上介于私人产品与公共产品之间。它可以分为两类:第一类是非竞争性和非排他性不完全的产品;第二类是具有排他性和一定范围非竞争性的产品。混合产品或因为其一定范围内的非竞争性、或因为其非竞争性不完全而导致了市场提供的效率损失,因此,我们可考虑采用市场提供与公共提供相结合的方式。其中,公共提供的份额应该建立在成本—效益分析的基础之上。

从三种产品消费中的外部性(这里指外溢的效益)来看,公共产品的利益是完全外溢的;混合产品的利益是部分外溢的;而私人产品的利益则是完全内在的。因此,三种产品的差别主要体现在外部性的程度有所不同,而产品的消费方式或者说政府提供的份额主要是取决于产品的外部性。这正是在大多数国家,公共产品通常由政府来提供、混合产品部分由政府来提供、私人产品主要由市场来提供的原因所在。

## 习 题

### 一、名词解释

公共产品　私人产品　混合产品　非竞争性　非排他性　"搭便车"问题
公共提供　市场提供　收费效率损失

### 二、思考题

1. 公共产品的消费为何通常采用公共提供的方式？
2. 如何从公平与效率两个方面来理解私人产品公共提供的现象？
3. 从理论上来说,在产品具有排他性和一定范围非竞争性的条件下,消费方式的选择应主要考虑哪些因素？
4. 现实生活中,一些非竞争性和非排他性不完全的产品采用部分公共提供消费方式有什么理论上的依据？
5. 公共产品的最适规模是如何决定的,与私人产品比较有什么异同点？
6. 请作图说明公共提供的最适规模。
7. 下列产品分属哪类产品？从理论上来说它们各自应该采用什么方式消费,实践中的情况又怎样？

a. 灯塔　b. 科学技术　c. 厂房　d. 电视节目　e. 社会保障　f. 家用电器　g. 疫苗
h. 街道观赏物　i. 教育　j. 住宅　k. 绿色革命　l. 行政管理　m. 防止全球气候变暖
n. 医疗卫生

# 第五章
# 政府与生产

### 全章提要

- 第一节 垄断
- 第二节 生产中的外部成本
- 第三节 生产者与消费者之间的信息不对称
- 第四节 生产者的盲目性

本章小结

习题

国民经济中的生产过程如同消费过程一样,也存在着市场失灵,主要表现为垄断、生产过程中的外部成本、生产者与消费者之间的信息不对称、生产者的盲目性等等。针对生产领域中的市场失灵,按照效率的高低,政府有三种干预方式可以选择:一是通过税收或补贴等经济手段来诱导生产者改变有缺陷的行为;二是对生产者的一些活动进行公共管制,这是一种行政手段;三是通过取得生产资料的所有权直接实行公共生产,这是一种政治与经济合一的手段。不同的干预方式,显然会产生不同的结果。本章将针对生产领域中的市场失灵及政府干预的方式进行分析和评价。

思政案例

电商平台要求"二选一":政府该如何应对

## 第一节 垄 断

### 一、垄断的效率损失

如果有众多企业生产某一产品,每一个企业的产量都只占该产品社会产量的一个微小比例,而且各企业产品之间没有明显的差别,那么该产品的价格和产量由供求模型中供给和需求曲线的交点来决定。此时,每一个企业都没有市场势力,因此都是价格的接受者,即各企业只能按市场供求所决定的价格出售产品。这时产品价格等于产品的边际成本,产品产量恰好使整个社会从这一产品中得到的净效益最大化。

但是,如果该产品只有一个生产者,即他是一个垄断生产者,那他就具有决定市场价格的能力,此时他必定要选择一个能使其利润达到最大化的价格。垄断者面临的是一条向下倾斜的需求曲线,提高价格将使销售量下降。价格的变动具有双向的影响:一方面增加了每一单位产品的收入,有助于增加收入;另一方面,又减少销售量,从而减少总收入。这样每增加一个产品的销售所得的收入,即边际收入,就会小于这个产品的价格,因为要多销售一单位的产品就必须将所有产品按较低的价格出售。换言之,企业的边际收入曲线将处在需求曲线的下方。利润最大化以边际成本与边际收入相等为条件,而使利润最大化的价格必定大于产品的边际成本。

在图5-1中,$D$为产品的需求曲线,企业追求利润最大化,按边际成本曲线($MC$)与边际收入曲线($MR$)的交点决定产量$Q_0$。在这一产出水平上,产品可按$P_0$的价格出售。这就是说,垄断者的生产决策不满足边际成本等于消费者边际效用的要求。在$Q_0$的产出水平上,边际成本低于边际效用。既然在$Q_0$上从该产品的消费得到的好处高于其生产成本,那么该产品就应该继续生产,一直到边际成本等于边际效用的产出水平$Q_1$为止,这实际上是发生在竞争市场上的现

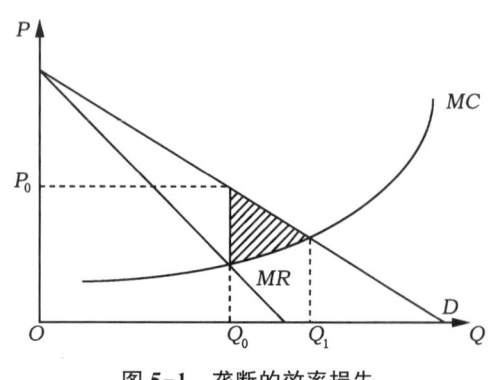

图5-1 垄断的效率损失

象。由此可见,垄断的产出水平将低于竞争市场上该产品理想的产出水平 $Q_1$,换言之,它使社会的生产偏离产品组合效率。垄断所造成的效率损失,在图 5-1 中表现为阴影部分的面积。

## 二、垄断的鉴别

一种产品只有少数相互勾结在一起的企业或者只有一个企业生产,是垄断的必要条件,但并不是充分条件。垄断对经济产生危害是因为个别企业可以控制价格。这种能力并不完全由这一产品当前的生产者数量决定,它在很大程度上还取决于潜在竞争者、产品的替代品、产品的流动性等因素。合理地界定垄断是采取适当对策的前提。在怎样的条件下,少数或独家生产者才能具有垄断能力,从而使产品组合效率受到损害呢?这可以从以下几个方面来作出判断。

### (一) 潜在竞争者

潜在竞争者是指暂时还不存在但有可能出现的竞争者。潜在竞争者的可能性,要取决于这一行业进入或退出的难易程度。若进入或退出障碍多、付出的代价大,潜在竞争者存在的可能性就较小。进入或退出的难易程度主要受到以下两种因素的影响。

一是行政干预。例如,政府政策规定,未经政府许可的企业不得进入某一行业。在这种情况下,潜在竞争者就无法进入该行业。这时垄断的形成就不是市场本身的自然结果,而是政府干预的产物,也因此被称为行政垄断。消除此种垄断弊端的首选方案是解除这种阻碍竞争的政策因素。

二是生产技术。进入某一行业涉及投资,投资构成了进入的成本。如果进入某一行业需要的投资较大、技术性较强、专用化程度高、工程周期较长,那么进入就较为困难。尤其是当这种投资具有沉没成本(sunk cost)的性质时,进入的代价就会特别高。沉没成本是指企业退出该行业时一些无法变现、不能收回的成本。例如,投资海洋石油开发的企业要从这一行业中退出,物资和器材可以变卖,这些成本能够收回或者部分收回,但是大量的研究、开发、勘探成本无法变现,不能收回,这就是沉没成本。

若从潜在竞争者的角度来考虑垄断问题,那么单一生产者就不一定构成对社会的危害。尽管某个产品可能只有一个生产者,但只要进入和退出的障碍很小,就会存在潜在竞争者,一旦这个单一生产者利用其垄断力量取得超额利润,潜在竞争者就会立即进入这一行业分享其利润,竞争将使得价格下降到边际成本等于边际效用所决定的水平。为了避免竞争者的进入,这个单一生产者可能主动将价格定在获取正常利润的水平上。这就是说,潜在竞争者的存在会抑制垄断的危害。在这种情况下,市场本身就可以解决问题,无需政府的干预。

### (二) 替代品

如果某种产品只有一家生产厂家,但这种产品有其他较为接近的替代品,垄断者控制价格的能力就会受到约束。因为当垄断者提高产品价格时,这种产品与其替代产品的相对价格就会发生变化,人们就会更多地选择替代品。如果两者是非常接近的替代品,只要这种产品的价格稍微提高一点,对这一产品的需求就会降到很低的水平,绝大多数需求都会转向它的替代品。换言之,这种产品的需求曲线很接近水平状,垄断者控制价格的能力极为有限,给效率带来的损害也极为有限。这说明对于有较多相近替代品的产品,即使只有一家企业生产,也不意味着生产者拥有控制价格的能力,政府并不需要对此进行干预。

### (三) 产品的流动性

倘若某种产品由分散在各地的多家企业进行生产,而在某一特定地区只有一家企业,那么这家企业是否具有控制本地区产品市场价格的能力,取决于该产品在不同地区间的流动性大小。运输越方便、运输成本越低,流动性就越大;反之,就越小。假如这种产品的流动性较大,本地的独家企业一旦限产提价以试图牟取超额利润,其他地区的产品就会向本地区流动,增加的供给将使价格下降,竞争会有效地限制企业控制价格的企图。反之,若产品的流动性较差、运输成本较高,其他地区厂家的产品就难以进入本地区市场从而形成有效的竞争,本地的独家生产企业就会具有控制本地市场价格以获取垄断利润的能力。例如,某地只有一家服装厂,一般来说不会形成对这一地区市场的垄断,因为服装的运输成本相对其自身价值来说很低,产品的流动性较强。水泥的运输成本相对于本身价值来说比较高,产品的流动性差,因而本地独家水泥厂控制价格的能力就会相对强一些。自来水的运输成本远远高于它本身的成本,产品的流动性特别差,因此就空间范围来看,自来水市场几乎是完全分割的,各地都办有垄断性的自来水厂。

## 三、垄断的治理

政府可以采用多种方式来干预企业的垄断行为,不同的方式对纠正垄断的效率损失会有不同的影响,在执行过程中也会遇到不同的问题。

### (一) 向垄断企业征收超额的税收

垄断者高价出售产品的目的是取得超额利润。人们会很自然地认为如果向垄断企业征重税,甚至把超额利润全部拿走,就可以抑制垄断者控制价格的行为。实际上,这样虽然会改善收入分配状况(让垄断生产者赚的钱少一些),却不能改进效率。如果向垄断企业的利润征税(即征收企业所得税),垄断者势必谋求税后利润的最大化,在税率既定的条件下,要使税后利润最大化就要使税前利润最大化,产量仍取决于边际收入与边际成本的交点。换言之,企业所得税不会改变垄断者的生产决策,产出量仍然低于有效率的水平。如果针对垄断企业的产量或销售量课征产品税,例如向每一单位产品征收一个固定的税额,这会使得边际成本曲线平行向左上方移动,其结果将使得企业边际收入与边际成本交点所决定的产量与有效率的产出水平之间的差距更大。可见,用税收方法难以纠正垄断所造成的对产品组合效率的偏离(参见图 5-2)。

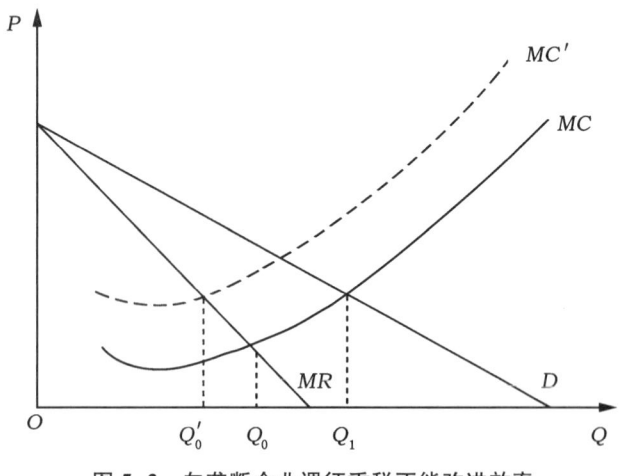

图 5-2 向垄断企业课征重税不能改进效率

### (二) 公共定价

公共定价是公共管制的一种形式。政府可以按照竞争市场定价原则，根据垄断企业的边际成本规定其产品的价格，垄断企业只能按这一价格出售产品，超过这一价格就被视为非法。只要这一规定能够得到切实的执行，垄断者按照边际成本定价销售，就能消除垄断所造成的效率损失。

公共定价的一个关键问题是政府能否准确地了解垄断企业的边际成本。在现实中，这些信息必须通过详尽的调查才能取得。对垄断企业来说，政府规定怎样的价格对企业的利益是至关重要的。如果能使政府将价格定得高于企业的边际成本，企业的垄断利润就可以得到法律的保护。因此，当政府试图了解企业成本情况时，他们会有意夸大成本，将一些不必要的开支计入成本，或者将不属于本期的费用摊入政府调查期的成本之中。在政府的调查与企业的应对之间始终存在着信息不对称，即企业对自己的成本所拥有的信息总是多于政府所能了解到的信息。这样政府所规定的价格就有可能高于实际的边际成本。

这是一个技术性问题，即政府是否有能力了解到足够的信息。另一个非技术性的问题是，代表政府进行调查和做出定价决策的人是否愿意按边际成本来规定垄断企业的价格。这是一个与信息问题无关的问题。政府决策人是否会以边际成本为定价原则，取决于他在多大程度上为公众谋利益。如果他是一个追求自身利益最大化的"经济人"，他就会利用代表公众进行决策的权力来谋求自己的好处。他会与垄断企业进行某种交换：你给我一些好处，我就抬高定价。垄断企业通常乐意做这样的交换，而且会主动寻求这种机会，因为他们所付出的只是得益的一小部分。

假定上述两个问题都不存在，政府按边际成本规定了垄断企业的价格，仍会碰到的一个问题是，如何才能促使企业降低成本，实现生产效率。在实践中，企业的成本随着技术的改进而降低。如果政府按现在的成本规定了价格，一旦企业的成本降低，是否重新规定价格？假定政府要根据企业成本的变化来重新规定价格，那么企业进行技术改造和创新的积极性就会受到严重伤害。如果政府规定的价格是"一次性"的，企业降低成本之后，规定的价格不再调整，那么按边际成本定价的目标只是暂时地实现，从长远来看，垄断价格会恢复，垄断所造成的效率损失仍然存在。

### (三) 反垄断立法

垄断存在的根本原因是某个市场只有为数很少的生产者或者只有一个生产者，他们具有控制市场价格的能力。一个很自然的治理垄断的办法是，通过政府立法来保证每一个产品市场都有足够多的生产者，从而铲除垄断的根源以维护市场的竞争性。这也是公共管制的一种形式。反垄断法通常包含下述内容：禁止大企业相互串通，合谋操纵市场价格；规定单个企业所能占有的最大市场份额，一旦超过这一份额就被视为非法，强制地将这一企业拆分成若干可以相互竞争的企业；还有如禁止以控制市场为目的的企业兼并；等等。

与公共定价相比，反垄断立法旨在从根本上消除垄断，引入竞争机制。而公共定价则立足于承认垄断，只是限制它在价格方面的控制权。采用前一种方法竞争机制就会发生作用，在消除垄断所造成的产品组合效率损失的同时，企业仍然会努力地去降低成本，实现生产效率。而采用公共定价方法，企业降低成本的积极性就会被削弱，企业谋取自身利益的主要努力将放在与政府的讨价还价以及与定价有关的公关活动方面。

反垄断立法涉及一系列经济和法律方面的问题：单个企业的规模达到多大，就会对市场的竞争性造成损害？市场份额如何计量？其他产品的可替代性达到多大程度才计入这一产品的销售总额中？怎样鉴别"以控制市场为目标"的兼并以及企业为发展而进行的正常兼并？从法律的执行来看也会有一定的困难。企业之间的串通合谋有时并不通过正式的程序，只需要默契。如何才能知道企业之间发生了串通合谋？如何划清合法与非法的界限？

西方一些发达国家在反垄断立法与执法方面取得的经验和教训，为我们提供了有益的借鉴。在20世纪70年代以前，西方发达国家在反垄断立法方面，关注的重点是市场结构，即只要有企业的市场份额足够大（例如超过50%），就认为它会影响市场价格的形成与市场的效率，因此执法的重点在于限制企业的横向兼并活动（即生产同类产品的企业相互合并）。在20世纪80年代以后，西方发达国家的反垄断法的立法目标从关注市场份额转向了强调竞争行为和经济效率，在执法上更注重企业具体的不正当竞争行为而不是片面地反对企业间的横向兼并活动。

在反垄断方面，还可能出现这样一种情况，即较大规模的企业能够以较低的成本生产产品，一旦限制企业的规模，或将具有垄断倾向的大企业拆成若干可以相互竞争的较小的企业，产品的生产成本就会上升。也就是说，政府干预也许能够消除产品组合效率方面的损失，但却造成了生产效率上的损失，自然垄断就属于这种情况。下面就自然垄断的生产规模与生产成本之间的关系作进一步的分析。

### 四、自然垄断

一般行业的生产决策点处在成本递增阶段，但在有些行业中，社会对企业产品的需求量正处在该企业成本递减阶段，这意味着该企业的产量越大，产品的平均成本就越低。从生产效率的要求来看，这就要求由一个企业来生产社会所需要的全部产品。市场竞争会自然产生出这一结果，由于产出量越大，平均成本就会越低，大企业就以较低的成本淘汰和兼并小企业，最后形成垄断。这种因平均成本递减而形成的垄断称为自然垄断（natural monopoly）。

自然垄断行业一般具有以下特征：

（1）产品成本中固定成本所占比重非常大，可变成本的比重很小。这些行业一般需要较大规模的固定资产投资。例如，铁路运输需要铺设铁轨，这构成了运输成本的主要部分。一旦有了铁路装置，增加运输量并不会形成多大的追加成本。又如，生产和提供自来水和天然气的主要投资是铺设地下管道，一旦有了供水供气管网系统，增加自来水和天然气的提供量所需的追加成本并不多，产出量越大，平均成本就会越低。

（2）自然垄断通常具有较强的地域性，即异地的同类企业难以同本地的企业展开竞争。例如，异地的自来水厂、天然气厂通常不能与本地的自来水厂、天然气厂竞争，因为特定地区的供水和供气毕竟要依赖本地区的管网系统，产品在异地间流动的高成本足以抑制竞争。

自然垄断的特点决定了这种垄断不易受到竞争的压力。因此，自然垄断企业可以利用其对市场的控制力，谋求自身利润最大化。图5-3中，$AB$为产品的需求曲线。$AC$、$MC$和$MR$分别为自然垄断企业的平均成本曲线、边际成本曲线和边际收入曲线。从社会利益考虑，该产品产量由边际成本曲线$MC$和需求曲线$AB$的交点决定，即$OQ_2$，但垄断者为追求利润的最大化，按边际成本曲线$MC$和边际收入曲线$MR$的交点来决定产出水平$OQ_1$，使得该产品的产量低于产品组合效率所要求的产量。图 5-3 中阴影部分为自然垄断所造成的效率损失。

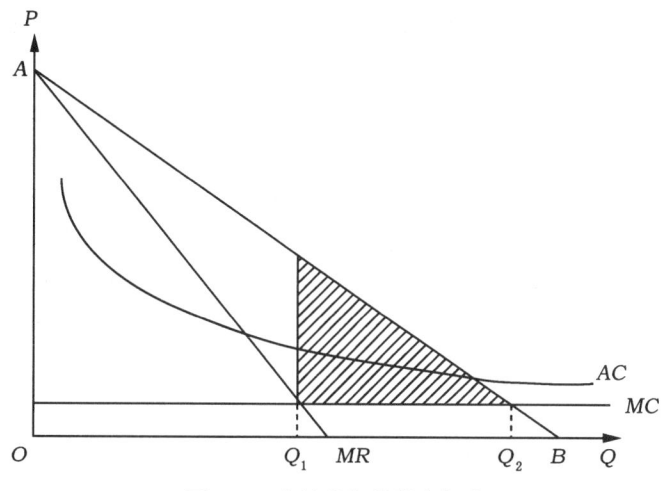

**图 5-3 自然垄断的效率损失**

治理自然垄断的特殊性在于,如果不对这种垄断加以限制,该产品的数量就会低于满足社会利益的产出水平,因而不能实现产品组合效率,但如果用反垄断措施来拆分企业,或限制企业规模,造成多个企业竞争的局面,就会使生产成本大幅度上升,从而偏离生产效率。

图 5-4 是一家自然垄断企业的平均成本曲线,平均成本随产量的增加而逐步下降。假如市场对该产品的需求全部由这一家企业来生产,数量为 100 单位,平均成本为 $C_1$;若由两家企业来生产,那么每家企业生产 50 单位,成本为 $C_2$;若由四家企业来生产,每家生产 25 单位,成本为 $C_3$。从生产效率来看,独家生产成本最低,企业数量越多,生产的平均成本越高。例如,在现实生活中,每家每户通常使用同一个自来水公司的水管,对于自来水的消费者,自来水公司是个垄断者。但是,要用竞争的方法来治理这种垄断,社会将付出极高的代价。这意味着在同一个地区要有若干个相互竞争的自来水公司,每个公司都要有自己的供水管道,每个用户家中都有不同公司的供水管,以便让消费者进行选择。而这么多供水管道所完成的任务,实际上用一套供水管道就能完成。

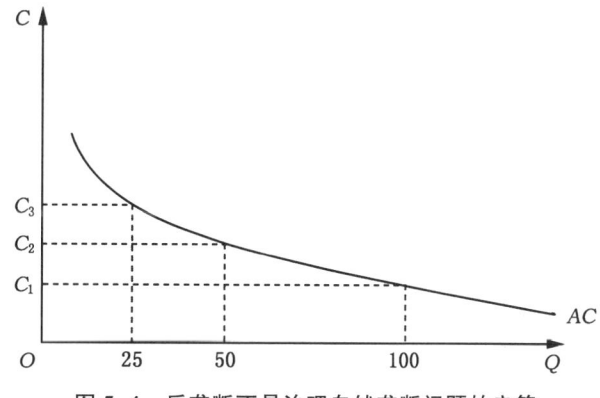

**图 5-4 反垄断不是治理自然垄断问题的良策**

上述分析表明,反垄断立法不是治理自然垄断的良策,较为可行的办法只能是公共定价或公共生产。公共定价可能会产生的问题,我们已在前面作了讨论,这里不再赘述。在现实中,人们只能在不完美的办法中选择相对来说较好的。与公共生产相比,采用公共定价办法的主要好处是不需要政府进行投资,政府不必承担监护资产的责任,除了规定企业产品的价格之外,政府无须承担经营管理上的责任,政府干预所花费的成本较小。采用公共生产的方式也是可以选择的一种办法,该办法所存在的问题我们将在本章第四节进行讨论。从世界各国的经验来看,政府直接投资于自然垄断企业是一种较为普遍的现象。但近三十年来,世界各国的一个普遍趋势是,将自然垄断企业更多地让私人企业来经营,同时用公共定价的办法来治理其效率损失。

值得注意的是,自然垄断并不是一成不变的。随着科学技术的进步和经济发展,原先的自然垄断行业也可能成为具有竞争性的行业。例如在科学技术不发达、经济发展较落后的情况下,铁路也许是两个城市之间唯一的快速通道,修建多条铁路以引进竞争机制从技术上来说代价过大。但随着科学和经济的发展,高速公路、民用航空以及水路交通都可能成为铁路的竞争者。这时铁路公司控制价格的能力就会大大削弱,为了吸引乘客不得不将价格降到具有竞争力的水平。长途电话业是传统的自然垄断行业,但随着新技术的运用,移动通信、光纤通信以及互联网等信息手段对长途电话形成了有力的竞争,自然垄断的特性在这一行业大大减弱。

## 第二节 生产中的外部成本

在私人生产的条件下,企业以自身利益为目标,它只考虑自己所承担的成本以及自己所得到的收益,并以此作为生产决策的依据。正如福利经济学第一定理所揭示的,在许多时候,企业这样的生产决策行为与社会利益的实现没有矛盾。但在某些时候,企业生产可能会造成外部成本,在这种情况下,市场竞争并不能自动地实现社会利益。

### 一、外部成本的效率损失

外部成本一个特别明显的例子是环境污染。企业排出了废气、废水,污染了空气和水源,生活在这一环境中的人都会因此而受到损害。这种外部成本不仅会对消费者带来损害,同时也会对其他生产者造成不利影响。例如,河流上游的化工厂排出的废水污染了河水,将使得下游的食品厂、饮料厂、自来水厂为清除水中的有害物质花费更大的成本。图 5-5 表现为外部成本造成的效率损失。图中,$D$ 为需求曲线,$S$ 为内部边际成本曲线,$S'$ 为社会边际成本曲线,$S'$ 与 $S$ 之间的垂直距离表示外部边际成本。在一个竞争市场上,产出水平将由内部成本曲线与需求曲线的交点($Q_2$)决定。但从整个社会的角度来考虑,生产的最佳水平应由社会边际成本曲线 $S'$ 与需求曲线的交点决定,产出水平应为 $Q_1$。产出水平 $Q_2$ 是无效率的,因为这时社会的边际成本已大于这一产品的边际效益。阴影部分的面积表示在外部成本存在的情况下,如果政府不加干预,企业将给社会带来的效率损失。

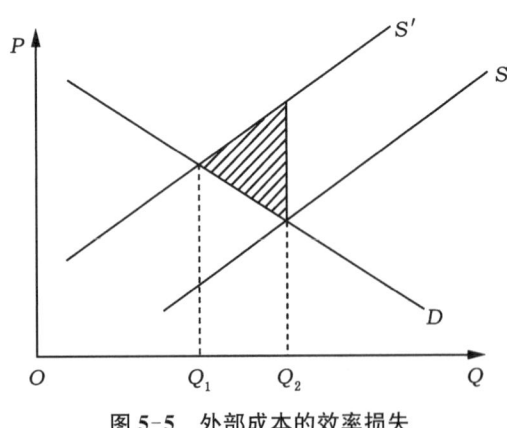

图 5-5 外部成本的效率损失

## 二、解决外部成本问题的市场化方法

市场交换是以产权明确界定为基础的,任何交换的前提是交易双方都承认对方的财产所有权。外部成本使得市场失灵是因为有些产权归属没有被确认。如果社会确认企业无权对他人的生活造成不利影响,那么受到企业外部成本影响的那些人,就有权向企业索取补偿或者向企业出让自己的权益,只要索取的补偿或者出让权益的价格等于边际外部成本,这种外部成本就全部由企业来承担,从而被内部化。如果社会认为企业有权不承担外部成本,那么受到企业外部成本影响的人,可以出价换取企业采取减除外部成本的行动。这时,外部成本就由企业以外的其他人来承担。一旦产权明确,任何行为所产生的好处或坏处都会有一个价格,就像所有其他产品一样,价格机制会将资源引向配置效率。在这里,问题的关键在于产权是否有明晰的归属。因此,只要产权界定清晰,在消除外部成本方面,价格机制就可以发挥作用,资源也就能够实现有效配置。

这一结论最早是由诺贝尔经济学奖获得者罗纳德·科斯(1910—2013)得出的,也因此被称为"科斯定理"。这一结论的推论是,只要产权有明确的归属,交易费用足够低,市场机制就能有效地运行,政府对外部成本问题就没有干预的必要。这一定理表明,产权的确认是市场机制运行的基础,在产权能够明确规定的场合,首要的任务是规定产权的归属,这样就可以解决外部成本问题。

在大城市的居民密集区往往碰到这样的问题:宾馆酒楼的空调散热器对着一些居民的门窗,使得他们在炎热的夏天无法打开门窗,生活环境因此受到严重影响。如果没有明确规定当事各方的权限范围,那么这种影响就成了宾馆酒楼的外部成本,它可以不对这种成本承担责任。如果社会认为居民有权享受不受他人干扰的环境,那么企业排放热气就构成了对居民权益的侵犯,居民就有权向这家企业索取一个价格以补偿由此造成的损失。这就像水果商用自己的水果去换钱一样,只要当事双方的产权是明晰的,这件事就可以通过市场交换得到一个令双方都满意的结果。当然,这种交换的结果不仅仅是居民得到了补偿,宾馆酒楼购得了排放热气的权利,其真正意义在于宾馆酒楼对周围环境造成的影响现在要由他们自己来承担,而不再是外部成本。一旦成本被内部化,即使对环境的影响仍然存在,其程度也会控制在边际成本与边际效用相等的水平上,资源配置就可以通过价格机制实现效率。这是运用科斯定理解决现实中外部成本的一个例子。

事实上,任何东西只要没有规定它的产权,都会产生外部效应(包括外部成本和外部效益)。许多产品的产权如果能够得到确认和维护的话,完全可以成为成本(或效益)内部化的私人产品。例如,思想产品往往因权益界限不清而使得其效益外部化,这是因为人们要界定思想产品的产权或者维护它的权益比较困难。如果是某项物质产品,生产者只要将它锁在自己的仓库里,其他人除了购买之外就无法得到这一产品,偷窃或抢劫行为容易被确认并受到法律的制裁。但思想产品在维护其生产者权益方面就比较困难,一种发明、技术、设计、配方、款式、著作、名誉容易被其他人无偿地使用,仿造、抄袭、冒用就是实现这种无偿使用的方式。当一种物质产品被别人无偿取走时,很容易被察觉到,但当思想产品,如一种想法被人取走时,所有者不易感觉到,即使感觉到了也不易确认。这样,思想产品就容易产生外部效益,该产品的生产者不能得到其全部利益,而其他人则无偿地享受了这一产品的好处。对于这样的外部效应,通过制定知识产权保护法规,确认专利权、著作权、商标权、版权等的归属,并加强法规的执行就可以使之内部化。这也是运用科斯定理的一个例子。

不是所有问题都能通过产权明晰化来解决,科斯定理应用必须满足下述至少一个条件,或者用科斯的话说就是交易费用应该为零或者足够小。

(1) 外部效应所涉及的当事人很少。在造成外部效应的行为者只有一个,而受外部效应影响的人也只有一个的情况下,双方可以比较容易地讨论交易价格并达成协议。我们上面所举的宾馆酒楼与居民的例子就比较接近于这种情况。但是如果涉及的当事人很多,这种办法就行不通。例如,城市的空气污染,由于造成污染的因素很多,弄清谁是肇事者以及他们各自对污染负多大的责任不是件容易的事情,受到污染影响的人也难以计数。在这种情况下,很难想象能通过谈判产生出一个让大家都接受的价格,于是唯一可行的办法就是政府采取某种强制性的措施,即实行公共管制。

(2) 这种外部效应具有一定的可排他性。一般的私人产品之所以能够通过产权的明晰化来消除外部效应,是因为它们的影响是可排斥的,也就是说,要让一些人不受这一产品的影响是可以做到的。在这种情况下,人们要想得到这一产品的好处就必须花钱购买。上面所谈到的思想产品的例子,之所以能够通过产权的确认来解决问题,是因为让某些人无法获利是可行的。但是,环境绿化所产生的外部效应就很难排斥某个特定的人从中受益,不交钱照样可以享受到绿化所带来的好处。在这里,市场谈判和价格机制就无法发挥作用。外部成本的情况也是如此。如果有人为空气污染一事去与肇事者谈判,谈判的成本自己负担,谈成的好处却是大家共享。这样,个人理性的做法是,宁愿等其他人去做这件事,而自己坐享其成。

由于实践中外部效应问题大多涉及面很广,而且许多具有非排他性,因此,指望全部由市场机制来解决是不现实的。政府在这方面应发挥积极的作用。

## 三、政府对外部成本的干预方式

政府可以采取多种办法对企业进行干预,以消除外部成本造成的效率损失。

### (一) 庇古税

英国经济学家庇古(1877—1959)认为,政府可按生产者造成的边际外部成本大小向企业征税。这样,税收就成为企业成本的一个组成部分,即成为企业的内部成本。在图5-5中,企业的内部边际成本曲线就会从原来的$S$移到$S'$的位置上。追求利润最大化的动机将使他们根据$S'$与需求曲线的交点来决定产量。这种使外部成本内部化的税收被称为庇古税(Pigouvian tax)或者矫正税(corrective tax)。

实施庇古税有以下两种可行的办法:

(1) 向每一单位产品征收一个给定的税额,这个税额根据边际外部成本的价值量来制定。在实践中,有时向电厂根据其发电量来收取污染费(税),就接近于这种征税方法。课征对象是造成污染的企业产量,它比较容易确认。其缺点是,一旦征税标准给定,企业就不会有减少或消除外部成本的积极性,而且有时候企业产生的外部成本总量与产品量没有直接关系。要使企业朝减少或消除外部成本的方向努力,就必须及时地根据企业边际外部成本的变化情况调整征税的标准。

(2) 直接向外部成本本身征税。也就是说,对于造成污染的企业,不是按它的产量来征税,而是根据它排放的废水、废气以及它所含有的有害物质的数量来征税。在实践中,排污费的收取一定程度上就接近于这种税收。由于课税的对象是直接造成外部成本的经济指标,减少外部成本就可以减轻税收,企业会对此做出较为积极的反应。

在理论上,庇古税具有较为明显的优点,那就是企业不得不将外部边际成本内部化。但庇古税在实践中却有困难,因为不论采取哪一种办法,实行庇古税最关键的问题是要解决评价外部成本价值的问题。如果人们低估了外部成本的价值,税后的产出量就会高于 $Q_1$;而若高估,则会出现相反的结果。从理论上来说,外部成本的价值可以用受其影响的人对消除这种影响所愿意支付的代价来衡量。例如,要想知道城市的空气污染在边际上给人们带来的影响到底值多少钱,我们可以问他们,如果有办法减少一定量的污染,你们愿意花多少钱,以此来估计空气污染的外部成本。但是,这样做的困难在于,尽管每个人的心目中的确存在着某种评价,但他未必愿意或者不能准确地说出来。而且每个人对空气污染所造成的损害也会有不同的评价,进行这样的计算将会非常复杂。估计外部成本的另一种办法是,估算一下社会要消除一定量的外部成本所造成的不利影响需要花费多少钱,将这一成本视为外部成本。这种做法的问题在于,消除外部成本的不利影响所花费的金钱,可能会超过人们的支付意愿。而且,政府的政策目标并不是消除全部的污染,而是让产品生产获得的社会收益与产品生产的社会成本在边际上相等,使社会的福利达到最大化。

## (二) 公共管制

公共管制是政府治理外部成本问题的另一种可行的方式,即对生产者的行为作出某些限制。限制的形式可以根据具体情况来制定。比如说,为了控制生产者所造成的环境污染,政府可规定这类企业的产量,或者限制污染物的排放量,将污染物的排放量限制在一个可接受的水平上。显然,当排放量与产量成一定比例时,限制产量与限制污染物排放量具有同等的意义。当然,也可以直接规定企业生产所排放污染物的质量水平,即只有达到一定标准的污染物才允许排放。

公共管制在实施过程中有以下几个问题需要注意:

(1) 政府需要掌握一定的信息。首先政府要了解生产者的供给曲线,即这一产品的内部边际成本;其次要了解消费者的需求曲线;再次要对外部边际成本进行衡量,并算出它的价值。这样,政府就可以根据需求曲线与社会边际成本曲线的交点来决定一个有效率的产出水平,并规定这类产品生产者的产出不得超过这一水平。显然,政府信息的完善程度,是公共管制是否能实现效率的关键。应该说,政府的任何干预方式都存在信息方面的困难,但不同的干预方式对信息的要求是不一样的。例如,采取庇古税进行干预时,政府所需要的信息只是产品的边际外部成本,而不需要了解企业的内部成本和社会需求情况。因此,与庇古税方式相比,公共管制在信息失灵方面可能存在较大的问题。

(2) 不能适应情况的变化。政府所规定的产出水平(例如图 5-5 中的 $Q_1$),只是在特定的供给与需求曲线的条件下才是符合效率的,一旦供给和需求发生了变化,这一规定的产出水平就不再符合效率。在实践中,产品的供给曲线可能因为原材料以及劳动力需求的变化而变化,消费者的偏好也会发生变化而使需求曲线发生移动,政府的限制水平就必须根据这些变化而调整,否则就不能较长时期满足效率的要求。而在庇古税的情况下,只有外部边际成本的变动才会影响这一干预方式的效率,内部成本曲线以及需求曲线的变化对庇古税的效率不产生影响。

(3) 管制不仅需要政府规定污染产品的社会总量,而且还要为每一企业规定各自的限量,这样才能在总量超过规定水平时找到具体的责任者。但是要做到这一点需要具体了解每一个相关企业的成本情况,任何一个企业生产成本的变化都会影响管制的有效性。

(4) 管制限制了污染的水平,但却没有将外部成本转变为企业的内部成本,承担污染成本的依然是社会,而不是制造污染的企业。

## 第三节　生产者与消费者之间的信息不对称

市场有效运行的一个前提条件是所有当事人都具有充分信息。但现实生活中往往出现这样一种情况:当事的一方具有较多的信息,而另一方则信息较少。这种情形称为信息不对称。信息不对称的存在显然违背了完全竞争条件下的充分信息假定,因此它被认为是一种市场失灵。信息多的一方可以利用对方的无知或少知来获利,并造成效率损失。

### 一、信息不对称的效率损失

信息不对称有多种情况。这里要讨论的是生产者与消费者之间的信息不对称以及对这种市场失灵的治理方法。

生产者与消费者之间的信息不对称,是指生产者由于专门从事某一种或某一类产品的生产和销售,因此他具有较多的有关这一产品的专业知识。例如,生产者知道这一产品所使用原材料的品种和数量、成本的多少、产品的质量以及这一产品的市场行情。而消费者一般不具备产品的专业知识,即使是某种产品的专家,作为消费者,他也只了解这一种产品,不可能具有所有产品的专业知识。消费者在购买时能观察到的只是产品的外观,对内在质量却知之甚少。与生产者相比,他们对产品市场行情的了解不够清楚,这也是俗语"只有错买的,没有错卖的"含义所在。生产者以自身利益为行为目标,他可能会利用这种信息不对称在生产和交易过程中偷工减料、以次充好或者短斤缺两。这样就会造成效率损失(见图 5-6)。

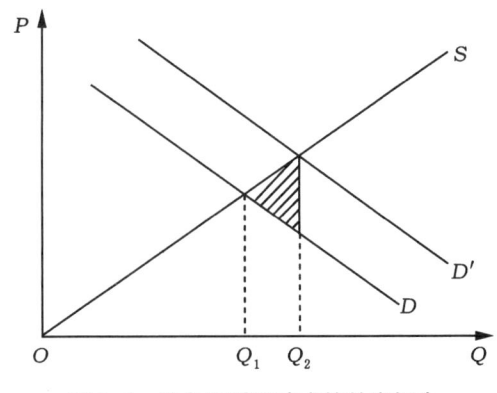

图 5-6　信息不对称造成的效率损失

在图 5-6 中,$S$ 为供给曲线,$D$ 为消费者了解真相时的需求曲线,表明某一产品能给消费者带来的真实的边际效用。该产品生产与消费的合理水平为 $Q_1$。但如果消费者不了解产品的真相,生产者用欺骗或有意隐瞒的手法使消费者高估产品的价值,这时市场的需求曲线为 $D'$,生产和消费量就达到 $Q_2$。显然,一种产品的合理数量应以其真实的效用来确定,生产者与消费者之间的信息不对称使得产品偏离组合效率,它所造成的效率损失表现为图 5-6 中阴影部分的面积。

### 二、解决信息不对称问题的方式

市场本身在一定程度上具有克服这种效率损失的能力。只要市场竞争在起作用,竞争就会保护消费者的利益,因为从长远来看,为消费者服务并使他们感到满意是与生产者的利润最大化目标相一致的。欺骗行为可以使消费者上当一时,但消费者会吃一堑长一智,吸取经验教训,以后不买行为不规矩的生产者的产品,这就会产生规范生产者行为的力量。企业之间的相互制约也可在一定程度上解决这一问题。例如,商业企业从生产企业进货时有可能帮助消费者把好质量关,相对于消费者,这些专门从事产品销售的经销企业对产品内在质量有较好的识别能力。此外,市场信息传播、报刊和新闻媒体对有关情况的报道都可以为消费者提供有用的信息,从而使他们在购买时具有较强的识别能力,同时也会给行为不规矩的厂商造成巨大的压力。

然而,单纯依靠市场竞争来消除信息不对称产生的所有问题显然是不现实的。对于有的产品,消费者的识别能力极为有限,有时几乎完全无法辨别真假好坏,以至于发现问题时已造成了很大的损失。而生产者方面则会想出种种办法来逃避因此需要承担的责任,如以转换生产地、更名、重新注册登记等来逃避应有的责任。

生产者与消费者之间的信息不对称问题不能通过税收方式,而只能通过公共管制的办法来解决。针对这种市场失灵,政府可以采取以下三种干预程度不同的管制措施。

1. 信息管制

政府可以制定法规要求生产者(这里泛指卖方)公开、及时、准确、全面地披露他所生产或销售的产品的有关信息。例如,在产品市场上,产品包装要求写明生产者、生产日期、生产地、产品所含成分、有效期以及技术标准。商品要求明码标价,使用的量具必须符合政府的规定。在资本市场上,上市公司必须定期地将企业的经营和财务状况用中报和年报的方式公布。违背这一规定将受到处罚。这样,政府可以迫使生产者向消费者提供他们所需要的信息,并提高这些信息的真实性和可信度。与此同时,政府可以组织有关专家对产品和服务的质量进行定期的检查,并将检查的结果公布于众。在这一层次上,政府干预的目的仅仅是为消费者提供信息,但并不替消费者做消费选择。只要有了较为充分的信息,消费者会根据自己的要求和愿望进行选择,市场自然会淘汰那些不良的产品以及产品的生产者。

2. 质量管制

即使政府提供了消费所需要的全部信息,消费者是否有能力接受这些信息依然会有疑问,因为接受信息是需要花费大量的时间和精力的。即使接受了全部信息,他们也未必能对产品或服务的价值作出理智的判断。例如,超过保质期的食品,只要价格降低到一定程度,仍会有一部分消费者去购买。当然,这个问题已不属于信息不对称,而是消费者的偏好不合理。如果确实存在这些问题,那么政府的干预就不能仅限于向消费者提供信息,它还要为消费者作出判断,即对产品的质量实行管制,在消费者进行选择之前就将那些政府认为不符合消费者利益的产品清除出市场。政府可以针对各种不同类别的产品制定技术和质量标准,产品上市必须通过政府有关部门的鉴定,不合格者不得上市;已上市的产品一旦发现质量不合格就不得销售,并要求限期整改,整改不合格就责令停产。

3. 资格管制

质量管制的目标是保证产品的有效性和安全性,在这一层次上,政府并没有对生产者的资格进行管制。换言之,不管企业的规模大小、设备状况、技术能力如何,只要能够生产出合格的产品就行。而资格管制则更进一步,政府直接决定谁有资格从事某项产品或服务的生产。政府可以针对各种不同的行业,制定生产者资格标准,不符合这一标准就不能注册登记,或者不能具备从事某种产品或服务的生产和经营资格。资格管制在一定程度上是必要的,它与质量管制有一定的联系,因为企业的产品质量往往受到规模、设备以及技术方面的制约。但另一方面,这种联系又不是必然的,规模小、设备差、技术能力较为薄弱的企业,如果能够加强管理、经营得法,同样可以生产出适合社会需要的优质产品。

### 三、公共管制可能出现的问题

现实政策上的争论不在于是否需要公共管制,而在于这种管制的范围和程度。由于生产者与消费者之间存在着信息不对称,有些问题是市场本身无法解决的,需要政府发挥市场管理者的作用。但从另一方面来说,公共管制也存在一些弊病,在有些情况下,管制所产生的政府失灵可能会大于它想要纠正的市场失灵。因此,必须根据各种具体情况来确定管制的适当范围。管制可能出现的问题有以下几个方面:

1. 政府机构的低效率

政府机构监管生产者要花费成本,在实践中,成本往往超过履行这一职能所必要的限度。这种成本包括政府管制机构本身的经费开支,也包括被监管的企业为了接受监管而付出的代价。机构臃肿,人浮于事,花钱大手大脚,办事效率不高,这些是政府机关的常见病。而接受管制的企业为了得到某项批文或办理某个手续,往往需要等很长的时间并花费很多精力。

政府机构的效率低下有其内在的原因:

(1) 政府机构主要依靠财政拨款取得资金来源,它的生存不依赖于它的服务对象。这与市场环境中厂商与客户的关系形成了鲜明的对照。厂商把客户视为"上帝",他们的发展完全依靠客户的"货币投票"。而政府机关获得多少财政拨款通常与他们服务的数量和质量没有直接的联系。

(2) 政府机关的另一个显著特点是具有垄断的权力。通常一项特定的服务只有一个指定的政府机构提供。例如,工商登记和审查必须去工商局办理,企业完全不能够选择由哪一个政府机构来为他们提供服务。政府机构的上级部门也无法在各下级单位之间进行比较,来判断提供这项服务的成本是否合理、服务质量到底如何,等等。而在市场交换过程中,消费者可以选择他们最满意的厂商,谁的产品质量好,谁的价格便宜,消费者就选择那家厂商。

(3) 政府机构提供的服务投入产出关系很难确定。审批一个项目所要花费的财力、人力和物力,由于每个项目的性质、规模以及技术上的复杂性不同而难以确定。相比之下,企业生产某种产品,需要花费多少原材料、多少人工通常可以比较精确地进行考察,产品的质量也能通过比较客观的方法来鉴定。由于政府机构的投入产出关系的不确定性,政府机构的管理就比较困难。

(4) 政府机构的决策是一种公共决策。决策做得对是决策者的本职工作,对个人并没有直接的利益。但如果决策做错了,决策者往往要承担个人责任。因此,政府机关的工作人员在处理事情的时候,为了避免个人风险,往往采取各种方式,让上级或者集体共同承担可能存在的风险。

2. 管制者的偏好缺陷

公共管制是让政府管制机构来代替消费者对产品效益与代价之间的关系作出判断。药品管制是一个明显的例子。一种药品是否允许生产和销售,取决于药品对消费者是否具有疗效,同时也取决于这一药品是否有副作用。不论是效益还是代价,消费者都缺乏鉴别能力。因此,需要政府的管制机构首先代替消费者对这一药品作出判断。这一过程可能会出现两种失误:一种是可能过高地估计其好的方面,而过低地估计了不好的方面,使得一些本不应批准生产和销售的产品出现在市场上;另一种是可能高估了某种产品的缺陷而低估了产品所带来的好处,从而禁止了一些应该允许生产和上市的产品。由于信息的有限,在一定程度上偏差不可避免,此时管制者会宁愿犯第二种错误而不愿犯第一种错误。这是由他所处的特定地位和责任所决定的。如果他批准了一种副作用较大的药品的生产,使用之后引起消费者的不满,这会被认为是管制者的失职,引起社会的关注。如果他拒绝批准一种本应批准的药品,即使这种错误给社会带来的损害并不亚于前一种错误,但他所承担的责任以及这种错误被社会关注的程度,会大大地小于前一种情况,甚至这种错误根本就没有人注意到。

3. 以权谋私

管制者拥有批准或不批准的权力,这种权力有可能被用来为私人利益服务,掌握管制权力的人有可能用权力来换取金钱和物质利益。这时,公共管制起不到为消费者提供信息和监督生产者的作用。管制者可能因为被管制者给了他个人某种好处,批准了按规定本不该批准的企业、产品或行为;也可能因为被管制者没有给予好处,或在其他什么方面得罪了他,不批准按规定可以得到批准的企业、产品或行为。以权谋私的行为不单单发生在个人层次上,执行管制职能的单位也会利用本单位的权力来谋求好处。例如,盖章成了一些单位重要的创收渠道。在竞争的市场中,个人或企业追求自身利益是实现资源有效配置的必要条件。但在公共决策的情况下,政策执行者运用自己所掌握的权力来谋私利,则会使效率受到严重损害。

公共管制的失灵会扭曲资源的有效配置,抑制市场竞争和企业活力,同时也会使社会的生产成本大幅度地增加。因此,在考虑生产者与消费者之间的信息不对称这一市场失灵时,必须认真地评价市场失灵以及针对这种市场失灵的政府干预可能会产生的政府失灵,斟酌其干预对社会福利的净效应,选择政府干预的适当范围与方式。美国经济学家曾经计算过,从 1967 年至 1974 年,政府的公共管制使美国的私人企业承受的负担增加了 50%。正因如此,自 20 世纪 80 年代以来,以美国为代表的西方发达国家在公共管制领域兴起了"放松管制"的运动。这些国家在此方面的经验和教训,也值得中国学习和借鉴。

## 第四节 生产者的盲目性

私人生产的盲目性,或者说是个别企业生产的理性与整个社会生产的盲目性是市场失灵的一种表现。一般认为,处在市场竞争下的私人生产能够产生有效率的(符合生产效率和产品组合效率的)资源配置这一结论,是以全部生产者具有充分信息为条件的。然而,现实生活中这一条件并不存在。虽然每一私人企业在追逐自身利益时充满理性,但由于只拥有有限的信息,他们在市场中的行为从整体来看或多或少带有盲目性,缺乏理性,不能满足效率的要求。

生产者的盲目性既会损害产品组合效率又会影响生产效率。例如,当生产者了解到现在市场上什么产品能挣钱时,就急切地去生产这一产品,但可能忽略了其他生产者将采取的行动,也不知道消费者的需求可能发生的变化。其结果是:一些产品严重过剩而另一些产品则供应不足,产品结构偏离了产品组合效率的要求。当他们发现产品过剩时,面临的将是停产、转产或破产,这都意味着资源的严重浪费。从整个社会来看,经济处在周期性危机中,大量的产品和设备被废弃或者被闲置,生产效率受到严重影响。

公共生产是人们设想用来解决生产者盲目性问题的一种方式。公共生产从体制上可以区分为两种类型:一种是集中计划的公共生产;另一种是市场竞争的公共生产。以下对这两种公共生产体制进行分析。

## 一、集中计划的公共生产

马克思提出解决生产者盲目性的方案是,将所有生产资料公有化,使所有企业都成为公共企业并听从政府计划的统一安排。在这种集中计划的公共生产体制中,每一个企业生产什么、生产多少、怎么生产都由计划规定,企业成了车间,整个社会成了一个大企业。这样,整个社会能够按比例地分配劳动,直接地、自觉地控制社会劳动时间,经济活动就可以事先在宏观范围内得以协调。

集中计划的公共生产能否解决信息不灵而造成的效率损失或者减少这一损失吗?虽然在理论上集中计划的公共生产似乎能够克服私人生产者的生产盲目性,但也会出现另一种信息不灵。由于计划者要按照效率的要求来安排生产同样需要充分信息,而在第三章已阐述过政府信息事实上是失灵的(基本原因这里不再重述),因此用集中计划的公共生产去代替私人生产只是以一种信息失灵去替代另一种信息失灵。

那么,集中计划的公共生产所包含的信息失灵是否比私人生产条件下的信息失灵程度更轻呢?这个问题在理论上无法给出确定性的结论,其答案只能通过经验实证的方法来寻求。从近50多年来世界各国的经验中,我们很难找到支持集中计划的公共生产的证据,尽管在某一段时期内计划经济曾经也有过辉煌的一页。现在各国已形成的共识是,通过市场价格信号来引导个人和企业,是实现资源有效配置的一条捷径。我国改革开放前30年的历史以及改革开放以来所取得的成就都充分证明了这一点。

然而,如何评价计划经济的失败还有不同意见。一种观点认为,以往计划经济不成功是因为计划得不好,如果计划者能够深入实际地进行调查研究,制订出符合实际的计划,并加强计划执行过程的管理,计划经济是可以搞好的。从这一观点看,改革的首要任务是加强计划管理。另一种观点认为,计划经济失败的根本原因是这一体制本身已经决定了计划管理所能达到的水平,因此试图通过加强计划管理来克服计划机制的弊端只是一种空想。持这一观点的人认为,改革就是要否定计划体制,让市场在较大的范围内发挥作用。时至今日,后一种观点在中国思想界与实务部门更占上风。

## 二、市场竞争的公共生产

公共生产的另一种体制是政府拥有企业所有权,但与计划体制不同的是企业拥有经营的自主权,企业能够根据自己的利益来决定生产什么、生产多少以及怎样生产。在这种情况下,公共生产对效率的影响会如何呢?它能否比私人企业具有更高的效率?

当公共企业拥有了自主经营权,在市场中从事经济活动时,私人生产的市场失灵,如利用自己的垄断力量以谋取超额利润、以信息优势侵犯消费者利益、只顾内部的成本和效益而不考虑外部效应,以及生产盲目性等情况都会发生。换言之,市场竞争的公共生产不会消除私人生产条件下的所有市场失灵,纠正市场失灵仍然要靠政府的税收、补贴、公共管制等手段。假定公共企业能像私人企业一样地运作,市场竞争的公共生产与私人生产在效率上就是相同的,它们之间可能的差别是在收入分配方面。在公共生产条件下,企业的利润原则上属于全社会,而私人企业的利润则归私人企业主。有关公共生产对收入分配方面的影响将在第六章作进一步的讨论,此处讨论的是市场竞争的公共生产与私人生产是否在效率上相同。

一种观点认为,企业归谁所有,是政府所有还是私人所有,不是决定企业效率的主要因素,关键要看是否有竞争。一个私人企业,如果缺乏竞争的压力,在生产上也可能是无效率的。而公共企业如果有一个竞争的环境,就会迫使它尽可能地降低成本,努力开发和生产适销对路的产品,并取得很好的效益。因此,改革的重点应该是实行政企分离,扩大企业的自主权,将企业的效益与经营者和生产者的利益挂钩,保证良好的竞争环境,让企业在市场竞争中发展和壮大。但这一观点的最大缺陷是,它没有认识到是竞争性企业造就了竞争性市场,而不是相反。也就是说,企业必须先要有竞争性,其行为才会造就竞争性的市场结构。因此,企业是否具有竞争性,不取决于市场是否具有竞争性,而取决于企业内部组织结构、产品的可替代性和行业壁垒等因素。

另一种观点认为,在相同的竞争环境中,私人企业会比公共企业具有更高的效率。其原因在于私人企业的经营状况与业主的利益有直接的联系,经营成功,他就可以得到大量的财富,而一旦失败他就有可能会倾家荡产。在这种情况下,私人生产者必定会全力以赴地加强企业的内部管理,尽一切可能降低生产成本,努力寻找各种商机。而公共企业的所有权属于政府,代表政府的任何个人都不具有真正所有者的身份,他的利益可能与企业的经营状况有一定的联系,但这种联系远不及私人业主与企业那样紧密。这种观点认为,改革应对所有者结构进行调整,公共企业可以退出多数生产领域,让私人企业发挥更积极的作用。

不论对公共企业还是对私人企业,市场竞争对于激发企业的活力是非常重要的。但谁是企业的所有者,对企业运营以及对资源配置效率来说,其影响也不能低估。大规模的公共生产,即使处在市场竞争的环境中,与私人生产相比,仍存在着一些重要的区别。这种区别会在一定程度上对企业效率产生影响。

**(一) 所有者之间的关系**

在私人生产的情况下,不同企业的所有者之间是相互独立的,资产和利益有明确的界限。尽管公共企业有经营上的自主权,从而显示出各自的独立性。但从所有权方面来看,它们之间有共同的最终所有者。从实质上来说,这些企业都是关联企业,在同一个所有者的情况下,企业的独立利益以及它们之间的交换只是模拟的、形式上的、暂时的。所有者完全有权将一个企业的资产调到另一个企业去,这意味着:(1)单个企业的自主权是没有保证的;(2)企业之间的交易价格不一定会反映市场的供求状况,它有可能成为所有者将一个企业的资产转移到另一个企业的方式;(3)公共企业具有垄断市场的天然条件,一旦所有者发现所属企业的竞争会使总利润减少(竞争通常会降低生产者整体的利润水平),就会依据所有权来统一步调,依靠垄断力量来保证企业的利润。

## (二) 社会管理者与所有者之间的关系

在私人生产的条件下,政府作为社会的管理者与企业的所有者之间是相互独立的。社会管理者的职责是维护市场竞争的规则,提供公共产品和服务,是社会的"裁判员"。而企业的职能是创造财富,是市场竞争中的"运动员"。一旦政府成为企业所有者就会出现另一种情况:政府既是社会的管理者,同时又是众多企业的所有者。这样可能会产生的问题如下:

(1) 影响政府履行其维护市场竞争规则的职责。前面我们已经谈到,追求利润最大化的公共企业也会像私人企业一样发生越轨行为。例如,借助垄断力量来牟取利润,利用信息优势来欺骗消费者,或者对它所产生的外部成本不愿承担责任。在发生这种情况的时候,政府作为社会的裁判员就应对它进行处罚。但另一方面,政府作为企业的所有者,它又要考虑企业的承受能力,考虑处罚措施对政府收入以及支出方面的影响,总之要考虑政府作为企业所有者的切身利益。当政府既当运动员又当裁判员的时候,它在维护市场竞争规则时的公正性和严明性就会受到影响。

(2) 影响政府履行其提供公共服务的职责。当政府既是社会管理者又是企业的所有者时,政府所掌握的资金就要用于两种不同的用途:一是为社会提供公共服务,二是用于企业投资。这样就很容易出现第二项用途挤占第一项用途资金的情况。对公共企业的减税、免税、贴息贷款乃至用财政收入对它们进行直接的补贴和追加投资,都是这种挤占的表现形式,其结果是用于社会公共服务的资金不能满足需要。

## (三) 所有者与经营者之间的关系

企业的效率取决于所有者与经营者之间相互制衡。所有者的目标是企业利润的最大化,而经营者的目标则是自己收入(它是所有者的成本)的最大化。两者可能是相互冲突的。要使企业谋求利润最大化,所有者就必须对经营者实行有效的监督。不论是在私人生产还是公共生产的条件下,只要经营者具有一定的自主权,都有可能出现经营者背离所有者利益的情况,背离程度由于下述原因有所区别。

(1) 在私人生产条件下,所有权与经营权的分离主要表现在大型公司化企业中。在数量上占绝大多数的独资以及合伙企业中,所有权与经营权是合一的。而在实行大规模公共生产的体制中,公共企业不论大小,都是两权分离的,这就使得经营者背离所有者利益的几率增加。

(2) 在公共企业数量较多的情况下,两权分离意味着一个所有者(政府)面对众多经营者(厂长、经理)。而在私人生产条件下的两权分离中,所有者与经营者则是一对一的关系,所有者可以进行"人盯人的防守",以防经营者违背自己的利益。前一种情况则使所有者与经营者之间信息不对称问题变得较为突出。

(3) 公共生产的两权分离必然是多级代理的。因为所有者不可能直接监督经营者,这种监督职能必须层层委托代理人来执行,经营者所直接面临的只是与自己具有相同性质的上一级经营者。而在私人生产条件下,所有者有可能对经营者进行直接的监督,经营者面临的是真正的所有者。公共生产的这种多级代理,将在多级层次上造成经营者的非效率行为。

## 本章小结

生产过程中的市场失灵主要表现有垄断、外部成本、生产者与消费者之间的信息不对称以及生产者的盲目性。政府对此进行干预的形式主要有税收、补贴、公共管制以及公共生产。不同的干预形式所产生的效果是不同的,因此需要政府仔细斟酌。

垄断会造成效率损失。向垄断企业征收高额所得税,可以减少垄断企业的利润,但却不能改进效率。如果针对垄断企业的产量或销售量课征产品税,会使效率损失更大。公共定价可以在一定程度上消除垄断在产品组合效率方面的损失,但不足以激励企业提高生产效率。反垄断法对于恢复市场竞争能够起到积极作用,但在自然垄断的情况下,这一解决办法在生产效率方面的损失过大。对于自然垄断,一般采取公共定价的办法来抑制垄断的危害。

生产中的外部成本会使有关产品的产量偏离资源配置效率的要求。产权的明确化有助于解决一部分外部效应问题,但大部分外部性问题仍要通过政府的干预来解决。庇古税和产量管制是通常用来治理外部成本的措施。理论分析表明,用庇古税的方式来处理这一问题比产量管制有更多的优点,但在实践中,庇古税的实施却有困难。

生产者与消费者之间的信息不对称会造成效率上的损失。尽管市场能在一定程度上解决这一问题,但政府的干预仍是必要的,关键在于干预的程度和方式。信息管制、质量管制以及资格管制在干预市场的程度上有所不同。不论采取哪种方式,都必须注意管制过程中可能出现的政府失灵。

生产者的盲目性会带来产品组合效率以及生产效率的损失。克服这一弊端的一个设想是实行集中计划的公共生产。但集中计划的公共生产会产生计划者信息失灵的问题,而且没有证据表明这种失灵所造成的危害小于市场自发竞争时的情形。市场竞争的公共生产本身不能解决生产者盲目性问题,从所有者之间、所有者与社会管理者之间以及所有者与经营者之间的关系来看,这一生产方式存在着一些影响效率的特殊因素。分析表明,在市场竞争的环境中,政府必须谨慎地选择和确定公共生产的适当范围。

## 习 题

### 一、名词解释

垄断　潜在竞争者　沉没成本　反垄断立法　价格管制　自然垄断　科斯定理　庇古税　产量管制　信息不对称　信息管制　质量管制　资格管制　集中计划的公共生产　市场竞争的公共生产

### 二、思考题

1. 生产过程中存在哪些市场失灵？政府可通过哪些方式来救治生产中的市场失灵？

2. 假定某种产品处在垄断市场中,它的需求曲线为 $P=-aQ+b$,边际成本曲线为 $P=cQ+d$,式中 $P$ 为价格,$Q$ 为产量,$a,b,c,d$ 都为大于 0 的常数。求垄断的效率损失。如果政府打算通过价格管制的方式来消除这一损失,规定的价格应为多少？

3. 你认为下述哪些市场存在自然垄断？政府是否有必要对这些市场进行干预？采取

什么方式进行干预？请说明理由。

　　a. 民用航空　b. 邮政　c. 钢铁　d. 通信　e. 彩电　f. 电力　g. 你所提出的其他产品

　　4. 假定某种产品处在竞争的市场中,该产品的需求曲线为 $P=-aQ+b$,边际成本曲线为 $P=cQ+d$,外部边际成本为 $E=eq$,式中,$P$ 为价格,$Q$ 为产量,$a,b,c,d,e$ 都为大于 0 的常数。求外部成本所造成的效率损失。如果政府打算通过向每一单位产品征收一个给定的税额的方式来使外部成本内部化,这一税额应为多少？

　　5. 你认为为了对消费者负责,政府应对哪些产品的生产进行管制,应采取什么方式进行管制？据悉,最近私人办企业只要 1 元钱就可以进行工商登记,你对这一改变的评价如何？

　　6. 你认为哪些生产可以由政府投资,哪些可以由私人进行投资,为什么？有人认为,企业的效率不在于投资者是政府还是私人,而在于这个企业是否处在竞争的环境中,你对这一问题的看法如何？

# 第六章 政府与分配

## 全章提要

- 第一节　公共提供与收入再分配
- 第二节　公共生产与收入再分配
- 第三节　社会保障与收入再分配

本章小结

习题

前两章都以讨论效率为目标,没有考虑财政政策对收入分配的影响。但是,政府的财政政策不仅要满足效率的要求,同时也需要在某种程度上实现公平的目标,正如第二章社会福利函数时所要求的。一般来说,任何一项财政政策,具体的收入方式和支出项目都具有收入再分配的意义。在某些情况下,它可能有助于实现公平,但在另一些情况下,它可能与公平目标背道而驰。

思政案例

共同富裕:政府该干什么

政府在消费领域中的公共提供政策和生产领域中的公共生产政策,既是实现资源配置效率的手段,也可以成为政府进行收入再分配的方式。此外,独立于公共提供和公共生产过程之外的社会保障体系,其目的主要是对收入进行再分配,理所当然地是重要的收入再分配方式。

本章将主要讨论上述三种不同的方式对收入分配的公平状况所产生的影响。分析收入再分配的影响有助于我们从另一个侧面评价政府的财政政策,同时也有助于更好地理解政府的财政政策。只有弄清政府的政策使谁得益、使谁受损时,才能更深刻地理解收入再分配政策的决策全过程。

## 第一节 公共提供与收入再分配

公共提供是政府通过税收的方式筹集资金,并将取得的收入为社会公众免费提供产品或服务。这个过程之所以具有收入再分配的性质,是因为每一个人缴纳给政府的税收与他从政府提供的产品或服务中所得到的利益一般来说是不对称的。有的人可能缴了较多的税,但他从政府提供的服务中得到的好处并不多;另一些人可能缴的税不多或者没有缴税,但从政府提供的服务中得到了相当大的好处。这样,整个公共提供过程就会使有的人得益而有的人受损。这就改变了不同社会成员的收入水平或福利状况。

因此,公共提供政策对收入再分配的影响,可以从政府税收和支出两个方面来分析。

### 一、税收与收入分配

税收的主要目的是为政府部门筹集资金,但如何征收却会对收入分配产生影响。政府可以通过税收政策来调节收入分配,使得社会成员税后收入的差距缩小。为了实现这一目的,就需要让高收入者承担较多的税负,让低收入者少缴税甚至不缴税。用税收的术语来说就是使税收具有累进性,即各人缴纳的税款与收入的比例应根据各人的收入水平来定,收入越多,这一比例就越大。

要满足这一要求,就必须选择适当的课税对象以及税率结构。课税对象是指税收计征的目的物,它表明向什么课征。一般来说,课税对象可分为三类:一是所得,二是商品,三是财产。而比较常见的税率有比例税率和累进税率两种。

所得税直接以个人或企业的所得为计税依据。从公平目标来看,所得税能够比较方便地实行累进税率,因此可以比较有效地达到收入再分配的目标。

商品税通常是根据商品或服务的交易额来计征的,缴税额度取决于购买这些课税商品或服务的数量。由于商品税只能按每一个交易过程征收,而在单一过程中无法判断购买者在一定时期所购买的商品总量,因此只能采用比例税率。如果高收入者与低收入者消费的商品和服务的金额与他们各自的收入呈同一比例,那么他们各自缴纳的税款占各自收入的比例是相同的。在这种情况下,税前与税后的基尼系数不会发生变化。然而统计调查表明,高收入者购买商品和服务的金额占他们收入的比例通常比低收入者低。这就是边际消费倾向递减的规律,在这种情况下,商品税就具有累退性,税后收入分配的基尼系数就会大于税前的情形。换言之,商品税一般是累退的。为了使商品税发挥收入再分配的作用,一个可行的办法是对不同的商品和服务征收不同的税率,即对主要由高收入者消费的商品和服务征收较高的税率,而对主要由低收入者消费的商品和服务征收较低的税率。商品税采用差别税率可以加强收入再分配的力度,但会扭曲产品的价格结构,造成较大的效率损失。

财产的价值通常可以衡量个人或家庭的经济状况,向财产征税可以在一定程度上调节收入差距。财产税可以分为对财产持有的征收以及对财产转让的征收。前一种主要是房地产税,一般按房地产的价值或面积计征。经济境况好一些的家庭房产相对会多一些,缴的税也会因此比较多。对财产转移征税的主要形式是遗产税,它是对个人一生所累积的财富征税,可以比较方便地采用累进税率。由于造成收入差距的主要原因是各人所拥有的财富不同,征收遗产税可以避免财富的过度集中,是缩小收入分配差距的强有力的手段。

以上这些税收方式都可以在某种程度上解决社会贫富不均的问题。但是,不同的税收方式调节收入分配的强度不同,所得税和财产税通常对收入再分配的影响较为直接,而且调节力度较大。

各种税收方式对收入再分配的作用受到多种因素的影响。我们前面着重考虑的是税收种类。此外,税收课征对象的供给和需求弹性、市场结构等因素都会对税负的最终归宿产生影响。税收引起的价格变动会使税负转移,分析税负的转嫁与最终归宿,弄清税收究竟出自哪些人的口袋是税收理论中最具挑战性的课题之一。

各种税收方式在调节收入分配时都会产生效率损失。不同的税收方式会对资源配置的不同方面造成扭曲。在选择调节收入分配的税收政策时,还需考虑它们各自对效率的影响。有关税收的转嫁与归宿以及税收对效率的影响等问题,将在本书的后续章节中进一步讨论。

## 二、公共产品的公共提供

公共提供影响收入分配的另一方面是政府部门的资金使用。我们首先考虑政府税收收入用于纯公共产品提供的情形。公共产品由政府免费向公众提供,而且在消费上具有非竞争性和非排他性,因此全体社会成员都从中受益。然而,不同社会成员的得益大小如何?是每个人都得到同等的利益,还是有些人得益多些,有些人得益少些?如果是这样的话,哪些人得益较多,哪些人得益较少?

这是一个难以回答的问题,由于公共产品具有非竞争性和非排他性,消费者无须显示自己的偏好就可以消费这一产品,因此他们各自对这类产品的边际效用就不得而知。然而,财政学家却试图进行一些推测:谁最需要社会秩序,以保障财产的所有权不受侵犯?哪些人会对公共设施(例如图书馆和公共休闲场所)、空气的清新、水质的洁净、环境的绿化给予较高的评价?根据一般的观察,已经达到一定收入水平或者解决了温饱问题的人,会对公共产品有较强的需求,而且这种需求,即对公共产品的边际效用评价会随着个人或家庭收入水平的提高而提高。而低收入的人最需要的是衣、食、住、行等生活基本条件,这些都是私人产品。在解决这些问题之前,他们对公共产品的需求非常有限。

从这一观点来看,收入越高,对公共产品的效用评价就越高,他们从公共产品提供中得到的效用也就越大。但是究竟有多大,理论上没有定论,因为公共产品的效用缺乏可观察的指标。具体可能有以下几种情况:(1)公共产品的收入边际效用弹性为1,即收入增加1个百分比,对公共产品的边际效用也增加相同的比例;(2)收入边际效用弹性小于1,即边际效用增加的百分比小于收入增加的百分比;(3)收入边际效用弹性大于1,即边际效用增加的比例大于收入增加的比例。

第四章曾阐述公共产品有效配置的理论标准,每个人承担的税收份额应与各自对公共产品的边际效用的比例相一致。在这种理想化的方案中,每个人就像购买私人产品一样,按自己的边际效用来付款。如果按这一方案来设计税收的话,整个公共提供过程对收入分配的影响是中性的,没有任何再分配的作用。公共产品的提供过程能否缩小低收入群体与高收入群体的福利差距,取决于税收的累进性与公共产品的收入边际效用弹性之间的关系。如果所设计的税收政策能使高收入者缴纳的税收份额大于他们的边际效用在整个社会边际效用中的份额,而对低收入者所设计的税收政策则相反,那么公共提供过程就能在一定程度上实现公平目标。

可见,要实现公平目标,仅依赖于公共产品提供是不够的。原因之一是各人对公共产品的边际效用随收入水平而递增,因此即使税收是累进的,对收入再分配的影响仍可能不足。如果公共产品的收入边际效用弹性大于1,那么累进税收在收入分配方面仍可能是中性的或者是有利于高收入者的。原因之二是对社会低收入群体来说,最为迫切的是保障基本生活的需要,满足这一需要的主要是私人产品,这是提供公共产品所无法解决的问题。

### 三、混合产品的公共提供

上述不足之处很容易使得公共提供延伸到混合产品和私人产品领域。我们接下来讨论政府提供混合产品对收入再分配的影响,着重分析具有外部效益的产品。

具有外部效益的产品兼有公共产品和私人产品的性质。它的一部分效益是内部化的,为购买者个人所专有,而外部效益则具有非竞争性和非排他性,对社会的其他成员也会产生影响。从效率角度来看,这种产品应采用混合提供的方式:一部分成本通过税收的方式来补偿,而另一部分成本则由这一产品的直接消费者以支付使用费的方式来补偿,两种方式补偿的比例应由内部边际效益与外部边际效益之比来决定。由税收来补偿这一产品的外部效益部分,对收入分配的影响类似于提供公共产品的情况。通过向消费者按内部边际效益来制定收费标准,对收入分配的影响则是中性的,每个消费者等于在用自己的收入购买属于自己专有的那部分好处。

要使混合产品提供实现收入再分配的目标,即贫困阶层能够获得额外的利益,必须满足两个条件:(1)收费标准定得低于内部边际效益,即提高这一产品的公共提供程度;(2)该产品至少能为社会公众平等地享用,或者产品消费中的低收入者所占的比例高于在社会总人口中所占的比例。

因此,制定混合产品的收费标准是能否实现收入再分配的重要环节。当然,更为重要的是必须使这种按低于消费者内部边际效益定价的项目,至少可以为社会一般公众平等地享用,或者这一项目的消费者主要由低收入群体构成。否则,就会使得政府支出的利益主要由中、高收入群体获得,而真正需要得到社会帮助的低收入群体从中得到的利益就会有限,从而与公平目标相违背。

例如,儿童免疫是一项具有外部效益的服务。如果这项服务能够以低收费或者免费的方式向所有儿童提供的话,那么对低收入阶层是有利的,因为这一群体感染疾病的可能性较大。如果不是以低标准收费或者免费的话,那最可能得不到接种的也是这一群体。这一分析同样适用于基础教育。

然而,不是所有项目都能为社会公众普遍地享用,例如高等教育。有机会接受高等教育的人通常只占社会人群的一小部分。如果这项服务以较低的标准收费或者免费提供,从分配方面来看,就需要分析政府花这笔钱的主要受益者是谁,在大学生中有多少来自低收入家庭,他们在全体学生中所占的比例是多少等。了解了这些,我们才能认识该项目的公共提供对收入再分配的影响,并对它的公平性有一个基本的判断。

### 四、私人产品的公共提供

政府免费地、不限量地向社会公众提供私人产品通常会产生巨大的效率损失。即使采取限量消费的措施,例如限定每个人对这种产品的消费量,那对效率也会产生极为不利的影响。

在实践中,比较常见的是私人产品的部分公共提供,即通过价格补贴的方式来提供某些私人产品,消费者所支付的价格只能补偿这一产品的部分生产成本,而其余部分生产成本则由政府的税收收入来补偿。这种方式对收入再分配的影响取决于政府补贴的是什么产品。如果受补贴的是收入需求弹性大于1的产品,即收入增加的比例小于消费量增加的比例的产品,那么收入水平越高的人所得到的补贴占其收入的比例就越大,而低收入的人所得到的好处占其收入的比例就越小。若受补贴产品的收入需求弹性小于1,情况则相反。

对于某项具体的价格补贴政策,从收入分配方面来看,重要的是对产品的收入需求弹性进行调查,看看不同收入水平的家庭和个人对这一产品的消费情况。例如,粮食的收入需求弹性较小,每月1 000元收入的人比起每月500元收入的人,消费的粮食数量相差不大。因此,粮食的价格补贴通常使低收入的人所获得的补贴占其收入的比例要高于高收入的人。但是,对电价的补贴可能会出现另一种情况。由于收入较高的家庭可能会购买较多的家用电器,耗电量会比低收入家庭大得多,收入需求弹性也会大一些。因此,电价的补贴会相对有利于高收入家庭。

然而,不管产品的收入需求弹性如何,对私人产品的价格补贴从公平目标来看都是效果不佳的。为了要使低收入家庭得到一定的利益,就不可避免地也要使中高收入家庭得利,因为他们也会购买政府给予补贴的产品,使得政府的一部分支出被用于并不特别需要帮助的那些人。假如政府的目标是帮助社会上收入最低的那部分人,他们占总人口的比例为1/5,即使某种补贴产品的收入需求弹性为0,即不论家庭的收入状况如何都只是消费一个给定数额的产品,那么政府所花费的补贴就会有4/5被非目标群体所享有。如果政府不是将这笔钱用于一般的价格补贴,而是直接针对低收入家庭进行转移支付的话,那么达到同样的目标就可以少花许多钱。这些钱可以用于满足社会的其他用途,或者可以减少税收,避免因多征税而造成的效率损失。因此,要帮助低收入者的最佳办法是直接对低收入者进行资助。政府的这种支出针对的是社会的特定群体而不是对社会一般公众,因而区别于公共提供,我们将这种方式归于社会保障体系。

综上所述,公共提供可以在某种程度上实现收入再分配的目标。需要注意的是,应谨慎地选择政府所提供的产品和服务,否则结果可能与政策目标相违背。此外,这一方式在调节收入分配的力度上有一定的局限性,为了公平目标而过度地扩大公共提供范围将会严重损害效率(这一点我们已经在第四章进行了阐述)。

## 第二节 公共生产与收入再分配

马克思提出消灭私有制,让社会占有一切生产资料有两个基本目的:一是发展生产力,二是实现共同富裕。第一个目标实际上是针对效率而言的,公共生产对效率的影响我们已经在第三章和第五章中进行了分析。第二个目标实际上就是公平,也就是本节要讨论的公共生产对收入分配的影响。将私人生产资料收归政府所有无疑是最为激烈的收入再分配,不论是采取剥夺的方式还是采取赎买的方式都是如此。生产资料的公有制,使企业利润归全民共享,社会所有成员之间在收入分配上的差异,只表现为他们对社会所提供的劳动在质和量上的差异。而在按劳分配的条件下,社会的贫富不均将从根本上受到限制,尽管收入上的差距仍将存在。然而,将生产资料收归政府所有不是分配的终结。公共生产对收入分配的影响,还将取决于这些生产资料所产生的收入和利益如何为社会不同的成员享有。

### 一、集中计划的公共生产

在集中计划的公共生产体制中,不仅生产什么、怎么生产由政府的最高领导层决定,而且为谁生产,即生产成果的分配也由计划决定。理论上,违反计划规定的行为很容易被察觉并制止,公共生产体系中的任何个人都难以从公共财产和收入中牟取特殊利益。在这种体制中,原则上个人收入实行按劳分配,各人之间的收入差距在很大程度只是体现为劳动能力和劳动时间的差距。但在以往的计划经济实践中,即使是这种差别也在很大程度上被消除了,个人收入的分配呈现出高度平均化倾向。

尽管平均主义历来就受到马克思主义者的严厉批判,但实行计划经济的国家却不约而同地走上了收入分配平均化的道路,这种规律性只能由政府最高决策者的偏好来解释。与一般公众的个人偏好不同的是,决策者会非常重视自己的政绩,这种政绩主要表现为一个国家的经济发展速度。高积累被认为是经济快速发展的必要条件,在国民收入给定的条件下,积累越多消费就越少。在生产实行全面公有制的体制中,这意味着个人消费基金总额的减少。为了保证每个人的基本生活条件,减少的总是那些满足了基本生活之后还有剩余的那些人的收入,而低收入者的收入则难以再减少。要使积累达到最大限度,个人收入分配就必然会趋向平均化。

集中计划体制与市场经济体制在调节收入分配的方式上完全不同。在市场经济中,初次分配由市场决定,每个人收入份额取决于市场自发形成的要素价格。政府则在市场初次分配的基础上,通过税收和转移支出等手段来进行再分配。而在计划体制中,政府是初次分配的直接参与者,它是劳动和资本市场中的唯一买主,又是产品市场中的唯一卖主。买卖的价格完全由政府决定,控制价格就可以使收入分配达到既定的目标。因此,在计划体制中,政府调节收入分配的主要方式是控制工资、农产品和消费品价格以及利率。税收和转移支出只是调拨的不同方式,主要发生于政府部门与公共企业部门之间以及这两个部门所属经济组织之间。

集中计划的政府调节收入分配所达到的公平程度是其他方式所不能企及的,但另一方面,对效率的损害也极为严重。我们已在第三章中阐述了集中计划体制对效率造成损害的原因,历史的经验也证明了这一体制对经济的不利影响。因此,集中计划的公共生产作为政府调节收入分配的一种方式是不可取的,它在达到公平目标的同时会付出沉重的效率代价。

## 二、市场竞争的公共生产

公共生产的另一种方式是赋予公共企业自主权,让它们像私人企业一样,自己决定生产什么以及怎样生产,并且根据企业的盈利状况决定企业的税后收入分配。从理想的角度来看,它兼有公共生产与私人生产的优点:竞争的压力和利润的动机会使企业尽力降低成本,生产市场所需的产品,从而实现效率;另一方面,由于生产资料是公有的,利润可以为全社会成员共同享有,从而实现公平。然而,这一体制在实际运行中受到各种因素的影响。在第五章中,我们已经分析了它在实现效率方面的问题,本节讨论它对收入分配的影响。

市场条件下公共生产的特点是决策权的分散化,政府的每一级管理机构、每一个企业以及企业内部的每一个职能部门都在一定范围内自主决策。理论上公共企业的资产和利润归全体社会成员共同享有,但实际上各人处置资产和享有利润的权利是不一样的。因为掌握公共资产管理权的个人具有与一般个人相同的特点,即追求自身利益的最大化,在缺乏有效监督的情况下,他们通常可以利用手中的权力,从公共资产及其收益中享用更大的份额。这一过程可以采取合法的方法,例如,不同层次的决策人可以制定对自己有利的分配方案,通过较高的工资、奖金和福利待遇来使自己获得较大的收入份额。在有些时候也会通过非法的方式来牟取利益,例如,将自己的个人消费计入生产成本,在企业的经济交往过程中接受贿赂,或者直接将企业的利润转化为个人收入,等等。

这种情况将造成收入分配的不公,其程度取决于政府对公共资产和公共收入分配的监管能力。加强监管固然是防止公共资产和收入被私分的一条重要措施,但政府的监管能力在很大程度上已由体制所决定,或者说在达到一定限度之后,政府监管的代价会大到得不偿失的地步。

政府监管能力有限的一个原因是信息不灵。在集中计划的公共生产条件下,政府对微观经济决策缺乏必要的信息,这一情况注定集中决策体制是无效率的。在分散决策的市场经济体制中,这一缺陷又成为政府难以进行有效监督的一个重要原因。公共生产的规模越大,这一问题就越突出。

然而,更为重要的是,公共生产管理体系中任何一个层次的监管者都不具有真正的资产所有者的身份,每一个环节上的个人都只是代理人,他们与被监督的对象一样可能发生以权谋私的行为。在这种情况下,监督的有效性就会受到很大的影响。

在任何体制中,个人都是以自身利益最大化为目标的,但这种行为在不同的体制条件下所产生的结果是不同的。在市场竞争中,每个人用自己所拥有的生产要素通过交换来谋取自身利益,追求私利会使整个社会逼近帕累托最优。虽然收入分配会出现较大的差距,但却可以实现效率目标。但市场条件下以权谋私所造成收入分配的不公则完全不同,利用公共资产的经营管理权来牟取私利,是对现有生产成果的占有,这一过程不会创造任何社会产品,反而会对他人创造社会产品的活动形成抑制性影响。因此,它不仅违背公平目标,而且会严重损害效率。

在实践中,市场条件下的公共生产对收入分配究竟产生了怎样的影响,需要具体的调查研究。全面地调查公共资产和收入的使用和分配状况,分析其流动的方式和去向是这方面实证分析的基本内容。

## 第三节 社会保障与收入再分配

政府调节收入分配的另一种方式是建立社会保障体系,它包括社会救济制度、社会养老制度以及社会保险制度等。社会保障体系既涉及一个社会中不同个人之间的收入分配,同时也涉及代与代之间的收入分配。

### 一、社会保障体系与人际分配

在市场经济中,造成收入分配差距的主要原因有:(1)各人所拥有的生产要素的数量和质量不同;(2)个人偏好的不同;(3)不可预见的因素。针对这三种不同的原因,政府可以用救济、强迫储蓄和保险这三种方式,来分别弥补上述三种不同的收入分配差距或者解决其中存在的问题。在现实中,社会保障体系下的各种制度,如社会救济制度、社会养老制度以及社会保险制度等,基本上都是由上述三种方式作为不同的成分构成的。

#### (一)社会救济制度

市场分配是按照各人对生产所提供的生产要素的贡献来进行的,由于每个人所拥有的资本数量以及劳动能力不同,因此必然会出现收入分配上的差距,而且这种差距又会成为下一轮收入分配差距进一步扩大的原因。这种因各人所拥有的生产要素的数量和质量不同而引致的收入分配差距,政府应对的方法一般是救济,即建立起社会救济制度,向高收入者征收一笔社会保障费,然后再将这一收入无偿地转移给低收入者。在这一过程中,高收入者的缴款具有强制性和无偿性,他们必须按政府的规定缴纳用于社会救济的社会保障费,不然就会受到法律的惩处,低收入者不付任何代价就获得这笔救济收入。当然,在现实中政府用于社会救济的资金通常来自普通税收,收入分配的效应没有征收上述社会保障费那样明显。

社会救济对收入分配的调节力度,取决于征收的社会保障费在多大程度上具有累进性以及对低收入者的保障水平。收费的累进性越强,保障水平越高,对缩小贫富差距的影响就越大。但另一方面,调节收入分配的力度越大就越背离市场分配的规则,效率损失也就越严重。因此,在考虑社会救济政策时必须仔细斟酌利弊,选择适当的收费政策和保障水平。

在社会救济的公平目标既定的情况下,应尽可能地使效率损失减少到最低的程度。如果我们认为低收入者的偏好是合理的,那么直接的货币转移支付比等量价值的实物转让所引起的效率损失要小一些。一个接受救济的人更愿意接受100元现金还是价值100元的大米?在一般情况下,他会更乐意接受现金,因为他可以根据自己的要求和愿望来使用这笔救济。他可能会将其中一部分用于购买大米,另一部分购买面粉、小米或其他生活必需品。总之,采用现金救济的方式保留了消费者的选择权,只要他的偏好是合理的,他所做出的选择给他本人带来的满意程度(或者说福利水平)总是优于别人替他作出的选择。就是说,政府同样给予价值 100 元的救济,采用不同的方式会对接受救济者的满意程度产生不同的影响,满意程度较低的那种方式就造成了不必要的效率损失。

我们用图示的方法来阐述同样的道理。在图 6-1 中,消费者面临 X 产品的选择,我们可以将其他商品的消费都标注在 Y 轴,图中的无差异曲线代表其效用水平,AB 是他在接受救济之前的预算约束线。由于收入水平较低,该消费者只能获得 20 个单位的 X 产品和 260 个单位其他产品。政府现在想对其进行救济,第一种救济方式是给予 120 元的现金救济,救济之后的消费者选择了 40 个单位的 X 产品和 340 个单位的其他商品,此时的效应水平为 $E_3$,比未救济时的效用水平 $E_1$ 要高很多,消费者的处境得到了改善。第二种救济方式是实物救济,政府直接给予价值 120 元的 X 产品,即 60 个单位的 X 产品,同时规定 X 产品不可以置换为现金,此时的状况展示在图 6-2 中,可以看出此时的消费者效用水平为 $E_2$,如果仅从社会福利的改进程度来看,$E_2$ 是低于 $E_3$ 的,即实物救济的效率低于现金救济。此时就需要考虑救济的目标是什么,如果救济是为了改善被救济者的处境,那么应该用现金救济;如果救济的目标就是增加 X 产品的消费,则应该用实物救济。

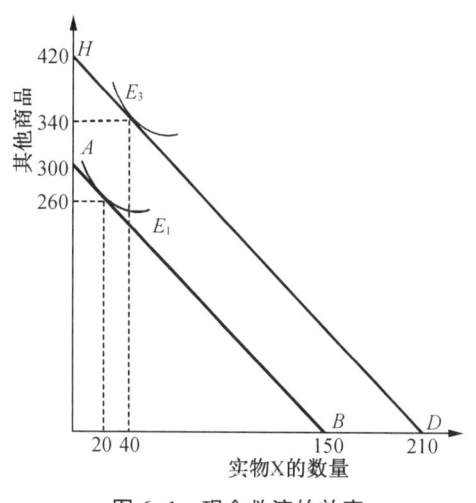

**图 6-1  现金救济的效率**

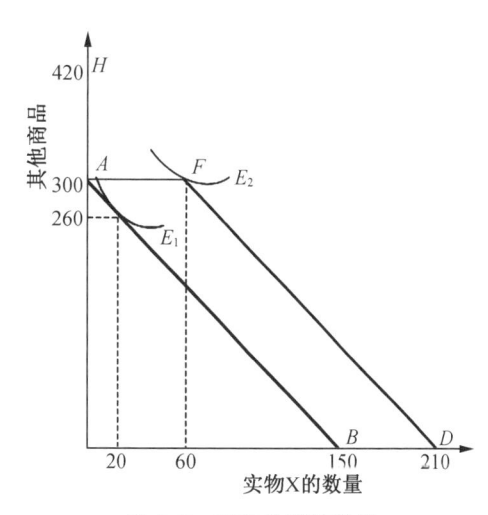

**图 6-2  实物救济的效率**

这种效率损失成立的前提条件有以下几个:(1)政府实物救济的产品数量,超过了消费者在某一收入水平上愿意购买的数量。若政府救济的 X 产品数量较少,那么这种效率损失就不会存在。因为政府若给予现金,消费者也要购买这一数量的 X 产品。在这种情况下,现金救济与实物救济没有什么差别。(2)消费者的偏好合理。如果认为接受救济的人偏好是不合理的,例如他可能会用救济金去抽烟、酗酒,而不用于人们通常认为最该花的方面,比如保证基本的营养水平,那么这种效率损失就不存在,因为效率只能以合理的偏好来定义。(3)接受救济的消费者,不能无成本地或者极低成本地将救济品在市场上转换为现金。如果消费者能非常方便地将救济品按原价出售,那么实物救济和现金救济的效应也就差不多了。

### (二) 社会养老制度

在某些情况下,由于个人偏好而选择不当也是造成生活困难的一个原因。假定每个人都拥有等量的生产要素,在市场分配中获得相同的收入。有些人能够合理地安排收入,在他有能力工作的期间将一部分收入储蓄起来,以备将来失去劳动能力时使用;而另一些人则只顾眼前的消费,留给自己老年的收入不足以满足那时基本生活的需要。这样,取得相同收入的人,在进入老年生活时,状况就会有很大差别。可见,这种贫富差距产生于个人因偏好而造成的不同选择。但问题在于,年轻时因偏好问题而选择不当,在他年老生活困难时,社会并不能袖手旁观,政府不得不动用其他资源来保障此人的基本生活,这显然有失公平。为此,政府通常建立起社会养老制度,该制度所运用的方式主要是强迫储蓄,即政府为劳动者建立专门用于养老的资金账户,强制他们在工作年龄时按工资收入水平在该账户储蓄一定数额的资金,积累起来用于退休后的养老。

社会养老制度完全不同于社会救济制度。在社会养老制度中,储蓄被认为是一种优值品,而政府通过这一制度强制要求社会成员为自己丧失劳动能力时储蓄养老资金。社会救济的实质是让高收入者去保障低收入者的生活,而强迫储蓄则是让每个人去保障自己的未来生活。在社会养老制度下,社会保障基金实际上是一个由政府管理的个人账户群,每个人都有自己的个人账户,他所缴纳的社会保障费记入自己的账户,而他在未来所领取的数额,则等于自己所缴纳的数额以及由这一数额产生的利息。从这一意义上来说,社会养老制度所具有的强迫储蓄功能并不具有收入再分配的含义。但是,相对于社会救济而言,强迫储蓄可以使相同收入人群中的理智个人无须去救济那些可能做出不当选择的个人。从这一点来看,它有助于实现公平。

不过,在社会养老制度的实际运行中,个人年老时所领取的养老金并不完全与强迫储蓄的金额对应,政府常常进行一定程度的统筹,因此社会养老制度往往也具备了社会保险甚至社会救济的特征。也就是说,现实中的社会养老制度实际上是强迫储蓄、保险以至于救济等多种方式的混合,因而常被称为社会养老保险制度,个人被强迫储蓄的金额也往往被称为养老保险金。

**(三) 社会保险制度**

即使排除因生产要素的数量和质量不同,以及个人偏好问题带来的收入分配差距,社会依然会出现一些贫困情况。设想两个能取得同样收入并都能理智地安排自己收入的人,他们未来的生活状况不一定相同。因为在现实生活中,各种不可预见的因素很多,天灾人祸都会使人们的正常生活受到重创,特别是在生命健康方面,个人或家庭一般情况下无法单独地承担不确定风险所造成的后果。

如果社会中某些人的生活困难纯粹是由这种不可预见的因素造成的,那么保险可用于解决这一问题。在人们都不知道未来是否遇到什么自己无法承受的灾难时,他们会自愿地达成某种相互帮助的协议,每个人都缴纳保险费形成保险基金,并用这些钱补偿那些遇到灾难的人。因此,在一般情况下市场可以自动发挥作用,提供像商业保险这样的商品,不需要政府介入。

但在现实中,政府也运用保险的方式提供社会保障,并进行收入再分配,这就是社会保险制度。既然保险可以通过市场的方式来运营,为什么政府要参与,为社会成员提供保险呢?其原因在于以下两个方面:(1)保险被认为是优值品。在市场情况下,是否参加保险完全取决于消费者的意愿。当消费者面临风险时,他可能会适当地评价这些风险,愿意投保以避免或降低风险,也可能抱有侥幸心理,过低地评价这些风险,因而不愿意投保。然而,未投保的人一旦真的遇到了不幸,生活发生困难,社会又不得不为他们提供基本的生活条件。这样就会使能够适当评价风险的人去补贴对未来风险掉以轻心的人,并给社会造成负担。要避免这种情况,就要强制人们参加保险,而强制的权力在现代只有政府才拥有。(2)避免逆向选择。在实践中,商业保险是以大群的人所面临的风险概率来确定保险费的,以保证保险赔偿小于保险费收入。但是,各人所面临的风险是不同的,而且人们对自己的未来风险也并非一无所知。这样,在潜在的投保人与保险机构之间就存在着信息不对称。在保险费给定的条件下,就会出现风险较小的人认为自己付出的保险费超过了可能得到的利益,因而不愿意投保,而愿意投保的大多是风险较大的个人。保险机构为了保本就必须提高保险费,这就会使风险程度低的投保人进一步地离开市场,保险公司为了保本不得不再次提高保险费,如此恶性循环,保险市场可能会因此而崩溃。这种情况被称为逆向选择(adverse selection)。在逆向选择存在的情况下,政府可以通过强制风险较低的那部分人加入保险,从而使社会平均保险费水平的制定符合人群中风险发生的大数概率,并因此使保险市场得以维持。

可见,为了向社会公众提供优值品和避免逆向选择,政府必须设立专门的机构并通过强制性规定来建立社会保险制度,为公民提供医疗、失业等保险服务。与商业保险不一样,社会保险制度具有强制性,有收入再分配的含义,实质上是强制低风险的人去补贴高风险的人,个人的保险费缴款与个人的保险受益并不一致。而商业保险是在市场通行原则下进行的,各人面临的风险大致相当,保险购买者的缴款与受益对等,买保险的人就像在买普通商品一样,一般不具有收入再分配的意义。

社会保险制度与社会保障体系中其他制度的收入再分配功能是不完全相同的:在社会救济制度中,个人支付与得益是完全背离的;在社会养老制度中,理论上各人的支付与得益是完全对等的(现实中有所不同);而在社会保险制度中,各人的支付与得益有一定的联系,但一般不完全对称。社会保障体系应兼顾效率和公平两个目标,组合救济、强迫储蓄和保险这三种方式,建立起合理的社会救济、社会养老以及社会保险等各种制度。

## 二、社会保障与代际分配

在一定条件下,社会保障会引起代与代之间的再分配。这种情况通常产生于社会保障体系的初创阶段。

由于在初创时尚未形成社会保障基金,因此,社会保障只能用本期的缴款来支付本期的支出,这种情况被称为现收现付制(pay-as-you-go system)。在社会养老制度中,要给退休丧失劳动能力的人发放养老金,但已经退休的人在他们退休之前并未缴纳过养老保险费,因而对他们的支付只能使用现在的年轻人缴纳的养老保险费。当现在的年轻人到了退休年龄时,他们以前缴纳的养老保险费已被他们的上一代用掉,养老金只能来自他们的下一代缴纳的养老保险费。在这一过程中,我们看到下一代人承担了本代人的养老金。谁是受益者?养老保险初创时期已退休或接近于退休的人,他们没有或者只是缴纳了较少的养老保险费,却享受了退休后的养老金。谁是受损者?一时还很难确定。以后各代人只要年轻时缴纳的养老保险费与他们退休之后享受的养老金相称,只要这个过程不中断,后代缴纳养老保险费的年轻人数量不减少或至少没有显著减少,那么这样的过程就可以不断地进行下去。只有在养老保险停止运行时,已经退休或者接近于退休的人才会受到损失,因为他们在工作期间缴纳了养老保险费,但却无法享受养老金。

当然,这是一种后代人向前代人转让收入的极端情况,在实践中极为罕见。较为可能出现的一种情况是,在养老保险的运行过程中,每一代人所缴纳的养老保险费不足以支付他们退休时所获得的养老金。这不足部分只能通过后一代人缴纳较多的养老保险费来支付。以前的各代人都是受益者,直到后代人无法承担高额的养老保险费,社会被迫降低养老保险金的发放水平时为止。这样,后代人就会缴纳较高的养老保险费,却得到较少的养老金,其差额是对以前各代人的收入转移。在这一期间内不可能形成养老基金,甚至还会出现赤字,养老保险的运行只能是现收现付制。

如果初创时退休者的养老金是靠后来人的缴款,在一段时期内各代人所缴纳的养老保险费大于他们退休时得到的养老保险金,这样,在每一时期就可以形成一定的结余,结余的累积将形成养老保险基金,养老保险就从现收现付制转变为部分基金制。当基金达到一定规模时,就可以实现用本人自己的养老缴款来支付他们退休后的养老金,而后代人所缴纳的养老保险费就可以积累起来,以支付他们退休时的养老金。这时,部分基金制就转变为完全基金制(full-funded system)。养老基金初创时期的退休者是收入再分配的受益者,在实现完全基金制之前的各代人,则因承担了这些受益者的养老金而付出代价。要完成从现收现付制向完全基金制的过渡,除了让每代人缴纳的养老保险费大于退休时得到的养老保险金外,还可以通过变卖公有资产或者拨付财政资金来予以补充。若用财政资金来归还养老保险制度初创时的欠账,可以通过发行特别国债的方式来筹资,这种做法实际上是将隐性债务显性化。

## 本章小结

政府政策通常都具有收入再分配效应,本章从公共提供、公共生产和社会保障体系三方面来分析政府对收入再分配的影响。

税收对收入再分配的影响取决于税收的方式,累进性的税收有助于缩小贫富差距。对所得税和财产税设计累进的税率,可以比较有效地实现公平目标。消费品的课税一般采用比例税率,低收入者用于消费的支出占其收入的比例可能高于高收入者,因此通常具有累退性。

由于高收入者对公共产品的边际效用通常比低收入者大,因此,提供公共产品对收入再分配的影响,取决于税收的累进性与公共产品的收入边际效用弹性之间的关系。当公共产品的收入边际效用弹性大于1时,即使税收是累进的,公共提供对收入再分配的影响也可能不能实现公平目标。此外,提供公共产品不能帮助低收入者解决他们最为迫切的生活问题。

混合产品以及私人产品的价格补贴对收入分配的影响主要取决于这些产品的消费对象。为了促进公平,应尽可能选择那些主要由低收入阶层消费的产品和服务进行价格补贴。但与直接对低收入者提供帮助相比,价格补贴是低效率的。

集中计划的公共生产可以实现公平目标,但在效率方面的代价过于沉重。市场竞争的公共生产是否能够实现公平目标取决于公共资产与收益是否能为社会成员共同享用。在缺乏有效监督的情况下,很可能出现公共资产和收益的大量流失,成为收入分配不公的重要原因。

在市场经济中,社会保障体系是实现公平目标的重要方式。生产要素在质和量上的差别、个人选择不当以及不确定因素的存在是造成一部分人生活困难的三个主要原因。政府相应的措施是社会救济、强迫储蓄和社会保险。社会保障体系是由混合这三种方式的各种制度组成的。各种方式的成分大小决定了社会保障体系再分配功能的强弱以及对效率的影响程度。采用现收现付制还是完全基金制，将对收入的代际分配产生影响。

# 习　题

### 一、名词解释
社会保障体系　社会救济　强迫储蓄　社会保险　逆向选择　现收现付制　完全基金制

### 二、思考题
1. 政府可以通过哪些方面来影响收入分配？
2. 为什么在税收是累进的情况下，政府提供公共产品对收入再分配的影响仍然可能是中性的，或者是有利于高收入阶层的？
3. 如果政府对下述产品进行价格补贴，你认为它们会对收入分配产生怎样的影响？
   a. 农副产品　b. 自来水　c. 电话费　d. 初等教育　e. 常用药品　f. 住院费
   g. 住房　h. 天然气
4. 你认为市场竞争条件下的公共生产是否能够使得社会收入的分配状况较为公平，为什么？
5. 社会救济制度、社会养老制度和社会保险制度分别针对的是哪些市场失灵？这三种方式在政策上有什么特点？
6. 现收现付制与完全基金制有什么区别？从现收现付制向完全基金制的过渡对收入分配会产生怎样的影响？

### 三、案例分析
美国在约翰逊总统时期正式实施了旨在把美国建成一个人人平等、福利健全的"伟大社会"计划，该计划致力于向缺乏技能的人提供培训，向失业的人提供工作，让黑人获得全部平等的权利，并以新的立法和巨大的资源去处理犯罪、贫穷等社会问题。一开始"伟大社会"计划确实取得了一些成就，美国贫穷的人口从1964年的18％降到1968年的13％，并在1973年达到了11％这一最低点。但自1973年起，虽然福利预算仍在增加投入，但美国的贫困率不降反升，到1980年时，贫困率甚至超过了向贫穷开战时的水平。美国学者研究的结论是，贫困人数之所以回升，正是因为有越来越多的福利资金的投入。由于领取福利的人并不需要做什么就能自动地领取现金和食品券，由于有这样自动领取的福利，这些人就不需要改变自己的行为和人生态度，于是福利政策造就了一个完全依赖政府的群体。如果政府要彻底消除这样的贫困，势必就得增加福利支票的金额和数量，但这样做必然会进一步地扩大依赖政府的群体，并因不断地加税而惩罚那些创造财富多的人。

讨论以上案例，并思考人类是否能够以及是否有必要消灭贫困。

# 第七章
# 公共选择

## 全章提要

- 第一节 公共选择的民主基础
- 第二节 简单多数规则
- 第三节 一致同意规则
- 第四节 其他多数规则形式
- 第五节 公理化决策规则

本章小结
习题

在前面,我们已经就政府"应该做什么"的问题做出探讨。既然如此,那对于以寻求"治国之道"为主题的财政理论分析,其问题的分析是否就到此结束了呢?或者问得更明白一些,明确什么样的公共政策是合理的公共政策,是否就意味着国家治理问题得到了彻底解决呢?实际上,问题并非如此简单。因为"什么样的公共政策是合理的政策"和"政策制定者实际上会选择怎样的政策"是存在巨大差异的:明确合理的公共政策是什么,并不等于它们能够得到切实的制定和执行。根据现代公共选择理论(public choice theory)的观点,参与公共选择的个体及其代理人都是理性的"经济人"(Homo economicus),政府是理性个体互动的系统平台而并非百分之百为社会利益着想的"仁慈的君主"(benevolent despot)。在这种情况下,对于自我利益的追求可能导致政策制定者实际选择的公共政策偏离规范的轨道。于是,就产生了进一步的问题:如何产生合理的公共政策?进一步的,选择合理政策的可能性是与公共决策机制的合理性联系在一起的,国家治理不仅需要明确什么样的政策是合理的,同时更应该设计能够产生理想政策的机制和环境。正因如此,本章将基于公共选择理论的视角对公共政策制定过程中政治决策机制的设计问题做出探讨。

思政案例

小区改造中的公共选择问题

## 第一节 公共选择的民主基础

众所周知,关于公共选择,从终极意义上来说,它有两种截然不同的权力结构形式:其一是由社会民众对公共决策拥有终极决定权的民主的权力结构;其二是由社会精英或者某个统治集团拥有终极决定权的非民主的权力结构。在民主的权力结构下,公共决策权力的来源与合法性都是基于民众直接或者间接的选举。与此相对应,在非民主的权力结构下,公共权力并不来源于大众的支持,而最高权力者拥有权力的合法性往往依赖某些外在力量,比如说上帝或者神("君权神授"观点就是其典型);而由最高权力派生出来的其他公共权力来源的合法性则来源于最高权力者的授权与认可。既然如此,从社会良性治理的角度看,公共财政决策权力的终极所有权究竟是应该选择直接赋予社会的精英或某个统治者集团还是社会民众呢?

### 一、公共决策民主基础的理论逻辑

应该说,在理论上,尽管人们对民主的理解存在一定的分歧:对于林赛(A. D. Lindsay)和一些人来说,民主是"依靠讨论建立的政府"[1];对于林肯,它是一个民有、民治和民享的政府[2];杰里米·边沁把民主视为一个保护众多阶级的过程[3]。但有种种迹象表明,民主已经被视作一种普适性的社会价值而得到了人们的广泛认可和接受:在现代政治哲学中,民主

---

[1] Holloway, Harry A. "A. D. Lindsay and the Problems of Mass Democracy," *Western Political Quarterly*, 1963,16(4): 798-813.

[2] Lincoln, Abraham. *The Gettysburg Speech, and Other Papers*. No. 32. Houghton Mifflin Company, 1899.

[3] Lieberman, David. "Bentham's democracy," *Oxford Journal of Legal Studies*, 2008,28(3): 605-626.

是一个带有感情色彩的词,或者更准确地说,民主是一个褒义词。而在现实政治实践中,很少有一种政体、一个政治家会公然宣布自己是"非民主"的,即便是那些限制言论自由的政体也经常许诺朝民主的方向迈进。与之相反,非民主体制则往往受到至少是口头上的贬斥。即便在本质上是非民主的体制,统治者也往往会为其披上民主的、合法的外衣。① 也正因如此,关于财政民主制与非民主制的选择问题,从某种意义上来说,其结论理应是不言自明的:公共决策权力的终极决定权应该属于社会民众,而民主的决策机制也理应是公共决策机制最合理的选择。

坚持公共决策的民主制是有其理由的。一方面,民主是社会发展的目标之一。在一个强调人生而平等的社会中,所有个体对公共收支问题的公共决策理应具有发言权。另一方面,民主是一种实现社会价值目标的手段,因为社会价值的源泉是个人而不是超越于个人之上的某个组织或者集团,民主的社会决策对于个体基础上社会价值的实现就是不可或缺的。比如,在财政决策中,我们需要民主制下个体对社会产品和服务的偏好表达,也需要利用民主制度的程序将个体偏好加总成为体现民意的社会偏好并最终将民意转化为公共政策。

反过来,当公共决策过程采取非民主制度的时候,历史的经验表明,一旦公众失去了公共决策制定过程的终极决定权,公共权力对老百姓将不是福音,而是损害,至少迟早会是如此。在这一点上,政治方面的例子屡见不鲜,因为非民主制下的政治权力往往会与暴政、专制和屠杀等紧密联系在一起。而在财政经济方面,非民主制下支出权与征税权等公共权力不可避免地沦为统治者谋取私利的工具。其中,在支出方面,相比民主制下的支出而言,受自身利益的驱使,此时的公共支出会更多地用于统治者私人享受的服务和商品的提供。至于税收的征收问题,由于缺乏民主的约束机制,就像封建社会中普遍存在的横征暴敛,统治者往往有激励增加民众负担,利用可随意变更、充满不确定性的税赋对人民进行盘剥。相反,在民主制国家,由于税收的立法权已经交给国会,政府随意征税的行为在制度上得到了根本的限制。

## 二、若干对公共决策民主制的挑战论点

当然,有关民主制与非民主制比较和选择的理论问题也存在很多争论。在学术界,有一些理论,比如柏拉图传统的社会精英理论,在一定程度上就支持了非民主的公共决策机制,因为该理论主张社会应该由一群不受民众控制的杰出人物来治理。至于其支持的理由,主要有两个方面:其一,民众知识是相对有限的,所以让民众直接行使公共决策权是不恰当的。② 相反,社会精英在特定专业知识上的优势为其掌握公共权力提供了基础。假如能力不足的民众掌握决策权并利用权力制约社会精英的行为反而可能对公共决策的制定造成不利影响。其二,在民主的决策机制下,由于决策主体的多元性以及由此而来的社会个体意见的不一致性,只要公共决策的决策过程是集体决策,其效率总是缓慢的③;相反,非民主的制度

---

① Blaydes, Lisa. "Who Votes in Authoritarian Elections and Why? Determinants of Voter Turnout in Contemporary Egypt", mimeo, 2006.

② Caplan, Bryan. "The myth of the rational voter and political theory," *Collective Wisdom: Principles and Mechanisms*, 2012: 319-337.

③ O'donnell, Guillermo. "Delegative democracy," *Journal of Democracy*, 1994(5): 55.

第七章　公共选择

结构则可能因权力的集中而有能力克服这方面的问题[①]。

从表面上看,基于民众知识有限的理由对非民主的制度结构有效性的辩护是有力的,但实际上可能并非如此。一方面,不管是在发达国家还是在发展中国家,很多实践证明了个体完全有能力来就财政决策等公共决策做出适当的选择。发达国家的例子就不用说了,单就发展中国家的情况而论,比如,在我们国家,基层的民主选举的顺利推进、浙江温岭预算恳谈制度的有序实施[②],表明直接民主制度的运行并不会存在智力方面的局限。另一方面,尽管由于知识分布和占有方面的差异,在直接的决策层面,社会决策的某些问题确实需要交由社会精英完成,由他们去制定和实施政策,但这并不意味着民众必须丧失对精英行为的评价和终极控制权。在这点上,伯利克里的一句箴言值得我们在这里加以引述和强调。他说:"尽管只有少数人可以制定政策,但我们却能评判政策。"也就是说,尽管民众不一定直接制定具体的财政决策,但民众完全可以去评判政策的好坏,进而根据政策的好坏去决定行使公共权力的主体,民主的权力结构依然可以发挥作用。

其次,关于决策效率的问题,毋庸置疑,在诸多时候,非民主的制度结构确实具有快速决策的效率优势,卢梭有关君主制优势的论述就充分地指出了这一点。卢梭曾明确指出:"在权力单一的政治结构体系中,集体人格就是个体的人格,它的力量、它行动的迅速和它强大的意志自然是无与伦比的。在这种机制下,人民的意志、君主的意志、国家的公共力量和政府的个别力量,全都响应着同一个动力,机器的全部力量都操纵在同一只手里,一切都朝着同一个目标前进;这里绝不会有任何相反的运动可以彼此互相抵消,人们也不可能想象有任何一种别的体制能够以更少的努力产生更大的作用。一位熟练的国君坐在自己的暖阁里治理着他辽阔的国家,如同安详的阿基米德毫不费力地引动着一艘伏在水上的大船,他推动着一切,自己却显得安详不动。"[③]但将卢梭的这一比喻作为支持非民主制的论据并不恰当,因为决策的民主程序与决策效率并非完全对立:非民主制下公共决策效率上的优势在民主的权力结构下也是完全可以保留的,那些需要做出快速反应的决策,社会可以委托给某一个特定权威去完成,只是权威最终需要受到民主制度的评估和约束。

当然,有人可能会反驳说,尽管在民主制结构下,权力的集中安排能够解决民主决策的效率问题,但既然是民主的决策体制,社会个体和(或)他们的代表就有权发表自己对公共决策的见解和看法,而权威的最终决策也需要获得个体和(或)他们代表的同意才能获得合法性,正如总统有关预算的安排需要获得国会的同意和通过那样。这样,民主的决策体制的某种决策低效率问题依然无法避免:决策的时间很长,甚至最后可能因众口难调而形成决策僵局,因而反驳者可能会因此支持以非民主制的方式进行财政决策。这一点并不能成为排斥民主制的理由。一方面,在民主体制下,达成某种共识是完全可能的;另一方面,也是非常重要的一方面,民主决策的低效率也许是我们避免非民主制度下草率决策所面临的必要取舍。在民主的决策体制下,集体决策虽然没有非民主制酣畅行事的快感,但能够避免非民主制下草率行事带来的隐患以及由此引发的屡屡改弦更张的尴尬。

---

[①]　Mann, Michael. *The Sources of Social Power*: Volume 1, *A History of Power from the Beginning to AD 1760*. Cambridge University Press, 1986.

[②]　郎友兴:《中国式的公民会议:浙江温岭民主恳谈会的过程和功能》,《公共行政评论》,2009年第4期,第48—70页。

[③]　卢梭(何兆武译):《社会契约论》,商务印书馆2003年版,第89—90页。

### 三、关于财政决策民主基础的说明

良性运行的公共决策机制理应具有民主基础。当然,应当强调的是,坚持财政决策的民主基础并不等于民主决策就能够实现社会的目标。实际上,民主决策并不是包治百病的灵丹妙药;强调民主基础不等于民选一定能够做到能者上、庸者下并惩治腐败和澄清吏治,也不等于在经济振兴乏力的时候让经济快速"回春"。强调公共决策的民主基础仅仅是因为民主是社会现代化的一环,是财政决策规范化的基本条件。实际上,要推动社会的全面发展与进步,政治、经济、社会、法治、民智以及舆论监督需均衡发展,如果仅仅推动普选和舆论解禁,而在其他各领域止步不前,就很可能给个别政治讼棍以可乘之机,让他们有机会挟持民意、操弄民粹进而借民主的躯壳谋一己之私。[①]

反过来,我们也可以看到:在非民主制的环境中,决策缺乏民主程序并不意味着非民主制下公共权力的占有者会全然不顾社会的利益。正如布坎南等人所指出的那样,即便我们放弃"公益式政府"或"仁慈型君主"的假设,即便我们在比较极端的集权主义模型下把政府看成一个单纯追求效用最大化的决策者,这个自利的决策者也并不会完全罔顾公众利益。集权主义国家中追求自我利益最大化的统治者也难以做到只对其公民征税而不提供任何回报或补偿(尽管效用最大化的追求会促使政府尽力使它所能得到的财政结余最大化。其中,这种财政结余是其征收的税收总收入减去它向其公民提供货物和服务的总支出后所得到的差额。但是,无论是在理论上还是在具体实践中,结余的最大化并不必然会抑制经济进步的动力,特别是在决策者的时间或计划水平延伸到几年以上时更是如此。因为统治者财政结余现值的最大化是通过经济增长率的极大化来实现的。政府收入是与所提供的公共货物和服务的回流量相关的,而财政结余也是通过提供某些货物和服务才能增加的)。但是,我们这里要强调的是,由于人性固有的弱点,靠统治者自我约束能够实现的民众利益是非常有限的。卢梭指出,从逻辑上讲,君主试图使自己得到人民的爱戴是很自然的,但"君主们往往不以此为满足,就连最好的国王也都想能够为所欲为,只要这不妨碍他继续做主子的话"。[②] 在这样的逻辑下,非民主制度下的公共权力存在一种被逐渐滥用的自然趋势:权力会不由自主地逐渐退化为对公众利益的侵害。而最终的结果正如历史的经验所表明的:非民主制下统治者及其集团对自身利益的追求未能持久地保持经济社会的繁荣。另一方面,尽管"政治说教者可能会向国王说,人民的力量就是国王的力量,所以国王的最大利益就在于人民能够繁荣、富庶和力量强大,但是,国王很清楚地知道客观的情况并非如此。在国王看来,他的利益首先就在于人民是软弱的、贫困的,因为如果是这样的话,人民永远都无法来与之对抗"。[③] 电视剧《船政风云》为卢梭的这一论断提供了很好的例子:腐朽的清王朝派遣老百姓去对付西欧列强的进攻,但朝廷没有向老百姓提供任何武器弹药,因为比起西欧列强,清廷更担心武器流入民间被民众用来对抗朝廷。

---

① 陶短房:《陈水扁浮沉的"现代化"启示录》,《东方早报》,2009 年 9 月 14 日。
② 卢梭(何兆武译):《社会契约论》,商务印书馆 2003 年版,第 90 页。
③ 卢梭(何兆武译):《社会契约论》,商务印书馆 2003 年版,第 90—91 页。

## 第二节　简单多数规则

在民主的权力结构下,由于权力主体的多元性,受价值观念、知识存量、偏好品位与个体利益追求等多方因素的影响,个体行为的选择往往存在差异。这样就存在一个问题:公共决策最终如何将个体偏好加总成为社会偏好?一般来说,为了解决集体选择过程中个体选择之间的潜在冲突,集体在表决之前需要确定一套投票规则。正因如此,在完成了关于公共决策权力基础问题的分析之后,本章接下来计划进一步讨论集体决策的投票规则问题。作为分析的起点,我们首先考虑简单多数规则应用于集体决策的可行性。

### 一、多数规则的效率与公平

在简单多数规则下,集体决策以多数人的偏好为依据:一个备选(alternative)对象是否能够通过依赖于给定备选对象能否获得半数以上投票者的支持。作为一种集体决策机制,简单多数规则在古希腊城邦的民主决策中就开始发挥作用,现代社会中,它更是一种普遍应用的决策机制:西方民主社会中的总统、首相、总理或议员的选举,社会主义国家的人大代表、政府领导人、村委会负责人的产生提供了关于简单多数规则大量的应用案例。某种程度上,简单多数规则已经成为民主的代名词。那么简单多数规则的实际运行情况如何呢?它被应用于集体决策是否适当呢?

理解简单多数规则的合理性要求我们先看看简单多数规则的运行效率。我们考虑一个由 $n$ 个个体组成的集体决策单位,决策集体就 $a$ 和 $b$ 这两个备选方案进行表决。按照简单多数规则,任何一个获得半数以上决策集体成员支持的备选对象就是最终的胜出方案。孔多塞(1785)[①]论证了在一些条件成立的情况下,在备选方案只有两个的情况下,按照简单多数规则运转的集体决策可以达到非常有效率的结果。所以在公共决策过程中,将简单多数规则应用于集体决策是有其合理性的。

首先,在基于集体选择的公共决策过程中,由于决策结果唯一,此时选择多数人支持的备选方案是具有公平性的。在没有其他特殊支持性条件的情况下,集体总归不应该按照少数人的意愿办事。一方面,如果基于不公平的理由反对决策集体中多数人支持的议案,那么选择少数人支持的方案可能导致更加严重的不公平。另一方面,我们也可以想象集体依据少数派意愿进行决策的后果:为使自己支持的议案能够通过,每个集体成员都有激励使自己成为少数派,在这个过程中,每个个体可能存在颠倒自己偏好的倾向和激励。

其次,从公共决策效率的角度来说,由于简单多数规则是以多数人的偏好作为决策依据的,该规则也能带来效率的保证:从理论出发,我们可以将最优方案定义为获得最高社会评价的方案,在没有个体偏好强度分布信息的前提下,选择多数人支持的议案从事前(ex-ante)角度看有着相对的有效性。

---

[①] De Condorcet, Nicolas. *Essai sur l'application de l'analyse à la probabilité des décisions rendues à la pluralité des voix*. Cambridge University Press, 2014.

## 二、多数规则、多数暴政与低效率

但在肯定简单多数规则合理性的同时,我们也应注意到该规则的局限性也是显而易见的:在多数规则下,由于集体决策是以多数人的偏好为导向的,少数人的偏好不可避免地会被忽视从而造成多数对少数的暴政(majority tyranny)或者说歧视(majority discrimination)。多数暴政问题主要不是在给定备选议案之后关于备选方案的选择(因为正如上面的分析所言,选择少数者所支持的方案会更加不合理和不公平),而是体现为备选方案本身的产生。以财政决策为例,在简单多数规则下,由于符合多数人利益的方案总是可以通过的,于是在提案阶段,多数派就倾向于提出对自己有利的方案并将相关成本转嫁给少数派。例如:(1)在涉及公共产品议案的表决范围之内,提出自己获益较多但少数派获益很少甚至可能因此而受损(将税收成本一同考虑)的公共产品支出方案;(2)超越公共产品支出的合理范畴,提出仅给私人带来好处的支出议案;(3)从实物议案向现金议案转移,提出有益于多数派的收入再分配方案;(4)提议修改公共支出的成本分摊机制,比如说通过改变税收制度将税收成本转嫁给少数派从而形成多数对少数的暴政。

正因为简单多数规则下存在多数暴政与歧视等问题,瓦格纳(Wagner)与格瓦蒂尼(Gwartney)等学者对美国20世纪的公共支出机制提出了批评,并对现代基于简单多数规则的民主决策机制表达了某种担忧。在他们看来,传统意义上的政府功能定位是促成共同利益的实现,政府的职责在于保护人们的生命、自由和财产不受其他个体——本国的或外国的——肆意侵犯。有时候,政府也从事诸如道路交通等公共设施的建设也是为了完成私人行动无法胜任的工作。也就是说,社会共同利益是政府传统职能的中心要义。然而,现代政府通常被人们理解为一种服务多数者(尤其是立法机构中多数派代表的群体利益)目标的工具。无原则的收入分配、对于教育的额外支出以及对于特殊利益集团特殊利益的满足都是现代政府服务多数暴政的一些例子。

除了多数暴政与歧视造成的不公平之外,社会成员关于备选方案的偏好强度在简单多数规则下也可能无法得到充分披露,这也会导致资源配置低效率的问题。在简单多数规则下,由于决策结果是由各个议案获得的支持票数决定的,在一人一票的情况下,每个参与决策的个体对决策结果产生影响的权重是相同的,于是,基于票数多少来做决策的结果就难以反映个体偏好强度。这个时候,基于票数多少来进行决策可能会导致低效率结果。比如说,有一个议案,三个人投票表决是否通过。假设三个人对其评价分别为−1、−1和5。就该议案来说,由于三个人评价的加总值为3,所以从效率的角度来说,这个议案是应该被通过的。但在简单多数规则下,这个有效率的议案将因为两票的反对而无法通过。类似的,在某些情况下,社会加总评价为负的非生产性方案却可能因为有多数人的支持而获得通过。在这些案例中,简单多数规则的运行都是无效的。进一步来说,在简单多数规则下,与前述的多数暴政问题类似,多数投票者可能有潜在激励去提出并通过一些对投票者自身有利但在整体价值上为负的方案进而导致资源的错配和低效率。

## 三、集体决策规则的修正和调整

简单多数规则暗含着多数歧视的危险并可能导致集体决策的低效率。所以将简单多数规则应用于集体决策是否合适呢?关于这一问题,理论上是存在争议的。有学者认为集体决策采用简单多数规则是不恰当的：集体决策应该寻求其他形式的替代规则。在认识到集体选择中简单多数规则的严重缺陷——多数派可能提出使自己获利而由少数派承担相关成本的项目——之后，维克塞尔强调了一致同意原则在集体决策中的作用。在1896年发表的题为"税收的新原理"的著作中[①]，他就公共决策过程提出了两个建议。其中，第一个建议是将各项支出分开决策，每一项政府支出议案都理应伴随一项对支出进行融资的税收议案。第二个建议是在集体决策过程中引进一致同意规则：一揽子的支出—税收组合需要获得议会的一致通过。在后来，布坎南等人重新强调了维克塞尔所提出的一致同意规则：布坎南与图洛克在《同意的计算》一书中强调集体决策规则的维克塞尔范式[②]，呼吁以超多数裁定规则取代多数裁定规则（至少意义重大的、决定性的集体行动应该遵循超多数裁定规则）的意义就在于，以超多数规则来防止多数歧视的机会主义行为（至于一致同意规则是否能够很好地进行决策，在接下来的第三节，我们将对此详细探讨）。与此相反，有学者依旧坚持集体决策的简单多数规则。比如马斯格雷夫，他在与布坎南所进行的世纪对话中，批评了一致同意规则并强调在集体决策中应该坚持简单多数规则。

当然，从逻辑上讲，简单多数规则存在问题并不等于说简单多数规则应完全被否定和摈弃：如果简单多数规则存在的问题可以通过一些限制性条件加以控制，那么简单多数规则依旧有其用武之地，毕竟简单多数规则本身还是有相当的合理性的。针对简单多数规则所存在的歧视和暴政问题，布坎南等人在后来的研究中也放弃了一度坚持的修正决策规则的主张，转而提出通过对财政问题的集体决策施加财政的普适性原则（generality principle）来加以限制。因为在后来的研究中他意识到：公众较为普遍的态度是将多数裁定规则与"民主"相等同，多数裁定规则已经成了公共决策的规范标准，在投票规则上进行改革的希望极其渺茫。所以，在维克塞尔式改革行不通而议会将继续按照多数裁定规则运行的情况下，在布坎南等人看来，寻求普适性原则对潜在的多数暴政施加限制是一种具备可行性的折中方案，这种折中方案的目的是寻找表面上不危及多数裁定原则的其他替代方法对潜在的多数暴政与歧视问题予以限制。

## 第三节　一致同意规则

上面的分析业已指出，鉴于简单多数规则可能导致多数暴政与低效率等问题，维克塞尔和布坎南等学者都曾建议采用其他规则替代简单多数规则。在可供替代的选择规则中，一种比较典型的方式就是提高决策通过所需的同意票门槛值。在简单多数规则中，一项议案的通过只需1/2以上的人同意就可以了；而一致同意规则是最极端的情形，即议案的通过需要获得所有当事人的同意（至少是没有人反对）。一致同意规则得以应用的一个比较典型的例子是联合国决议的制定。联合国决议的实施，必须得到安理会五个常任理事国——中、美、俄、英、法——的一致认可（至少不会有常任理事国投反对票）。比如说，1990年海湾战

---

① Wicksell, Knut. *A New Principle of Just Taxation*. London: Palgrave Macmillan UK, 1958.
② Buchanan J. M., Tullock G. *The Calculus of Consent: Logical Foundations of Constitutional Democracy*. University of Michigan Press, 1965.

争爆发时,针对伊拉克入侵科威特的问题,联合国安理会就是否出兵干涉进行投票表决,结果以五个常任理事国四票赞成、一票弃权而获得通过。因此,现在的问题是,集体决策中的一致同意规则是不是一种针对简单多数规则的理想的替代性规则呢?

## 一、一致同意规则对简单多数规则问题的克服

应该说,在一致同意规则下,既然某项议案在集体决策中的通过需要所有人同意,该决策规则理应具有内在合理性,进一步的,一致同意规则还能够解决简单多数规则所存在的多数暴政(歧视)问题以及同非生产性议案问题联系在一起的资源错配和低效率问题。

首先,非生产性议案在一致同意的决策规则下是不可能获得通过的:一项议案是非生产性的,意味着社会上必然有人会受损(因为没有人受损的议案必然是生产性的),而在一致同意规则下,议案所涉及的潜在受损个体自然会投否决票而使议案无法通过。

其次,一致同意规则可以规避简单多数规则下的多数歧视和暴政问题,在简单多数规则下,多数人可以通过集体决策将相关成本转移给少数人而形成对少数人的歧视。但在一致同意规则下,多数暴政与歧视等潜在的不公平问题就能够得到避免。因为,此时任何歧视性议案都会因个体否决而流产。用布坎南的话来说,就是百分之百的赞同使财政决策过程类似于私人市场的自由交易过程,在其中,没有人会被迫为不需要的公共产品付钱。因为当歧视性的税收—支出议案被提出时,受到歧视的个体或者代表可以通过消极的否决投票来否定这一议案,因而就不会去被动消费和支付其所不需要的公共产品。一致同意规则所具有的这种帕累托改进的性质正是维克塞尔等人强调一致同意规则的基本逻辑所在。在维克塞尔看来,公共决策过程是一个与私人市场决策相类似的、相互合作且产生正和博弈效果的交易过程,在这一过程中,集体决策应满足所有成员的需求、维护所有个体的利益不受其他个体的侵犯。一致同意规则所包含的否决权使个体对任何与自身利益相冲突的议案都有否决权或者以退出方式规避成本的自由选择权,或者二者兼而有之。

当然,一致同意规则的合理性,不仅局限于纠正性方面。一方面,一致同意规则能克服简单多数规则所存在的问题。另一方面,规则本身也具有某种内在魅力:在集体决策过程中,如果一项议案能够获得决策者的一致认可,那么,决策结果的权威性和公平性是显而易见的;而从资源配置效率角度来说,一致同意规则为资源的有效配置提供了逻辑上的机制和途径,在集体决策过程中,通过议案的修正和调整,集体决策会不断地向帕累托边界靠拢。

## 二、一致同意规则的运行及其问题

集体决策的一致同意规则为保护个体免受不正当侵害提供了"防火墙",但这并不等于该规则本身是完美无缺的。在集体决策过程中,由于偏好差异等各方面的原因,个体要对集体决策形成一致看法是很难的。例如,如何确定公共产品的规模。假定某公共项目的类型和成本分摊方案(由相应的税收制度决定)已定。此时,个体对公共项目规模的理想期望是由各自承担的边际成本(与成本分摊方式有关)与边际收益(个体对公共项目的边际评价)的交点所决定的。但一般来说,由于成本分摊份额和(或)偏好的差异,每个个体所偏好的最优公共产品规模往往会存在差异。有的个体可能偏好大规模的公共产品供给,有的个体可能偏好小规模的公共产品供给。不同个体对集体项目最优规模意见的不一致,会导致集体意见的分歧从而难以进行决策。

我们可以借助几何图形对一致同意规则运行中出现的问题给出直观说明。我们假设一个村庄有两组人——富人和穷人,这两组人对道路这一公共产品均有潜在需求,富人组中的富人有对道路的共同需求,而穷人组中的穷人对道路也存在共同的需求,但富人组和穷人组对道路的需求却存在差异。假设他们关于道路的需求曲线分别由图 7-1 中的 $D_1$ 和 $D_2$ 来表示。至于提供道路的成本,我们假设在全体村民中按人头平均分配,每一个体所面对的单位产品(道路宽度或质量 $q$)的边际税收价格为 $t$。从图形中可以看出,在上述偏好——税收价格结构下,穷人和富人对道路宽度或(和)质量的最优需求是不一样的,富人是 $q_1$,穷人是 $q_2$。按照一致同意规则,富人和穷人无法达成一致,所以关于村庄道路生产问题的公共决策是难以进行的。

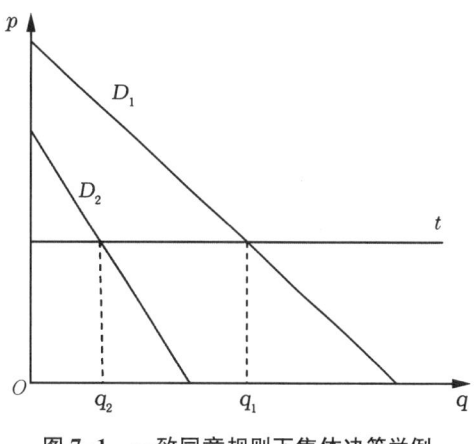

图 7-1 一致同意规则下集体决策举例

一致同意规则下集体决策的僵局问题当然不是最终结果。在很多情况下,对公共决策的参与者来说,相较于该项目不执行,任何一个备选方案的通过都能给自己带来或多或少的好处。或者说,对个体而言,任何一个备选方案的通过较之否决该议案都是一种帕累托改进。在图 7-1 中,不管对富人还是穷人,规模 $q_1$ 和 $q_2$ 都要好过 $q$ 等于零的情形,都能给自己带来福利的增进。在这种情况下,公共决策的参与者可能会为改进个体利益而选择相互让步和妥协,包括:(1)项目规模的调整,比如,在富人群体理想需求规模的基础上有所降低,在穷人群体理想需求规模的基础上有所提高,最终促成富人群体和穷人群体的妥协,使公共项目得以通过。在图 7-1 中,这种妥协就体现为选择某个介于 $q_1$ 至 $q_2$ 之间的规模水平。(2)项目成本分摊方式的调整。比如提高对富人群体面临的税收并降低穷人群体面临的税收,通过税负分担的调整确保支出的额度。

但是,我们在肯定上述协商和调整促进一致同意规则决策效率的同时,一致同意规则所面临的问题依旧显而易见。一方面,由于在一致同意规则下所有个体都具有绝对的否决权,个体可能在自我利益的驱使下滥用否决权,个体也可能会为了自己最理想的方案而否决其他的议案。例如,在图 7-1 中,穷人有可能永远支持 $q_2$,而富人有可能永远支持 $q_1$。另一方面,也正因为个体的上述动机,为了能达成一致,个体之间往往需要花费相对较多的时间和资源。在极端情况下,比如说在人数较多、分歧较大的情况下,集体想要达成一致协议是极其困难的。策略性行为(strategic behavior)及其所引致的决策成本严重地制约了一致同意规则在公共决策中的应用。

## 三、作为妥协的受限多数规则

在考虑到一致同意规则下个体策略性行为的存在以及由此引发的各种问题,维克塞尔对简单多数规则做出了一定的"妥协"并修正了他早期所坚持的一致同意规则。他建议采用介于 75% 至 90% 之间的受限多数规则(qualified majority rule)或者相对一致同意(relative unanimity)规则。在做出修正的相对一致同意规则中,由于议案的通过并不需要获得百分之百的支持,每个个体都会清楚地意识到:此时单一的消极投票并不能否定预算议案,并且,如果他出于贪婪而试图坚持更大收益的话,其他投票者会将他排除在交易范围之外。因此,我们完全可以预测到:通过相对的一致同意规则,个体选择策略性行为的激励将会得到明显的缓解。与此同时,由于通过议案所需的同意比例较高,相较于简单多数规则,少数派更能防御"多数暴政",因为议案通过所需要的支持者越多,多数相互勾结对少数派施加"暴政"的难度就越大。

值得注意的是,维克塞尔上述修正一致同意规则的思想在后来布坎南与图洛克建构的相互成本理论(interaction cost theory)框架下得到进一步的发展。维克塞尔对一致同意规则的修正及其对简单多数规则的妥协完全是基于对"多数暴政"与决策个体策略性行为所造成的社会成本的权衡取舍。而布坎南与图洛克认为,在确定集体决策规则的规则的阶段(也就是所谓的"立宪"阶段),个体需要在外部成本($E$)与决策成本($D$)这两种成本之间进行权衡(见图7-2)。集体决策的外部成本 $E$ 指的是个体不同意但必须接受某项集体决策时所需要承担的成本(大体上体现的是"多数暴政"下的社会成本),该成本是集体议案通过所需要同意人数比例($k$)的减函数;而集体决策的成本 $D$ 指的是达成集体决策所需的讨价还价的成本(大体上与策略性行为所造成的社会成本相对应),该成本是 $k$ 的增函数。于是,最优的集体决策规则就应该由两种成本加总曲线($D+E$)的最低点($k^*$)来决定。

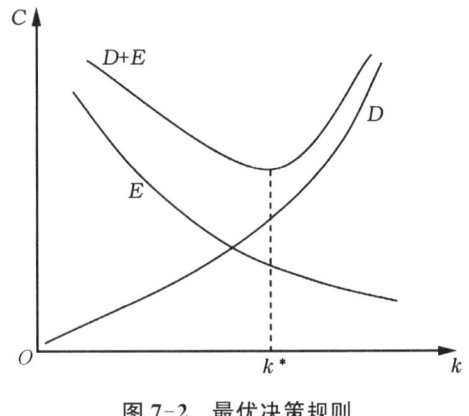

图 7-2 最优决策规则

## 第四节　其他多数规则形式

在简单多数规则下,多数人可能会将自己的意愿和公共决策的成本强加于少数人身上造成多数暴政,多数暴政意味着集体决策过程仅考虑多数偏好,这一特征将导致决策结果偏离资源配置的帕累托条件。正如前面关于一致同意规则的分析,人们试图通过提高议案通过所需要的同意者比例来解决(至少是"缓解")"多数暴政"问题。尽管一致同意规则的应用带来了前文所述的种种新问题,但由于在一致同意规则下,个体的偏好得到了重视,在理想意义上,集体决策的效率水平也有望得到提高。这是否意味着决策规则问题已经从根本上得到解决了呢?

事实上,有关简单多数规则在"多数暴政"之外其他方面的局限性也值得考虑。简单多数规则更多的局限性主要与多元议案有关。与二元议案情形下获胜议案至少能获得多数支持不同,当集体决策的议案数不止两个时,可能不存在能够获得半数以上支持的压倒性议案——集体决策的结果连"多数暴政"都无法实现!这个时候,我们可能需要修改集体决策的规则,例如:(1)议案的通过无需得到半数以上的支持,只需获得相对最多数人的支持,这就是最多票数(plurality)规则;(2)最终获得通过的议案应该是在所有议案的两两比较中能够获得多数支持最终胜出的议案,这就是孔多塞准则;(3)引进某种淘汰机制,根据淘汰的规则将其中一些备选方案进行淘汰直到有备选对象能够获得多数支持为止,这就是基于淘汰的多数决策机制;(4)对备选对象进行加权赋值,即平时所说的打分,然后根据各方案所得分数的加总来确定结果,这就是波尔达计票(Borda count)规则。这样就产生了一个问题:如何评估相关决策规则的合理性?下面,我们将依次对四种类型的决策规则在多元议案决策中应用的合理性做出分析。

### 一、最多票数规则

首先,我们来看集体决策中的最多票数规则。最多票数规则又被人们称为单一投票居首位(single vote primary)的规则。该投票规则的决策方式是:在一次性的投票决策中,每个个体可以将选票投给自己最喜爱的备选对象,获得最多票数的备选对象最后获胜。这样一种集体决策规则被广泛应用于英语国家的政治选举中。比如在美国,从州长选举到美国国会的参议员、众议员选举都是基于上述投票规则。就该决策规则而言,毋庸置疑,在多元备选对象的情况下,选择获得最多人支持的备选对象无疑具有一定的合理性。另一方面,由于备选对象的选择是以最多数人的支持为依据的,所以该规则也存在潜在的问题:被选中的候选对象尽管获得了最多数人的支持,但在绝大多数人的偏好排序中,它的位次可能是比较靠后的。

比如说,有三个备选对象 $x$、$y$ 和 $z$。假设投票人对三个备选对象的偏好排序有三种类型,分别为:$x>y>z$、$y>z>x$ 和 $z>y>x$。另假设在参与投票的人群中,偏好排序为上述三种类型的人数比重分别为34%、33%和33%。在最多票数规则下,如果所有投票者将选票投给自己的第一备选对象,那么 $x$ 将被选中。但就 $x$ 来说,有66%的人将其排在末位。这意味着,该决策规则可能使仅让部分个体获得好处但对其他众多个体极端不利的议案或候选人在选举中胜出。在现实中,这一方面比较典型的例子就是在最多票数规则下,希特勒领导的纳粹党通过选举成为德国魏玛共和国执政党的问题:1928年至1932年间德国国民议会存在15个党派,在1932年11月的德国国会选举中,希特勒领导的纳粹党以低于40%的得票率成为国会第一大党。

除了容易选择极端议案或者候选人,最多票数规则也可能导致其他问题:其一,集体决策结果平均效率并不高;其二,选择被绝大多数人反对的议案和(或)候选人对多数人来说是不公平的;其三,对政治候选人来说,过低的支持率会影响其统治的权威性。正因如此,有许多国家在政治选举时对最多票数规则做出了修正,例如在最多票数规则基础上实行二次选举(double election)。像在俄罗斯,如果在首轮总统选举中,无候选人获得超过半数的支持率,那么首轮选举中的前两名就需要再进行终选,以确保当选政治家获得多数支持并确保新政府的法理基础和权威。

### 二、孔多塞准则

其次,我们考虑孔多塞准则(Condorcet criterion)在集体决策中的应用。在孔多塞准则下,获得选择的议案或候选人需要在与其他议案的两两比较中总能获得多数人的支持。相较于要求胜选议案必须直接获得多数支持,孔多塞准则的要求显然更低(直接获得多数支持的议案在两两比较中必然都能获得多数支持,但反过来则不成立)。那么如果按照孔多塞准则进行集体决策,结果会怎样?其效率与合理性又将如何呢?

为了讨论基于孔多塞准则做决策的合理性,我们可以假设三项备选议案:$x$、$y$ 和 $z$,对应低军费开支、中等军费开支和高军费开支。为简化分析,我们假设决策集体包括 3 位成员,并假设他们对三项备选议案的偏好分别是:$x>y>z$、$y>z>x$ 和 $z>y>x$,即三者依次代表鸽派、中立派和鹰派。在这样的偏好结构下,集体选择的结果会是怎样呢?可以发现,在议案两两比较的过程中,议案 $y$ 总能获得多数支持,因此,孔多塞准则下的决策结果就是 $y$。而 $y$ 恰巧是作为中位数投票者(即其理想的军费开支规模处于所有个体理想军费开支规模的中位水平)的中立派所支持的议案。也就是说,孔多塞准则倾向于选择中位数投票者所偏好的备选方案。

在孔多塞准则下,我们可以看到,与简单多数规则相比,议案选择的标准简单了很多,也具有相当的合理性(胜出议案必须是与所有其他议案两两比较中获得多数支持的议案)。但遗憾的是,在某些偏好结构下,孔多塞准则意义下的胜者可能是不存在的,即不存在一个备选方案在与其他所有方案做比较的过程中总能获得多数支持,此时,按照孔多塞准则展开的集体决策可能出现投票循环问题:简单多数规则可能根本就无法良好运行,即集体决策的均衡不存在,这一现象最早被孔多塞发现,并被道奇森、布莱克和阿罗等人总结发展成为"投票循环悖论"(voting cycling paradox)问题。

我们依然考虑上述三人就 $x$、$y$ 和 $z$ 三个国防开支规模议案进行表决的例子。现在假设三人的偏好分别为:$x>y>z$、$y>z>x$ 和 $z>x>y$。在这样的偏好组合下,如果集体依靠简单多数规则来进行两两比较,那么,在对 $x$ 和 $y$ 的比较中,$x$ 会胜出;在对 $y$ 和 $z$ 的比较中,$y$ 会获胜;但在对 $x$ 和 $z$ 的比较中,$z$ 将胜出。于是,就会出现 $x>y>z>x$ 的投票循环,因为循环悖论的出现,集体决策将无法良好运转。

为什么在前一个例子里孔多塞准则可以良好运转,而在后一个例子里则出现了投票循环悖论呢?究其原因,这与集体决策参与者个体偏好的结构有关。在前一个例子的偏好结构下,个体的偏好都是单峰偏好(single-peaked preference),即偏好组合是图 7-3 中的情形 a、b 和(或)c。有理论证明:在个体偏好都是单峰偏好的情况下,简单多数规则会存在投票的均衡,且均衡结果为中位数投票者所偏好的议案。[①] 而在后一个例子中,之所以均衡不存在,其原因在于个体单峰偏好条件不满足,因为个体三的偏好是双峰的(double-peaked preference),即图 7-3 所示的情形 d。

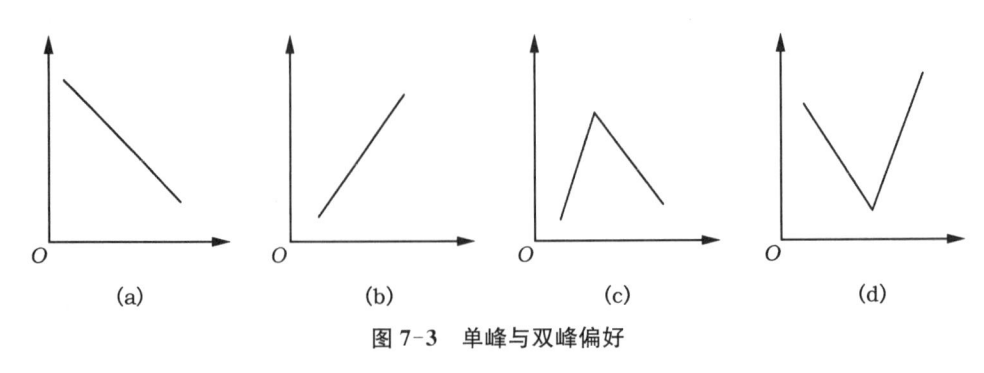

图 7-3 单峰与双峰偏好

---

[①] Downs, Anthony. "An economic theory of democracy," *Harper and Row*, 1957, 28.

"投票循环悖论"的存在对集体选择理论的建构有着极大的冲击,因为一种好的集体决策规则首先需要能够完成有效的选择,而投票循环悖论的存在意味着按照孔多塞标准进行的集体决策可能无法有效展开。这一点是有人排斥集体决策下孔多塞准则的重要理由。当然,鉴于孔多塞准则下投票循环只是一种可能而不是一种必然,我们也可以在坚持该准则的同时通过采用其他方法来对循环作出限制。已经有研究表明:(1)具有相同偏好的多数的存在,就足以保证多数规则均衡的存在,而不管其他人的偏好如何;(2)循环发生的概率会随具有相同偏好人数比例的增多而递减。这意味着,如果有可能通过某种制度性的办法来增加集体决策过程中个体偏好的相似性,那么,我们就有机会降低甚至避免投票循环悖论。

### 三、基于淘汰机制的多数规则

接下来,我们将介绍基于淘汰机制的多数决策规则。此类决策规则的基本思想是:当存在多元备选对象的时候,如果没有哪个备选对象直接获得半数投票者的支持,我们可以通过一定标准将其中某个备选对象予以淘汰,直到在剩下的备选对象里能够利用多数规则选出结果为止。

在这一方面,有两种比较普遍的淘汰机制:其一是黑尔机制(Hare system)。黑尔机制在理论上又被称为替代投票(alternative vote)。在这样一种投票机制下,个体在选票上以第一、第二和第三的方式对所有候选对象做出排序。然后,根据第一偏好的得票情况来进行淘汰:将被最少的人置于首位的备选对象淘汰掉。具体来说就是:如果有备选对象所获得的票数超过一半,即有半数以上的人将该备选对象置于首位,那么,该备选对象将直接当选。但如果没有备选对象得票数超过半数,那么,在淘汰了被最少的投票人排在首位的备选对象后,决策集体将对剩下的备选对象重新计票,继续上述过程,直到有一个备选对象能够获得半数以上投票人支持为止,最终能获得半数以上支持的备选对象就是获胜者。其二是库姆斯机制(Coombs system)。在该机制下,依次被淘汰的是被最多的人排在最后的议案和(或)候选人。具体来说就是:在 $m$ 个备选对象中,每一个投票者都指出被他排在最后面的备选对象,然后,淘汰被最多的投票人排在最后面的备选对象,并按照同样的方法对剩下 $m-1$ 个备选对象进行表决,继续该过程,直到只有一个备选对象为止,该备选对象就是最终获胜的议案或候选人。

对于这种基于淘汰机制的多数规则,我们发现:由于依次淘汰被最少的人置于首位的备选对象或者被最多的人排在最后面的备选对象,黑尔机制和库姆斯机制均具有一定的合理性,并且在诸多时候能够避免循环悖论。但是,由于两种规则下淘汰机制的执行都只是基于个体的局部信息,所以就不可避免地会产生这样的不幸:有效的备选对象可能没有等到最后成为赢家就被淘汰掉了。

### 四、波尔达计票规则

针对孔多塞准则执行过程中可能存在的循环问题,有学者提出了基于个体打分和赋值的加权排序投票方法。在各类加权排序方法中,波尔达计票是最具代表性的。波尔达是法国数学家,他在提交给法国科学院有关投票问题的论文中提出了被后人总结为波尔达计票的方法。关于该方法在投票过程中的应用,我们可以考虑一个一般性的参与集体决策的 $n$ 位成员就 $m$ 个议案进行表决的集体决策环境。每一个个体对 $m$ 个议案从高到低按照自己的偏好进行排序,排序最前的给 $m$ 分,排第二位的给 $m-1$ 分,依次往后,直到排名最后的备选对象将得到 1 分。然后,集体在个体打分赋值的基础上,把所有备选对象所获得的分数进行加总,得分最高者为胜者。

关于波尔达计票这样一种投票表决机制,我们可以了解到:其一,因为该机制是基于打分和赋值的,不会出现投票循环问题。其二,决策集体就相关议案所做的排序是在考虑个体所有信息之后做出来的,决策规则是比较有效的:选择的结果最终是在整体中排序比较高的备选对象。同时,如果在备选对象中存在孔多塞胜者,孔多塞胜者一般都能成为最后赢家。当然,也有例外,比如说,我们可以考虑甲和乙两组投票人就三个议案进行表决的情形。假设:甲组有 8 位投票者,他们对三个议案的偏好相同,都是 $x>y>z$;而乙组则有 7 位投票者,他们对三个议案的偏好排序都是 $y>z>x$。在这样的偏好结构下,$x$ 就是孔多塞胜者;但是,在波尔达计票规则下,$x$ 则无法胜出。

当然,波尔达计票规则也不是完美无缺的。我们知道,在个体偏好给定的基础上,波尔达计票规则会对所有备选对象给出一个完整排序。从合理性的角度来说,对于完整排序中的任何两个备选对象,它们之间的相对排序不应该受到其他备选对象有无以及排序的影响,即决策规则理应具有"无关备选对象的独立性"(independence of irrelevant alternatives)。如果不满足这一条件,个体可以通过策略性地增加或者减少议案的方式来操纵投票过程。但是,波尔达计票规则在很多时候会违背这一点。就上面所提到的两组人员对 $x$、$y$ 和 $z$ 这三个议案进行选择的例子来说,在有 $z$ 的情况下,基于波尔达计票规则,集体会选择 $y$;但在 $z$ 不存在的情况下,最后选择的却是 $x$,这不满足"无关备选对象的独立性"特征。

## 第五节 公理化决策规则

关于多元议案下集体决策的投票规则问题,如前文所述,我们以最多票数规则作为分析起点,依次分析了最多票数规则(以及修正的二次选举)、孔多塞标准、黑尔机制、库姆斯机制及波尔达计票用于集体表决的合适性。就上述规则而言,一方面,它们都有某种合理性;但另一方面,它们都存在这样或那样的局限性。这样就引申出了一个更进一步的问题:我们是否可以找到一种不存在上述问题的理想决策规则用于集体决策呢?关于这一问题,自阿罗的开创性分析以来,有诸多理论对此做出了分析和探讨。正因如此,本章的最后一节试图对此类研究做出简要介绍:基于公理化条件寻求理想的集体决策规则。

### 一、公理化条件

很显然,要寻求合理的决策规则,首先,我们需要确定合理规则所需满足的基本标准。在阿罗的研究中,他给出了集体决策规则所需要满足的五个标准或公理化条件,它们依次是:

(1) 帕累托(Paretian)公设。该公理往往也被称为一致同意原则,即在给定的集体决策规则下,如果一个人的偏好没有任何其他人对立偏好的抵制,就应该把该偏好保留在社会偏好序列中,即如果所有人都认为 $xRy$,那么,社会偏好也应该是 $xRy$。

(2) 非独裁(nondictatorship)公设。即没有一个人享有这样的原则:当他在任意两个备选对象中所表达出来的偏好关系与其他人的偏好关系相反时,他的偏好仍保留在社会偏好中。即如果个体 $i$ 认为 $xPy$,但其他所有人都认为 $yPx$,集体偏好的结果不能是 $xPy$。

(3) 无限制域(unrestricted domain)公设。对于可供选择的社会状态,个体的偏好排序没有严格的限制,它允许三个备选方案 $x$、$y$ 和 $z$ 的六种可能排序都出现。

(4) 无关备选对象的独立性条件。该条件在理论上又被称为两两比较的独立性条件(pairwise independence condition),即社会对任何两个备选对象 $x$ 和 $y$ 的排序与选择只依赖于它们之间的相对排序,而与是否存在第三个备选对象 $z$ 以及对 $z$ 的偏好排序如何无关。

(5) 传递性公设。集体决策规则就所有可供选择的备选对象给出了一种一致性的排序,即 $aPbPc \rightarrow aPc$ 且 $aIbIc \rightarrow aIc$。

## 二、阿罗不可能定理

现在的问题是,什么样的集体决策规则能够同时满足上述五个公理化条件?阿罗及其后来者用严格的数学方法证明:基于这几条弱的、平凡的伦理公理,根本就不存在一种集体选择过程(投票、市场或其他)会同时满足这些公理。即在社会范围内,不存在满足帕累托公设、非独裁公设、无限制域公设与无关备选对象的独立性这四个公设的决策规则能够将个体的理性偏好排序综合成社会的理性偏好排序而同时满足个体理性的传递性原则;或者说,如果有一种集体决策规则需要满足帕累托公设、非独裁公设、无限制域公设、无关备选对象的独立性四个公理性预设,那么,该集体决策规则只能是独裁的。

阿罗不可能定理对于集体决策规则的探究具有重要意义。如果我们将上述五个公理条件看成为"合理"的集体决策规则必须满足的条件的话,该理论揭示的逻辑似乎意味着合理的社会决策规则是不存在的,而人类在设计合理机制上面临着永久的困境。当然,话说回来,有理论已经证明:如果放宽其中的一个假设,那合理的规则还是存在的,理论上已经存在很多这样的可能性定理。但是,这里面存在的一个问题是:在规则的选择上,我们要放开哪一个公理预设呢?这里面就存在一个在各个原则中进行取舍的问题:(1)民主与效率之间的取舍:要么有效率但有独裁,要么有民主但无效率;(2)民主与集体决策的一致性之间的权衡:只要社会保留了包括阿罗条件在内的民主制度,就可以预计有些选择是无序的,因而也是不一致的。

当然,对于上述"阿罗不可能定理",也有其他的一些认识和理解:其一,在有的学者看来,阿罗不可能定理是以"无限制域"为前提假设的,这也就意味着定理不是说发现一个一致的决策规则一定是不可能的,它只是说,不能担保社会一定有能力去这样做。实际上,就某种特定的个人偏好组合来说,在众多的决策规则中选择一种最合理决策规则并不会产生什么问题。其二,定理可能意味着对个体效用集进行合理性评价标准的丧失。在福利经济学规范标准的研究领域,有人认为社会福利函数是一种对给定的个体效用集做合理性评估的规则。在一个民主社会,社会福利函数必须由集体来选择。但是,阿罗不可能定理又表明:也许不可能进行这样的决策,从而我们不能假设这样一种社会福利函数的存在。或者说,如果我们坚持采用社会福利函数为政策选择提供指导,那么,社会福利函数的方法论基础可能并不可靠。

## 本章小结

国家的良性治理不仅需要有好的政策,更要有好的公共决策机制。本章就公共决策机制的选择与架构问题做出了理论上的探讨。分析表明:由于民主是一种目标,也是一种实现其他目标的基本手段,公共决策机制需要民主基础。

至于民主的决策机制该如何运行,本章就民主决策中的规则选择问题做出了探讨。其中,就简单多数规则而言,由于此规则选择的是多数人所支持的议案,在议案给定的情况下,简单多数规则不仅具有公平性,也具有有效性。简单多数规则所存在的问题在于议案本身的选择上:提案过程中的多数暴政或者歧视问题。在此规则下,由于议案的通过只需半数投票者同意,公共决策中处于多数派的个体就存在这样一种倾向:支持和提出使多数获利而使少数受损的方案。比如说,支持使多数获益的公共支出方案而将相关的成本转移给少数派。为了解决简单多数规则自身存在的问题,经济学家从不同角度提出了规则的修正。有两种具有代表性的思路:其一是由维克塞尔提出并被布坎南等人支持的、以一致同意规则取代多数规则的思路;其二是由布坎南提出的基于普适性原则对财政收支方案做出限定的修正性思路。

其次,关于一致同意原则。从矫正简单多数规则存在问题的角度看,一致同意规则有其合理性:一致同意规则不仅能够克服简单多数规则下的多数暴政(歧视)问题,同时,也能克服简单多数规则中非生产性议案胜出导致的低效率问题。但是,一致同意规则的优势并不等于公共选择应该简单地用一致同意规则取代多数规则。因为一致同意规则不仅会诱导个体滥用否决权,同时也存在高昂的协商成本问题。其实也正是因为一致同意规则存在各种问题,所以有人主张用受限的多数规则取代一致同意规则。

在二元议案下,公共决策面临着多数暴政的威胁。在现实中,诸多决策往往是多元的,而多元议案下的公共选择往往面临的问题是:可能没有议案能够获得多数的支持。在这种情况下,公共决策的决策规则又应该如何安排呢?本章对最多票数规则、孔多塞规则、波尔达计票以及基于淘汰机制的决策规则等各类规则的运作及其合理性展开了分析。

通过对诸多决策规则运行状况的分析,我们发现:包括简单多数规则在内的很多决策规则都存在不足。那么,是否存在某种能够克服各种局限的、合理的决策规则呢?阿罗在帕累托公设、非独裁公设、无限制域公设、无关备选对象的独立性公设以及传递性公设等假设前提下,对公理化的决策规则进行了研究,得到了"阿罗不可能定理"的结论:在现实中并不存在同时满足五个公设的集体决策规则类型,或者说,满足其中四个公设必然会导致对另外一个公设的违背。

## 习 题

### 一、名词解释

公共选择(理论) 简单多数规则 一致同意规则 受限多数规则 多数暴政
中位数投票者 单峰偏好 双峰偏好 最多票数规则 孔多塞准则 库姆斯机制
黑尔机制 波尔达计票 无关备选对象的独立性 阿罗不可能定理 非独裁公设

**二、思考题**

1. 社会精英理论支持非民主制的理论依据是什么？你是如何看待这些理论观点的？

2. 在多数投票规则下，公共决策存在非传递性的循环悖论问题的非常重要的一个原因在于个体对可供选择的议案存在双峰偏好。那么，当个体对议案的排序存在双峰偏好的公共选择环境中，孔多塞投票循环悖论的幽灵是否必然会出现呢？试举例加以说明。

3. 缪勒指出："使用多数规则进行集体决策必然至少部分地把国家转变成一个再分配的国家。因为所有现代的民主在相当大的程度上都是利用多数通过规则进行集体决策的。实际上，多数通过规则的运用常常被认为是一个民主政府的标志。因此，如果不是太唐突的话，所有现代民主国家中有一部分国家是再分配的国家。"你是如何来理解缪勒这一表述的？

4. 以实现"朝鲜半岛无核化"为目标的六方会谈，是一个渐进的过程。到2005年8月为止，已经历经了四次会谈。在2005年8月所进行的第四次会谈中，会谈进行了十多天，中、美、俄、朝、韩、日六国共进行了72场双边磋商和接触。为了做好后勤补给，钓鱼台国宾馆每天有200名工作人员在为会谈提供服务；从会谈开始至结束，消耗了5 000多瓶矿泉水、2 000多杯咖啡。请结合六方会谈的例子，就一致同意规则做出评价。

# 第八章
# 公共支出的成本—效益分析

**全章提要**

- 第一节　公共支出成本—效益分析方法概述
- 第二节　公共支出成本—效益分析的评价标准
- 第三节　公共支出的贴现率
- 第四节　公共支出效益和成本的测定
- 第五节　不确定性、收入分配与成本—效益比较分析
- 第六节　成本—效益分析方法的局限性及成本效果法

本章小结

习题

公共部门常常面临着是否实施某项政策或从事某项工程的决策,福利经济学为制定这类决策在理论上提供了一个基本框架,即比较项目实施前后的社会福利大小作为决策依据。很显然,这一思路是正确的,而且十分必要。但由于估算社会福利函数需要大量的信息和极其复杂的技术,在实际工作中很难操作。于是,一种以福利经济学为理论基础的成本—效益分析方法(cost-benefit analysis)就应运而生了。本章将对这一方法的主要内容进行介绍。

思政案例

棚户区改造中的公共支出策略与成本收益分析

## 第一节 公共支出成本—效益分析方法概述

公共支出成本—效益分析,顾名思义,就是指对某项公共支出计划、项目或者某项公共政策实施所产生的全部效益和所有成本进行定量分析,并以此为参考或依据进行决策的一种方法。在本节中,我们将了解公共支出成本—效益分析的一般步骤和主要特点。

### 一、成本—效益分析的一般步骤和共同特点

就一般方法而言,成本—效益分析早就被运用于私人投资决策活动中。它主要包括以下四个步骤:

(1) 明确各种备选计划或项目的内容;
(2) 确立各种方案所需的投入要素数量和将会实现的产出数量;
(3) 对各种投入与产出的成本和效益进行评估;
(4) 加总所有的成本和效益并进行比较分析,做出是否投资的决策。

无论私人投资还是公共投资,在进行成本和效益比较分析时,上述步骤都是相似的。

除此之外,还有两点也是相同的:第一,成本和效益都是通过货币(价格)形式来计量的;第二,时间跨度长,成本、效益的发生通常处于不同的时期。也就是说,任何一个投资项目的成本和效益,都会形成一系列由若干年成本和若干年效益构成的"成本流"和"效益流"。因此,在实际操作时,必须考虑货币的时间价值,将成本或效益进行贴现,使得成本和效益的比较在同一时间基础上进行。

所谓贴现(discounting),就是将未来每一年的货币价值,按照一定的贴现率,换算成现在的价值(present value)的过程。贴现公式为:

$$PV = A/(1+i)^T \tag{8-1}$$

式中,$PV$ 是现值,$A$ 为终值,$i$ 为贴现率,$T$ 是年数。

这个公式的意思是,按年利率 $i$ 计算,在 $T$ 年年底的 $A$ 元钱相当于现在 $PV$ 元的价值。下面我们通过举例进一步说明这一问题。

如表 8-1 所示,假定有两个不同的投资项目——甲和乙——在四年内产生的效益分别为:

表 8-1　项目甲和项目乙每年产生的效益　　　　　　　　单位：亿元

|  | 每年产生的效益 | | | |
| --- | --- | --- | --- | --- |
|  | 第一年 | 第二年 | 第三年 | 第四年 |
| 项目甲 | 20 | 20 | 20 | 20 |
| 项目乙 | 50 | 10 | 10 | 10 |

如果把两个项目在四年间所取得效益单纯相加，那么，甲和乙的效益是相同的，都是 80 亿元。但是，甲和乙各年取得的效益是不同的。甲在四年中每年的效益均为 20 亿元；而乙虽然第二年之后每年的效益相同，均为 10 亿元，但第一年的效益却为 50 亿元。如果假定贴现率为 6%，计算出项目甲和项目乙的现值分别为：

$$PV(甲)=20+\frac{20}{(1+0.06)^1}+\frac{20}{(1+0.06)^2}+\frac{20}{(1+0.06)^3}=73.46(亿元)$$

$$PV(乙)=50+\frac{10}{(1+0.06)^1}+\frac{10}{(1+0.06)^2}+\frac{10}{(1+0.06)^3}=76.73(亿元)$$

从中我们发现：第一，项目甲和项目乙进行贴现后的现值都低于单纯将四年效益相加的价值；第二，项目乙的现值高于项目甲的现值。这是因为项目乙比项目甲的效益更集中于早期的缘故，它体现了效益产出的时间价值不同。

无论是私人投资项目还是公共投资项目，在进行成本—效益比较分析时，通货膨胀的因素都是不能忽视的。这是因为项目时间跨度长，在项目的建设期间以及建成后的使用期间，经济出现通货膨胀的可能性相当大。不过，当通货膨胀率可预见时，效益（或成本）将以名义金额计算，同样，贴现率也会使用名义贴现率。也就是说，相当于公式(8-1)的分子、分母同乘以一个数，其结果保持不变。因此，在这里考虑通货膨胀因素只是要求我们在选择效益、成本、贴现率时必须保持一致性。即，要么都采用名义数值，要么都采用实际数值。

## 二、公共支出成本—效益分析的特点

公共支出成本—效益分析在步骤上与私人经济部门大同小异，但是，它在以下两个方面仍然具有十分明显的区别。

首先，与私人部门以追求利润最大化为目标不同，公共支出成本—效益分析的目标是实现公共利益最大化。在完全竞争条件下，企业通过市场获得利润最大化的结果应该同时使得消费者剩余最大化，从而使社会福利最大化。换句话说，在理想状态的假设下，企业是通过自发的市场行为来促进社会福利提高的。相比之下，公共支出决策却在很大程度上取决于非市场的政治过程。因此，对于促使社会福利最大化的公共利益的认识，也容易带上主观色彩。"公共"的范围是什么、"公共利益"如何衡量等，这些都是十分棘手的问题。

一般来说，公共范围在一定程度上可以通过公共项目实施主体的级次来确定。例如，一个由中央政府实施的公共项目，其公共的概念就应该是全国公民；而由一个县级政府实施的公共项目，其公共的范围就是这个县的居民；解决全球环境问题这样的项目，所涉及的公共就应该是全人类。至于如何衡量"公共利益"的问题，我们在第四节中会有所阐述，不过，这一问题实际上是很难有标准答案的。

其次，与私人部门不同，公共支出的成本—效益不能完全通过市场价格来计算。这里有两种情况：第一，公共支出中，许多项目提供的公共产品不在市场上交易，也就根本不存在市场价格。如清洁的空气、安全的国防等，就无法通过市场来提供，也就不可能有市场价格。第二，由于市场失灵的存在，很多情况下的市场价格并不能反映真实的边际社会成本或效益。因此，在进行公共支出项目的成本—效益比较分析时，往往要利用各种间接的方法来推测真实的边际社会效益和边际社会成本。

## 第二节　公共支出成本—效益分析的评价标准

我们已经知道，成本—效益分析实际上是一种借助定量分析的结果来进行决策判断的方法。本节将要讨论的是，有哪些量化指标可以作为决策判断或评价的标准。

### 一、净效益现值标准

净效益现值(net present value)标准是将公共支出项目未来各年的成本和效益折算成现值，然后根据净效益现值大小来作为判断是否投资的标准。如以 $B_i$、$C_i$ 分别表示效益和成本，$NPV$ 表示项目"净效益流"的"净现值"，$r$ 表示贴现率，$i$ 表示年份，则从 0 时点到 $T$ 时点末的净效益现值可用以下公式来表示：

$$NPV = \sum_{i=0}^{T} \left[ \frac{(B_i - C_i)}{(1+r)^i} \right] \tag{8-2}$$

显然，$NPV > 0$ 是该项目进行投资的必要条件。也就是说，虽然一项公共支出项目在某一时点上效益的现值减去成本的现值可以为负，但在从 0 时点到 $T$ 时点末的整个期间所发生的所有净效益现值之和必须为正。当 $NPV < 0$ 时，该项目就不能实施；而如果几个互不相容的项目需要选择时，则应该偏好 $NPV$ 数值大的项目。

这里我们很容易发现，影响净效益现值大小的因素除了效益 $B_i$ 和成本 $C_i$ 之外，还有贴现率 $r$。事实上，贴现率 $r$ 的大小对评价社会净效益的作用是十分重要的。如果选择使用较低的贴现率，则社会净效益的现值就被过大评价，从而容易导致公共投资的过度膨胀；反之，如果选择使用过高的贴现率，则容易造成公共投资的萎缩。到底应该使用什么样的贴现率才比较合理，我们将在第三节中阐述。

### 二、内部报酬率标准

内部报酬率(internal rate of return)标准是指利用使未来各年效益现值之和与成本现值之和相等的那个贴现率作为判断是否投资的标准。换言之，使得公式(8-2)为 0 的贴现率就是内部报酬率，公式为：

$$NPV = \sum_{i=0}^{T} \left[ \frac{(B_i - C_i)}{(1+\rho)^i} \right] = 0 \tag{8-3}$$

式中，$B_i$、$C_i$、$NPV$、$i$ 表示的含义与公式(8-2)相同，$\rho$ 表示内部报酬率。

由于内部报酬率表明了这个项目各期的平均收益水平，因此，如果它高于投资资金的机会成本——市场利率（可视为外部效益率），那么，这一项目就具有可行性。例如，我们假设一个在第一年投资 15 亿元的公共支出项目，第二、三期各得效益 10 亿元。计算此项目的内在报酬率时，可解下列方程式：$0=-15+\frac{10}{1+\rho}+\frac{10}{(1+\rho)^2}=0$，根据可取值范围，$\rho \approx 22\%$。也就是说，如果作为贴现率的利息率小于 22%，则这一项目就应该投资；反之，则应该取消。

一般来说，人们在两个不相容的项目中进行选择时，往往会选择内部报酬率较高的那个项目。但是，这种决策标准有时是与净现值标准相悖的。

如图 8-1 所示，纵轴表示贴现率 $\rho$，横轴表示贴现后的净现值 NPV。贴现率上升，现值下降，所以两者之间为负相关。A、B 两条曲线分别表示 2 个投资项目的贴现率与净现值之间的关系。当给定贴现率为 $\rho^*$ 时，B 项目的净现值 $NPV_B$ 高于 A 项目的净现值 $NPV_A$。我们根据内部报酬率的定义，求得净现值为 0 时的贴现率时就会发现，项目 A 和项目 B 就是 A、B 两条线与纵轴相交处 $\rho^A$ 和 $\rho^B$。显然，前者大于后者。也就是说，这里出现了如下相互矛盾的结果，即如果按净现值标准，应该选择项目 B；而按照内部报酬率标准，则应该选择项目 A。

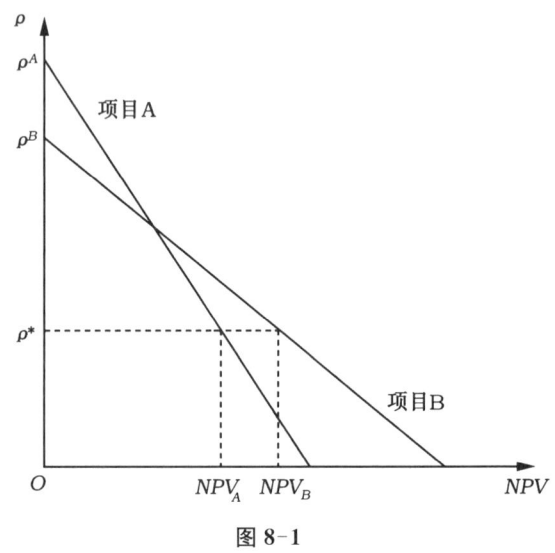

图 8-1

其实，内部报酬率的另一个问题也是显而易见的，即我们通过解方程求得内部报酬率时往往有两个解。如果两个解都为正值的话，那么怎样确定其中一个值就成了难题。

### 三、效益—成本比标准

效益—成本比（benefit-cost ratio）标准是运用效益现值与成本现值之比作为判断是否投资的标准。如果效益的现值为 B，成本的现值为 C，则：

$$B=B_0+\frac{B_1}{1+r}+\frac{B_2}{(1+r)^2}+\cdots+\frac{B_T}{(1+r)^T}$$

$$C=C_0+\frac{C_1}{1+r}+\frac{C^2}{(1+r)^2}+\cdots+\frac{C_T}{(1+r)^T}$$

那么，效益—成本比就被定义为 $B/C$。

当 $B/C$ 大于 1 时，表明这个项目可以获利；$B/C$ 等于 1 时，表明这个项目效益刚好弥补成本；$B/C$ 小于 1 时，则表明这个项目连成本都无法收回。因此，$B/C$ 是否大于 1 可以作为判断项目能否实施的必要条件。

在比较规模相同的两个或两个以上的项目时，效益—成本比标准常常是有用的。但在规模不同的项目之间采用这一标准来判断孰优孰劣，则可能会失之偏颇。因为有些效益—成本比高、规模小的项目，净效益总值比较小；而有些项目规模大，效益—成本比虽然比较低,但是净效益总值却很大。如表 8-2 所示,假设有两个公共支出项目,时间均为 1 年,贴现率为 5%,要求从中选择一个。按效益—成本比标准,项目 X 优于项目 Y;但按净现值标准,项目 Y 优于项目 X。这是因为项目 Y 产生了更多的净效益,而这一点却未能通过效益—成本比反映出来。

表 8-2

| 项目 | $B_0$ | $C_0$ | $B_1$ | $C_1$ | B/C | NPV |
|---|---|---|---|---|---|---|
| X | 0 | 1 | 2 | 0 | 1.9 | 0.9 |
| Y | 0 | 5 | 8 | 0 | 1.5 | 2.6 |

效益—成本比标准的另一个缺陷是它的不确定性。由于某些效益可以看作是负成本,而某些成本又可以看作是负效益,所以,同一个项目的效益—成本比值有时可以随人们的主观操作而发生变化。例如,某一公共项目的直接投资是 1 亿元,直接效益是 2.5 亿元,伴随着这一项目产生的负效益为 4 000 万元。那么,效益—成本比 $B/C=2.1/1=2.1$。但是,我们也可以把这种负效益看作是成本的增加,那么效益—成本比即为 $B/C=2.5/1.4=1.79$。也就是说,计算效益—成本比率本身存在着一种含混性,而净现值标准就不存在这样的问题。

## 第三节 公共支出的贴现率

在上两节中,我们已经多次接触到了"贴现率"这个概念,并且初步了解了它在成本—效益分析中的重要地位。本节我们进一步从贴现率的重要性、它与市场利率的关系以及决定贴现率大小的因素等方面介绍这一概念,进而讨论公共支出项目贴现率的选择问题。

### 一、贴现率的重要意义

贴现率(discounting rate)是将发生在不同时点上的货币金额进行价值比较的重要工具,也是影响货币时间价值的决定性因素。贴现率不同,货币的时间价值就不同。表 8-3 列举了 100 年以后获得的 100 元在不同贴现率下的现值。

表 8-3 100 年后的 100 元的现值

| 贴现率(%) | 0 | 1 | 2 | 3 | 4 | 5 | 6 |
|---|---|---|---|---|---|---|---|
| 现值 | 100 | 36.97 | 13.80 | 5.20 | 1.98 | 0.76 | 0.29 |

通过表中的数值我们可以看到,贴现率的大小不同,货币时间价值的大小是完全不同的。

贴现率的大小对成本—效益分析的影响也是决定性的。无论是采取净现值标准还是内部报酬率标准或是成本效益比标准,贴现率不同所造成的结果都会大不相同。我们可以通过下面的例子加以说明。

有 A、B、C 三个投资项目。表 8-4 列出了三个项目各自的初始投资额、项目预期年限和年预期净效益，并给出了贴现率分别选择 3%、5%、8% 时计算得出的 NPV 值和 B/C 值。若以 NPV 作为决策依据，则当选择 3% 的贴现率时，项目均可行，其中项目 C 最优，因为其 NPV 值最大；当选择 5% 贴现率时，项目尚可运行，但均无效益；当选择贴现率为 8% 时，项目均出现入不敷出，相比之下又以项目 A 损失最小。在以 B/C 法作为决策依据时，得出的结论基本与 NPV 法一致。由此可见，不同贴现率的选择可以产生不同的决策结果。

表 8-4　不同贴现率下三个投资项目的选择

|  | 项目 A | 项目 B | 项目 C |
| --- | --- | --- | --- |
| 投资额 | 10 380 | 10 380 | 10 380 |
| 年限 | 5 | 15 | 25 |
| 年净效益 | 2 397 | 1 000 | 736 |
| NPV 法：3% 贴现率 | 598 | 1 538 | 2 436 |
| 5% 贴现率 | 0 | 0 | 0 |
| 8% 贴现率 | −809 | −1 821 | −2 523 |
| B/C 法：3% 贴现率 | 1.057 | 1.150 | 1.235 |
| 5% 贴现率 | 1.000 | 1.000 | 1.000 |
| 8% 贴现率 | 0.922 | 0.825 | 0.757 |

从这个例子中可以得出以下几点结论：

(1) 不同的贴现率可以得出不同的 NPV 值和 B/C 值。贴现率上升，NPV 值和 B/C 值均呈下降趋势，但年限不同的项目下降幅度不同。

(2) 不同的贴现率产生不同的项目决策结果。

(3) 较低的贴现率使决策偏向于长期项目，而较高的贴现率使决策偏向于短期项目。

## 二、贴现率与市场利息率

上述分析让我们知道了贴现率的大小在决定货币的时间价值以及成本—效益分析中的关键性作用。那么，贴现率的大小又是由什么决定的呢？在回答这一问题之前，我们来考察一下为什么人们对未来所发生的效益或成本要进行贴现，然后再来分析贴现率与市场利率之间的关系。

从消费者的角度来说，之所以对货币现在价值的评价要高于未来的评价，除了纯粹的心理因素之外，还有两点理由：第一，个人的寿命是有限的，十分久远的将来产品或许无法享受；第二，经济增长会使得产品的供给量增加，因此，根据边际效用递减原理，单位产品的效用也会越来越低。当消费者把 $(1+\rho)$ 单位的将来产品看作 1 单位的现在产品时，$\rho$ 就被称作主观贴现率($\rho > 0$)，也称作"时间偏好率"(rate of time preference)。$\rho$ 的大小因人而异、因物而异。但是，为了方便起见，同时也是理论分析常常使用的手法，我们这里假定所有的 $\rho$ 都相等。

从生产者角度来说，之所以看重货币的现在价值，是因为现时点 1 单位的资金投入，将来可获得超过 1 单位收益的产出。如果现在 1 单位的投入,将来的收益为 $(1+r)$ 单位($r$ 为正数),则 $r$ 就被称作"投资的边际生产力"(marginal productivity)。

从理论上来说,$\rho$ 和 $r$ 的大小取决于现在产品和将来产品的分布情况。将来产品的保有量大,那么将来产品的稀缺性降低,$\rho$ 值也就大;另一方面,现在投资越多,即现在产品的存量越少,由于边际生产力下降的缘故,$r$ 的值也就随之变小。

现在假定消费者将持有的现在产品通过市场向生产者出卖,以换取将来产品。这时的交换比率为:1 单位现在产品交换 $(1+i)$ 单位的将来产品($i$ 为正)。很显然这个 $i$ 也就是"市场利息率"。在完全竞争形成的均衡状态下,$\rho=i=r$。也就是说,在竞争均衡的条件下,从消费者角度出发的贴现率 $\rho$ 和从生产者角度出发的贴现率 $r$ 都可以用市场利息率 $i$ 来表示。这也是为什么我们经常看到用利息率来作为贴现率的原因。

### 三、影响公共支出贴现率的主要因素

上述分析是建立在完全竞争市场的假设之上的。现实中,由于种种原因,完全竞争市场尤其是资本的完全竞争市场是不存在的,所以,我们只能说,理论上贴现率应该等于市场利息率。不过,即使可以把贴现率看作利息率,利息率也有存款利率、贷款利率、政府公债利率等之分。到底采用哪一个更为合适?这也是一个很难确定的问题。我们在选择公共支出贴现率时,至少以下几个因素是必须考虑的。

1. 所得税制下的资金效益率

在上述分析中,我们可以发现,由私人选择的贴现率其实就是他在别的投资上可能获得的收益率。因此,公共支出的贴现率首先要考虑的也应该是这笔资金在别的用途上可能产生的收益率。

公共支出的资金既可能来源于私人投资的减少,又可能来源于私人消费的减少。在前一种情况下,应该以税前收益率作为公共支出的贴现率;而在后一种情况下,则应该以税后收益率作为公共支出的贴现率。我们可以通过下面的例子来理解其理由。

假如现在政府将 $P$ 元的资金从私人部门抽走进行公共项目投资。如果这 $P$ 元的资金本来用于私人部门收益率为 $i$ 的投资,那么无论这笔资金是否征税或在谁的手中,这笔资金所创造的价值都应该是 $Pi$。也就是说,此时的公共支出贴现率就应该是 $i$。但是,如果这 $P$ 元资金来自私人部门消费的减少,那么情形就有所不同了。因为开征所得税之后,对消费者来说,减少 $P$ 元的消费而损失的收益应该是 $Pi(1-t)$,$t$ 为所得税率(为了分析问题的方便,这里假定是比例税)。因此,当公共支出资金来源于私人部门消费时,贴现率也就由税后收益率 $i(1-t)$ 来决定。

在现实中,公共支出资金的筹集来自各个方面。因此,从理论上讲,公共支出贴现率应该是税前收益率和税后收益率的加权平均数,其中税前收益率的权数来源于投资资金占全部资金的比重,税后收益率的权数来源于消费资金占全部资金的比重。不过,要区分公共支出的资金中多少来源于投资、多少来源于消费,是一个十分复杂的问题。因此,这种加权方式很难真正运用于确定公共支出贴现率。但是,这一方法所包含的寓意是十分有用的,即它告诉我们:公共投资的贴现率可以适当低于私人投资的收益率。

2. 后代人的利益

在完全竞争的资本市场,消费者的时间偏好率决定了市场利息率。由于消费者的偏好

往往存在着"近视"行为,即对自己的将来和他人的将来考虑不周、关心不够。所以,从社会的角度来看,把市场决定的利息率作为公共支出的贴现率,将会造成对公共投资的不足,影响将来人的福利水平。作为政府,既要关心当代人的福利,又要关心后代人的福利,因此,应该选择低于市场利率的贴现率作为公共支出的贴现率。

3. 资本积累所带来的技术进步等正外部效应

即使消费者不存在"近视"行为,市场失灵的存在也会使市场利息率高于应有的社会贴现率。这里的市场失灵主要是指储蓄、投资所带来的正外部效应而引起的。人们的储蓄、投资活动引致将来世代的收入增加。如果将来世代的收入增加是当代人的愿望,那么当代个人的储蓄行为同时还能够使当代他人的效用提高,显然这就是正的外部效应。我们在前面第四章中学过,具有正外部效应的产品的消费规模总是低于社会最佳规模。因此,可以推断,经济要达到社会最佳规模的个人的储蓄、投资水平,必须由低于市场利率的贴现率来引导。

通过以上的论述可以得出这样的结论:公共支出贴现率水平的确立是一件十分困难的事情。但是,至少有几点是可以肯定的:第一,公共支出贴现率不能直接使用市场利率,而必须使用社会贴现率,即考虑上述种种因素的贴现率;第二,如何选择社会贴现率,是一个具有很大主观性的问题,政府具有相当大的裁量权;第三,社会贴现率应该低于市场利率。

社会贴现率的选择或确定问题,自成本—效益方法诞生以来就是一个棘手问题。现实中,各种政府机构也往往各行其是,根据部门的特点、要求不同,选用不同的贴现率。2022年,美国联邦政府行政管理预算局(The Office of Management and Budget, OMB)使用0.5%的贴现率,而同年美国联邦议会预算局(Congressional Budget Office, CBO)则使用一个月LIBOR+125基点和1.75%两者中取高者。正是由于政府机构内部各部门选用的贴现率差异非常之大,所以有人提出在进行成本—效益分析时,还必须对贴现率的敏感度进行分析。也就是说,测定净效益在选择高、低不同的贴现率时所发生的变化,以此来推断合理的社会贴现率。

## 第四节 公共支出效益和成本的测定

上一节着重介绍了在成本效益比较分析中起关键作用的社会贴现率问题。本节我们将进入另一个重要的内容,即如何测定公共支出项目的成本和效益。对私人部门来说,计算某项目的成本效益并不困难,只要按照市场价格计算其投入要素的支付以及获得的收益就可以得出。但是,由于我们前面所分析的种种原因,公共支出项目的成本效益测定就不那么简单了。为此,我们本节首先考察公共支出的效益是什么以及如何对它进行测定;然后分析衡量公共支出成本时应该考虑的因素;最后介绍在公共支出成本效益测定中不可缺少的工具——影子价格。

### 一、公共支出效益的测定

公共支出的效益就是指用货币衡量的、由公共支出项目实施所带来的消费者效用的增加。因此,测定公共支出的效益就是观察公共投资计划实施前后消费者效用的变化,并且用货币的形式加以计量。下面,我们首先来分析一项公共支出项目对消费者效用产生影响的路径有哪些。

如图 8-2 所示,一项公共项目提供的服务对消费者产生影响的路径有三条:①②和③。路径①和路径②通过市场,而路径③不通过市场。在通过市场的路径中,路径①是直接对消费者产生的影响,即消费者直接消费公共服务所引起的效用变化;路径②是通过市场中的企业间接产生的影响,即企业把公共服务作为生产要素,提供其他产品而对消费者效用产生的影响。

假定在已有普通道路的甲、乙两地之间修筑一条收费的高速公路,为了测定这条高速公路长期产生的效益,我们先看看消费者的效用高低取决于哪些内容:甲、乙两地之间的移动(既可以利用高速公路,也可以利用普通道路),一般产品的消费,闲暇,生活环境。下面我们分别考察高速公路的建成如何对以上内容产生影响,由此观察三条路径中消费者效用的变化情况,并将结果用量化的形式来表示。

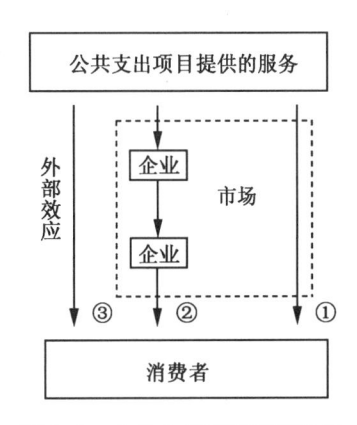

图 8-2 公共支出项目对消费者效用产生影响的路径

### (一) 消费者直接消费所产生的效益

考察消费者直接消费新建高速公路所产生的效益必须观察高速公路建成前后消费者总效用的变化。对消费者来说,与普通道路相比,高速公路能够提高移动速度、增加旅途的舒适度,但同时也需要付费使用。因此,消费者根据两者权衡的结果来决定普通道路和高速公路的使用量。

图 8-3(a)中的 $D$ 是高速公路的需求曲线。高速公路的开通同时会减少人们对普通道路的需求,这表现为图 8-3(b)中普通道路的需求曲线由 $D_a$ 移动至 $D_b$。假定每单位行驶成本在高速公路上为 $p$,在普通道路上为 $q$,则高速公路的需求量为 $X_0$。消费者对于使用高速公路的支付意愿为需求曲线下的面积 $a$。另一方面,由于高速公路的开通,使得普通道路的拥挤程度降低,因而在普通道路上行驶的单位成本由 $q'$ 降至 $q$,但同时需求受其影响也从

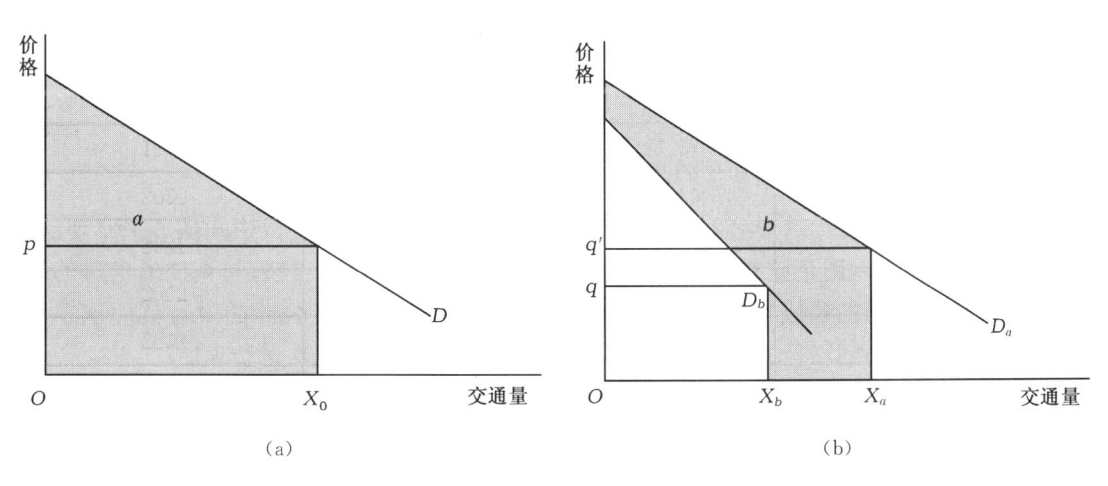

图 8-3

$X_a$ 降至 $X_b$。由此引起消费者对普通道路支付意愿的减少,大小为面积 $b$。综合图 8-3(a) 和图 8-3(b)的结果,我们可以知道面积 $(a-b)$ 就是消费者直接消费高速公路所增加的净效用。也就是说,直接消费高速公路所获得的效用可以用图 8-3(a)中面积 $a$ 和图 8-3(b)中面积 $b$ 的差额来表示。

很显然,以上分析方法还只是从理论上对新建高速公路所带来的效益进行了测定,在实际运用过程中,即使收费标准和需求量的数据可以获得,需求曲线的形状也是很难确定的。因此,通常情况下,消费者直接消费新建高速公路的效益一般用 $pX_0-q'(X_a-X_b)$ 来近似地表示。

### (二) 消费者间接消费所产生的效益

消费者间接消费所产生的效益就是图 8-2 中通过路径②所产生的效益。我们仍然以新建高速公路的例子来说明这一问题。高速公路在被消费者直接消费的同时,也被企业作为生产要素投入生产过程,最后以各种产品的形式为消费者所消费,从而引起消费者效用的增加。对这部分由消费者间接消费所产生的效益的计量是十分复杂和困难的。

高速公路建成之后,它所提供的服务被无数企业利用,又通过无数生产阶段来影响消费者消费的各种产品的数量、质量和价格,其影响的程度和大小又取决于不同的市场状态。所以说,要准确地测定出公共支出给消费者间接消费所带来的影响几乎是不可能的。但是,我们通过理论上的推导可以找出近似的测定值。

我们知道,企业对高速公路利用量增加的结果是增加了其产品的产量,而增加的产量最终又是被消费者所消费。在以下条件满足的情况下,消费者支付意愿的增加可以近似地等于"企业利用高速公路的增量×$p$"。这些条件是:

(1) 有关市场都是完全竞争市场;
(2) 整个经济的市场价格不受新增高速公路供给的影响;
(3) 新增高速公路的利用量与企业已经利用的高速公路的量相比,微不足道;
(4) 新增产品的消费量与同样产品的原消费量相比,微不足道。

在满足上述条件的情况下,企业利润最大化的结果是:

$$\text{企业利用高速公路的增量} \times p = \text{生产产品的增量} \times \text{产品价格}$$

而

$$\text{消费者支付意愿的增量} = \text{生产产品的增量} \times \text{产品价格}$$

所以:

$$\text{消费者支付意愿的增量} = \text{企业利用高速公路的增量} \times p$$

也就是说,尽管新增高速公路给消费者带来的间接效益是通过无数中间环节来实现的,但是归根结底都可以用企业利用高速公路的增量的价值来体现。当然,与直接消费时的情形一样,当高速公路的建成导致普通道路利用量减少时,新建高速公路的效益就应该等于(企业利用高速公路的增量×$p$)减去由于普通道路利用量减少而损失的价值。

### (三) 时间的节约和外部效果

关于高速公路的开通能够使普通道路拥挤状况改善,从而使消费者移动时间减少带来的效益,我们已经在路径①中阐述。但在这里,时间的节约是指高速公路的开通还能给消费者带来闲暇时间的增加。由闲暇时间的增加而提高的效用是不通过市场的(路径③)。那么,我们如何衡量其价值呢?

一种较为常用的方法是利用闲暇—收入之间的选择理论来测定,也就是说将收入(工资)看作闲暇的成本,因为如果将时间不用于闲暇而用于劳动则可以取得收入。如图8-4所示,$l_1(w)$是消费者的闲暇需求曲线,横轴表示闲暇时间,纵轴表示工资。当移动时间缩短、用于闲暇的时间增加时,需求曲线向右移动至$l_2(w)$。如果用$w_0$表示工资率的话,那么面积$e$就是由于缩短移动时间所带来的效益。当然,移动时间的缩短还会增加劳动时间。但是,劳动时间增加的结果是收入的增加,由此带来的福利的增加可以通过高速公路建成后消费者各种消费项目的需求曲线的变化而反映出来。因此,一般来说,因高速公路开通而使得时间节约带来的效益用移动时间的缩短×工资率来表示。

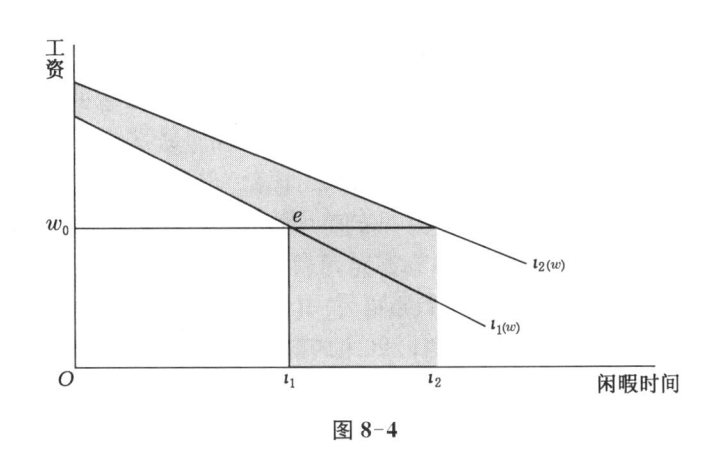

图 8-4

但是,这种方法仍然存在着以下两个问题:第一,当存在非自愿失业时,工资并不能表现为闲暇的机会成本;第二,对每个人来说,闲暇时间的价值并不是等值的。因此,它并不是一个十全十美的方法。

如果说我们还没有十分令人满意的方法来测定时间节约所带来的效益的话,那么在测定新建高速公路给消费者带来的其他不通过市场的外部效应,则更为困难。如高速公路建成之后,随通行车辆数量增加而产生的噪声、废气等会对周围居民产生负效益。目前常用替代价值法对这部分负效益进行测定,即:利用为了缓和噪声等而采取的防护措施所花费的费用、因污染而患疾病的治疗费用等数据进行推算。虽然这些方法带有很大的主观性和随意性,但是,这种将公共项目所引起的负效益尽可能量化,即使无法量化也将其内容明确化的做法是十分有意义的。因为虽然无法判断到底是多少,但至少让人们认识到有些公共项目的效益没有表现出来的那么大。

### (四) 关于重复计算和从属性效应的问题

在计算公共支出项目的效益时有些细节问题是必须注意的,其中比较典型的是重复计算和从属性效应的问题。

所谓重复计算问题,是指对项目真实效益的重复计算。拿上面的例子来说,高速公路通车后,会引发周围土地价格的上涨。其原因是高速公路开通后移动时间的缩短、运输安全性的提高和舒适度的增加等,而这些因素都通过消费者效用的变化已经计算在效益之内了,如果再将土地价格上涨的部分作为高速公路的效益进行计算的话,就会造成重复计算。

从属性效应也是一个容易让人误解的问题。一项公共项目的建成往往会带动许多相关产业需求增长和收入的增加。如一条高速公路建成后,会带动沿线增加很多饭店、汽车旅馆、加油站等,由此带来这些地方消费和收入的增加,这就是从属性效应。但是,如果把这些效应不加区分地作为高速公路的效益计算,则是不合理的。因为新建高速公路沿线消费和收入的增加完全可能是从别处转移过来的。也就是说,从整个社会来看,净收入并没有增加,或者并没有增加那么多。因此,土地价格的上涨也就不能作为公共项目的效益计算。这一点与我们上面测定消费者直接消费高速公路所产生的效益时,将新增高速公路直接带来的效益减去普通道路减少的效益作为新增效益的思路是一致的。

### 二、成本衡量时需考虑的因素

从某种意义上说,在进行公共支出项目的成本—效益分析时,成本的计算相对于效益的测定要容易一些。但是在实际操作中,至少以下一些因素是必须考虑的:

第一,成本首先包括项目范围内所产生的基建、维修和经营等方面的投入,这些通常也被称作内部成本。一般来说,它可以用市场价格来计算。但是,这里我们需要注意的是,以公共支出形式投入的成本价值要高于其货币价值。比如一个总投入1 000万元的项目,如果由民间直接投资,则其内部成本只是1 000万元;但如果由政府以公共支出的方式投入,则其内部成本就超过了1 000万元。因为我们知道,公共支出的来源主要是税收,而税收不仅需要征收成本,而且大多数税种都伴有无谓损失,即税收的超额负担。这样就使政府花一元钱的实际价值要高于一元钱。

第二,有些公共支出项目还会产生由该项目引起的、却不由项目本身承担的成本,即外部成本。与外部效益一样,外部成本的测定是十分困难的,但它往往也可以被看作是该项目产生的负效益,从项目的效益中加以扣除。我们上面分析效益的测定时就有过这样的讨论。

第三,计算成本时应该考虑的是社会机会成本。例如,一项公共项目创造了很多工作岗位,如果就业于这一公共项目的劳动者不是出于非自愿失业状态,那么这些工人的工资就应该属于本项目的社会机会成本。因为,如果这些劳动者不从事该项目工作,还可以在其他岗位就业和创造其他产品以取得收入。因此,如果把某项公共项目能够提供的就业机会作为效益计算,则是失之偏颇的。

### 三、影子价格

影子价格(shadow price)是指商品市场价格背后的、真正反映社会边际成本的价格。在一个经济运行良好、竞争充分的社会,商品的价格既能够反映生产该产品的边际社会成本,又能够反映消费者消费该商品的边际效用,并且公共支出项目的投入完全来自私人市场,产出也都可以用市场价格来计量,那么就无须使用影子价格。而在上述条件不具备或不完全、有些商品或劳务无价可循或有价不实的情况下,就必须通过分析,找出一个真正体现社会边际成本的价格,即影子价格。我们用下面的例子来进一步说明。

如图8-5所示,纵、横轴分别表示价格和数量,需求曲线和供给曲线分别为$D$和$S$,原来均衡点为$E_1$,价格和数量分别为$P_1$和$Q_1$。假设由于某种外生因素的影响,使得需求曲线上移为$D'$,形成新的均衡点为$E_3$,价格和数量分别为$P_3$和$Q_3$。这时如果政府实行价格管制,限价于 $P_1$,并通过补贴差价增加供给,使数量增至 $Q_2$,那么相对于 $Q_2$ 又有生产价格 $P_2$。在 $P_1$、$P_2$ 和 $P_3$ 三个价格中,$P_1$ 是限价,$P_2$ 是理论价格,而 $P_3$ 就应该为影子价格,因为它反映了供给量(需求量)在 $Q_2$ 时真正的社会边际成本。

寻找影子价格是一件十分困难的事情,但在一定条件下,它可以通过市场价格来进行估算。

例如,假如某个公共项目的投入要素由垄断企业提供,那么我们可以根据以下几种情况来推断其影子价格。第一,如果由于此项目的购买引起这一要素市场供给量的增加,且增量恰好等于这个项目所用的资源量,那么它的影子价格就应该等于这种产品的边际成本。第二,如果项目所用要素的增加并没有引起任何供给的增加,项目投入要素完全来自私人消费的下降,则这种投入要素的影子价格就是市场上的需求价格。当然,还可能出现上述两种情况的混合,那么这时的影子价格就应该是边际成本与市场价格的加权平均数。

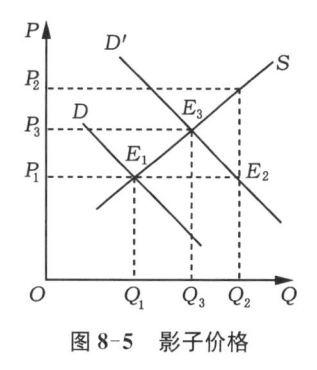

图 8-5 影子价格

从上面的分析可以看出,在一定的市场条件下,影子价格的选择取决于经济对公共支出项目所做出的不同反应。例如,如果由于公共支出项目的投入要素需要缴纳销售税,因而使它的市场出售价格与生产者得到的价格不同,这时影子价格就应该根据要素市场对此项公共项目的反应而定。如果该项目对要素的购买引起生产者继续扩大生产,那么此时的影子价格就是生产者的供给价格;而如果生产保持不变,则影子价格就可以采用市场出售价格。

## 第五节 不确定性、收入分配与成本—效益比较分析

我们前面的分析都是在假设将来发生的事情为确定的前提下进行的。但在现实中,大多数的公共投资都伴随着不确定性因素。有些公共项目不但可能成为完全的浪费,甚至可能造成重大的负面效益。因此,在公共项目的评估中,对将会产生的不确定性因素进行考量是必不可少的。本节首先对这一问题进行探讨;其次,我们至此的分析都没有涉及公共支出项目的成本由谁来负担、效益由谁享用的问题,由于这是一个在进行公共项目评估与决策时不可避免的现实问题,因此本节对此也将进行考察。

### 一、不确定性与期待值

不确定性(uncertainty),又称风险,是指决策的实际结果可能偏离它预期结果的程度。

一般来说,公共支出项目建设周期长,建成投产后的寿命期也比较长,因此,项目投入产出价格的变化、市场需求的变化以及自然条件、社会经济环境的变化等都会给公共项目的成本和效益带来不确定性影响。

期望值(expected values)是用来表示伴随有不确定性的公共支出项目的成本或效益的概念,它是指成本或效益在各种不确定状态的确定值的加权平均值。其中,权数就是各种状态出现的概率。例如,有 A 和 B 两种状态,某一公共项目在 A 状态下被确定会带来 20 亿元的效益,而在 B 状态下效益则为零。如果状态 A 和状态 B 所发生的概率各为 1/2,那么这一项目的期望效益即为 $1/2 \times 20 + 1/2 \times 0 = 10$(亿元)。

计算期望值时,最重要的是必须掌握各种状态出现的概率大小和分布。在实践中,这一工作往往要依靠技术工作者、科学家等各类专业人员通过长期、大量的数据观测和分析推论得出。尽管困难重重,但是随着科学技术的发展,尤其是计算机技术的日新月异,这方面的研究越来越多,可利用的数据也就越来越多。不过,对经济学研究来说,还可以在某种假定概率的前提下研究结果。因为如果能够知道在某种假定下得到的结果,我们还可以通过再修正假定条件来观察结果的变化,从而说明问题的本质。

## 二、确定性等值与风险升水

如果有两个项目,一个如上述所说,伴随有不确定性,期望效益为10亿元;另一个不存在风险,肯定能够获得10亿元效益。那么,这两个项目给消费者带来的效用相同吗?显然是不相同的。因为我们知道收入的边际效用呈递减规律,所以对消费者来说,B状态下收入为0时的效用损失是巨大的,而A状态下所获得的超过平均期望值以上的收入的效用并非很高。因此,从稳操胜券的10亿元效益中所获效用远高于期望值为10亿元效益中获得的效用。两者之间的大小关系,可以通过将伴随着不确定性的成本或效益折合成确定性等值(certainty equivalent value)的办法来判断。

所谓确定性等值,就是指消费者愿意与该项目产生的不确定结果相交换的一个确定的收入额。我们用上面的例子进一步说明这一概念。

图8-6的纵轴表示效用,横轴表示收入。状态A发生时可得收入20亿元,效用为$U^A$;状态B发生时收入为0,效用为$U^B=0$。这一项目的期望效用是$U^A$和$U^B$的平均值$\frac{1}{2}U^A$,而能够带来$\frac{1}{2}U^A$的效用确定收入值为$Y^*$,这就是确定性等值。项目的期望收入10亿元与确定性等值$Y^*$之间的差额是人们为了消除风险而愿意牺牲的金额,常被称作风险升水(risk premium)。

确定性等值的计算往往取决于风险的性质、概率的分布以及消费者对待风险的态度等因素。因此,对存在风险的项目的成本效益比较显得更加不容易。但是,通过分析,我们至少知道了伴随有不确定性项目的社会价值应低于这个项目的期望值这一结论。

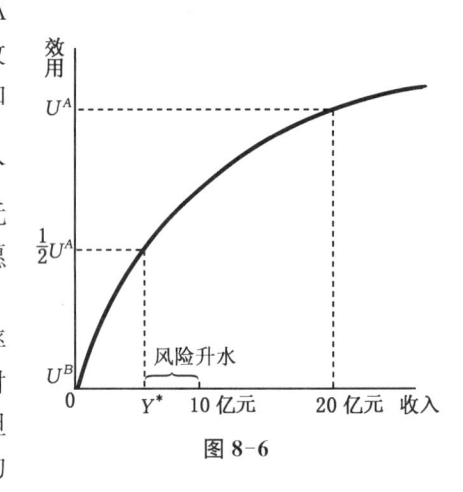

图 8-6

当然,也有经济学家认为公共支出项目的确定性等值近似于期望收入值。其理由如下:我们在图8-6中所考虑的社会是一个同质社会,即整个社会就像一个人一样进行着风险升水的计算,而现实中的任何一项公共项目都是由众多国民缴纳税金来负担成本的。对每一个国民来说,其直接为某一公共项目负担的税金并不十分大,因此,公共项目成功与否对每个人个人效用的影响是十分有限的。也就是说,即使是大规模的公共项目,每个个人承担的风险也小到可以忽略的程度。因此,从整个社会来看,风险升水也可以不予考虑。

## 三、成本效益分析与收入分配问题

在传统的成本效益分析中,收入分配问题并没有受到重视。因为最早运用成本效益分析方法来进行决策评估的是私人企业,而私人企业只需要从企业整体出发追求效率,并不必考虑企业内部成员如何承担成本或得到多少利益的问题。本章至此的分析也是将焦点放在经济效率上,即主要考察社会福利(总剩余)的变化。但是,事实上,一个社会是由许许多多的个人组成的,即使社会总剩余增加,就个人而言,总是有人受益、有人受损。在成本效益比较分析中,如何体现个人的受益、受损情况,即如何将收入分配情况考虑进去,实际上是一个包含有价值判断的问题,这往往是超出经济学范畴的政治问题。

按照福利经济学的观点,一项公共政策或公共项目总会造成有人受损、有人受益,但如果整个社会净效益的现值为正,那么只要配套以适当的收入再分配措施,这项政策就可以实施。这一观点后来又经希克斯(John R. Hicks)和卡尔多(Nicholas Kaldor)进一步发展为,只要确认一项公共政策的实施能够通过受益者对受损人的补偿达到帕累托改善,即使现实中这种补偿没有发生,此项政策也应该实施。这就是著名的假设补偿原则(hypothetical compensation principle)。

虽然希克斯—卡尔多原则在逻辑上有一定的合理性,但是,他们这种忽视收入分配公平性的倾向一直是人们争论的焦点。大多数人认为,公共支出的成本—效益比较分析,至少有以下两个理由需要将收入分配的公平性问题纳入考虑之中。

第一,收入分配职能是政府三大职能之一。由于市场失灵的存在,市场本身无法解决收入分配的公平问题。收入分配不公平、贫富差距过大的结果必然会导致社会矛盾的激化,造成社会不稳定。因此,公共支出项目的目标之一就是要通过收入再分配,以改善社会极端的贫富差距现象,实现社会的长期稳定。

第二,根据收入的边际效用递减规律,富人一元钱收入的价值应该低于穷人一元钱收入的价值。公共支出项目的成本—效益比较应该通过适当的机制,将这一规律体现在公共政策之中,调整富人与穷人之间收入分配状况,实现全社会福利水平的提高。

具体的做法就是在进行项目评估时,赋予不同的个人或地区的效益以不同的分配权数。分配规则是把低收入者(或地区)的权数确定得大一些,高收入者(或地区)的权数确定得小一些,以体现低收入者一元钱的效用大于高收入者的基本思想。按照这一思路,我们可以对前面所说的净效益现值标准、内部报酬率标准以及效益成本比率标准进行修正。

假定整个社会有 $m$ 个人,第 $k$ 个人在 $t$ 个时期得到的效益为 $(B_{kt}-C_{kt})$,分配权数为 $d_k$,那么,

净效益现值标准为:

$$NPV = \sum_{i=0}^{T} \sum_{k=1}^{m} d_k \left[ \frac{(B_{kt}-C_{kt})}{(1+r)^i} \right]$$

内部报酬率标准为:

$$NPV = \sum_{i=0}^{l} \sum_{k=1}^{m} d_k \left[ \frac{(B_{kt}-C_{kt})}{(1+\rho)^i} \right] = 0$$

效益成本比率标准为:

$$NPV = \frac{\sum_{i=0}^{T} \sum_{k=1}^{m} d_k \left[ \frac{B_{KT}}{(1+r)^i} \right]}{\sum_{i=0}^{T} \sum_{k=1}^{m} d_k \left[ \frac{(C_{kt})}{(1+r)^i} \right]}$$

以上各个公式的判断标准与前面相同。

由于低收入者的权数较高,因而这些标准执行的结果是:有利于低收入者的公共支出项目的净效益现值增加,有利于低收入者的公共支出项目的内部报酬率提高或成本效益比率上升。这样,在其他条件相同的情况下,社会将优先选择那些能够最有效提高低收入者效用的项目,以提高社会的整体福利水平。

虽然通过赋予不同阶层或地区以不同权数的办法,将收入分配因素引入成本—效益分析在理论上是可行的,但在实践中还是存在很多未能解决的问题,其中最为困难的就是如何确定权数的问题。这一问题的解决又是关系到政治目标的问题,所以要绕开政治问题谈成本—效益比较是不可能的。目前,欧洲有些国家在权衡地区间的公共项目投资决策时,有较为明确的权数标准;其他地区的大多数国家基本上都是依据项目所处的时期、重要性等因素,具体情况具体对待,这样做虽然灵活性较强,但主观性、随意性不免会增大,有时甚至可能成为某些集团或个人谋取私利的手段。

## 第六节 成本—效益分析方法的局限性及成本效果法

公共项目的成本—效益分析的方法最早运用于1936年美国联邦水利机构对水资源开发和投资的评价。"二战"期间,美国将其用于指导军事工程的建造,战后又进一步把这一方法应用到交通运输、文教卫生、城市建设等方面的投资项目评价上。近年来,成本—效益分析方法不仅在美国政府各部门,特别是公共项目评价中得到推广,而且在英国、加拿大、日本等国也应用普遍。虽然,我国对公共支出的成本—效益分析起步较晚,但目前无论是学者还是政府部门的实际工作者都对这一问题给予了高度的重视,并逐步将这一方法运用于各项公共支出项目的评价。

尽管成本—效益分析方法目前十分流行,但是它的局限性并不能因此而消除。这首先表现为公共项目的成本和效益,尤其是外部成本和外部效益的衡量困难。由于分析对象无法计量,那么本来企图通过量化手段进行决策分析的初衷也就受到了挑战。其次,社会贴现率选择的主观性和随意性,使得成本—效益分析的客观性只是流于形式,而失去了本质上的客观性。在有些国家,成本—效益分析方法甚至成为某些决策者操纵决策结果的工具。再次,即使公共投资的效益可以正确评估,也还留下分配上的问题。当公共支出项目给各个经济主体带来的效益不同时,公共投资决策的价值判断就十分重要了。换句话说,此时的成本—效益分析方法就显得苍白无力了。

由于成本—效益分析方法存在着的种种缺陷,实践中还有一种方法用来评价公共支出项目的决策,即成本效果分析法。

成本效果分析法是通过考察为实现同一个目的的各种备选项目,确定其中成本最低的方案作为可选项目的方法。它的特点是,所有的方案必须有共同的目标,并且只考虑确定目标不同方案所需付出的代价,而不考虑这些方案的经济效益。这一方法往往运用于资金有限、信息有限的情况下选定公共项目的决策。

例如,为了降低工厂噪声污染,从而减少工人患耳疾的概率,可以有几种备选方案可供选择:

(1) 更换所有噪声超过 85 分贝的机器设备,每花 10 万元可减少 1 人患耳疾;
(2) 在每台机器上安装消音器,每花 8 万元可减少 1 人患耳疾;
(3) 让每位工人工作时带上耳塞,每花 5 元可减少 1 人患耳疾。

很显然,在以上三个备选方案中,(3)是成本最低的。这种方法在美国常常运用于公共设施、国防等方面。

这种方法与其他方法不同的是,不必把福利货币化、定量化。它的第一步需要确定目标,然后分析达到这一目标的不同方法的成本并加以比较。运用成本效果法来确定最佳方案,在技术上是不困难的,困难之处在于备选方案的确定。因为,这里提出的备选方案应能无差别地实现同一个目标。要做到这一点,也许并不容易。

## 本章小结

公共支出成本—效益分析是对某项公共支出计划、项目或者某项公共政策实施所产生的全部效益和所有成本进行定量分析,并以此为参考或依据进行决策的一种方法。由于公共支出项目时间跨度长,成本、效益的发生通常处于不同的时期,因而在实际操作中,必须考虑货币的时间价值,将成本或效益进行贴现,使得成本和效益的比较在同一时间基础上进行。

公共支出成本—效益分析的评价标准有净效益现值标准、内部报酬率标准和效益—成本比标准。净效益现值标准是将公共支出项目未来各年的成本和效益折算成现值,然后根据净效益现值的大小作为判断投资与否的标准;内部报酬率标准是指利用使未来各年效益现值之和与成本现值之和相等的那个贴现率作为判断投资与否的标准;效益—成本比标准是运用效益现值与成本现值之比作为判断投资与否的标准。净效益现值标准是最基本的标准。一般来说,净效益现值大于 0 是遴选公共支出项目的必要条件,而对几个净效益现值都大于 0 的项目进行筛选时,应该选择净效益现值大的项目。内部报酬率标准和效益—成本比标准也是两种使用较为方便的标准,但是有时这两个标准判断的结果与净效益现值标准判断的结果是相悖的。因此,使用时需要特别注意。

公共支出成本—效益分析的目标是实现公共利益的最大化。这不仅要求资源配置的效率化,同时还要求收入分配的适当均衡化。为了达到资源的效率配置,在进行公共支出成本—效益分析时需要考虑以下几个因素:第一,选择贴现率时必须考虑公共资金的机会成本。如果市场是完全竞争的,它应该等于资金在私人部门的收益率。第二,确定成本或效益范围时不但要考虑内部成本、内部收益,同时还必须考虑外部成本、外部效益。第三,用来计量成本和收益的价格,应该反映真实的边际社会成本和边际社会收益,当存在价格扭曲的情况时,必须运用影子价格来计量成本或效益。

收入分配适当均衡化的问题是一个十分复杂的问题,它不仅涉及当代人之间的收入再分配问题,还牵涉当代人与后代人之间关系的问题。在进行公共支出的成本—效益分析时,需要通过适当低于市场利息率的社会贴现率以及赋予不同个人或地区的效益以不同分配权数等办法,来反映社会的价值判断。这样,本来力求用客观的量化指标来进行决策判断的成本—效益分析方法就很难实现它的初衷了,正因如此,成本—效益分析方法甚至可能成为人为操作决策结果的工具。但是,公共支出成本—效益分析的困难和局限性并不能否定它存在的意义和作用,至少它体现了将决策过程客观化、科学化的一种思路。不同参数下的成本—效益分析信息可以帮助公众提高对公共决策的认识以及进行更加理性的选择。

# 习 题

## 一、名词解释

贴现 现值 净效益现值标准 内部报酬率 社会贴现率 时间偏好率 影子价格
不确定性 期待值 确定性等值 风险升水 成本效果法

## 二、思考题

1. 公共部门与私人部门的成本—效益分析方法的一般步骤和共同特点是什么?

2. 从下一年开始,一个项目会创造出 1 年为 25 万元的效益,并且这种效益永远持续。如果利率为 5%,该项目所得到效益的现值是多少?

3. 某地区将建设一座大型水坝,请列举这一项目成本与效益的内容,并指出哪些内容容易造成重复计算。

4. 现有一公共工程项目需要政府部门做出是否投资的决策,已知该项目的预期收益和成本如下(单位:元):

| | |
|---|---|
| 预期成本(现值) | 9 000 |
| 预期收益(终值) | |
| 第一年 | 1 200 |
| 第二年 | 6 000 |
| 第三年 | 6 000 |

如果利率为 10%,请计算该项目的净效益现值、内部报酬率和效益—成本比。

5. 谈谈你对公共支出成本—效益分析方法的意义、作用以及局限性的认识。

# 第九章
# 国防支出与行政管理支出

**全章提要**

- 第一节　国防支出
- 第二节　行政管理支出

本章小结

习题

国防支出是指政府用于国防建设、国防科技事业、各军兵种经常性开支、后备部队经常性开支、专项国防工程，以及战时的作战费用等方面的费用支出。

行政管理支出是指政府用于各级国家权力机关、行政管理机关以及外事机构行使其职能所需要的经费支出。

国防支出和行政管理支出都是为保障政府职能的正常履行所不可或缺的支出。这两类支出一般具有纯公共品的特点，即非竞争性和非排他性。因为对于社会中任何一个从国家提供的这两项服务中受益的成员而言，多增加一些社会成员并不至于使原有的社会成员减少他们的收益，且我们也无法将社会中的任何一个成员排除在这两项费用的受益群体之外。

思政案例

"三公"经费减控改革

## 第一节　国防支出

对于国防支出，我们将从国防的提供方式、国防支出的效率、国防支出的规模、国防支出的经济效应四个方面来进行探讨。

### 一、国防的提供方式

由于国防具有众所周知的纯公共品性质，因此国防无法通过市场和企业来提供，只能采取公共部门提供的方式。但这并不意味着在国防这一公共品提供的过程中，完全不能有市场和企业的参与。

首先，我们可以看到，尽管在许多国家，国防科研及军事装备的制造是由政府机构或公共企业部门来完成的，但也有很多的国家的国防科研工作和军事装备的生产是由私人部门来完成的，然后再通过政府购买的形式将这些国防产品提供给全民。

其次，尽管国防所需的人力资源在大多数情况下采用的是义务兵役制，即对国防中所需的人力资源采取无偿、强制的征用方式。但是，在各国的国防制度中，对于一些专业性很强的职业军人，往往采用职业雇佣的方式。也就是说，政府需要在劳动力市场上按照市场形成的劳动力价格来购买这一部分军人的服务。而这一部分军人是否愿意受雇，也取决于政府提供的价格是否合适。一旦职业军人感觉到从事其他的职业更为有利可图，就可能选择退出现役。因此，薪资水平是确保职业军人队伍的稳定的关键性因素之一。

从以上两点可以看出，国防这一公共品的提供问题不排斥先由私人部门组织生产，然后再通过政府购买进行公共提供的方式。由此，我们可以把国防的提供方式归为两类：(1)由政府组织公共生产并进行公共提供；(2)由私人部门组织生产，再与政府采购制度相结合（即招标）来进行公共提供。那么，这两种方式相比较，各自的优缺点又怎样呢？

以第一种方式来组织国防提供，其优点在于：首先，它能够及时提供国家所需的军事科研成果、装备和人员。特别是在国家安全受到严重威胁的情况下，这种方式能够迅速启动，保障国家的安全。其次，由于生产者和提供者唯一，这种方式具备极强的保密性，有利于防止敏感信息外泄。然而，这种方式也存在不足。由于缺乏竞争，其内部比较和鉴别的机制有限，军事装备水平和人员素质的高低难以准确评估。也正因如此，在军事装备的采购上，各国普遍采用招标竞争的方式，即先由军事部门提出一个基本的要求清单，然后由不同的厂商根据这一要求清单提出自己的方案，再通过一系列的择优淘汰机制，最后确定一家厂商为产品的最终提供商。这种方法的优点在于有利于充分挖掘新一代武器装备可能具备的技术潜能。然而，不可否认的是，这种提供方式也存在明显的缺点：首先，一系列招标和投标过程使得先期开发研制的费用往往很高，时间也常常很长。并且，在招标过程中还容易滋生寻租行为。其次，在招标及随后的生产过程中，由于供应商与军事部门之间存在信息不对称，厂家就可能借口原料成本提高、通货膨胀等原因，要求修改采购合同，提高购买价格。而这时军事采购部门往往由于所面对的供应商是唯一的，从而屈从于供应商提价的要求，追加生产投入，形成"钓鱼工程"。另外，也由于招标的过程涉及多个厂家，耗时很长，国防提供中所特别要求的保密性容易受到破坏。

针对两种方式各自的优缺点，可以考虑进行分散的公共生产，即由政府所属的不同公共企业相互竞争提供军事产品。这种方式能够利用不同企业的专业优势，充分发挥其技术和生产能力，从而提高军事产品的质量和性能。这种分散的生产模式还有助于促进技术创新和效率提升，同时也有可能在一定程度上降低单一供应商带来的风险。但这种方法的缺点在于，竞争中的失败者其生产力往往形成空置，导致资源浪费，从而形成整个社会经济效率的损失。

## 二、国防支出的效率

国防支出的效率是指在一定的国防经费支出的约束下，如何达到最好的国防效果。在国防建设中，不仅要关注投入的数量，还要重视产出的收益与质量。

为了提高国防支出的效率，有必要对每一项国防支出的项目进行成本—收益测算，以获得科学的数据，辅助国防支出决策。在许多情境下，国防支出的效率是可以进行量化计算的。比如，在一个关于空军作战效能的例子中，我们假定作战目标是炸毁敌方的某一座大桥，这时有如下两种作战方案可供选择。

一个作战方案为动用传统的强击机编队，用常规炸弹进行密集轰炸。假设根据以往战斗的经验统计数据，平均需出动 100 架次飞机，投掷 400 枚炸弹才能将其击毁，而我方飞机的损毁概率为 5%；又假定我方飞机的成本为 1 000 万元/架，飞行员的训练费用为 100 万元/人，每架强击机需飞行员 1 人，炸弹为 1 万元/枚，则可简单计算出炸毁该大桥的成本为：

$1\,000 \times (100 \times 5\%) + 100 \times (100 \times 5\%) + 1 \times 400 = 5\,900$（万元）。

另一个作战方案为使用高科技隐形歼击机并配备精确制导炸弹进行攻击。这一方案需使用隐形攻击机 2 架，并投掷精确制导炸弹 2 枚，攻击中飞机损毁的概率为 0.01%，飞机成本为 20 000 万元/架，精确制导炸弹成本为 10 万元/枚，飞行员训练费用为 150 万元/人，每架歼击机载飞行员 1 人，则同样可简单计算出炸毁该大桥的成本：

$20\,000 \times (2 \times 0.01\%) + 150 \times (2 \times 0.01\%) + 10 \times 2 = 24.03$（万元）

我们可以发现，使用高科技装备将大大提高军事战斗的效率。因为在达到同样战斗目标的情况下，前一方案所花费的成本高达 5 900 万元，而后者只需 24 万余元。因此，作战方案无疑应该采取第二方案。通过成本—收益的计算，往往能够得出我们靠经验感官难以得出的结论。国外早在20世纪60年代就开始广泛使用这种基于成本—效益分析的方法,来合理配置军事资源以提高国防战斗力,这方面的经验值得我们借鉴。当然,在具体的工作中,问题可能复杂得多。比如,在上述例子中,我们可能需要评估我方飞机对不同敌方的不同损毁概率等。但采取经济学的基本分析方法,也就是将一些因素(比如收益)假定为一致的条件下,集中把握不同的国防建设方案同一特征(比如成本)方面的优劣,对国防建设效率的提高有着重大意义。

通过成本—收益的分析方法,我们能够适当地调整国防建设中的一系列比例关系,以实现国防资源的合理配置。这些比例包括:

(1)各军种之间的比例关系。根据不同的战斗目标,为使战斗力最大化,有必要适时调整陆、海、空三军之间的投入比例。比如,若战斗任务预计主要发生在沙漠戈壁地区,那么将国防经费多投入陆军和空军的建设中,并多加强空地协同作战的训练,将是一个正确的方向;相反,如果预计战斗任务主要发生在海峡地区,则需要加强海空力量的建设以及海空之间的协同作战演练。

(2)各兵种之间的比例关系。在各军种内部的不同兵种之间的军事资源配置,同样应根据战斗目标的变化确定优先次序。比如,如果预计未来战斗更可能发生在平原、沙漠地带,装甲兵、陆军航空兵的发展应该优先考虑。而如果预计战斗的地域处于山地、湖泊、沼泽地带,山地部队、轻装步兵部队应该予以优先发展。

(3)传统兵器与高技术兵器之间的比例关系。随着当代科学技术和军事技术的高速发展,高技术兵器的作战效能越来越大。因此,加大高技术兵器的开发力度、加快高技术兵器的发展速度并广泛装备部队,是正确的方向。但是,不可忽视的是,传统兵器在许多场合仍然有着高技术兵器不可取代的作用。如何使这两者形成一个适当协调的比例关系,是合理配置军事资源的重大课题。

(4)人员费用与技术装备费用之间的比例关系。在现代战争中,高技术兵器的重要性日益凸显,引致军事装备费用的不断上升,单件技术兵器花费动辄上亿元的例子已不罕见。但是,在未来高技术战争中,战斗人员仍然是决定战争胜负的极其重要的因素,因为高科技兵器终究需要人来操作。只有将高素质的战斗人员与高科技的技术兵器融为一体,武装力量的战斗力才能够发挥到最大的限度。在这种情况下,必须保持人员训练费用与技术装备采购费用的适当比例关系,使两者的比例关系保持平衡。

(5)战斗部队经费与后勤保障经费之间的比例关系。在现代高技术战争中,后勤保障工作的复杂性和重要性不可忽视。如果仅关注战斗部队的建设,而忽视了后勤保障,将严重影响军队的整体战斗力。在现代条件下,这一论断的重要性还在不断增强。

(6)军事装备研制费用与军事装备生产费用之间的比例关系。在有限的国防经费下,加强军事科研可能会减少军事装备的生产投入;增加军事装备的生产又可能会影响军事科研经费。如果不妥善处理这一矛盾,还会引发一系列继发性问题。比如,如果军事科研费用较高,导致军事装备数量减少,那么军事科研费用的规模效应就会不足,军事科研成果也难以得到充分实战检验。要克服这些矛盾,我们就必须正确地把握两者之间的比例关系。在军费有限的情况下,通过军事装备的适量出口,既有助于军事科研费用发挥足够的规模效应,又有助于军事装备进行大范围的实战检验,还能取得一定的收入,进一步加强军事科研工作和先进武器的生产。这一做法为各军事大国所看重。

(7) 常备军与后备军之间的比例关系。由于国防任务面对着平时和战时两种不同的状态,因而针对这两种状态而言,所需配置的军事资源显然是不同的。根据不同的状况,确定不同的军事资源配置标准是提高国防军事资源配置效率的必然要求。但是,这里的一个矛盾是,战争一旦爆发,从平时的军事准备状况切换到战时的军事准备状况往往会跟不上事态的变化。为解决这一矛盾,世界各国普遍采用的一个办法是设置常备军和后备军两种不同的组织结构。在和平时期,保持一支较小规模的常备军,以节省社会资源用以经济建设。一旦爆发战争,通过征召预备役和民兵,又能迅速扩大武装力量,并完成战斗任务。

### 三、国防支出的规模

以上我们讨论了国防支出内部所应保持的一些比例关系,除此之外,对于国防支出,我们还应注意到其在国家财政支出以及国民收入中所占的比例问题,即国防支出的总规模问题。

我国的国防支出规模,与世界其他各国的国防支出情况相比,还是较低的。根据瑞典斯德哥尔摩国际和平研究所(SIPRI)的一份报告,2021 年,世界军费开支首次超过 2 万亿美元,达到 2.113 万亿美元。美国、俄罗斯、法国、日本、韩国的国防费用分别为 8 010 亿美元、659 亿美元、583 亿美元、490 亿美元、480 亿美元。我国的国防费用为 2 930 亿美元。我国国防费用占 GDP 的比重为 1.65%,美国、俄罗斯、法国、日本、韩国分别为 3.5%、4.1%、1.9%、1.24%、2.8%。这种状况与我国奉行的优先发展经济、改善人民物质文化生活水平的国防支出原则以及实际的负担能力是分不开的。

从原则上讲,国防支出占财政支出的比例应该有一个适合各国国情的度。这一比例不能太高,以免挤占其他财政支出项目,破坏国民经济中的公私结构比例,从而阻碍国家经济的可持续性增长,最终削弱国防力量。从长期来看,国防实力的大小终究取决于一国综合国力的大小。这一比例也不能太低,太低则会影响一国政府保家卫国的能力,滋生社会不稳定因素,满足不了全体社会成员对安全的消费需要。

### 四、国防支出的经济效应

国防支出除了达到一国的政治、军事目的之外,作为一项纯公共品,还会对一国的经济产生一些特殊的"外部效应"。因此,国防支出有时也被政府视作一种调控宏观经济的手段。国防支出的效应之一是带动高新技术的发展。我们知道,各国政府都十分重视用高新技术来装备自己的队伍。现代国防的科学技术水平不断提高,武器装备日益自动化、智能化、集约化,微电子技术、激光技术等高新技术不断用于新式武器的生产。可以说,一国的尖端技术水平都集中体现于军事装备上,高科技人才也都荟萃于军事科研的领域。各国政府在军事科研上投入了大量的人力、物力,除了加强国防建设之外,还有着通过军事科研带动一国高新技术快速发展的意图。通过将军事科研中获得的高新技术应用于民用领域并转化为生产力,国家能够直接促进民用领域技术水平的提高。历史上的例子显示,国防科技的投入往往在很大程度上影响着民用领域的技术进步。例如,美国曾实施的"星球大战计划"以及欧洲的"尤里卡计划"等都在很大程度上推动了这些国家高新技术的飞速发展。现如今广泛使用的互联网技术,实质上也起源于军事技术。因此,强化国防科技水平的提升不仅仅对国防有益,更重要的是能够引领国家民用科技的发展,从而促进整体生产力水平的提高。

国防支出的效应之二是拉动一国的需求,刺激经济发展,这一点在经济通货紧缩时期尤为明显。在通货紧缩时期,政府采取扩张性财政政策,增加国防支出的比重,可以促进某些生产资料价格的上升。这样,通过价格链的传导作用,引发生产资料和生活资料价格的普遍上涨,从而刺激内需,推动经济增长。当然,即使在通货紧缩时期,增加国防支出的比例也不应太高,否则会挤占民间投资,从而产生负面效应。因此,国防支出增加的比重也应以不致使公私生产结构比例失调为原则。

## 第二节 行政管理支出

### 一、行政管理支出的意义

行政管理支出是政府为行使其最基本的职能所必须支付的费用。它包括政府各级权力机关、行政管理机关、司法检察机关和外事机构等政府部门履行职能所需的经费。根据我国2006年之前公布的预算科目,行政管理支出包括行政管理费、公检法经费、武装警察部队经费、对外援助支出、外交支出五大类。[①]

政府的职能往往随着一国政治、经济、文化的发展及国际形势的变化而变化。但是,一些最基本的职能仍然没变,保护产权无论在哪个历史时期的国家,都是政府必须履行的职能。我们知道,确立初始禀赋以及交换这些禀赋所得的收益的个人权利已被经济学界广泛承认是利用作为一种资源配置制度的市场来达到帕累托最优状态的一个必要条件。没有产权,我们势必陷入一个冲突不断的"霍布斯世界"中。在这种情况下,人们会采取暴力手段而不是交易来获取利益,市场交换将难以继续进行。为此,我们就需要设立法院、检察院等司法机关来保护产权,使所有的社会成员都能从产权的保护中受益。诺齐克所称的"最小化国家",即是从保护产权这一政府的基本职能的意义上来指出政府的作用的。

此外,政府还承担其他重要职能,例如维护市场经济的正常运行、维护国家政权的稳定以及展开国际交往等。这些职能的履行也需要一定的经费支持。如果行政经费不足,势必影响到国家行政管理机关的正常运作,导致其服务效能降低。当然行政管理费也必须控制在一个适当的度内,因为它毕竟只是消耗社会资源而不能直接创造社会财富。

### 二、行政管理支出要保持的几个比例关系

行政管理支出既是必要的,也是我们要加以适当控制的,因此,我们就有必要掌握好行政管理支出与以下一些经济指标的比例关系。

#### (一) 行政管理支出与经济增长的比例

一国经济的增长,必然带动社会财富总量的增多,这就意味着可供分配的国民收入增多了。在既定的国民收入分配格局下,各项财政支出包括行政管理支出的绝对数额自然也就增加了,这可从世界各国庞大的行政管理费用的经验数据得到证明。这是为行政管理支出增长提供可能性的一方面。另一方面,社会经济的增长也使得公共消费水平或公共支出(包

---

① 值得一提的是,2007年我国政府收支分类改革以后,预算科目中已经没有"行政管理支出"这个科目了。这给分析我国行政管理支出的效率与公平问题带来了一定的困难。

括行政管理支出)的相对比例提高。20世纪30年代后,世界经济危机爆发、凯恩斯学派的兴起使政府参与社会经济活动的广度和深度都大大加强,政府的经济职能明显地扩张,这就为行政管理支出增加的必然性提供了解释。实际上,任何时期的政府行政管理部门都会出于经济动机寻求本部门规模的扩张,而经济增长使得这种动机的实现成为可能。各国政府所面临的挑战在于,如何在经济增长的前提下,根据本国的经济发展水平和政府职能规模等具体情况,维持行政管理支出与经济增长之间的合理比例。行政管理支出如果严重滞后于国家经济增长速度,政府行政管理职能的发挥可能受到影响;反之,如果行政管理支出增长过快且远超过国家经济增长速度,则可能加重国家经济的负担。

### (二) 行政管理支出占财政总收支的比例

国家的财政收支状况直接影响着行政管理经费的增长。行政管理支出是通过对国家财政收入的再分配而形成的,当国家财政收入增加时,尽管行政管理费用在整体分配中所占的比例可能保持稳定,但其绝对数额会随之增加。同时,从财政支出的情况看,行政管理支出往往是财政支出增长的动因,而财政支出的范围扩大反过来又会影响行政管理支出的增长。这两者相互作用,形成一种相互推动的螺旋上升趋势。

从我国的实际情况看,从1991年至2006年,行政管理支出的增长速度超过了财政总支出的增长速度,如表9-1所示。

表9-1 我国行政管理支出与财政总支出　　　　　单位:亿元

| 年 份 \ 项 目 | 行政管理支出 | 财政总支出 | 行政管理支出占财政总支出的比重(%) |
| --- | --- | --- | --- |
| 1991 | 343.60 | 3 386.62 | 10.15 |
| 1992 | 424.58 | 3 742.27 | 11.35 |
| 1993 | 535.77 | 4 642.30 | 11.54 |
| 1994 | 729.47 | 5 792.62 | 12.59 |
| 1995 | 872.68 | 6 823.72 | 12.79 |
| 1996 | 1 040.80 | 7 937.55 | 13.11 |
| 1997 | 1 137.16 | 9 233.56 | 12.32 |
| 1998 | 1 326.77 | 10 798.18 | 12.29 |
| 1999 | 1 525.68 | 13 187.67 | 11.57 |
| 2000 | 1 787.58 | 15 886.50 | 11.25 |
| 2001 | 2 197.52 | 18 902.58 | 11.63 |
| 2002 | 2 979.42 | 22 053.15 | 13.51 |
| 2003 | 3 437.68 | 24 649.95 | 13.95 |
| 2004 | 5 521.98 | 28 486.89 | 19.38 |
| 2005 | 6 512.34 | 33 930.28 | 19.19 |
| 2006 | 7 571.05 | 40 422.73 | 18.73 |

从表 9-1 可以看到,我国行政管理支出占财政总支出的比重逐年上升,这表明行政管理支出的增长速度超过了财政总支出的增长速度。虽然从 1997 年到 2000 年这四年有过下降,但从 2001 年开始又出现了较大幅度的反弹。从世界各国行政支出占财政总支出的比例看,我国的这一比例也是偏高的。以 1995 年的行政支出为例,英国、澳大利亚、韩国、印度、泰国行政管理支出占财政总支出的比例分别为 7.1%、9.04%、4.63%、7.2%、10.63%,而同期我国的这一比例为 12.79%,比上述任何一个国家都高;再以美国为例,2001—2004 年,美国行政支出占总支出的比重分别为 2.39%、2.59%、2.70% 和 2.94%。[①] 而我国则高达 11.63%、13.51%、13.95% 和 19.38%。

一般而言,行政管理支出会随着国家财政收入的增加而增长,但过快的行政管理费用增长必然带来一系列负面效应。因此,保持行政管理支出与财政总支出的适当比例非常重要。

### (三)行政管理支出与经济建设支出之间的比例关系

从根本上来说,行政管理主要是为了服务国家的经济建设。如果行政管理费用太高,与经济建设费用的比例失衡,必定是各国政府所不愿意看到的。其原因在于:其一,行政管理支出与经济建设支出之间存在相互制衡关系。在财政支出总量保持不变或增长有限的情况下,由于行政管理费用支出的刚性特点,其在财政总支出中的比例增加速度过快,可能会导致经济建设支出等其他重要支出项目的增长比例减少,这在各发展中国家尤为明显。其二,行政管理支出属于消耗性支出,不直接创造财富。而经济建设支出往往是一国政府对控制国家经济命脉的基本建设工程、重点工程建设所作的投入,它在一国经济增长中发挥着重要作用,并直接创造着社会财富,关系着国计民生。经济建设支出的下降,有时也意味着政府宏观调控能力的下降。当然,在传统的计划经济国家,政府对经济建设又过于大包大揽,适当降低经济建设支出比例又另当别论。

总之,保持行政管理支出与各经济指标之间适当的比例关系至关重要,不同国家应根据自身国情来做出合理的决策。

## 三、行政管理支出与政府行政效率

行政管理费用是政府在履行其职能过程中所耗费的社会资源,是全社会成员必须负担的社会成本。而政府所提供的各种服务可以看作是其对社会的"产出"。因此,我们可以通过成本—收益分析,将政府的投入和产出进行比较,以评估政府的行政效率。在相同的社会资源投入条件下,政府能够提供更多数量和更高质量的服务,其行政效率就越高。相反,如果政府提供的服务数量有限且质量不高,却消耗了大量社会资源,其行政效率必然较低。

在政府所能提供的服务数量和质量一定的情况下,行政管理费用即成本是决定政府效率的重要因素。有以下两个主要因素使行政费用居高不下,进而降低了政府的行政效率。

### (一)国家行政管理机构的规模日渐膨胀

中外各国的历史都表明,行政管理费用的超常增长,总是与国家行政管理机构的膨胀密切相关。如前所述,自 20 世纪 30 年代以来,世界各国政府的职能范围逐渐扩大,参与经济事务的广度和深度不断增加,这就使得政府不得不增加一些原先没有的行政管理部门。与

---

[①] 资料来源:*Economic Report of the President*,2005,P. 306. Washington:Executive Office of the President and Council of Economic Advisers Publishing. ISBN:0 16 073258 1.

此同时,原有的行政管理部门出于扩大本部门规模的动机,不断扩展编制,增加人员配置,导致行政经费中的人员开支不断增加。而且这种增加有着很强的利益刚性,要想缩减部门规模和编制必然会面临来自各方面的阻力,困难重重。

在我国,随着改革的深入,行政管理机构过于庞大的弊端也日益凸显。在1993年3月,人大确定政府机构改革之前,国务院工作部门达86个,全国省级党政机关的局级机关多达2 100个,平均每个省(自治区、直辖市)设置70余个,超过中央编制部门规定机构限额15个左右。非直辖市的大中城市常设机构为65个,地区50个,县一级45个,分别超出限额15个、20个、10个左右。《中国统计年鉴2014》显示:截至2014年底,我国乡镇级机构共约40 381个,而50年代末成立人民公社时,全国只有27 000个公社。与此相应,行政机构管理人员也快速增加。据1992年统计,到1991年底,全国靠财政预算支付工资的人员(包括企业干部、党政干部、教师、军队干部、事业单位干部)为3 400万人,并且每年至少还在以10万人的速度增加。机构的臃肿重叠必然导致人浮于事、推诿扯皮等弊端,导致政府行政效率低下。因此,精简行政机构已经变得十分迫切。从另一个角度来看,压缩行政管理费用也是理所当然的。在传统的计划经济时代,我国政府扮演多重角色,既要行使行政权力,又要行使生产资料所有者和经营者的权利。这就使得我国的政府机构有着西方国家所不可能有的许多职能部门和行政管理人员。但是改革开放之后,政府退出了一些私人部门,逐渐向市场经济所要求的"小政府"过渡,这就相应地要求政府缩减一些不必要的行政管理部门和人员。但是,正如前文所述,由于利益刚性的作用,要削减庞大的政府机构阻力很大,但这一工作不做好,会对经济体制改革和经济发展造成很大的危害。

**(二)缺乏财务预算约束机制以及事后的收益成本评价体系**

国家的行政管理支出是列入国家财政预算的,但在实际执行过程中,如若缺乏健全的法律法规和财务预算约束机制,则往往会出现普遍超标的情况。而且,由于没有成本—收益的评价,各行政管理部门也缺乏自觉节约费用的动机,加之对政府管理部门提供的服务做出适当的评价也是一件十分困难的事,因而财政资金的使用效果不佳,有时还会发生拨付的财政资金增多,政府行政机构履行职能的效能反而下降的情况。世界各国的行政管理机构都或多或少存在着这些问题,我国在这方面的情况同样不容忽视,亟须加以改进。

为此,自20世纪末以来,国务院各部门及地方各级行政部门进行了大规模的机构调整,以进一步精简政府机构,使之更为适应社会主义市场经济建设的要求。

## 本章小结

本章就财政支出的两项内容——国防支出和行政管理支出分别作了探讨。对于国防支出,我们明确了它所包括的支出内容,并从国防提供的方式、国防支出的效率、国防支出的规模以及国防支出的效应等方面展开详细的讨论。国防提供的方式有两类,即由政府组织公共生产并进行公共提供或由私人组织生产并与政府采购制度相结合(即招标)来进行公共提供,它们各有优缺点。为提高国防支出的效率,应采用成本—收益分析法,适当地调整国防建设中的一些比例关系。国防支出的规模以国防支出占财政支出和国民收入的比例来衡量,应有一个适合本国国情的度。国防支出不仅具有政治、军事目的,作为一项纯公共品,它还会对一国的经济产生一些特殊的外部效应。对于行政管理支出,我们讨论了其必要性以及与其他一些经济指标所应保持的恰当的比例关系,并指出要控制行政管理支出,提高政府行政效率。

## 习 题

### 一、名词解释

国防支出　行政管理支出

### 二、思考题

1. 国防作为一项公共品应如何提供?
2. 如何提高国防支出的效率?
3. 确定国防支出的规模应考虑哪些因素?
4. 国防支出的经济效应怎样?
5. 行政管理支出有什么意义?
6. 行政管理支出要保持哪几个比例关系?
7. 行政管理支出与政府行政效率之间的关系如何?
8. 请大家去查查《中国统计年鉴》,看看我国政府行政机构和公务人员近年来有何变化,并试着分析其原因。

# 第十章 科教文卫支出

## 全章提要

- 第一节　科教文卫支出的性质与内容
- 第二节　教育支出
- 第三节　科学研究支出
- 第四节　医疗卫生支出

本章小结

习题

在现代经济社会中,人们越来越认识到科教文卫支出对社会经济发展和增长起着决定性的作用。作为一项基本国策,"科教兴国"战略已经成为我们的行动纲领。综观世界各国的政府,无论在资金还是在政策上,都大力支持文化、教育、科学、卫生等各项事业的发展。在本章中,我们将论述为什么科教文卫事业需要政府的支持,需要政府付钱的支出项目有哪些,我国科教文卫支出政策如何选择。

思政案例

高校"科技小岗村试验",唤醒沉睡的科技成果

## 第一节 科教文卫支出的性质与内容

### 一、科教文卫支出的意义和性质

科教文卫支出,是指国家财政用于科学、教育、文化、卫生、体育、通信、出版、广播等事业单位的经费支出。

世界各国的经济发展历史和实践已经充分证明,仅局限于纯经济领域中寻找发展经济的动力是非常狭隘的。人力资本投资及科学技术在推动经济发展方面的作用已经成为人们的共识,只有通过大力发展科教文卫事业,才能达到事半功倍的效果。从18世纪到20世纪这200多年中,科学技术一直是推动生产力发展的直接因素。据估计,第二次世界大战后,主要资本主义国家劳动生产率提高的数额中,有60%~80%是通过采用新的科学技术成果实现的。如果说科学技术是生产力,那么教育就是这种生产力的源泉和基础。因为教育是科技进步的基础,科学研究人才的培养、科技成果的推广与应用、文化科学知识的普及和提高都离不开教育;教育是劳动再生产的重要条件;教育也是解决经济发展过程中由结构性变化导致的结构性失业问题的主要手段。此外,科技进步与经济发展离不开身心健康、高质量的劳动者。文化、体育、卫生等事业的发展可以丰富人们的业余文化生活,预防和治疗各种疾病,增强人民体质,从而对调动人们的劳动积极性起着非常重要的作用。鉴于科教文卫事业在现代社会经济发展中发挥着越来越重要的作用,各国政府无不投入大量资金,并且支出规模呈现日益增长的趋势。

科教文卫支出的性质表现在以下几个方面:

1. 科教文卫支出的性质,首先表现在科教文卫等公共事业单位与企业单位性质的异同上

(1) 两者从事活动的目的不同。企业从事经营活动的直接目标是追求经济利益,而科教文卫公共事业单位从事活动的目标不是直接以营利为根本目的,而是为了实现社会的共同利益和长远利益。(2) 两者的资金运动形式不同。企业的支出是为了取得收入(利润);而公共事业单位获得收入是为了进行支出,为弥补提供公共事业服务的部分成本耗费。(3) 公共事业单位与企业也有许多相似之处,两者都要向社会公众提供一定的产品。一般来说,企业提供的产品主要是为了满足个人消费需求,而事业单位提供的产品(主要是服务产品)主要是为了满足社会公共需求。诚然,科教文卫事业单位提供的产品也有一些并不是为了满足典型的社会公共需求,例如大学教育、医疗保健等在性质上介于社会公共需求与个人需求之间。

#### 2. 科教文卫支出兼有社会消费性和非生产性的特征

科教文卫等事业部门属于非物质生产部门,它们不生产实际物质产品,也不提供直接的生产性服务。然而,在其运行过程中,它们却消耗着物质资料和财力。特别是文艺、广播、电视等事业部门,它们不直接创造生产力,而是为劳动者提供精神食粮,从而激发劳动者的生产积极性。这里需要指出的是,科教文卫支出并不是一般意义的单纯的消费性支出,把科教文卫支出划分为非生产性支出,并不意味着它不重要、与社会生产没有任何关系。实际上,科教文卫支出中的文化、教育、医疗、卫生保健不仅仅是一种消费性支出,而且也是一种投资。美国经济学家西奥多·W.舒尔茨在1960年称之为"人力资本投资"。西方经济的理论和实践已经证明,用于人力资本和科学技术投资的收益率要高于物质资本投资收益率。人力资本投资与科技进步和物质财富的生产密切相关,它直接推动着一个国家经济的发展与增长,也是国际经济增长率差异的主要因素。从这个意义上讲,科教文卫支出中有相当一部分又具有生产性的特征。所以,在这里需要强调的是:(1)将科教文卫支出划归为非生产性范畴,只有某种静态的相对意义,它只是说,用于这些事业的支出不能对当年的物质财富的生产作出明显的贡献。(2)从动态、绝对的意义上说,科教文卫事业的发展将不断提高劳动者、劳动工具和劳动对象的素质并改善三者的结合方式,它们对物质财富的生产贡献越来越大。(3)将科教文卫支出归类为非生产性支出,其实际意义只是要求社会在安排国民收入的用途时,应全面考虑当前生产需要和未来发展的需要,让科教文卫支出有适当比例。并且,随着劳动生产率的提高和GDP的增长,要让这一类支出的比例不断提高,甚至超过GDP的增长速度。

### 二、科教文卫支出的内容

科教文卫支出的范围较广,内容丰富,可以从以下几个方面对其分类。按支出的部门划分,科教文卫支出包括以下内容:文化事业费、教育事业费、科学事业费、卫生事业费、体育事业费、通信事业费、广播电视事业费、文物事业费、地震事业费、海洋事业费等。按支出的用途划分,科教文卫支出可以划分为人员经费支出和公用经费支出。人员经费主要是工资性支出,包括工资、补助工资、职工福利费、离退休人员费用、奖学金等。公用经费主要用于解决科教文卫等事业单位为完成事业计划所需要的各项费用的开支,包括公务费、设备购置费、修缮费、业务费等。

## 第二节 教育支出

### 一、政府对教育的干预

教育不是纯公共产品,政府之所以对教育事业大力支持,主要基于以下几方面的原因:

#### (一)教育的效益外溢

教育是一个民族整体素质提高的内在推动力,教育使人觉醒,教育使人摆脱愚昧,教育有助于减少犯罪,教育使人观念常新……教育会使整个社会的文明程度提高,社会秩序稳定。在一个以知识、信息为战略资源并主要依靠劳动者智能的知识经济时代,经济和社会的发展对教育产生了巨大的需求,教育对促进科技进步、促进社会和经济的发展起着巨大的作用。可见,许多教育投资的社会效益高于对受教育者个人投资的经济效益。政府对教育支出的介入是必要的。

### (二) 教育是一种优值品

从经济学的角度来看,教育是一种"优值品"。这是因为消费者可能会因为不合理的偏好而大大低估了教育对个人和社会的影响。有些消费者可能出于眼前的利益而不愿对其子女进行教育投资。在这种情况下,纯粹的市场提供会造成巨大的效率牺牲,需要由政府出面来纠正由于消费者偏好不合理而导致的市场失灵。

### (三) 教育的间接性和迟效性要求政府承担一定的责任

在某种意义上,教育支出已经被视为一种投资;然而相对于经济建设性投资来说,教育投资的效果具有间接性和迟效性。间接性是指它的收益不易为人们所直接感知,物质生产的结果通常体现为产品数量的增加或质量的提高,这些变化是直接可观察到的;而教育的影响体现在劳动者能力和素质的提升上,这种影响没有独立的外在表现形式,很容易被忽视。迟效性是指教育投资具有长期性,"十年树木,百年树人",它的投资周期很长,超过对固定资产的投资。由于教育的这两个性质,出于急于追求经济利益的考虑,个人往往注重那些见效快、投资效果好的经济建设性投资,而不大愿意将资金投入教育事业。显而易见,教育如果完全由私人来提供是不切实际的,政府必须承担一部分责任。

### (四) 出于对公平的考虑

教育作为一种人力资本投资,它显然要受到每个家庭预算的制约。通常的情况是贫困家庭缺少这种投资来源。如果政府不给贫困家庭的子女提供教育资助,许多贫困家庭的孩子可能无法上学。而缺乏基本的教育又会影响他们成年后的收入和地位,使他们无法在人力资本市场上与高收入家庭的子女公平竞争。结果可能造成"穷人家的孩子永远是穷人"的状况。为了使每一个孩子都有平等接受教育的机会,几乎所有的国家均提供免费的基础教育,并对贫困家庭孩子的教育提供补助。通过这种方式,政府可以减轻贫困家庭的经济负担,鼓励他们的孩子接受教育,从而提升他们的未来机会和社会流动性。这不仅有助于个人的发展,也有助于整个社会的进步。

### (五) 资本市场的不完全性

教育是一种人力资本投资,未来有望带来较高的投资回报率。但教育投资的收益是不确定的,其回报率的大小受个人的性格、机遇、健康、能力、家庭等不确定性因素的影响。不仅如此,人力资本市场是一个不完全的市场,在这个市场中投资对象是没有担保品的。基于以上两方面的原因,私营信贷机构一般也不愿意冒险对人进行投资,现实的选择只能是政府出面干预。

## 二、教育的消费方式、生产方式和资金筹集

由于教育的市场失灵,政府对教育的干预是必要的,但这并不意味着从教育的生产至消费完全由政府"统包统揽",即教育完全靠政府投资兴办,受教育者接受的教育完全由政府免费提供。政府制定公共教育政策的关键在于确定哪些教育服务应该由政府负责,哪些服务应该在政府补贴的基础上由市场提供,哪些服务则完全可以由市场自主提供,政府只需适当进行市场监管。

根据受教育者接受教育的程度不同,我们把教育分为基础教育、中等教育和高等教育。基础教育在我国主要是指小学六年初中三年的九年制义务教育。基础教育在某种程度上具

备公共产品的属性,具有显著的效益外溢性。因为基础教育的普及程度反映了社会的文明水平,它是培养适应现代社会需求的人才的必要条件。许多政府将提升识字和基本数理能力作为普及基础教育的首要目标,并将其作为衡量国家人力资源素质的重要指标。从投资的社会回报率来看,对基础教育的投资回报率无论在发达国家还是在发展中国家都比对中等和高等教育的投资回报率要高。若完全由私人提供则不会考虑外部效益,一般提供规模会小于帕累托最优规模。从公平角度来看,接受基础教育是每个公民的一项基本权利。我国制定颁布的《中华人民共和国义务教育法》在法律上保障了每个适龄儿童接受义务教育的权利。因此,无论从效率还是从公平角度考虑,政府都应承担免费提供九年义务教育的责任(当然,个人也有上私立学校的权利)。义务教育的资金筹集主要由政府财政拨款解决。

高等教育、中等教育、职业教育等属于非义务教育,是一种介于公共产品与私人产品之间的混合产品。一方面,它们具备私人产品的特征,具有一定的排他性和竞争性。例如,在大学招收的人数总量有限的情况下,部分学生的进入意味着其他人被排除在校门之外;同时在效用与利益上也有独占性,任何教育支出的直接受益者是受教育者个人及家庭。从这个意义上来说,高等教育等非义务教育没有必要完全由政府免费提供,个人应承担高等教育的部分成本或全部成本。但是,另一方面,非义务教育又具有一定的正外部性,出于高等教育对经济发展和科技进步的作用以及公平的考虑,政府也不能因此而推卸责任。政府应采用提供奖学金、助学金、低息贷款等补贴措施对高等教育进行资助。因此,非义务教育应采用市场提供为主、政府补贴为辅的筹资方式。

在我国,1985年以前的高等教育基本上都是免费提供的。这一政策的由来主要是出于公平的考虑。直到1997年,全国所有的高校才实行计划内与计划外招生并轨,开始实行收费制。教育经济的理论和实践已经证明,免费的高等教育相对于收费的高等教育来说,有悖于公平目标的实现。公共财政方面的公平问题是指支付者与受益者之间的适当平衡,而免费的高等教育结果是,高等教育的直接受益者不承担教育成本,而间接受益者——纳税人却要为学生背上沉重的负担。此外,从免费的高等教育中获益最多的是中、高收入阶层的学生,因为低收入阶层的子女上大学面临着极高的隐性成本(放弃的潜在收入),能进入大学进行深造的多为中、高收入家庭的子女。而政府对高等教育受教育者的补贴远远超过对初等和中等教育受教育者的补贴。结果是,免费高等教育实际上让中高收入阶层的学生受益更多,而低收入阶层的学生在高等教育中的参与并没有因为免费或低收费而得到显著改善。这样,免费的高等教育成了一种通过税收把穷人的收入向富人转移的不公平机制(参见表10-1)。

表10-1 不同收入阶层所分享的高等教育资助　　　　　　　单位:%

| 国　家 | 收入阶层类别 | | |
|---|---|---|---|
| | 低收入 | 中等收入 | 高收入 |
| 智利 | 15 | 24 | 61 |
| 哥伦比亚 | 6 | 35 | 60 |
| 印度尼西亚 | 7 | 10 | 83 |
| 马来西亚 | 10 | 38 | 51 |

注:低收入、中等收入、高收入阶层的分类比,智利为30%、30%和40%;哥伦比亚和马来西亚为40%、40%和20%;印度尼西亚为40%、30%和30%。

资料来源:《上海高教研究》1997年第12期,第40页。

实行高等教育成本回收可以改善上述情况。从公平角度来说：一方面，由于富有者需付费给公立学校，这些钱可以设定特定的奖学金来资助低收入阶层的学生，从而部分纠正穷人通过税收为中上收入阶层的学生支付高等教育费用的不公平现象；另一方面，把公共资源重新配置于较低层次的教育上，让更多的低收入阶层的孩子都有接受教育的机会和权利。从效率角度来说：实行高等教育成本回收可以减轻国家财政的负担，使高等教育获得更大的发展。同时，成本回收可以改善学校的财务状况，从而在一定程度上保障教学质量。对大多数学生而言，缴纳学费可能会带来短期的经济压力，但这也有助于激励学生更加努力地学习。

从教育的生产方式来看，完全采用私人生产的方式必然导致市场失灵；同样，完全采用公共生产方式，虽然可以在一定的程度上克服私人生产条件下市场失灵所带来的问题，但理论和实践都证明了，由政府统包统揽的单一国有办学体制必然产生许多弊病。首先，纯粹的国有办学体制会导致投资渠道单一、教育经费严重不足，进而严重制约教育事业的发展。教育资源的严重不足迫使学生在进入高一级学校前必须接受严格考试的遴选，应试教育的强度越来越大。其次，这种体制加重了国家财政的负担。另外，政府垄断教育市场，缺乏竞争和破产的威胁，容易导致效率低下、浪费严重以及官僚主义蔓延，进而不利于教育质量的提高。因此，更为合理的选择是让公立学校和私立学校共同并存，相互补充，共同发展。这样消费者可以根据自身的经济状况和偏好来做出选择。综观古今中外教育发展的历史，公立学校和私立学校常常是并存的。在中国历史上，自从孔子开办私学的先河，几千年来，一直是太学、国子监、州学、县学、书院、私塾并存。从世界范围来看，在所有的西方国家，均有私立的大中小学，且许多私立学校的质量和运行效率高于公立学校。对于私立学校，西方国家的管理方法是制定适当的管制条例，但同时提供足够的余地使其按市场的需要运行。

公立学校与私立学校并存，是当今世界各国教育体制改革的一个重要走向。随着我国教育体制改革的不断深化，公立与私立学校并举是必然的发展趋势。不论是私立学校还是公立学校，它们在推动经济发展、技术进步、社会稳定和文化繁荣等方面都发挥着重要作用。因此，对于私立大、中、小学，政府同样需要将其纳入教育发展规划，消除社会对私立学校的偏见，并在财政和税收政策上一视同仁。政府在这个过程中的作用主要是依法规范私立学校的办学行为，提升教学质量，促进私立学校的健康发展。

从上述分析我们可以看出，以财政拨款为主、辅之以必要的其他投入的多元化筹资格局是教育的必然选择。从受益的角度来看，教育作为一种混合产品，部分成本由受益人承担也是符合效率和公平原则的。首先，个人就是教育的直接受益者，理应负担一部分成本，特别是高等教育阶段的一部分成本；在居民个人收入能力有限的情况下，由企业和社会分担一部分也是一种合理的方式，因为企业和社会都是教育的受益者。因此，教育的资金筹集除了国家财政拨款之外，还包括向个人的收费、企业和社会的投入、银行贷款、引入外资等。

## 三、我国教育支出的现状及其政策选择

改革开放以来，我国的教育事业有了长足的进步，但是与经济高速发展相比较来说，其发展速度还是相对缓慢的，其中一个重要原因就是我国教育投入长期不足，教育财政体制改革滞后，严重制约了我国教育事业的发展。

## (一) 我国教育支出的现状与存在的问题

### 1. 政府用于教育投资支出的力度不足

随着政府对教育的社会、经济的巨大作用认识越来越深,对教育的重视程度也越来越高。改革开放以来,尤其是"八五"以来,我国教育支出在投入的绝对数上有了较快的增长,促进了教育事业的迅速发展。然而,我国财政性教育经费占GDP的比重却不高,增长缓慢,甚至一些年份呈现下滑的趋势。1993年《中国教育改革和发展纲要》提出的到2000年国家财政性教育经费占GDP比例达到4%的目标,一直到2012年才总算达成,并且截至2021年,这一比例仍维持在4%左右(见表10-2)。此外,我国教育支出占GDP的比重明显低于世界平均水平。据统计,2010年世界平均财政性教育经费占GDP的比例为4.9%,其中发达国家平均比例为5.3%,中等偏上收入国家为4.6%,中等偏下收入国家(如印度)为3.3%,低收入国家为4.2%(世界银行,2011),而我国2012—2021年十年间的平均水平仅为4.13%,低于发达国家和世界水平,甚至还低于许多低收入国家水平。政府用于教育投入的力度不足,必然会导致教育水平的低下,最终必然会影响经济长期发展的水平与速度。

表10-2 1992—2021年我国教育投资情况

| 年份 | 财政支出(亿元) | 国家财政性教育经费 绝对值(亿元) | 占财政支出的比重(%) | 占GDP的比重(%) |
|---|---|---|---|---|
| 1992 | 3 742.20 | 728.75 | 19.47 | 2.71 |
| 1993 | 4 642.30 | 867.76 | 18.69 | 2.46 |
| 1994 | 5 792.62 | 1 174.74 | 20.28 | 2.44 |
| 1995 | 6 823.72 | 1 411.52 | 20.69 | 2.32 |
| 1996 | 7 937.55 | 1 671.70 | 21.06 | 2.35 |
| 1997 | 9 233.56 | 1 862.54 | 20.17 | 2.36 |
| 1998 | 10 798.18 | 2 032.45 | 18.82 | 2.41 |
| 1999 | 13 187.67 | 2 287.18 | 17.34 | 2.55 |
| 2000 | 15 886.50 | 2 562.61 | 16.13 | 2.58 |
| 2001 | 18 902.58 | 3 057.01 | 16.17 | 2.79 |
| 2002 | 22 053.15 | 3 491.40 | 15.83 | 2.9 |
| 2003 | 24 649.95 | 3 850.62 | 15.62 | 2.84 |
| 2004 | 28 486.89 | 4 465.86 | 15.68 | 2.79 |
| 2005 | 33 930.28 | 5 161.08 | 15.21 | 2.79 |
| 2006 | 40 422.73 | 6 348.36 | 15.7 | 2.93 |
| 2007 | 49 781.35 | 8 280.21 | 16.63 | 3.12 |
| 2008 | 62 592.66 | 10 449.63 | 16.69 | 3.33 |
| 2009 | 76 299.93 | 12 231.09 | 16.03 | 3.59 |

续　表

| 年份 | 财政支出(亿元) | 国家财政性教育经费 绝对值(亿元) | 占财政支出的比重(%) | 占GDP的比重(%) |
|---|---|---|---|---|
| 2010 | 89 874.16 | 14 670.07 | 16.32 | 3.65 |
| 2011 | 109 247.79 | 18 586.70 | 17.01 | 3.93 |
| 2012 | 125 952.97 | 22 236.23 | 17.65 | 4.28 |
| 2013 | 140 212.10 | 24 488.22 | 17.47 | 4.16 |
| 2014 | 151 785.56 | 26 420.58 | 17.41 | 4.10 |
| 2015 | 175 877.77 | 29 221.45 | 16.61 | 4.26 |
| 2016 | 187 755.21 | 31 396.25 | 16.72 | 4.23 |
| 2017 | 203 085.49 | 34 207.75 | 16.84 | 4.12 |
| 2018 | 220 904.13 | 36 995.77 | 16.75 | 4.04 |
| 2019 | 238 858.37 | 40 046.55 | 16.77 | 4.07 |
| 2020 | 245 679.03 | 42 908.15 | 17.47 | 4.27 |
| 2021 | 245 673.00 | 45 835.31 | 18.66 | 4.02 |

资料来源：根据各期《中国统计年鉴》计算而得。

导致政府用于教育投入的力度不足的主要原因有以下几点：一是政府的支出领域很多，相对于经济建设支出来说，教育投资的效果产生相对缓慢，而且不容易衡量，具有间接性和迟效性的特点。因此，政府官员往往更关注那些能够迅速见到成果，且直接关系到本地区或本部门经济利益的经济建设投资，而不大愿意将资金投入教育事业。其次，我国财政性教育经费占GDP比例下降的另一个原因是，长期以来有大量政府收入未纳入预算，政府财政收入分散，导致财政收入占GDP比例相对较低。再次，地方政府还面临财政资金短缺的问题。1994年的分税制改革后，地方政府面临财政资金短缺的问题加剧。这是因为分税制改革后，中央收入分成比例提高，更多的税收收入被转移到中央政府，地方政府的财政收入相对减少。其原因主要是地方政府缺乏主体税种，无相对独立的税收立法权和征收管理权，税源贫瘠；而中央税源偏重；以及转移支付制度不完善和经济发展等因素所致。然而，另一方面，地方政府支出责任却相当沉重，事权与财权、财力脱节，财政收不抵支。贫瘠的财政面对日益增长的教育需求，往往显得心有余而力不足。

2. 教育支出结构不平衡

在我国财政投入总量不足的问题之外，我国财政教育投入还存在结构不平衡的现象。这主要体现在三个方面：一是初、中、高等不同层级教育之间经费投入比例不合理。二是各省市自治区间、地区之间的差异过大；三是城乡地区不平衡。

(1) 我国不同层级教育之间的公共教育投资分配比例不尽合理。我国财政性公共教育支出分配在不同层级教育之间的比例是相对稳定的。在各级教育中，初等义务教育虽然在经费支出总量上占有最大的比例，但这一比例还远低于亚洲国家平均48%的水平。并且，从各级教育生均一般公共预算教育经费支出来看(见表10-3)，2017—2021年间，各层级教育生均教育经费整体呈增加的趋势，但是仍与发达国家有显著差距。并且，小学、初中基础教育生均经费支出远小于高等学校,这明显不利于教育公平的实现。

一般来说,一个国家教育投资结构的比例变化与一国教育、经济的发展变化是相适应的。对教育水平较低、经济欠发达的发展中国家来说,最迫切需要的是发展中等教育和初等教育,因为中等、初等教育投资的社会效益要远远高于高等教育。因此,高等教育投入过高则挤占了部分中、小学教育经费,其结果必然是既违背了公平又损害了效率。

表 10-3　2017—2021 年各级教育生均一般公共预算教育经费支出　　　　单位:元

| 年份\级别 | 小学 | 初中 | 高中 | 中等职业学校 | 高等学校 |
| --- | --- | --- | --- | --- | --- |
| 2017 | 10 911.17 | 15 739.92 | 15 138.49 | 15 112.35 | 21 471.03 |
| 2018 | 11 328.05 | 16 494.37 | 16 446.71 | 16 305.94 | 22 245.81 |
| 2019 | 11 949.08 | 17 319.04 | 17 821.21 | 17 282.42 | 23 453.39 |
| 2020 | 12 330.58 | 17 803.6 | 18 671.83 | 17 446.93 | 22 407.39 |
| 2021 | 12 380.73 | 17 772.06 | 18 808.71 | 17 095.26 | 22 586.42 |

资料来源:各年《中国教育经费统计年鉴》。

(2) 我国的教育投入存在明显的区域性差异和不平衡。以 2021 年各地区生均一般公共预算教育经费的情况为例,全国普通小学平均水平为 1.2 万元,北京(3.4 万元)等经济发达省份远高于贵州(1.1 万元)、河南(0.7 万元)等经济欠发达省份。这一现象的直接原因是我国经济和社会发展一直存在着显著的地区差异,教育的发展在很大程度上是受经济发展制约的。特别是在 20 世纪 80 年代后期教育投资和教育管理权限下放给地方以后,由于各地方经济发展水平不同,可投入的资金能力上也存在很大差异,因此使教育经费支出的地区差异更为突出。这一点尤其表现在基础教育上,1985 年教育改革后,基础教育由地方负责,分级管理。由于较高层次的地方政府财政把绝大多数资源放在高等教育上,对于基础教育则是层层下放。特别是基础教育下放到乡镇一级以后,由于全国各乡镇的财力各不相同,基础教育出现了许多问题,如拖欠教师工资、学生流失严重、校舍破旧不堪等。

(3) 我国城乡教育投入存在着较大的差异。以生均义务教育支出为例,尽管国家对农村义务教育的总体经费不断增加,但从全国和农村地区初中和小学生的生均教育支出情况来看,除了在 1996 年、2000 年和 2006 年,全国与农村地区初中和小学生的生均教育支出差距有所减小外,其余年份这一差距呈扩大趋势。这说明在教育经费的投入中,对农村生均教育经费的投入还是低于城市,城乡始终有着一定的差距。在"十三五"时期,我国义务教育小学和初中生均一般公共预算教育经费的年均增长率从"十二五"时期的 15.2% 和 16.3%,下降到 7.2% 和 8.3%,生均经费支出水平增速放缓。此外,城市小学和初中生均一般公共预算教育经费年均增长率分别为 8.8% 和 10.5%,超过了农村地区(小学 6%、初中 6.3%)。根据 2013 年的数据,农村小学和初中生均一般公共预算教育经费分别为 6 974 元和 9 465 元,而城市小学和初中分别为 7 127 元和 9 656 元,农村与城市的比值均为 0.98。而到了 2019 年,农村小学和初中的生均支出分别为 11 127 元和 15 197 元,而城市小学和初中分别为 13 455 元和 21 306 元,农村与城市的比值分别为 0.83 和 0.71,这说明城乡之间的差距有扩大的趋势。

## （二）我国教育支出的政策选择

**1. 加强政府在教育投资上的主体地位和主导作用，稳定教育经费来源**

首先，我们需要深化对教育事业性质和战略地位的认识。教育，尤其是义务教育，属于一种具有较大外部效益的公共产品，应以政府投入为主。因而，政府财政支出应优先保证对教育事业的投入。进一步提高教育"两个比例"，即进一步提高教育经费占GDP的比重，大幅度提高义务教育经费占教育总经费的比重。尽管当前财政性教育经费占GDP的比重已经连续9年达到4％目标，但随着社会经济的不断发展，这一比重还有望进一步提高，政府在义务教育领域的经费投入占义务教育总经费的比例应当达到90％以上。其次，要用法律的形式将政府的教育投资模式（支出项目、比例标准、拨款程序和方式等）加以固定化和明确化。尤其是中央和地方各级政府财政中教育经费支出所占的比例，应当尽快以法律形式加以规定。

**2. 合理界定中央政府与地方政府提供教育的事权和支出责任**

目前，由于教育提供的过于分权化，中央政府与地方政府在教育职能分工上的错位和事权的层层下移，导致地方政府尤其是基层政府巨大的支出压力和对教育投入不足，这也是我国教育地区差距和城乡差距扩大的重要原因之一。为此，要进一步完善中央与地方政府之间的财政关系，科学界定各级政府提供教育的事权和支出责任，义务教育的费用不能由县乡政府承担主要的责任，而应由中央、省、县共同承担。根据中国国情，在贫困地区，中央政府应承担主要的支出责任；在发达地区，省级政府应承担主要的支出责任，同时实现事权与支出责任的匹配。

**3. 调整教育资金的分配结构**

加强政府对基础教育的投入力度，尤其要加大对农村义务教育的投入力度，逐步改变城乡教育资源分配不均衡的局面，适当削减对高等教育的资助。基础教育具有很强的正外部性，是典型的公共产品。并且，对发展中国家来说，基础教育投资收益率通常是高等教育的三倍。而高等教育是一种混合产品，可以在一定程度上引入市场机制，因此高等教育（基础性高等教育除外）不必以政府投入为主，可以由私营部门和社会投资或向学生收取学费，形成以市场为主、政府补贴为辅的办学格局，以市场机制来推进高等教育的大众化。

**4. 逐步缩小地区间教育发展的差异**

应建立基于客观变量的科学合理的转移支付制度，以实现地区间教育财政状况的平衡，逐步减小地区差距，促进地区教育的协调发展。在设计转移支付制度时，政府应该增加对偏远地区、民族地区、革命老区和落后地区教育的支持力度。例如，中央政府可以通过专项拨款、补贴或直接承担某项教育经费的部分或全部来补偿这些地区的利益，促进教育资源分配的横向公平。

**5. 发行教育公债，以保证国家财政对教育的稳定支出**

教育不仅是一种消费，同时也是一项投资，尤其是政府用于教育的基本建设支出，更具有投资属性。因此，可以考虑用发行教育公债的办法来拓展教育资金的筹措空间，并把它专款专用于教育基本建设项目，这也是缓解我国教育投入不足的一种可行之策。在不少国家，地方政府以及一些学区都采用举债的方法为教育的基本设施建设融资。从理论上讲，发行教育公债的责任应由地方政府承担，在教育的需求日益高涨、地方政府支出责任不断增强而地方政府财力力不从心的情况下，我们建议应当允许地方政府发行适度的教育公债。

## 第三节 科学研究支出

### 一、政府对科学研究的干预

**（一）科学技术是第一生产力，科学技术是推动经济发展与增长的内在因素**

正是科学技术的不断进步，推动了近代社会的飞速发展。因此，当今世界各国对科学研究和技术开发的重视程度不断增加，用于科学技术的国家投资在财政支出中的地位逐步提高。

**（二）科学研究（尤其是基础科学研究）具有高风险、投资规模大和投资周期长的特征**

科学研究的过程就是知识创新的过程，是科学发现与技术发明的过程。科学研究与技术开发的过程具有很大的风险性，需要的资金规模大，其投入与产出的关系是不确定的。谁也不能保证投入多少科学家，投入多少研究资源，就一定能产出多少知识创新，就一定能转化为多少经济效益。甚至，有些研究成果是难以进入市场进行交易的。科学研究是一条漫长的充满艰辛的求索之路，有些研究成果可能是几代人呕心沥血的结晶，而有些科学研究可能只有耕耘，而无收获。因此，若纯粹从经济收益角度出发，企业就不愿介入基础科学研究，这就需要政府介入。

**（三）许多科学研究具有很强的外部性**

科学研究的外部性是指科研成果的社会效益要远远大于该成果给生产者个人带来的效益，具有公共产品的性质。例如，一些重大的医学研究课题（如传染病的防治）、农业基础科学研究（如良种培育）、基础理论研究等。对于这些外部效益很强的科研项目，往往是政府直接投资的对象。一旦政府投资的研究取得成果，政府可以将成果在全国范围推广使用，从而造福人民。相反，纯粹的私人研究成果往往会利用专利保护等方式来保护知识产权，限制其他人的使用，其社会效益相对有限。

**（四）市场无法对科研人员的付出与努力做出合理的价值评价**

科学知识的生产过程与其他物质产品的生产过程一样，需要各种要素的投入。科学的生产强调的是主观要素的投入，即科学家智力的投入；在物质产品的生产过程中，虽然也需要科技人员和管理人员脑力的投入，但主要是依靠劳动者劳力的投入。在科学知识的生产过程中，由于投入与产出关系的不确定性，再加上科研人员的智力投入很难衡量，这就决定了监督者对科研人员的劳动监督和激励是非常困难的，它不像普通物质产品的生产，可以通过一定的产出数量来推算体力劳动支出程度，从而给出相应的报酬（如计件工资）。虽然，科学发现的优先权报酬系统可以很好地激励卓越的科学家，但它可能过于偏向一流的科学家，而对其他默默无闻但仍然有贡献的科学家和科研工作者提供的激励相对有限。因此，优先权报酬系统会造成从事科学研究工作的风险太大，很可能导致科研人才的大量流失。所以，单纯的市场机制无法提供有效激励科学知识生产的机制，一种最为自然的选择办法就是政府介入科学知识的生产领域，通过财政支出为每个科研人员提供一份基本的报酬系统，一份不低于同类人员在市场上所获得的报酬。

## 二、科学研究的消费方式、生产方式与资金筹集

从科学研究的消费方式来看,一般理论上认为,有一部分科研成果具有公共产品的性质,例如基础科学研究、某些公益事业科研等。这类科研成果的生产者很难把科技创新的成果占为己有,这类成果的应用面广,并不针对某种特定的产品,在消费上排斥困难或者不应排斥。在这种情况下,市场机制就不能发挥作用,一个自然的结论就是政府用财政资金来支持科研成果的传播。另一方面,有相当一部分科研成果又具有私人产品的性质,它不是纯免费供应的,不是可以自由转移和传播的,是用专利的形式加以保护的,其专利形式是可以商品化的。对于这类科学研究,政府的主要责任不是为它提供资金,因为它可以通过出售研究成果来补偿成本。政府的主要职责是用法律形式保障成果生产者的权益,并对专利加以保护。消费者要获得此类科研成果的消费权必须通过市场购买专利权。这类科研主要是指应用科学研究。

从科学研究的生产方式来看,传统的理论认为,大学(包括私立大学)和政府科研机构一直被视为基础科学和新知识的主要生产力量;一些应用科学具有私人产品的性质,其研究成果具有实用性和商用性,并且技术进步的投资规模小,一般适合私人企业生产。然而,进入60—70年代以来,基础科学与应用科学的界限愈发模糊,科学研究的生产情况发生了很大变化,许多以追求营利为目标的私营企业纷纷建立R&D(研究与开发)机构,投入大量的资金,雇用大量的科技人员,越来越多地介入科学的生产领域。甚至有些行业(如生物制药工业、电子工业等)的企业不仅介入应用技术研究,而且也介入基础科学研究。这是因为在科学技术迅猛发展的时代,私营企业也越来越清醒地认识到,基础科学研究的新发现对应用技术创新的重要性。基础科学研究成果实际上包含两部分:一部分具有公共产品的性质,全人类可以共同享用;另一部分可能带来一定的经济价值,科学家可以以专利的形式卖给应用技术部门,甚至可以由科学家自己组建生产企业来进行生产。此外,科学技术创新中有相当一部分内容是不可言传的知识,只有通过"干中学"才能摸索到。

尽管有一些科学知识对所有国家和企业都是公开的,但由于技术准备和条件的不同,不同国家、地区、部门和企业的技术创新速度会有所不同。这些情况使得企业越来越认识到,如果不投入R&D活动,其产品在市场上将缺乏竞争力,从而危及企业的市场地位。因此,60—70年代以来,大学和政府科研机构不再是科学研究生产的主宰,私人部门在科学研究与开发方面的投入要远远大于政府的投入。在美国的科学研究与开发的项目中,有60%～67%的项目由私人部门完成,政府用于科学研究与开发的支出不断下降,但占GDP的比重依然稳定在2.3%左右。在基础科学研究方面,政府的支出没有增加反而有所下降。

从我国的实际情况来看,过去我国的科学研究主要依靠国家拨款,科研机构承担国家下达的研究项目。自20世纪80年代以来,非政府投资的科技机构异军突起,打破了传统的格局。据不完全统计,1997年年底全国约有6.5万家民营科技企业,且当年的技术工程和贸易总收入达到5 500亿元,利税约为700亿元,外汇创汇达60亿美元。所以,在科学技术突飞猛进、知识经济已见端倪的时代,政府参与科学研究的生产是必要的,但科学研究的生产方式应该多样化。政府应该鼓励和引导包括企业研发部门、事业单位型研发机构以及新型研发机构在内的各种力量参与基础科学研究和高风险的高新技术研究和开发,以推动国家科

学技术的进一步发展。

从上述分析我们可以看出,多元化的筹资格局是科学研究的必然选择。政府对科学研究的拨款是必要的,但科学研究与开发是高风险的投资,需要的资金规模大,仅靠政府的拨款是远远不够的,科学研究与开发需要财政的支持、金融的支持、企业的支持、社会的支持和市场的支持。因此,科学研究的资金来源无非是财政拨款、银行贷款、民间信用、企业投资、社会基金的投入、在资本市场筹资以及引入外资等。

## 三、我国科学研究支出的现状及其政策选择

### (一) 我国科学研究支出的现状分析

1. 国家财政用于科学研究的投入力度不足

国家财政科技拨款包括科学研究支出和其他功能支出中用于科学技术的部分。改革开放以来,尽管科学研究支出的绝对值是逐年增加的,但其占财政支出的比例较低,且在很多年份明显呈下降趋势;财政科技支出占国内生产总值的比重也很低,1990—2000年也呈现逐步下滑的态势,到了2001年以后情况才有所好转(见表10-4),2010年才提升到1.05%,并且在此后10年这一比重没有提升。虽然1995年中共中央、国务院在《关于加速科技进步的决定》中,提出了2000年全社会科学技术研究支出占国内生产总值1.5%的目标,但实际的结果是与这个目标相距甚远。财政对科学研究投入的不足,必然会影响到国家科教兴国战略的真正落实。

表10-4 国家财政用于科技的支出

| 年份 | 国家财政科技拨款(亿元) | 财政科技拨款占财政支出比重(%) | 科技拨款占GDP的比重(%) |
| --- | --- | --- | --- |
| 1990 | 139.1 | 4.51 | 0.75 |
| 1991 | 160.7 | 4.74 | 0.74 |
| 1992 | 189.3 | 5.06 | 0.70 |
| 1993 | 225.6 | 4.86 | 0.64 |
| 1994 | 268.3 | 4.63 | 0.56 |
| 1995 | 302.4 | 4.43 | 0.50 |
| 1996 | 348.6 | 4.39 | 0.49 |
| 1997 | 408.9 | 4.43 | 0.52 |
| 1998 | 438.6 | 4.06 | 0.52 |
| 1999 | 543.9 | 4.12 | 0.61 |
| 2000 | 575.6 | 3.62 | 0.58 |
| 2001 | 703.3 | 3.72 | 0.64 |
| 2002 | 816.2 | 3.7 | 0.68 |
| 2003 | 944.6 | 3.83 | 0.70 |

续　表

| 年份 | 国家财政科技拨款(亿元) | 财政科技拨款占财政支出比重(%) | 科技拨款占GDP的比重(%) |
|---|---|---|---|
| 2004 | 1 095.3 | 3.84 | 0.69 |
| 2005 | 1 334.9 | 3.93 | 0.72 |
| 2006 | 1 688.5 | 4.18 | 0.78 |
| 2007 | 2 135.7 | 4.29 | 0.80 |
| 2008 | 2 611 | 4.17 | 0.83 |
| 2009 | 3 276.8 | 4.29 | 0.96 |
| 2010 | 4 196.7 | 4.67 | 1.05 |
| 2011 | 4 797 | 4.39 | 1.01 |
| 2012 | 5 600.1 | 4.45 | 1.08 |
| 2013 | 6 184.9 | 4.41 | 1.09 |
| 2014 | 6 454.5 | 4.25 | 1.00 |
| 2015 | 7 005.8 | 3.98 | 1.02 |
| 2016 | 7 760.7 | 4.13 | 1.04 |
| 2017 | 8 383.6 | 4.13 | 1.01 |
| 2018 | 9 518.2 | 4.31 | 1.04 |
| 2019 | 10 717.4 | 4.49 | 1.09 |
| 2020 | 10 095 | 4.11 | 1.00 |
| 2021 | 10 766.7 | 4.38 | 0.94 |

资料来源：根据各年《中国科技统计年鉴》计算获得。

2. 我国科学研究与开发的经费投入不足

国际上常用R&D费用占GDP的比重来反映一国的科研投资状况。自20世纪90年代以来，随着以信息技术为核心的新一轮高新技术的快速发展，全球经济竞争进入白热化阶段。在这场竞争中，技术和知识的领先地位已成为发达国家获得竞争优势的关键。产业R&D活动代表了一个国家的技术创新能力和科技发展的真实水平。跨国企业为了保持竞争优势，纷纷投巨资于研究与开发，其经费的投入达到了销售额的12%～22%。而我国企业R&D的潜力尚未开发出来，虽然企业R&D经费支出额的绝对值在递增，但R&D经费支出占销售收入的比例过低，平均在1.1%～1.39%，无法与发达国家的企业相比，因此我国科技成果的转化率较低。从国家财政对R&D的经费投入来看，虽然我国对科学研究投入的绝对货币值逐年增长[①]，但R&D占GDP的比例与美国、德国、日本、韩国等发达国家仍有差距（见表10-5）。

---

① 2023年，中国的研发经费投入总量达到了24 426亿元，占GDP的比重达到了2.4%，总量稳居世界第二。

表 10-5 我国与部分国家 R&D 占 GDP 比重的比较　　　　　　　　　　单位：%

| 年份 | 中国 | 美国 | 德国 | 法国 | 日本 | 韩国 | 新加坡 |
|---|---|---|---|---|---|---|---|
| 2013 | 2.00 | 2.70 | 2.84 | 2.24 | 3.28 | 3.95 | 1.92 |
| 2014 | 2.02 | 2.72 | 2.88 | 2.28 | 3.37 | 4.08 | 2.08 |
| 2015 | 2.06 | 2.79 | 2.93 | 2.23 | 3.24 | 3.98 | 2.17 |
| 2016 | 2.10 | 2.85 | 2.94 | 2.22 | 3.11 | 3.99 | 2.07 |
| 2017 | 2.12 | 2.90 | 3.05 | 2.20 | 3.17 | 4.29 | 1.90 |
| 2018 | 2.14 | 3.01 | 3.11 | 2.20 | 3.22 | 4.52 | 1.81 |
| 2019 | 2.23 | 3.17 | 3.17 | 2.19 | 3.22 | 4.63 | 1.90 |
| 2020 | 2.41 | 3.47 | 3.13 | 2.30 | 3.27 | 4.80 | 2.22 |
| 2021 | 2.43 | 3.46 | 3.13 | 2.21 | 3.30 | 4.93 |  |

资料来源：OECD 数据库，https://data.oecd.org/rd/gross-domestic-spending-on-r-d.htm。

3. 政府对科技人才的资金投入较低，科技人才十分缺乏

科技人才是未来科技的核心，智力资源是综合国力的关键，优秀科技人才将左右各国新科技立国的命运。所以各国对科技人力资源的运用状况，实际上反映了国力的状况。从各国 R&D 人员、R&D 研究人员总数量来看，中国的全时当量已经稳居全球首位。过低的科技投入，造成了我国高水平科技人才的大量流失。我国是一个人口众多的大国，而科技人才的总量少于美国、日本等国家（见表 10-6）。因此，我们必须清醒地认识到，我国科技人才的数量和质量还不能够适应知识经济时代发展的需要。

表 10-6 我国与部分国家科技人才比较

| 国家 | R&D 人员（万人） | 每万名就业人员的 R&D 人员数（万人） | R&D 研究人员（万人） | 每万名就业人员的 R&D 研究人员数（人） |
|---|---|---|---|---|
| 中国 | 523.5 | 69.7 | 228.1 | 30.4 |
| 日本 | 90.3 | 130.4 | 68.2 | 98.5 |
| 俄罗斯 | 75.4 | 104.8 | 40.1 | 55.7 |
| 德国 | 73.6 | 162.5 | 45.1 | 99.6 |
| 韩国 | 52.6 | 193.8 | 43.1 | 158.8 |
| 英国 | 48.6 | 148.2 | 31.7 | 96.8 |
| 法国 | 46.4 | 163.1 | 31.4 | 110.5 |
| 意大利 | 35.6 | 139.7 | 16.1 | 63.1 |
| 西班牙 | 23.1 | 114.2 | 14.4 | 71.1 |
| 波兰 | 16.4 | 100.2 | 12.1 | 73.8 |
| 荷兰 | 16.0 | 167.5 | 9.8 | 102.0 |
| 土耳其 | 18.3 | 65.8 | 13.6 | 48.8 |
| 美国 | / | / | 155.5 | 98.5 |

注：中国为 2020 年数据，美国为 2018 年数据，其他国家为 2019 年数据。
数据来源：中华人民共和国科学技术部。

### (二) 我国科学研究支出的政策选择

1. 力争保持财政科学研究支出与经济发展之间的适应性增长格局，使前者的年均增长水平高于后者的年均增长水平，逐步扩大国家财政对科技的投入

从各国科研经费占GDP的比重来看，1965—1988年间，美国保持在2.2%~2.9%的水平，法国为1.9%~2.3%，日本为1.5%~2.9%，英国为2.05%~2.4%。就我国当前和今后一段时期所处的经济发展阶段及客观需要看，全国科研经费占GDP的比重应保持在2.5%以上为宜，而且随着经济的增长呈逐步上升趋势。

2. 政府应充分调动企业增加R&D投入的积极性

科学研究与开发不能单靠政府投入，政府积极引导企业对R&D的投入，因为企业是科技进步、实现经济增长的最终推动力。具体措施包括：(1)税收优惠。可以考虑对真正进行研发的企业实行税收优惠政策。例如，将企业真正用于科技研究与开发的费用视为日常生产支出，或者从企业应税所得中一次性或分次予以扣除。(2)加速折旧。加速折旧制度的推行可以使技术密集、资本密集型的企业投资得以迅速发展，可以推动我国众多老企业的技术改造进程。(3)政府支持性融资。政府可以为积极投入研究与开发的高新技术企业提供低利息和长期优惠贷款，同时为它们的银行贷款提供政府担保等支持措施。(4)政府采购。为了支持部分高新技术企业的发展，调动企业增加研究与开发投资的积极性，政府可以通过采购政策支持一些高新技术企业的产品，为它们创造市场机会，同时也有助于缓解这些企业在市场扩展和研究与开发方面可能面临的资金压力。当然，鉴于我国企业制度的改革远未到位，即使政府实施了有利的财政政策，企业也未必会增加对研发的投入。这里的关键问题在于必须进行根本性的企业制度改革。

3. 政府应该加大对科技人才(包括教师)的投入，提高科研人员的待遇

前面我们已经分析了，科研领域中最重要的资源投入是科研人员的智力投入。因此，必须对科研成果做出适当的价值评价。这种评价应能反映竞争市场中同类人才的劳动力价值，这是科研事业健康发展的必要保证。由于单纯的市场机制无法对科研人员的付出做出合理的价值判断，那么就需要政府用财政支出为每个科研人员提供一份基本报酬。并且这份报酬应当不低于市场上同类人才所获得的报酬水平，以确保科研人员在经济上能够维持其专业发展的动力。否则，可能会导致人才纷纷转向商业化研究或者其他领域，从而造成大量科研人才的流失。

## 第四节 医疗卫生支出

### 一、政府对医疗卫生市场的干预

医疗卫生服务作为一种人力资本投资，具有多重影响。它不仅有助于个人维持健康，还能提高个人的经济生产力，从而促进整个国家的经济增长。此外，医疗卫生服务还具备创造国民收入的溢出效应。因此，医疗卫生支出由个人与政府分担也是合理的。医疗卫生市场之所以需要政府参与，除了医疗卫生的溢出效应之外，还与医疗卫生市场的失灵有关。医疗卫生市场的缺陷主要体现在以下几个方面。

## （一）医疗卫生市场的信息不对称

医疗卫生市场存在信息不对称问题，这主要体现在医生掌握的信息远多于病人。医生不仅了解患者的病情，还负有制订治疗方案的责任。对于病情和治疗方式，患者通常所知甚少，完全依赖医生的诊断和决策。在医疗决策方面，患者通常不敢反驳医生的建议，因为他们不愿意将自己的生命置于风险之中。正是由于这种信息不对称，医生可能出于营利动机提供过多不必要的医疗服务。因此，政府有必要实施医疗卫生服务的监管来保护患者的权益。

## （二）许多与医疗卫生有关的服务是公共产品，有一些医疗卫生服务具有很强的外部性

例如，广泛的疾病控制和卫生健康宣传等活动几乎可以视为纯粹的公共产品，因为个人的使用不会限制其他人的消费和受益。只有政府才能可靠地确保这些产品或服务的提供。此外，还有一些医疗卫生服务具有明显的外部性，尽管它们不属于典型的纯公共产品。例如为儿童进行免疫接种可以减缓麻疹和其他传染病的传播，这不仅对接受免疫接种的个人有益，还保护了那些未接种的人，从而产生正外部效应。反之，如果不对感染者进行及时治疗，不仅对患者个人不利，还对社会中其他人造成危害。因此，需要政府鼓励能带来正外部性的行为，制止带来负外部性的行为。

## （三）人们对医疗卫生的需求具有不确定性

由于疾病的发生具有偶然性和突发性，个人难以预知何时会得病，再加上大部分人对自己健康的预期都是较乐观的，因而不可能预先准备大量金钱用于治疗疾病。一旦患重病，可能会严重影响个人和家庭的收入和就业，甚至使一个家庭倾家荡产，陷入贫困。尽管在私人市场上，人们可以通过购买商业保险来应对潜在的疾病风险，但商业保险的趋利性使得保险公司往往进行"逆向选择"，导致保险市场失灵。为了保障人民的基本生活水准，减少贫困，许多国家的政府采取了直接提供医疗保险或通过补贴私人医疗保险的方式来降低个人的风险。

根据世界银行1993年的有关表述，政府对医疗卫生市场干预的理论基础包括以下三个方面：第一，减少和减轻贫困是在医疗卫生方面进行政府干预的最直接的理论基础；第二，许多与医疗卫生有关的服务是公共产品，其作用具有外部性；第三，疾病风险的不确定性和保险市场的缺陷是政府行为的第三个理论基础。

政府对医疗卫生市场进行干预的三个理论基础，也确定了政府在医疗卫生市场的活动范围。一是提供被视为公共产品和具有外部性的服务，构成了所谓的"公共卫生"；二是在其负担得起的范围内，为贫困人口提供基本医疗服务，作为政府反贫困的重要政策工具；三是由于市场的重大缺陷，政府应对医疗保健市场进行干预，这尤其适用于订立医疗保健方面的规章制度和医疗保险。

## 二、医疗卫生的消费方式、生产方式与资金筹集

医疗卫生事业分为医疗事业和公共卫生事业。

医疗事业又包括基本医疗和特需医疗。基本医疗是指国民在患病时，能得到目前能够提供的、支付得起的、适宜的医疗服务，它包括一些基本药物、基本技术和设备以及基本服

务。基本医疗的目的是保障国民与现时的经济发展相适应的基本健康。基本医疗服务的主要受益者是患者本人及其家庭,因此,基本医疗在内部效益方面具备一定的竞争性和排他性。另一方面,基本医疗也带来一定的外部性,全体国民的健康水平提高有助于保证企业和整个国家的劳动生产率,推动社会经济实现良性循环,增加整个社会的物质财富。因此,基本医疗可视为一种准公共产品。

从消费方式来说,个人付费、企业和政府补贴是最有效的提供方式。如果基本医疗完全由政府公共提供,实行实报实销,就会极大地鼓励消费,造成严重的浪费,如药品的浪费、医疗费用屡屡超支等。因此,医疗事业的资金来源如下:(1)医疗保险费,资金来源是个人和企业(雇主)各缴纳一部分保险费,这是医疗事业的一项重要资金来源;(2)政府的医疗支出,随着人民对健康水平要求的逐渐提高,有限的医疗保险费往往入不敷出,于是政府对保险基金另给予补助,或者是雇主支付其雇员的医疗保险费,政府给予免税,或者是个人花费在医疗上的支出超过一定水平后可以免税,实际上这是一种政府的税式支出;(3)社会慈善机构的捐助;(4)私人支付医疗费,特需医疗,是为满足少数人高层次的医疗保健以及特殊需求而提供的特需门诊、家庭医生、特别护理等,其在消费上具有明显的竞争性和排他性,所产生的社会效益与个人效益差距不大,是一种典型的私人产品,从消费方式来说,市场提供是一种有效的方式,因此,特需医疗的资金来源应是消费者个人付费。

在医疗卫生市场上,政府免费或半免费提供的服务是公共卫生事业和重大医学课题的研究,例如传染病的防治、卫生教育与宣传、卫生监督与执法、计划免疫、社区卫生、重大医疗课题(如癌症、艾滋病等的研究)等。公共卫生是一种纯公共产品,具有极强的外部性,其目的主要是有利于提高整个人口的健康水平。在消费上,公共卫生具有非竞争性和非排他性的特点。如果完全依赖市场供给,个人边际收益等于边际成本决定的提供量将低于产生最大社会效益要求的提供量。因此,提供公共卫生的责任通常由政府承担。政府可以通过自己生产和提供这些服务,也可以通过与私人部门合作来实现公共卫生目标。公共卫生事业的资金筹集主要靠财政拨款解决。

从医疗卫生事业的生产方式来看,由于医疗卫生市场存在着信息不对称、外部性等方面的市场失灵,如果单纯地实行私人生产的方式,又会出现私人垄断的行为。因此,完全的私人生产方式便可能出现生产者利用虚假的信息欺骗消费者,以及收费过高而使消费者利益受损的情况。政府若出于纠正医疗卫生市场中的生产缺陷以及公平的考虑,可以通过公共生产代替私人生产的方式来实现这一目的。然而,理论和实践已经证明,如果医疗卫生事业采用完全的公共生产方式,可能会产生许多问题:首先,投资渠道单一,经费严重不足,导致医疗卫生机构供应不足,病人就诊拥挤。其次,公立医疗机构缺乏竞争压力,缺乏市场的激励,不利于提高医疗卫生服务的质量和降低成本。最后,公立医疗机构常受政府的行政干预,缺乏适应市场的灵活性。因此,在市场经济条件下,政府应该鼓励和引导私营经济参与医疗卫生的生产和竞争。医疗卫生生产方式的合理选择应该是公立和私立医疗机构并存,相互竞争和相互补充,共同发展。这样一方面可以增加消费者的选择,提高他们的满意度;另一方面,由于存在可供选择的公立和私立医疗机构,增加了要求这些服务提供者改进服务的压力,从而可以实现提高服务质量和降低供给成本的目标。对于私人医疗卫生机构,政府的管理方法是制定适当的管制条例,对其医疗药品的收费定价、医疗服务水平与质量、医疗机构的经营方向等进行公共管制。

## 三、我国医疗卫生支出的改革

改革开放以来,我国医疗卫生事业有了长足的发展,我国人民的健康水平随着医疗设施的完善而不断提高。但我国的医疗卫生事业也存在着一些不足之处,需要进一步改革与完善。

### (一) 我国医疗卫生支出的现状与存在的问题

**1. 我国医疗卫生支出水平偏低**

一个国家的医疗卫生支出占GDP比重是衡量该国医疗卫生支出水平的重要指标,它反映了政府对人民健康的重视程度以及在发展医疗卫生事业方面的作用。从表10-7可以看出,1990—2021年间我国政府对医疗卫生投入以及卫生总费用的绝对值在不断地增加,但医疗卫生支出占GDP比重却较低,且在很多年份都是呈现下滑态势。与发达国家相比,我国卫生总费用占GDP的比重、人均卫生费用、人均政府卫生支出都较低(见表10-8)。导致我国医疗卫生总费用过低的主要原因是政府对医疗卫生投入不足。在世界范围内,政府投入始终是医疗卫生事业的主要资金来源。其中,OECD国家平均为75%,亚洲国家为45%,美国最少,但也有43%左右。在我国,20世纪70年代末,政府医疗卫生投入在全国医疗卫生投入中所占的比重为28%;80年代末下降到20.1%;进入90年代,下降的趋势不仅没有扭转,反而有加剧的表现;到2021年仅为26.91%。

表10-7 卫生支出及其比重

| 年份 | 政府卫生支出(亿元) | 卫生总费用(亿元) | 政府卫生支出占财政支出比重(%) | 政府卫生支出占卫生总费用比重(%) | 政府卫生支出占GDP比重(%) | 卫生总费用占GDP比重(%) |
|---|---|---|---|---|---|---|
| 1990 | 187.28 | 747.39 | 6.07 | 25.06 | 1 | 4.00 |
| 1991 | 204.05 | 893.49 | 6.03 | 22.84 | 0.94 | 4.10 |
| 1992 | 228.61 | 1 096.86 | 6.11 | 20.84 | 0.85 | 4.07 |
| 1993 | 272.06 | 1 377.78 | 5.86 | 19.75 | 0.77 | 3.90 |
| 1994 | 342.28 | 1 761.24 | 5.91 | 19.43 | 0.71 | 3.65 |
| 1995 | 387.34 | 2 155.13 | 5.68 | 17.97 | 0.64 | 3.54 |
| 1996 | 461.61 | 2 709.42 | 5.82 | 17.04 | 0.65 | 3.81 |
| 1997 | 523.56 | 3 196.71 | 5.67 | 16.38 | 0.66 | 4.05 |
| 1998 | 590.06 | 3 678.72 | 5.46 | 16.04 | 0.7 | 4.36 |
| 1999 | 640.96 | 4 047.50 | 4.86 | 15.84 | 0.71 | 4.51 |
| 2000 | 709.52 | 4 586.63 | 4.47 | 15.47 | 0.72 | 4.62 |
| 2001 | 800.61 | 5 025.93 | 4.24 | 15.93 | 0.73 | 4.58 |
| 2002 | 908.51 | 5 790.03 | 4.12 | 15.69 | 0.75 | 4.81 |
| 2003 | 1 116.94 | 6 584.10 | 4.53 | 16.96 | 0.82 | 4.85 |
| 2004 | 1 293.58 | 7 590.29 | 4.54 | 17.04 | 0.81 | 4.75 |

续 表

| 年份 | 政府卫生支出(亿元) | 卫生总费用(亿元) | 政府卫生支出占财政支出比重(%) | 政府卫生支出占卫生总费用比重(%) | 政府卫生支出占GDP比重(%) | 卫生总费用占GDP比重(%) |
|---|---|---|---|---|---|---|
| 2005 | 1 552.53 | 8 659.91 | 4.58 | 17.93 | 0.84 | 4.68 |
| 2006 | 1 778.86 | 9 843.34 | 4.4 | 18.07 | 0.82 | 4.55 |
| 2007 | 2 581.58 | 11 573.97 | 5.19 | 22.31 | 0.97 | 4.35 |
| 2008 | 3 593.94 | 14 535.40 | 5.74 | 24.73 | 1.14 | 4.63 |
| 2009 | 4 816.26 | 17 541.92 | 6.31 | 27.46 | 1.41 | 5.15 |
| 2010 | 5 732.49 | 19 980.39 | 6.38 | 28.69 | 1.43 | 4.98 |
| 2011 | 7 464.18 | 24 345.91 | 6.83 | 30.66 | 1.58 | 5.15 |
| 2012 | 8 431.98 | 28 119.00 | 6.69 | 29.99 | 1.62 | 5.41 |
| 2013 | 9 545.81 | 31 868.95 | 6.83 | 30.14 | 1.68 | 5.57 |
| 2014 | 10 579.23 | 35 312.4 | 6.97 | 29.96 | 1.64 | 5.49 |
| 2015 | 12 475.28 | 40 974.64 | 7.09 | 30.45 | 1.81 | 5.95 |
| 2016 | 13 910.31 | 46 344.88 | 7.41 | 30.01 | 1.86 | 6.21 |
| 2017 | 15 205.87 | 52 598.28 | 7.49 | 28.91 | 1.83 | 6.32 |
| 2018 | 16 399.13 | 59 121.91 | 7.42 | 27.74 | 1.78 | 6.43 |
| 2019 | 18 016.95 | 65 841.39 | 7.54 | 27.36 | 1.83 | 6.67 |
| 2020 | 21 941.9 | 72 175.00 | 8.41 | 30.4 | 2.16 | 7.12 |
| 2021 | 20 676.06 | 76 844.99 | 8.35 | 26.91 | 1.81 | 6.72 |

资料来源:《2022中国卫生和计划生育统计年鉴》。

表10-8　2021年部分医疗卫生支出情况

| 国家 | 卫生总费用占GDP比重(%) | 政府卫生支出占政府总支出比重(%) | 人均卫生费用(美元) | 人均政府卫生支出(美元) |
|---|---|---|---|---|
| 澳大利亚 | 9.9 | 16.3 | 5 427.5 | 3 890.5 |
| 日本 | 10.7 | 24.2 | 4 360.5 | 3 656.6 |
| 美国 | 16.8 | 22.5 | 10 921 | 5 552.6 |
| 加拿大 | 10.8 | 18.6 | 5 048.4 | 3 542.3 |
| 韩国 | 8.2 | 14.3 | 2 624.5 | 1 562.4 |
| 印度 | 3 | 3.4 | 63.8 | 20.9 |
| 巴西 | 9.6 | 10.5 | 853.4 | 347.7 |
| 中国 | 6.67 | 8.8 | 535.1 | 299.6 |

资料来源:《2022中国卫生和计划生育统计年鉴》。

2. 医疗卫生公共资源配置不当,效率较低

(1)城乡卫生投入差距较大。从表10-9可以看出,1990—2016年间,国家对农村卫生

事业的总投入从 351.39 亿元增长到 10 886.87 亿元。然而,城市与农村卫生费用之间的差距不断扩大。1990 年,城市卫生费用是农村的 1.13 倍,到 2016 年扩大到了 3.26 倍。农村人均卫生事业费绝对值虽然由 1990 年的 38.8 元增长到了 2016 年的 1 846.1 元,但是远低于城市水平。尽管 2008 年后城市与农村人均卫生费用的差距有所缩小,但截至 2016 年,城市人均卫生费用仍然是农村的 2.42 倍。

表 10-9  1990—2016 年城乡卫生费用比较

| 年份 | 卫生总费用（亿元） | 城乡卫生费用(亿元) 城市 | 农村 | 城市/农村 | 人均卫生费用(元) 合计 | 城市 | 农村 | 城市/农村 |
| --- | --- | --- | --- | --- | --- | --- | --- | --- |
| 1990 | 747.39 | 396 | 351.39 | 1.13 | 65.4 | 158.8 | 38.8 | 4.09 |
| 1995 | 2 155.13 | 1 239.5 | 915.63 | 1.35 | 177.9 | 401.3 | 112.9 | 3.55 |
| 2000 | 4 586.63 | 2 624.24 | 1 962.39 | 1.34 | 361.9 | 813.7 | 214.7 | 3.79 |
| 2001 | 5 025.93 | 2 792.95 | 2 232.98 | 1.25 | 393.8 | 841.2 | 244.8 | 3.44 |
| 2002 | 5 790.03 | 3 448.24 | 2 341.79 | 1.47 | 450.7 | 987.1 | 259.3 | 3.81 |
| 2003 | 6 584.10 | 4 150.32 | 2 433.78 | 1.71 | 509.5 | 1 108.9 | 274.7 | 4.04 |
| 2004 | 7 590.29 | 4 939.21 | 2 651.08 | 1.86 | 583.9 | 1 261.6 | 301.6 | 4.18 |
| 2005 | 8 659.91 | 6 305.57 | 2 354.34 | 2.68 | 662.3 | 1 126.4 | 315.8 | 3.57 |
| 2006 | 9 843.34 | 7 174.73 | 2 668.61 | 2.69 | 748.8 | 1 248.3 | 361.6 | 3.45 |
| 2007 | 11 573.97 | 8 968.70 | 2 605.18 | 3.44 | 876 | 1 516.3 | 358.1 | 4.23 |
| 2008 | 14 535.4 | 11 251.90 | 3 280.38 | 3.43 | 1 094.5 | 1 862.3 | 454.8 | 4.09 |
| 2009 | 17 541.9 | 13 535.61 | 5 758.9 | 2.05 | 1 314.3 | 2 176.6 | 562 | 3.87 |
| 2010 | 19 980.4 | 15 508.62 | 4 471.8 | 3.47 | 1 490.1 | 2 315.5 | 666.3 | 3.48 |
| 2011 | 24 345.91 | 18 571.87 | 5 774.04 | 3.22 | 1 807.0 | 2 697.5 | 879.4 | 3.07 |
| 2012 | 28 119.00 | 21 280.46 | 6 838.54 | 3.11 | 2 076.7 | 2 999.3 | 1 064.8 | 2.82 |
| 2013 | 31 868.95 | 23 644.95 | 8 024.00 | 2.95 | 2 327.4 | 3 234.1 | 1 274.4 | 2.54 |
| 2014 | 35 312.4 | 26 575.6 | 8 736.8 | 3.04 | 2 565.5 | 3 558.3 | 1 412.2 | 2.52 |
| 2015 | 40 974.64 | 31 297.85 | 9 676.79 | 3.23 | 2 962.2 | 4 058.5 | 1 603.6 | 2.53 |
| 2016 | 46 344.88 | 35 458.01 | 10 886.87 | 3.26 | 3 328.6 | 4 471.5 | 1 846.1 | 2.42 |

资料来源:根据《2017 中国卫生和计划生育统计年鉴》改编获得。

(2) 医疗卫生公共资金的配置存在着"重治轻防"的现象。在我国,医疗卫生公共资金的配置存在着"重治轻防"的现象,更多的资金被用于改善医疗设备和措施等服务方面,而社会效益大的公共卫生事业资金投入严重不足,如肺结核和性传播疾病的治疗、艾滋病的防治、农村公共卫生基础设施的建设等。公共卫生服务经费支出是政府卫生预算的重要组成部分,代表了国家对卫生事业的支持程度。然而,在 1990 年到 2003 年期间,我国公共卫生经费在卫生总费用中所占比重从 1990 年的 25.06% 下降到 2003 年的 16.96%。直到 2003 年后,这一下降趋势才得以扭转,2013 年才提高到 30.14%。这些数据的变化反映了一个事实,即政府对卫生事业的投入规模和力度不够,"重治轻防"的问题令人担忧。其结果必然导致政府卫生防疫的能力减弱,传染病发病率逐步上升,严重威胁着人民的身体健康,不利于整个国家人力资源的开发和经济建设。

3. 地方政府提供医疗卫生支出责任过大

从表10-10可以看出,1991—2021年中国医疗卫生支出的98.29%都是由地方政府提供的,中央财政供给不足。医疗卫生具有公共产品性质,理应由中央政府更多地支出,而现实是地方政府承担主要支出责任。这种情况一方面加重了地方政府的财政支出压力,另一方面直接导致了中央财政在医疗卫生事业和落后地区的基本医疗保障等方面的投入不足。同时,中央和省级政府对地方政府的财政转移支付规模也相对较小,没有起到平衡地区间医疗卫生发展差距的作用。

表10-10 中央与地方政府医疗卫生支出占比

| 年份 | 中央政府医疗卫生支出(亿元) | 地方政府医疗卫生支出(亿元) | 中央政府医疗卫生支出占比(%) | 地方政府医疗卫生支出占比(%) |
| --- | --- | --- | --- | --- |
| 1991 | 3.77 | 141.76 | 2.66 | 97.41 |
| 1992 | 4.05 | 163.18 | 2.48 | 97.58 |
| 1993 | 4.34 | 197.43 | 2.20 | 97.85 |
| 1994 | 5.56 | 251.73 | 2.21 | 97.84 |
| 1995 | 5.99 | 291.32 | 2.06 | 97.99 |
| 1996 | 7.00 | 341.86 | 2.05 | 97.99 |
| 1997 | 7.83 | 382.88 | 2.05 | 98.00 |
| 1998 | 8.62 | 406.23 | 2.12 | 97.92 |
| 1999 | 7.19 | 438.49 | 1.64 | 98.39 |
| 2000 | 7.32 | 482.39 | 1.52 | 98.51 |
| 2001 | 11.76 | 557.54 | 2.11 | 97.93 |
| 2002 | 17.25 | 617.79 | 2.79 | 97.28 |
| 2003 | 22.07 | 755.54 | 2.92 | 97.16 |
| 2004 | 22.39 | 832.25 | 2.69 | 97.38 |
| 2005 | 21.26 | 1 015.55 | 2.09 | 97.95 |
| 2006 | 24.23 | 1 296.00 | 1.87 | 98.16 |
| 2007 | 34.21 | 1 955.75 | 1.75 | 98.28 |
| 2008 | 46.78 | 2 710.26 | 1.73 | 98.30 |
| 2009 | 63.50 | 3 930.69 | 1.62 | 98.41 |
| 2010 | 73.56 | 4 730.62 | 1.55 | 98.47 |
| 2011 | 71.32 | 6 358.19 | 1.12 | 98.89 |
| 2012 | 74.29 | 7 170.82 | 1.03 | 98.97 |
| 2013 | 76.70 | 8 203.20 | 0.96 | 99.04 |

续　表

| 年份 | 中央政府医疗卫生支出(亿元) | 地方政府医疗卫生支出(亿元) | 中央政府医疗卫生支出占比(%) | 地方政府医疗卫生支出占比(%) |
|---|---|---|---|---|
| 2014 | 90.25 | 10 086.56 | 0.89 | 99.11 |
| 2015 | 84.51 | 11 868.67 | 0.71 | 99.29 |
| 2016 | 91.16 | 13 067.61 | 0.69 | 99.31 |
| 2017 | 107.60 | 14 343.03 | 0.74 | 99.26 |
| 2018 | 210.65 | 15 412.90 | 1.35 | 98.65 |
| 2019 | 247.72 | 16 417.62 | 1.49 | 98.51 |
| 2020 | 342.78 | 18 873.41 | 1.78 | 98.22 |
| 2021 | 223.51 | 18 919.17 | 1.17 | 98.83 |

资料来源：根据各期《中国统计年鉴》整理获得。

4. 在医疗卫生总费用偏低的背后，存在着医疗费用支出急剧膨胀的现象

随着人口老龄化、人民富裕程度的提高以及医疗科技的进步，医疗卫生费用的上升对绝大多数国家来说似乎是一种必然趋势。这种趋势本身并没有什么不好，但是一个前提条件是医疗卫生费用的增长应在国家财政和企业的承受能力之内。1990 年，我国医疗保障费用为 44.34 亿元，2021 年这一费用增至 24 043.10 亿元，是 1990 年的 542 倍。造成医疗费用急剧膨胀有以下几方面的原因：(1) 长期以来，计划经济体制下的公费、劳保医疗"实报实销"制度形成了一定的消费习惯，导致人们对医疗卫生服务的需求存在着预算软约束，即使实行了由政府、雇主、个人共同承担的医疗保险制度，仍会有不同程度鼓励消费的作用。(2) 缺乏对医疗服务供给方——医疗服务机构——的费用控制机制和有效的管理办法，医院存在提高医疗费用的内在的利益驱动力。(3) 现行的医疗服务价格体系不合理。在现行的医疗价格体系中，医疗价格和医疗价值存在背离，医疗服务价格偏低。为了维持经营和发展，许多医院只能通过提高药费（尤其是贵重药品）和大型医疗仪器的检查费来补偿医疗服务价格的不足，导致医疗费用支出急剧上升，大大超过了国家财政收入和企业效益的增长速度。

### (二) 医疗卫生支出的改革

1. 在逐步增加政府对医疗卫生投入的同时，调整医疗卫生支出结构

首先，应明确政府在医疗卫生市场中的职责。在市场经济条件下，政府在发展医疗卫生事业中的职责，应是弥补市场失灵。属于财政资金支持的主要是公共卫生事业、重大医疗课题研究，以及保证满足人们最基本的医疗需求。中国作为一个发展中国家，政府应该减少用于成本效益不佳的干预措施方面的开支，而应将更多的资源用于公共卫生与基本医疗计划方面的开支。这些计划包括计划免疫、艾滋病防治、肺结核和性传播疾病的治疗以及基本医疗服务等，从而满足人民对公共卫生和最低标准的基本医疗服务的需求。其次，进一步加大政府对农村医疗卫生的投入力度，加大转移支付的力度，加强农村医疗卫生服务体系建设，逐步缩小城乡医疗卫生服务的差距，实现公共服务均等化。

2. 合理划分各级政府的医疗卫生支出的事权和支出责任

应该根据医疗卫生服务外部效益的边界，合理划分各级政府之间的医疗卫生事权，促进

医疗卫生事业的均衡发展。需要改变目前以地方政府为主导,尤其是以县乡财政为主的医疗卫生财政支出体系,建立以中央和省级政府为主导的财政支出体系。基础性医疗卫生项目、公共卫生和基本医疗服务应由中央和省级政府承担主要责任,对于需求较特殊的地方,应该由县、区级政府来负担。在合理划分各级政府的医疗卫生事权后,还应将事权与支出责任相匹配。

3. 医疗机构补偿机制改革

目前,我国医疗机构的消耗补偿为双向复合补偿:一是政府财政资金和政策补偿,包括财政补助、药品加成收入留用;二是医疗服务收费。现行医疗机构补偿机制存在的主要问题:一是财政补助的范围不明确,方式不合理;二是收费价格畸高畸低,大型设备收费过高,而劳务性收费价格偏低;三是过分依赖药品加成收入,"以药养医"造成大处方、高回扣、过度使用贵重药,推动医药费的迅猛上涨,增加了国家、企业和群众的负担。

因此,必须对医疗机构的补偿机制实行改革。(1)调整财政补助对象与方式。财政补助的对象,从补助供给方——医疗机构为主,转向补助需求方——医疗患者为主;补助的方式,从提供服务转向购买服务。可以考虑,第一,将医院分为两类:一类是国家平价或低价医院,提供基本医疗服务,国家对这类医院提供经营亏损补贴以确保贫困人群能够获得基本医疗服务;另一类是普通医院,它们主要通过服务收费获得消耗补偿,国家根据需要只提供专项补偿,不再提供经常性补助。第二,从医院的服务行为上区分,国家对基本医疗、基础研究、人才培养、社会卫生等项目给予补贴,对一般医疗服务不予补助。(2)改变"以药养医"的机制。从根本上切断医生的处方行为与其经济利益之间的"脐带",按照国际惯例,实现"以医养医",逐步实行医药分业制度。"以药养医"机制的形成是在医疗服务定价过低的情况下的一种制度变迁。改变这一状况的唯一办法是调整和完善医疗服务价格。医疗价格的制定要建立在价值规律的基础上,合理确定价格与比价的关系。要逐步降低药品收入和大型设备检查收费在医疗收入中的比重,逐步提高医疗服务的收费标准。医疗服务属于准公共产品和私人产品,在许多发达国家,其价格都是由社会保险机构这个医疗卫生服务的"购买者"与医疗机构这个"提供者"按供求关系来决定的。医疗服务市场化后,医疗市场就会把成本和效益联系起来,要享受好的医疗服务必须付出较高的费用。当医疗服务价格足以补偿医院成本后,医药分业就成了必然的选择。

4. 促进医疗卫生服务的多元化和竞争

通过竞争,可以达到降低供给成本和提高医疗服务质量的目的。具体包括:消除对进入这一领域的限制,允许私人开办医院;可以将医疗临床服务的融资问题交给私人或社会保险来解决;同时,政府应鼓励供应者(公共的和私营的)在提供医疗卫生服务和投入方面的竞争和多样性,尤其是药品、设备供应方面的竞争,鼓励出现更多的有关医疗保健的价格、服务质量、基本设备和常备药品以及医疗机构和提供者资格的鉴定等方面的信息或广告。

5. 促成一种使居民能改善卫生健康的环境

居民的卫生健康水平与其收入高低和教育程度有着密切的关系。政府在采取提高人民健康水平的措施中,下列措施将有助于实现这一目标:提高贫困者的收入是改善其健康状况的最有效的经济政策,因为贫困者最有可能以改善其健康状况的方式支出额外收入;扩大对教育,尤其是对女孩和妇女的教育投资,最有益于提高居民的健康水平。

## 本章小结

科教文卫支出的性质表现在两方面:一是科教文卫等公共事业单位与企业单位性质的异同;二是它兼有社会消费性和非生产性的特征。

教育、科学研究、医疗卫生市场的失灵为政府的干预提供了理论依据。

从教育的消费方式来看,义务教育的资金筹集应主要由政府财政拨款解决,而非义务教育应采用以市场提供为主、政府补贴为辅的筹资方式。从教育的生产方式来看,公立学校与私立学校并存,相互补充,共同发展是一种合理的选择。

从科学研究的消费方式来看,基础科学研究应由财政资金来支持;对于应用科学,政府的主要责任不是为它提供资金,而是用法律的形式保障生产者的权益,并对专利加以保护。从科学研究的生产方式来看,政府参与科学研究的生产是必要的,但科学研究的生产方式应不拘一格,政府应鼓励和引导包括私人部门在内的各种社会力量参与基础科学和高风险的高新技术的研究与开发。

从医疗卫生的消费方式来看,公共卫生事业的资金筹集主要靠财政拨款解决;基本医疗采用个人付费、企业和政府补贴是最有效的提供方式。特需医疗的资金来源应是消费者个人付费。从医疗卫生的生产方式来看,公立与私立医疗机构并存,相互竞争,相互补充,共同发展是合理的选择。

改革开放以来,我国的科教文卫事业有了长足的发展,但同时也存在着一些不足之处,需要进一步改革与完善。

## 习 题

### 一、名词解释

人力资本投资　科学发展的优先权报酬系统　第三方支付体系　人员经费　公用经费

### 二、思考题

1. 简述政府支持教育的理论依据。
2. 请你谈一谈免费的高等教育体制对收入分配的影响。
3. 为什么长期以来我国的教育资源(尤其是高等教育)供给严重不足?请你谈谈自己的看法。
4. 论述发展我国教育事业的财政对策。
5. 简述政府支持科学研究事业的理由。
6. 分析促进我国科技进步的财政政策措施。
7. 请你谈一谈科学研究的生产方式与消费方式。
8. 医疗卫生市场失灵主要表现在哪些方面?
9. 论述医疗卫生的生产方式与消费方式。
10. 如何进行医疗卫生服务的成本控制?

# 第十一章 社会保障支出

## 全章提要

- 第一节 为什么要实行社会保障
- 第二节 社会保障政策的效应分析
- 第三节 社会保障体系
- 第四节 社会保险资金的筹集模式
- 第五节 我国社会保障制度的改革

本章小结

习题

社会保障是当代社会不可缺少的福利机制,是社会发展的"安全网"和"稳定器"。商品经济越发达,它就愈益成为社会发展的一个重要组成部分。本章首先从理论上分析为什么要实行社会保障制度,以及社会保障政策的经济影响;其次,介绍我国社会保障体系的内容;最后,论述社会保障制度的筹资模式以及我国社会保障制度的改革。

思政案例

养老保险三支柱体系

## 第一节 为什么要实行社会保障

### 一、社会保障的概念

社会保障是国家向丧失劳动能力、失去就业机会以及遇到其他事故面临经济困难的公民提供的基本生活保障。社会保障作为一种经济保障形式,有两个基本特征:第一,社会保障是由政府在社会范围内组织实施的,因而不同于劳动者就业单位自己为职工举办的经济保障计划;第二,社会保障的受益人为公民中遇到生、老、病、残、失业等事故而亟待获得物质帮助者,这种受益的选择性,是社会保障区别于政府举办的、旨在使公民普遍受益的一般公共福利事业的重要标志。我国社会保障体系主要由社会保险、社会救济、社会福利和社会优抚四个部分组成。其中,社会保险处于核心地位,社会救济属于最低层次的社会保障,社会福利被视为社会保障的最高纲领,社会优抚起着安定特定阶层生活的功能。

### 二、政府对社会保障市场的干预

政府之所以要介入社会保障市场,主要基于以下几方面的原因。

#### (一) 私人保险面临"逆向选择"问题

在保险市场上,"逆向选择"意味着想要为某一特定损失投保的人实际上是最有可能受到损失的人。那些愿意买保险的人往往比同类人有更高的风险(易患病),所以风险较小者(身体健康)便不愿意购买保险(因为健康者补贴易患病者)。由于愿意购买保险的人中,高风险者的比例很大,保险公司被迫提高保险费,结果是越来越少的人买得起保险,这将导致保险市场萎缩。与私人保险不同的是,政府可以强制所有人购买保险,以避免逆向选择问题的副作用。

#### (二) 私人保险公司降低社会风险的能力较弱

个人所面临的许多重大风险是无法通过市场来提供保险的,如失业保险和养老保险等。私人保险公司所提供的保险在降低社会风险的能力方面低于政府,这在通货膨胀和战争时期表现得尤为突出,而政府介入社会保障可以大大增强社会抗风险的能力。因为政府可以通过征税来实现对社会风险的保险;政府能使几代人共同承担风险。

#### (三) 政府介入社会保障可以降低决策成本

保险市场是十分复杂的,个人可能要耗费相当的时间和精力来选购恰当的保险单。如果公共决策者可以为每一个人选择一项恰当的计划，个人就不必在决策上浪费资源了。当然也有人对这种观点持批评态度，因为没有理由相信，政府一定能为每个人选择恰当的保险单，毕竟不同的人有不同的需求。

### (四) 家长主义

通常的看法是，社会保险(尤其是养老保险)是一种优值品，由于个人缺乏远见，难以通过最大化自身利益去购买足够的保险，因此，实行家长作风的政府通过强制个人购买，以防止社会成员在现在与未来的安排上选择不当而引致贫困。

### (五) 出于收入再分配的考虑

市场是以各人对生产所作的贡献(包括劳动和资本)大小来分配收入的。由于各人所拥有的体力、智力、天赋和资本不同，因此根据市场规则进行的分配必然会造成贫富差距。而政府可以通过社会保障政策来纠正和弥补市场机制下收入分配的缺陷。

## 第二节　社会保障政策的效应分析

政府对社会保障市场的干预是通过保险支出政策来实施的。政府的社会保障支出政策会对人们的劳动供给、储蓄行为产生重大的影响，并且还会产生一系列的再分配效应。因此，有必要对这些政策影响与效应加以研究。

### 一、社会保障对劳动供给的影响

社会保障支出中对劳动供给产生影响的项目主要是养老保险支出。

图 11-1 中，纵轴表示收入水平，横轴表示休闲，$AB$ 表示没有政府养老保险金的预算约束线，即收入与休闲之间的关系。要取得收入必须放弃休闲，劳动意味着为了取得收入而放弃休闲。$AB$ 的斜率表示工资率。预算约束线 $AB$ 与个人无差异曲线的切点分别是 $E_1$、$E_2$、$E_3$，它们表示三个不同收入阶层群体的最佳决策点。$AGHD$ 表示政府按照区别对待原则给予人们养老保险金时的预算约束线。现在假定政府向每个人提供一份均等的养老保险，并且个人对收入和休闲的偏好没有改变，那么预算约束线的斜率不会发生变化，预算约束线就会平行移动至 $CD$。新的均衡点为 $E_1'$、$E_2'$、$E_3'$。这时我们发现，当政府向每个人提供一份均等的养老保险时，劳动供给将会减少。现在，我们再假定，政府为了促进社会公平，按照差别原则向不同收入阶层的群体提供不同数量的养老保险，即对中、低收入阶层给予不同的补贴，对高收入者不补贴，结果高收入者的养老保险金为零，从而他们的均衡点不发生变化，此时劳动供给不变。

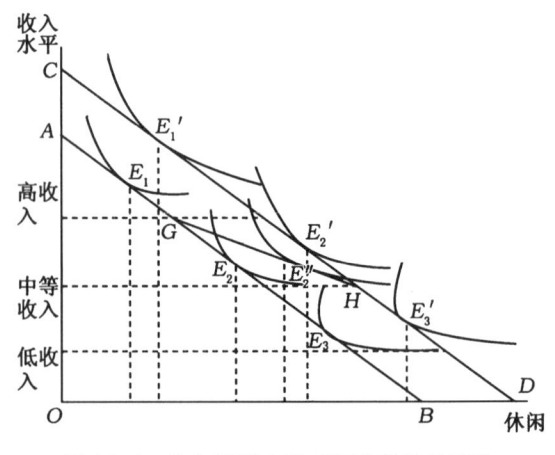

图 11-1　社会保障支出对劳动供给的影响

假定政府按照区别对待的原则,给予中等收入者半额的养老保险,那么他们的预算约束线的斜率将发生变化,新的收入预算约束线为 $GH$,与个人无差异曲线的切点为 $E_2''$ 点,其结果是大幅减少劳动供给。

对低收入者来说,无论政府按照怎样的原则来分配养老保险,他们均能获得全额的保险收入。因此,无论在何种情况下,他们都倾向于减少劳动供给。因为,政府向他们提供了全额的退休金,他们未来的生计有了着落,可以不必在年轻时拼命工作赚钱为未来做准备。图 11-1 中 $HD$ 线段上的 $E_3'$ 点清楚地表明了这一点。

## 二、社会保障支出对储蓄的影响

社会保障支出中对人们的储蓄行为产生较大影响的项目是养老保险。政府的养老保险对人们储蓄行为的影响可用莫迪利安尼的生命周期模型加以说明。

莫迪利安尼认为,消费者对个人消费的安排是根据其一生中在各个时期的收入、储蓄、财富等因素来统筹考虑的。消费者之所以要通过储蓄来积累财产,是为了在退休后也能保持与退休前一样的生活水平。他把人生分为未成年期、成年期、老年退休期三个阶段。在未成年期和老年退休期的消费大于收入,储蓄是负值。只有在成年期,收入才大于消费,储蓄是正的。储蓄的生命周期过程可用图 11-2 表示。在图 11-2 中,当 $t<N$ 时,消费者正在进行储蓄,财产在不断增加;当 $t=N$ 时,财产累积额达到最大值,在图形上显示为三角形的顶点;当 $t>N$ 时,表示消费者在进行负储蓄,财产在不断减少,并在 $t=L$ 时,财产为零。

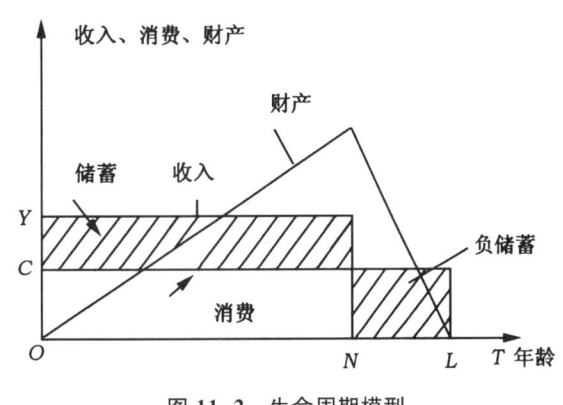

图 11-2 生命周期模型

然而,在现实经济中,消费者的储蓄行为还受到利率、失业以及消费者能否对其生存时间进行准确预测等因素的影响。基于上述原因,消费者便需要依靠政府的养老保险支出来减少其退休后可能面临的风险。

因此,政府的养老保险支出行为至少会从两个方面对人们的储蓄行为产生影响:一是由于政府的养老保险支出的资金来源于人们缴纳的社会保障税,故政府养老保险的支付将减少人们实际可支配的收入,从而使他们的储蓄也相应减少;二是由于政府的养老保险支出大大减少了人们退休后所面临的风险和增加人们的税收,所以政府的养老保险支出很可能产生替代效应,即人们以休闲来替代工作,或以增加消费来替代储蓄。无论在何种替代效应下,人们的储蓄都会趋于下降。

## 三、社会保障支出对社会公平的影响

社会保障由强制性的退休储蓄项目、保险项目和再分配项目组成。

从储蓄这个角度来说,公平性表示人们得到的利益与他们的付出应该相对应。政府为推行社会养老保险计划而开征的税收,具有"强迫储蓄"的功能。人们在年轻时被迫进行的储蓄,如果能在年老退休后,可以以养老保险金的形式全部收回,那么,其结果是公平的;反之,则不公平。

从保险项目来看,不同的保险项目有可能使一些人得到的利益比他们付出的要多。如果人们的退休年龄、寿命是一致的,那么其结果就较为公平。如果人们的寿命、退休年龄不一致,那么寿命长的人或早退休的人得到的利益有可能比他们付出的要多。这里所说的公平,表示人们的付出与其获得的平均收益相对应。

如果从再分配的角度来看社会保障,公平意味着一部分财富要转移给福利少的人,穷人得到的利益将比他们付出的多。如果养老保险能有效地缩小人们退休后悬殊的贫富差距,那么其结果是公平的;反之,则不公平。

## 第三节 社会保障体系

现代国家的社会保障体系以社会安全网络的形式出现,起到安定社会生活的作用。在今天的中国,这个安全网络由以下内容构成。

### 一、社会救济

社会救济是国家通过财政拨款向生活确有困难的城乡居民提供资助的社会保障计划。社会救济作为社会保障的一种形式,具有以下特征:(1)社会救济是国家财政资金单方面的转移。资金全部由政府从一般财政收入中筹集,受保人无须缴纳任何费用;(2)社会救济是有选择性的,受保人享受保障待遇需要接受一定形式的经济状况调查。国家向符合经济条件的个人或家庭提供资助;(3)社会救济是低层次的,以维持最基本的物质生活为原则。

社会救济的标准是国家规定的法定最低生活水平,低于这一水平就可以称之为贫困,成为社会救济的受益人。在我国,社会救济的对象主要分为以下几类:(1)城镇居民中无依无靠又无生活来源的孤、老、残、幼和收入不能维持基本生活的贫困户;(2)突发性灾害造成的生活一时拮据的公民;(3)农村中一部分"五保户"。在美国,联邦政府的社会救济支出项目主要包括对有小孩家庭的救济;对老人的社会保险金补助;医疗补助;食品券;儿童营养;住房补贴;就业培训;残疾人教育。

社会救济支出常常涉及几个方面的问题。一是关于如何定义贫困的问题,最常用的概念是绝对贫困指标,即将维持最低生活水准的收入水平定义为贫困线。另外一种办法是定义相对贫困,即将社会平均收入水平的一定比例定义为贫困线。一些学者认为,贫困状态不能仅仅以收入来衡量,还应包括其他非物质的生活指标,如营养、健康程度与教育程度等。在实践中,更重要的是定义救济接受者的具体标准。标准过紧则可能排斥确实需要救济的人,标准过松则会造成财力的浪费。定义具体标准的工作还需考虑其执行的成本问题。过分严格的标准或模棱两可的标准都会增加行政负担与成本。二是如何减少社会救济的副作用。从西方国家近几十年的经验来看,社会救济制度最大的副作用是使受惠者产生了对社会福利的依赖性。解决这些问题的方法在于设计出具有良好引导性的机制,比如,向穷人发放食品券而不直接给现金,其目的是将受惠者的消费限制在必要的食品上,以防止这些受惠者滥用。也有学者指出,解决贫困问题,仅靠政府"输血"是不够的,政府应设计"造血"机制,即贫困应从人力资源这个角度上来定义。这种看法是有一定道理的。在现代工业社会里，贫困主要由就业状况决定。大多数所谓的穷人是失业者和失业者的家属、没有足够储蓄和退休金的老人、残疾人、病人等。要从根本上解决贫困问题，政府除了要减少物质救济对就业的副作用外，还需要采取有针对性地开发人力资源的方式。但关于这些新型救济项目的有效性，目前尚无定论。

## 二、社会保险

社会保险是国家按照保险原则制订的一种社会保障计划，是现代社会保障制度的核心。社会保险是公民的基本权利，包括养老保险、医疗保险、失业保险等。

### （一）社会保险的特征

尽管各种社会保险项目的功能与服务对象各不相同，但都具有这样几个共同点：

（1）社会保险是国家强制的而不是自愿的，由国家根据立法采取强制行政手段加以实施。

（2）受保人领取保险金的数额在一定程度上取决于个人过去对项目的贡献。

（3）是否有资格享受社会保险的福利取决于某些特定的条件，如达到退休年龄、失业、患病等。

（4）是否有资格享受社会保险与收入水平无关，即便是贫困线以下的公民也能享受福利。

（5）社会保险的资金来源于独立的社会保险基金，保险费用由国家、企业（雇主）、个人三方共同解决。

### （二）社会保险的内容

社会保险项目在不同国家由于生产力发展水平和财力的限制而不尽相同。在大多数西方国家，养老保险与医疗保险是两个最大的社会保险项目。在我国，社会保险的项目主要包括以下内容：

（1）养老保险。该项保险向达到退休年龄的离、退休职工支付养老金，其主要目的是确保老年劳动者的生活权利。

（2）医疗保险。该项保险负责支付患病职工（包括离、退休职工）的医疗费用；职工的直系亲属也可享受一定的医疗补助。

（3）伤残保险。该项保险向未达到退休年龄但失去劳动能力的职工支付伤残保险金。

（4）工伤保险。该项保险向因工负伤的职工支付病假工资、医疗费、伤残补助等津贴，其待遇标准一般均高于非因工负伤的职工。

（5）疾病、生育保险。该项保险向休病假、产假的职工发放病、产假工资。

（6）丧葬补助。该项计划向已故职工的家属支付一次性的丧葬补助金。

（7）失业保险。该项保险向破产企业职工、濒临破产企业精简的职工、企业辞退的职工以及被终止或解除劳动合同的职工，支付待业救济金和医疗补助费。

### （三）社会保险制度的主要类型

世界各国的社会保障制度内容各异，可以从不同的角度加以分类，大致如下：

1. 从社会保险制度的指导思想来看，有两种不同的类型

（1）普遍保险制度。该制度认为社会保障是全体公民的权利，国家设立社会保险是为

了发展公民所需要的福利,并且将社会保险作为国民收入再分配的一种主要手段,主张以平均收入和实际需要为依据给予保险待遇。以瑞典、丹麦为典型。

(2)自助型保险制度。该制度认为社会保险应该是被保险人之间的自助行为,强调个人对社会保险的责任,主张根据投保人的工资收入和缴纳保险费的状况给予保险待遇。以美国、德国、日本等国家为典型。

2. 在权利与义务对等关系的具体体现上有六种类型

(1)个人在有收入的工作期间必须按规定将工资收入的一部分投保社会保险,保险待遇的多少在很大程度上取决于个人投保时间的长短和缴纳费用的多少,企业和雇主要分担部分费用,而国家财政基本上不负担或只是在必要时少量负担(不超过规定的百分比)。

(2)只规定一个最低缴费标准,在此基础上,不论过去工资收入多少和缴费多少,同等资格条件者均按统一标准给付保险金待遇,称为"基本保险金"。此类形式多与上述第(1)种形式并存共用,并以第(1)种形式为主,但对于此类形式,国家会给予大量资助。

(3)强制实行社会保险准备金储蓄,即由国家法律明确规定,在劳动者就业期间,由本人和所在企业的雇主各缴纳等额的保险费,按期存入指定银行的个人储蓄账户,专款专用。当被保险人发生法定的劳动危险事故,并造成经济收入损失时,银行会将全部储蓄保险费连同利息,一次性或分次给付被保险人,国家财政对此不负担任何费用。

(4)由雇主提供全部费用的社会保险,称为"雇主责任保险"或"劳工赔偿保险"。在国家立法强制下,各行业雇主出资投保,当雇员遭受人身意外伤害或患职业病时,可根据法律规定获得经济赔偿。此类社会保险可由政府直接承办或指定商业保险公司承保。承保此项保险的商业保险公司主要是提供社会服务,极少有盈利。保险费基本上用于支付赔偿和管理费开销,此时被保险人是雇主,受益人是雇员或其亲属。如由政府直接承办,则被保险人是雇员或其亲属,雇主只负责按期上缴保险费。此类型多用于工业伤害社会保险。

(5)强调个人经济收入状况的社会保险。即在给付保险金之前,先要进行收入调查,低于规定限度者才予给付,否则减发或不发保险待遇。这里的收入包括工资、利息和其他收入。

(6)强调企业的行政责任,保险费绝大部分由企业行政开支负担,个人不付费或极少付费,国家财政对一切亏损负有弥补责任,待遇主要取决于连续工龄和本人工资收入。

3. 从管理体制上可以分为五种类型

(1)国家社会保险。这是由中央政府直接承办的社会保险项目,资金来源于政府税收,实施范围包括全国所有符合资格条件规定的人,实行统一的保险金标准和给付方式,保障水平稳定可靠。

(2)地方社会保险。这是由地方政府在国家政策法令指导下承办的社会保险项目,资金来源于地方税收,实施范围包括地方管辖领域内所有符合资格条件规定的人,保险金标准和给付方式均由地方政府自行决定。国家财政在必要时可对地方保险金实行一定的提取和适当的补助。

(3)联合社会保险。这是由部门、行业内部或部门之间的若干个经济单位,在自愿结合的基础上,按事先议定的条件组成的社会保险联合体。这是一种集体互助性的、补充性的社会保险方式。在一些国家,它又被称为"社会保险基金会"。

(4)企业补充社会保险。这是企业在自身经济力量许可的范围内,在国家和地方社会保险的保障之外另设的附加保险待遇给付,资金来源于企业利润。

(5)委托社会保险。这是指政府将某些社会保险项目委托给指定的经济单位承办。它有三种情况：一是政府委托商业保险公司承办，保险公司在此种项目上一般不盈利或很少盈利，国家则在税收上给予优惠。职工遭遇劳动危险损失后，由保险公司按国家规定标准给付保险金，如新加坡的工伤社会保险。二是政府委托企业承办，须由企业提出申请，经政府主管部门审查批准后实施，政府对承办的企业在税收上给予优惠。三是企业再转托保险公司承办某些社会保险项目，企业在受政府委托后，将职工缴纳的保险费再向保险公司投保，由保险公司支付保险金。

## 三、社会福利

社会福利是国家、集体和社会在法律和政策范围内兴办的各种公共福利设施、社会服务和福利性物质帮助，以增进群众福利、改善公民物质文化生活的社会性制度。社会福利包括社会津贴（如副食品补贴、物价补贴、交通费、洗理费、报刊费、取暖费等）、职工福利、社会福利设施（包括社会福利院、敬老院、托儿所等）、社会服务等项目。在实践中，社会福利常常采用货币、实物、社会服务、教育与职业训练等形式给付。社会福利是社会保障的最高层次。

## 四、社会优抚

社会优抚是国家和社会按照规定，对法定的优抚对象提供确保一定生活水平的资金和服务，带有褒扬和优待抚恤安置性质的特殊社会保障制度。社会优抚的对象主要包括社会有功人员、退役军人、残疾军人、烈军属等。

## 第四节 社会保险资金的筹集模式

社会保险是一种需要缴费的社会保障计划，有自己独立的收入来源。社会保险的筹资模式反映一定时期内社会保险计划与支出之间的数量关系。社会保险筹资的原则，就是"以支定收，收付平衡"，即一定时期内社会保险基金的筹集总额，应以同期预计支付的社会保险费用总额为依据来确定，并使两者始终保持大体上的平衡关系。否则，就会使社会保险制度失去物质保证而无法维持。可供选择的社会保险筹资模式有以下三种。

## 一、现收现付式

现收现付式是指社会保险计划依据当年收支平衡的原则编制，即当年的缴费收入仅能够满足当年的保险计划支出，不为以后年度的保险支出储备资金。现收现付式的优点是简便易行，在计划开始时缴费率较低，但随着社会保险支出规模的增大，缴费率可及时调高以保持收支平衡。现收现付式也可以避免物价上涨所造成的基金贬值风险。其缺点是缺乏长远规划，没有必要的储备积累。随着社会保险成员结构变化和需求水平的增长，提取比例也会不断上升，企业、个人和国家的负担加重，甚至出现支付危机。

## 二、完全基金式或积累制

完全基金式首先是在对有关人口健康和社会经济发展指标进行长期预测的基础上，预计社会保险成员在享受保险待遇期间所需开支的保险基金总量,并将其按一定比例分摊到劳动者整个就业期间或投保期间。其特点是"先提后用",从劳动者开始工作的第一天起,就必须依法定期缴纳一定的社会保险费。与此同时,劳动者所在的单位或雇主也必须依法为所属职工定期缴纳一定的社会保险费。两者合一,经过几十年以后,形成一笔可观的保险基金。待劳动者需要享受时,定期或一次性给付。这种方式的优点是,在较长时间上分散劳动风险损失,且提取比率稳定,个人和企业负担较小。在支付期间每年仍留有相当数量的储备积累基金,使社会保险有稳定的经济来源和雄厚的物质基础。其缺点是,这种计划要求在开办初期就实行较高的缴费率,且在通货膨胀的条件下难以保值。迄今为止,世界上尚无采取单一的完全基金制的先例。

### 三、部分基金式

部分基金式是指根据分阶段收支平衡的原则确定收费率,即在满足一定时期支出需要的前提下,留有一定的储备基金,据以确定收费率。实际上,部分基金式是现收现付和完全基金式两种方式的结合。在社会保险基金的形成上,一部分采用现收现付式,保证当前开支需要;另一部分采取积累制,满足将来不断增长的开支需要。这种方式的特点是兼具现收现付和积累制两者之长,既可以解决现收现付式计划下缴费率随支出增加频繁调整的问题,也可以解决完全基金式计划下初期缴费负担过重的问题。

从世界各国的情况来看,医疗、生育、失业等方面的保险项目,由于具有短期性和不确定性,一般都实行现收现付的筹资模式。但对于养老保险基金采取何种筹资模式,各国则有所不同。

在现收现付式养老保险制度下,由于目前的缴费群体并没有为自己建立养老储备基金,他们退休后的养老金实际上是靠后代支付的,显然这种制度必须依靠政府的声誉与强制性才能维持。在人口结构年轻化、养老保险基金需求量不大的情况下,现收现付式养老保险制度是比较适合的,它可以减轻近期内国家财政、企业和个人的养老保险负担。但它最大的问题是难以应付人口老年化的严重挑战。在退休年龄不变的情况下,退休人口比例越来越高,养老基金面临着入不敷出的困境。为了摆脱这种困境,社会保险税率必须不断提高,这势必给后代造成沉重的养老负担。我国人口年龄结构目前正从"成年型"向"老年型"转变,面临着人口老龄化问题。为应付这一严重的人口老龄化问题,我国养老保险不宜采用现收现付式的筹集资金模式,但目前也不宜采用完全基金式养老保险制度。理由在于,长期以来,我国基本上实行的是现收现付养老保险制度,已经退休或将要退休的职工过去并没有进行养老储蓄积累。如果实行完全基金式保险制度,年轻职工既要负担退休职工的养老金,又要为自己将来退休养老进行储蓄。这就要求在制度初期实行较高的缴费率,这是国家财政、企业和职工个人都难以承受的。因此,比较可行的做法是实行部分基金式。

## 第五节 我国社会保障制度的改革

### 一、我国社会保障制度的现状及存在的问题

#### (一)社会保障覆盖面和实施范围有待进一步扩大

近些年来,我国社会保障体系有了长足发展,基本形成了社会保险、社会救助、社会福利

和慈善事业相衔接的总体框架,社会保障覆盖面不断扩大。截至2022年底,职工和城乡居民养老保险参保人数分别达5.03亿和5.50亿,同比增长4.7%和0.2%。职工医保、居民医保和新农合三项基本医保参保人数超过13亿,总参保率稳定在95%以上。其他社会保障制度受益人群也在不断增加。①虽然参保扩面成绩显著,但是由于我国人口众多,经济发展水平较低,地区之间、城乡之间发展不平衡,制度建立的时间还不长,体系尚不完善,实际覆盖范围仍存在"空白",距离实现全覆盖的目标尚存差距。部分群体未被纳入制度覆盖范围,特别是私营企业或中小微企业员工、个体工商户、灵活就业人员和农民工等群体。他们参保率较低,主要表现在城镇社会保险的缴费标准偏高、长缴多缴的激励机制不足、跨地区社会保险制度衔接不顺畅等方面。

### (二)中央与地方政府间社会保障责任分担机制不合理

从目前中央与地方政府社会保障责任分担机制来看,地方政府承担了95%的支出责任,其中市县级政府又承担了40%~50%的责任。社会保障是国家和社会经济发展的"安全网"和"稳定器",是调节收入再分配的重要工具。如果社会保障职责过于分权化,必然会导致社会保障较低的统筹水平以及保障水平的地区差异。

### (三)社会保障公平性方面矛盾突出

一是企业与机关事业单位的养老金呈现"双轨制"。企业职工和其他城镇就业人员普遍实行养老保险制度,而机关事业单位工作人员仍实行退休制度,不缴纳养老保险费,但待遇水平相对较高,从而引发"待遇差"矛盾。二是城乡居民基本医疗保险制度分设,城镇居民基本医疗保险制度和新型农村合作医疗制度在缴费标准、药品目录、定点医疗机构、医疗费用报销标准等许多方面都存在着显著差异。三是不同社会保障政策之间以及社会保障政策与其他政策之间的衔接配套有待加强,碎片化问题突出,结果是既无效率也无公平。

### (四)个人账户存在空账现象

目前有个人账户的是养老保险和医疗保险两个项目,但是在实行个人账户过程中最突出的问题是个人账户的空账问题。由于个人账户是在20世纪90年代中后期开始实行的,而在这之前包括许多老职工和中年以上的职工都没有个人账户积累。他们退休后只能依靠当前基本养老保险制度中的缴费积累来支付,甚至有些地方动用新人的个人账户资金来填补老人的退休金,这导致了个人账户空账现象的出现。虽然国务院从2001年就开展了做实城镇职工基本养老保险个人账户试点,但总体看来,效果不甚明显,进退两难。

### (五)社会保障缴费过高,企业负担过重

长期以来,我国的社会保障制度是同就业制度联系在一起的。只要在国有企业和单位谋到一份职业,便意味着获得了一系列的保障。目前,企业要负担占职工工资总额29.7%~36.2%的包括养老、医疗、工伤、生育等社会保险的统筹费和住房公积金。在中国目前经济增长放缓的新常态下,这一沉重负担使得许多企业尤其是中小企业雪上加霜,不少企业难以承受,这不利于中国经济发展方式的转变,同时也会导致社会保障基金收缴难,欠交严重。

---

① 《国家统计局:2022年参加城乡居民基本养老保险人数54 952万人》,https://baijiahao.baidu.com/s?id=1759042521399058780&wfr=spider&for=pc。

## 二、西方国家的经验

在探讨我国社会保障制度改革之前,了解一下西方国家的经验是有益的。

西方各国社会保障制度的实施及运筹资金的方式各有特色,共同的特点可概括为以下几点:

### (一)保障项目名目繁多

数以百计的社会保障项目基本可分为四类:(1)从收入方面提供支持和援助的项目,主要包括老年退休和失业补助,贫困救济和残疾补助,等等;(2)从开支方面提供支持和补助的项目,包括健康医疗、住房、儿童照顾和解决家庭问题补助等;(3)教育和培训方面的支持和补助项目;(4)对遭受某种损失者给予支持和补助的项目,如劳动保护和保健、交通安全、公共卫生、环境保护、妇幼营养、食品和医药等。以上可以看出,西方国家社会保障的覆盖面很广,涉及从生到死、从物质到精神、从正常生活到遭受变故的一切方面。西方学者曾形象地称之为"从摇篮到坟墓"的社会保障制度。

### (二)社会保障有确定的资金来源

用于提供社会保障的资金主要来自社会保障税,该税由取得工资收入的职工和职工的雇主各缴纳一半,采用"源泉扣交法"课征。也就是说,雇主在支付工资时,把工人应缴纳的社会保障税的税款扣下,连同雇主应缴纳的税款一并上交国库。社会保障税不足社会保障支出部分,由政府财政拨款解决。从社会保障的资金来源看,西方国家的劳动者所享受的社会保障,实际上是他们自己的劳动所创造的成果。

### (三)社会保障支出依法由政府集中安排

在西方国家,尽管管理社会保障项目的机构很多,但从总体上看,社会保障制度是由政府集中管理的。尤其值得注意的是,实施社会保障制度的一切细节,从资金来源、运用方向、保障标准、收支程序,大多有明确的法律规定。

### (四)政府实施社会保障制度有明显的宏观调控动机

社会保障不仅是政府的一种支出形式,而且对经济具有"内在稳定器"的作用。在经济繁荣时代,失业准备金不仅能够持续增长,而且还对过度支出施加稳定性的压力。相反,在就业衰退时期,失业准备金使人们获得收入,以便维持消费和减轻经济下行压力。其他福利项目也自动发挥反周期作用。社会保障支出随经济周期而发生的反向变化,可以弱化经济周期的波幅。

## 三、完善社会保障制度改革的政策选择

我们已经了解了中国社会保障制度的现状与存在的问题,也大略知道了西方国家的经验。借鉴西方国家经验,加快社会保障制度的改革,建立一个具有中国特色的、符合社会主义市场经济要求的新的社会保障体制时不我待。

### (一)进一步拓宽社会保障的覆盖面,建立健全多层次保障体系

社会保障的享受对象应该是全体社会成员,应以社会公平为基本原则,扩大社会保障范围。建立健全多层次保障体系,以社会救助为托底层,社会保险为主体层,社会慈善、企业年

金、职业年金和商业保险为补充层,并加强各层次之间的衔接。

推进"全民参保登记计划"试点。以农民工、非公经济组织从业人员及私营企业职工等为重点,扩大失业保险覆盖范围。全面推进事业单位、高风险企业(特别是建筑业农民工)、小微企业及有雇工的个体工商户参加工伤保险。在社会救济方面,应当加大国家财政开支,完善贫困居民的救济制度,比如进一步放宽救济条件,专项救助不再锁定低保对象,减少福利捆绑,提高生活困难补助标准;在社会福利方面,应当提升社会福利在整个社会保障制度中的地位和作用,改革现行福利体制,重整福利资源,将社会福利制度化和法律化;实行扶贫政策和低保政策的有效衔接,对贫困人口应保尽保。

### (二) 合理划分政府间社会保障事权并建立稳定的分工机制

按照外部性、信息复杂性和激励相容"三原则",根据养老、医疗卫生、社会救助等事务的特点,合理确定中央和地方政府的支出责任。外部性较大的基本养老(基础养老金统筹账户)、协调医保的跨区域结算、社会救助、军人保障等支出责任上收到中央;个人账户管理、基本医疗保险、保障性住房建设及各项社会福利事业宜由地方政府主导;中央政府可以通过转移支付等手段来促进社会保障在各地区之间相对均衡地发展。

### (三) 加强社会保障制度的整合,提升制度公平性

改革和完善企业和机关事业单位的社会保险制度,在推进事业单位分类改革的基础上,完善机关事业单位社会保险制度改革,实现企业与机关事业单位各项社会保险制度的有效衔接。大力推进城乡社会保障一体化建设,探索以统一的居民基本医疗保险替代分设的城乡居民医疗保险,进而与职工基本医疗保险制度整合,从而建立全民统一的医疗保险制度。

### (四) 完善职工养老个人账户制度

个人账户应该与统筹账户分开管理,前者由地方政府负责监管,并交予市场管理。具体资产管理可以委托商业性资产管理公司和保险公司,或者委托全国社保基金会。对于个人账户的空账问题,可以通过依法划转部分国有资产来做实个人账户。

### (五) 降低社会保障缴费率,丰富社会保险基金收入来源渠道

精简归并"五险一金",将生育保险和基本医疗保险合并实施,告别"五险一金",走向"四险一金"时代。同时,下调社会保险缴费率,尤其是养老保险缴费率,切实减轻企业和居民负担。丰富社会保险基金收入来源渠道,拓宽社会保险基金投资渠道,推进基金市场化、多元化、专业化投资运营。逐步提高国有资本收益上缴公共财政比例,2020年起提高到30%,更多用于保障和改善民生。划转部分国有资本充实社保基金。

## 本章小结

社会保障的市场失灵需要政府干预。政府的社会保障政策对人们的劳动供给、储蓄、收入分配产生了重大影响。社会保障体系由社会救济、社会保险、社会福利、社会优抚四部分组成,其中社会保险是社会保障制度的核心。社会保障的筹资模式包括现收现付式、完全基金式和部分基金式。我国社会保障制度存在的主要问题是:社会保障覆盖面和实施范围有待进一步扩大;中央与地方政府间社会保障责任分担机制不合理;社会保障公平性方面的矛盾突出;个人账户存在空账现象;社会保障缴费过高,企业负担过重。社会保障制度改革的

政策选择包括：进一步拓宽社会保障的覆盖面，建立健全多层次保障体系；合理划分政府间社会保障事权并建立稳定的分工机制；加强社会保障制度的整合，提升制度公平性；完善职工养老个人账户制度；降低社会保障缴费率，丰富社会保险基金收入来源渠道。

## 习　题

### 一、名词解释

社会保障　逆向选择　社会救济　社会保险　社会福利　社会优抚　现收现付式　完全基金式　部分基金式

### 二、思考题

1. 政府为什么要干预社会保障市场？
2. 分析社会保障对劳动供给、储蓄、公平的影响。
3. 简述社会保障体系的构成。
4. 查阅经合组织的统计数据和《中国统计年鉴》，比较经合组织各国与中国的社保支出占 GDP 和财政支出的比重。
5. 中国基本的政府层级包括中央—省自治区直辖市—地级市—县—乡，请你调研自己所在的城市，回答社保支出由哪一级政府统筹。
6. 我国养老保险应采用何种模式？为什么？
7. 1982 年计划生育成为中国的基本国策，每对夫妻生育一个孩子。2015 年中国实施一对夫妇可生育两个孩子的政策，2021 年开始放开三胎生育。而我国人口年龄结构目前正从"成年型"向"老年型"转变，面临着人口老年化问题。请回答：低出生率的风险是什么？低出生率对养老制度有何影响？
8. 查阅关于养老金的数据，分析中国的行政事业单位职工、城镇居民、农村居民的养老金数据，然后回答：养老保险金在这三类人群中存在差异吗？如何建立城乡统一的养老医疗体系？
9. 试述完善我国社会保障制度改革的政策选择。
10. 中国是人口老龄化数量最多的国家与速度最快的国家之一，在养老基金需求不断增加的背景下，解决中国养老问题有以下方式：(1)养儿防老，放开生育，补贴生育；(2)延迟职工退休年龄；(3)划转国有资本充实养老金；(4)持续增加财政支出；(5)建立符合老龄化社会特点的个人所得税制度。请回答：(1)比较上述方法的优缺点。(2)还有哪些解决养老问题的方法？(3)如何填补养老保险基金收支缺口？
11. 熟悉《中国统计年鉴》、中国健康与养老追踪调查(CHARLS)、中国家庭追踪调查(CFPS)等数据库，学习使用 stata 或 R 软件进行数据整理，并分析居民参与社保对其劳动供给、储蓄、公平的影响。

# 第十二章 政府与基础设施、基础产业

## 全章提要

- 第一节　基础设施、基础产业概述
- 第二节　政府与道路交通
- 第三节　政府与电信
- 第四节　基础设施的生产问题
- 第五节　政府与农业

本章小结

习题

基础设施和基础产业是国民经济的基础。大部分基础设施和部分基础产业具有外部性和自然垄断的特点,再加上基础设施和基础产业的投资规模大、建设周期长等特征,使得其成为政府干预的重点,尤其是基础设施。由于基础设施和基础产业的内容较多,本章主要介绍政府对典型的几类基础设施和基础产业的干预,具体包括道路交通、电信和农业,以及关于基础设施生产的几个相关问题。

思政案例

北京地铁建设运营模式改革

## 第一节　基础设施、基础产业概述

### 一、基础设施

#### (一) 基础设施概念

基础设施是为了整个社会生产、消费提供的"共同生产条件"和"共同流通条件"。[①] 基础设施主要可以分为公共设施——电力、电信、自来水、卫生设施与排污、固定废弃物的收集与处理及管道天然气;公共工程——公路、大坝和灌溉及排水用的渠道工程;其他交通部门——城市铁路、城市交通、港口、内河航道及机场等。

#### (二) 基础设施的作用

由于基础设施为整个社会生产、消费提供了"共同生产条件"和"共同流通条件",基础设施部门效率的提高能有效降低整个社会的生产成本和消费成本,进而促进整个国家的经济发展。基础设施不仅可以通过其他行业间接促进经济发展,其本身也是促进经济发展的重要手段。在经济衰退期,基础设施的建设与维修所花费的公共支出是刺激经济的政策工具。只要质量与成本效益没有受到损害,依靠基础设施的建设与维修既可以刺激投资需求,又可以增加就业,从而发展经济。虽然基础设施与发展之间的确切关系目前尚无定论,但基础设施能力与经济产出之间同步增长的态势毋庸置疑。据世界银行 1994 年的世界发展报告,基础设施存量增长 1%,GDP 就会增长 1%。但在不同的经济发展阶段,不同的基础设施与经济密切程度又不相同。一般情况下,在低收入国家,最基本的基础设施十分重要,如供水、灌溉;当经济进入中等收入水平时,交通基础设施增加;在高收入国家,电力和电信在基础设施存量和投资中所占的比重更大。

此外,对基础设施的消费还会影响收入分配。由于大部分基础设施的消费属于必需品消费,存在边际收益递减的倾向,因此改善基础设施服务可以提高穷人的实际生活水平。假如 A、B 两人上班走同样路线,两人公共交通费一致,但 A 比 B 富裕,所以公共交通费在 A 收入中所占的比重要小于 B 的比重。当公共交通部门通过提高效率降低了公共交通价格,从绝对效益上看,B 获得的效益与 A 获得的效益一致;但从相对效益上看,B 获得的效益超

---

① 《马克思恩格斯全集》第 46 卷(下),第 241 页。

过A获得的效益。又如,穷人与富人对水的需求是一致的,如果自来水不健康,富人可以购买纯净水,而穷人只能消费不健康的自来水,当改善自来水的质量(但仍差于纯净水),受益最大的自然是穷人。

基于此,基础设施是整个国民经济中必不可少的部门,基础设施建设是各国政府的重要目标之一,在发展中国家尤其如此。有资料显示,在发展中国家,基础设施投资占公共投资的比重一般为40%~60%,占总投资比重一般为20%,公共基础设施投资占GDP的比重一般为2%~8%,平均为4%。

### (三) 基础设施的性质

前文把产品分为公共产品、私人产品和混合产品。基础设施部门的产品也涉及这三个方面,属于纯公共产品和纯私人产品的基础设施并不多,前者诸如农村道路、街道清扫、交通标志等,后者诸如电信等。大部分基础设施部门提供的产品都属于混合产品,但是不同的混合产品在排斥性、竞争性及外部性的表现上也有很大的不同。为了更好地分析各种基础设施,必须了解各种基础设施的性质,具体如图12-1所示。

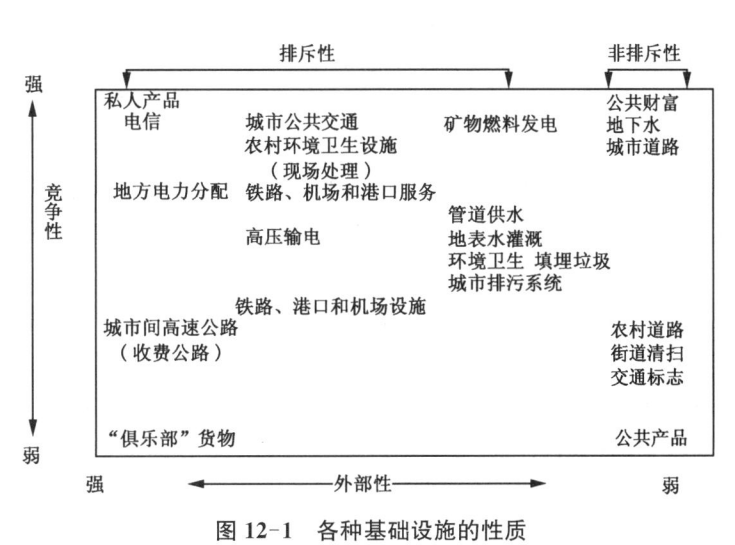

图 12-1 各种基础设施的性质

### (四) 中国新基建发展情况

党的二十大报告提出加快建设制造强国、质量强国、航天强国、交通强国、网络强国、数字中国,并对加快发展数字经济提出了明确要求。数字经济已经成为中国经济发展的重要推动力,而数字经济的发展离不开新基建的支撑。根据国家发展改革委的定义,新基建是以新发展理念为引领,以技术创新为驱动,以信息网络为基础,面向高质量发展需要,提供数字转型、智能升级、融合创新等服务的基础设施体系。其主要包括信息基础设施、融合基础设施和创新基础设施,涵盖了5G基站建设、特高压、城际高速铁路和城市轨道交通、新能源汽车充电桩、大数据中心、人工智能、工业互联网七大领域,涉及诸多产业链。[1]

与传统的基础设施建设相比,新基建的"新"主要在于以科技创新为动力,涵盖以下三个方面:一是新的建设区域,即随着城镇化步伐的不断加快,未来人口将聚集到城市群、都市圈,在主要城市群区域,新型基础设施建设将面临巨大的发展前景。二是新的投资方式,即运用创新性金融手段引入民间资本,转变过度依赖政府投资的投资方式,加大市场主体的参与力度。三是新的行业领域,即融合新技术和新业态,通过数字技术挖掘新需求和新市场,

---

[1] 参见任泽平等《中国新基建研究报告2022》。

培育市场发展新力量。

新基建短期有助于稳增长、稳就业,长期有助于培育新经济、新技术、新产业,打造中国经济新引擎,是兼顾短期扩大有效需求和长期扩大有效供给的重要抓手,是经济高质量发展的有效办法。当前,中国新基建取得了较好的成绩:其一,5G建设为抢占全球新一代信息技术制高点奠定坚实基础。截至2022年12月底,中国已建成231.2万个5G基站,占全球总量的60%以上,5G移动电话用户达到5.61亿户,比上年末提高11.7个百分点。根据中国信通院的预测,到2025年5G网络建设投资累计将达到1.2万亿元,带动产业链上下游以及各行业应用投资累计将超过3.5万亿元。其二,数字算力为数字经济发展提供了重要支撑。截至2022年12月底,中国数据中心规模已达500万标准机架,算力达到130EFLOPS(每秒一万三千亿亿次浮点运算)。据测算,"东数西算"工程每年投资量达千亿元,这也意味着该工程的总投资将超过"西气东输"和"南水北调"工程。预计"十四五"期间,大数据中心投资还将以每年超过20%的速度增长,累计带动各方面投资将超过3万亿元。其三,物联网应用场景不断拓宽创新。中国是物联网应用实践和创新开发最多的国家,占到了全球物联网产值的1/4左右。根据中国互联网协会的数据,中国物联网产业规模已突破1.7万亿元,并于"十四五"期间达到年均复合增长率23%~26%。其四,高速铁路建设打通了城市壁垒。截至2022年底,中国高铁营业里程达到4.2万公里,占铁路营业里程比重超过1/4。根据中国城市轨道交通协会的数据,截至2022年底,中国共有55个城市开通城市轨道交通运营线路308条,运营线路总长度达10 287.45公里。完善、快捷的交通体系,带动了人流、物流、资金流、信息流联动发展。其五,工业互联网促进制造业转型升级。工业互联网已经在45个国民经济大类中得到了应用。截至2022年12月底,中国企业关键工序数控化率和数字化研发设计工具普及率分别达到58.6%和77.0%。其六,人工智能催生新业态。据IDC(国际数据公司)最新数据显示,全球人工智能市场2023年将突破5 000亿美元,到2026年达到9 000亿美元,2022—2026年预计实现18.6%的年复合增长率。

## 二、基础产业

基础产业是指经济发展中的上游产业,包括基础工业和农业。基础产业作为上游的生产部门,其产品往往又是其他生产部门和本部门生产所必需的投入品。所以,基础产业的发展同样会影响整个国民经济。但从其性质上看,大部分基础产业产品都具有排斥性和竞争性,属于私人产品,它对其他经济部门的外部作用在很大程度上已通过价格转为内部效益,另外在上文中已经得出结论:私人产品应该由市场提供,所以在本章中只讨论基础产业中比较特别的行业——农业与政府的关系。

## 第二节 政府与道路交通

### 一、道路成本的确认

狭义上而言,道路的成本主要指建设和维修道路的成本。广义上而言,除了建设和维修成本外,还应考虑使用道路所产生的外部成本。只有通过外部成本内部化,才能使道路交通使用效率达到最优。外部成本可以分为使用者对使用者的影响(有时也称作"俱乐部影响")和使用者对非使用者的影响。在前一种类型中,交通状况以拥挤为特征。对单个使用者来说,拥堵的交通状况是具有外部性的,但对所有道路使用者这一"俱乐部"而言,它又是内部性的。道路交通的经济效率由于使用者的使用而降低。在后一种类型中,其外部性则以污染和噪声为特征,这种外部性更广泛地存在于道路使用者对社会造成的消极影响,尤其是对那些实际上未使用道路人们福利的消极影响。总之,当外部性以交通拥挤的形式存在时,运输系统的经济效率会受到影响;而外部性以污染和噪声的形式存在时,环境会受到损害。

## 二、道路成本补偿的方法

补偿道路成本的方法主要有三种:收费、税收及其他方法。

### (一) 收费

收费即在道路上设置关卡,向通过道路的车辆和行人收取通行费。采用收费的方式弥补道路成本,会产生收费成本及收费效率损失。具体而言,收费需要配备一定数量的工作人员和征收人员,即使利用自动征收设备,也会产生一定的收费成本;对公路入口和出口施加限制,不仅会影响地方运输对公路的利用效率,而且征收通行费可能会阻碍居民的流动。用收费的方式弥补成本主要适用于里程长又便于封闭的公路,如城市之间的高速公路。

### (二) 税收

用税收弥补道路的成本,涉及以下两种情况:

1. 普通税收

通过财产税、所得税等普通税收来弥补道路的成本,除了会产生税收成本及税收效率损失外,还会产生两个额外的问题。一是弥补道路成本的税收由地方政府承担还是由中央政府承担。如果全部由地方普通税收弥补,会导致该地方的纳税人承担若干公里经过该地方的高速、多车道、分隔式等为长距离运输服务而非为该地方所需要的公路成本;而其他地方由于公路不经过免于承担这项费用但也可能享受公路所带来的方便。这样做既不可能,也不公平。如果全部由中央普通税收弥补,这意味着没有受益的地方也要承担这项支出,这同样是不公平的。二是如果全部依靠普通税收弥补道路成本,可能会对城市间运输的竞争造成不公平的影响。

2. 使用者税

公路使用者税主要包括汽油和其他汽车燃料税、对卡车征收的吨里税或其他形式重量里税等等。使用者税实际上是一种"谁受益、谁负担"的受益税,采用使用者税弥补道路成本同样存在着税收成本及税收效率损失。除此之外,此种方法还存在着两个问题:一是如何将共同征收的公路使用者税在各条公路中进行分配,如果平均分配就会使每条公路的使用与补偿得不到对等从而有失公平;二是政府通过使用者税筹集的资金有可能会用到非公路上,从而使公路得不到必要的建设与维修。

### (三) 其他方法

其他方法主要是指当公路由私人投资时,政府通过赠让公路附近的土地使用权给私人投资企业以弥补其开发成本和维修成本。这种方法一般都结合收费的方式一起进行,即私人投资企业通过收费收回一部分成本,又通过无偿经营政府赠予的土地弥补道路开发成本和维修成本,并享有一定的利润。例如,广东—深圳高速公路出口处的购物中心。

### 三、通过收费弥补道路成本

#### (一) 对拥挤道路征收拥挤费

众所周知,道路交通需求是波动的,有高峰与低谷之分。随着不同的时间、季节、旅客与货物的需求变化而变化。道路交通服务是一种时效性产品,不能储备,不能库存,因而需求量变动的影响是极其直接的。对道路交通供给者来说,基础的固定设备和生产能力在相当长的时期内是固定不变的,供给能力很难与经常变动着的需求保持平衡,这样在交通高峰期出现交通拥挤就是很自然的。

对一名驾车者来说,他出行时计算的只是个人的边际成本,而不会考虑由于自己的车辆投入运行加剧道路拥挤所带给其他驾车人的费用增加。只要他认为个人行车的利益多于个人的边际成本,个人就会不断地加入车流,其结果则造成实际的车流量超过最佳车流量而形成交通拥挤。

如图 12-2 所示,$DD$ 表示行车需求曲线。当道路车流量超过某一点(假定为 $Q_1$)时,每辆车的行车边际费用不仅包括个人边际费用($MPC$),而且包括由于车流量增加造成交通拥挤所导致的拥挤成本,即行车的实际边际社会成本($MSC$),由此所决定的最佳车流量应为 $Q_0$。但由于驾车者不考虑其车辆加入对他人造成的代价,即不考虑交通拥挤造成的实际成本,结果实际的车流量 $Q_2$ 是由 $DD$ 和 $MPC$ 决定的,超过了最佳车流量而造成交通拥挤及对道路的过度使用。显然,克服拥挤的办法之一就是通过收取一定的拥挤费用(其征收额相当于 $AB$)来弥补边际私人成本与边际社会成本的差额,从而使个人行车费用增加,使不堪负担者退出车流,最终达到最佳车流量。

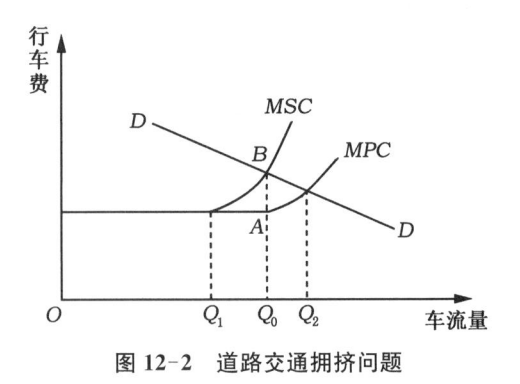

图 12-2 道路交通拥挤问题

#### (二) 公路间的收费问题

如果有些公路收费,有些公路不收费,司机就会尽量往不收费的道路上行车,这样会造成不收费公路的拥挤,其拥挤状况取决于它对收费道路的替代性,即越可以替代收费公路,就越拥挤。而由于公路拥挤就会造成诸如堵车、车辆减速、出车祸等拥挤效应,从而产生效率损失。所以在决策某一公路应不应该以收费方式弥补道路成本时,不仅要将税收成本、税收效率损失与收费成本、收费效率损失比较,还应考虑如不收费所引起的拥挤效应可能造成的效率损失。

由于替代性越强,拥挤效应的效率损失越大,所以替代性很强的道路之间,收不收费往往是一致的。但收费的多少是否一致,主要取决于公路对过往车辆提供的便利是否一致。例如,道路里程、路面质量、弯道、坡度等路况是否存在差别。如果差别明显,就应在收费中加以体现,以使在两条路上行驶的车辆所支付的单位费用获得同等的效用。但如果差别不是很明显而难以测定,两条道路不加区别而收取同样的费用也无妨。因为有经验的车主自然会在便利较多的路上行驶,而使两条道路上车辆的密度有所区别,于是便利程度作反向变化,直到行车人觉得两条路的便利度相同为止。

## 四、通过税收弥补道路成本

在利用税收弥补道路成本上有两种方法:普通税收和使用者税。从理论与实践来看,单独使用其中一种方法都较难成功,所以更多的是两种方法的混合。实际上有三种混合方式:主要使用法(predominant use method)、相对使用法(relative use method)、收入支付法(earnings credit method)。在分析这三种方法之前,需要先明确道路的三个不同作用。第一个作用是为土地提供通路,没有它,土地实际上不能使用且无价值。例如,县和区乡公路主要是为农业土地提供通路,城市街道同样对城市财产发挥相同的作用。第二个作用是社会服务,该作用不能完全与第一个作用相区分。此时,道路为完成生产过程、市场交易、购买物品、入学及进行许许多多社会和其他活动提供地方性移动通道。第三个作用是现代化公路为城市间和长距离运输提供运输通道。

### (一) 主要使用法

主要使用法按照上述三个作用的主要用途划分道路补偿成本的责任。在这一方法下,主要作为城市间旅行和运输通道的道路应由使用者税弥补道路成本;主要作为土地通路和社会服务的道路应由地方普通税收提供资金,其中,地方政府依赖由不动产负担的普通财产税就特别适合投资于土地使用的公路和城市街道。

### (二) 相对使用法

相对使用法按照上述三个作用的相对重要性分配公路补偿成本的责任。这一方法认为,道路在不同程度上同时为三个作用服务,应该按照三个作用程度大小而寻求纳税人和使用者的资金负担。因此,城市间运输使用公路的程度越大,使用者税应负担的费用份额越大;相反,则普通税收应负担的费用份额越大。

### (三) 收入支付法

收入支付法是对相对使用法的一种修正。与相对使用法一样,它承认所有公路实际上都具有上述三个作用,只是程度不同。在收入支付法下,道路补偿成本优先由土地使用与社会服务所产生的使用者税收入来承担,其余费用由普通税收承担。收入支付法是根据普通纳税人也应为干线公路提供一些贡献的主张而采用的。

## 第三节 政府与电信

### 一、电信行业的两种经营方式

#### (一) 国有化或政府管制下的自然垄断

电信行业在过去一直被认为是一种自然垄断行业,即当一家企业能以比两家甚至更多家企业更低的成本服务于市场时,就存在自然垄断。所以,由一个单一的实体来提供这种服务似乎在经济上是合理的。为了限制市场力量带来的不太好的影响,人们就希望政府是提供这些服务的唯一实体,或是对私人垄断企业进行严格管理的唯一机构。

### (二) 竞争

当前,由于技术上的变化和管理上的创新使得在电信行业以多种形式进行竞争成为可能。越来越多的竞争者进入电信行业,这种竞争的市场环境极大地推动了整个电信行业的发展,也使得用户能更好地选择有利于自身的服务方案。

技术上的变化主要体现在两个方面:一方面,异质替代引起竞争。电信业是提供异质替代的典范,最早打破固线通信独家垄断市场的是微波通信技术,因为它可以摆脱固定线路网络来提供同样的语音服务。类似的事情还在继续发生,移动通信替代固定线路,卫星替代地面通信,以及 IP 协议网络替代传统网络等。这些异质替代品正在挑战传统电信产品。另一方面,由于技术上的进步,使得原来提供传统电信产品如固定线路通讯的成本大大下降;同时由于市场的发展,对电信需求规模迅速扩大,使得新进入竞争者有利可图。所以即使是同质产品,由于成本下降和需求规模的增加,同样可以引致竞争。

管理上的创新主要表现在对自然垄断公司的经营业务进行分解,经营活动的分解促进了具有潜在竞争性部门内新企业的参与和竞争。管理上的创新是与技术变化密切联系在一起的,技术上的变化才使管理创新成为可能。

## 二、对自然垄断公司的国有化或政府管制

对自然垄断公司实行国有化并不能保证自然垄断企业会实现资源配置的效率,要达到这一目标,政府必须规定企业的产品价格,而不能让企业以利润最大化为目标自行决策。这说明自然垄断公司无论是国有化还是私有化,重点都在于政府管制。政府管制的主要内容就是制定价格,如果政府制定价格能够消除垄断价格所带来的效率损失,而自身又不产生效率损失,那么自然垄断也有其存在的价值。关于价格的制定方法,经济学界一般认为自然垄断行业应采用二部定价法。

与多数公用事业的产品类似,电话业务的资费通常由两部分构成:使用电话的固定费用(或称租费)和根据每次通话计算的可变费用(或称价格)。实际上,一个典型的资费往往包括很多部分,例如用户可能购买或租用各种各样附加的业务和设备、初装费、拆机或移机费等,在这里暂不考虑这些收费。理论上来说,最佳的收费规则是每增加一个用户所得到的边际收入等于为他装机的边际成本。这时的边际收入就是从租费中得来的净增收入加上与用户通话所得到的净收入之和。但实际上,政府在制定价格时,能否准确地获得这些信息值得怀疑,同时即使有这些信息,政府是否按合理的价格制定也是不一定的。这些都会造成一定的效率损失。

## 三、在电信行业引入竞争

引入竞争有两种做法:一种是通过分解经营业务引入竞争;另一种是增加新的"全能一体化"的经营者引入竞争。

### (一) 通过分解经营业务引入竞争

分解经营业务有两种做法:横向分解和纵向分解。横向分解是指按照地理范围划分业务,纵向分解是指按照服务类别划分业务。无论是横向分解还是纵向分解,目的都是为了形

成可操作的竞争。如果经过分解没有形成市场竞争,其分解实际是不成功的。比较典型的两个例子——美国和印度。

为了扫除市场竞争的结构性障碍,使本来无法操作的长话业务竞争变得易于操作,美国通过"纵向分解"将当时的垄断电信商"贝尔系统"拆分为"美国电话电报公司"(AT&T,长话业务)和7个地区性的贝尔公司(市话业务)。贝尔系统被分拆之后,AT&T与MCI(美国其他长话公司)地位就一样了。这两家长话公司对地区性的小贝尔而言,都成了"外人",任何其中一家都不能以独家控制市话网络而"欺负"另一家。美国由此确立了长话市场的竞争格局。此外,剩下的市话业务通过"横向分解"成7家地区性市话公司之后,两家长话公司面对7家地区性市话公司,东方不亮西方亮,哪里的市话公司"开明",长话业务就乐意向哪里接入。与此同时,长话业务的繁荣,反过来也扩大了市话的规模。概而言之,1982年美国通过"纵向分拆与横向分拆并用",打破了垄断,奠定了一个可操作的长话竞争结构。

相反,印度是电信行业分解失败的例子。印度向市场放开了固线长途和移动电话业务,但是由于印度电信部(DOT)仍拥有全国统一基础网络的支持,从而使新的经营者无法与DOT公平竞争。同样,印度也把全国划分为几十个"覆盖区",允许每一个"覆盖区"通过招标产生若干个经营者。但是,在新的经营者进入时,要征收高额的牌照费,新进入者就只好在"高投资(包括高额牌照费)、小范围、低预期受益"的夹缝中生存,根本不可能与印度电信部"直属"的电信业务形成"旗鼓相当"的市场竞争。

表面上看,印度与美国一样进行横向与纵向的分解,但事实上印度的分解只是用新的竞争障碍取代旧的竞争障碍,竞争障碍的存在不可能形成可操作的竞争,结果并没有发生任何改变。

#### (二) 通过增加新的"全能一体化"经营者引入竞争

这种方法的关键在于为新的竞争者提供同样可以从事"全能一体化"经营的法律空间。也就是说,不需要通过分解,同样能形成两个或两个以上全能一体化电信公司之间的可操作竞争。这种模式以英国为典型代表。英国早在1982年就依法设立与英国电信(BT)竞争的Mercury集团公司,但是从一开始,Mercury集团就被授予"全能的"电信经营权。这就意味着凡是BT可以经营的电信业务,Mercury都可以独立建网从事经营。时至今日,Mercury已经成为英国第二大电信商,与从未被分解的BT一样,提供全方位的电信服务,参与全方位的电信市场竞争。非分解的电信竞争模式最大的优点是电信商不但可以获得"规模经济"(scale economy),而且可以获得"范围经济"(scope economy),也就是充分利用诸项电信业务之间的技术经济互补性。较之于美国电信行业先分解(长话、市话互不介入),等竞争对手在分解的架构内长大之后再开放全能电信竞争(1996年电信法允许长话、市话、移动和有线电视互相进入)这种发展模式,英国模式似乎更"少走弯路"。

总之,不管是通过哪种方法引入竞争,关键是形成可操作的竞争,只有竞争才能打破垄断,消除垄断带来的效率损失。当然市场也有缺陷,竞争也不可能是完全竞争和十全十美。所以,在电信业是选择政府管制下的自然垄断还是选择市场竞争,应权衡各自的利弊。

## 第四节 基础设施的生产问题

### 一、基础设施的生产组织形式

#### (一) 公有公营

在几乎所有的基础设施部门,最常见的所有权和经营的载体是公有实体——准国有企业、国有企业、公共机构或政府部门,它们由中央政府或地方政府拥有和控制。当这些公有实体能够免受政府预算和公务员编制限制,遵从商业法规和制度,根据商业原则正常经营时,它们通常能更好地提供服务。再加上来自私营公司的市场竞争,进一步促使公共服务提供者改善业绩。但是,在现实情况中,它们往往作为政府调控市场的重要主体或者手段,其正常经营会受到规章制度的影响,抵御政府政策变化的能力很弱,因此能坚持实施这种生产组织形式的成功范例很少。

#### (二) 公有私营

公有私营是指公共部门可以通过特许或租赁的方式把基础设施的经营(连同商业风险)以及新投资的责任委托给私营部门。这种方式允许私营部门经营和融资,但不能解散现有机构或立即拟订一个全新的规章框架。

在租赁中,政府为生产设施提供主要的投资,而私人承包商则为在提供服务过程中使用这些公共设施支付费用。一项租赁合同给予承包商 6~10 年时间内连续获得收益的专有权利,承包商负担大部分或所有的商业风险,但不包括与大型投资有关的金融风险。由于此类安排可以区分经营责任和投资责任,因而在投资很少、比较动荡的经营活动中最为可行。法国近几十年来在城市供水与卫生设施方面一直采用租赁合同。

特许经营具有租赁的所有特征,但它要求承包商能够承担更多的投资责任,提供更多的资金。在特许经营中多采用 PPP 项目模式进行运作。PPP 项目模式是指政府和社会资本合作(Public-Private Partnership)的一种项目运作模式,是公共基础设施建设和提供公共服务等方面的合作。在该模式下,鼓励私营企业、民营资本与政府进行合作,参与公共基础设施的建设。PPP 模式的特点是利益共享、风险共担。PPP 项目模式有很多运作方式,主要包括 BOT 模式、BOO 模式、BT 模式、TOT 模式、ROT 模式和 TBT 模式。

BOT 模式,即建设—经营—转让(Build-Operate-Transfer)模式。政府部门通过特许权协议,在规定的时间内,将项目授予为该特许权项目设立的项目公司,由项目公司负责该项目的投融资、建设、运营和维护。待特许期满,项目公司在收回项目建设成本和取得合理利润后,将特许权项目无偿交给政府部门。BOT 模式大多用在非收费类的公共基础设施项目上,如电厂、机场、公路、隧道、港口、水处理厂等。BOT 在 20 世纪 80 年代才大规模发展起来,与传统方式相比具有以下区别:在 BOT 模式下,项目公司在特许期里充当着传统方式中公共部门的作用。当公共部门与私人部门签订特许权协议后,政府从项目中解脱出来,此时各参与方不再像传统方式那样与公共部门签订各项合同,而是与项目公司签订合同。这就是 BOT 模式下公共部门与项目参与方在合同关系上所发生的根本变化。在传统方式中,政府首先需要筹集建设资金,然后选择设计与施工单位从事项目的建设。因此,两者之间最大的区别就是政府不再考虑项目的资金问题,而由项目公司全面负责项目的融资、建设与运营。政府对该项目的资金不仅得以解决,而且政府能从烦琐的工程项目管理中解脱出来。

BOO 模式,即建设—经营—所有(Build-Operate-Own)模式。与 BOT 模式不同的是,BOO 模式中项目公司拥有项目所有权,但必须在合同中注明保证公益性的约束条款,一般不涉及项目期满移交。这种方式适用于非收费类的公共基础设施项目,如水电站、垃圾处理厂等,可以让社会资本通过政府付费或可行性缺口补助等方式获得稳定收入,同时也可以让政府保证公共服务的质量和数量。

BT 模式,即建设—移交(Build-Transfer)模式。在该模式下,项目公司负责项目的融资、建设,并在规定时限内将竣工后的项目移交政府,政府根据事先签订的回购协议分期向投资者支付项目总投资及确定的回报。这种方式适用于非收费类且不需要长期运营维护的公共基础设施项目,如学校、医院等,可以让社会资本通过分期回购获得固定收益,同时也可以让政府分散财政支出,并在项目移交后享有所有权和管理权。

TOT 模式,即转让—经营—移交(Transfer-Operate-Transfer)模式。在该模式下,由项目公司用私人资本或资金购买某项资产的全部或部分产权或经营权,然后对项目进行开发和建设,在约定的时间内通过对项目经营收回全部投资并取得合理的回报,特许期结束后,将所得到的产权或经营权无偿移交给原所有人。这种方式适用于已有但需要改扩建或提升效率的公共基础设施项目,如机场、港口、铁路等,可以让社会资本通过改善项目的运营水平和服务质量来增加收入,同时也可以让政府节省改扩建的成本,并在项目移交后享有所有权和监管权。例如,上海浦东国际机场就是采用 TOT 模式进行改扩建和运营的。TOT 方式的主要特点是:一是以现投产的基础设施项目为基础,使项目公司与项目投资方向、建设规模及项目建设完全割裂开来,减少私营企业建设期内的风险,降低了项目公司进行基础设施的进入壁垒,因而与 BOT 相比,TOT 对项目公司的吸引力更大;二是在转让过程中,可以转让所有权,也可以只转让经营权,在前面一种情况下,实质上在转让期就是私有私营,转让经营权则还属于公有私营;三是在项目特许经营期结束后,项目无偿归还政府,从而最终保持了国有资产的性质;四是把项目公司中的效率引入基础设施,可以极大地提高基础设施的管理效率,改变目前基础设施运营中财务匮乏的状况。[①]

ROT 模式,即改造—经营—移交(Rehabilitate-Operate-Transfer)模式。该模式是通过对现有资产进行改造升级以获得增量资金进行新建项目融资的一种新型融资方式,在这种模式下,项目公司先使用私人资本或资金购买某项资产的全部或部分产权或经营权,接着对项目进行改造和建设,在约定的时间内通过对项目经营收回全部投资并取得合理的回报,特许期结束后,将所得到的产权或经营权无偿移交给政府。

TBT 模式,即转让—建设—转让(Transfer-Build-Transfer)模式。该模式是将 TOT 与 BOT 融资方式组合起来,并以 BOT 为主的一种融资模式。在这种模式下,政府通过招标将已经运营一段时间的项目和未来若干年的经营权无偿转让给项目公司,项目公司负责去建设和经营待建项目,待项目建成开始经营后,政府从 BOT 项目公司获得与项目经营权等值的收益。按照 TOT 和 BOT 协议,项目公司相继将项目经营权归还给政府。实质上,是政

---

① 丛树海:《财政支出学》,中国人民大学出版社 2002 年版,第 231—232 页。

府将一个已建项目和一个待建项目打包处理,获得一个逐年增加的协议收入(来自待建项目),最终收回待建项目的所有权益。

### (三) 私有私营

当很可能获得使用者缴费的稳定收入并且商业及政治风险都不高时,私人(包括合作)所有和经营对私营部门最具有诱惑力。所以这里指的私有私营是广义的,包括私人与公共部门合作拥有所有权和经营权。如果基础设施系统已全部或部分实现了私有化,而且不存在跨部门的竞争,那么就需要为私人和公共的服务提供者制定规章制度,以防止滥用垄断权。这个方案最适用于电信、电力、天然气、铁路和港口等,而不太适用于水处理和农村道路。

### (四) 社区和使用者提供

对地方性的小型基础设施来说,由社区和使用者提供是最常见的,如农村支线道路、社区供水和卫生设施、灌溉水渠,以及地方排水系统的维护等。成功的社区提供需要使用者参与决策,尤其是参与对优先支出事项的确定,以及保证平均和无异议地分享提供服务的收益和分担其费用。

## 二、基础设施的筹资渠道和筹资方式

与生产组织形式密切相关的是资金的筹集。基础设施的筹资渠道和筹资方式具体如下:

### (一) 财政支持

财政对基础设施的资金支持主要包括直接支持和间接支持。

财政的直接支持主要是指财政对基础设施的资金拨款,包括无偿拨款和有偿拨款。无偿拨款主要针对非经营性基础设施,有偿拨款主要针对经营性基础设施。财政直接支持的资金来源主要包括以下几点:(1)预算拨款;(2)发行国债,既包括国库券,也包括其他特殊的建设债券;(3)向外国政府及国际金融机构的低息贷款;(4)各种基金;(5)土地批租收益。一般来讲,政府通过贷款或其他方式筹集资金,用于待开发区域内土地平整、道路等基础设施建设,从而促使待开发区域内土地升值,土地使用权出让所获收益用于补偿基础设施投资的支出,盈余部分可以投入新地块的开发和利用。

财政的间接支持并不直接表现为财政支出的直接增加,但确实会对财政收支产生一定的影响,如通过对基础设施项目进行政府担保,或进行免税等方式支持基础设施项目的建设。

### (二) 金融机构贷款

基础设施可以通过向金融机构贷款进行筹资,主要通过向政策性银行和普通长期信用银行进行贷款。

向政策性银行贷款也是财政间接支持的一种表现,因为政策性银行的贷款利率一般都低于市场利率。各国政策性银行尽管都是为国家重点发展基础设施与基础产业筹集资金的,但因各国的财政、金融体制的差别,各国政策性银行的资金重点投向也是不一样的。目前,韩国政策性银行的贷款重点是重化工工业及输出产业,日本政策性金融机构的贷款重点则是基础设施,我国的国家发展银行主要投向是基础产业、基础设施和支柱产业。政策性银行的资金来源：一是向金融机构发行金融债券；二是向社会发行国家担保的债券；三是国家财政预算安排的经营性建设资金和核拨的注册资本金；四是借外债；五是依靠设立基金筹集部分资金和部分保险基金结余资金。

设立普通长期信用银行为基础设施发展提供长期商业贷款，对商业经营性的基础设施而言，完全可以也应该从长期贷款机构获得建设资金。普通长期信用银行一方面以其纯商业性而区别于政策性金融机构，另一方面又以其长期贷款特点而有别于一般商业银行。普通长期信用银行的资金来源有三种：一是吸收居民长期存款；二是发行国内金融债券；三是在境外发行金融债券。

**（三）设立专用基金**

基础设施可设立各自的专用基金，如邮电基金、通信基金、铁路基金等。专用资金有中央设立的，也有地方设立的，其资金来源也有四种：一是财政拨款；二是个人捐助；三是专项收取税费；四是发行债券。

**（四）利用外资和民营资金筹资**

利用外资和民营资金筹资的具体形式有向国际金融组织贷款和政府间优惠贷款、BOT方式、融资租赁、在境外上市、组建海外共同基金、ABS和TOT等。BOT方式是世界上通行的利用外资和民营资金进行基础设施建设的有效方式，特别适用于收费高速公路、桥梁等的建设。融资租赁既融资又融物，既可引进资金又可以引进设备和技术。组建海外共同基金，实行地方政府与国际资本市场直接对接，可以更大规模地利用外资发展基础产业与基础设施。ABS(Asset Backed Securitization)，即资产证券化融资，它是指以目标项目所拥有的资产为基础，以该项目未来的收益为保证，通过在资本市场上发行债券来筹集资金的一种项目证券融资方式。在ABS方式中，项目资产的所有权根据双方签订的买卖合同而由原始权益人即项目公司转至特殊目的公司，特殊目的公司通过证券承销商发行以项目资产为基础、以未来现金流为保证的证券，取得发行收入后，再按资产买卖合同规定的价格把发行收入的大部分作为出售资产的交换支付给原始权益人。TOT方式是指政府通过出售现有投产项目在一定时期内的产权或特许经营权，获得资金来建设新项目的一种融资方式，也是利用民间资本运营基础项目的一种模式。利用外资和民营资金除了前面提到的方式外，还可以接受外商和民间个人的直接投资，也可以利用股份制方式向外商和民营企业融资。有条件的基础设施可在股票市场上市筹集资金，增加资本金的配套能力。通过股权融资有很多优点，如无须还本付息、资金来源长期稳定等，而这些正是基础设施部门筹资所欠缺的。目前，我国有很多的基础设施企业在沪深两地上市。

**（五）不动产信托投资基金(REITs)**

REITs是指依法向社会投资者公开募集资金形成基金财产，通过资产支持证券等专属目的载体持有不动产项目，由基金管理人等主动管理运营上述项目，并将产生的90%及以上收益分配给投资者的金融产品。基础设施REITs是指以基础设施作为底层资产的REITs。由于PPP模式项目大幅度增长导致地方政府债务余额不断扩大，亟需新的金融工具解决地方基础设施建设融资问题，促进基础设施建设高质量发展。基础设施REITs的出现不但打破了"固定资产不能直接流入资本市场"的传统思维，还能够以权益型投资为导向的方式化解投资基础设施方面的财务问题。2020年，我国政府相关部门联合发布了一系列关于推动基础设施REITs发展的政策,这也意味着我国基础设施领域公募REITs的发展正式起步。我国基础设施REITs是权益型投资而非保本固定收益的债券型,可以直接帮助实体经济降杠杆,很大程度上缓和地方政府在基础设施建设方面的财政压力。

### 三、基础设施中的政府采购

在基础设施的建设、维修及经营中都会碰到对建设、维修及经营主体的选择,而选择主体可能是政府,可能是私人企业。当选择主体是政府时,这些活动实质便是政府采购的内容。当选择主体是私人企业时,即在私人投资的基础设施企业中对建设、维修、经营主体的选择,由于私人企业会自觉按照商业原则选择主体,政府没有干预的必要。所以这里讨论的是政府对基础设施的建设、维修及经营主体的选择,即政府采购。政府采购可以采用多种方式,大致可分为招标性采购和非招标性采购。

#### (一)招标性采购

招标性采购是指通过招标的方式,邀请所有的或一定范围的潜在供应商参加投标,采购实体通过某种事先确定并公布的标准从所有投标中评选出中标供应商,并与之签订合同的一种采购方式。招标性采购按接受投标人的范围,分为国际竞争性招标采购、国内竞争性招标采购、国际限制性招标采购和国内限制性招标采购。国际竞争性招标采购是指没有国籍限制,采购实体邀请国际上所有符合要求的供应商参加投标的一种采购方式。国内竞争性招标采购是指采购实体邀请国内所有符合要求的供应商参加投标的一种招标采购方式。国际限制性招标采购是指采购单位不发布招标公告而直接邀请国外供应商参加投标的一种采购方式。国内限制性招标采购是指采购实体不发布招标公告而直接邀请国内供应商参加投标的一种采购方式。

#### (二)非招标性采购

非招标性采购是指除招标采购方式以外的采购方式,通常包括以下几种:国内或国外询价采购、单一来源采购、竞争性谈判采购、自营工程等。国内或国外询价采购,也称货比三家,是指采购实体向国内外有关供应商(通常不少于三家)发出询价单让其报价,然后在报价的基础上进行比较并确定中标供应商的一种采购方式。单一来源采购是指直接采购。竞争性谈判采购是指采购实体通过与多家供应商进行谈判,最后从中确定中标供应商的一种采购方式。自营工程是土建项目中所采用的一种采购方式,它是指采购实体或当地政府不通过招标或其他采购方式而直接使用当地的施工队伍来承建的土建工程。

#### (三)各种采购方式的优缺点

非招标性采购方式(竞争性谈判采购除外)由于竞争性不强,容易造成效率低下。一般基础设施的建设、维修及经营都不宜采用这种方式,除非是在临时、紧急并且工程价值很小的情况下才采用。招标性采购方式和竞争性谈判采购则是基础设施建设、维修及经营中较为常用的方式。

招标性采购尤其是竞争性招标采购有很多优点,主要包括通过广泛的竞争,使采购实体能够获得价廉物美的商品、工程和服务;促进公平竞争,特别是国际和国内竞争招标采购,使所有符合资格的潜在供应商都有机会参加竞争;确保交易公正,维护供应商和采购实体双方的利益,采用竞争性招标采购方式,采购实体对其采购要求、评标和方法等,都要做事先通告,在具体操作时都是公开进行的,非常透明;减少腐败现象的发生。招标采购方式也有其不足之处,突出表现在:招标采购周期太长,从准备招标文件到合同签订,需要很长时间;招标采购需要的文件非常烦琐,而且很难考虑周全,一旦采购实体或供应商有考虑不周全之处,均会处于非常被动的境地,有时采购实体不得不在已耗时做了大量工作后宣布废标;招标采购缺乏弹性,有时签订的合同并不一定是采购实体的最佳选择,如采购实体发现某些供应商的投标设备的确非常好,其也愿意购买,但由于该供应商的报价不是最低评标价,采购实体就不能选择该投标供应商,这种情况的出现对采购实体和供应商都是一种损失。

目前,竞争性谈判采购正在很多国家流行,因为竞争性谈判采购既有招标性采购方式的优势,又可以弥补其不足之处:由于不是广泛进行招标,竞争性谈判采购方式不存在准备标书、投标、等标的情况,采购实体可以直接与供应商进行谈判或协商,大大缩短了采购周期;减少工作量,省去了大量的开标、评标工作,有利于提高工作效率,减少采购成本;供求双方能够进行更为灵活的谈判;竞争性谈判采购方式还具有其他任何采购方式所不具备的一个优点,即这种采购方式能够激励供应商将各自的高科技应用到采购商品中,同时又能转移采购风险。竞争性谈判采购逐渐成为占主导地位的采购方式。

## 第五节 政府与农业

### 一、农业部门的特殊性

#### (一)农业是国民经济的基础

农业是国民经济的重要基础,其对整个国民经济的贡献主要表现在四个方面:产品贡献、市场贡献、要素贡献及外汇贡献。

*1. 提供产品贡献*

一方面,农业的产品贡献表现在为整个国民经济提供食品。食品是人类生存和发展的基础,食品的有效供给不仅是经济持续发展的基础,而且是社会稳定的基础。不仅如此,充分的食品供给有助于抑制通货膨胀,为国民经济发展创造良好的基础。另一方面,农业对国民经济的产品贡献还表现在为工业和国民经济其他部门提供原料。在中国,农业原料的供给程度将直接决定着占工业总产值1/4的经济部门的增长。所以,农业的重要性不仅体现在本身,而且体现在对其他产业和部门的关联效应。

*2. 提供市场贡献*

农业提供市场贡献是指农业部门需要消费大量的农业生产资料和工业消费品。农村是一个重要的市场,尤其是在发展中国家,农业人口众多,农村消费市场潜力巨大。农村经济发展可以为国民经济其他生产部门的产品提供广阔的市场,促进整个国民经济的发展。因此,世界各国都十分重视农业发展的问题。

*3. 提供要素贡献*

农业对国民经济的要素贡献包括资本转移、劳动转移和就业贡献。农业为工业化的初步发展提供了巨大的资金支持,农民为整个国民经济的发展提供了宝贵的资本原始积累。很多国家曾采用依靠农业进行工业化原始积累的方法,即通过压低农产品价格,将农产品部分价值转移到工业产品中,以完成工业化所需的资本原始积累。同时,随着农业劳动生产率的提高,农业部门的剩余劳动力逐步转向非农业部门,农业劳动力的转移也促进了劳动力市场的竞争。此外,农业的发展同样提供众多的就业机会。

4. 提供外汇贡献

农产品是世界各国出口的主要商品,在发达国家也不例外,美国就是农产品出口大国。农业的外贸贡献主要体现在节约外汇支出和增加外汇收入两个方面,前者主要指农业自给自足能够减少或者替代进口,这一点在改革开放前的中国表现最为明显;后者主要指通过农产品贸易逆差来获取外汇,这一点在工业化初期的中国表现最为明显。

### (二) 农业是弱势产业

1. 农业的自然风险与市场风险相互交织

农业对自然条件有着很强的依赖性,而农业的自然条件又是经常变化且不可预期的,由此造成了农业生产具有很强的自然风险,总是处于频繁的波动之中。不仅如此,在市场经济下,农业的自然特点还直接导致了市场风险的产生。由于农业的再生产周期长,对市场信息的反应往往滞后,生产者依据现时市场信号做出的生产决策待产品产出后可能已发生了很大变化,从而形成必须主要由生产者独立承担的市场风险。自然风险与市场风险的交织,使得农业在市场经济下成为一个需要政府有效支持和保护的弱势产业。

2. 农产品在供给与需求方面具有特殊性

农业生产的是初级产品,在需求方面的弹性较低,能保持相对的稳定;但是在供给方面,受到自然条件的影响很大,具有较大的波动性。农产品供给与需求不适应状况的经常发生会破坏国民经济的正常运行,而这又是难以通过市场加以解决的。因此,农业的发展需要政府加以全面管理。

3. 农业的比较优势低下,吸纳和保护资源的能力不强

由于非农业的收入需求弹性大于农业的收入需求弹性,非农业部门对增加资本投入的需求相对更强,再加之农业生产客观上存在着投资效益低、回收周期长、经营风险大等产业特点,各种投入农业的生产要素往往得不到社会平均利润。如果单纯靠市场机制的作用,农业资源的配置将处于极其不利的地位。在比较利益的诱导下,农业不但不具备吸引外部资金投入的能力,而且在农业内部也难以阻止资金大规模地转向易于短期见效的非农产业或城市部门。

总之,农业的国民经济基础地位及在各产业中的弱势地位需要政府的干预和保护。

## 二、政府对农业的干预

为了分析政府对农业干预的范围和程度,需要先对农业的内容进行分类。一般来说,农业可以分为两大体系:农产品生产销售体系和农业支撑体系。农业支撑体系又包括三大类:第一类是农业基础设施,重点是水利建设;第二类是支农工业体系,重点是化肥、农药和农业机械的生产;第三类是农业社会化服务体系,包括农业科技等。

### (一) 农产品生产销售体系

农产品既具有排他性又具有竞争性,所以农产品本身是典型的私人产品,应该由市场提供。如果政府干预过多,反而会造成不必要的效率损失。但根据前面所论述的,农产品既是

国民经济发展所必需的基础产品,又是弱势产业的产品,所以政府应在农产品的生产与销售上给予必要的保护。

在销售方面,政府实施了农产品价格维持制度,即国家对重要农产品规定最低销售价。如果市场价低于最低价,则国家按最低价收购农产品;如果市场价升高,则国家将收购储存的农产品抛售,以平抑市场物价。有些国家的做法不同,当农产品市场价低于最低价时,国家不收购,但规定农户可将农产品自己储存,并作为抵押品向银行申请农业贷款;待市场价格上升以后,再抛售农产品以归还贷款;银行的利息损失由政府弥补。这样做也能起到稳定作用。国家对农产品销售方面的财政支持还体现在出口补贴上,出口补贴的目的在于增强农产品的国际竞争力,占领国际市场。不过,这类补贴随着区域经济一体化进程的深化而越来越受到进口国的批评和抵制。

在生产方面,政府通过减收增支来支持农产品的生产。减收运作主要有四种形式:税收返还、税率优惠、税收减免与低价收费。增支运作的主要形式包括:一是由财政拨款给农业发展基金会,由基金会向农业生产者提供低息或无息贷款。二是增加补贴,对农产品生产环节的财政补贴包括直接补贴和间接补贴。直接补贴是对非保险农作物遭受自然灾害时直接发放,例如美国规定按补贴项目常年产量的40%运作。间接补贴是通过保险公司进行运作,保险公司对农作物投保一般都是低标准收取保费、高标准理赔,政府对这一部分保险业务的利润损失或者减免公司所得税,或者给予补贴。

由此可见,由于农产品的私人产品性质,政府对农产品的生产和销售较少采用直接投资方式,更多的是采用补贴和资助投资的方式,所以农产品生产销售体系不是政府干预的重点。

**(二) 农业的支撑体系**

1. 农业的基础设施

农业的基础设施主要是指农业生产所必需的生产条件,如大型灌溉设施、主要堤坝和防洪抗旱系统、农田土壤大规模改造等。农业的这些基础设施需要大量的资本投入,而且它们的建设周期长,投资回收期长,很难由个别企业独立投资完成,所以成为政府投资的重点。除此之外,农业基础设施成为政府投资重点的另外一个原因是农业基础设施具有很强的外部性,甚至有部分基础设施是纯公共产品。例如,在河流上游建造堤坝等水利设施,不仅可以使堤坝所在地区居民得到充足的水资源,还可以改善下游的抗洪抗旱能力,甚至改善整个河流流域乃至整个国家的自然环境。在这个例子中,堤坝是无法通过收费将消费者排斥在外的,并且增加边际消费者的成本为零,即具有非竞争性和非排斥性,实际上已是纯公共产品。当然如果堤坝上建发电厂,电的消费具有排斥性,但堤坝的其他好处仍然具有很强的外部性。

2. 农业的支农工业体系

从性质上讲,支农工业产品应该属于私人产品。由于支农工业产品是农业必不可少的组成部分,政府也应该给予一定程度的支持,但并不需要政府重点干预。

3. 农业社会化服务体系

农业的社会化服务体系范围较大,包括技术、信息、信贷、保险等各方面的服务体系,其中最为重要的是农业科技教育及推广。

由于农业有很强的自然风险,农业科技投资受自然条件制约的风险也就相对较大,再加上农业科技投资风险大、周期长、见效慢的特点,使其与工商业以及其他农业生产性投资效益相比处于劣势。一方面,农业科技成果应用产生的技术风险和极不稳定的预期收益直接降低了农业生产者对新技术的有效需求,从而提出了政府对农业技术需求者实行支持和保护的必要性。另一方面,农业生产作为难以进行保密的生产部门,农业技术的推广具有很强的外部性。农业科技成果的绝大部分很难以专利技术的形式通过市场交易进入农户,成果应用所产生的经济效益也主要由广大运用技术的农业生产者分享,农业技术的供给者很难得到相应的回报,这就使得农业技术成果的供给者难以通过科技成果的商品化实现自负盈亏、自我发展,其直接后果是农业科技的开发、推广、应用各环节都因资金严重不足而陷入困境。这就需要政府从农业发展的长远目标出发,对农业技术商品的供给者实行支持。否则,农业科技成果的开发、推广和应用有可能在市场经济条件下出现某种程度的萎缩和倒退。

总之,从上述分析可见,在农业中政府投资的重点应该是投资量大、建设周期长的项目和具有外部经济的项目,主要集中在农业的基础设施与农业科技两个领域。

## 本章小结

  基础设施不但可以促进国民经济的发展,而且会影响收入分配,缩小贫富差距,是政府支持的重点范围。建设新基建有利于促进经济高质量发展。基础产业中大部分产业提供的都是私人产品,但也有部分产业具有一定的特殊性,需要政府支持,如农业。

  对道路成本的补偿方法有三种:收费、税收及其他方法。在收费中要考虑对拥挤道路征收拥挤费,拥挤费应是边际社会成本与边际私人成本的差额;如果有些公路收费,而其他公路不收费,会引起其他道路的拥挤,所以在收费时还应考虑公路之间的替代性。在利用税收弥补道路成本上一般很少单独采用普通税收和使用者税,大部分情况是两者的混合,混合方式有主要使用法、相对使用法和收入支付法。

  电信行业有两种经营方式:国有化或政府管制下的自然垄断和竞争。对自然垄断电信企业进行政府管制的重点是制定价格。经济学界一般认为自然垄断企业应采用二部定价法。在电信行业引入竞争有两种方法:一是通过分解经营业务引入竞争;另外一种是增加新的"全能一体化"的经营者以引入竞争。但不管是采用哪种方法引入竞争,关键是形成可操作的竞争。

  基础设施的生产组织形式有公有公营、公有私营、私有私营及社区和使用者提供四种形式。其中公有私营主要包括 BOT 模式、BOO 模式、BT 模式、TOT 模式、ROT 模式和 TBT 模式等。基础设施的筹资渠道和筹资方式有财政支持、金融机构贷款、设立专用基金、利用外资和民营资金筹资和 REITs。基础设施中的政府采购有招标性采购和非招标性采购两种。

  农业部门由于其特殊性成为政府支持的基础产业。农业可以分为两大体系:一大体系是农产品生产销售体系,另一大体系是农业的支撑体系。由于农产品的私人产品性质,政府对农产品生产销售体系较少采用直接投资方式,更多采用补贴和资助投资的方式,该体系不是政府干预的重点。农业支撑体系中的农业基础设施和农业科技投资是政府干预的重点。

## 习 题

**一、名词解释**

基础设施　基础产业　主要使用法　相对使用法　收入支付法　横向分解　纵向分解　BOT方式　TOT方式　ABS　基础设施REITs　招标性采购　非招标性采购　竞争性谈判采购

**二、思考题**

1. 在确认道路成本时应注意些什么？道路成本补偿有哪三种方法？
2. 对拥挤道路收取拥挤费的依据是什么？
3. 如果对有些道路收费而对另外一些道路不收费会发生什么现象？
4. 谈谈应如何为基础设施筹集资金。
5. 政府采购的方法有哪些？比较各种方法的优缺点。
6. 农业部门的特殊性是什么？为什么需要政府干预农业发展？农业中的哪些部门应是政府重点干预的部门？
7. 新基建的"新"体现在哪里？新基建建设对中国现代化发展有何重要意义？

# 第十三章 税收概论

## 全章提要

- 第一节 税收要素
- 第二节 税收分类与税制结构
- 第三节 税收原则

本章小结

习题

税收是政府为了满足社会公共需要,凭借政治权力,按法定标准向社会成员强制、无偿地征收而取得的一种财政收入。它是各国政府取得财政收入的最基本形式。与其他财政收入形式相比,税收具有强制性、无偿性和固定性三大特征。税收的三大形式特征是其区别于其他财政收入形式的基本标志。在财政收入理论中,税收理论占有重要地位。本章主要阐述税收要素、税收分类与税制结构以及税收原则。

思政案例

税收优惠政策添力,"真金白银"助力专精特新企业芯片研发

## 第一节　税收要素

税收要素首先是指构成税收制度的基本因素。税收制度是国家规定的税收法令、条例和税收办法的总称。在税制中明确了向谁征税、对什么征税、征多少税以及如何征收等基本问题。其次,税收要素也是税收理论分析、政策制定、制度设计的基本工具。

### 一、纳税人

纳税人(taxpayer)是税法规定的直接负有纳税义务的单位和个人。纳税人主要说明向谁征税或由谁纳税的问题。纳税人可分为自然人和法人。

#### (一) 自然人纳税人

在法律上,自然人是指基于出生而依法在民事上享有权利、承担义务的人,包括本国公民和居住在所在国的外国公民。在税收上,自然人也可进一步分为自然人个人和自然人企业。自然人个人就是指个人,是一般意义上的自然人。自然人作为纳税人必须具备属本国公民,或在所在国居住或从事经济活动的外国公民的条件。自然人企业是指不具备法人资格的企业。例如,独资企业和合伙企业虽属企业,但不具备法人资格,以个人名义直接行使企业权利,并由个人承担义务,企业不独立纳税,而是由财产所有者作为自然人纳税。

#### (二) 法人纳税人

法人是指依法成立并能以自己名义独立参与民事活动,享有民事权利和承担民事义务的社会组织。它具有以下基本特征:必须是经国家认可的组织,能够独立取得和处理财产,能够独立地承担民事上的财产义务,以及能以自己的名义参加民事活动和诉讼。法人包括从事生产经营、取得利润的营利性企业,以及非营利性的公益组织。

与纳税人相关联的一个概念是负税人(tax bearer)。一般认为,纳税人是税法上规定的纳税主体;负税人是从经济角度而言,实际承担了税负的主体。纳税人与负税人之间的关系取决于税收负担能否转嫁。若税收负担能转嫁,纳税人与负税人分离;若税收负担不能转嫁,纳税人与负税人合一。

### 二、税基

税基(tax base)是征税的客观基础,表明对什么课税。但是,税基是一个宽泛的概念,要

用它来划分税种类型、明确课税对象、确定税收依据,就需要从以下三个层面来理解。

### (一) 理论上的税基

理论上的税基是指潜在的可能的税基,可以归纳为三大类:以收入为课税基础的税,如各种所得税;以消费支出为课税基础的税,如各种商品税;以财产为课税基础的税,如各种财产税。但是,理论上的税基并不一定都能成为税法中的课税对象。

### (二) 法律上的税基

法律上的税基是指由税法明确规定的具体税种的课税基础,又称课税对象。课税对象规定了征税的范围,是确定税种的主要标志。将理论上的潜在税基变为现实中的税基,是综合考虑税收对财政收入、资源配置、收入分配的影响,以及征税的成本和可实施性等问题后,由税法来明确的。

为了使法律上的税基(课税对象)具体、明确,在税制中往往通过税目(tax item)来具体说明。税目是课税对象在课征范围上的具体界定和分类细目。税目的作用主要有两方面:一是明确征税的具体范围,凡列入税目者征,未列入者不征;二是解决课税对象的归类,以便政府对同一课税对象的不同情况(税目)实行区别对待,制定不同的税率。

### (三) 计税上的税基

计税上的税基是计算税额的课税基础,又称为计税依据。在税率既定的情况下,计税依据的大小直接决定了政府的税额和纳税人的税收负担。在现实经济中,计税依据的范围和数量往往与课税对象不完全一致。例如,个人所得税中的工资薪金所得的课税对象是工资薪金,但是计税依据是扣除免征额后的应税所得额,少于工资薪金金额。又如,企业所得税的课税对象是利润,计税依据是应税所得额,由于存在不予扣除、限额扣除及加计扣除项目,两者经常不相等。

与税基相联系而又有区别的一个范畴是税源。税基是征税的客观基础,而税源则是税收收入的最终来源。有的税种的税基与税源是一致的,例如所得税的税基与税源皆为纳税人的所得;而有的税种的税基与税源则是不一致的,例如消费税的税基是商品的销售收入,税源则可能是生产者的利润,或消费者的收入或两者兼而有之。

## 三、税率

税率(tax rate)是应纳税额与课税对象之间的比例,说明征多少税的问题。税率的高低关系到政府财政收入与纳税人的负担,体现了国家一定时期的财政税收政策,是税制设计的中心环节。因此,税率可以从税率形式和税率分析方法两方面进行考察。

### (一) 税率形式

税率按形式特征可分为三种:累进税率、比例税率和定额税率。这三种税率在制定税法、计算税额等实际工作中被广泛使用。

1. 累进税率

累进税率(progressive tax rate)是将课税对象按一定标准划分为若干级距,并且从低到高分别规定逐渐递增的税率。其特点是课税对象数额越大,税率越高。实行累进税率,可以有效地调节纳税人的收入,故一般适用于个人所得税的征收。累进税率可进一步分为全额累进税率和超额累进税率。

全额累进税率是将课税对象全部数额作为计税依据,按最高边际税率计算税额的一种税率形式。

超额累进税率也是将课税对象全部数额作为计税依据,但是分别按课税对象各等级所适用的相应税率计算税额的一种税率形式。

以我国目前的个人所得税为例,说明超额累进税率与全额累进税率的计算方法。根据我国目前个人所得税法的规定,全年综合所得(工资薪金、劳务报酬、稿酬和特许使用费)应纳税所得额不超过 36 000 元的,税率为 3%;超过 36 000 元至 144 000 元的部分,税率为 10%;超过 144 000 元至 300 000 元的部分,税率为 20%……假定某纳税人的月应纳税所得额为 40 000 元,按全额累进税率征税,则应纳税额为:40 000×10%=4 000(元)。如果按超额累进税率计征,则应纳税额为:36 000×3%+(40 000-36 000)×10%=1 080+400=1 480(元)。

全额累进税率与超额累进税率具有不同的特点,主要表现在:

(1) 在最高边际税率相同的前提下,全额累进税的累进程度高于超额累进税,税负也较重。上例中 40 000 元的应税所得额,最高边际税率均为 10%,按全额累进税率征收,应纳税额为 4 000 元,按超额累进税率征收,应纳税额为 1 480 元。

(2) 在应纳税所得额级距的临界点附近,全额累进税会出现税负增加额超过应税所得额增加额的不合理现象,而超额累进税则不存在此问题。在上例中,若某人目前年应税所得额为 36 000 元,据全额累进税,其适用税率为 3%,应纳税额为 1 080 元;但若此人次年应税所得额为 36 001 元,则适用税率为 10%,应纳税额为 3 600.10 元。应纳税所得额仅增加 1 元,而应纳税额却增加了 2 520.10 元,这显然不尽合理。

(3) 在计算上,全额累进计算简便,超额累进计算复杂。但这仅是技术上的问题,可采取"速算扣除额"的办法予以解决。其计算公式为:

$$速算扣除额 = 全额累进税额 - 超额累进税额$$

根据所得额级距和相应税率,运用上述公式,可以预先计算出各级距的速算扣除额,然后用应纳税所得额乘以适用税率,再减去速算扣除额,即为超额累进税额。其计算公式为:

$$超额累进税额 = 应纳税所得额 \times 适用税率 - 速算扣除额$$

由此可见,超额累进税率比全额累进税率具有较大的优越性。因此,在实际运用中一般都采用超额累进税率。

2. 比例税率

比例税率(proportional tax rate)是指不论课税对象数额多少,均按同一比例课征的税率。它一般适用于对流转额的课税。比例税率可进一步分为统一比例税率与差别比例税率。

统一比例税率是指同一税种只设置一个比例税率,所有纳税人按同一税率计算纳税。

差别比例税率是指同一税种设置两个或两个以上的比例税率,不同的纳税人根据不同情况分别按不同税率计算纳税。差别税率可以按产品(如消费税、关税)、行业(如印花税)、地区(如城镇土地使用税、城市维护建设税)设计。

3. 定额税率

定额税率(unit tax)是按课税对象的自然单位直接规定固定税额,而不采取百分比的形式,也称从量税。例如,每吨盐征多少税,每辆车征多少税。定额税与价格没有直接联系,它一般适用于从量定额征收。实务中,部分产品的消费税、资源税、环境保护税采用定额税率方式征收。

(二) 税率分析方法

上述三种税率形式是税制中的基本因素,在税收管理的实际工作中被广泛使用。但是,从税收理论研究和实证分析要求出发,还需要掌握累进税率与累退税率、边际税率与平均税率、名义税率与实际税率的概念。

1. 累进税率与累退税率

累进税率与累退税率(regressive tax rate)是分析税收收入再分配效果的主要工具。累进税率的特点是纳税人的收入越高,所承担的税负占其收入的比例越高。因此,它具有较强的收入再分配效果。而累退税率则相反,纳税人的收入越低,所承担的税负占其收入的比例越高。因此,它对收入再分配具有反向调节作用。在现行税制中并不存在累退税率,但是其作为一种分析税收收入再分配效果的方法已被广泛使用。因为一些使用比例税率或定额税率的税种可能具有累退性。例如,对生活必需品征收的商品税一般采用比例税率,由于穷人与富人在必需品消费方面需求变动的程度小于收入变动的程度,故两者所承担的税额差异不是太大,但相对于穷人与富人的收入而言,却呈现出累退性。再如,采用定额税率的人头税、盐税也是具有累退性质的税种。

2. 边际税率与平均税率

边际税率(marginal tax rate)与平均税率(average tax rate)是分析税率变动对纳税人(负税人)经济决策影响的重要工具。边际税率是指最后一个课税对象所适用的税率。平均税率是指全部税额与课税对象之间的比率。边际税率与平均税率之间具有密切的内在联系。在累进税制的情况下,平均税率随边际税率提高而上升,但平均税率低于边际税率。在比例税制的情况下,边际税率与平均税率相等;但是,如果存在对部分课税对象免税的情况,则平均税率与边际税率存在差异。在对税率变动的经济影响分析中,边际税率着重分析税率变动的替代效应,平均税率主要用于分析税率变动的收入效应。

由于替代效应和收入效应对纳税人的经济行为的影响往往存在相反的效应(例如,政府试图通过降低工资薪金所得税率来刺激劳动供给,从替代效应出发,由于休闲的机会成本上升,人们就可能多工作少休闲;但是从收入效应出发,由于减税后收入增加,有人就可能少工作),因此,当政府试图通过变动税率来调节纳税人的经济行为时,往往尽可能保持平均税率不变(通过降低起征点、减少税收优惠等措施扩大税基),变动边际税率。

3. 名义税率与实际税率

名义税率(nominal tax rate)与实际税率(effective tax rate)是分析税收负担的重要工具。名义税率是税法所规定的税率。实际税率是指纳税人实际缴纳的税额占课税对象的比例,它反映了纳税人的实际负担率。在某些情况下,名义税率与实际税率存在差异。差异形成的原因主要有税收减免规定、税收征管上的漏洞、通货膨胀因素(累进税制下)。前两个因素导致名义税率高于实际税率;第三个因素在实行累进税率的情况下,会因"档次爬升"(名义收入因通货膨胀而增长,从而适用较高税率)而产生实际负担率高于名义税率的状况。

## 四、课税环节

课税环节(impact points of taxation)是税法中规定的纳税人履行纳税义务的环节,它规定了征纳行为在什么阶段发生,以及是单一环节课征还是多环节课征。课税环节的选择主要依据:保证税款及时入库,正确发挥税收调节作用,以及尽可能减少征纳成本。一般来讲,所得税的课征可以在所得形成之时,也可在所得分配之时;流转税的课征可以分别在产制环节、批发环节以及零售环节,也可以集中在某一环节课征。

单一环节的税收是指仅在某一环节进行课征的税。例如,我国现行的环保税,仅在排放环节征一道税。

多环节的税收是指在商品流转或收入形成和分配过程中对两个或两个以上的环节进行课征的税收。例如,我国现行的增值税。多环节的税收较易造成重复课税,因此,如何避免重复课税是税制设计的重要课题。

## 五、附加、加成和减免

纳税人税负的轻重,主要通过税率的高低来调节,除此之外,附加、加成和减免也是对纳税人税收负担的调整措施。

加重纳税人负担的措施有附加和加成。附加是政府在正税以外附加征收的一部分税款,如教育费附加、地方教育费附加等。历史上,存在过名目繁多的地方附加税,目前绝大部分已取消。加成是加成征税的简称,是对特定纳税人的一种加税措施,主要是为了实现某种限制政策以调节经济。加一成即加征正税税额的10%,其余以此类推。

减轻纳税人负担的措施有减税、免税以及规定起征点和免征额。减税是对应纳税额减征一部分,免税是对应纳税额全部免征,从而起到照顾专门纳税人以及调节经济的作用。起征点是税法规定的课税对象达到一定数额才开始征税的数量标准。在此数量之下,纳税人无义务纳税,超过这一数量,按课税对象全额计税。免征额是税法规定的课税对象数额中免于征税的数额,即只就其超过免征额的部分征税。

## 第二节 税收分类与税制结构

### 一、税收分类

现代国家的税收都是由多种税组成的所谓复合税制。为了研究各类税的特点,建立合理的税制结构和加强征收管理,就需要将复杂的税种按一定的标志进行归类。

#### (一) 按课税对象的性质进行分类

按课税对象的性质一般将税收分为流转税、所得税、财产税三大类。

流转税是以商品流转额和非商品流转额(如服务业的营业额)为课税对象的税收的统称。若以商品和非商品的交易额为课税对象则称之为周转税;若以商品和非商品在每一流转环节的增值额为课税对象,则称之为增值税。根据课税对象范围的大小,可将商品流转税分为一般商品税和特定商品税。一般商品税(general commodity taxes)是对所有商品课征的流转税。特定商品税(specific commodity taxes)是对某一类商品进行课征的流转税。如果将所有的商品分为资本品和消费品,则对所有消费品课征的商品流转税被称为消费品税,对某些特定消费品进行特别课征的商品流转税被称为特殊消费品税。商品流转税应采取一般商品税还是消费品税,抑或是特殊商品税,涉及商品流转税税基的大小问题,是税制设计中需要考虑的重要问题。

所得税是以收益所得额为课税对象的税收的统称。根据纳税人的不同,所得税可分为对个人收益所得征收的个人所得税和对企业收益所得征收的企业所得税。个人所得税根据征收方式不同,又可分为综合所得税(general income tax)和分类所得税(classified income tax)。综合所得税以各类所得总和为计税依据,分类所得税是按照各种不同性质的所得分别计征的所得税。在西方国家,社会保障税、资本利得税也归入所得税类。

财产税是以各类动产和不动产的数量或价值为课税对象的税收的统称。由于财产既可被持有,也可被转让,因此,可进一步分为对财产持有的课征和对财产转让的课征。对财产持有的课征,即以一定时期中的纳税人所拥有或支配的财产数量或价值为课税对象,包括一般财产税与特殊财产税。前者对所有财产进行课征,后者仅对某一特定类别的财产进行课征。对财产转让的课征,即当财产所有权发生变更时,以被转让财产的数量或价值进行的课征,如赠与税、遗产税等。

由于各国的具体情况不同,在税种选择、税制设计方面也不尽相同。按课税对象的性质对我国现有税种分类,一般分为所得税、流转税、资源税、行为税和财产税五大类。其中,资源税是以资源的绝对收益和级差收益为课税对象的税收的统称,行为税是以特定行为为课税对象的税收的统称。

按课税对象性质分类的主要意义在于分析各类税种的性质和经济作用,为合理设计税制提供前提条件。

### (二) 按税负能否转嫁为标志进行分类

以税负能否转嫁为标志,可以把税收分为直接税和间接税两类。凡由纳税人自己承担税负,不易发生转嫁关系的税称为直接税,一般认为所得税和财产税为直接税。凡纳税人有可能将税负转嫁于他人,发生转嫁关系的税称为间接税,一般认为流转税为间接税。划分直接税和间接税的意义主要在于分析税收负担的运动和税负归宿。

### (三) 按税收的管理权限分类

税收的管理权限包括立法权、征管权、所有权。由于各国的政策和财政管理体制的不同,各国在实行分税制、划分中央税与地方税时的具体做法也有所不同。在实行彻底分税制的国家,将税收划分为中央税与地方税。中央税是指由中央立法机构立法、征管权限和税收收入归中央所有的税。地方税是指由地方立法机构立法、征管权限和税收收入归地方政府所有的税。

在实行不彻底分税制的国家,将税收分为中央税、地方税和中央地方共享税三类,立法权全部归属中央,地方政府无立法权。中央税与地方税的征管权和税收收入分别属于中央与地方。中央与地方共享税的征管权一般属中央,税收收入由中央与地方按一定比例分成。

### (四) 按税收的计量标准分类

按税收的计量标准分类,可以将税收划分为从价税和从量税。从价税是以课税对象的价格为计税依据的税类,从量税是以课税对象的自然单位为计税依据的税类。从价税的应纳税额随课税对象价格的变化而变化,能够贯彻合理负担的税收政策,因而是现代税收的基本计税方法。从量税的应纳税额随课税对象实物数量的变化而变化,虽然计税简便,但税收负担不能随价格高低而增减,不尽合理,因而仅有少数税种采用这一计税方法,如车船使用税、资源税。

### (五)按税收与价格的关系分类

按税收与价格的关系分类,可将税收分为价内税与价外税。价内税是指税金包含在商品或劳务价格中的税,故其计税价格被称为含税价格。价外税是指税金附加在商品或劳务价格之外的税,故其计税价格被称为不含税价格。西方国家的消费税大多采用价外税的方式。我国现行的增值税采用价外税方式。

此外,还有其他一些税收分类,例如实物税和货币税、经常税和临时税、对人税和对物税等。

## 二、税制结构与税制结构模式

税制结构是指在实行多种税同时并存的复合税制的国家中各类税收在整个税制中的相对地位。在现代国家,由于税收履行着筹集收入、资源配置、收入分配和宏观调控等多种职能,因此,自然形成了多种税同时并存、各税既各司其职又相互补充的复合税制体系。但是,由于各国的具体情况不同,在主体税种的选择上存在较大差异,因此,就形成了各具特点的税制结构模式。税制结构模式是指由主体税特征所决定的税制结构类型。

所谓主体税种,是指在一国税收中所占比重最大、在政府调节经济中发挥着首要作用的税种,它决定一国税制的基本特征。选择主体税种时应考虑的因素主要有国家经济发展水平、税收政策目标(是以效率目标为主,还是以公平目标为主),以及一国的经济管理水平(企业的会计水平、政府的征管水平)。根据主体税种的不同,各国的税制结构大体可归纳为三种类型:以流转税为主体税的税制结构模式;以所得税为主体税的税制结构模式;以流转税和所得税为双主体的税制结构模式。

一般来讲,发达国家大多选择所得税为主体税种,其原因主要是:(1)发达国家经济发展水平高,企业与个人的收益额均较高,故拥有丰富的税源。(2)由于发达国家基本上是以生产资料私有制为主的市场经济国家,因此国民收入中相当大的比重归个人所有;同时在市场经济中价格由市场机制形成,一般不需要流转税对价格进行再调节,而更多的是需要通过所得税对收入分配进行调节。(3)累进制的所得税具有较大弹性,作为财政自动稳定器的组成部分,可促进宏观经济稳定。(4)由于所得税不改变商品的相对价格,对消费者的选择和资源配置的干扰相对较小。(5)发达国家的企业会计水平、政府的税收征管水平均较高,故较能适应征管相对复杂的所得税。

发展中国家则大多以流转税为主体税种,主要是因为:(1)发展中国家经济发展水平低下,企业与个人的收益额均较少,若以所得税为主体税种则难以保证国家财政收入;而流转税则不论企业、个人收入水平如何,只要发生一笔流转额就要征税,故对保证国家财政收入具有重要意义。(2)流转税征收简便,较适合企业会计水平和政府征管水平均较低的发展中国家。(3)流转税由于不涉及对储蓄收益征税的问题,与等量所得税相比更有助于提高国民储蓄,因此,对于急需资金加快经济增长速度的发展中国家较合适。

但是,由于流转税在收入分配方面具有累退性,并且对消费者的选择和资源配置的干扰较大,因此,在逐步具备条件的情况下,发展中国家也注重提高所得税在复合税制中的比重。

我国是一个处于经济体制转型中的发展中国家。在过去长期实行计划经济体制时期和经济转型初期,我国都选择了以流转税为主体税的税制结构模式。随着市场经济体制的不断完善、经济发展水平的提高、非公经济的发展,以及个人收入差距的扩大,目前我国正逐步提高所得税在复合税制中的地位,从而使我国税制结构模式从以流转税为主体转向流转税和所得税双主体的税制结构模式。

## 第三节 税收原则

税收既是政府筹集财政收入的最基本手段,又是政府实现资源配置效率、收入分配公平以及经济稳定增长职能的重要手段,因此,在税收政策制定、税制设计中必须符合某些基本要求,以利于上述目标的实现。这些基本要求即是税收原则。由此可见,税收原则既是制定税收政策、设计税收制度的指导思想,也是评价税收政策好坏、鉴别税制优劣的准则。

由于税收原则与一定历史条件下的财政职能范围密切相关,因此,不同历史时期的税收原则各具特点,但税收作为筹集财政收入的基本手段,在各历史时期则是相同的,故各历史时期的税收原则也具相同性。从资本主义经济发展过程看,具有代表性的税收原则主要有亚当·斯密的税收原则理论、瓦格纳的税收原则理论、现代税收原则理论。

自由资本主义时期古典经济学创始人亚当·斯密在其著名的《国民财富的性质和原因的研究》一书中提出了税收四原则,即平等、确实(强调税收固定性)、便利、最小征收费。显然,斯密的税收四原则除了将平等原则作为首要原则加以强调外,基本上属于单纯的税务行政原则,体现了自由资本主义时期反对国家干预经济、倡导最小政府的思潮。

在自由资本主义向垄断资本主义过渡时期,德国经济学家瓦格纳作为社会政策学派的代表提出了四类税收原则:财政收入原则,即税收应能取得充分收入,且有弹性;国民经济原则,即选择适当的税源和保护税本;社会正义原则,即税收应普遍、平等;税务行政原则,即税收要确实,征收费用最少,且便利纳税人。瓦格纳的税收原则理论除了重复斯密的税收四原则外,还强调了社会正义以及税收与经济的关系,体现了自由资本主义向垄断资本主义过渡时期所产生的主张运用政府权力解决社会问题的改良主义思潮。

现代经济学家提出的税收原则可概括为:效率原则、公平原则和经济稳定与增长原则。现代税收原则是在资本主义社会进入垄断时期后市场失灵现象日益严重的情况下产生的,充分体现了国家运用税收手段干预经济的思潮和政策主张。本节主要讨论税收的效率原则和公平原则,经济稳定与增长原则将在后面有关章节中讨论。

### 一、效率原则

税收效率原则总的来讲是指税收征收所引起的资源在公共品与私人品之间的配置,以及资源在私人品之间的配置(因税收影响相对价格所致)均要求达到资源配置的效率准则。税收的效率原则具体体现在以下三方面:

## (一) 充分且有弹性

充分是指税收在为公共提供筹集资金过程中,要使资源在公共产品与私人产品之间的配置达到最优,符合产品组合效率。即税收应满足提供适当规模公共产品的资金需要,或者说税收应能为政府的有效规模提供充裕的资金。图 13-1 说明了所谓充分的含义。

在图 13-1 中,AB 为生产可能性曲线,它表示在资源和技术给定的条件下社会所能生产的公共产品与私人产品的各种组合。$i$ 表示社会对公共品与私人品偏好程度的无差异曲线,其中 $i_1$ 是与生产可能性曲线相切的一条无差异曲线,切点为 E。E 点表明在现有生产技术条件下公共产品与私人产品的最有效组合,从而由 E 点决定的税收数量 FB 即为符合充分要求的税收量。而由 G 点与 D 点分别决定的税收数量 HB、CB 均不符合充分的要求,HB 说明税收量过大,公共产品提供规模过大;CB 说明税收量太少,不能满足适当规模公共产品的资金需要。

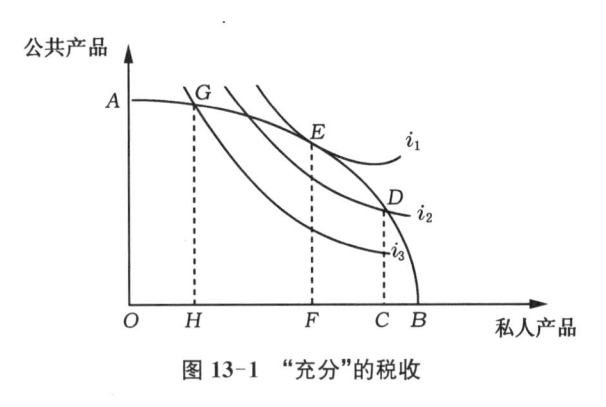

图 13-1 "充分"的税收

有弹性是指税制设计应能使税收收入随着国民经济的增长而增长,以满足长期的公共产品与私人产品组合效率的要求。虽然从短期看,现有的资源和技术状况是给定的,但是从长期看,随着生产的发展,可使用的资源和技术水平将发生变化,生产可能性曲线就可以向外移动,从而所谓适当的公共产品提供规模也会随之发生变化。因此,要求税收收入能随国民收入的增长而增长。图 13-2 说明了有弹性的含义。

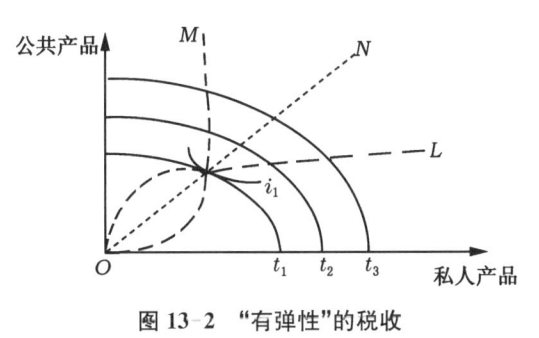

图 13-2 "有弹性"的税收

图 13-2 中 $t_1$、$t_2$、$t_3$ 分别为三个经济发展时期的生产可能性曲线。OM、ON、OL 分别为三条税收变动轨迹。OM 表示弹性较强的税收变动轨迹,即税收收入的增长幅度大于国民收入的增长幅度,能够满足社会需要公共产品相对规模扩大的要求。一般来讲,累进制的所得税能满足这一要求。ON 为一条弹性不强的税收变动轨迹,即税收收入与国民收入同步增长,但不能满足公共产品相对规模扩大的要求。一般来讲,比例税率具有此效果。OL 为一条无弹性税收变动轨迹,即税收收入不能随国民收入的增长而增长。一般来讲,在定额税率和税收包干的情况下会产生此种结果。

税收的弹性原则不仅仅是为了满足财政支出增长的要求,而且在促进宏观经济稳定方面具有重要作用。尤其是累进制的所得税作为财政自动稳定器的组成部分,能够自动地对宏观经济进行逆向调控。

## (二) 节约与便利

税收就是通过强制手段将一部分资源从私人部门转移到政府部门。在这一转移过程中,不可避免地会造成资源的损耗,即形成公共提供的税收筹资成本。税收成本包括两部分:一是因税收对资源配置的影响而产生的超额负担;二是税收的征收成本。节约与便利即是要求在税制设计中将税收的征收成本降到最低限度。税收的征收成本包括两个方面:从政府方面来说,税收的课征需要设立一定的机构,耗费一定人力、物力、财力,形成征管成本(administrative cost);从纳税人方面看,为履行纳税义务,需要保持一定的簿籍记录,需要进行法律和税务方面的咨询,需要花费一定的精力按时足额缴税,形成遵从成本(compliance cost)。具体来讲,节约与便利就是要求通过简化税制、合理设置税务机构、提高征管人员素质、改进征管手段等措施,降低征纳双方的成本。

但是,节约与便利原则并不是孤立的,其往往会与其他税收原则相冲突,故需以社会福利为准则,与其他各项原则相权衡。例如,少征税可节约征纳成本,却与充分原则相矛盾。再如,流转税的征收成本低于所得税,但是由于所得税具有收入再分配的功能,并且又具有充分的弹性,因此从各国税制发展过程看,当经济发展到一定阶段,大多选择所得税为主体税。又如,我国为了保证中央财政收入,在实行分税制后采用了分设国税局与地税局分别征收中央税与地方税的做法。此种做法显然增加了税收的征管成本,但是从保证中央财政收入、减轻中央财政支出对公债的依存度出发,也可能是值得的。总之,如何设计既有充分弹性又公平,同时还节约便利的税制,始终是政府和税收专家们考虑的问题。

### (三) 中性与校正性

中性与校正性是从税收对纳税人经济行为影响的角度出发,考虑如何维护和提高私人品之间资源配置效率的问题。

#### 1. 维护税收中性,减少税收效率损失

在市场资源配置有效的状态下,税制设计应强调中性原则,以维护市场资源配置的高效率,尽可能避免因非中性税收而导致的效率损失(或者说税收超额负担)。所谓中性税收,就是指不会因征税而改变产品、服务以及要素的相对价格,从而不影响纳税人经济决策,能够维护市场资源有效配置状态的税收。而非中性税收的含义则与中性税收相反。显然,中性税收既能起到为政府筹集收入的作用,又不会破坏市场资源配置的有效状态。

#### 2. 发挥税收校正性作用,提高资源配置的效率

维护中性税收的前提是市场在私人品之间的资源配置处于有效状态。但是,如果市场在私人品的配置方面存在缺陷,就需要通过区别对待的税收政策对市场失灵进行校正。例如,通过对污染制造者征税将其外部成本内在化,而对生产和提供具有外部效益产品的生产者则给予税收优惠或补贴,使其外部效益内在化;通过税收上的区别对待限制劣值品的消费、鼓励优值品的消费。

#### 3. 税收中性与校正性的关系

在市场经济体制下,资源配置的主角是市场,但是不可否认市场也存在缺陷,在市场经济体制不完善的情况下更是如此。税收中性原则是为了维护市场资源配置的有效性,而校正性原则则是为了校正市场资源配置的低效率,两者都是为了实现税收的效率目标。因此,在税制和税收政策的制定过程中两者的协调配合十分重要。如何合理划定中性原则与校正性原则的适当范围,须视市场的完善程度而定。例如,我国1994年以前的税制较多地强调了税收的校正性,其原因在于该时期我国的市场机制尚处于形成初期,不完善之处较多,故比较强调税收作为政府干预经济手段的一面。而1994年的新税制则较注重体现税收的中

性原则,例如,流转税中的主要税种增值税税率的设计就体现了较强的中性原则,只有13%与17%两档税率,并且绝大部分商品采用17%的税率,改变了过去过多运用产品税税率替代价格机制调节经济的做法。但是,考虑到我国毕竟还是一个处于经济体制转轨中的国家,市场机制中的不完善之处仍较多,在1994年以来的税制改革中并未放弃税收的校正性原则,通过设置特殊消费品税(消费税)来体现税收对市场资源配置低效率的校正性。

## 二、公平原则

对于税收公平原则的理解可以从两个角度出发:一是从税收作为收入再分配的手段考虑;二是从税收作为政府公共提供的筹资手段考虑。

税收作为收入再分配的手段主要是纠正市场在收入分配方面存在的缺陷。如前所述,由市场按贡献、按要素进行的收入分配肯定不符合结果公平的要求。此外,如果市场机制存在较严重的缺陷,由市场决定的分配也可能不符合规则公平(包括起点公平)的要求。因此,税收的公平原则既应包括创造平等竞争环境,从而使市场按贡献原则进行的收入分配符合规则公平和起点公平,更应强调缩小收入差距,对高收入者多征税,对低收入者少征税或不征税,或实行负税收,实现结果公平。

从税收作为公共提供的筹资手段出发,主要是考虑公共提供的成本应如何在社会成员中分摊才是公平的,应根据什么原则来确定各社会成员的纳税义务,是根据受益原则呢,还是根据能力原则?

尽管人们从不同角度理解税收公平原则的含义,但是有一点却是为大家普遍接受的,即税收应具有横向公平和纵向公平。所谓横向公平,是指税收应使相同境遇的人承担相同的税负;所谓纵向公平,是指税收应使境遇不同的人承担不同的税负。然而,横向公平与纵向公平并没有明确"相同境遇"和"不同境遇"的确切含义,也没有明确用什么标准去衡量境遇的好坏,以及境遇不同的人们所承担的税负应怎样不同等问题。因此,人们仍可以对税收公平原则做出多种解释。根据以上对税收公平原则的理解,可以将税收的公平原则具体化为平等竞争原则、受益原则、能力原则。

### (一) 平等竞争原则

平等竞争原则所遵循的公平原则是规则公平与起点公平。该原则着眼于通过税收为市场经济的行为主体——企业与个人创造平等竞争的环境。具体来说,就是通过税收将那些因竞争规则不规范(如行政垄断、国家定价过高)和客观(或者说先天)条件优越(如企业资源条件优越、个人的遗产继承等)给行为主体带来的高收入征收到国家手中,从而使行为主体收入水平的高低取决于其后天的主观努力。一般来讲,在市场经济体制不完善(竞争规则不健全)的情况下,税制设计中需较多地体现平等竞争原则;反之,在市场已为行为主体提供相对平等竞争环境的情况下,税收应少干预经济活动。

### (二) 受益原则

受益原则所遵循的公平原则也是规则公平。该原则认为应根据市场经济所确立的等价交换的规则来确定个人应承担的税负,即各人所承担的税负应与他从政府公共提供中的受益相一致。根据受益原则,横向公平即为受益相同者承担相同的税负,纵向公平即为受益多者承担较多的税负。

根据受益原则,税收好像是个人从政府公共提供中受益的价格。它要求每个人都能像对待私人品那样根据自己的偏好来评价政府提供的服务,并按边际效用付款购买。显然,受益原则在收入分配方面是中性的。这里的问题是公共品在消费中所特有的非竞争性和非排斥性决定了公共品的消费者一般不仅不会主动显露其对政府公共服务的偏好,而且为了少缴税还会竭力隐瞒自己的偏好。因此,对于政府提供的产品或服务绝大部分是无法通过受益原则来筹措资金的;只有那些具有排斥性的准公共品因其受益对象与受益程度均可确认,才可能适用受益原则为其筹措资金。此外,贯彻受益原则还要求专款专用。在实践中,以受益原则为政府公共提供筹措资金的方式若采用税收形式,就被称为特定受益税。

## (三) 能力原则

能力原则所遵循的公平准则是结果公平。该原则认为应根据各人的纳税能力来确定各人应承担的税收。根据能力原则,横向公平即为能力相同者应承担同等税负;纵向公平即为能力不同者承担不同的税负,能力强的人多缴税。问题是用什么标准来衡量个人的纳税能力。对此,人们主要从客观与主观两方面来确立标准。

1. 客观说

客观说认为应以能客观地观察并衡量的某种指标作为衡量纳税能力的依据。这类指标主要有收入、消费和财产。

(1) 以收入作为衡量纳税能力的指标。此观点为大多数人所接受,但是对于收入的内涵以及具体的计量标准仍存在不同意见。一是以货币收入还是以经济收入为衡量纳税能力的标准?所谓经济收入,不仅指货币收入还包括不能形成货币形式的收入,如个人的自我服务行为、企业生产自用品的行为。二是以单个人的收入为标准,还是以家庭平均收入为衡量纳税能力的标准?由于每个人所需赡养的人口不同,因此,即便是同等收入的人的纳税能力也不同。三是在计算应纳税所得额时,某些因人而异的为维持工作能力的支出项目(如医疗费用支出等)是否应予以扣除?由于每个人的具体情况(如身体状况)不同,获得同等收入所需花费的成本开支也就不同,因此同等收入纳税能力也不一定相同。此外,也有观点认为收入并不一定是能力的反映,因为具有相同工作能力的人可能因个人偏好(如工作与休闲的偏好)不同而收入水平不同。

(2) 以消费作为衡量纳税能力的依据。此观点认为以消费比以收入作为衡量纳税能力的指标更合理。因为在规范的市场经济中,收入多者意味着其对社会贡献大,高收入是其勤奋工作、努力储蓄、积极投资的结果,因此要求多收入者多纳税不利于鼓励工作、储蓄与投资。而消费则标志着个人对社会的索取,索取越多者说明其支付能力越强,越应多缴税,这样做在客观上能起到抑制消费、鼓励储蓄与投资的作用。以消费作为衡量支付能力的指标在税制设计中表现为以流转税为主体税,并且主要以消费者行为和消费品为课税对象。这里的问题是消费额的多少虽然与收入的多少有一定的联系,但是各人必需品的消费额与其收入之间却往往不是正相关的,如前所述,对必需品的征税具有累退性。因此,以消费为衡量纳税能力的指标虽然有助于鼓励储蓄与投资,但是却不利于缩小贫富差距。

(3) 以财产作为衡量纳税能力的指标。一般来讲,个人财产是个人储蓄、投资的结果,以个人财产的多少作为衡量纳税能力的依据虽然符合量能负担的原则,但是却不利于鼓励储蓄与投资,从而不利于国民经济的长远发展。因此,现代国家很少将财产税作为主要税种,而是将其作为所得税、商品税之外的补充,同时发挥其缩小收入差距的作用。

## 2. 主观说

主观说认为各人的支付能力不仅取决于客观上的可以衡量的某些指标(如收入、消费、财产),还取决于各人主观上的效用评价或者说满意程度,也称之为各人的福利。因为能取得同等收入的人,往往因各人的具体情况不同(如家庭是否美满、工作是否令人满意等)而拥有不同的福利水平。同时,福利的差别也会因各人对收入的效用评价不同而不同。图 13-3 说明了拥有同等数量收入的人因对收入的效用评价不同而处于不同的福利状况。

在图 13-3 中,$ADB$ 为甲的收入边际效用曲线,$AEC$ 为乙的收入边际效用曲线,若甲、乙两人获得同等收入 $OQ$,则该笔收入给甲带来的总效用(福利)为面积 $ADQO$,给乙带来的总效用为面积 $AEQO$,两人的效用之差为面积 $ADE$。

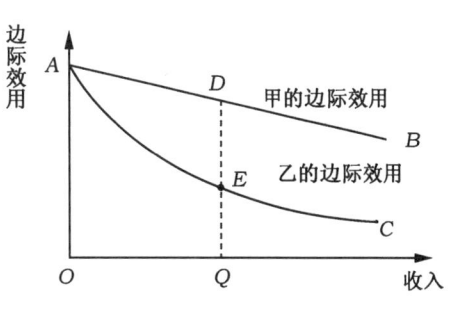

图 13-3 各人对收入的不同评价所产生的效用差别

由于效用评价是主观的,并且因人而异,因此主观说在税制设计中缺乏可操作性。主观说在税收政策制定中的意义是:假设社会上所有个人对收入具有相同的偏好,即边际收入效用曲线相同,那么不同境遇的人的税负应有何区别?对此问题客观说中没有回答。例如,甲、乙两人分别有 1 000 元和 2 000 元的收入、消费或财产,客观说只是说明乙应比甲多承担税负,但没有说明应多承担多少。主观说对此问题提供了以下几种答案:

(1) 均等牺牲说。即每个人因税收而造成的福利损失应该相等。此概念用方程组表示为:

$$\begin{cases} U_甲(Y_甲) - U_甲(Y_甲 - T_甲) = U_乙(Y_乙) - U_乙(Y_乙 - T_乙) & (13-1) \\ T = T_甲 + T_乙 & (13-2) \end{cases}$$

方程(13-1)中,$U_甲$、$Y_甲$、$T_甲$ 分别表示个人甲的效用函数、收入、所应承担的税收;$U_乙$、$Y_乙$、$T_乙$ 分别表示个人乙的效用函数、收入、所应承担的税收。方程(13-1)的左边表示甲因税收而造成的福利损失,右边表示乙因税收而造成的福利损失。$T$ 表示税收总额。将具体效用函数与相关数据代入上述方程组可计算出甲、乙各自应承担的税收。

假定各人的收入边际效用是常数,即边际效用曲线呈水平状,则均等牺牲说意味着对不同收入水平的人征收等额税收。如果认定个人的收入边际效用递减,即边际效用曲线具有负斜率,那么若对高收入者与低收入者征收等额税收必然造成高收入者的福利损失小于低收入者的福利损失。要使两者的福利损失相同就必须向高收入者多征税、向低收入者少征税,两者之间税负的差别应能使他们因税收而造成的福利损失相等。两种不同的边际效用曲线的情况可由图 13-4(a)(b)分别说明。

(2) 比例牺牲说。即每个人因税收而造成的福利损失应与其税前福利成同一比例。此概念用方程组表示为:

$$\begin{cases} \dfrac{U_甲(Y_甲) - U_甲(Y_甲 - T_甲)}{U_甲(Y_甲)} = \dfrac{U_乙(Y_乙) - U_乙(Y_乙 - T_乙)}{U_乙(Y_乙)} \\ T = T_甲 + T_乙 \end{cases}$$

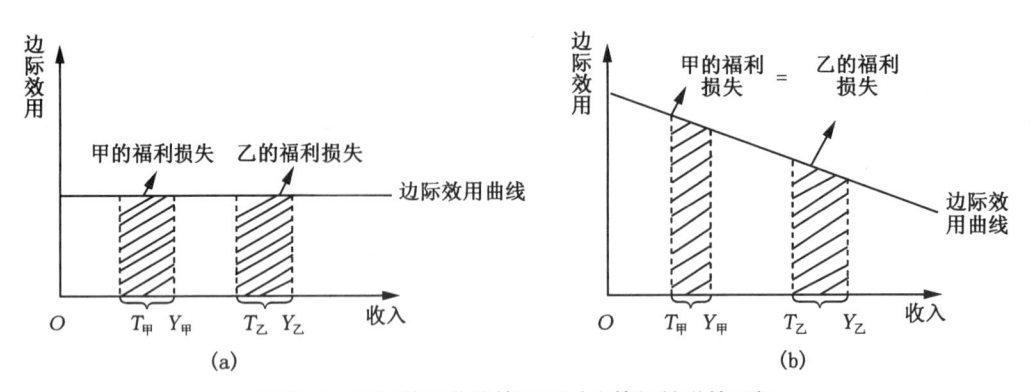

图 13-4 不同效用曲线情况下对均等牺牲说的理解

如果认定个人的收入边际效用曲线呈水平状,则比例牺牲意味着不同收入水平的个人按同一比例税率进行课征。如果认定个人的收入边际效用递减,那么要使高收入者与低收入者的福利损失比例相同,就需对高收入者采用高税率,而对低收入者采用低税率,即采用累进税率。

(3) 最小牺牲说。即每个人因税收而造成的福利损失之和应该最小。由于在边际效用曲线递减的情况下,高收入者的效用损失总是低于低收入者的效用损失(在对两者征收等税额的情况下),因此税负只有尽可能由高收入者负担,一直到每个人税后收入相等,才能实现最小牺牲说。在各人收入边际效用曲线相同的情况下,税后收入相等,即边际效用相等。最小牺牲说用方程组表示为:

$$\begin{cases} MU_甲(Y_甲 - T_甲) = MU_乙(Y_乙 - T_乙) \\ T = T_甲 + T_乙 \end{cases}$$

最小牺牲说的实际结果是收入的绝对平均。从收入分配的角度看,它体现了结果公平,并可使税后个人收入的效用之和最大化;但从生产角度看,它会有损于效率。

## 本章小结

本章讨论了税收要素、税收分类与税制结构以及税收原则。

税收要素是构成税制的基本因素,主要包括纳税人、课税对象、税率、课税环节、附加、加成和减免等。

税收分类可以从不同角度出发,如何分类取决于所需研究的问题。主要的分类标志有:按税负能否转嫁、按课税对象的性质、按税收管理权限、按税收计量标准、按税收与价格的关系。

税制结构主要研究各国主体税种的选择问题。选择主体税种应考虑经济发展水平、社会政治经济制度、国家对税收职能的侧重面以及经济管理水平。因此,发达国家多选择所得税为主体税种,而发展中国家大多选择流转税为主体税种。

税收原则是制定税收政策、设计税制的指导思想,也是评价税制的准则。现代经济学家认为税收原则主要有三条:效率原则、公平原则和经济稳定增长原则。本章主要讨论了前两个原则。效率原则具体表现为:充分且有弹性、节约与便利,以及中性与校正性。公平原则是从税收作为收入再分配手段与公共提供的筹资手段两个角度来考虑的。税收的公平原则体现在平等竞争原则、受益原则和能力原则上。其中,平等竞争原则着眼于通过税收为企业和个人创造平等竞争环境;受益原则认为个人所承担的税负应与他从公共提供中的受益相一致,但实践中只有具有排斥性的准公共品可采用特定受益税的形式为其筹资;能力原则认为应根据个人的纳税能力来确定个人应承担的税收,但如何衡量"能力"又有客观说与主观说两个方面的标准。

## 习 题

### 一、名词解释

税收要素　　纳税人　　负税人　　课税对象　　税目　　税率　　累进税率
全额累进税率　　超额累进税率　　比例税率　　定额税率　　边际税率　　平均税率
名义税率　　实际税率　　课税环节　　附加与加成　　减税与免税　　起征点
免征额　　直接税　　间接税　　流转税　　增值税　　一般商品税
特定商品税　　特殊消费品税　　所得税　　财产税　　中央税　　地方税　　从量税
从价税　　价内税　　价外税　　税制结构　　主体税种　　横向公平　　纵向公平
特定受益税　　平等竞争原则　　受益原则　　能力原则　　客观说　　主观说
均等牺牲　　比例牺牲　　最小牺牲

### 二、思考题

1. 一国主体税种的选择应根据哪些标准?你认为我国目前应如何选择主体税种?
2. 为了实现资源配置的效率目标,税收应贯彻哪些原则?
3. 如何理解税收的中性与校正性?现实经济中如何贯彻?
4. 在现实经济中如何贯彻受益原则?
5. 根据能力原则你认为个人所得税应如何设计?
6. 假定在两人社会中,甲、乙的收入边际效用曲线相同,$MU=-0.01Y+100$,甲的收入为 1 500 元,乙的收入为 2 000 元,如果政府要向甲、乙两人总共征收 1 000 元的税收,分别按均等牺牲、比例牺牲和最小牺牲的原则计算甲、乙各自应承担的税额。

# 第十四章 税负的转嫁与归宿

**全章提要**

- 第一节　税负转嫁与归宿的基本概念
- 第二节　竞争市场条件下的税负转嫁与归宿
- 第三节　垄断条件下的税负转嫁与归宿

本章小结

习题

税负的转嫁与归宿(tax incidence and shifting)问题实质上是收入分配问题,也是税收公平问题。因为一个人的真实收入是指在其全部收入中减去各种税负以后的收入,而税负的多少并不完全取决于其在法律上所承担的税负(statutory incidence),而取决于他最终负担了多少税,即经济税负(economic incidence)。在税负可转嫁的情况下,一个人有可能将其所缴纳的税,部分或全部转嫁给他人,同时也可能不得不承担别人转嫁给他的税负。因此,要贯彻税收公平原则就必须弄清楚各种税收在具体环境条件下谁是真正的税负承担者,这样,才可能真正设计出有助于公平的税制。

思政案例
"营改增"税收改革案例

## 第一节 税负转嫁与归宿的基本概念

### 一、税负转嫁与归宿的含义

税负转嫁是指纳税人在市场交易过程中,通过变动价格的方式将其所缴纳的税款,部分或全部转由他人负担的一种经济现象。

税负归宿是与税负转嫁密切相关的概念,税负归宿是指税负转嫁的最终归着点。从政府征税至税负归宿是一个从起点到终点的税负运动过程。在这一过程中,税负最初由纳税人负担,然后通过转嫁(可能是多次),使税负的最终分布发生变化,而最终负担税负的人即为负税人。因此,要评价税收对收入分配的影响必须考察税收负担的最终分布,即税负归宿。

### 二、税负转嫁方式

根据税负运动方向特点,可以将税负转嫁方式分为前转、后转和税收资本化三种方式。

#### (一)前转

前转又称顺转,是指卖方纳税人通过提高所出售的产品、服务或要素的价格,将一部分或全部税收负担转嫁给买方的行为。例如,国家向轿车生产企业征收消费税,轿车生产企业通过提高轿车的批发价格把税负转嫁给批发商,批发商再通过提高价格把税负转嫁给零售商,零售商则通过提高零售价,将税负转嫁给消费者。再如,国家对劳动者的劳动收入征收所得税,劳动者可以通过要求雇主增加工资将税负转嫁给雇主,而雇主则又可能通过提高其所销售的产品或提供的服务的价格,将税负转嫁给消费者。

#### (二)后转

后转又称逆转,是指买方通过降低购买价格的方式将税收负担转嫁给卖方的行为。例如,上例中的轿车生产企业无法通过提高销售价格把税负转嫁给批发商,就转而通过压低轿车的零配件进货价格,将税负转嫁给零配件供应商。在现实经济中,前转与后转往往同时进行,即纳税人将部分税款通过提高销售价前转,部分税款通过压低进货价格后转。

### (三) 税收资本化

税收资本化是指在具有长期收益的资产(如土地、房屋)交易中,买主将购入资产在以后年度所必须支付的税款按一定的折现率折成现值,在购入资产的价格中预先一次性扣除,从而降低资产的交易价格。资产交易后,名义上由买主按期纳税,而实际上税款已通过税收资本化由卖主负担了。因此,税收资本化是一种特殊的后转。税收资本化的计算公式与步骤如下:

首先,计算资产的税前现值,计算公式为:

$$PV_0 = \frac{R_1}{1+r} + \frac{R_2}{(1+r)^2} + \cdots + \frac{R_n}{(1+r)^n} = \sum_{i=1}^{n} \frac{R_i}{(1+r)^i}$$

式中,$R_1, \cdots, R_n$ 为资产在 $n$ 期中的各期收益,$r$ 为折现率。

其次,计算对资产收益征税后资产的现值,计算公式为:

$$PV = \frac{R_1 - T_1}{1+r} + \frac{R_2 - T_2}{(1+r)^2} + \cdots + \frac{R_n - T_n}{(1+r)^n} = \sum_{i=1}^{n} \frac{R_i - T_i}{(1+r)^i}$$

式中,$T_1, \cdots, T_n$ 为资产在 $n$ 期中各期应缴纳的税款。

最后,计算税收的资本化,即买主后转给卖主的税负:

$$PV_0 - PV = \sum_{i=1}^{n} \frac{T_i}{(1+r)^i}$$

## 三、影响税负转嫁与归宿的因素

税负能否转嫁,以及转嫁程度主要取决于产品、服务和要素的供求弹性、价格决定模式、税收的具体形式等因素。

### (一) 税负转嫁和供求弹性

在市场经济中,价格是由供给与需求共同决定的。课税会通过改变供求关系,使价格发生变动,而价格的变动幅度又取决于供给弹性与需求弹性的对比关系。

供给弹性是供给曲线上某一点处产品数量变动的百分比与产品价格变动的百分比之间的比率,即:

$$E_s = \frac{\Delta Q_s}{Q_s} \Big/ \frac{\Delta P}{P} = \frac{P}{Q_s} \cdot \frac{\Delta Q_s}{\Delta P}$$

式中,$E_s$ 为供给弹性,$Q_s$ 为供给量,$\Delta Q_s$ 为供给量的变动额,$P$ 为价格,$\Delta P$ 为价格的变动额。

供给弹性表明了商品的供给量对价格变动的反应程度。在分析税负转嫁问题时,主要通过供给曲线的斜率来反映供给弹性的大小。供给曲线越陡峭,供给弹性越小;供给曲线越平坦,供给弹性越大。一般来说,供给弹性与税负转嫁呈反向运动,即供给曲线越平坦,供给弹性越大,税负越是趋向由购买方负担;反之则反是。

商品供给弹性的大小与时间和该商品的性质有关。一般来说,商品的长期供给弹性大于短期供给弹性,因为就供给方而言,短期内产量对价格的反应能力有限;而从长期看,供给方可通过改变生产计划和固定投入增强产量变动能力。但是,在不同行业之间调整固定投入的难易程度也是不同的。技术含量较低的劳动密集型行业,固定投入的调整较容易,而对于技术含量较高的资本密集型行业,固定投入调整则较困难,因而供给弹性也就相对小些。

需求弹性是需求曲线上某一点处产品数量变动的百分比与产品价格变动的百分比之间的比率,即:

$$E_d = \left| \frac{\Delta Q_d}{Q_d} \Big/ \frac{\Delta P}{P} \right| = \left| \frac{P}{Q_d} \cdot \frac{\Delta Q_d}{\Delta P} \right|$$

式中,$E_d$ 为需求弹性,$Q_d$ 为需求量,$\Delta Q_d$ 为需求量变动额,$P$ 与 $\Delta P$ 同供给弹性公式中的 $P$ 与 $\Delta P$ 意义一致。

需求弹性表明了商品的需求量对价格变动的反应程度。在分析税负转嫁时,需求曲线的斜率在一定程度上反映了需求弹性的大小。需求弹性与税负转嫁也呈反向运动,即需求曲线斜率的绝对值越大,曲线越平坦,需求弹性越大,税负越是趋向由卖方负担;反之则反是。

商品需求弹性的大小主要取决于两方面因素:一是该商品的替代品数量和相近程度;二是商品在消费者预算中的重要程度,即该商品对消费者而言是必需品还是非必需品。

### (二) 税负转嫁与价格决定模式

由于税负转嫁主要是由税收如何影响产品服务和要素的既定价格而产生的,因此不同的价格决定模式对税负的转嫁有重要影响。现代国家的价格决定模式主要有两大类:市场定价和计划定价(或者说公共定价)。在市场定价模式中,根据市场竞争状况,又可分为两种类型:完全竞争与垄断。

在完全竞争市场中,市场价格由边际效用曲线(需求线)与边际成本曲线(供给曲线)决定,征税引起的价格变动幅度由两者的斜率(或者说供求弹性)决定。在垄断条件下,垄断者以追求利润最大化为目标,在边际成本等于垄断者边际收益条件下决定产量,再根据这一产量上消费者的边际效用决定价格。可见,在垄断条件下是由边际成本曲线、边际效用曲线和边际收益曲线三个因素共同决定价格。因此,即使在边际成本曲线与边际效用曲线,即供给与需求弹性相同的情况下,两种定价模式所形成的均衡价格也是不同的,从而征税对价格的影响也不一样,税负的转嫁程度也会有所不同。

计划价格(或者说公共定价)是指商品的价格由政府有关部门制定。虽然计划价格也要反映商品的价值和供求关系,但计划价格更多的是体现国家的价格政策,并且价格确定后一般不能随意变动。因此,在计划价格下,税收难以通过变动商品价格而发生税负转嫁。

### (三) 税负转嫁和税收方式

供求弹性与价格决定模式可以说是影响税负转嫁与归宿的客观因素。在客观条件既定的情况下,政府所采用的税收方式对税负转嫁与归宿就起着决定性影响。税收方式中影响税负转嫁的因素主要有以下几种:

1. 税种

不同税种对税负转嫁与归宿有着不同的影响。一般认为,直接税(所得税、财产税)不易转嫁;而对于间接税(主要是流转税),纳税人可通过提高或降低商品价格将税负转移给他人。但严格来讲,直接税在一定条件下也有可能发生转嫁。划分直接税与间接税的目的在于说明不同税种税负转嫁的难易程度不同,在客观条件给定的情况下,采用不同的税种会产生不同的税负归宿状况。

2. 课税对象

由于不同的产品或服务的供求弹性不同,选择不同的产品或服务作为课税对象,就会对税负的转嫁与归宿产生不同的影响。如果选择需求弹性大、供给弹性小的产品或服务作为课税对象,则税负主要由生产者承担;反之,如果选择需求弹性小、供给弹性大的产品或服务作为课税对象,则税负主要由消费者承担。

3. 课税范围

课税范围的大小也会影响到税负的转嫁与归宿。在同类商品中如果只选择其中一部分作为课税对象,那么对生产者而言,税负转嫁就比较困难。因为消费者可以选购其他商品来替代因征税而价格上涨的商品,从而使生产者难以将税负通过提高价格转嫁给消费者;反之,若对同类商品普遍征税,消费者就会因无替代品而不得不接受因征税而提高的价格(如果该类商品对消费者而言是必需品),从而使生产者实现税负转嫁。

4. 计税单位

从量税和从价税对供给和需求曲线的影响有所不同。从量税使供给或需求曲线产生平行移动,而从价税因按价格的一定比例征收,所以会改变原有的供给或需求曲线的斜率。在竞争市场中,取得同等税收收入的从量税和从价税在税负转嫁和归宿上并没有区别,但是在垄断市场中,从量税与从价税对税负转嫁与归宿的影响是不同的。

## 第二节 竞争市场条件下的税负转嫁与归宿

分析税负的转嫁与归宿可以采用局部均衡分析和一般均衡分析。局部均衡分析只分析单个产品或要素被征税后的供求变化情况,而不涉及与被征税产品或要素相关的市场的供求变化。这种局部均衡分析在某些情况下不足以全面说明税负转嫁与归宿的情况。例如,当某个被征税的产品或部门在整个国民经济中占较大比重时,仅仅考察被征税产品的市场就不足以说明税负的变动情况,而必须用一般均衡分析来说明该税收对各个相关市场的交错影响,同时运用一般均衡分析还可以说明税负是如何在被征税产品的生产要素的提供者之间进行分割的。例如,政府对建筑业征税,致使投资于建筑业的资本收益率下降,为此部分资本和劳动力转向其他行业——假设转入制造业。如果制造业是劳动密集型产业,则转入的资本会使制造业资本供过于求,资本收益率下降,最终使制造业的资本所有者也承担了部分税负;如果制造业是资本密集型产业,转入的劳动力则会使制造业劳动力供过于求,致使制造业工人工资下降或部分工人失业。这一例子说明政府对建筑业征税,最终却使制造业的资本所有者或工人也承担了部分税负。本节采用局部均衡分析法分析竞争市场条件下的税负转嫁与归宿的规律。

### 一、用图示法分析竞争市场中的税负转嫁规律

#### (一) 无关性定理

无关性定理是指税收对价格和产出量的影响与究竟是买方纳税还是卖方纳税无关。如

果市场是完全竞争的,税负转嫁主要取决于供求双方弹性的对比关系。

**(二) 在供求弹性相等的情况下,无论买方纳税还是卖方纳税,税负都是供求双方各负担一半**

图 14-1(a)(b)(c)可以说明这一结论。在图 14-1(a)中,供给曲线 $S$ 与需求曲线 $D$ 弹性相等,税前均衡价格 $P_0$ 为 40 元,均衡产量 $Q_0$ 为 100 单位。现征收每单位 10 元的从量税,买者支付的价格 $P_b$ 为 45 元,卖者收到的价格 $P_S$ 为 35 元,税后的均衡产量 $Q_T$ 为 80 单位。买者负担的税负为 400 元[(45−40)×80],图(a)中以面积 $a$ 表示;卖者负担的税负也为 400 元[(40−35)×80],图(a)以面积 $b$ 表示。图(b)和图(c)是与图(a)完全相同的两个图,区别仅在于图(b)以供给线内移表示由卖方纳税,图(c)以需求线内移表示由买方纳税,两图中买方与卖方均各负担一半的税负。

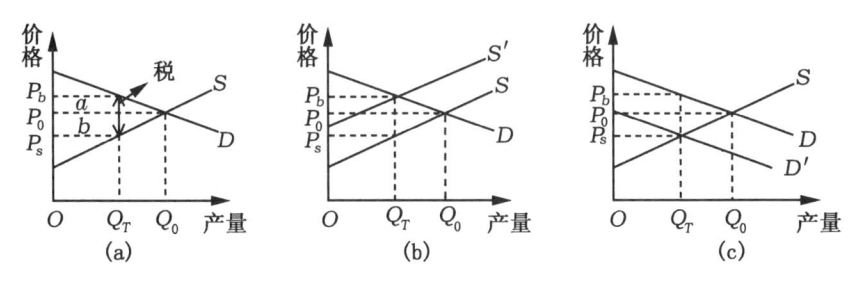

图 14-1 在供求弹性相等情况下,无论买方还是卖方纳税,税负均是各负担一半

**(三) 若供求弹性不等,则弹性相对小或无弹性的一方负担较多或全部税负**

(1) 需求弹性小,供给弹性大,需求方负担较大部分税负,如图 14-2 所示;反之,供给方负担较大部分税负,如图 14-3 所示。

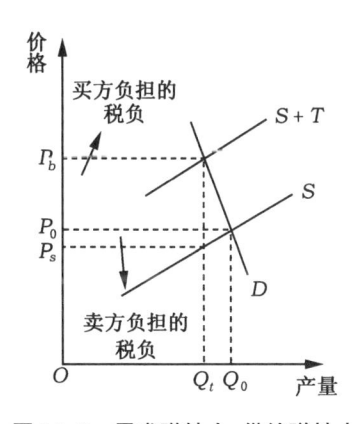

图 14-2 需求弹性小,供给弹性大

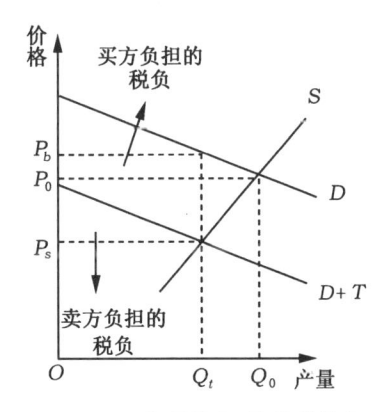

图 14-3 需求弹性大,供给弹性小

(2) 需求无弹性,供给有弹性,税负全部由需求方负担,如图 14-4 所示;反之,税负全部由供给方负担,如图 14-5 所示。

(3) 供给具有无限弹性,需求具有一定的弹性,税负全部由买方负担,如图 14-6 所示;反之,税负全部由卖方负担,如图 14-7 所示。

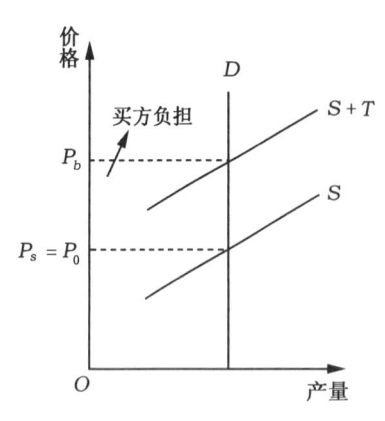

图 14-4 需求无弹性,供给有弹性

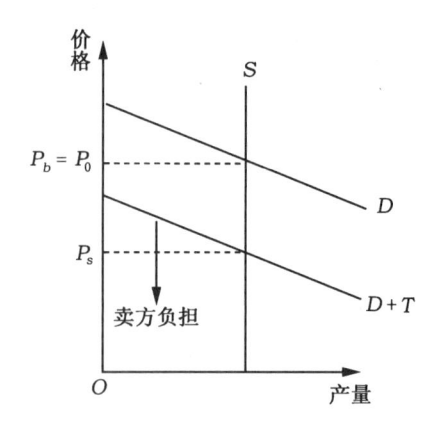

图 14-5 供给无弹性,需求有弹性

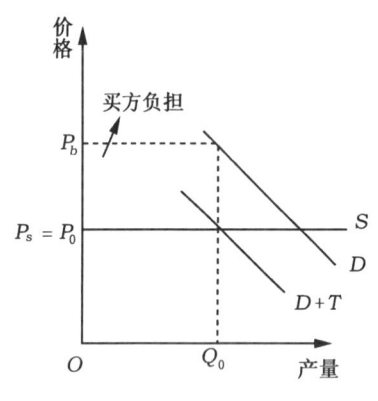

图 14-6 供给具无限弹性,需求较具弹性

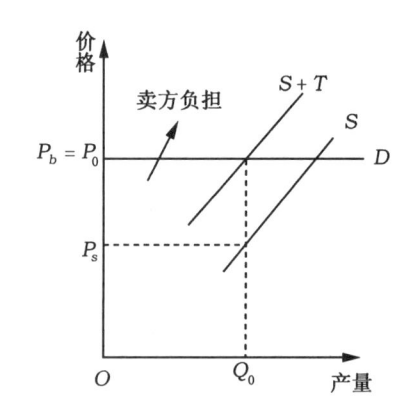

图 14-7 需求具无限弹性,供给较具弹性

### (四) 竞争市场中征收从价税情况下的税负转嫁与归宿

以上讨论的竞争市场中的税负转嫁规律是以征收从量税为前提的,现以图 14-8 来说明征收从价税情况下的税负转嫁与归宿。

在图 14-8 中假设买方是纳税人,税率为 25%,要绘出一条表示税率为 25% 的内移的需求线 $D'$,我们只需在图 14-8 中找出代表 $D'$ 的两点,即可绘出 $D'$。(1)当 $P=P_m$ 时,消费者支付的价格为 $P_m$,但生产者收到的价格为 $(1-25\%)P_m$,以 $n$ 点表示。(2)当 $P=P_h$ 时,消费者支付的价格为 $P_h$,生产者收到的价格则为 $(1-25\%)P_h$,以 $g$ 点表示。经过点 $n$ 与点 $g$ 即可绘出 $D'$,它的斜率由税率决定。在完全竞争市场上,从价税的税负转嫁与归宿和从量税具有相同的规律,即税负归宿取决于供求双

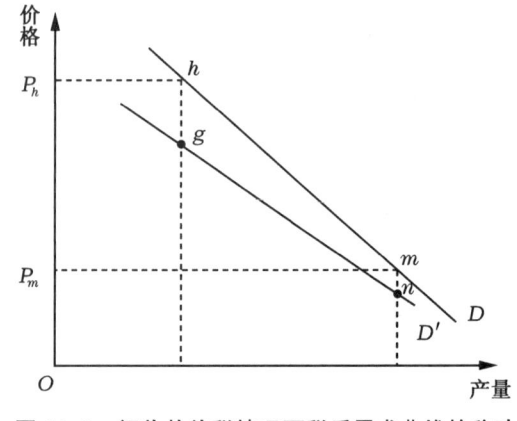

图 14-8 征收从价税情况下税后需求曲线的移动

方的弹性,与何者缴纳税款无关。以下以工薪税(payroll tax)为例予以说明。

在美国税制中,工薪税是为社会保险筹集资金的税种。税法规定其由雇主与雇员根据雇员工资的比例各负担一半,例如税率为 15%,雇主与雇员各支付相当于雇员工资 7.5% 的工资税。但这仅是法律规定的税负,最终究竟雇主与雇员各负担多少,取决于劳动的供求弹性。在劳动力供给弹性较小的情况下,工资税的绝大部分是由劳动的供给者负担的,而劳动的需求者雇主仅负担很小一部分,图 14-9 说明了这一情况。

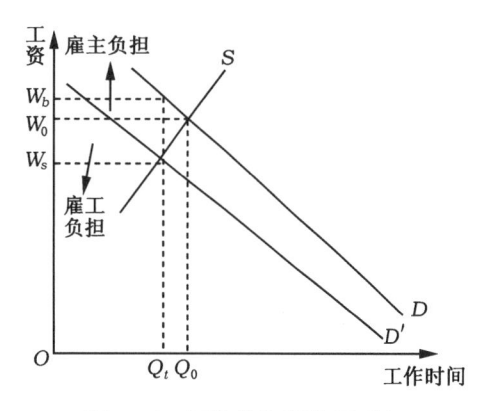

图 14-9 征收从价税情况下的税负转嫁与归宿

## 二、用数学方法分析竞争市场中的税负转嫁规律

现用代数方法分析竞争市场中买卖双方所承担的税负比例。如果税前需求曲线 $D$ 为 $MU=-aQ+b$,供给曲线 $S$ 为 $MC=cQ+d$,则税前均衡产量 $Q_0$ 由边际效用与边际成本的等量关系决定,即:

$$-aQ+b=cQ+d$$
$$Q_0=\frac{b-d}{a+c}$$

在求取税前的均衡价格 $P_0$ 的过程中,若市场是完全竞争的,则将 $Q_0$ 代入 $MU$ 与 $MC$ 的计算结果一样,为:

$$P_0=\frac{ad+bc}{a+c}$$

若向生产者征收每一单位数额为 $T$ 的从量税,税后的供给曲线 $S$ 为:

$$MC'=cQ+d+T$$

税后的均衡产量为 $Q_T$,由税后边际成本与边际效用的等量关系决定,即:

$$-aQ+b=cQ+d+T$$
$$Q_T=\frac{b-d-T}{a+c}$$

税后的均衡价格为:

$$P_b=\frac{a(d+T)+cb}{a+c}$$

税后的价格升幅为:

$$\Delta P=P_b-P_0=\frac{a(d+T)+cb}{a+c}-\frac{ad+bc}{a+c}=\frac{aT}{a+c}$$

税后的价格升幅即为消费者购买每一单位产品比税前多支付的金额,也就是消费者承担的每一单位产品的税负。生产者在税后每单位产品的收入为税后均衡价格 $P_b$ 与每单位

产品的税额 $T$ 之差 $P_S$，即：

$$P_S = P_b - T = \frac{a(d+T) + cb}{a+c} - T = \frac{ad + cb - cT}{a+c}$$

生产者承担的每单位产品的税负为：

$$P_0 - P_S = \frac{ad + ab}{a+c} - \frac{ad + cb - cT}{a+c} = \frac{cT}{a+c}$$

消费者与生产者所承担的税负之比为

$$\frac{aT}{a+c} \bigg/ \frac{cT}{a+c} = \frac{a}{c}$$

此结论说明：如果 $|a|=|c|$，即供求弹性相等，买方与卖方各负担一半税负；如果 $|a|<|c|$，即需求方的弹性大于供给方，税负更多地趋向由卖方负担；反之则反是。

## 第三节 垄断条件下的税负转嫁与归宿

在垄断条件下，由于垄断者具有控制价格的能力，为了追求垄断利润最大化，垄断者以其边际收入等于边际成本的均衡点决定产量，而价格则由这一产出水平上的边际效用决定。这显然不同于竞争条件下，由生产者的边际成本和消费者的边际效用的均衡点决定价格的情况。因此，税收对价格变动的影响也有所不同，从而税负的转嫁与归宿也有所区别。

在垄断条件下讨论税负转嫁与归宿仅限于需求曲线向右下方倾斜的情况。因为在需求完全无弹性的情况下，无论是垄断还是完全竞争，税负全部由消费者负担；而在需求具有无限弹性的情况下，垄断根本不可能存在，故也无讨论的必要性。

### 一、垄断市场中征收从量税情况下的税负转嫁规律

垄断市场中征收从量税情况下的税负转嫁与边际成本曲线（供给线）的状态密切相关。边际成本曲线的状态大致可以分为三种情况：边际成本为常数，即边际成本曲线呈水平状；边际成本递增，即边际成本曲线向右上方延伸；边际成本递减，即边际成本曲线向右下方延伸。

#### （一）边际成本为常数

在边际成本呈水平状的情况下，若向垄断者的每一单位产品征收从量税 $T$，税后边际成本曲线就会上移 $T$，形成新的边际成本曲线 $MC'$，它与边际收入曲线相交，形成一个新的交点，由此交点决定税后的产量与价格，从而也就决定了消费者与垄断生产者各自负担的税负。图 14-10 说明了边际成本为常数时，垄断者的税负转嫁。

在图 14-10 中，$D$ 为需求曲线，$MR$ 为垄断

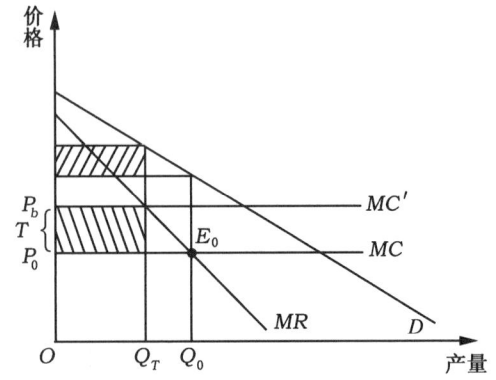

图 14-10 边际成本为常数时，垄断者的税负转嫁

者的边际收入曲线,税前的均衡产量与价格由 MC 与 MR 的交点 $E_0$ 决定,产量为 $Q_0$,价格为 $P_0$。若向垄断生产者的每一单位产品征收从量税 $T$,则税后边际成本平移至 $MC'$,税后的均衡产量为 $Q_T$,价格为 $P_b$。产品税后价格上涨幅度为 $P_bP_0$。从图 14-10 直接观察, $P_bP_0$ 大约相当于垄断者每单位产品缴纳的税款 $T$ 的一半,这说明垄断者将一半税负转嫁给了消费者。在边际成本为常数的情况下,垄断者究竟可将多少税负转嫁给消费者这一问题,可通过代数方法来解决。

假设税前需求曲线 $D$ 与边际成本曲线 $MC$ 分别为:

$$MU = -aQ + b$$
$$MC = c$$

根据需求曲线 $D$,可知税前生产者的总收入 $TR$ 为:

$$TR = (-aQ + b)Q = -aQ^2 + bQ$$

每增加一单位产品所能获取的收入,即边际收入 $MR$ 为:

$$MR = -2aQ + b$$

税前均衡产量 $Q_0$ 由 $MC$ 与 $MR$ 的交点决定为:

$$-2aQ + b = c$$
$$Q_0 = \frac{b-c}{2a}$$

税前均衡价格 $P_0$ 为:

$$P_0 = -aQ_0 + b = \frac{c+b}{2}$$

这里需要注意的是,在垄断条件下,求取 $P_0$ 必须将 $Q_0$ 代入需求曲线的代数式 $MU$ 中。征收从量税 $T$ 后,边际成本曲线为:

$$MC' = c + T$$

税后的均衡产量 $Q_T$ 和价格 $P_b$ 分别为:

$$Q_T = \frac{b-c-T}{2a}$$
$$P_b = \frac{c+T+b}{2}$$

税后的价格增幅 $\Delta P$ 为税后价格 $P_b$ 与税前价格 $P_0$ 之差:

$$\Delta P = P_b - P_0 = \frac{c+T+b}{2} - \frac{c+b}{2} = \frac{T}{2}$$

此结论说明在垄断条件下,若边际成本为常数,在征收从量税情况下,垄断者只能将税负的一半转嫁给消费者。这一结论不同于完全竞争条件下边际成本曲线呈水平状的情况。在完全竞争条件下,边际成本为常数意味着供给具有无限弹性,税负将全部由消费者负担。

## （二）边际成本递增或递减

如果边际成本递增，垄断条件下的税负转嫁情况如图 14-11 所示。

在图 14-11 中，$MC$ 表示边际成本递增的向右上方倾斜的曲线，它与边际收入曲线 $MR$ 相交决定了税前产量 $Q_0$ 与价格 $P_0$。若对每一单位产品征收从量税 $T$，税后的边际成本曲线上移至 $MC'$，它与边际收入曲线相交决定了税后的均衡产量 $Q_T$ 与价格 $P_b$。由图 14-11 中可知税后价格升幅为 $P_b P_0$，说明垄断生产者将部分税负转嫁给了消费者。但是要明确税负转嫁程度，仍需采用代数方式。假设税前需求曲线 $MU$、边际成本曲线 $MC$，以及垄断者的边际收入曲线 $MR$ 分别为：

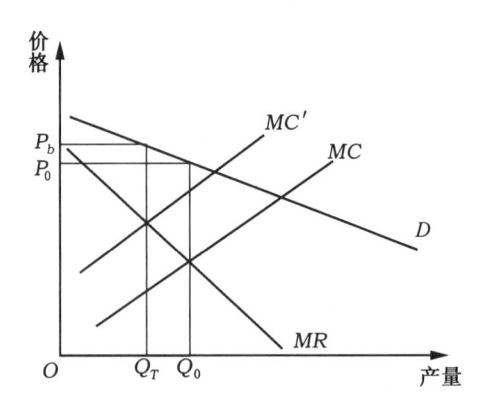

图 14-11 成本递增条件下，垄断市场的税负转嫁

$$MU = -aQ + b$$
$$MC = cQ + d$$
$$MR = -2aQ + b$$

税前均衡产量 $Q_0$ 由边际成本与边际收入的均衡关系决定，即：

$$cQ + d = -2aQ + b$$
$$Q_0 = \frac{b-d}{2a+c}$$

税前均衡价格 $P_0$ 为：

$$P_0 = \frac{ab + ad + cb}{2a+c}$$

若向垄断生产者征收从量税 $T$，则税后边际成本曲线 $MC'$ 为：

$$MC' = cQ + d + T$$

税后均衡产量 $Q_T$ 为：

$$-2aQ_T + b = cQ_T + d + T$$
$$Q_T = \frac{b-d-T}{2a+c}$$

税后均衡价格 $P_b$ 为：

$$P_b = -aQ_T + b = \frac{ad + aT + ab + bc}{2a+c}$$

价格增幅 $\Delta P$ 为税后价格 $P_b$ 与税前价格 $P_0$ 之差，即：

$$\Delta P = \frac{ad + T + ab + bc}{2a+c} - \frac{ad + ab + bc}{2a+c} = \frac{aT}{2a+c}$$

当 $c>0$，即边际成本递增时，$\frac{aT}{2a+c}<\frac{T}{2}$。

此结论说明在边际成本递增的情况下，垄断者税后提价的幅度小于从量税的一半，即垄断者只能将不到一半的税负转嫁给消费者，具体比例取决于成本曲线的斜率 $c$。$c$ 越大，垄断者负担的税负比例越大。

当 $c<0$，即边际成本递减时，$\frac{aT}{2a+c}>\frac{T}{2}$。

这说明垄断者税后提价幅度大于从量税的一半，即垄断者可将大部分税负转嫁给消费者。

上述分析说明在垄断条件下，垄断者并不能随心所欲地将税负转嫁给消费者，垄断者涨价的幅度受到垄断均衡价格的制约，在通常情况（即边际成本递增情况）下，垄断者将承担大部分税收负担。

## 二、从价税与从量税的比较

在完全竞争条件下从价税与从量税的税负转嫁与归宿的效应是一样的，但是在垄断条件下征收从价税与从量税对税负转嫁与归宿的影响则不同。

根据无关性定理，政府征税既可以通过边际成本曲线上移（边际成本上升）来表示（如图14-11所示），也可以通过需求曲线（平均收入）和边际收入曲线下移（垄断者获得价格的下降）来表示（如图14-12所示）。

在图14-12中，图(a)与图(b)分别表示垄断条件下征收从量税和从价税的税负转嫁与归宿的情况。两图税前均衡情况相同，$MC_0$、$D_0$、$MR_0$ 分别为边际成本曲线、税前需求曲线和边际收入曲线。$MR_0$ 与 $MC_0$ 相交于 $E_0$，决定了税前均衡产量 $OQ_0$、价格 $OP_0$。若政府对每单位产品征收从量税 $T$，则 $D_0$、$MR_0$ 将同时向下平移 $T$ 个单位至 $D_1$、$MR_1$，$MC_0$ 与 $MR_1$ 相交于 $E_1$，决定了新的均衡产量 $OQ_1$，均衡价格 $OP_b$（消费者支付的价格），垄断者得到的价格为 $OP_S$，国家税收收入为 $P_S P_b FG$。

在征收从价税的情况下，若要使税后的产出、价格与从量税下的情况一致，就必须使边际成本线 $MC_0$ 与税后的边际收入线也相交于 $E_1$ 点，为此可由 $C$ 点经 $E_1$ 点作直线 $CD$。$CD$ 是满足上述条件的采用从价税方式的税后边际收入曲线。与 $CD$ 相对应的税后需求曲线为 $DB$，其税率为

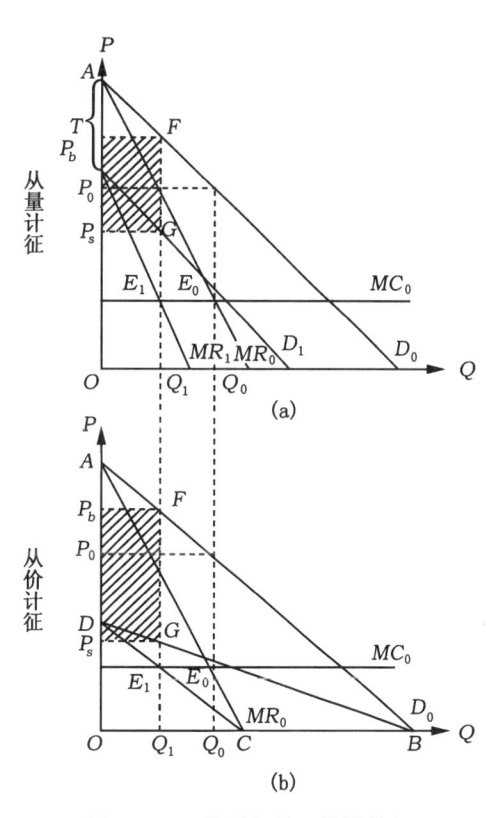

图 14-12 垄断条件下从量税和从价税的比较

$AD/AO$，这时垄断者得到的价格为 $OP_S$，国家税收收入为 $P_S P_b FG$。

图(a)与图(b)说明,在使从量税和从价税税后产量和价格水平相同(即价格升幅相同)的情况下,从价税使垄断者得到的价格要比从量税下更低,国家税收收入则相应增大。由此结论可进一步推断,若要使从量税、从价税税收收入相等,从价税的税率就要降低,也就是说,税后需求曲线与边际收入曲线的旋转幅度就会小一点,这样边际收入曲线与边际成本曲线的交点就会在 $E_1$ 点的右边,与之相应的税后价格就会降低,产量会增大。这说明在取得同样的税收收入条件下,从价税将比从量税产生较小的价格升幅,也就是说垄断者只能将较少的税负转嫁给消费者,从而因税收而造成的产量减少也相对小。所以,为了抑制垄断者,政府应尽可能运用从价税。

### 三、对垄断利润征税情况下的税负转嫁问题

上述分析说明对垄断商品征税,无论采用从价税还是从量税方式,都会使价格上升,所以垄断者或多或少总能将部分税收负担通过提高产品价格转嫁给消费者。在对垄断利润征税的情况下,由于垄断者不会因税收而改变产量和价格决策,故全部税负由垄断者自己负担。其原因在于垄断者要追求税后利润最大化,就必须追求税前利润最大化。要做到这一点,就必须始终以边际成本与边际收入的均衡点来确定产量和价格。这一过程可用图 14-13 说明。

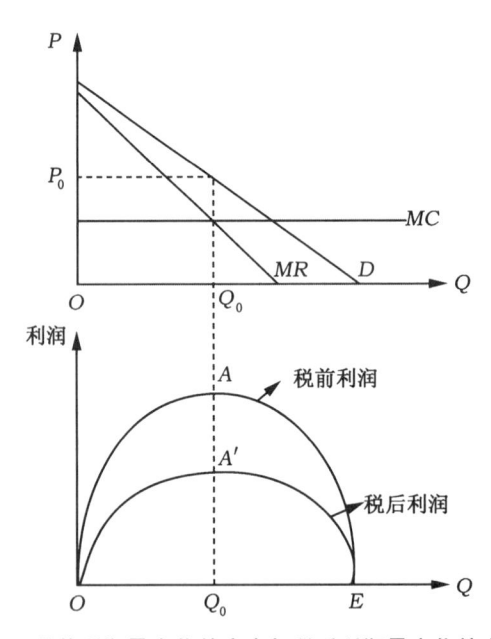

图 14-13 税前利润最大化的产出与税后利润最大化的产出相同

在图 14-13 中,无论税前最高利润 $A$,还是税后最高利润 $A'$,都是由 $MR=MC$ 所决定的产量 $Q_0$ 与 $P_0$ 来实现的。

## 本章小结

税负转嫁与归宿问题实质上是收入分配问题。

税负转嫁的方式主要有前转、后转,以及后转的特殊形式——税收资本化。税负能否转嫁,以及转嫁程度取决于产品、服务和要素的供求弹性、价格决定模式、税收的具体形式。

分析税负转嫁与归宿可以采用局部均衡分析和一般均衡分析两种方法。本章主要采用局部均衡分析。

税收对价格和产量的影响与究竟是买方纳税还是卖方纳税无关。在完全竞争市场中,税负的转嫁与归宿取决于供求双方的弹性,并且从量税与从价税具有相同的转嫁规律。完全竞争市场中的税负转嫁规律是:若供求弹性相等,供求双方各负担一半税负;若供求弹性不等,弹性相对小或无弹性的一方负担较多或全部税负。

在垄断条件下,讨论税负转嫁与归宿仅限于需求曲线向右下方倾斜的情况。在征收从量税情况下,税负转嫁与边际成本曲线的状态密切相关。当边际成本为常数时,垄断者可将税负的一半转嫁给消费者;当边际成本递减时,垄断者可将大部分税负转嫁给消费者;当边际成本递增时,垄断者将承担大部分税负。

在垄断条件下,从价税的转嫁规律不同于从量税。在税后产量与价格变动相同的情况下,从价税的税收收入大于从量税;在税收收入相同的情况下,从价税将比从量税产生较小的价格升幅,从而使垄断者只能将较少的税负转嫁给消费者。

对垄断利润征税,垄断者不会改变产量和价格决策。

# 习 题

## 一、名词解释

税负转嫁　　税负归宿　　前转嫁　　后转嫁　　税收资本化

## 二、思考题

1. 影响税负转嫁与归宿的因素有哪些?
2. 在完全竞争市场中如何描述税负的转嫁规律?
3. 垄断者是否具有更强的转嫁税负的能力?为什么?
4. 用代数方法证明在取得同等收入的条件下,买方税与卖方税的税负归宿相同。
5. 用代数方法证明在竞争市场上采用定额税与采用比例税在税收收入相同的情况下税负归宿相同。
6. 用代数方法证明在垄断市场上,商品税采用定额税与采用比例税方式,在使税后价格和产量相同的情况下,后者比前者可使政府得到更多的税收收入。
7. 假定某产品市场的边际效用曲线为 $P=-0.5Q+100$,边际成本曲线为 $P=2Q+5$,现向该产品征收金额为 1 元的定额税,分别计算在竞争市场与垄断市场条件下政府能取得的税收收入以及消费者与生产者所承担的税负比例。

# 第十五章 税收与效率

**全章提要**

- 第一节　税收的超额负担
- 第二节　税收与劳动供给
- 第三节　税收与储蓄、投资

本章小结

习题

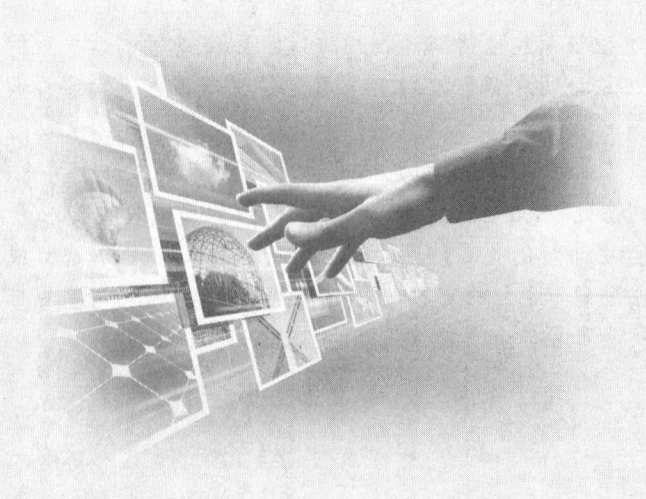

本章主要讨论如何征税才能实现效率准则,换言之,我们如何才能减少因税收产生的效率损失。政府在制定税收政策和设计税制时需同时考虑公平与效率准则,本章的讨论则聚焦于效率准则。

思政案例

消费税税目
与税收效率

## 第一节　税收的超额负担

效率通常体现在成本与收益的对比之中。税收的收益主要体现在政府公共产品提供的规模和结构上。因此,在政府公共产品提供的规模与结构既定的前提下,实现税收的效率最大化等同于税收成本最小化。如前所述,税收成本由两部分构成:一是税收的征纳成本;二是税收的超额负担。前者在税收原则中已进行了探讨,这里主要讨论税收的超额负担。

### 一、税收超额负担的含义及产生的原因

一般来讲,政府征税会产生两种效应,从而影响个人福利水平:一是收入效应,二是替代效应。

无论政府征收何种税都会使纳税人的收入减少,这时就产生了税收的收入效应。所谓收入效应(income effect),是指在相对价格不变的情况下,因个人收入发生变化而对个人的福利水平所产生的影响。只产生收入效应而不产生替代效应的税收被称为总额税(lump sum tax),它的显著特点是纳税人无法通过改变经济行为降低其纳税义务。总额税的典型例子是人头税。税收的收入效应如图15-1所示。

在图15-1中,$AB$为个人税前预算约束线,$AB$的斜率表示甲、乙两种产品的价格比:$-P_乙/P_甲$。个人如果用其税前全部收入购买甲产品,则可购买$OA$量;若全部购买乙产品,则可购买$OB$量。$i$为个人的无差异曲线,它与$AB$相切于$E_1$点,$i$即为个人的税前福利水平。若政府对个人征收只具收入效应的总额税,个

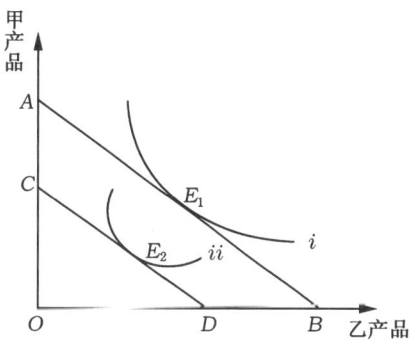

图 15-1　税收的收入效应

人的预算约束线因收入水平下降而向内平移至$CD$。因为甲、乙两产品的相对价格未变,个人的税后无差异曲线$ii$与$CD$相切于$E_2$,显然,税收使个人的福利水平从$i$减少至$ii$。这种单纯由个人的收入水平变化而引起的福利水平变化即为税收的收入效应。税收的收入效应本身不会造成经济的无谓损失,它只是将资源从纳税人手中转移到政府手中,政府得到的税收收入就是纳税人所减少的收入。

当政府征税影响了相对价格,从而使纳税人为了避税而改变原有的经济决策(包括消费、投资、工作等)时,就产生了税收的替代效应。所谓替代效应(substitution effect),是指在个人收入水平不变的情况下,因相对价格的变化而产生的对个人福利水平的影响。税收的替代效应可通过图15-2予以说明。

在图 15-2 中，$AB$ 为个人税前预算约束线，其斜率为甲、乙两种产品的价格比：$-P_乙/P_甲$。$i$ 为税前无差异曲线，它与 $AB$ 相切于 $E_1$，决定了个人税前对甲、乙两种产品的消费组合。若政府对乙产品征税，对甲产品不征税，这时甲、乙两种产品的价格比为 $-[(1+t_乙)P_乙/P_甲]$，从而使个人的预算约束线向内旋转为 $AC$。$AC$ 线上的任何一点与 $AB$ 间的竖直线距离表示政府收到的税款（以甲产品的自然单位表示）。假设个人税后的无差异曲线为 $ii$，其与税后预算约束线 $AC$ 相切于 $E_2$，该切点决定了个人税后对甲、乙两种产品的消费组合，个人因消费乙产品而向政府缴纳的税款为 $E_2G$。个人在 $E_2$ 的福

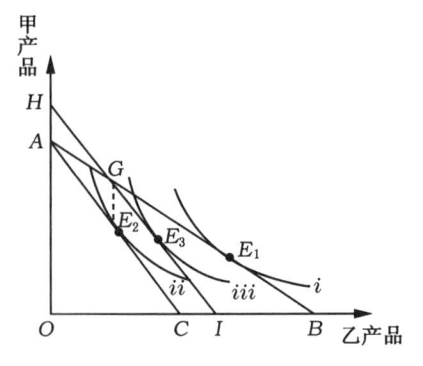

图 15-2 税收的替代效应

利状况显然比 $E_1$ 的福利状况差。但是，这时税收所引起的福利水平的变化既包含了收入效应（税收使其收入减少了 $E_2G$），也包含了替代效应，即单纯由于甲、乙两种产品价格比发生变化而带给个人的福利损失。为了在图 15-2 中展示替代效应，过 $G$ 点作一条平行于 $AC$ 的预算约束线 $HI$。$HI$ 是一条剔除了税收的收入效应（如果将征到的税返还给个人）而仅反映替代效应（保留因税收而引起的价格相对变化）的预算约束线，它与无差异曲线 $iii$ 相切于 $E_3$。这时个人的福利水平低于税前无差异曲线 $i$，尽管个人的收入并未减少。这种单纯因相对价格变化而引起的个人福利损失即为税收的替代效应。

税收的替代效应说明个人因税收而导致的福利损失，要大于政府收到的税收（因为若将政府征到的税返还给个人，个人仍存在福利损失），两者之差即为税收所产生的经济的无谓损失（deadweight loss），也被称为税收的超额负担（excess burden）。显然，税收的超额负担来源于替代效应。为了更好地理解税收的超额负担，图 15-3 和图 15-4 分别从两个角度做了进一步说明。

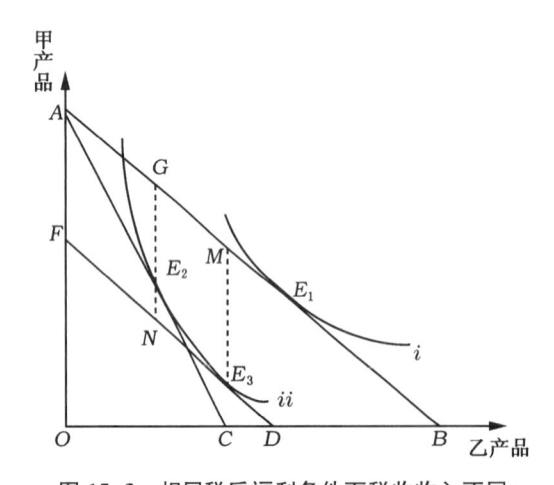

图 15-3 相同税后福利条件下税收收入不同

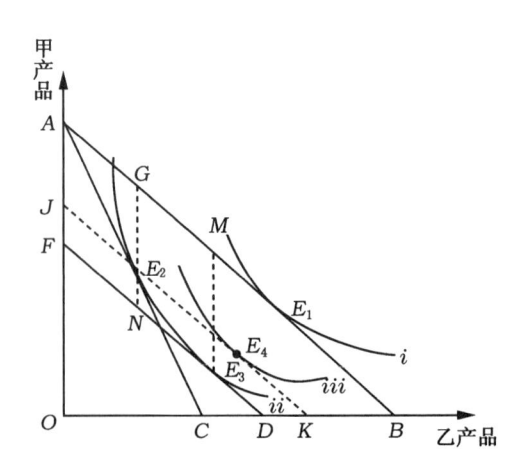

图 15-4 相同税收收入条件下税后福利不同

在图 15-3 中，$AB$ 为税前预算约束线，税前的无差异曲线 $i$ 与 $AB$ 相切于 $E_1$。$AC$ 为仅对乙产品征税的税后预算约束线，税后无差异曲线 $ii$ 与 $AC$ 相切于 $E_2$，$GE_2$ 为个人因消费

乙产品而向政府缴纳的税款。衡量个人因税收导致无差异曲线从 $i$ 移至 $ii$ 而遭受的福利损失,通常有两种办法。一种衡量办法是等价变动(equivalent variation),即在对乙产品征税前为使个人福利从 $i$ 移至 $ii$,而应从个人取走的收入金额(相当于征收总额税)。在图 15-3 中作一条既平行于 $AB$ 又与 $ii$ 相切的预算约束线 $FD$。$FD$ 与 $AB$ 之间的竖直线距离 $ME_3$ 即为等价变动。对个人而言,损失 $ME_3$ 这样多的收入等价于对乙产品征税而给个人造成的全部福利损失。显然,个人因税收而遭受的福利损失 $ME_3$ 大于税收收入 $GE_2$,二者之差 $E_2N$ 即为税收的超额负担。这也说明在税后福利水平相同($AC$ 与 $FD$ 均与 $ii$ 相切)的情况下,政府通过征收总额税获得的税收收入 $ME_3$ 要大于仅对乙产品征收的差别税税收收入 $GE_2$。

在图 15-4 中,过 $E_2$ 点作一条平行于 $FD$ 的预算约束线 $JK$,无差异曲线 $iii$ 与 $JK$ 相切于 $E_4$,说明在税收收入相等的情况下,总额税比仅对乙产品征收差别税的税后福利水平更高,这是衡量税收无谓损失的另一种办法。

从上述关于税收超额负担含义的论述中,可以得出这样一个结论,即总额税要比区别对待的税收有效率。这是由于在征收总额税的情况下,无论纳税人如何改变其经济决策,都无法逃避其纳税义务,从而也就避免了税收对经济行为所产生的扭曲效应。既然总额税是如此有效,为什么不普遍开征总额税呢?其主要原因在于总额税不考虑个人的经济条件而让每个人缴纳相同的税款有失公平。此外,总额税不具纠正性,不能应对市场失灵问题。

## 二、税收超额负担的计量

税收超额负担的含义也可以用补偿需求曲线来说明,并且可以具体计算税收的超额负担,不足之处在于结果仅反映了税收扭曲效应的局部影响。

### (一) 补偿需求曲线

经济学中的一般需求曲线反映了价格变动对需求的影响。这种影响包含了两方面的效应:一是收入效应,即价格的上升(或下降)意味着需求方实际收入的减少(或增加),随着收入的变化,需求量也会随之变化;二是替代效应,即由于价格的上升(或下降)使得该产品相对于其他产品变得更昂贵(或更便宜)了,从而使需求方减少(或增加)对该产品的消费,转而增加(或减少)对其他产品的消费,或者说相对价格的变化改变了需求方的消费结构。

补偿需求曲线(compensated demand curve)与一般需求曲线的区别在于,它将价格变动所引起的收入效应剔除,使需求曲线仅反映替代效应。由于税收的超额负担是替代效应引发的,因此,使用补偿需求曲线作为计算工具更为合适。补偿需求曲线的形成如图 15-5 所示。

在图 15-5 中,$D$ 为一般需求曲线,初始的均衡价格为 $P_0$,需求量为 $Q_0$。现假设价格从 $P_0$ 降至 $P_1$,需求量从 $Q_0$ 增至 $Q_2$。假设 $Q_0$ 至 $Q_1$ 的变动属于替代效应,$Q_1$ 至 $Q_2$ 的变动属于收入效应。为了剔除收入效应,从需求方收入中拿走一定数额以便扣除由价格下降带来的消费者收入的增加,在图 15-5 中表现为将相当于 $Q_1$ 至 $Q_2$

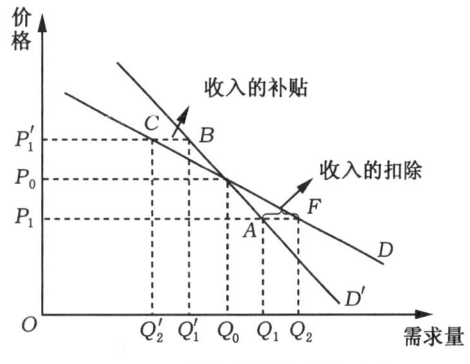

图 15-5 补偿需求曲线的形成

增量的收入 AF 扣除。反之,若价格从 $P_0$ 上升至 $P_1'$,需求量从 $Q_0$ 减至 $Q_2'$,假设其中 $Q_1'$ 至 $Q_2'$ 的变动属于收入效应。为剔除收入效应,需要给需求方一笔补贴,以维持其原有的收入水平,在图 15-5 中表现为给需求方一笔补贴 CB,等价于 $Q_1'$ 至 $Q_2'$ 的减少量。连接 A 点 B 点,即可得出补偿需求曲线 $D'$。

在对某种特定的产品或要素征税时,如果价格变动对个人收入的影响很小(一般需求曲线与补偿需求曲线很接近),可将一般需求曲线视为补偿需求曲线。

### (二) 运用补偿需求曲线说明税收超额负担的含义及其计量

运用补偿需求曲线说明税收超额负担依据的是消费者剩余理论。所谓消费者剩余,就是指人们愿意为某一商品支付的金额与实际支付金额之差,它表示消费者从这一商品消费中获得的净收益。图 15-6 显示了如何运用补偿需求曲线和消费者剩余理论来说明税收的超额负担。

在图 15-6 中,AB 为某一产品的补偿需求曲线。假设该产品的边际成本为常数,税前的边际成本为 MC,则税前均衡价格为 $P_0$,产量为 $Q_0$,税前消费者剩余为 $AP_0C$。若政府对该产品征收从量税 T,则边际成本曲线 MC 向上平移至 $MC'$,此时均衡价格为 $P_T$,产量为 $Q_T$,消费者剩余为 $AP_TE$。将税前消费者剩余与税后消费者剩余相比,税收使消费者剩余减少了 $P_TECP_0$(即税收给消费者造成的福利损失)。但政府收到的税收收入仅为 $P_TEDP_0$,三角形 ECD 即为税收的超额负担,它是消费者失去的而政府又没有得到的收入,因此又被称为无谓损失。它完全是因为税收改变了相对价格,消费者为了尽可能少纳税而改变了原有的最优选择,从而导致资源低效率配置。

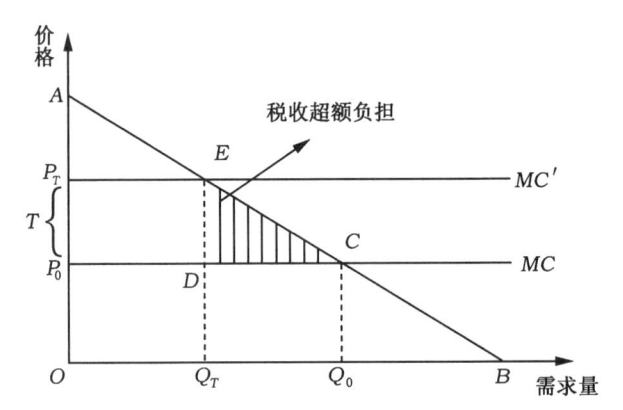

图 15-6 运用补偿需求曲线说明税收超额负担及其计量

理论上将三角形 ECD 称为哈伯格三角形(Harberger triangle),通过计算这一三角形的面积即可计量税收的超额负担。计算公式为:

$$S = \frac{1}{2}(T \cdot \Delta Q)$$

该公式中,T 为单位产品的税额,$\Delta Q$ 为因价格变动而引起的需求量的变动额。用 r 表示需求曲线的斜率 $T/\Delta Q$,则上式可改写为:

$$S = T^2/2r$$

### 三、影响税收超额负担量的因素

影响税收超额负担量的因素可以从影响哈伯格三角形面积的诸因素去考虑。

#### (一) 产品补偿需求曲线的斜率影响到哈伯格三角形的面积大小,即超额负担的大小

如果需求方对某一产品的需求弹性较大,即补偿需求曲线较平坦,则在生产成本和税收

既定的前提下,三角形的面积就会比较大;反之,需求弹性较小,补偿需求曲线较陡直,则三角形的面积就较小(见图15-7)。

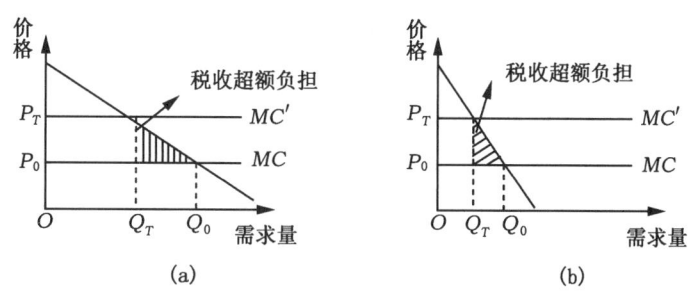

图 15-7 补偿需求曲线的斜率对税收超额负担的影响

在图15-7中,图(a)与(b)除需求弹性不同外,其他条件都相同。

### (二) 税率的高低影响超额负担的大小

在补偿需求曲线既定的条件下,税率越高,哈伯格三角形的面积就越大,并呈几何级数增长,如图15-8所示。

在图15-8中,对每单位产品征收的从量税为 $T$ 时,税收的超额负担为 $a$,而当从量税变为 $2T$ 时,税收的超额负担为 $4a$。这说明单位税额扩大一个倍数,税收的超额负担就会扩大这个倍数的平方。这一结论也可从上述公式 $S=T^2/2r$ 中得出。

一般而言,税率提高意味着税收收入的增加;但是,当税率超过一定限度时,税率的提高会因税收超额负担急剧上升,或者说税收扭曲效应扩大,损害税基,从而不仅不会增加税收收入,反而会使税收收入减少。著名的拉弗曲线(由美国供给学派经济学家拉弗提出)展示了这一过程,如图15-9所示。

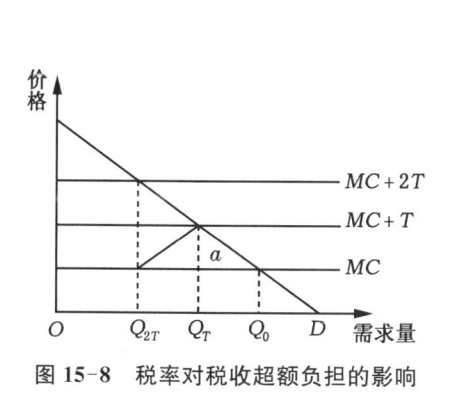

图 15-8 税率对税收超额负担的影响

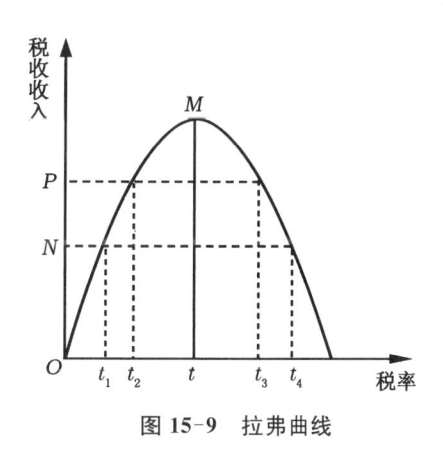

图 15-9 拉弗曲线

在图15-9中,当税率从 $t_1$ 提高到 $t_2$ 时,税收收入将从 $ON$ 增加至 $OP$;但是当税率超过临界税率 $t$ 时,就会因税率过高而影响人们消费、工作、储蓄和投资的积极性,从而导致税基减少的幅度大于税率提高的幅度,税收收入反而减少,在图15-9中表现为税率从 $t_3$ 提高到 $t_4$,税收收入反而从 $OP$ 减少至 $ON$。这时如果降低税率,可减少税收的负向激励效应,反而增加税收收入。

## 四、如何减少税收超额负担提高税收效率？

通过上述对影响税收超额负担因素的分析，可引申出减少税收超额负担、提高税收效率的三项可能措施：

（1）尽可能采用中性税收政策，减少对相对价格的干扰。

（2）尽可能避免征收高税率，将税率和税收收入规模控制在合理的范围内。

（3）尽可能对需求弹性小或无弹性的商品征税（在税收规模既定的前提下）。这也是英国剑桥大学福利经济学家莱姆齐（Ramsey）通过严格数学证明得出的结论，它被称为反弹性法则（the rule of inverse elasticity）。当各种商品的需求相互独立时，对不同商品课征的税率应与该商品自身的价格弹性成反比。反弹性法则的含义表明，一种商品的需求弹性越大，征税的潜在扭曲效应也就越大。因此，最优商品课税要求对弹性相对小的商品课征相对高的税率；对弹性相对大的商品课征相对低的税率。

上述从理论分析中推导出的减少税收效率损失的三项措施在实践中具有一定的矛盾。

首先，第一与第三项措施之间存在着矛盾之处。第一项措施认为应对所有的商品征收单一税率的商品税。因为单一税率不影响商品的相对价格，不会产生税收超额负担。而第三项措施则要求区别不同商品的需求弹性，采用不同的税率，以减少税收超额负担。其主要原因是：由于不可能对休闲征税，因此，真正意义上的总额税（在这里等价于对所有经济活动征收相同的税率）在现实世界中往往是不存在的。对此结论的分析如下：

如果将一个人的所有时间分为两部分，一部分用于休闲，一部分用于工作，工作所获得收入全部用于购买两种商品，即甲商品与乙商品，那么个人就面对三种选择：甲商品、乙商品、休闲（也可将其视为一种商品）。现在分析不同的税收如何影响个人对甲商品、乙商品以及休闲的选择。（1）如果能对休闲征税，那么就可征收真正意义上的总额税，从而对个人在三种商品之间的选择上保持中性。（2）征收统一的所得税。虽然该税对个人在甲、乙两种商品之间的选择可保持中性，但是对个人在甲商品与休闲和乙商品与休闲之间的选择却是非中性的。（3）征收统一的商品税，同样也只对个人在甲、乙两种商品的选择上保持中性，而对商品与休闲的选择上产生扭曲效应，可能导致个人减少商品消费而增加无税的休闲消费，即对工作具有负向激励效应，从而产生效率损失。

因此，统一的商品税或所得税实质上是非中性的。由此可以推断，统一的商品税或所得税并不必然比采用差别税率的商品税或所得税更具有效率。

其次，三项减少税收超额负担、提高税收效率的措施违背了公平准则。例如，主张采用不考虑个人收入水平的总额税；强调对需求弹性小（或无弹性）的商品采用高税率，而此类商品大多是必需品，对其征税在收入分配方面具有累退性；而避免高税率措施的受益者则主要是富人。虽然本章讨论的重点是如何提高税收的效率，但是在具体制定税收政策时，需要同时兼顾公平准则。

综上所述，税收的效率问题可以这样理解：如果总额税是可能的，则财政收入可以在没有任何超额负担的情况下获得，最优税制只需考虑公平问题；然而，由于不可能对休闲征税，从而现实中往往不存在真正意义上的总额税，因此最优税制问题就变为如何以最小的税收超额负担来获得既定的财政收入。一般来讲，最小超额负担要求税率设计依据反弹性法则，即税率与商品需求弹性成反比;但是,当社会追求收入分配公平目标时,偏离税收的效率准则也是合理的。

## 第二节 税收与劳动供给

政府征税总是会减少人们的收入,从而不可避免地会对人们的工作、储蓄和投资产生一定的负向激励效应,进而影响经济整体效率。因此,有效率的税制应该是负向激励效应最小的税制。要制定这样的税制,首先需要分析税收对劳动、储蓄和投资的影响,然后在此基础上制定出负向激励效应最小,或者说具有激励工作、储蓄和投资效应的税制。本节主要讨论税收与劳动供给的关系,第三节讨论税收与储蓄、投资的关系。

税收对劳动供给的影响主要是通过改变劳动回报率而产生的。因此,对政府来说,制定对劳动意愿起负向激励效应最少的税收政策,对于促进劳动供给具有重要作用。

税收对劳动供给的影响可采用劳动与休闲模型进行分析。在一定时期内每个人所拥有的时间是相同的,如一周为 168 小时,但个人可以按自己的意愿将有限时间在劳动与休闲之间进行分配。工作时间越多,收入越多,但同时休闲时间越少;反之则反是。工作与休闲的这一关系如图 15-10 所示。

图 15-10 中,$OT$ 表示某人将全部时间用于休闲,$OD$ 表示若他将全部时间用于工作可获得的收入,$DT$ 是此人工资水平为 $W$ 时的收入与休闲预算约束线。面对 $DT$ 预算约束线,他将如何选择休闲时间与工作时间呢?这将取决于在工资水平为 $W$ 情况下他对劳动与休闲的偏好。假定反映其劳动与休闲偏好的无差异曲线为 $i$,那么 $i$ 与 $DT$ 的切点 $E$ 就决定了其每周工作时间为 $FT$,收入为 $OG$,休闲为 $OF$。

现在分析政府征收个人所得税后对个人工作意愿的影响。假设政府对劳动所得征收比例税率 $t$,此时每小时工资水平从 $W$ 降为 $(1-t)W$,致使预期的约束线 $DT$ 向左旋转至斜率为 $(1-t)W$,如图 15-11 所示。新的劳动休闲预算线为 $HT$。在新的预算线下,每一个纳税人将重新考虑工作与休闲时间的配置。假设纳税人甲选择了 $E_2$ 点,此时他的工作时间为 $IT$,休闲为 $OI$,税后收入为 $OG'$。税收使甲的工作时间从 $FT$ 减为 $IT$。

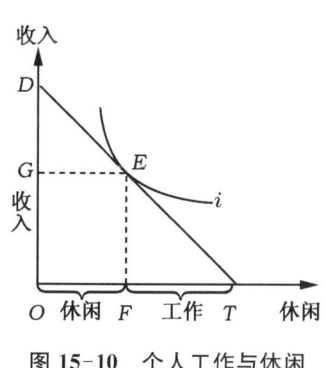

图 15-10 个人工作与休闲时间的分配

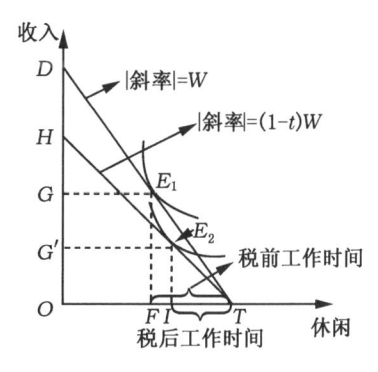

图 15-11 征收比例税率所得税后纳税人甲的选择

征收比例税率所得税一定会使理性的纳税人减少工作时间吗？回答此问题还须考虑另一种情况。假设纳税人乙选择了 $E_3$ 点，如图 15-12 所示(图 15-12 与图 15-11 所示情况一样，只是纳税人乙选择了 $E_3$ 点)，此时他的工作时间从税前的 $FT$ 增至税后的 $JT$，休闲为 $OJ$，收入为 $OK$。税收使乙的工作时间从 $FT$ 增至 $JT$。上述两种截然不同的税收效应源于替代效应与收入效应的不同。当税收使劳动报酬减少时，即意味着休闲的机会成本从 $W$ 降为 $(1-t)W$，劳动者产生以休闲来替代工作的倾向，也即税收的替代效应。另一方面，税收在减少劳动报酬的同时，也减少了个人购买休闲的能力。如果休闲是正常商品，收入下降会导致休闲的减少，这也意味着工作时间的增加，此为税收的收入效应。替代效应与收入效应是两种同时存在的方向相反的客观效应。究竟哪一种效应占主导地位，需视具体的纳税人而定。上述分析中的甲某属于替代效应占主导地位的人，而乙某属于收入效应占主导地位的人。

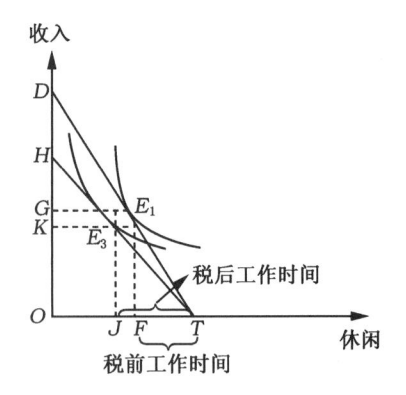

图 15-12　征收比例税率所得税后纳税人乙的选择

从以上的分析中可以发现，所得税对劳动供给的影响主要取决于反映个人收入与休闲偏好的无差异曲线的形状。而无差异曲线的形状又是由个人的年龄、性别、婚姻状况等多种因素决定的。例如，一个有家庭的中年男人，为了家庭的必需开支，他每周至少要挣 400 元。如果每小时税前工资为 10 元，则他每周至少要工作 40 小时。现假设政府征收 20% 的个人收入所得税，致使他的每小时工资降为 8 元。为此，他每周至少工作 50 小时，才能挣得维持其家庭开支所需的收入。就这类人而言，收入效应占了主导地位。而对那些不是家庭收入的主要提供者的年轻人来说，所得税对其劳动供给的影响就可能以替代效应为主。

在分析所得税对劳动供给的影响时，还必须注意区分平均税率与边际税率对劳动供给的不同效应。平均税率是指个人所纳税额占个人收入的比例。边际税率是指应纳税额的变动与应税所得额变动的比率。现假设个人所得税的免征额为 1 000 元，对 1 000 元以上的所有收入征收 25% 的比例税，平均税率与边际税率如表 15-1 所示。

表 15-1　边际税率与平均税率(税额＝超过 1 000 元以上收入×25%)

| 收入(元) | 应税所得额(元) | 税额(元) | 平均税率(%) | 边际税率(%) |
| --- | --- | --- | --- | --- |
| 1 800 | 800 | 200 | 11.1 | 25 |
| 5 000 | 4 000 | 1 000 | 20.0 | 25 |
| 10 000 | 9 000 | 2 250 | 22.5 | 25 |

由表 15-1 可知，每个收入超过 1 000 元的人都面对着相同的边际税率，但平均税率却随着收入的上升而上升。

区别平均税率与边际税率的意义在于两种税率对劳动供给的影响不同。如果边际税率保持不变，平均税率变动对劳动供给只产生收入效应；如果平均税率不变，边际税率变动对劳动供给只产生替代效应。

为说明上述观点，我们先考虑变动平均税率的效应。仍以表 15-1 为例，假设边际税率不变,但免征额从 1 000 元降为 800 元。于是收入为 1 800 元的纳税人将发现其应纳税额从 200 元增至 250 元[(1 800－800)×25%],其平均税率从 11.1% 上升为 13.9%(250/1 800)。平均税率的上升使纳税人税后收入普遍下降,从而产生变穷的感觉,为此他们将增加劳动供给。这相当于增加总额税所产生的结果,即只产生收入效应。一般来讲,平均税率上升,劳动供给增加;平均税率下降,劳动供给减少。

现在考虑提高边际税率的效应。假设边际税率从 25% 上升为 40%,对纳税人而言,这相当于降低了实际工资水平。例如,某工人的税前每小时工资为 20 元,在边际税率为 25% 的情况下,他每多工作 1 小时可多挣 15 元;当边际税率为 40% 时,他每增加 1 小时工作只能多挣 12 元。由于边际税率的变化影响到劳动者的税后工资水平,因此对劳动供给既有替代效应,又有收入效应。但如果在变动边际税率时,配之以税法中的某些变动(如提高免征额)以保持平均税率不变,从而使特定纳税人的税额不变,那么变动边际税率只产生替代效应。为说明这一观点,假设边际税率在从 25% 上升为 40% 的同时,所得税的免征额从 1 000 元上升为 1 300 元。于是,就收入为 1 800 元的纳税人而言,应纳税额仍为 200 元[(1 800－1 300)×40%],平均税率仍为 11.1%。

由于平均税率未变,按纳税人原有收入水平计算的应纳税额未变,因此对特定纳税人来说,变动边际税率所产生的收入效应消失,此时只剩下替代效应。这说明保持平均税率,变动边际税率只有替代效应,从而在平均税率不变的情况下,提高边际税率将减少劳动供给,降低边际税率将增加劳动供给。

上述分析所得出的结论对于政府制定具有激励劳动供给效应的税制具有一定的参考价值。目前世界上许多国家在税制改革中,普遍采用扩大税基、降低边际税率的做法,在维持一定的平均税率的同时,又能增加劳动供给。

此外,流转税也会影响人们的劳动意愿。因为流转税提高了商品与服务的价格,这相当于降低了实际工资水平。但流转税对工作意愿的影响没有所得税那么直接,人们可以通过减少当前消费、增加储蓄来逃避或推迟部分流转税。此外,政府从减少税收对劳动的负向激励效应出发,在设计流转税时,可以对有助于促进劳动供给的商品制定较低的税率,甚至免税,如保证体力所需的基本食品、劳动服装等;而对用于休闲的商品和服务则可制定较高的税率,如游艇、夜总会、高尔夫球场等。

## 第三节　税收与储蓄、投资

税收对经济的影响更多地体现在对社会(非政府部门)资本的形成——储蓄与投资——上。非政府部门可进一步分为家庭(个人)和企业,本节将从家庭储蓄和企业投资两个方面考察税收的经济后果。

### 一、税收与家庭(个人)储蓄

#### (一) 决定家庭储蓄的因素

决定家庭储蓄的因素主要有两大类:一是收入来源;二是个人对现期消费与将来消费的偏好。

在收入来源既定的情况下,决定家庭储蓄的因素就是个人对现期消费与将来消费的偏好。现采用生命周期理论对这一偏好加以分析。根据生命周期理论(life cycle theory),家庭储蓄不仅取决于当期收入,还取决于过去的收入(家庭财富)和对未来收入的预期。即人们对某一时期的消费与储蓄决策是他们对一生的经济状况进行规划的结果。为分析简便,现采用简单的两期生命周期模型对家庭储蓄进行分析。在两期模型中,既不考虑过去已有的收入(上一代留下的财富),也不考虑留给下一代的遗产,只考虑现期(工作时期)的收入、消费与将来(退休后)的收入、消费。家庭两期预算约束可用公式表示为:

$$C_p + \frac{C_f}{1+r} = Y_p + \frac{Y_f}{1+r} \tag{15-1}$$

式中,$C_p$ 为现期消费,$C_f$ 为将来消费;$Y_p$ 为现期收入,$Y_f$ 为将来收入;$r$ 为每期利率(可作为贴现率)。公式(15-1)表示个人终身消费现值 $C_p + \frac{C_f}{1+r}$ 必须与终身收入现值(present value of life time resource)$Y_p + \frac{Y_f}{1+r}$ 相等。

两期预算约束可用图15-13表示。图15-13中,横坐标表示现期消费,纵坐标表示将来消费。家庭对消费与储蓄的决策大致有三种可能:一是现期消费 $Y_p$,将来消费 $Y_f$,既不储蓄也不借款,图中以点 $A$ 表示;二是储蓄 $S$,现期消费 $Y_p - S$,在储蓄回报率为 $r$ 的情况下,即可增加将来消费 $(1+r)S$,以点 $D$ 表示;三是通过借款 $B$,使现期消费超过现期收入,为 $Y_p + B$,同时减少将来消费 $(1+r)B$,以点 $F$ 表示。将 $D$、$A$、$F$ 三点连接,就可画出现期消费与将来消费的预算约束线 $LM$。这是一条过点 $A$,斜率绝对值为 $1+r$ 的预算线。$1+r$ 表示现在消费1元的机会成本是放弃将来 $(1+r)$ 元的消费。因此,$r$ 越高,表示现期消费的机会成本越高。横轴上的截距 $OM$ 表示将来消费为0,终身收入都用于现期消费;纵轴上的截距 $OL$ 表示现期消费为0,终身收入均用于将来消费。

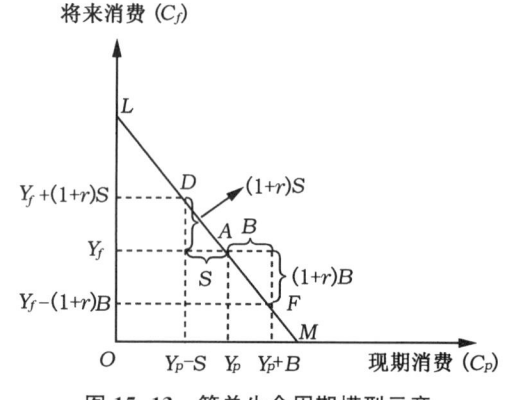

图15-13 简单生命周期模型示意

预算约束线上的每一点都代表了现期消费与将来消费的组合。但对每个家庭来说,究竟选择哪一点,则取决于反映个人两期消费偏好的无差异曲线。若无差异曲线与预算约束线的切点位于 $A$ 点以下,则表示该家庭现期为借款消费者;若切点位于 $A$ 点以上,则表示该家庭现期为储蓄者。

### (二)税收对家庭储蓄的影响

税收不仅仅影响家庭当期收入,包括储蓄报酬,而且影响家庭财产和对将来收入的预期。这里分两种情况讨论税收对家庭储蓄的影响:一是储蓄收益不变,即不对储蓄收益征税的情况;二是对储蓄收益征收比例税的情况。

首先,讨论不对储蓄收益征税、仅对非储蓄收入征税的情况。在两期消费模型中,如果储蓄收益不变,收入来源(如财产、现期收入、预期收入等)中的任何变化,都会使终身收入现值发生变化。根据收入现值必须等于消费现值的条件,终身消费现值也将相应变化,从而使两期消费预算约束线平行移动,如图 15-14 所示。

其次,讨论对储蓄收益征收比例税率的情况下,税收对储蓄的影响。讨论此问题须区分两种情况:一是允许家庭借款所支付的利息从应税所得中扣除;二是不允许扣除。

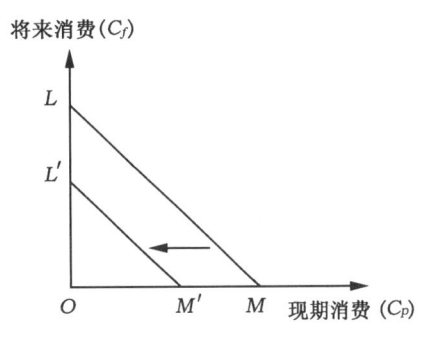

图 15-14 对储蓄收益不征税情况下税收对两期消费的影响

在允许借款利息从应税所得中扣除,并且对储蓄收益征收比例税的情况下,两期消费模型中的预算线变动如图 15-15 所示。图 15-15 中,税前预算线为 $LM$,税后预算线是一条经过 $A$ 点、斜率的绝对值为 $1+(1-t)r$ 的直线 $L'M'$。经过 $A$ 点表示无论是否对利息征税,纳税人总是可能选择既不储蓄,也不借债,从而保证 $A$ 点选择的可得性。斜率的变化表示纳税人的储蓄收益从 $r$ 减为 $(1-t)r$,这说明现期消费 1 元的机会成本从 $1+r$ 降为 $1+(1-t)r$。斜率的变化同时表示纳税人所支付的借款利息也下降为 $(1-t)r$。假设此时某纳税人的两期消费偏好点为 $E_2$,则现期消费为 $C_p^t$,将来消费为 $C_f^t$,储蓄为 $C_p^t Y_p$,小于税前储蓄 $C_p^* Y_p$。这说明对储蓄收益征税使储蓄降低。对储蓄征税并非总是降低储蓄,如果纳税人选择 $E_3$ 点,则其税后储蓄为 $C_p^{t'} Y_p$,大于税前储蓄 $C_p^* Y_p$。出现这一差异的原因在于,对储蓄收益征税同样会产生两种效应:一是替代效应,利息税降低了现期消费的机会成本,改变了现期消费与将来消费的比价,从而使人们增加现期消费,减

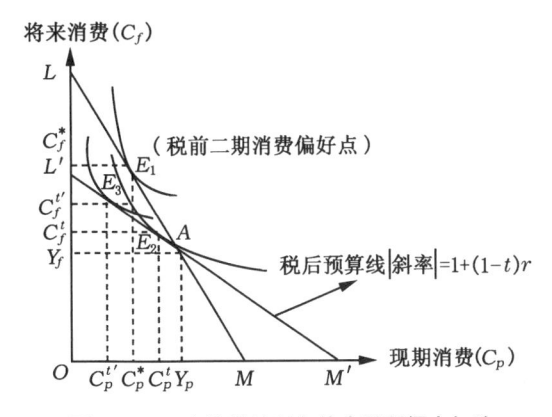

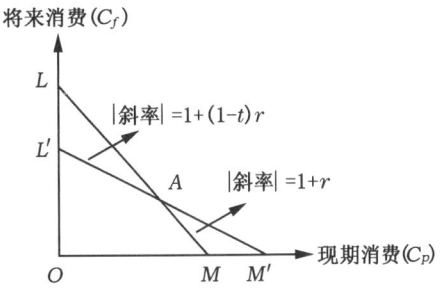

图 15-15 允许借款利息从应税所得中扣除情况下税收对两期消费的影响

少储蓄。二是收入效应,一方面利息税减少了纳税人购买未来消费的能力,为了保证未来的消费水平,不得已减少现期消费来增加储蓄;另一方面,若将现期消费视为正常品(normal goods),则现期消费将随购买能力的下降而减少。

在不允许借款利息从应税所得中扣除,并且对储蓄收益征收比例税率 $t$ 的情况下,二期消费模型中的预算约束线如图 15-16 所示。图 15-16 中,$LAM$ 为税前预算线,税后预算线为 $L'AM$。其中 $L'A$ 段斜率的绝对值为 $1+(1-t)r$,而 $AM$ 段斜率的绝对值仍为 $1+r$。因为不允许借款利息从纳税者的应税所得中扣除,在新预算线上,家庭的储蓄消费决策需分两种情况考虑:如果该纳税人在征利息税前是借款者,那么利息税对他的

图 15-16 不允许借款利息从应税所得中扣除情况下税收对两期消费的影响

两期消费决策无影响;如果该纳税人在征利息税前是储蓄者,由于预算线 AL 段的斜率因征利息税而发生改变,此时利息税会影响他的两期消费决策。但如前所述,该纳税人会增加还是减少储蓄,要视其是以收入效应还是替代效应为主。

### (三) 消费税与所得税对家庭储蓄影响的比较

以上小节分析了征收所得税对家庭储蓄的影响。从中可知,对储蓄收益征税,由于降低了储蓄报酬率,有可能对家庭储蓄产生负向激励效应(在替代效应为主的情况下)。相比之下,消费税因不会降低储蓄报酬率,从而避免了因征所得税①而产生的不利于储蓄的替代效应。

从消费税不会减少储蓄收入的角度讲,消费税比等量的所得税更有助于提高国民储蓄。同时,由于人们普遍存在少纳税的心态,因此,如果政府征收可能在将来取消的暂时性消费税,则可以提高将来消费替代现期消费的比例,从而增加国民储蓄。因此,尽管消费税在收入分配方面具有累退性,有失公平,但人们仍主张采用消费税。在发展中国家,由于急需经济增长所需的投资资金,需要保持较高的国民储蓄率,会广泛地推行消费税。

## 二、税收与企业储蓄

企业储蓄由折旧费与企业税后保留利润两部分组成,税收政策是影响这两部分数量的主要因素。

### (一) 税收对折旧费进而对企业储蓄的影响

企业通过提取折旧费为固定资产更新提供资金,由于从折旧费的提取到机器设备的更新间隔的时间或长或短,因此折旧费就构成了企业储蓄的一部分,而且是企业储蓄的主要组成部分。

企业所得税是在扣除折旧费后课征的,因此并不直接影响固定资产折旧费。但是,折旧的期限与折旧方式却会影响企业纯收益,从而影响企业须缴纳的所得税额。因此,各国税法对折旧期限和折旧方式都有着严格规定。同时,政府也往往采用加速折旧的方式来增加企业储蓄,刺激企业投资。

加速折旧意味着企业现期所得税的减少和储蓄(折旧)的增加。仅就单次固定资产投资而言,加速折旧将导致企业未来的税收上升和储蓄下降,似乎无多大意义。但是,从折旧津贴(depreciation allowance)现值的角度看,快速折旧可增加企业折旧津贴现值,从而增强企业投资能力。此外,从连续投资的角度看,快速折旧可使企业长期享受这种减税政策,从而实现企业储蓄持续增长。现假设一台机器设备购买价格为 1 000 元。若税法规定的折旧期(tax life)为 10 年,则每年提取折旧 100 元。假设所得税率为 33%,则每年可少缴所得税 33 元。这 33 元被称为折旧津贴。如果政府实施加速折旧的政策,允许这台机器的税收生命期为 5 年,则每年提取折旧费 200 元,折旧津贴为 66 元。现将上述两种折旧期的折旧津贴现值进行比较。假设年利率为 10%,10 年折旧期的折旧津贴现值为:

$$\frac{33}{(1+10\%)}+\frac{33}{(1+10\%)^2}+\cdots+\frac{33}{(1+10\%)^{10}}=202.785(元)$$

---

① 包括对储蓄利息的征税。

5年折旧期的折旧津贴现值为：

$$\frac{66}{(1+10\%)}+\frac{66}{(1+10\%)^2}+\cdots+\frac{66}{(1+10\%)^5}=250.206(元)$$

显然在相同条件下，法定折旧期越短，折旧津贴现值越高。折旧津贴现值公式表示为：

$$\psi=\frac{t\cdot D(1)}{1+r}+\frac{t\cdot D(2)}{(1+r)^2}+\cdots+\frac{t\cdot D(T)}{(1+r)^T} \tag{15-2}$$

式中，$\psi$ 表示每1元固定资产购买支出在其法定折旧期内可得到的全部折旧津贴现值（通过折旧可减少的所得税的全部现值）；$t$ 为公司所得税率；$r$ 为年利率；$T$ 为法定折旧期限；$D(1),\cdots,D(T)$ 为在法定折旧期限 $T$ 内当年1元固定资产的法定折旧费。由此可见，$\psi$ 的大小取决于三个因素：所得税率、年折旧率（法定折旧期）、年利率。

### （二）税收对企业保留利润的影响

企业保留利润是指企业税后利润减去支付给股东股息后的利润，是企业储蓄的另一重要组成部分，也是企业扩大投资规模的重要资金来源。从保留利润的形成看，影响其规模的因素主要有两个：一是企业所得税，二是股息支付。在股息支付不变的情况下，企业所得税率越高，企业的保留利润越低，从而抑制企业的投资能力。因此，要促进经济增长，提高产出能力，可以适当降低对企业利润的课税。

## 三、税收与非政府部门的投资

一般而言，投资政策在促进一国资本形成中的作用比储蓄政策更大。虽然储蓄是投资的前提，但在资本可以在国际上自由流动的情况下，优惠的投资政策可在一定程度上弥补本国储蓄能力的不足；反之，不适当的投资政策则可能导致本国的储蓄外流。

### （一）决定非政府部门投资的因素

决定投资的因素有：投资报酬率（或者资本边际收益率）；销售量以及与销售量相关联的产出能力；筹资能力，包括动用内部资金、发行股票债券以及向银行贷款的能力；与上述因素有关的财政税收金融政策。实践中，投资决策是对所有因素综合考虑的结果。但企业在决定是否投资以及所期望的资产存量（desired capital stock）规模时，最基本的决策标准是：现期投资的预期边际资本产出（expected marginal product of capital，简称 $MPK^e$）要与投资所形成的资产预期使用成本（user cost of capital，简称 U）相等。其中，预期边际资本产出是指现期每增加1单位资本的投入，预计将来可获得的收益。资产预期使用成本是指在一段时期内使用1单位资本的预期真实成本，其中包括两项内容：折旧与利息。折旧是指该资产在使用中因损耗而失去的价值；利息是指该笔资金因投资这项资产而损失的利息（无论该笔资金是借贷还是自有）。

现假设购买1单位资产的真实价格 $P_k$ 是100元，经济折旧率 $\delta$ 为10%，银行储蓄真实年利率 $r$ 为8%，则该单位资产1年的使用成本为：

$$U=rP_k+\delta P_k=(r+\delta)P_k=(0.08+0.1)\times 100=18(元)$$

以利润最大化为目标的企业将根据 $MPK^f=U$ 来确定其资产存量规模。

### (二) 税收对非政府部门投资的影响

税收对非政府部门投资的影响主要表现在两方面：预期边际资本收益和使用成本，投资风险。

#### 1. 税收对预期资本边际收益和资本使用成本的影响

对企业收益征税直接降低了资本边际收益，如果资本使用成本不变，即会减少企业所期望的投资规模，如图 15-17 所示。

在图 15-17 中，税收 $t$ 使 $MPK^f$ 线内移至 $(1-t)MPK^f$，从而使企业所期望的资本存量减少。税收使资本边际收益减少，也可以理解为资本使用成本 $U$ 的增加。因为 $(1-t)MPK^f=U$ 也可以表示为：

$$MPK^f = \frac{U}{1-t} = \frac{(r+\delta)P_k}{1-t} \tag{15-3}$$

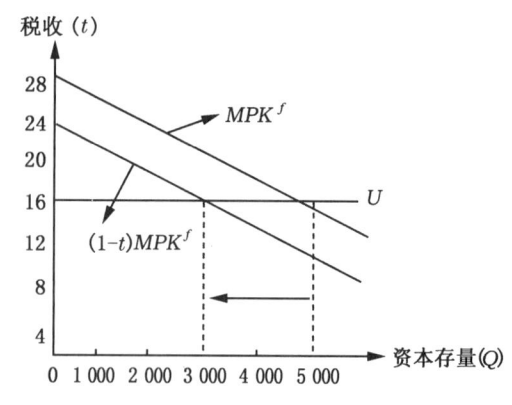

图 15-17　税收对企业资本存量规模的影响

式中，$\frac{U}{1-t}$ 被称为税收调节后的资本使用成本，它表示企业要想从预计的投资中获益，该项投资的税前资本边际收益至少要达到的水平。显然，税率 $t$ 越高，税后资本使用成本越高，所要求的税前资本边际收益越高，因此对投资行为的抑制越大。

实践中，税收对投资的影响比上述情况复杂得多。企业所得税是对企业利润而不是产出征税。对股份制企业而言，除征收企业所得税外，还要对分给股东的股息征收个人所得税。假设企业所得税率以 $t$ 表示，个人所得税边际税率以 $\theta$ 表示，那么对投资者来说，每 1 元资本税收调整后的使用成本为：

$$U = \frac{r+\delta}{(1-t)(1-\theta)} \tag{15-4}$$

各国政府为了鼓励投资，税法中的某些政策，如折旧津贴、投资税收抵免（investment tax credit）等，可以降低资本使用成本。现以 $\varphi$ 表示每 1 元固定资产投资支出所能享受的折旧津贴现值，以 $K$ 表示投资税收抵免，则上述资本使用成本可表示为：

$$U = \frac{(r+\delta)(1-\varphi-K)}{(1-t)(1-\theta)} \tag{15-5}$$

公式(15-5)说明企业所得税、个人所得税使资本使用成本上升，在其他条件不变的情况下，将抑制投资者的投资意愿。折旧津贴与投资税收抵免可降低资本使用成本。其中，若采用加速折旧政策，可使 $\varphi$ 上升，进而降低资本使用成本，起到刺激投资意愿、增大资本存量的效果。

对于公式(15-5)，可以进一步讨论的问题是税收政策对资本使用成本中利率成本的影响。这种影响首先体现在对储蓄报酬征税上，这对使用自有资金进行投资的人而言，其实质是降低了投资的机会成本。其次是在允许贷款利息税前列支的情况下，对使用贷款进行投资的人而言,其实质是降低了贷款人的利息负担。两种情况都使利息成本从 $r$ 降为 $(1-t)r$。①此时完整的税收调节后的资本使用成本为:

$$U = \frac{[(1-t)r+\delta](1-\psi-K)}{(1-t)(1-\theta)} \tag{15-6}$$

总之,凡是有助于降低资本使用成本的税收政策都可刺激投资。实践中,政府通常采用的刺激投资的税收政策有所得税减免、加速折旧、投资抵免等。此外,政府也可以通过财政补贴来降低资本使用成本,鼓励非政府部门向国民经济发展中亟须突破的项目投资。例如,通过财政贴息减少企业的贷款利息支出,从而降低资本使用成本。

2. 税收对投资风险的影响

投资决策常常面临对各种投资风险的选择。对风险规避者而言,承担风险必定要有足够补偿。只有当预期的风险投资收益超过无风险的投资(如政府债券),并足以补偿对风险的承担时,人们才会从事高风险的投资。这种补偿被称为风险溢价(risk premium),也可以被看作对风险承担的机会成本的支付。对投资利润征税可通过减少投资回报率来影响风险资产投资。因为税收不仅降低了正常的投资回报率,而且使风险溢价水平下降。因此,税收不仅影响投资总量,而且可能改变项目的风险结构。具体而言,税收对风险投资的影响取决于税收对企业亏损的两种不同处理方式:

(1) 不允许亏损弥补或允许不完全亏损弥补的所得税对投资风险的影响。如果政府在企业盈利时征收所得税,但在企业亏损时不允许或仅部分允许亏损进行所得弥补,就意味着政府只分享投资收益,而不承担投资亏损的风险,或仅承担部分亏损的风险。这种税收对投资亏损的处理方式增加了投资的相对风险,因此不利于风险投资,尤其不利于投资者对高风险项目的投资。

(2) 允许亏损全部弥补的所得税对投资风险的影响。如果政府在企业盈利时征收所得税,在企业亏损时允许用利润弥补(向前追溯或向后推延),说明政府既分享投资收益,也承担投资亏损的风险。在采用比例税率的情况下,企业的投资收益与投资风险同比例减少。这种税收对投资亏损的处理方式对投资者在安全投资与风险投资之间抉择的影响是中性的,与第一种方式相比,更具有鼓励风险投资的作用。

## 本章小结

除了总额税只产生收入效应外,一般税收都会同时产生收入效应和替代效应,从而影响纳税人的福利水平。当政府征税影响相对价格,导致纳税人改变原有经济决策,此时税收产生了替代效应。替代效应使个人因税收而导致的福利损失大于政府收到的税额,两者之差即为税收的超额负担。总额税由于不存在替代效应,因此不会产生超额负担。税收超额负担可通过只反映替代效应的补偿需求曲线计算哈伯格三角形面积获得。

要减少超额负担,提高税收效率,需要尽可能采用不影响相对价格的中性税收。但是,

---

① $t$ 在不同情况下具有不同含义:如果投资者用自有资金投资,$t$ 表示对储蓄报酬的税率;如果投资者以企业名义借款投资,则 $t$ 表示企业所得税税率。

由于不可能对休闲征税,真正意义上的中性税收并不存在,可行的目标是以尽可能少的超额负担来获得既定的财政收入。根据哈伯格三角形面积的计算公式,影响超额负担的因素主要是税率和需求曲线的斜率,最优税制应尽可能避免对单一商品征收高税率,并且对需求弹性小的商品征收更高的税率。

税收对劳动供给的影响主要取决于税收对个人劳动决策的影响是以替代效应为主,还是以收入效应为主。对以替代效应为主的劳动者而言,由于征税后休闲的机会成本下降,故税收使个人少工作多休闲;对以收入效应为主的人而言,由于税收减少了其购买休闲的能力,因此会选择多工作少休闲。此外,还须注意平均税率与边际税率对劳动供给的不同影响。

税收主要通过影响利息水平来影响个人储蓄。个人对利息税的反应也取决于个人是以替代效应为主,还是以收入效应为主。对以替代效应为主的人而言,由于利息税减少了现期消费的机会成本,因此税收使他们多消费少储蓄;对以收入效应为主的人而言,税收减少了他们未来消费的购买力,为了保证未来的消费水平,不得不少消费而更多地储蓄。

政府可以通过加速折旧的政策和降低所得税率等办法来增加企业储蓄和投资。

## 习 题

### 一、名词解释

税收超额负担　　收入效应　　总额税　　替代效应　　中性税收　　补偿需求曲线
哈伯格三角形

### 二、思考题

1. 税收超额负担是如何产生的?
2. 税收超额负担的大小由哪些因素决定?怎样设计税制有助于减少税收的超额负担?
3. 税收对劳动供给会产生怎样的影响?什么样的税收政策有助于增加劳动供给?
4. 税收会怎样影响个人储蓄行为?
5. 政府应如何通过税收政策来鼓励个人与企业的投资行为?

# 第十六章 流转税

## 全章提要

- 第一节 增值税
- 第二节 消费税
- 第三节 关税

本章小结

习题

流转税是指以纳税人商品生产、流通环节的流转额或者数量以及非商品交易的营业额为征税对象的一类税收。由于流转税与商品和劳务的交易有关，通常又被称为商品劳务税、货劳税或商品税。由于其税负易转嫁，又被称为间接税。流转税是商品生产和商品交换的产物，已经有了几千年的历史。世界各国开征的各种流转税（如增值税、消费税、营业税、关税等）是政府财政收入的重要来源。

思政案例

《中华人民共和国关税法》立法

流转税的主要特点如下：

第一，以商品的生产、交换和商业性劳务的提供为征税前提，征税范围非常广泛，既包括第一产业和第二产业的产品销售收入，也包括第三产业的营业收入；既对国内商品征税，也对进出口商品征税，税源充足，可以保证国家取得足额的财政收入。

第二，以商品、劳务的销售额和营业收入作为计税依据，只要有业务发生就产生了相应的纳税义务，一般不受生产经营的成本费用变化的影响，确保国家能够及时、稳定地取得财政收入。

第三，流转税在计算征收上相对较为简便易行，对纳税人的会计水平和政府的征管水平要求不高，征纳成本相对较低，容易为纳税人所接受。

第四，便于体现国家的产业政策和消费政策。政府可以通过对流转税的税率进行总量和结构上的调整，来影响宏观税负和产业结构，充分体现了税收的经济杠杆作用。

第五，流转税具有转嫁性和税负的隐蔽性。纳税人容易通过抬高售价或压低进价将税负转嫁出去。在实行价外税的情况下，税负被名正言顺地转嫁给消费者。而在大部分情况下，流转税是价内税，消费者并没有明确地感觉到税收负担，因此其税负的隐蔽性使得流转税受到的阻力较小。这也是流转税受到各国政府青睐的重要原因。

第六，流转税是对物税。与所得税、财产税等对人税相比，就消费者而言，流转税具有相对中性，因为其税收制度的设计不考虑纳税人的能力因素，一视同仁地征收。当然，流转税也可以通过税率结构上的差异来体现对经济的校正性，如对奢侈品征收额外的消费税等。然而，就其税收负担而言，流转税又具有相对的累退性。因为个人的边际消费倾向是递减的，即随着收入的增长，消费支出占收入的比重下降，消费支出所负担的流转税额占收入的比重也相应下降。

新中国成立以来，流转税在我国税制结构中一直处于主导地位，是政府税收收入、财政收入的主要来源。现行税制中的增值税、消费税和关税是我国流转税的主体税种。

## 第一节 增 值 税

### 一、增值税的概念、类型、功能

#### （一）增值税的概念

增值税（value added tax）是对商品生产、销售或提供劳务过程中实现的增值额征收的一种流转税。增值税的概念,最早是由美国耶鲁大学的亚当斯(T. Adams)在1917年发表的《营业税》一文中提出来的,那时还称营业毛利税。亚当斯认为,营业毛利从会计上看,就是工资、租金、利息和利润的总和,正好是计算国民所得时价值增加的那一部分。1921年,亚当斯又提出企业购买商品时已经付出的税收从应纳的销项税额中扣除的简便计算方法。同一年,德国的西蒙士(C. F. V. Siemens)在其所著的《改进的周转税》中正式提出增值税的名词,并详细叙述了税制的内容,但都未受到重视。增值税成功的实践活动始于法国。与其他国家一样,法国原先实行的是多环节全值流转税即周转税。为了避免对中间产品的重复征税,1948年,法国把产制环节的商品税改为增值税。1954年法国又将增值税推广到批发环节,并正式使用"增值税"这一名称,1968年进一步扩展到零售环节。

增值税真正得到理论界和各国政府的重视是在20世纪60年代初。鉴于法国增值税的成功推行,当时的欧洲经济共同体财政和金融委员会在1962年建议所有的成员国都采用增值税,并采取一定的措施进行规范。亚洲和非洲一些国家以及东欧和独联体国家在八九十年代也先后引进了增值税。截至1998年,世界上实行增值税的国家和地区已有一百多个。

我国从1979年起,先后在湖北襄樊、上海、广西柳州、湖南长沙和株洲、山东青岛、辽宁沈阳等地实行增值税试点。1993年12月13日国务院正式发布《中华人民共和国增值税暂行条例》并于1994年1月1日起施行。为进一步完善税制,2008年11月10日国务院修订并公布《中华人民共和国增值税暂行条例》,于2009年1月1日起施行。2008年12月15日,财政部、国家税务总局制定发布《中华人民共和国增值税暂行条例实施细则》。2011年11月16日,财政部、国家税务总局发布《财政部、国家税务总局关于印发〈营业税改征增值税试点方案〉的通知》,宣布自2012年1月1日起,在上海开展交通运输业和部分现代服务业的营改增试点工作,此后,营改增试点的范围扩展至其他八个省份。2013年5月24日,财政部、国家税务总局联合印发了《财政部 国家税务总局关于在全国开展交通运输业和部分现代服务业营业税改征增值税试点税收政策的通知》,明确从2013年8月1日起在全国范围内开展交通运输业和部分现代服务业营业税改征增值税试点的相关税收政策。此后,自2014年1月1日起,在全国范围内开展铁路运输和邮政业营改增试点。自2014年6月1日起又将电信业纳入营改增的范围。2016年3月23日,《财政部、国家税务总局关于全面推开营业税改征增值税试点的通知》(财税〔2016〕36号)宣告,自2016年5月1日起,在全国范围内全面推开营业税改征增值税(以下简称"营改增")试点,建筑业、房地产业、金融业、生活服务业等全部营业税纳税人纳入试点范围,由缴纳营业税改为缴纳增值税。2017年11月19日国务院发布废止《中华人民共和国营业税暂行条例》以及修改《中华人民共和国增值税暂行条例》的决定,营业税退出历史舞台,增值税成为我国目前收入最大宗的税种。

对增值税概念的理解主要是对增值额含义的把握。增值额可以从以下三个方面进行理解:

(1) 从理论上讲,增值额是企业生产经营过程中劳动者新创造的价值,即商品价值$C+V+M$扣除生产资料转移价值$C$之后的余额$V+M$。也就是说,增值额的内容应该包括工资、利息、租金、利润。在我国,这部分价值相当于净产值或国民收入。所以,以增值额为课税对象的增值税是一种介于全值流转税(以$C+V+M$为征税范围)与所得税(以$M$为征税对象)之间的一种税。

(2) 从一个生产经营单位来看,增值额就是该单位的商品销售收入或劳务收入扣除外购商品额后的余额。在实践中,扣除的外购商品额视各国经济条件和政策因素而各不相同,区别主要集中在外购的固定资产的扣除,所以各国的法定增值额也不相同。

(3) 从商品生产流通的全过程来看,一个商品经历的生产和流通各经营环节所创造的增值额之和,相当于该商品的最终销售额。

举例说明,假设一件服装的最终销售价为1 000元,其在最终消费前经过了5个生产经营环节,各个环节的增值额与销售额如表16-1所示。

表16-1 服装生产各环节的销售额与增值额

| 生产经营环节 | 销售额 | 外购商品价值 | 增值额 |
| --- | --- | --- | --- |
| 棉花 | 100 | 0 | 100 |
| 布 | 200 | 100 | 100 |
| 服装 | 500 | 200 | 300 |
| 批发 | 700 | 500 | 200 |
| 零售 | 1 000 | 700 | 300 |

可见,5个环节增值额之和正好与其最终销售额一致,即:
100+100+300+200+300=1 000(元)

**(二) 增值税的类型**

正如前文所述,各国在实行增值税时外购扣除项目各有不同,主要表现在固定资产价值的扣除上。所以,按照各国增值税制对固定资产的不同处理办法,可以将增值税划分为生产型增值税、收入型增值税、消费型增值税。

1. 生产型增值税

生产型增值税又称毛所得型增值税或GNP型增值税,是指对购进固定资产价值不允许作任何扣除,其折旧作为增值额的一部分据以课税。也就是说,其税基即增值额等于商品或劳务的销售收入,减去用于生产的中间性产品与劳务的支出(不包括厂房、机器、设备等固定资产的折旧额)。用公式表示:

$$增值额=销售收入总额-外购中间产品及劳务支出$$
$$=折旧+工资、薪金+租金+利息+利润$$

从全社会来看,其税基与国民生产总值GNP一致,因而称为生产型增值税或GNP型增值税。由于固定资产没有扣除,仍然存在一定程度的重复征税,因而又被称为是一种不彻底的或不完全的增值税类型。

2. 收入型增值税

收入型增值税又称净所得型增值税,是指对购进固定资产价款,只允许抵扣当期应计入产品成本的折旧部分。其税基即增值额等于商品或劳务的销售收入,减去用于生产的中间性产品和劳务的支出以及厂房和机器设备等固定资产的折旧额。用公式表示:

$$增值额=销售收入总额-外购中间性产品和劳务支出-固定资产折旧$$
$$=工资、薪金+租金+利息+利润$$

从全社会看,其税基相当于国民净产值 NNP 或国民收入 NI,因而称为收入型增值税。此类增值税税基与前面讨论的理论上的增值额概念相一致,是严格意义上的增值税。

3. 消费型增值税

消费型增值税是指对当期购进用于生产应税产品的固定资产,允许从当期增值额中一次扣除。其税基即增值额等于商品或劳务的销售收入,减去用于生产的中间产品和劳务支出以及同期购入的固定资产价值。用公式表示:

增值额 = 销售收入总额 − 外购中间性产品和劳务支出 − 同期购入的固定资产价值

从全社会来看,其税基仅限于消费资料价值,而固定资产价值则不在课税之列,所以此类增值税称为消费型增值税。由于增值额从商品生产流通全过程来看,一个商品所有环节增值额之和等于其最终销售价即零售价,所以从整体看,此类增值税的税基等同于零售环节的全值流转税税基。因而,它的效应在一定程度上等同于零售环节全值流转税的效应。大多数国家都实行此类增值税。我国从 2009 年 1 月 1 日起,也由生产型增值税转变为消费型增值税。

### (三) 增值税的计税方法

增值税是以增值额为课税对象,而增值额可以从两个角度计算:一是加法,另一是减法。

加法公式:

$$增值额 = 工资、薪金 + 租金 + 利息 + 利润 + 其他增值项目$$

减法公式:

$$增值额 = 销售收入总额 − 法定外购扣除项目$$

从理论上看,增值税以上述增值额的计算方法为基础有四种计税方法:

(1) 直接相加法。又称税基列举法。用公式表示:

$$应纳增值税额 = (工资、薪金 + 租金 + 利息 + 利润 + 其他增值项目) \times 税率$$

(2) 间接相加法。此法不直接计算增值额,只对构成增值额的各个部分的应税额进行计算。用公式表示:

$$应纳增值税额 = 工资、薪金 \times 税率 + 租金 \times 税率 + 利息 \times 税率 + 利润 \times 税率 + 其他增值项目 \times 税率$$

(3) 直接减除法。又称税基相减法或扣额法。用公式表示:

$$应纳增值税额 = (本期销售收入总额 − 法定的外购扣除项目) \times 税率$$

(4) 间接减除法。又称税额扣除法或扣税法、发票扣税法。用公式表示:

$$应纳增值税额 = 本期销售收入总额 \times 税率 − 法定的外购扣除项目 \times 税率$$

或

$$应纳增值税额 = 销项税额 − 进项税额$$

第一、第三种方法又称会计法,因为它们需要以会计记账为基础。第四种方法是唯一实用的方法。因为扣税法能通过发票对每笔交易额的税额分别进行计算,从而得到正确的销

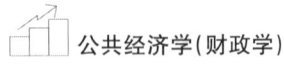

项税额和进项税额。使用扣税法,税额可以按周、按月、按季或按年计算,这是一种能最及时计算应纳增值税额并允许增值税使用多档税率的方法。另三种方法在确定增值额时非常复杂,缺乏统一可执行的明确的操作标准,极易造成增值额确定的不一致和人为的随意性。而且在实行第一、第三种方法时,只能采用单一税率。我国目前实行的是第四种方法。

### (四) 增值税的特点

增值税与其他税种比较,具有以下四个特点:

1. 税不重征

即实行"税额扣除原则"。如前所述,增值额对纳税人来说是其销售收入额中属于本企业创造的、没有征税的那部分销售额,而总体销售额中由其他企业转移过来的、已征过税的那部分销售额则不再课税。

2. 普遍征收

增值税对一切有经营行为,并取得经营收入的单位和个人实行普遍征税的原则,即只要单位和个人的经营收入中有增值因素都必须依法纳税。增值税具有普遍性。

3. 道道课税

一个商品在生产经营中不论经过多少环节,每个环节都要按增值额征税,具有连续性,即实行"多环节课征原则"。

4. 税负具有向前转嫁性

对增值税纳税人来讲,已付的增值税并不构成成本价格的组成部分,增值税额随着商品转移转嫁给买方;只有当税负推移至最终销售环节时,消费者便成为增值税的最终归宿。

5. 实行价外税制度

在计税时,作为计税依据的销售额中不包含增值税税额,这样有利于形成均衡的生产价格,并有利于税负转嫁的实现。这是增值税与传统的以全部流转额为计税依据的流转税或商品课税的一个重要区别。

### (五) 增值税的功能

(1) 从组织财政收入看,增值税具有以下几方面的功能:

第一,具有组织财政收入的普遍性、及时性和稳定性的功能。由于增值税具有普遍征收和道道课税的特点,所以增值税有着充足的税源和为数众多的纳税人,保证了财政收入的普遍性。

增值税税额虽然全部由最终的消费者承担,但该税款却是由各环节的生产经营者逐次缴纳的。也就是说,当商品还没有到达零售环节卖给最终消费者的时候,除最后环节的税款外,以前环节的税款都已缴纳。这种道道课税的特点,使增值税在保证财政收入上具有了及时性。

增值税以增值额为课税对象,只要增值额保持不变,政府来自这一税源的财政收入可以不受企业经营成本、费用,商品或劳务的具体流通环节和生产组织方式变化的影响,保证了财政收入的稳定性。

第二,有较好的收入弹性。具有弹性特点的税收,可以为组织收入提供很大的潜力。从总体上说,增值税的课税对象是国民收入或国民生产总值,这就说明,增值税的税率一经确定,就相应地确定了增值税的收入规模与国民收入的比例。国民收入增加,增值税的收入规模也就扩大;反之则反是。增值税的这种良好的收入弹性,在国民收入增长时,能为政府取得更多的财政收入;在国民收入下降时,有利于经济的恢复和发展。

第三,避免税收收入流失,保证财政收入的真实性。一方面,增值税实行税额扣除原则,自发地建立起一种独立的减免税机制,使纳税人从减免税待遇中无法获得人为扩大获利性的可能。增值税不仅较好地避免了对税收减免的失控,而且减轻了纳税人避税行为造成的政府财政收入的损失。另一方面,由于增值税采取了发票注明税款和凭发票注明税款进行扣税的税款抵扣制度,使纳税人之间建立了相互制约的机制:如果卖方不注明或少注明税款,买方就不能得到抵扣或不能充分抵扣税款,那就要负担上一环节未缴或少缴的税款。这样,买方必须要求卖方如实注明税款,有利于控制逃漏税,保证财政收入的实现。

(2) 从税收的中性原则看,增值税在某种程度上体现了这一原则,将对资源配置的扭曲作用降到最低限度。

首先,传统多环节全值流转税由于其税基是全值流转额,会产生流转环节越多,整体税负越重,流转环节越少,整体税负越轻的不合理现象。从而会强烈地促使企业实行垂直方向的联合,易于形成"大而全,小而全"的企业组织形式,不利于规模经济的实现。而增值税按增值额课税,一件商品无论是专业化生产,还是全能生产,其总增值额不变,这样按不变的总增值额计算的增值税税额也就不变了。企业或产品就不会因企业生产组织方式不同而造成税负不同,从而不会干扰企业对生产组织方式的选择。

其次,相对于其他税种而言,增值税税率结构简化,税率趋于单一,即对不同类型的商品、劳务所使用的税率基本一致,因而不会对生产者的生产决策造成过多影响,有利于企业按照市场经济的要求进行最佳的资源配置。也就是说,如果在课税前所有的厂商都能按市场供求关系达到最优生产要素组合,即达到了"帕累托最优",这时课征税率相同的增值税等于对所有生产要素等比例增加了相同的税负,这不会改变厂商的有效生产要素构成格局。

上述增值税两个功能都是从效率角度分析的。

(3) 从公平方面看,增值税具有如下功能:

第一,增值税的课税范围扩展到所有行业或部门的厂商,并不存在重复课征,能使绝大部分厂商处在同一起跑线上,有助于实行公平竞争,促进公平原则的实现。即使在商品进出口贸易中,通过增值税的实施,也可以使进出口商品在国际国内市场中与其他商品公平税负、公平竞争。一般国家对出口货物普遍实行退税政策,使出口货物以不含税价格进入国际市场。在这种政策下,实行多环节销售税,会存在重复征税,并难以计算重复征税的金额,因此无法真正做到使出口货物以不含税价格进入国际市场。这样,在实际工作中就不可避免地存在两个问题:一是退税不足,影响货物在国际市场的竞争力;二是退税过多,使出口货物不仅不负担税收,反而从国家取得了补贴。实行增值税则可以避免上述问题,因为货物的出口价格就是其全部增值额,用出口价格乘以增值税税率,即可求出出口货物应退税额。这样,出口货物便以不含税价格进入国际市场,与国外商品公平竞争。对进口货物来说,实行多环节全值流转税,往往会使国内制造的产品处于被歧视的地位。因为它在本国范围内经过的流转环节较多,税负较重。而进口货物只在进口环节按进口货物总值征一次税,使进口货物的税负轻于国内同类货物的税负。实行增值税后,排除了国内货物重复征税因素,而进口货物的增值税也是按进口货物总值(即全部增值额)征收,从而使进口货物和国内同类货物承担相同税负。

第二,增值税较能体现量能负担的原则,与全值流转税相比,增值额比全值流转额更能体现纳税人的税收负担能力。但增值税仍有累退性之嫌。因为增值税最终是由消费者承担,按照凯恩斯边际消费倾向递减理论,消费在消费者收入中具有累退性,对消费征税的增值税同样具有累退性。为了减少增值税的累退性,各国在实施增值税时,对某些基本生活必需品免税或实行零税率;对某些特殊消费品,还辅之以消费税;对某些商品甚至采取财政返还或补贴方式。同时,可以实行多档税率以减轻增值税的累退性。

## 二、中国的增值税制

增值税是对在我国境内销售货物或提供加工、修理修配劳务,以及进口货物的单位和个人就其实现的增值额征收的一种流转税。其征税对象为生产、流通各环节的新增价值或商品附加值。1993年12月13日,国务院发布了《中华人民共和国增值税暂行条例》,12月25日,财政部下发了《中华人民共和国增值税暂行条例实施细则》,于1994年1月1日起施行。2008年,国务院、财政部和国家税务总局修订了条例和细则,于2009年1月1日起施行。2012年起在上海进行营改增试点,2013年8月,营改增推广至全国。2016年5月1日,营改增试点全面推开,所有原来征收营业税的行业,都改为征收增值税。2017年11月19日,国务院发布废止《中华人民共和国营业税暂行条例》以及修改《中华人民共和国增值税暂行条例》的决定,营业税退出历史舞台,我国逐步建成了以增值税为核心的流转税体系。

实行增值税的优点:第一,有利于贯彻公平税负原则;第二,有利于生产经营结构的合理化;第三,有利于扩大国际贸易往来;第四,有利于国家普遍、及时、稳定地取得财政收入。

### (一) 增值税的征收范围

在中华人民共和国境内销售货物或加工、修理修配劳务,销售服务、无形资产、不动产以及进口货物的单位和个人,为增值税的纳税人,应当依法缴纳增值税。这样,所有商品、服务的生产、提供、批发零售和进口都纳入了增值税的征税范围,所以增值税是多环节课征。

《中华人民共和国增值税暂行条例》第三条规定:"纳税人兼营不同税率的项目,应当分别核算不同税率项目的销售额;未分别核算销售额的,从高适用税率。"《营业税改征增值税试点实施办法》(财税〔2016〕36号附件1)第四十条规定:"一项销售行为如果既涉及服务又涉及货物,为混合销售。从事货物的生产、批发或者零售的单位和个体工商户的混合销售行为,按照销售货物缴纳增值税;其他单位和个体工商户的混合销售行为,按照销售服务缴纳增值税。"

### (二) 增值税的纳税人

在中华人民共和国境内销售货物、劳务、服务、无形资产或者不动产的单位和个人为增值税的纳税人。纳税人又分为一般纳税人和小规模纳税人。

1. 一般纳税人

一般纳税人是指年应税销售额超过财政部和国家税务总局规定的小规模纳税人标准的企业和企业性单位。

2. 小规模纳税人

小规模纳税人是指年销售额在规定标准以下,并且会计核算不健全,不能按规定报送有关税务资料的增值税纳税人。小规模纳税人的具体认定标准为年销售额500万元及以下,其中年销售额是指纳税人在连续12个月或者连续4个季度的经营期内累计应征增值税销售额。

年应税销售额超过小规模纳税人标准的其他个人按照小规模纳税人纳税。非企业性单位和不经常发生增值税应税行为的企业和个体工商户,可选择按照小规模纳税人纳税。

### (三) 增值税的税率

现行增值税的税率是13%,另设了一档低税率,为9%,列入低税率的产品主要是农业生产资料、矿产品以及关系到人民生活的必需品。这样既体现了对特殊产品在税赋上的照顾,又不影响增值税从整体上体现公平税赋的原则。纳入营改增范围的交通运输业、邮政、基础电信、建筑、不动产租赁服务、销售不动产、转让土地使用权的,适用9%的税率,有形动产租赁适用13%的税率。而现代服务(除租赁服务)、增值电信服务、金融服务、生活服务、销售无形资产适用6%的税率。目前,增值税税率档次过多,损害了增值税的中性性质,这一问题已引起学术界的广泛讨论,要求简并增值税税率的呼声渐趋主流。

增值税也规定了零税率。为了保证财政收入,零税款的适用范围只限于出口货物、境内单位和个人发生的跨境应税行为。但国务院另有规定的除外。

### (四) 增值税的计税价格

增值税实行价外计算办法,即计税价为不含税价格。

增值税在生产和批发环节实行以不含税价计税方式,即税款不是商品价格的组成部分,而是价格之外按照不含税价另行收取,并在发票上分别注明价格和税金,可见增值税是价外税。但在零售环节出售商品和对消费者提供劳务时,不再分别注明价格和税金,这既符合我国群众的消费心理,又由于是最后环节,不会因为价税合并影响税款再抵扣;并且对销售者来说,税金仍是价外税,记账或计税时其销售额仍为不含税价:

$$不含税价 = 含税价 \div (1 + 税率)$$

### (五) 增值税应纳税额的计算

增值税计算的一般公式为:

$$应纳税额 = 当期销项税额 - 当期进项税额$$

1. 销项税额

所谓销项税额,是指按销售额和规定的税率计算并向购买方收取的增值税额。销项税额的计算公式为:

$$销项税额 = 销售额 \times 税率$$

式中,销售额为纳税人销售货物或提供应税劳务从购买方所收取的全部价款,包括收取的一切价外费用,不包括销项税额。单位或个人经营者的下列行为视同销售货物,按规定缴纳增值税:将货物交付他人代销;销售代销货物;设有两个以上机构并实行统一核算的纳税人,将货物从一个机构移送其他机构用于销售,但相关机构设在同一县(市)除外;将自产或委托加工的货物用于非应税项目;将自产、委托加工或购买的货物作为投资提供给其他单位或个体经营者;将自产、委托加工或购买的货物分配给股东或投资者;将自产、委托加工的货物用于集体福利或个人消费;将自产、委托加工或购买的货物无偿赠送他人。此外,向其他单位或者个人无偿提供服务、无偿转让无形资产或者不动产,视同销售服务、无形资产或者不动产,计征增值税,但以公益活动为目的或者以社会公众为对象的除外。

2. 进项税额

所谓进项税额,是指当期购进货物、服务、无形资产或者不动产,支付或者负担的增值税额。根据增值税条例的规定,准予从销项税额中抵扣的进项税额,限于法定增值税扣税凭证上注明的增值税额。法定的增值税扣税凭证为:纳税人购进货物或者接受应税劳务,从销售方取得的增值税专用发票上注明的增值税额;进口货物,从海关取得的完税凭证上注明的增值税额。另外,纳税人购进农产品允许按照农产品收购发票或者销售发票上注明的农产品买价和9%的扣除率抵扣进项税额;其中,购进用于生产或委托加工13%税率货物的农产品,按照农产品收购发票或者销售发票上注明的农产品买价和10%的扣除率抵扣进项税额;接受境外单位或者个人提供的应税服务,从税务机关或者境内代理人取得的解缴税款的中华人民共和国税收缴款凭证上注明的增值税额。

对于纳税人购进货物或应税劳务,未按照规定取得并保存增值税扣税凭证,或者增值税扣税凭证上未按照规定注明增值税额及其他有关事项的,其进项税额不得从销项税额中抵扣。另外,下列项目的进项税额也不得从销项税额中抵扣:用于非应税项目的购进货物或者应税劳务;用于免税项目的购进货物或者应税劳务;用于集体福利或者个人消费的购进货物或者应税劳务;非正常损失的购进货物;非正常损失的在产品、产成品耗用的购进货物、应税劳务或者交通运输服务;专用于非增值税应税项目的固定资产;购进的贷款服务、餐饮服务、居民日常服务和娱乐服务。此外,小规模纳税人不得抵扣进项税额;纳税人进口货物纳税时,也不得抵扣任何税额。

3. 增值税应纳税额的计算

一般纳税人应纳增值税额计算公式为:

$$一般纳税人应纳税额 = 当期销项税额 - 当期进项税额$$

如果当期销项税额小于进项税额,其不足抵扣的部分可以结转到下期继续抵扣。

小规模纳税人应纳增值税额计算公式为:

$$小规模纳税人应纳税额 = 销售额 \times 征收率$$

$$销售额 = 含税销售额 \div (1 + 征收率)$$

小规模纳税人实行简易办法计算增值税,不再采取税款抵扣制度,即如上面公式所列,按销售额和规定的"征收率"直接计算增值税。小规模纳税人销售货物或者提供应税劳务的征收率为3%,财政部和国家税务总局另有规定的除外。

进口的应税货物在进口前没有在我国履行增值税的纳税义务,不存在已税因素扣除的问题。因此,对进口的应税货物均按照组成计税价格和规定的增值税率计算应纳税额,不得抵扣任何税额。计算公式为:

$$进口货物的应纳税额 = 组成计税价格 \times 税率$$

$$组成计税价格 = 关税完税价格 + 关税 + 消费税$$

### (六)增值税的纳税申报及纳税地点

增值税纳税申报时间与主管国税机关核定的纳税期限是相联系的。以1个月或者1个季度为一个纳税期的纳税人,自期满之日起 15 日内申报纳税;以 1 日、3 日、5 日、10 日或 15 日为一个纳税期的纳税人,自期满之日起 5 日内预缴税款,次月 1~15 日申报并结清上月应纳税款。增值税固定业户向机构所在地税务机关申报纳税,增值税非固定业户向销售地税务机关申报纳税,进口货物应当由进口人或其代理人向报关地海关申报纳税。不能按照固定期限纳税的,可以按次纳税。

### (七) 增值税的优惠政策

以下增值税应税项目实行免税政策:
(1) 农业生产者销售的自产初级农业产品;
(2) 避孕药品和用具;
(3) 古旧图书;
(4) 直接用于科学研究、科学试验和教学的进口仪器、设备;
(5) 外国政府、国际组织无偿援助的进口物资、设备;
(6) 由残疾人组织直接进口供残疾人专用的物品;
(7) 销售的自己使用过的物品;
(8) 殡葬服务。

### (八) 增值税的起征点

增值税起征点的适用范围只限于个人。"个人"是指个体经营者及其他个人。个人提供应税服务的销售额未达到增值税起征点的,免征增值税;达到起征点的,全额计算缴纳增值税。增值税起征点不适用于认定为一般纳税人的个体工商户。

增值税起征点幅度如下:
(1) 按期纳税的,为月销售额 5 000~20 000 元(含本数)。
(2) 按次纳税的,为每次(日)销售额 300~500 元(含本数)。

另外,对月销售额 10 万元以下(含本数)的增值税小规模纳税人,免征增值税。

## 三、增值税有关问题的探讨

### (一) 增值税的税率

增值税的税率又可以从税率结构与税率水平两个方面进行分析。

1. 增值税税率结构

增值税税率从结构上看,有单一税率和多档税率。从效率上讲,单一税率能够充分体现增值税税收的中性原则,有利于提高资源配置效率。一方面,实行单一税率意味着任何商品和劳务的销售与进口都按同一税率征税,能排除税收歧视,从而不影响或较少影响生产经营者和消费者的自由决策,保证社会资源按市场机制的要求合理配置。另一方面,实行单一税率,任何商品和劳务的税负不会因流转环节的不同而不同,商品流转各环节税负之和与该商品最终实现消费时的整体税负相等,不会影响企业对生产经营组织方式的选择。另外,实行单一税率,便于实行销项税额减进项税额的税款抵扣计税方法,而且各环节之间税额的抵扣比较严密和彻底,有利于降低税收的征纳成本及减少因逃避税收所造成的税收流失。而多档税率没有上述优点。

但从公平上讲,实行多档税率比单一税率更加公平,可以减轻增值税的累退性。在实行多档税率时,政府对奢侈品和有害社会公益的商品和劳务课征高税率,对关系到国计民生的商品和劳务课征低税率,从而增加富人的税负,减轻穷人的税负。另外,实行零税率即对出口商品退税,可以使本国商品与国际市场上的不含税商品公平竞争。

我国现行增值税实施13%、9%和6%的三档税率结构,小规模纳税人适用3%或5%的征收率。目前,税率档次过多,造成征纳成本较高,有必要通过简并税率来提高征管效率。

2. 增值税税率水平

欧盟各国的增值税税率不同,最低为16%,最高为27%;亚洲国家一般为10%以下。经过近年来的几轮调整,我国增值税的基本税率由17%调整为13%,名义税率有明显下降。

我国增值税的有效税率也有所降低,2021年及2022年我国国内增值税收入分别占GDP的约5.5%和4%,较2018年的约6.8%有明显下降。较高的增值税率抑制了消费需求,不利于国民经济的协调发展和长期可持续发展。因此,降低税率成为我国近年来增值税改革中极为重要的一个环节,也是结构性减税政策中力度最大的措施之一。

降低增值税率不仅有利于刺激消费,还有其他优点。首先,它能弥补利率政策的潜在不足。提高利率可以抑制投资,而且对利率弹性较低的群体(低收入阶层)来说,提高利率增加了存款的利息收入,促进消费。但它可能在一定程度上抑制了利率弹性较高群体(高收入阶层)的消费需求。其次,由于增值税的相对累退性,使得低收入阶层的增值税负担高于高收入阶层,因而降低增值税税率有助于缓和收入差距的问题。最后,短期内有助于降低物价水平,抑制通货膨胀。从长期看,有利于缩小投资和消费增长的不平衡。降低增值税率虽然可能造成财政收入的减少,但是与此同时,政府可以考虑开征物业税和房地产交易利得税,既可抑制投资,又能增加税收收入;而且税率的降低将刺激消费,扩大税基。此外,低税率有利于减少逃税、避税行为。

### (二) 增值税的征管

不科学的征管制度,在效率上一方面会使财政收入流失,另一方面又会加大征纳成本;在公平上会人为地造成各纳税人的不公平。我国增值税在征管方面的问题主要集中在增值税专用发票上。

国家花费巨额资金建设的金税工程在打击增值税专用发票造假的问题上成效显著。但是与此同时,又出现了真票虚开、假开,以及利用虚假的农副产品收购凭证、废旧物资收购发票、运输发票、海关完税凭证等骗取抵扣增值税进项税款或者退税的重大案件。可见,增值税发票虽然是税务机关管理增值税的重要工具,但不能过分夸大其作用。增值税的管理,不能停留在对申报材料和票据的一般性审核上,必须进行全面的管理与控制。税务机关要重视对税源的日常管理,从纳税人的资格认定、税务登记、日常购销状况的会计账簿、资金往来账户、发票开具、纳税申报、税款缴纳、税务审计、税务稽查等各个环节进行把关,做好纳税评估,认真履行巡查、调查、核查等管理职责,对企业生产经营情况进行充分的监控。总之,增值税的征管应由"治标"到"治本",由被动到主动,由以"管票"为主到以"管户"为主,加强纳税服务和税源管理。

### (三) 小规模纳税人

我国经济中按现有标准划分的小规模纳税人众多,其经济总量相对较大。世界上实行增值税的国家对小企业大多采取简易的办法征税,税率也较为优惠。例如:比利时、德国、西班牙等国家对小企业实行免税制度;韩国对小企业的征收率最低为1.5%;而我国台湾地区的小规模企业的征收率只有1%。2009年1月1日之后,我国小规模纳税人的增值税征收率降低为3%。与其他国家相比,改革后我国小规模纳税人的税负依然不低。由于小规模纳税人的进项税额无法抵扣,且3%的征收率缺乏合理的依据,致使小企业的税负较重,偷逃税款的行为时有发生。因而财税〔2023〕19号规定,至2027年12月31日,增值税小规模纳税人适用3%征收率的应税销售收入,减按1%征收率征收增值税,但并未彻底将征收率改为1%,而是为进一步支持小微企业和个体工商户发展作出的优惠倾斜。

要优化小规模纳税人政策,建议:(1)区分行业对小规模纳税人的增值额征税。考虑到目前增值税制度运行的现状和各大类行业增值率的差异,对小规模纳税人增值税的征收率可分别确定为:采掘业3%、制造业2%、商业1%。(2)提高小规模纳税人征收增值税的起征点。(3)进一步研究小规模纳税人的认定标准。(4)建立与个人所得税和企业所得税相衔接的综合的税收优惠倾斜制度。

### (四) 出口退税

对出口产品实行退税是国际通行做法,符合世贸组织规则。我国从1985年开始实行出口退税政策,1994年财税体制改革以后继续对出口产品实行退税。出口退税政策的实施,对增强我国出口产品的国际竞争力、扩大出口、增加就业、保证国际收支平衡、促进国民经济持续快速健康发展发挥了重要作用。从2004年1月1日起,我国对出口退税机制进行了重大改变,降低了一批产品的出口退税率,部分资源性商品和国家限制出口的商品被取消出口退税;出口退税的负担机制也发生了变化,由中央财政负担改为由中央和地方财政按一定比例共同负担。新出口退税方案有效化解了以往退税不及时的难题,但也要防止随之可能出现的地方保护和进口替代问题。要建成一个完美的出口退税机制还有大量工作要做。特别是要根据国内外经济和外贸出口形势的变化,以及改革方案实施过程中暴露出来的突出问题,进一步予以完善,使之更符合实际,更有利于促进外贸体制改革,保持外贸和经济的持续健康发展。

## 第二节 消 费 税

## 一、消费税的概念、特点、作用

### (一) 消费税的概念

在国际上,对消费税通常有两种解释。一种是从纳税人的角度来看,消费税是对个人的消费支出课征的税,又称消费支出税。对支出的课税是对所得课税的一种延伸,其实质是对一个纳税人综合负担能力的课征,因而属于直接税的范畴,纳税人和负税人都直接是消费者个人。另一种是站在负税人的角度,即以某些特定消费品或消费行为为课税对象的税收。通常将此归结为间接税范畴,税收随价格及交易行为的完成转嫁给消费者负担,销售者是纳税人,消费者是负税人。一般而言的消费税是后一种类型。

在我国,《周礼》中就有"山泽之赋"和"关市之赋"的记载,这可能是消费税的最古老的形态。以后的各朝各代都有类似的赋税形式,保留时间最长的消费税有盐税、茶税、酒税等。

西欧在中世纪初才开始出现消费税,荷兰被认为是欧洲消费税的发源地。消费税于1643年传播到英国,之后又迅速蔓延到欧洲大陆国家,特别是在封建社会末期和资本主义初期,获得了广泛的发展。我国新型消费税制度是随着新中国的诞生而建立的。1950年统一全国税制,建立新税,曾开征了特种消费行为税。1993年底,为使税制适应市场经济体制的需要,国务院正式颁布了《中华人民共和国消费税暂行条例》,并于1994年1月1日起实施。这样,在普遍征收增值税的基础上,再对部分消费品征收消费税以贯彻国家产业政策和消费政策。

为适应社会经济形势的客观发展需要,进一步完善消费税制,经国务院批准,2006年3月20日,财政部、国家税务总局发文,对消费税税目、税率及相关政策又进行了调整。新增高尔夫球及球具、高档手表、游艇、木制一次性筷子、实木地板5个税目;取消汽油、柴油税目,增列成品油税目;取消护肤护发品税目,将原属于护肤护发品征税范围的高档护肤类化妆品列入化妆品税目。2014年,取消了汽车轮胎和酒精两个税目,也不再对车用含铅汽油和小排量摩托车征收消费税。2015年,新增了电池和涂料两个税目。2016年,对超豪华小汽车加征消费税。2022年,将电子烟纳入了消费税征收范围,在烟税目下增设电子烟子目。调整后,消费税政策更加适合我国的客观实际。

**(二)消费税的特点**

虽然不同国家消费税制的内容不尽相同,但消费税与其他税种比较,一般都具有以下几个特点:

1. 征税范围有选择性

从征税范围而言,一般并不涉及全部消费品,大多数国家只选择一部分消费品课以较重的消费税,旨在课税面小而收入多,大部分国家对烟、酒、化妆品、金银饰品征收消费税,如美国、法国、英国和我国等。有少部分国家虽然形式上对全部消费品课税,但同时又对部分消费品规定免税,实质上与有选择的消费税并无两样。

2. 征税环节具有单一性

消费税的纳税环节有产制环节、进口环节和零售环节,但无论在哪个环节征税,都实行单环节征收。其一是考虑征收费用最少原则;其二是为了加强税源控制,防止税款流失;其三可以防止重复征税。

3. 税负具有较强的调节性

消费税属于国家运用税收杠杆对某些消费品进行特殊调节的税种。其调节作用表现在:一是不同的征税项目税负差异较大,对需要限制或控制消费的消费品规定较高的税率,体现特殊的调节目的;二是消费税同有关税种配合实行加重或双重调节,通常采取增值税与消费税双重调节的办法,对某些需要特殊调节的消费品在征收增值税的同时,再征收一道消费税,形成一种特殊的对消费品双层次调节的税收调节体系。

4. 税率具有多样性

消费税税率有比例税和定额税两种,根据不同应税消费品的特点选择不同类型的税率是考虑计征的方便。同时,为了加强消费税的调节功能,根据不同应税消费品的种类、档次,甚至应税消费品中某一成分的含量以及国家的消费结构和消费政策、应税消费品的市场状况或价格水平等情况,制定不同的差别税率或差别税额。

5. 税负具有转嫁性

消费税是对消费应税消费品的课税。因此,税负归宿应为消费者。但为了简化征收管理,消费税直接以应税消费品的生产经营者为纳税人,于产制销售环节、进口环节或销售环节缴纳税款,并成为商品价格的一个组成部分转嫁给购买者,消费者成为税负的最终负担者。

**(三) 消费税的作用**

1. 从效率上分析

从效率上分析,消费税的作用主要体现在以下三个方面:

(1) 组织财政收入方面。通过对部分消费品征收消费税可以增加国家财政收入,这是毫无疑问的。目前,大多数国家的消费税收入占整个国家税收收入的 10%～20%。2022 年,我国国内消费税收入为 16 699 亿元,占全国税收总收入的比例约为 10%。消费税以应税消费品的销售额或销售量作为计税依据,不管应税消费品有无盈利,都要纳税,这就保证了财政收入的稳定性。消费税一般都选择税基较大的消费品进行课征,如卷烟、化妆品等。

(2) 税收的中性或校正性方面。消费税实际上是一种校正税,其校正性主要表现在对生产者的外部成本的校正和对劣值品的校正两个方面。

外部成本是社会成本与私人成本的差异,即某些产品在生产过程中会发生一部分成本没有被纳入生产者的成本中,而由生产者以外的其他人承担,这种成本就是外部成本。生产者按照私人成本提供产品会导致产量过多,从而产生偏离产品组合效率的损失。如果对有外部成本的产品征收消费税,使外部成本内部化,即通过征收消费税,由生产者承担这一外部成本,就可以使生产者按照社会成本提供产品,从而符合效率准则。

消费者对一些产品价值的判断超过了产品自身所具有的真实价值,这种产品就是劣值品,如烟、酒等产品。虽然消费税是在生产环节课征的,但消费者是最终的承担者。对劣值品征收消费税,最终会增加消费者的税负,其效应等同于直接向劣值品的消费者征收消费税,从而降低劣值品的边际效用,减少均衡数量,符合效率准则。

另外,政府还可以根据供需矛盾的状况和消费政策的要求,通过是否征收消费税以及消费税税率的高低,改变消费者对某些商品的需求和购买意向,从而促进消费在结构上的合理化,进一步促进国家产业结构的合理化。同时,通过征收消费税可以在总量上对消费基金的过快增长进行调控,抑制超前消费。

但另一方面,消费税由于改变了消费品的相对价格,而造成税收的超额负担。

(3) 从征收管理上看,消费税易于征收管理。由于消费税是对特定消费品或特定消费行为的课征,相对来说征收的面较窄,涉及的课税物品有限,课征环节集中,不易产生欠税或偷漏税行为,计税简便。其控制主要是通过实物而并非依据账目,从而体现为较高的征管效率。因而与增值税或所得税相比,对组织征管的人员构成及其素质要求都要低得多。

2. 从公平上分析

从公平上分析,消费税的作用如下:

消费税对奢侈品及非必需品课征,具有累进性,同时也符合量能负税原则。因为奢侈品及非必需品主要是由高收入阶层消费,从而使高收入阶层由于消费结构上的差异而负担较高的税负,呈现某种累进特性。但同时也有一些消费税的课征带有某种程度的累退性,如对于烟、酒,低收入阶层的消费就不一定会低于高收入阶层。因而,消费税的公平课税效应主要取决于课税范围的选择。

## 二、中国消费税制

消费税是对我国境内从事生产、委托加工和进口消费税条例规定的消费品的单位和个人,以及我国《消费税暂行条例》规定的消费品的其他单位和个人而征收的一种税。简单地说,消费税是对特定的消费品和消费行为征收的一种税。纳税人出口的应税消费品免征消费税,但是国家限制出口的产品除外。

### (一) 消费税的纳税人

消费税的纳税人包括在中国境内生产、委托加工和进口应税消费品的单位和个人。

### (二) 消费税的税目、税率(税额标准)

征收消费税的消费品包括烟、酒、化妆品、贵重首饰及珠宝玉石、鞭炮焰火、成品油、小汽车、摩托车、高尔夫球及球具、高档手表、游艇、木制一次性筷子、实木地板、电池、涂料15个税目。有的税目,如烟、酒和小汽车,还下设若干子税目。

上述15个税目的货物除普遍征收增值税外,还要在出厂环节、进口环节和委托加工环节再征收一次消费税。金银首饰改在零售环节征税。

消费税的税率按产品设计,适用比例税率和定额税率两种性质的税率。其中,黄酒、啤酒按吨规定定额税率,汽油、柴油按升规定定额税率,其他应税产品适用比例税率。税率的高低根据应税消费品的盈利水平而定。

### (三) 消费税的计税方法

(1) 消费税的计税办法包括从价定率、从量定额和复合计税。计算公式如下:

$$实行从价定率办法计算的应纳税额 = 销售额 \times 比例税率$$

$$实行从量定额办法计算的应纳税额 = 销售数量 \times 定额税率$$

$$实行复合计税办法计算的应纳税额 = 销售额 \times 比例税率 + 销售数量 \times 定额税率$$

(2) 纳税人自产自用的应税消费品,用于连续生产应税消费品的,不纳税;用于其他方面的,按照纳税人生产的同类消费品的销售价格计算纳税;没有同类消费品销售价格的,按照组成计税价格计算纳税。

实行从价定率办法计算纳税的组成计税价格计算公式:

$$组成计税价格 = (成本 + 利润) \div (1 - 比例税率)$$

实行复合计税办法计算纳税的组成计税价格计算公式:

$$组成计税价格 = (成本 + 利润 + 自产自用数量 \times 定额税率) \div (1 - 比例税率)$$

(3) 委托加工的应税消费品,由受托方交货时代扣代缴消费税。按照受托方的同类消费品的销售价格计算纳税;没有同类消费品销售价格的,按照组成计税价格计算纳税。

实行从价定率办法计算纳税的组成计税价格计算公式:

$$组成计税价格 = (材料成本 + 加工费) \div (1 - 比例税率)$$

实行复合计税办法计算纳税的组成计税价格计算公式:

$$组成计税价格 = (材料成本 + 加工费 + 委托加工数量 \times 定额税率) \div (1 - 比例税率)$$

(4) 进口的应税消费品,按照组成计税价格计算纳税。

实行从价定率办法计算纳税的组成计税价格计算公式:

$$组成计税价格=(关税完税价格+关税)\div(1-消费税比例税率)$$

实行复合计税办法计算纳税的组成计税价格计算公式:

$$组成计税价格=(关税完税价格+关税+进口数量\times消费税定额税率)\div(1-消费税比例税率)$$

(5) 零售金银首饰的纳税人在计税时,应将含税的销售额换算为不含增值税税额的销售额。

$$金银首饰的应税销售额=含增值税的销售额\div(1+增值税税率或征收率)$$

(6) 对于生产、批发、零售单位用于馈赠、赞助、集资、广告、样品、职工福利、奖励等方面或未分别核算销售的金银首饰,按照组成计税价格计算纳税。

$$组成计税价格=购进原价\times(1+利润率)\div(1-金银首饰消费税税率)$$
$$应纳税额=组成计税价格\times金银首饰消费税税率$$

**(四) 消费税的纳税环节**

1. 生产环节

纳税人生产的应税消费品,由生产者于销售时纳税。其中,自产自用的用于本企业连续生产的不纳税;用于其他方面的,于移送使用时纳税。

委托加工的应税消费品,由受托方在向委托方交货时代扣代缴。

2. 进口环节

纳税人进口的应税消费品,由进口报关者于报关进口时纳税。

3. 零售环节

金银首饰消费税由零售者在零售环节缴纳。

另外,超豪华小汽车除了在生产(进口)环节征收消费税外,还在零售环节加征一道消费税。

**(五) 消费税的优惠**

对纳税人出口应税消费品,免征消费税;国务院另有规定的除外。出口应税消费品的免税办法,由国家税务总局规定。

## 三、消费税有关问题的探讨

**(一) 消费税的征税范围**

在对商品普遍征收增值税的基础上,选择性征收的消费税应当具有特殊调节功能,包括效率和公平两个方面的考虑。

1. 从效率上,应强调消费税的校正性

一方面应该对有外部成本的产品征收消费税,如征收污染税,开征污染税的税目范围可借鉴国外已开征的矿物燃料油、杀虫剂、废润滑油、化肥等;另一方面也应扩大对劣值品的征收范围,如可以考虑将麻将、扑克牌等具有赌博性的消费品课征消费税。

## 2. 从公平上,应注重课税对象的选择

一方面应当适时调整征税范围,将一些高档消费品(或消费行为)纳入征税的范围,将一些日常消费品从消费税税目中剔除。因为随着经济的发展和人民生活水平的提高,新的奢侈性消费品或消费行为会不断出现,而有些原来被视为奢侈品的消费品却逐步进入平常百姓的生活。所以,应当定期调整消费税的征税范围,以增强消费税的累进性。如对香皂的消费税由降低税率到停止征收就是出于这样的意图。同时,应该考虑对夜总会、狩猎、跑马等高档娱乐活动征收消费税。另一方面,可以根据受益原则征收特定受益税,由享受政府特定的公共产品和服务的利益的消费者承担这类消费税,税收收入专门用于政府提供这些特定产品和服务的支出。最典型的汽车燃料税就是对使用公路等公共产品的课税,它既是一种受益税,又起到了鼓励节约能源、抑制污染的外部成本的作用。

### (二) 消费税的计税依据

在我国,由于消费税实行价内税,在产制环节既征收增值税又征收消费税时,会造成新的税负不公和价格体系的复杂化。我国现行税制中,增值税的计税依据为不含税价格,这在理论上是无可非议的,但实际上这个不含税价格是不真实的,因为在产制环节的增值税的计税基数中包含消费税,这就会造成重复课税,同时又颠倒了这两个税种的调节顺序,变成了起特殊调节作用的消费税在先而起普遍调节作用的增值税在后的局面。这种局面只能使本来就不很清晰的价格体系变得更为模糊。所以,有观点认为,我国消费税应实行价外税。

## 第三节 关 税

### 一、关税的概念、种类、功能

#### (一) 关税的概念

关税是由国家海关对进出关境的货物、物品征收的一种税。所谓关境,是指执行一个国家统一海关法令的领域。一般来说,国境与关境是一致的,但若有几个国家组成了关税同盟,如欧盟,这时这些国家的统一关境就大于国境。有些国家的国境内设有自由港、自由贸易区或海关保税区,均不属于关境范围之内,这时关境小于国境。

关税原系关、卡、过境的货物税,分国内及国外两种。后因国内关税有碍货物流通,且针对课征关、卡的争执过多,遂予以废止。早在欧洲、古希腊雅典时代就有征收关税之事,英国是最早实行统一的国境关税的国家。英国资产阶级革命在1640年取得胜利后,便建立了这种国境关税制。法国在1660年开始废除内地关税,到1791年才完成。比利时、荷兰受法国的影响也设立统一的国境关税。随后世界各国普遍采用,实行至今。新中国成立后,我国废除了旧的关税制度,于1951年5月颁布了《中华人民共和国暂行海关法》和《中华人民共和国海关进出口税则》,形成了关税的基本法规,使我国关税制度逐步统一。

为适应改革开放,1985年2月我国对关税制度进行了全面改革,发布了《中华人民共和国进出口关税条例》,并重新发布了《中华人民共和国海关进出口税则》。自2004年1月1

日起,我国施行经修订后的《关税条例》和《海关进出口税则》,大幅度降低了海关关税。

**(二) 关税的种类**

关税种类繁多,按照不同的标准,主要可分为以下几类:

1. 按货物通过的方向,可分为进口税、出口税、过境税

进口税是进口国家的海关在外国商品输入时,根据海关税则对本国进口商品所征收的关税。这种进口税在外国货物直接进入关境或国境时征收,或者外国货物由自由港、自由贸易区或海关保税区等提出运往进口国的国内市场销售,在办理海关手续时根据海关税则征收。进口税主要可分为最惠国税和普通税两种。最惠国税适用于与该国签订有最惠国待遇条款的贸易协定的国家或地区所进口的商品。普通税适用于与该国没有签订这种贸易协定的国家或地区所进口的商品。

出口税是出口国家的海关对本国产品输往国外时,对出口商品所征收的关税。目前大多数国家对绝大部分出口商品都不征收出口税。因为征收这种税势必提高商品在国外市场上的销售价格,降低商品的竞争能力,不利于扩大出口。第二次世界大战后,征收出口税的国家主要是发展中国家。征收出口税的目的,或者是为了增加财政收入,或者是为了保证本国的生产或本国市场的供应。

过境税是一国对通过其关境而运往别的国家的外国货物所征收的关税。从理论上说,征收过境税可以增加财政收入。不过,征收过境税后,该货物的价格会因此而升高,导致货物到达国的消费量减少,或输出国的利润减少。这时,过境货物可能采取降低经过国的运输费用和保险费用作为对策;或者改由其他国家过境,从而影响本国交通事业;还可能引起有关国家的不满或报复。因此,现在各国均未征收过境税。

2. 按课征的目的,可分为财政关税、保护关税、自由贸易关税

财政关税又称收入关税,它是以增加国家财政收入为主要目的而征收的关税。财政关税通常多选择本国不能生产或国内无代用品的消费品征收,税率一般比保护关税低,因为过高会阻碍进出口贸易的发展,反而达不到增加财政收入的目的。随着经济的发展,财政关税逐渐失去意义,而为保护关税所代替。

保护关税是以保护本国经济发展为主要目的而征收的关税。保护关税主要是征收较高的进口税,使进口商品成本增加,价格提高,削弱其在本国市场上竞争能力,甚至达到阻止进口的目的。保护关税又有普遍与特殊之分。普遍保护关税,是从保护国内幼稚产业出发,所定税率以抑制外国有竞争性的商品的输入为标准。特殊保护关税又有反倾销税、反补贴税、报复性关税、差价税。反倾销税是对实行商品倾销的进口商品所征收的一种关税。反补贴税是对直接或间接地接受奖金或补贴的外国商品进口所征收的一种关税。报复性关税是指他国对本国出口的商品课征不利于本国商品出口的税率时,为维护本国利益,抑制他国的课征,对该国输入本国的商品也课征相同的关税。差价税是指当本国生产的产品国内价格高于同类的进口商品价格时,为了削弱进口商品的竞争能力,保护国内生产和国内市场,按国内价格与进口价格之间的差额征收的关税。

自由贸易关税是以促进国家自由贸易为目的征收的关税。与财政关税和保护关税高税率的特点相比,它的着眼点是降低关税税率,采取低税率的做法弱化关税的作用,消除国际贸易障碍,鼓励全球贸易自由化。当今,实行自由贸易关税的国家,多半是经济实力雄厚的发达国家,自由贸易关税已成为世界各国发展的趋势。

3. 按课税标准,可分为从价税、从量税、混合税、选择税、滑动税

从价税是以进口商品的价格为基础而课征的关税。从量税是以进口商品的重量、数量、长度、容积等为基础而课征的关税。混合税即从量税与从价税合并课征的关税。选择税是指对于同一商品,订有从量和从价两种税率,课征时选择课税额较多者,即当市价下降时采取从量税,反之则采用从价税。滑动税是指依商品价格的变化而升降税率的关税,即当物价上升时,适用较低的税率;物价下降时,则适用较高税率。

4. 按国家是否独立自主制定税法,可分为国家关税(自主关税)与协定关税

国家关税是本着维护国家主权,完全独立自主地制定、修订的关税。协定关税是两个或若干个国家,通过缔结关税、贸易协定而制定的关税。协定关税又分为在平等互利基础上形成的自主协定关税和依据不平等条约产生的片面协定关税。

### (三) 关税的功能

1. 从效率上分析,关税具有的功能

(1) 组织财政收入的功能,符合税收的财政原则。关税是国家积累财政资金的一种重要手段。从关税的发展历史看,最初关税的开征,主要目的就是聚财,为国家积累财政收入。据统计,17 世纪末欧美等西方国家的关税收入约占其全国财政收入的 80% 以上。随着经济的发展、国内贸易和国民收入的增加,关税占国家财政收入的比重逐渐下降,但目前还占各国税收收入的 2% 左右。

(2) 资源配置功能。对某商品征收进口税,会使国内该商品价格上升,从而增加本国该产品的生产和降低该产品的国内消费,并减少进口额。相反,征收出口税则会降低国内商品价格,减少国内生产量和增加国内的消费量,并减少出口额。通过征收进口税可以限制进口,保护本国产业的发展;通过征收出口税则会减少出口,使应税商品尽量留在国内,满足国内的消费。进出口关税的征收最终影响资源在国际的配置。

(3) 平衡国际收支、调节社会供求的功能。当国际收支出现逆差时,可提高进口关税,限制进口;当国际收支出现较大的顺差时,可降低进口税率,鼓励进口。另一方面,当需求过旺时,可降低进口税率,鼓励进口,增加商品供给;当供给相对过剩时,可提高进口税率限制进口,减少商品供给。出口税率的调节与进口税率正好相反。

2. 从公平上分析,关税具有的功能

征收进口税,消费者由于商品价格上升而造成福利损失大于生产者福利的增加及国家征收的关税。征收出口税,生产者由于国内价格下降所造成的福利损失大于消费者增加的福利即国家征收的关税。这说明征收关税存在着税收的超额负担。

## 二、我国关税制度

### (一) 课税对象和纳税人

我国的关税分为进口税和出口税两类,由海关负责征收。关税的课税对象是进出关境的货物和物品。其中,货物是指我国的进出口机构向外国出售和从外国购进的贸易性商品;物品是指非贸易性商品,包括入境旅客随身携带的行李物品、个人邮递物品、各种运输工具上的服务人员携带进口的自用物品和馈赠物品,以及其他进入国境的个人物品。关税的纳税人为进口货物的收货人、出口货物的发货人、进境物品的所有人。

**（二）税目和税率**

关税的税目由《中华人民共和国进出口税则》规定。经国务院批准，自 2023 年 1 月 1 日起，进出口税则中的税目总数增加到 8 948 个。

关税税率一般采取差别比例税率，也有部分商品实行从量税、复合税征收方式。税率分为进口税率和出口税率。进口货物按照必需品、需用品、非必需品、限制进口品等分成若干税级，分别规定不同的税率。进口税率则分为最惠国税率、协定税率、特惠税率、普通税率、关税配额税率五种税率形式。不同税率的运用以进口货物的原产地为标准。我国现行关税只对少量商品征收出口税，税率比较低。适用出口税率的出口货物有暂定税率的，应当适用暂定税率；未定有出口税率的货物，不征出口关税。此外，还存在特殊税率，即特别关税和暂定税率。其中，特别关税包括报复性关税、反倾销税与反补贴税、保障性关税。

**（三）关税的计税依据**

我国对进出口货物征收关税主要采取从价计征的办法，以货物的完税价格为计税依据征收关税。

1. 进口货物的完税价格

进口货物的完税价格由海关以进口应税货物的成交价格，以及该货物运抵我国境内输入地点起卸前的运输及其相关费用、保险费为基础审查确定。

对于在进口时没有"成交价格"可作依据的某些特殊、灵活的贸易方式下进口的货物，《进出口关税条例》制定了确定其完税价格的方法。

2. 出口货物的完税价格

出口货物的完税价格由海关以出口货物的成交价格，以及该货物运至中国境内输出地点装载前的运输及其相关费用、保险费为基础审查确定。出口关税不计入完税价格。

**（四）关税应纳税额的计算**

1. 从价税计算方法

其应纳税额计算公式为：

$$应纳税额 = 应税进（出）口货物数量 \times 单位完税价格 \times 适用税率$$

2. 从量税计算方法

其应纳税额的计算公式为：

$$应纳税额 = 应税进（出）口货物数量 \times 关税单位税额$$

3. 复合税计算方法

其应纳税额的计算公式为：

$$应纳税额 = 应税进（出）口货物数量 \times 关税单位税额 + 应税进（出）口货物数量 \times 单位完税价格 \times 适用税率$$

4. 滑动税计算方法

实行滑动税率的进口货物应纳关税税额的计算方法与从价税的计算方法相同。

**（五）关税的主要免税、减税规定**

（1）下列货物，经过海关审查无误，可以免税：关税税额在 50 元以下的一票货物；无商业价值的广告品和货样；外国政府、国际组织无偿赠送的物资；进出境运输工具装载的途中必需的燃料、物料和饮食用品。

（2）中国缔结或者参加的国际条约规定减征、免征关税的货物、物品，海关应当按照规定予以减税、免税。

（3）加工贸易的进口料件进境时按照国家规定征收进口关税的，其制成品或者进口料件在规定的期限内出口的，海关按照有关规定退还进境时已征收的关税税款。

### 三、关税有关问题的探讨

近年来，我国持续不断进行以大幅度削减税率为主题的关税改革，履行了入世承诺。世贸组织数据显示，2021年所有商品的平均最惠国关税水平为8.9%左右，其中发达国家为5.2%，发展中国家为8.7%，最不发达国家为12.1%。我国十几年前的关税水平高达43%，从1992年开始，中国数次大规模降低关税，至2021年，中国进口关税总水平已降至7.4%。

我国进口关税税率的降低，不是简单地履行承诺的义务，同时也注重调整关税税率结构，以突出国家对经济的宏观调控，有利于国内经济的健康发展。关税下降还拓宽了税基，进口税收不降反升。而随着一些与老百姓日常生活密切相关的商品的税率不同程度的下降以及更多的国外商品进入中国市场，对普通消费者来说，在吃穿用行等方面将会得到更大的实惠。

根据国民经济运行和对外贸易的需要，今后的关税调整要进一步突出国家对重点地区、重点行业的宏观调控。加大对农业的支持，促进农民增收，减轻农民负担。加大对环境、能源和不可再生资源的保护力度，并尽量延长国内不可再生资源的使用年限。对国家需要支持的地区和行业的发展实行较低的税率。

为了保持国内外的经贸合作与发展，维护世界贸易的正常秩序，我国应当完善反倾销税、反补贴税制度，加大运用力度，保护国内产业。为应对一些国家对我国出口产品设限的情况，我国可以主动采取措施，对相关产品的出口征收出口税，使进出口更平衡，减轻外来压力。一方面提高被认为是倾销的出口商品的价格，减缓出口增长速度；另外一方面增加我国的财政收入，削减财政赤字，同时也可以对因出口设限而受到损失的相关行业和人员给予适当的扶持。

## 本章小结

流转税是以纳税人商品生产、流通环节的流转额或者数量以及非商品交易的营业额为征税对象的一类税收，主要包括增值税、消费税、营业税和关税等。流转税具有税负易转嫁、负担隐蔽、相对累退、收入稳定、计征简便等特点。

增值税是对商品生产、销售或提供劳务过程中实现的增值额征收的一种流转税。增值税的类型有生产型、收入型、消费型三种。计算方法有直接相加法、间接相加法、直接减除法和间接减除法四种。增值税具有税不重征、普遍征收、道道课税和税负向前转嫁等特点。增值税具有良好的组织财政收入的功能，一定程度上体现了税收中性原则，对资源配置的扭曲被降到最低限度；增值税不存在重复课税，有助于公平竞争，出口退税制度有利于国际市场上的商品平等竞争。我国目前的增值税也有许多需要改进的地方，如降低税率、加强征管、处理好小规模纳税人的问题、完善出口退税机制等。

消费税是对消费品或消费行为课征的税收。我国的消费税仅对特定消费品征收,具有征税范围选择性、征税环节单一性、税率多样性和较强的调节性等特点。消费税具有一定的组织财政收入的功能和对经济的校正作用,其征收管理比增值税和所得税简便。目前对我国的消费税的改革建议主要是征税范围的适时调整。

关税是由国家海关对进出口关境的货物、物品征收的税收。按货物通过的方向,可以分为进口税、出口税和过境税;按课征目的,可以分为财政关税、保护关税和自由关税;按课税标准,可以分为从价税、从量税、复合税、选择税和滑动税;按国家是否独立自主制定税法,可以分为国家关税和协定关税。关税具有组织财政收入、资源配置、平衡国际收支等功能。加入WTO之后,我国的关税改革除了降低税率之外,还应当进一步突出国家对重点地区、重点行业的宏观调控,同时运用关税政策保护不可再生资源,支持国内产业,促进国内外的经贸合作与发展,维护世界贸易的正常秩序。

# 习 题

## 一、名词解释

流转税　　增值税　　增值额　　进项税额　　销项税额　　生产型增值税
收入型增值税　　消费型增值税　　混合销售　　出口退税
小规模纳税人与一般纳税人　　征收率　　消费税　　关税　　关境　　进口税
出口税　　过境税　　财政关税　　保护关税　　复合税　　自由贸易关税
选择税　　滑动税

## 二、思考题

1. 流转税的主要特点是什么?
2. 如何理解增值税中增值额的含义?
3. 增值税按对固定资产处理的方法不同形成哪三种类型?分别有何优缺点?你认为我国应实行哪一种类型?为什么?
4. 增值税的免税与零税率有何不同?
5. 简述小规模纳税人与一般纳税人计税方法的异同。
6. 某公司为一般纳税人,一月份产品销售收入20 000元,当期购进原材料取得的增值税专用发票上注明价款5 000元,增值税额650元,请计算该公司应纳的增值税额。
7. 试述我国消费税征收范围的选择应考虑的主要因素及今后改革的方向。
8. 关税有哪些种类?我国应如何完善关税制度以促进对外经济贸易良性发展?

# 第十七章
# 所得税

**全章提要**

- 第一节　所得税的特点及类型
- 第二节　所得税制概述
- 第三节　我国现行所得税制度

本章小结

习题

所得税又称收益税,是以所得额或收益额为课税对象的税类。所得额是指企业和个人,因从事劳动、经营和投资从全社会的国民收入总额中分配到的那部分份额。准确确定作为所得税课税对象的所得额是所得税课征的关键。税收实务上讲的所得额是应税所得额,即在会计所得额的基础上,经过必要的调整计算而得到的所得额。例如,就企业而言,应税所得额是企业收入减去成本、费用、税金(不包括所得税)和其他法定扣除项后的余额。

思政案例

朱熹教育子女依法纳税

# 第一节 所得税的特点及类型

## 一、所得税的特点

所得税与其他税类相比,具有以下几个特点:

### (一) 税负不易转嫁

由于所得税的课税对象是纳税人的最终所得,纳税人就是负税人,一般税负不易进行转嫁。这一特点有利于政府直接调节纳税人的收入,缩小收入差距,实现公平分配的目标。在采用累进税率的情况下,这一作用尤为明显。

### (二) 一般不存在重复征税,税负较公平

所得税以所得额为课税对象,征收环节单一,只要不存在两个以上的课税主体,就不会存在重复征税。另外,所得税一般以净所得为计税依据,所得多的多征、所得少的少征,体现了量能负担原则。同时,对个人所得税来说,通常都规定了起征点、免征额及扣除项目,可以照顾低收入者,不会影响纳税人的基本生活,体现了公平原则。

### (三) 税源普遍,课征有弹性

在正常情况下,凡从事生产经营活动的一般都有所得,都要缴纳所得税,因此,所得税的税源很普遍。同时,随着社会经济的发展和经济效益的提高,企业和个人的各种所得会不断增长,政府可以根据需要灵活地调整税负,以适应财政支出增减的变化。

### (四) 计税较复杂,稽征管理难度较大

由于所得税的课税对象是纳税人的所得额,就企业而言,计算企业的应税所得涉及核算企业的收入、成本、费用、利润等;就个人而言,计算应税所得要计算个人的收入、免税额、扣除额等,并且个人纳税户多、税额小、税源分散,从而使得所得税不仅计税复杂,而且稽征管理的难度大,征收成本较高。因此,征收所得税客观上要求整个社会有较高的信息、核算管理基础,以便有较高的征收效率。

## 二、所得税的类型

所得税依据纳税人的不同,可分为企业所得税和个人所得税。企业所得税是以企业所得为课税对象征收的所得税,而个人所得税是以个人所得为课征对象征收的所得税。

### (一) 企业所得税

由于企业组织形式的多样性,从而有不同类型的企业所得税。按照投资者承担责任形式的不同及企业组织形式的特点,可把企业分为公司、合伙企业和独资企业三种类型。

公司是依照公司法设立的、有法定数额的股东共同出资所组成的企业法人。公司又可分为多种类型。我国《公司法》规定,公司是指依照公司法在中国境内设立的有限责任公司和股份有限公司。

合伙企业是指由各合伙人订立合伙协议,共同出资、合伙经营、共同收益、共担风险,并对合伙企业债务承担无限连带责任的营利性组织。合伙企业比较适合于风险较小、从业人员具有较强的专业经验和能力、规模较小的经济组织。

独资企业是指由个人投资,并对债务负无限连带责任的经济组织。独资企业一般规模较小。

根据企业的不同类型,按课税范围不同,企业所得税可分为企业所得税和公司所得税两种类型。

1. 企业所得税

它的基本特点是不分企业类型,把各种类型的企业都纳入企业所得税的课税范围。由于不同企业都按统一的企业所得税法征收所得税,有利于企业间公平税负、平等竞争。但企业所得税把独资企业和合伙企业纳入课税范围,而独资和合伙企业主的个人财产和企业财产一般不可分离,因此,对企业所得征税和对个人所得征税就很难划得清,从而给征收管理带来困难。

2. 公司所得税

它的特点是区别企业的性质和组织形式,仅对公司所得征收公司所得税,而非公司的企业所得不征收公司所得税,一般只征收个人所得税。公司所得税只对法人公司征收,而对自然人企业不征收,这有利于征收管理,但这也会造成公司和非公司企业税负不平等。对公司而言,既征公司所得税,又对公司分给个人的股利所得征个人所得税;而非公司企业把企业所得归于个人,只征个人所得税,这不利于公司与非公司之间公平税负、平等竞争。如果对公司所得征收公司所得税,但在计征个人所得税时,允许将分得的已缴纳公司所得税的股利所得视为已纳个人所得税予以抵免,这样可避免对个人分得的股利所得和公司所得重复征税。

### (二) 个人所得税

个人所得税是以个人所得为课税对象征收的所得税。由于个人所得形式多种多样,个人所得税在计征方式上可能会有不同的选择,从而形成不同类型的个人所得税。

1. 个人综合所得税

个人综合所得税是把个人各种不同来源的所得和各种不同形式的所得合在一起,不分类型,采用一种方法征收所得税。个人综合所得税一般按累进税率征收。由于征收面广且累进征收,因此有利于扩大税基,公平税负。但个人综合所得税必须由个人申报,并汇总个人各种所得计算纳税,这不仅计算复杂,且容易发生税收流失。另外,个人综合所得税也无法区别个人的各种类型所得,无法在税收上予以区别对待。

2. 个人分类所得税

个人分类所得税是把个人收入按一定的标准进行分类,对不同类型的个人收入分别课征所得税。个人分类所得税一般按比例税率课征。由于是分类课征,有利于对个人的不同类型所得实行区别对待。个人分类所得税又是源泉课征,有利于简化计征管理,减少税收流失。

3. 个人混合所得税

个人混合所得税是对个人收入按不同的收入类型分别实行分类所得税和综合所得税。即对部分所得进行分类,按比例税率征收分类所得税;对部分所得综合汇总,按累进税率征收综合所得税。

### (三) 企业所得税与个人所得税的关系

企业所得税和个人所得税是两种不同类型的所得税。在一般情况下,两者具有不同的纳税人及课税对象,因而互不交叉。但在有些情况下,企业所得税和个人所得税虽具有不同的纳税人,却有可能对同一对象征税,因而发生两种税种的重叠交叉、重复征税。例如,对企业的利润征收企业所得税后再对个人分得的股利或税后利润征收个人所得税,就会出现对同一对象的重复征税。这就需要处理好企业所得税与个人所得税之间的征收关系,解决重复征税问题。对于个人的股利或税后利润所得的征税有以下几种方式可供选择:

1. 既征企业所得税又征个人所得税

对企业实现的利润先征收企业所得税,然后对个人分得的股利或利润再征收个人所得税,但对企业税后未分配利润不征个人所得税。选择这一方式的理论依据是企业和个人是两个独立的纳税人,享有各自独立的民事权利和经济利益,都应对各自所得承担纳税义务。但这种处理方式对个人分得的股利或税后利润事实上产生了重复征税。

2. 只征企业所得税而不征个人所得税

对企业利润征收企业所得税,而对个人分得的股利或税后利润不再征收个人所得税,个人所得税主要对个人的其他所得如工资薪金等所得征收。这一方式的特点是以放弃对个人的股利或税后利润所得征收个人所得税,避免重复征税问题。但这种方式对个人分得的股利或税后利润所得不征个人所得税,会造成个人收入的悬殊,不符合以能力为标准的公平原则。

3. 征收企业所得税并允许在个人所得税中抵免

即对企业的利润征收企业所得税,但在对个人分得的股利或税后利润征收个人所得税时,对这部分已纳的企业所得税允许在个人所得税中抵免。

## 第二节 所得税制概述

所得税是对以所得为课税对象的税种的统称。所得税制度涉及征收范围、税基、税种、税率、征收方法等基本要素及税收政策选择。

### 一、征收范围

所得税的征收范围是行使所得税课税权的范围,包括纳税人和课税对象的范围。只有对属于课税范围内的纳税人和纳税人所得,课税权主体才能行使征税权。但由于纳税人有居民纳税人和非居民纳税人之分,纳税人所得也有来自本国境内所得和境外所得之分,各国行使的税收管辖权也不完全相同,因而,征收范围就会有不同的选择。

### (一) 居民纳税人和非居民纳税人

国际上对居民纳税人和非居民纳税人的确定通常有两种标准,即法律标准和户籍标准。

1. 法律标准

就是依据法律来确定居民纳税人和非居民纳税人。对企业来讲,取决于企业按哪个国家法律注册设立,凡按某个国家法律注册设立的法人企业,不论这个企业的管理机构是否在该国都是该国的居民纳税人。按法律标准确定居民纳税人和非居民纳税人的关键在于确定该企业是否为法人及是否按该国法律注册设立,只有同时满足上述两个条件才能成为该国的居民纳税人。对个人来讲,取决于个人的国籍,凡是取得了某个国家的国籍,不论这个人是否居住在该国,都是该国的居民纳税人。目前,世界上只有极少数国家采用此标准。

2. 户籍标准

就是依据户籍来确定居民纳税人和非居民纳税人。对企业来讲,取决于企业的管理机构设在哪个国家,凡是将法人企业的管理机构设在某个国家行使征税权力的范围内,不论这个法人企业是否按照该国法律规定注册设立,都是该国的居民纳税人。按户籍标准确定居民纳税人、非居民纳税人的关键是确定该企业是否为法人,是否将管理机构设在该国,只有同时满足上述两个条件的企业才能成为该国的居民纳税人。对个人来讲,是居民纳税人还是非居民纳税人,取决于个人的住所或居所,由于住所或居所比较抽象,因此在具体操作时一般都是以居住时间为确定标准,即按照个人在一个国家居住时间的长短,把个人分为非居民个人、非长期居民个人和长期居民个人三种。只要个人在一个国家居住达到规定时间就被认定为该国的居民个人,而不管是否取得该国国籍。目前,世界上绝大多数国家都采用户籍标准。

### (二) 境内所得和境外所得

1. 企业境内所得和境外所得的确定

企业所得可分为营业所得和股利、利息、特许权使用费等其他所得。对于不同的所得,在确定为境内所得和境外所得上有不同的标准。按国际惯例,判定一个企业的营业所得是境内所得还是境外所得是以该企业在营业所得来源地是否设有常设机构为标准的。具体来讲,只有在一个国家境内设有常设机构并取得营业所得,这种营业所得才被确认为来源于该国境内的所得;否则,即使在一国境内取得营业所得,但在该国境内无常设机构,也不能被确认为来源于该国境内所得。对于其他所得,按国际惯例应以股利支付机构所在地,以及利息、特许权使用费负担者所在地为标准。

2. 个人境内所得和境外所得的确定

个人所得可分为独立劳动所得,非独立劳动所得,股利、利息、特许权使用费所得和其他所得。对于不同的所得,在确定为境内所得和境外所得上也有不同的标准。

独立劳动所得是指个人独立地从事非雇佣的各种劳动,独立劳动所得来源地确定是独立劳动者在一个国家的出场(present)为条件,一般是以是否在一个国家设有经常使用的固定基地或在一个国家停留时间长短为标准。只有在一个国家设有经常使用的固定基地或在一个国家居住达到限定时间,才被认定为独立劳动者在该国出场,并认定其所得来源于该国,否则不能被认定为来源于该国境内所得。

非独立劳动所得是指劳动者受聘或受雇于他人所取得的工资、薪金等所得。非独立劳动所得来源地的确定是以所得支付地或在一个国家停留时间长短为标准。对于非独立劳动所得由劳动所在地的常设机构或固定基地负担的，以所得支付地为标准，在哪个国家支付，就为来源于该国所得。对于非独立劳动所得不是由劳动所在地的常设机构或固定基地支付，而是居住国的雇主所支付的，以劳动者在一个国家停留时间长短为标准。劳动者在一个国家停留达到限定时间，就被认为其非独立劳动所得来源于该国。

对于个人的股利、利息、特许权使用费等其他所得，一般来说股利以支付机构所在地，利息、特许权使用费以负担者所在地为标准来确定其来源地。

对一个主权国家来说，其行使征税权一般遵循属地和属人两种不同的指导原则，可以相应地确立起地域管辖权和居民管辖权两种不同的税收管辖权。在一个实行地域管辖权的国家，它只对纳税人来源于本国境内所得征税，不管纳税人是本国居民还是非本国居民。而在一个实行居民管辖权的国家，它只对属于本国居民的应税所得征税，不管所得来自境内还是境外。在现实中，绝大多数国家都同时行使地域管辖权和居民管辖权两种征税权力，即对本国居民就来源于本国境内和境外所得合并征税；对本国非居民，仅就其来源于本国境内所得征税。

## 二、税基

所得税的税基就是计征所得税时的应税所得，一般为收入减去法定支出项目后的余额。世界各国在计算所得税时的法定支出项目有所不同，税基的确定也有所不同，但仍有它的共同点。

### （一）企业应税所得

企业应税所得是以企业的总收入减去为取得收入而支付的费用和开支后的企业净收入为基础，进行必要调整后求得的。企业总收入包括营业收入、资本利得、股利收入、租金收入、其他收入等，费用和开支包括营业成本、税金、利息费用、折旧、其他费用等。必要调整是指在所得税前依据税法规定，对企业会计利润进行的调整，这些调整主要涉及资产折旧、存货、费用列支、资本利得、损失等项目。通过必要的调整把会计核算的企业所得调整为税法规定的应税所得。

### （二）个人应税所得

个人应税所得是以个人总收入减去不予计列项目、费用开支、扣除项目、减免项目等的余额。个人应税所得的计算是一个比较复杂的过程，涉及不予计入个人所得的项目确定、费用开支项目的确定、扣除项目的标准和方法等问题。

## 三、税率结构

所得税税率一般采用比例税率和累进税率两种形式，两种税率具有不同的特点和选择依据，并适用于不同的对象。

### （一）比例税率

企业所得税一般采用比例税率，而且一般是单一比例税率。对企业所得采用比例税率而不是累进税率的主要依据如下：

### 1. 累进税率的能力负担原则一般不适用于企业

选择累进税率的理论依据是能力负担原则,即收入高负担能力强,则税收负担应重一些;反之,则税收负担应轻一些。累进税率能体现这种纵向公平的原则要求。然而,企业尽管是纳税人,但并不是最终负税人。一般负税能力主要是针对负税人来说的。

### 2. 所得大小并不反映企业负担能力强弱

如果企业是最终负税人,累进税率的选择依据是负担能力,但企业所得大小并不能反映企业的负担能力。企业所得大,并不说明企业负税能力强,因为可能利润率或人均利润水平很低;相反,企业所得小,也不能说明企业负担能力弱,因为可能企业的利润率或人均利润水平很高。企业所得大小往往与企业的规模有很大关系,而不能准确反映企业的负担能力。因此,对企业不适宜按所得大小采用累进税率。

#### (二)累进税率

个人所得税的税率一般选择累进税率征税,即对个人所得视所得额大小采用不同等级的税率。对个人所得选择累进税率而不是比例税率的主要依据如下:

### 1. 个人所得额大小是衡量个人负担能力的主要指标

这是因为个人所得税的税基已扣除了为取得所得而花费的开支和个人包括家庭生活必要的支出,在这种情况下,个人应税所得额的大小就成为个人负担能力的主要标志。

### 2. 累进税率体现了税收的公平原则

对个人所得税而言,个人不仅是纳税人,同时也是负税人,个人应税所得大小体现了个人的负担能力,采用累进税率有利于缩小个人税后收入的差距,可以实现税收的纵向公平。

## 四、税收优惠

税收优惠是政府为了某些特定的社会经济目的,对某些特殊情况所给予减征或免征一部分税款的政策措施。

### (一)税收优惠形式

所得税的税收优惠主要有免税、减税、税收扣除、盈亏互抵、加速折旧、税收抵免、延期纳税、税前还贷等方式。具体采用何种优惠方式,要根据特定目的、对象而定。一般来说,对于企业,上述方式都可采用;对于个人,主要采用免税、减税、税收扣除、税收抵免等方式。

### (二)税收优惠政策

从目的来看,所得税的税收优惠政策主要有两类:一类是属于照顾性的税收优惠政策,是政府基于某种社会政策目的,对纳税人的困难在税收上给予特别宽免照顾;另一类是属激励性的税收优惠政策,是政府基于某种经济政策目的,对纳税人的发展在税收上给予宽免鼓励。

## 五、征收方法

### (一)企业所得税的征收

企业所得税的缴纳方式一般采用分期预缴和年终清算相结合的方式。分期预缴是指企业在每一月份或每一季度结束前,自行申报月份或季度所得额及暂缴所得税。年终清算是指企业在每一年度末,结算申报年度所得额和所得税,并办理补缴不足所得税或退还溢缴所得税。

### （二）个人所得税的征收

个人所得税一般采用扣缴、预估暂缴和结算申报等缴纳方式。

对于居民个人，属固定职业职工的工资薪金所得由所在单位预扣代缴，年终再由纳税人结算申报进行清算。对于非居民个人，仅就其来源于本国境内所得在取得时扣缴。

对于居民个人不属于扣缴范围的所得，须进行预估并分期暂缴其应纳税款。预估暂缴一般由纳税人依据上年资料自行计算缴纳。

对于居民个人，年终应进行结算申报，把年终结算申报应纳税额同扣缴和预扣暂缴税额进行比较，并减去抵免额，计算应补缴税额或应退税额。

## 六、所得税政策选择

### （一）税基政策

就所得税税基来说，主要涉及宽税基还是窄税基的政策选择。传统的所得税为体现在收入公平分配和经济发展方面的调节作用，选择了征税范围小、税前扣除面广、税收优惠项目多的窄税基政策。窄税基政策虽有利于政策导向，但由于税基偏窄，使政府税收收入增长受到制约，而且对经济过多的政策干预也会影响经济的有效运行，同时给税收征管也带来了一定困难。现代所得税制改革在政策导向上有扩大税基的趋向，主要政策措施有：扩大征税范围，将一些过去未列入税基的收入项目，如将利息、股利、资本收益、社会福利等列入个人所得税征税范围；限制税前扣除，包括降低个人所得税的起征点，减少个人所得税和企业所得税的扣除额和扣除项目；控制税收优惠，如限制或取消企业所得税和个人所得税的减免税优惠等。扩大税基有利于拓宽税源，增加税收收入，减少税收对经济的干预，简化税收征管。

### （二）税率政策

所得税税率政策主要涉及税率水平和税率结构的政策选择。在窄税基的前提下，所得税往往实行高税率水平、多税率档次的税率政策，以此来稳定税收收入，发挥税收在促进收入纵向公平分配方面的作用。但高税率水平，尤其是高边际税率往往使企业和个人税负加重，对企业发展和个人劳动、储蓄、投资等会产生反激励效应。现代所得税制改革的政策导向是：在扩大税基的基础上降低税率。就个人所得税而言，主要是降低个人所得税税率，尤其是降低最高边际税率，并减少税率级距档次。就企业所得税而言，重点是采用比例税率并降低税率。降低企业和个人所得税税率目前已成为世界各国税制改革的趋势，但选择降低税率的政策导向要受到一个国家财政收入的制约。一个国家只有在因降低税率而减少的税收收入能够通过扩大税基而得到弥补时，这种降低税率的政策选择才是可行的。

### （三）征收政策

就所得税的征收而言，主要涉及综合所得税和分类所得税的政策选择及通货膨胀的税收处理。个人所得税实行分类所得税，目的主要是考虑对不同所得在税基确定和税率选择上予以区别对待。现代个人所得税改革的政策导向是把分类所得税改为综合所得税，使各种所得同等纳税，并有利于实行累进税率的个人所得税制。在通货膨胀的社会中，纳税人会在其实际所得没有增加的情况下，其名义所得却不断增加，如果实行累进税率，纳税人的所得将适用更高的税率,使纳税人税负加重。为了排除或减少通货膨胀对纳税人的影响,一些国家实行所得税指数化措施,即按每年消费物价指数,自动确定应纳税所得额的适用税率和纳税扣除额,以便剔除通货膨胀的影响。

### (四) 优惠政策

税收优惠政策的选择涉及政府采取怎样的优惠措施、选择怎样的优惠对象以及什么情况下采用税收优惠等问题。税收优惠是政府出于某种目的,对纳税人在税收上的减免,是对政府其他社会政治经济政策的补充。从所得税制度来看,税收优惠政策的选择取决于税基和税率的政策选择。传统的所得税在窄税基、高税率的前提下,偏重于采取过多的税收优惠来鼓励某些经济活动,以体现政策导向,并弥补窄税基、高税率的缺陷。但过多的税收优惠在实践中暴露出许多问题:首先,税收优惠越多,就越需要更高的税率征税才能保证必要的财政收入,而较高的税率会使经济发展产生扭曲。如果税率不能提高到足够水平,财政收入的不足就会加剧财政收支的不平衡,进而产生宏观经济问题。其次,许多税收优惠政策是迫于利益集团压力,而不是出于经济需要而出台的,享受税收优惠的部门或地区的社会经济效益并不一定好,这会影响整个社会资源配置的合理性,降低社会经济效益。再次,由于个人税收减免,对纳税人不同来源的所得和不同形式的所得区别对待,较高收入阶层广泛利用税收优惠进行逃税,产生横向不公平,违背税收的公平原则。最后,助长逃税,使高收入纳税人钻空子利用税收优惠达到低税收负担合法化,给税收征管造成困难。以上种种,促使政府重新审视税收优惠政策的有效性。因此,现代所得税制改革的政策导向主要是限制税收优惠,实行税收中性,政府的社会经济目标更多的是依靠其他政策措施来实现的。

## 第三节 我国现行所得税制度

我国现行的所得税税种主要包括企业所得税和个人所得税。

### 一、企业所得税

企业所得税是对我国境内的企业和其他取得收入的组织的生产经营所得和其他所得征收的所得税。现行的企业所得税的基本规范,是 2007 年 3 月 16 日第十届全国人民代表大会第五次全体会议通过的《中华人民共和国所得税法》(2017 年、2018 年两次修正)和 2007 年 11 月 28 日国务院第 197 次常务会议通过的《中华人民共和国所得税法实施条例》(2019 年修订)。

企业所得税的特点:(1)征税对象是所得额;(2)应税所得额的计算比较复杂;(3)征税以量能负担为原则;(4)实行按年计征、分期预缴的征税办法。

#### (一) 企业所得税的纳税人

企业所得税纳税人是指在中华人民共和国境内的企业和其他取得收入的组织,具体包括国有企业、集体企业、私营企业、联营企业、股份制企业、外商投资企业、外国企业以及有生产、经营所得和其他所得的其他组织(指经国家有关部门批准,依法注册、登记的事业单位、社会团体等组织)。

## （二）企业所得税的征税对象

企业所得税以纳税人取得的生产经营所得、其他所得和清算所得为征税对象。生产经营所得是指纳税人从事物质生产、商品流通、交通运输、劳务服务以及其他营利事业取得的所得；其他所得包括纳税人有偿转让各类财产取得的财产转让所得，购买各种有价证券取得的利息以及单位欠款取得的利息所得，出租固定资产、包装物等取得的租赁所得。因提供转让专利权、非专利技术、商标权、著作权等取得的特许权使用费所得，对外投资入股取得的股息、红利所得以及固定资产盘盈、因债权人原因确实无法支付的款项、物资及现金溢余等取得的其他所得。清算所得是指企业的全部资产可变现价值或者交易价格减除资产净值、清算费用以及相关税费后的余额。

## （三）企业所得税税率

企业所得税税率有基本税率和低税率两种。基本税率是25%，适用于居民企业和在中国境内设有机构、场所且所得与机构、场所有关联的非居民企业；低税率是20%，适用于在中国境内未设立机构、场所的，或者虽设立机构、场所但取得的所得与其所设机构、场所没有实际联系的非居民企业，但实际征税时适用10%的税率。

## （四）企业所得税的计税依据和应纳所得税额的计算

企业所得税的计税依据是企业的应纳税所得额。

$$应纳所得税额 = 应纳税所得额 \times 税率 - 减免税额 - 抵免税额$$

公式中"应纳税所得额"即纳税人纳税年度收入总额减去准予扣除项目后的余额。基本公式是：

$$应纳税所得额 = 收入总额 - 不征税收入 - 免税项目 - 准予扣除项目金额$$

1. 收入总额的确定

纳税人的收入总额包括生产经营收入、财产转让收入、利息收入、租赁收入、特许权使用费收入、股息收入和其他收入。

2. 不征税收入

并非纳税人取得的所有收入都需要计征企业所得税，有些收入被排除在企业所得税的征收范围之外。按照目前的企业所得税法规定，下列收入为不征税收入：

（1）财政拨款；
（2）依法收取并纳入财政管理的行政事业性收费、政府性基金；
（3）国务院规定的其他不征税收入。

3. 扣除项目的确定

纳税人在生产经营活动中，所发生的费用支出必须严格区分经营性支出和资本性支出。资本性支出不得在发生当期直接扣除，必须按税收法规规定分期折旧、摊销或计入有关投资的成本。

准予扣除的项目包括成本、费用、税金（消费税、资源税、关税、城市维护建设税、教育费附加等产品销售税金及附加，以及房产税、车船税、城镇土地使用税、印花税等），损失（营业外支出、经营亏损、投资损失及其他损失），其他支出（除成本、费用、税金、损失外，企业在生产经营活动中发生的与生产经营活动有关的合理支出），不超过年度利润总额12%的公益性捐赠支出。

不得扣除的项目有：向投资者支付的股息、红利等权益性投资收益款项；企业所得税税款；税收滞纳金；罚金、罚款和被没收财物的损失；超过规定标准的捐赠支出；赞助支出；未经核定的准备金支出；与取得收入无关的其他支出。

企业发生年度亏损的，可以用下一纳税年度的所得弥补，下一纳税年度所得弥补不足的，可以逐年延续弥补，但延续弥补期最长不得超过5年。

### （五）企业所得税的税收优惠

（1）符合条件的小型微利企业，减按20%的税率征收企业所得税。

（2）国家需要重点扶持的高新技术企业，减按15%的税率征收企业所得税。

（3）民族自治地方的自治机关对本民族自治地方的企业应缴纳的企业所得税中属于地方分享的部分，可以决定减征或者免征。自治州、自治县决定减征或者免征的，须报省、自治区、直辖市人民政府批准。

（4）企业的下列支出，可以在计算应纳税所得额时加计扣除：

● 开发新技术、新产品、新工艺发生的研究开发费用；

● 安置残疾人员及国家鼓励安置的其他就业人员所支付的工资。

（5）创业投资企业从事国家需要重点扶持和鼓励的创业投资，可以按投资额的一定比例抵扣应纳税所得额。

（6）企业的固定资产由于技术进步等原因，确需加速折旧的，可以缩短折旧年限或者采取加速折旧的方法。

（7）企业综合利用资源，生产符合国家产业政策规定的产品所取得的收入，可以在计算应纳税所得额时减计收入。

（8）企业购置用于环境保护、节能节水、安全生产等专用设备的投资额，可以按一定比例实行税额抵免。

### （六）企业所得税的征收管理

企业所得税实行按年计征，分期预缴，年终汇算清缴，多退少补的办法。

纳税人预缴所得税可分月或者分季预缴，在月份或者季度终了后15日内预缴，应当按纳税期限内应纳税所得额的实际数预缴。按实际数预缴有困难的，可按上一年度应纳税所得额的1/12（或1/4）预缴，或者经当地税务机关认可的其他方法分期预缴。其计算公式为：

$$应纳所得税额 = 月（季）应纳税所得额 \times 税率$$

或

$$应纳所得税额 = 上年应纳税所得额 \times 1/12（或 1/4）\times 税率$$

年度终了后5个月内汇算清缴，多退少补。汇算清缴时，计算方法如下：

$$全年应纳所得税额 = 全年应纳税所得额 \times 税率$$

$$多退少补所得税额 = 全年应纳所得税额 - 月（季）已预缴所得税额$$

## 二、个人所得税

个人所得税是以个人（自然人）取得的各项应税所得为对象征收的一种税。现行个人所得税的基本规范是1980年9月10日第五届全国人民代表大会第三次会议通过，2018年8

月31日第十三届全国人民代表大会常务委员会第五次会议第七次修正,自2019年1月1日起施行的《中华人民共和国个人所得税法》,以及2018年12月18日第四次修订的《中华人民共和国个人所得税法实施条例》。

个人所得税的特点:(1)实行分类征收;(2)累进税率与比例税率并用;(3)费用扣除额较宽;(4)计算简便;(5)采用源泉扣缴和自行申报两种征收方法。

### (一) 个人所得税的纳税人

个人所得税是指在中国境内有住所,或者虽无住所但在境内居住满183天,以及无住所又不居住或居住不满183天但有从中国境内取得所得的个人,包括中国公民、个体工商户、外籍人员(包括无国籍人员)和香港、澳门、台湾地区同胞。

### (二) 个人所得税征税对象

个人所得税的征税对象是个人取得的应税所得。个人所得税法列举征税的个人所得共9项,具体包括:

1. 工资、薪金所得

工资薪金所得是指个人因任职或者受雇而取得的工资、薪金、奖金、年终加薪、劳动分红、津贴以及与任职或者受雇有关的其他所得。

2. 劳务报酬所得

该项是指个人从事设计、装潢、安装、制图、化验、测试、医疗、法律、会计、咨询、讲学、新闻、广播、翻译、审稿、书画、雕刻、影视、录音、录像、演出、表演、广告、展览、技术服务、介绍服务、经纪服务、代办服务以及其他劳务取得的所得。

3. 稿酬所得

该项是指个人因其作品以图书、报刊形式出版、发表而取得的所得。

4. 特许权使用费所得

该项是指个人提供专利权、商标权、著作权、非专利技术以及其他特许权的使用权取得的所得;提供著作权的使用权取得的所得(不包括稿酬所得)。

5. 经营所得

(1) 个体工商户从事生产、经营活动取得的所得,个人独资企业投资人、合伙企业的个人合伙人来源于境内注册的个人独资企业、合伙企业生产、经营的所得;

(2) 个人依法从事办学、医疗、咨询以及其他有偿服务活动取得的所得;

(3) 个人对企业、事业单位承包经营、承租经营以及转包、转租取得的所得;

(4) 个人从事其他生产、经营活动取得的所得。

6. 利息、股息、红利所得

利息、股息、红利所得,是指个人拥有债权、股权而取得的利息、股息、红利所得。

7. 财产租赁所得

财产租赁所得,是指个人出租不动产、机器设备、车船以及其他财产取得的所得。

8. 财产转让所得

财产转让所得,是指个人转让有价证券、股权、合伙企业中的财产份额、不动产、机器设备、车船以及其他财产取得的所得。

9. 偶然所得

偶然所得,是指个人得奖、中奖、中彩以及其他偶然性质的所得。

居民个人取得前款第一项至第四项所得(以下称综合所得),按纳税年度合并计算个人所得税;非居民个人取得前款第一项至第四项所得,按月或者按次分项计算个人所得税。纳税人取得前款第五项至第九项所得,依法分别计算个人所得税。

### (三) 个人所得税的税率

个人所得税分别对不同个人所得项目,规定超额累进税率和比例税率两种形式。

(1) 综合所得适用3%～45%的七级超额累进税率(见表17-1)。

表17-1 个人所得税税率表一(综合所得适用)

| 级数 | 全年应纳税所得额 | 税率(%) |
| --- | --- | --- |
| 1 | 不超过36 000元的部分 | 3 |
| 2 | 超过36 000元至144 000元的部分 | 10 |
| 3 | 超过144 000元至300 000元的部分 | 20 |
| 4 | 超过300 000元至420 000元的部分 | 25 |
| 5 | 超过420 000元至660 000元的部分 | 30 |
| 6 | 超过660 000元至960 000元的部分 | 35 |
| 7 | 超过960 000元的部分 | 45 |

注:本表所称全年应纳税所得额是指依照《个人所得税法》第六条的规定,居民个人取得综合所得以每一纳税年度收入额减除费用6万元以及专项扣除、专项附加扣除和依法确定的其他扣除后的余额。非居民个人取得工资、薪金所得,劳务报酬所得,稿酬所得和特许权使用费所得,依照本表按月换算后计算应纳税额。

(2) 经营所得适用5%～35%的五级超额累进税率(见表17-2)。

表17-2 个人所得税税率表二(经营所得适用)

| 级数 | 全年应纳税所得额 | 税率(%) |
| --- | --- | --- |
| 1 | 不超过30 000元的部分 | 5 |
| 2 | 超过30 000元至90 000元的部分 | 10 |
| 3 | 超过90 000元至300 000元的部分 | 20 |
| 4 | 超过300 000元至500 000元的部分 | 30 |
| 5 | 超过500 000元的部分 | 35 |

注:本表所称全年应纳税所得额是指依照《个人所得税法》第六条的规定,以每一纳税年度的收入总额减除成本、费用以及损失后的余额。

(3) 利息、股息、红利所得,财产租赁所得,财产转让所得,偶然所得,适用20%的比例税率。

### (四) 个人所得税的计算

1. 居民个人综合所得的计算

$$应纳税额 = 应纳税所得额 \times 适用税率 - 速算扣除数$$

居民个人取得综合所得,以每年收入额减除费用60 000元以及专项扣除、专项附加扣除和依法确定的其他扣除后的余额,作为应纳税所得额。劳务报酬所得、稿酬所得、特许权使用费所得以收入减除 20% 的费用后的余额为收入额,其中稿酬所得的收入额减按 70% 计算。

非居民个人的工资、薪金所得,以每月收入额减除费用 5 000 元后的余额为应纳税所得额;劳务报酬所得、稿酬所得、特许权使用费所得,以每次收入额为应纳税所得额。

(1) 专项扣除,包括居民个人按照国家规定的范围和标准缴纳的基本养老保险、基本医疗保险、失业保险等社会保险费和住房公积金等。

(2) 专项附加扣除,包括子女教育、继续教育、大病医疗、住房贷款利息或者住房租金、赡养老人、3 岁以下婴幼儿照护等支出。

(3) 依法确定的其他扣除,包括个人缴付符合国家规定的企业年金、职业年金,个人购买的符合国家规定的商业健康保险、税收递延型商业养老保险的支出,以及国务院规定可以扣除的其他项目。

2. 经营所得的计算

经营所得,以每一纳税年度的收入总额减除成本、费用以及损失后的余额,为应纳税所得额。其计算公式为:

$$应纳税所得额 = 收入总额 - (成本 + 费用 + 损失)$$

3. 利息、股息、红利所得的计算

利息、股息、红利所得适用 20% 的比例税率,其应纳税额的计算公式为:

$$应纳税额 = 应纳税所得额(每次收入额) \times 适用税率$$

公式中的"应纳税所得额"是纳税人每次取得的收入额,不得从收入额中扣除任何费用。

储蓄存款在 1999 年 10 月 31 日前孳生的利息所得,不征收个人所得税;储蓄存款在 1999 年 11 月 1 日至 2007 年 8 月 14 日孳生的利息所得,按照 20% 的比例税率征收个人所得税;储蓄存款在 2007 年 8 月 15 日至 2008 年 10 月 8 日孳生的利息所得,按照 5% 的比例税率征收个人所得税;储蓄存款在 2008 年 10 月 9 日后(含 10 月 9 日)孳生的利息所得,暂免征收个人所得税。

4. 财产租赁所得的计算

财产租赁所得适用 20% 的比例税率,其应纳税额的计算公式为:

$$应纳税额 = 应纳税所得额 \times 适用税率$$

公式中的"应纳税所得额"为纳税人每次取得的收入定额或定率减除规定费用后的余额。每次收入不超过 4 000 元的,定额减除费用 800 元;每次收入在 4 000 元以上的,定率减除 20% 的费用。

5. 财产转让所得的计算

财产转让所得适用 20% 的比例税率,其应纳税额的计算公式为:

$$应纳税额 = 应纳税所得额 \times 适用税率$$

公式中的"应纳税所得额"为纳税人每次转让财产取得的收入额减除财产原值和合理费用的余额。

### 6. 偶然所得的计算

偶然所得适用20%的比例税率,其应纳税额的计算公式为:

$$应纳税额 = 应纳税所得额 \times 适用税率$$

$$应纳税额 = 应纳税所得额(每次收入额) \times 适用税率$$

公式中的"应纳税所得额"是纳税人每次取得的收入,不扣除任何费用。

#### (五) 个人所得税的税收优惠

下列各项个人所得免纳个人所得税:

(1) 省级人民政府、国务院部委和中国人民解放军军以上单位,以及外国组织、国际组织颁发的科学、教育、技术、文化、卫生、体育、环境保护等方面的奖金。

(2) 国债和国家发行的金融债券利息。

(3) 按照国家统一规定发给的补贴、津贴。

(4) 福利费、抚恤金、救济金。

(5) 保险赔款。

(6) 军人的转业费、复员费、退役金。

(7) 按照国家统一规定发给干部、职工的安家费、退职费、基本养老金或者退休费、离休费、离休生活补助费。

(8) 依照我国有关法律规定应予免税的各国驻华使馆、领事馆的外交代表、领事官员和其他人员的所得。

(9) 中国政府参加的国际公约、签订的协议中规定免税的所得。

(10) 国务院规定的其他免税所得。

#### (六) 个人所得税的征收管理

个人所得税采取税源扣缴税款和自行申报两种纳税方法。以所得人为纳税义务人,以支付所得的单位或者个人为扣缴义务人。

有下列情形之一的,纳税人应当依法办理纳税申报:

(1) 取得综合所得需要办理汇算清缴。

(2) 取得应税所得没有扣缴义务人。

(3) 取得应税所得,扣缴义务人未扣缴税款。

(4) 取得境外所得。

(5) 因移居境外注销中国户籍。

(6) 非居民个人在中国境内从两处以上取得工资、薪金所得。

(7) 国务院规定的其他情形。

居民个人取得综合所得,按年计算个人所得税;有扣缴义务人的,由扣缴义务人按月或者按次预扣预缴税款;需要办理汇算清缴的,应当在取得所得的次年3月1日至6月30日内办理汇算清缴。纳税人取得经营所得,按年计算个人所得税,由纳税人在月度或者季度终了后15日内向税务机关报送纳税申报表,并预缴税款;在取得所得的次年3月31日前办理汇算清缴。纳税人取得应税所得没有扣缴义务人的,应当在取得所得的次月15日内向税务机关报送纳税申报表,并缴纳税款。纳税人取得应税所得,扣缴义务人未扣缴税款的,纳税人应当在取得所得的次年6月30日前缴纳税款。

## 三、所得税制的改革

### (一) 所得税收入分享改革

我国最初的分税制规定企业所得税征税是按照隶属关系征收,中央企业所得税归中央,地方企业所得税归地方,这是一种典型的计划经济征税方式。从2002年起,除少数特殊行业的企业外,绝大部分企业所得税和全部个人所得税实行中央与地方分享。2002年所得税的增量收入中央与地方各分享50%,2003年起,中央与地方所得税收入分享比例按中央分享60%、地方分享40%执行。中央财政因所得税分享改革增加的收入,按照公平、公正的原则,采用规范的方法进行分配,对地方主要是中西部地区实行转移支付。所得税收入分享改革实施以来,中央与地方政府之间的分配关系得到了进一步规范,中央增加了对地方的一般性转移支付,地区间财力差距扩大的趋势有所减缓,改革初步达到了预期目标。

从发达国家的情况来看,所得税作为主体税种,当然是中央税,或者至少是共享税。我国作为发展中国家,主体税种一直是流转税。然而,随着我国经济发展水平的迅猛增长,所得税在整个税制结构中的地位越来越重要,收入份额越来越高,对于中央政府调控宏观经济所起的作用也越来越重要。因此,中央政府应当享有所得税更大的收入份额,税制结构也将逐步向增值税与所得税双主体的方向发展。

### (二) 个人所得税改革

#### 1. 分类税制改为综合分类税制

个人所得税的分类税制,对于不同来源的所得分别按照不同的税率征税,由于扣除不合理、征收不全面,可能造成同等收入的纳税人税负不同,未能很好地发挥所得税调节收入差距的功能。而对劳动所得和非劳动所得实行差别税率的初衷是鼓励勤劳致富,结果却由于经济的发展和现行税率结构欠合理等原因,造成劳动所得的高收入者和非劳动所得的高收入者税负倒挂。因此,完美的个人所得税应当为综合税制,但是这需要较高的管理水平和完善的信用体系作为基础。我国现阶段已初步将个人所得税改为综合和分类相结合的个人所得税制,把个人所得的一部分改为综合征收,即大多数人有的收入实行综合征收,一部分还保留着分类征收,因为有些收入是大多数人没有的收入,变成综合征收意义也不大。综合得越多越公平,但相应的管理难度也在增加。所以,到底把哪些收入综合进来,是需要仔细斟酌的。

#### 2. 重新设计个人所得税的税率、级次和税前扣除

综合征收,配合以累进税率,才能体现所得税的再分配职责。对于过去的九级超额累进的批评是级次太多,计算非常复杂,管理成本过高,目前已改为七级。此外,还有一个问题就是边际税率过高。美国2018年以后个人所得税的最高边际税率是37%,而我国现在最高边际税率是45%。由于现在对于工资薪金以外的其他收入实行分类征收的税率为20%,而且高收入者的这部分所得通常较高,因而改为综合征收之后,累进级次可以减少,最高边际税率可以适当降低。

在税前扣除上,应该考虑家庭人员的不同构成以及基本生活水平需求的实际情况,完善专项扣除与专项附加扣除。在推行个人所得税全员申报的同时,可以推行个人申报和家庭申报两种不同的方式。而由于越来越多的单位采取年薪制、年终奖等薪资方式,年收入比月收入更能真实反映个人的负担能力,所以全员申报也可以采用按年申报计征个人所得税的做法。此外,在加入WTO之后,我国不仅应对外国企业实行国民待遇,对外国公民也应当

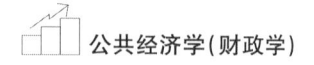

实行国民待遇,因此应调整中外籍个人在所得税政策上的差异,一视同仁地征税。

可以预期的是,随着我国经济的增长,个人所得税在全部税收中所占比重会不断增加,个人所得税的政策也会不断完善。

### (三)开征社会保险税

社会保险税是一种目的税,专款专用。目前,世界上有100多个国家开征了社会保险税。社会保险税要优于现行的社会保险费方式,因为前者更加规范、法律刚性更强、征收成本更低。由于社会保险税的计税依据在很大程度上与个人所得税的计税依据相同,因此适合由同一个部门负责这两个税种的征管。我国自1999年1月国务院公布《社会保险费征缴暂行条例》以来,先后在多个省进行由税务机关代征社会保险费的尝试,最终于2019年1月1日起由税务部门统一征收各项社会保险费。至于开征社会保险税的时机,目前重点需要解决的是社会保障立法、个人账户做实、地区间保障基金的调节、历史空账等问题。

## 本章小结

我国现行的所得税税种主要包括企业所得税、个人所得税。随着我国经济水平的发展,企业所得税在整个税收体系中的地位越来越重要,在分税制中作为共享税,中央政府占有的收入份额越来越大。个人所得税从分类税制向分类综合税制的改革也是应有之举。

## 习 题

### 一、名词解释

所得税　　所得额　　企业所得税　　个人所得税　　社会保险税　　居民纳税人　　非居民纳税人　　境内所得　　境外所得　　应纳税所得额　　应纳所得税额　　所得税的分类征收与综合征收

### 二、思考题

1. 所得课税的基本特征是什么?
2. 所得税有哪些类型?
3. 居民纳税人和非居民纳税人如何划分?
4. 企业所得税和个人所得税分别应选择何种税率形式?为什么?
5. 个人所得税的分类征收和综合征收各有什么特点?
6. 某企业2023年1月至12月份共预缴了企业所得税800万元,年终结算后有关账户的数字为:产品销售收入9 000万元;产品销售成本4 500万元;产品销售费用为800万元;管理费用为700万元;其他业务收入50万元;其他业务支出30万元;营业外收入100万元;营业外支出90万元;坏账损失20万元;增值税退税收入100万元;国债利息收入200万元;金融债券利息收入20万元;银行存款利息收入10万元。假设各扣除项目的支出均在税法规定的范围内。请依据上述资料汇算清缴该企业所得税。
7. 有一中国公民,2023年1月至12月取得工资、薪金收入96 000元,取得稿酬收入5 000元。请计算该纳税人当年应纳个人所得税税额。

# 第十八章 财产税和其他税

**全章提要**

- 第一节 财产税的特点及类型
- 第二节 我国的财产税制度
- 第三节 财产税有关问题的探讨
- 第四节 资源税和其他税

本章小结

习题

财产税又称财产课税,是指以法人和自然人拥有的财产数量或者财产价值为征税对象的一类税收。财产税作为一个古老的税种,曾是各国政府主要的财政收入来源,然而随着社会经济的发展,财产税的主体地位已被所得税和流转税所取代。现在世界上很多国家以财产税作为地方政府的主要收入来源。

思政案例

绿色税制推动绿色发展

## 第一节 财产税的特点及类型

### 一、财产税的特点

(1) 财产税属于直接税,税负不易转嫁。财产税由对财产进行占有、使用或收益的主体直接承担,并且,由于财产税主要是对使用、消费过程中的财产征收,而不是对生产、流通领域的财产征收,因而其税负很难转嫁。

(2) 财产税可以调节财富的分配,抑制财产过于集中于少数人的趋势,体现社会分配的公正性。

(3) 土地、房产等不动产的位置固定、标志明显,作为征税对象具有收入的稳定性,税收不易逃漏。

(4) 纳税人的财产大多分散于全国各地,当地政府易于了解,便于因地制宜地实施征收管理。因此,许多国家都将财产税作为税制中的辅助税,划入地方税。

### 二、财产税的类型

根据不同的标准,可以对财产税进行不同的分类。

#### (一) 根据课税财产的范围不同,财产税可以分为一般财产税和个别财产税

一般财产税,又称综合财产税,是对纳税人拥有的全部财产实行综合课征。这种财产税的应税范围较广,原则上包括纳税人所有或支配的全部财产,有助于调节收入分配、缩小贫富差距。同时,其计征方法比较复杂,征纳成本较高,需要严格的征管制度和先进的征管手段。实行一般财产税制度的国家主要为发达国家。个别财产税,又称特种财产税,是对特定类型的财产进行课征,主要包括土地、房屋、车辆或其他财产,课税范围相对较窄,但不宜隐匿虚报,计征方法相对简便。发展中国家一般实行个别财产税制度。

#### (二) 根据应税财产的形态不同,财产税可以分为静态财产税和动态财产税

静态财产税是对纳税人在一定时间内拥有的财产进行课税,如土地税、房产税等,是财产课税的主要组成部分。动态财产税是对财产的转移或变动进行课征的财产税,主要包括遗产税和赠与税等。也有学者认为只有静态财产税才是财产税,而把动态财产税视为收益税或流通税。

#### (三) 根据课税依据的不同,财产税可以分为财产价值税和财产增值税

前者是以财产的价值额为课税依据的财产税,一般按照财产总价值、财产净价值等征

税。后者是以财产的增值额为课税依据的财产税。

**(四) 根据课税权行使的持续性,财产税可以分为经常财产税和临时财产税**

前者是常年课征的,作为经常性税种持续取得财政收入的财产税。后者是在非常时期,如战争时期,为筹措财政收入而临时开征的财产税。

财产税的征税对象一般可以分为不动产和动产两大类。不动产包括土地和土地上的建筑物;动产包括有形资产(如耐用消费品、家具、车辆等)和无形资产(如股票、债券、现金、银行存款等)。目前,世界各国对财产征收的税收主要有房产税、土地税、固定资产税、流动资产税、遗产税和赠与税等。

## 第二节 我国的财产税制度

我国现行税制中的财产税包括对不动产和动产的征税,其中对不动产占有、使用和收益征收的税种有:课征于城镇经营性房产的房产税;课征于城镇土地使用权的城镇土地使用税。对动产征收的税种主要是课征于拥有并使用车辆船舶的车船税,以及对于车辆购买各项费用进行费改税形成的车辆购置税。与不动产有关的行为目的税包括:课征于房地产转让增值收益的土地增值税;课征于非农业占用耕地的耕地占用税;课征于不动产所有权转移的契税等。

### 一、房产税

对房地产征税的基本规范是 1951 年 8 月国务院颁布的《中华人民共和国城市房地产税暂行条例》。1984 年进行工商税制改革时,国务院决定将城市房地产税划分为房产税和城镇土地使用税两个税种,对内资企业和个人征收。国务院于 1986 年 9 月发布了《中华人民共和国房产税暂行条例》,规定从 1986 年 10 月 1 日起在全国开征房产税;但对外商投资企业等涉外企业和外籍人员的房产,仍适用 1951 年颁布的《城市房地产税暂行条例》征税。2008 年 12 月 31 日,国务院公布了第 546 号令,自 2009 年 1 月 1 日起废止《城市房地产税暂行条例》,外商投资企业、外国企业和组织以及外籍个人,依照《中华人民共和国房产税暂行条例》缴纳房产税。经国务院批准,2011 年 1 月 28 日起,上海、重庆两地正式对个人住房试点征收房产税。2021 年 10 月 23 日,全国人大会议通过了《全国人大常委会关于授权国务院在部分地区开展房地产税改革试点工作的决定》,授权国务院在部分地区开展房地产税改革试点工作。

**(一) 房产税的纳税义务人**

房产税的纳税义务人是指房屋的产权所有人,具体包括产权所有人、房产承典人、房产代管人或使用人。

**(二) 房产税的征税对象**

房产税的征税对象是房产,即有屋面和围护结构(有墙或两边有柱),能够遮风避雨,可提供人们在其中生产、学习、工作、娱乐、居住或储藏物资的场所。

### (三)房产税的征税范围

房产税的征税范围为:城市、县城、建制镇和工矿区。

### (四)房产税的计税依据和税率

1. 计税依据

房产税的计税依据,有从价计征和从租计征两种。所谓"从价计征",是指按照房产原值一次减除10%~30%后的余值计算缴纳;所谓"从租计征",是指以房产租金收入计算缴纳。营业税改征增值税后,房产出租的,计征房产税的租金收入不含增值税。免征增值税的,确定计税依据时,租金收入不扣减增值税税额。

在确定房产税的计税依据时,还需要注意以下几个特殊规定:对以房产投资联营,投资者参与投资利润分红,共担风险的,按房产原值作为计税依据计征房产税;对只收取固定收入,不承担联营风险的,应按租金收入计征房产税。对融资租赁房屋计征房产税时,应以房产余值计算征收。至于租赁期内房产税的纳税人,由当地税务机关根据实际情况确定。

2. 税率

我国现行房产税采用的是比例税率,主要有两种税率:一是实行从价计征的,税率为1.2%;二是实行从租计征的,税率为12%。从2008年3月1日起,对个人按市场价格出租的居民住房,可暂减按4%的税率征收房产税。

### (五)房产税的应纳税额的计算

1. 从价计征的计算

从价计征的计算,是指按照房产的原值减除一定比例后的余额来计算征收房产税。其计算公式为:

$$应纳税额 = 应税房产原值 \times (1 - 扣除比例) \times 1.2\%$$

2. 从租计征的计算

从租计征的计算,是指按房产出租的租金收入来计算征收房产税。其计算公式为:

$$应纳税额 = 租金收入 \times 12\% (或 4\%)$$

### (六)房产税的税收优惠

(1)国家机关、人民团体、军队自用的房产免征房产税;但对其出租房产以及非自身业务使用的生产、营业用房,不属于免税范围。

(2)由国家财政部门拨付事业经费的单位(全额或差额预算的事业单位),本身业务范围内使用的房产免征房产税。对于其所属的附属工厂、商店、招待所等不属单位公务、业务的用房,应照章纳税。

(3)宗教寺庙、公园、名胜古迹自用的房产免征房产税;但宗教寺庙、公园、名胜古迹中附设的营业单位,如影剧院、饮食部、茶社、照相馆等所使用的房产及出租的房产,不属于免税范围,应照章纳税。

(4)个人所有非营业用的房产免征房产税。对个人拥有的营业用房或者出租的房产,不属于免税房产,应照章纳税。

(5)经财政部批准免税的其他房产。

(6) 除上面提到的可以免纳房产税的情况以外,如纳税人确有困难的,可由省、自治区、直辖市人民政府确定,定期减征或者免征房产税。

### (七) 房产税的纳税申报及缴纳

1. 纳税义务发生时间

纳税人将原有房产用于生产经营,从生产经营之月起,缴纳房产税。纳税人自行新建房屋用于生产经营,从建成之日的次月起,缴纳房产税。纳税人委托施工企业建设的房屋,从办理验收手续的次月起,缴纳房产税。对纳税人在办理手续前,就已经使用或出租、出借的新建房屋,应从使用或出租、出借的次月起,缴纳房产税。纳税人购置新建商品房,自房屋交付使用之次月起计征房产税。购置存量房,自办理房屋权属转移、变更登记手续,房地产权属登记机关签发房屋权属证书之次月起计征房产税。出租、出借房产,自交付出租出借房产之次月起计征房产税。

2. 纳税期限

房产税实行按年计算,分期缴纳的征收办法。具体纳税期限由省、自治区、直辖市人民政府规定。各地一般规定按季或按半年征收一次。

3. 纳税申报

房产税的纳税人应按照条例的有关规定,及时办理纳税申报,并如实填写"房产税纳税申报表"。

4. 纳税地点和征收机关

房产税在房产所在地缴纳。对房产不在同一地方的纳税人,应按房产的坐落地点分别向房产所在地的税务机关缴纳。

## 二、城镇土地使用税

城镇土地使用税是对在城市、县城、建制镇和工矿区范围内使用土地的单位和个人,按其实际占用的土地面积和规定的土地等级征收的一种税。《中华人民共和国城镇土地使用税暂行条例》由国务院于1988年9月27日发布,并于2006年12月31日经国务院修改并颁布。国务院又分别于2011年1月8日、2013年12月7日和2019年3月18日对该条例先后进行了三次修订。

### (一) 城镇土地使用税的纳税义务人

在开征此税的地区范围内使用国家和集体所有土地的单位和个人,都是该税的纳税人。城镇土地使用税的纳税义务人通常包括以下几类:

(1) 拥有土地使用权的单位和个人,为纳税义务人。

(2) 拥有土地使用权的单位和个人不在土地所在地的,其土地的实际使用人和代管人为纳税义务人。

(3) 土地使用权未确定或权属纠纷未解决的,其实际使用人为纳税义务人。

(4) 土地使用权共有的,共有各方都是纳税义务人,由共有各方分别纳税。

(5) 在征税范围内,承租集体所有建设用地的,由直接从集体经济组织承租土地的单位和个人,缴纳城镇土地使用税。

### (二) 城镇土地使用税的征税范围

城镇土地使用税的征税范围,包括在城市、县城、建制镇和工矿区内的国家所有和集体所有的土地。对建立在城市、县城、建制镇和工矿区以外的工矿企业,则不需要缴纳城镇土地使用税。对城市、县城、建制镇和工矿区的具体征税范围的确定,由省、自治区、直辖市人民政府具体划定。

### (三) 城镇土地使用税的税率及计税依据

城镇土地使用税采用定额税率。每平方米土地年税额规定如下:

大城市,1.5~30元;中等城市,1.2~24元;小城市,0.9~18元;县城、建制镇、工矿区,0.6~12元。

城镇土地使用税以纳税义务人实际占用的土地面积为计税依据。纳税义务人实际占用土地面积按下列方法确定:

凡由省、自治区、直辖市人民政府确定的单位组织测定土地面积的,以测定的面积为准。尚未组织测量,但纳税人持有政府部门核发的土地使用证书的,以证书确认的土地面积为准。尚未核发出土地使用证书的,应由纳税人申报土地面积,据以纳税,等到核发土地使用证以后再做调整。

自2009年1月1日起,公园、名胜古迹内的索道公司经营用地,应按规定缴纳城镇土地使用税。自2009年12月1日起,对在城镇土地使用税征税范围内单独建造的地下建筑用地,按规定征收城镇土地使用税。

### (四) 城镇土地使用税应纳税额的计算

其计算公式为:

$$全年应纳税额 = 实际占用应税土地面积(平方米) \times 适用税额$$

### (五) 城镇土地使用税的税收优惠

1. 免征土地使用税情形

(1) 国家机关、人民团体、军队自用的土地。
(2) 由国家财政部门拨付事业经费的单位自用的土地。
(3) 宗教寺庙、公园、名胜古迹自用的土地。
(4) 市政街道、广场、绿化地带等公用设施。
(5) 直接用于农、林、牧、渔业的生产用地。
(6) 经批准开山填海整治的土地和改造的废弃土地,从使用的月份起免缴土地使用税5年至10年。
(7) 由财政部另行规定免税的能源、交通、水利设施用地和其他用地。

2. 由省、自治区、直辖市地方税务局确定减免土地使用税情形

(1) 个人所有的居住房屋及院落用地。
(2) 免税单位职工家属的宿舍用地。
(3) 民政部门举办的安置残疾人占一定比例的福利工厂用地。
(4) 集体和个人办的各类学校、医院、托儿所、幼儿园用地。
(5) 对有些基建项目,特别是国家产业政策扶持发展的大型基建项目,占地面积大,建设周期长,在建期间又没有经营收入,为照顾其实际情况,对纳税人确有困难的,省、自治区、直辖市地方税务局根据具体情况予以免征或者减征城镇土地使用税。

(6)对城镇内的集贸市场(农贸市场)用地,各省、自治区、直辖市地方税务局可根据具体情况自行确定征收或者免征城镇土地使用税。

(7)房地产开发公司建造商品房的用地,原则上应按规定计征城镇土地使用税。但在商品房出售之前纳税确有困难的,其用地是否给予缓征或减征、免征照顾,可由各省、自治区、直辖市地方税务局根据从严的原则结合具体情况确定。

(8)对于落实私房政策后已归还产权、但房屋仍由原住户居住用仍按房管部门在房租调整改革前确定的租金标准交纳租金的房屋用地,房主缴纳城镇土地使用税确有困难的,省、自治区、直辖市地方税务局可根据具体情况给予定期减征或者免征城镇土地使用税的照顾。

(9)对各类危险品仓库、厂房所需的防火、防爆、防毒等安全防范用地,可由省、自治区、直辖市地方税务局确定暂免征收城镇土地使用税。

(10)企业关闭、撤销、搬迁后,其原有场地未作他用的,可由省、自治区、直辖市地方税务局批准暂免征收城镇土地使用税。

(11)经贸仓库、冷库,纳税有困难的,可向企业所在地的税务机关提出减免税申请,由省、自治区和直辖市税务局审核,报国家税务总局批准,减征或者免征土地使用税。

(12)对房产管理部门在房租调整改革前经租的居民住房用地,考虑到在房租调整改革前,房产管理部门经租居民住房收取的租金标准一般较低,许多地方纳税确有困难的实际情况而确定的一项临时性照顾措施。房租调整改革后,房产管理部门经租的居民住房用地(不论是何时经租的),都应缴纳城镇土地使用税。至于房租调整改革后,有的房产管理部门按规定缴纳城镇土地使用税确有实际困难的,可按税收管理体制的规定,报经批准后再给予适当减征或免征土地使用税的照顾。

(13)对于经营状况差、纳税确有困难的企业,可在授权范围内给予适当减免城镇土地使用税的照顾。

(14)向居民供热并向居民收取采暖费的供热企业暂免征收土地使用税。

**(六)城镇土地使用税的纳税申报及缴纳**

1. 城镇土地使用税的纳税期限

城镇土地使用税实行按年计算、分期缴纳的征收办法,具体纳税期限由省、自治区、直辖市人民政府确定。

2. 城镇土地使用税的纳税申报

纳税人应依照当地税务机关规定的期限,填写"城镇土地使用税纳税申报表",将其占用土地的权属、位置、面积等按照税务机关的要求填写,据实向当地税务机关办理纳税申报,并提供有关的证明文件资料。纳税人新征用的土地,必须于批准新征用之日起30日内申报登记。纳税人如有住址变更、土地使用权属转换等情况,从转移之日起,按规定期限办理申报变更登记。

3. 城镇土地使用税的纳税地点和征收机构

城镇土地使用税的纳税地点为土地所在地,由土地所在地的税务机关负责征收。但有两种情况需要注意:一是对纳税人使用的土地不属于同一市(县)管辖范围内的,由纳税人分别向土地所在地的税务机关申报缴纳;二是对在同一省(自治区、直辖市)管辖范围内,纳税人跨地区使用的土地,由省、自治区、直辖市地方税务局确定纳税地点。

### 三、耕地占用税

耕地占用税,是指国家对占用耕地建房或者从事其他非农业建设的单位和个人,依其占用耕地的面积征收的一种税。1987年4月1日,国务院发布《中华人民共和国耕地占用税暂行条例》,并从发布之日起施行。2007年12月1日,国务院第511号令,修订并重新颁布了《中华人民共和国耕地占用税暂行条例》。《中华人民共和国耕地占用税法》于2019年9月1日起施行。

耕地占用税的特点:(1)具有行为税的特点;(2)具有税收用途补偿性的特点;(3)实行一次性征收;(4)耕地占用税以县为单位,以人均耕地面积为标准,分别规定单位税额;(5)耕地占用税征收标准的确定具有较大的灵活性。

**(一)耕地占用税的纳税人**

耕地占用税的纳税人包括占用耕地建房或者从事其他非农业建设的各类企业、单位、个体经营者和其他个人。

**(二)耕地占用税的征税范围**

耕地占用税的征税范围包括国家所有和集体所有的、用于种植农作物的土地,也包括新开荒地、休闲地、轮歇地、草田轮作地。

**(三)耕地占用税的税额标准**

耕地占用税根据不同地区人均占有耕地的数量和当地经济发展状况实行有地区差别的幅度税额标准,每平方米应税土地的税额标准为:以县级行政区域为单位(下同),人均耕地不超过1亩的地区,10~50元;人均耕地超过1亩但不超过2亩的地区,8~40元;人均耕地超过2亩但不超过3亩的地区,6~30元;人均耕地超过3亩的地区,5~25元。经济特区、经济技术开发区和经济发达、人均耕地特别少的地区,适用税额可以适当提高,但最多不得超过上述规定税额的50%。

为了协调各地区的税额标准,避免毗邻地区税额标准差别过大,财政部分别核定了各省、自治区、直辖市的平均税额标准,每平方米从12.5元到45元不等。

**(四)耕地占用税的计税方法**

耕地占用税以纳税人实际占用的耕地面积为计税依据,按照规定的适用税额标准一次性征收。应纳税额计算公式为:

$$应纳税额 = 纳税人实际占用的耕地面积 \times 适用税额标准$$

**(五)耕地占用税的主要免税、减税规定**

1. 免征耕地占用税情形

军事设施占用耕地;学校、幼儿园、养老院、医院占用耕地。

2. 减征耕地占用税情形

(1)铁路线路、公路线路、飞机场跑道、停机坪、港口、航道占用耕地,减按每平方米2元的税额征收耕地占用税。根据实际需要,国务院财政、税务主管部门商国务院有关部门并报国务院批准后,可以对前款规定的情形免征或者减征耕地占用税。

(2)农村居民占用耕地新建住宅,按照当地适用税额减半征收耕地占用税。农村烈士家属、残疾军人、鳏寡孤独以及革命老根据地、少数民族聚居区和边远贫困山区生活困难的农村居民,在规定用地标准以内新建住宅缴纳耕地占用税确有困难的,经所在地乡(镇)人民政府审核,报经县级人民政府批准后,可以免征或者减征耕地占用税。

## 四、车船税

车船税是以车船为征税对象,向拥有车船的单位和个人征收的一种税。现行车船税法的基本规范,是 2011 年 2 月 25 日第十一届全国人民代表大会常务委员会第十九次会议通过,并自 2012 年 1 月 1 日施行的《中华人民共和国车船税法》。

车船税的特点：(1)具有单项财产税的特点；(2)实行分类、分级(项)定额税率；(3)税负公平；(4)实行代扣代缴征收。

### (一)车船税的纳税人

车船税的纳税义务人是指在中华人民共和国境内属于车船税法所附"车船税税目税额表"规定的车辆、船舶的所有人或者管理人。

### (二)车船税的计税标准、税额标准

车船税的计税标准分为车辆计税标准和船舶计税标准两类。车辆计税标准为应纳税车辆的数量或者自重；船舶的计税标准为应纳税船舶的净吨位。

车船税的适用税额依照"车船税税目税额表"(见表 18-1)执行。

表 18-1 车船税税目税额表

| 税 目 | | 计税单位 | 年基准税额 | 备 注 |
|---|---|---|---|---|
| 乘用车[按发动机汽缸容量(排气量)分档] | 1.0升(含)以下的 | 每辆 | 60～360 元 | 核定载客人数 9 人(含)以下 |
| | 1.0 升以上至 1.6 升(含)的 | | 300～540 元 | |
| | 1.6 升以上至 2.0 升(含)的 | | 360～660 元 | |
| | 2.0 升以上至 2.5 升(含)的 | | 660～1 200 元 | |
| | 2.5 升以上至 3.0 升(含)的 | | 1 200～2 400 元 | |
| | 3.0 升以上至 4.0 升(含)的 | | 2 400～3 600 元 | |
| | 4.0 升以上的 | | 3 600～5 400 元 | |
| 商用车 | 客 车 | 每辆 | 480～1 440 元 | 核定载客人数 9 人以上,包括电车 |
| | 货 车 | 整备质量每吨 | 16～120 元 | 包括半挂牵引车、三轮汽车和低速载货汽车等 |
| 挂车 | | 整备质量每吨 | 按照货车税额的 50%计算 | |
| 其他车辆 | 专用作业车 | 整备质量每吨 | 16～120 元 | 不包括拖拉机 |
| | 轮式专用机械车 | | 16～120 元 | |
| 摩托车 | | 每辆 | 36～180 元 | |

续　表

| 税　目 | | 计税单位 | 年基准税额 | 备　注 |
|---|---|---|---|---|
| 船舶 | 机动船舶 | 净吨位每吨 | 3~6元 | 拖船、非机动驳船分别按照机动船舶税额的50%计算 |
| | 游艇 | 艇身长度每米 | 600~2 000元 | |

### （三）车船税的计税方法和征收管理

购置的新车船，购置当年应纳的税额自应纳税义务发生的当月按月计算。其应纳税额计算公式为：

$$应纳税额 = (年应纳税额/12) \times 应纳税月份数$$

车船税纳税义务发生时间为取得车船所有权或者管理权的当月。

车船税按年申报缴纳。具体申报纳税期限由省、自治区、直辖市人民政府规定。

从事机动车第三者责任强制保险业务的保险机构为机动车车船税的扣缴义务人，应当在收取保险费时依法代收车船税，并出具代收税款凭证。

车船税的纳税地点为车船的登记地或者车船税扣缴义务人所在地。依法不需要办理登记的车船，车船税的纳税地点为车船的所有人或者管理人所在地。

公安、交通运输、农业、渔业等车船登记管理部门、船舶检验机构和车船税扣缴义务人的行业主管部门应当在提供车船有关信息等方面，协助税务机关加强车船税的征收管理。

车辆所有人或者管理人在申请办理车辆相关登记、定期检验手续时，应当向公安机关交通管理部门提交依法纳税或者免税证明。公安机关交通管理部门核查后办理相关手续。

### （四）车船税的主要免税规定

1. 下列车船免征车船税

（1）捕捞、养殖渔船；

（2）军队、武装警察部队专用的车船；

（3）警用车船；

（4）依照法律规定应当予以免税的外国驻华使领馆、国际组织驻华代表机构及其有关人员的车船。

2. 授权国务院和省、自治区、直辖市人民政府的减免税

（1）对节约能源、使用新能源的车船可以减征或者免征车船税；对受严重自然灾害影响纳税困难以及有其他特殊原因确需减税、免税的，可以减征或者免征车船税。具体办法由国务院规定，并报全国人民代表大会常务委员会备案。

（2）省、自治区、直辖市人民政府根据当地实际情况，可以对公共交通车船、农村居民拥有并主要在农村地区使用的摩托车、三轮汽车和低速载货汽车定期减征或者免征车船税。

## 五、车辆购置税

车辆购置税是对取得并自用应税车辆的行为的单位和个人征收的一种税。2000年10

月22日,国务院发布了《中华人民共和国车辆购置税暂行条例》,从2001年1月1日起执行。《中华人民共和国车辆购置税法》于2019年7月1日起施行。

车辆购置税的开征,取代了原先实行的车辆购置附加费,这主要是基于以下考虑:第一,车辆购置附加费是1985年经国务院批准、在全国范围内普遍强制征收的专项用于国家公路建设的政府性基金,已成为交通基础设施建设的重要资金来源,具有明显的税收特性。将车辆购置附加费改为车辆购置税,要求纳税人依法缴纳税款,有利于理顺政府分配关系,提高财政收入占GDP的比重,增强政府宏观调控能力。第二,从国际通行做法看,发达的市场经济国家普遍通过税收筹集交通基础设施建设资金,极少采用收费的方式。这是因为,税收行为比收费行为规范,收支要纳入预算,实行规范化财政管理,接受社会各界监督。开征车辆购置税取代原有车辆购置附加费,有利于交通基础设施建设资金的依法足额筹集,确保资金专款专用,从而促进交通基础设施建设事业的健康发展。

车辆购置税的特点:(1)兼有财产税和行为税的性质;(2)车辆购置税是价外税;(3)车辆购置税是通过费改税形成的。

**(一)车辆购置税的纳税人**

车辆购置税的纳税人为在中华人民共和国境内购置汽车、摩托车、电车、挂车、农用运输车的单位和个人。所谓购置,包括购买、进口、自产、受赠、获奖和以其他方式取得并自用上述车辆的行为。所谓单位,包括国有企业、集体企业、私营企业、股份制企业、外商投资企业、外国企业及其他企业和事业单位、社会团体、国家机关、部队以及其他单位。所谓个人,是指个体工商户及其他个人。

**(二)车辆购置税的征收范围**

车辆购置税的征税范围是:汽车、摩托车、电车、挂车、农用运输车。

**(三)车辆购置税的税率和计税公式**

车辆购置税的税率为10%。

车辆购置税实行从价定率的办法计算应纳税额。其应纳税额的计算公式为:

$$应纳税额 = 计税价格 \times 税率$$

**(四)车辆购置税的计税依据**

车辆购置税的计税价格根据不同情况,按照下列规定确定:

(1)纳税人购买自用的应税车辆的计税价格,为纳税人购买应税车辆而支付给销售者的全部价款和价外费用,不包括增值税税款。

(2)纳税人进口自用的应税车辆的计税价格的计算公式为:

$$计税价格 = 关税完税价格 + 关税 + 消费税$$

(3)纳税人自产、受赠、获奖或者以其他方式取得并自用的应税车辆的计税价格,由主管税务机关参照最低计税价格核定。国家税务总局参照应税车辆市场平均交易价格,规定不同类型应税车辆的最低计税价格。

(4)纳税人购买自用或者进口自用应税车辆,申报的计税价格低于同类型应税车辆的最低计税价格,又无正当理由的,按照最低计税价格征收车辆购置税。

### (五) 车辆购置税的纳税环节和纳税期限

车辆购置税的纳税环节为购置应税车辆之后、办理车辆登记注册之前。车辆购置税实行一次性征收制度,购置已征车辆购置税的车辆,不再重复征收车辆购置税。

(1) 购买自用应税车辆的,应当自购买之日起60日内申报纳税。

(2) 进口自用应税车辆的,应当自进口之日起60日内申报纳税。

(3) 自产、受赠、获奖或者以其他方式取得并自用应税车辆的,应当自取得之日起60日内申报纳税。

(4) 免税、减税车辆因转让、改变用途等原因不再属于免税、减税范围的,应当在办理车辆过户手续前或者办理变更车辆登记注册手续前缴纳车辆购置税。

### (六) 车辆购置税的纳税地点

车辆购置税由国家税务局征收。纳税人购置应税车辆,应当向车辆登记注册地的主管国税机关申报纳税;购置不需要办理车辆登记注册手续的应税车辆,应当向纳税人所在地的主管国税机关申报纳税。

### (七) 车辆购置税的减免税

(1) 外国驻华使馆、领事馆和国际组织驻华机构及其外交人员自用的车辆,免税。

(2) 中国人民解放军和中国人民武装警察部队列入军队武器装备订货计划的车辆,免税。

(3) 设有固定装置的非运输车辆,免税。

(4) 自2004年10月1日起对农用三轮车免征车辆购置税。农用三轮车是指:柴油发动机,功率不大于7.4 kW,载重量不大于500 kg,最高车速不大于40 km/h的三个车轮的机动车。

(5) 国务院规定予以免税或者减税的其他情形的,按照规定免税或者减税。

## 六、土地增值税

土地增值税是对有偿转让国有土地使用权及地上建筑物和其他附着物产权、取得增值性收入的单位和个人征收的一种税。国务院于1993年12月13日发布了《中华人民共和国土地增值税暂行条例》,财政部于1995年1月27日颁布了《中华人民共和国土地增值税暂行条例实施细则》,决定自1994年1月1日起在全国开征土地增值税。

土地增值税有以下几个特点:(1)以转让房地产取得的增值额为征税对象;(2)征税面比较广;(3)采用扣除法和评估法计算增值额;(4)实行超率累进税率;(5)实行按次征收。

### (一) 土地增值税的纳税人

土地增值税的纳税人包括以出售或者其他方式有偿转让国有土地使用权、地上建筑物及其附着物(以下简称转让房地产)并取得收入的各类企业、单位、个体经营者和其他个人。

### (二) 土地增值税的计税依据和税率

土地增值税以纳税人转让房地产取得的增值额为计税依据。增值额为纳税人转让房地产取得的收入减除规定扣除项目金额以后的余额,实行四级超率累进税率。土地增值税税率如表18-2所示。

表 18-2　土地增值税税率

| 级数 | 增值额与扣除项目金额的比率(%) | 税率(%) | 速算扣除系数(%) |
|---|---|---|---|
| 1 | 不超过 50% 的部分 | 30 | 0 |
| 2 | 超过 50%～100% 的部分 | 40 | 5 |
| 3 | 超过 100%～200% 的部分 | 50 | 15 |
| 4 | 超过 200% 的部分 | 60 | 35 |

**(三) 转让房地产增值额的确定**

转让房地产的增值额,是纳税人转让房地产的收入减除税法规定的扣除项目金额后的余额。

(1) 计算增值额的扣除项目如下:
① 取得土地使用权所支付的金额;
② 开发土地的成本、费用;
③ 新建房及配套设施的成本、费用,或者旧房及建筑物的评估价格;
④ 与转让房地产有关的税金;
⑤ 财政部规定的其他扣除项目。

(2) 纳税人有下列情形之一的,按照房地产评估价格计算征收:
① 隐瞒、虚报房地产成交价格的;
② 提供扣除项目金额不实的;
③ 转让房地产的成交价格低于房地产评估价格,又无正当理由的。

**(四) 土地增值税应纳税额的计算**

(1) 计算增值额

$$增值额 = 收入额 - 扣除项目金额$$

(2) 计算增值率

$$增值率 = 增值额 \div 扣除项目金额$$

(3) 依据增值率确定适用税率。

(4) 依据适用税率计算应纳税额

$$应纳税额 = 增值额 \times 适用税率 - 扣除项目金额 \times 速算扣除系数$$

**(五) 土地增值税的申报纳税程序**

纳税人应自转让房地产合同签订之日起 7 日内,向房地产所在地的主管税务机关办理纳税申报。

**(六) 土地增值税的纳税时间和缴纳方法**

以一次交割、付清价款方式转让房地产的,应在办理过户、登记手续前,一次性缴纳全部税款。

以分期收款方式转让房地产的,可根据收款日期来确定具体的纳税期限。

项目全部竣工结算前转让房地产的,可以预征土地增值税。

### (七) 土地增值税的纳税地点

不论纳税人的机构所在地、经营所在地、居住所在地设在何处,均应在房地产的所在地申报纳税。

### (八) 土地增值税的主要免税规定

(1) 纳税人建造普通标准住宅出售,增值额未超过扣除项目金额20%的。
(2) 因国家建设需要依法征用、收回的房地产。
(3) 自2008年11月1日起,个人销售住房暂免征收土地增值税。

## 七、契税

契税是以所有权发生转移变动的不动产为征税对象,向产权承受人征收的一种财产税。现行契税的基本规范是1997年7月7日国务院颁布的《中华人民共和国契税暂行条例》和1997年10月28日财政部制定颁发的《中华人民共和国契税暂行条例细则》,于1997年10月1日起实施。《中华人民共和国契税法》于2021年9月1日起施行。

契税的特点:(1)契税属于财产转移税;(2)契税由财产承受人缴纳。

### (一) 契税的纳税人

在中华人民共和国境内转移土地、房屋权属,承受的单位和个人为契税的纳税人。

### (二) 契税的征收范围

(1) 国有土地使用权出让;
(2) 土地使用权转让,包括出售、赠与和交换,不包括农村集体土地承包经营权的转移;
(3) 房屋买卖;
(4) 房屋赠与;
(5) 房屋交换;
(6) 承受国有土地使用权支付的土地出让金。

### (三) 契税的税率

契税税率为3%~5%。契税的适用税率由省、自治区、直辖市人民政府在前款规定的幅度内按照本地区的实际情况确定,并报财政部和国家税务总局备案。

### (四) 契税的计税依据

(1) 国有土地使用权出让、土地使用权出售、房屋买卖,为成交价格;
(2) 土地使用权赠与、房屋赠与,由征收机关参照土地使用权出售、房屋买卖的市场价格核定;
(3) 土地使用权交换、房屋交换,为所交换的土地使用权、房屋的价格的差额;
(4) 出让国有土地使用权,契税计税价格为承受人取得该土地使用权而支付的全部经济利益。

### (五) 契税应纳税额的计算

$$应纳税额 = 计税依据 \times 税率$$

### （六）契税的申报缴纳

（1）契税的纳税义务发生时间为纳税人签订土地、房屋权属转移合同的当天，或者纳税人取得其他具有土地、房屋权属转移合同性质凭证的当天。

（2）纳税人应当自纳税义务发生之日起10日内，向土地、房屋所在地的契税征收机关办理纳税申报，并在契税征收机关核定的期限内缴纳税款。

（3）契税征收机关为土地、房屋所在地的财政机关或者地方税务机关。具体征收机关由省、自治区、直辖市人民政府确定。

### （七）契税的减免税

（1）国家机关、事业单位、社会团体、军事单位承受土地、房屋用于办公、教学、医疗、科研和军事设施的，免征。

（2）城镇职工按规定第一次购买公有住房的，免征。

（3）因不可抗力灭失住房而重新购买住房的，酌情准予减征或者免征。

（4）财政部规定的其他减征、免征契税的项目。

## 第三节　财产税有关问题的探讨

### 一、我国现行财产税制度存在的问题

1994年我国工商税制全面改革，初步建立起新中国成立后第一个财产税体系，在筹集地方财政收入、社会财富再分配等方面发挥了一定的作用。然而，我国财产税体系尚不健全，存在以下一些问题：

#### （一）征税范围有限

我国现行财产税制度中虽然税种较多，但是覆盖面窄，仅对土地、房产、车船等分别进行课征，其中对于不动产中的主要组成部分土地，仅对部分土地的使用权而不是所有权征税。财产税的主要课税对象是企业的经营性资产，对于私人拥有的财产的保有、收益、转让、继承及赠与，要么不征税，要么税负极低。究其原因，当然与多年以来我国在计划经济条件下实行的高积累低消费的分配模式有关，大量的财富由国家和国有企业持有，个人在低工资低物价低消费的情况下很难形成私人财产。然而，随着经济增长和人民生活水平的提高，个人在国民财富的分配中所占份额越来越大，个人的财富累积而形成的动产和不动产既有可能也有必要纳入财产税的征税范畴。

#### （二）计税依据设计不合理

我国现行财产税税制设计不尽合理，例如房产税以房产原值和租金收入为计税依据，其中房产原值与现值的差距可能非常巨大，不能反映真实的纳税能力，税款不能随着课税对象价值的上升而上升，导致税收收入缺乏弹性。

#### （三）立法权过度集中

财产税适合作为地方税种，这是为许多国家的实践所证明的。而我国现行财产税的立

法权过度集中于中央,地方政府缺乏必要的自主权,无法做到根据各地区经济发展的差别因地制宜地调节税基、税率,难以满足地方居民的公共需要。

## 二、财产税改革建议

### (一)开征物业税

2003年10月,中共十六届三中全会公布《中共中央关于完善市场经济体制若干问题的决定》,其中明确提到:"实施城镇建设税费改革,条件具备时对不动产开征统一规范的物业税,相应取消有关收费。"

物业税改革的基本框架是,将现行的房产税、城市房地产税、土地增值税以及土地出让金等收费合并,借鉴国外房地产保有税的做法,转化为房产保有阶段统一收取的物业税(property tax),即财产税,或房地产税,针对土地、房屋等不动产,要求其所有者或使用者每年都缴付一定税款,并且统一适用于内外资企业和中外籍居民。计征方法上,由现行的按照原值扣除一定比例的征收方法,改为按照一定年限的评估价值对房地产征税,税收收入将随房产的升值而提高。课税对象也转变为房地产业主,其征税范围将考虑扩大到农村。拓宽税基,调整税率,扩大财产税的调控力度,使其成为地方政府的主体税种。

在生产资料私有制的西方国家,土地和其他生产资料一样是私有化的,因此土地可以与其他商品一样进行买卖,成为私有财产,从而成为财产税的征税对象。而我国的情况则不同。中国法律规定,城镇土地属国家所有,农村土地属集体所有,土地的产权是不能买卖的。1988年修订的《中华人民共和国宪法》增加了土地使用权可以有偿转让的规定,为土地市场的确立提供了法律支持。我国的土地市场化走的是土地批租的道路。土地批租是政府土地管理部门依照法律规定和约定条件,向土地使用者有偿出让一定年限的土地使用权,具体的年限由土地的用途决定,从40年到70年不等。《中华人民共和国城镇国有土地使用权出让和转让暂行条例》第十二条规定,土地使用权出让的最高年限分别是:居住用地70年;工业用地50年;教育、科技、文化、卫生、体育用地50年;商业、旅游、娱乐用地40年;综合或者其他用地50年。

土地使用权出让金是土地批租时一次性收取的费用,即为土地有效年限的使用价格,所以也可称为"地价"。出让金包括土地开发投资费用和使用期内的土地使用费。前者包括征地、动迁以及为地块直接配套的基础设施费,是对开发投资的一次性补偿;后者为土地资源使用的费用,即"地租",是土地所有权在经济上的体现。实行土地批租,大部分有关的租金税费,用地者须一次性支付。地方政府因此可以在短时间内筹集到大量资金,这当然有助于地方的发展建设,然而同时也抬高了用地的初始成本,刺激土地投机。我国局部地区出现的房地产过热苗头便与土地批租制度不无关系。同时,这样的巨额收入也可能对地方政府产生不恰当的激励,以此作为创收的新途径。在国家花大力气清理乱收费、乱罚款、乱摊派之后,地方政府的实际收入大幅度减少,仅靠正常的财政经费难以为继,于是很多地方开始依靠"卖地"来维持收支平衡。土地批租的总量和用途也可能因此失去控制。《中华人民共和国城市房地产管理法》规定,土地使用权出让,可以采取拍卖、招标或者双方协议的方式。具体方式由土地用途决定。这就造成了相邻的或者相似的土地的价格差异可能是巨大的,或者同一块土地在经过转手改变用途之后价格可能翻了几番。这样惊人的利润很容易诱发寻租、以权谋私等不法行为。

世界上发达国家多采用更符合市场经济制度的低入门价、高地产税的土地使用模式，把土地批租同建设规划结合起来。如果是国家提倡的项目建设，而且开发商难以很快获利，如高新技术研发机构的建设项目等，批租的价格就很低。反之，如果是开发商品房、旅游项目、娱乐城等，那不但要通过招投标，土地批租价格升得很高，而且还要通过地方议会审批，平衡各方利益，并不一定出价高者就一定能拿到地。然后，国家又通过比较高的地产税来分享土地使用者因地价上涨所带来的收益。这样，就能灵活地调整因城市发展而带来的地产升值或贬值，进行税收调节，让房地产商有公平合理发财的权利，同时政府也可以通过地价对经济进行宏观调控。

土地使用权出让价格的计算是一个难题。批租土地使用权的价格是一个贴现值，从理论上说这个贴现值等于未来 40~70 年这块地所有可能收益之和，包括级差地租升值在内。然而，在实践中，这个"可能收益之和"难以精确地计算出来。实际的批租价格可能低于也可能高于真实的贴现值。而如果将土地作为财产税的课税对象，定期评估并纳税，这将有利于土地资源配置的优化。如果政府对某些区域提供了更多公共产品和服务，加大了基础设施投入，比如修筑了公路、地铁，建设了配套的学校、医院等，就提升了这些区域土地和房产的评估价格，其应纳的财产税相应提高，使得所有者、租用者根据其成本和效益考虑是否继续保有、使用这里的土地和房产，因此土地资源总是能够得到最有效的配置。

当前土地批租制度所存在的弊端已经引起了政府部门和学者的注意。对于其改革，有两种不同的观点：一种认为应该在加强立法、引入市场机制的基础上，严格控制土地批租总量，建立合理的土地储备与供应机制，完善土地批租制度。对不动产实施租税并行，即在实行现行土地批租制度的同时，对不动产征物业税。另一种观点则认为，在我国土地所有权归属国家的前提下，土地批租的模式短时期内不会改变，但是在其操作方法上可以借鉴财产税的模式，在出让土地使用权时，严格按照城市规划，明确土地用途，杜绝私下的不合规范的转让。初始的出让金只包含征地、动迁以及为地块直接配套的基础设施费，而土地使用期间的租金，以财产税的形式按年收取，其计税依据为每年的评估价格。土地的租金将成为地方政府一个长期稳定的收入来源，并且具有经济稳定器的作用，而不至于在经济增长阶段引起投资过热等短期行为，而在经济增速迟缓的时候又引发还贷困难和银行风险。

中共十六届三中全会提出的物业税有着重大而深远的影响。然而，制度转变并非易事。政策变化导致用地方式、价格不一致，制度如何衔接、利益如何平衡是个难题。比如，如果实行对土地的使用按年收取物业税，那么由于已经有相当一部分企业和个人通过土地批租的办法获得了几十年的土地使用权，今后在同一市场基础上出售的土地可能取得方式不同，使用期限不同，价格显然应该不同，但是究竟如何定价又将成为一个难题。因此，制度如何衔接是在实施改革之前就必须妥善考虑解决的。

此外，如何界定个人财产、评估财产的价值也是一个复杂工程。实施物业税需要完善金融实名制、个人信用体系，杜绝隐瞒财产的可能性，还需设立专门的房产评估机构，定期对房地产市场价格进行评估，每年按照评估价值对房地产所有者征税。因此，有必要在适当的时机选择试点实行物业税。

物业税的另一个征收难点在于财产税制度固有的违背纳税能力原则的特点。因为财产税是对存量的财产课征，而纳税人必须用流量的收入来支付。虽然财产税的纳税义务人一般是富有的人，但是也有例外。有财产的人并不一定有大量收入，有大量收入的人也未必会购置、拥有财产。比如一位依靠养老金度日的老人,也许无力负担其赖以容身的自住房屋所必须缴纳的高额税收。当然这个问题也不是无法解决的,现在出现的房屋逆按揭制度就是一个可行的办法,即以自己拥有产权的自住物业抵押给银行,从而得到贷款,这样老人就可以有足够的现金流来用于养老和纳税。但是,对那些仅有房屋使用权的人来说,仍然可能存在无力纳税的问题。

财产税能较好地与地方政府职能相匹配,被公认为是理想的地方税主体税种,伴随着企业所得税收入分享机制的改变,增值税退税负担机制的变化,取消农业税,我国分税制面临布局的调整,中央和地方的收入重新划分的要求日益迫切。同时,将财产税发展成我国地方政府的主体税种,其立法权应当更多地下放给地方政府,以便根据各地区的具体情况制定相应的政策,更好地为地方经济发展和地方居民服务。

### (二) 开征遗产税和赠与税

20世纪50年代,我国的税收规定中曾经有一个"遗产税"的税名,但没有具体的政策和税法,也没有公布执行。改革开放以来,我国经济迅速增长,国民收入水平大幅度提高,一部分先富起来的人积累了相当可观的财富。住房商品化和货币分房的改革,又使得越来越多的家庭拥有了自己的住房。遗产税开征的可能性和必要性已逐渐具备。有经济学家分析,我国已经有相当一批人进入了高收入阶层,占储蓄账户总数20%的高收入阶层,其存款占总储蓄额的60%以上。据经济学家相对保守的估计,全国资产总量在100万元以上的高收入家庭,至少在1 000万户以上。因此,遗产税的开征有了雄厚的现实经济基础。此外,我国目前的基尼系数实际上已超过0.4的国际警戒线,社会现实表明,贫富差距确实在渐渐加大,这也对遗产税的开征提出了迫切要求。开征遗产税的同时,也需要开征赠与税,防止纳税人通过赠与行为进行避税。

但目前由于财产法规不健全,金融实名制、个人信用体系尚未完善,居民财产关系不明确,开征遗产税后税收管理难度大,而且遗产价值的评估也需要耗费成本,所以遗产税要适时开征。

## 第四节 资源税和其他税

### 一、资源税

资源税是以各种自然资源为课税对象、为了调节资源级差收入并体现国有资源有偿使用而征收的一种税。1993年12月25日国务院发布了《中华人民共和国资源税暂行条例》,1993年12月30日财政部发布了《中华人民共和国资源税暂行条例实施细则》,并于1994年1月1日起施行。2011年9月30日,国务院对这一条例进行了修订。2014年12月,对煤炭资源税的征收进行了改革。《中华人民共和国资源税法》于2020年9月1日起施行。

资源税的特点:(1)只对特定资源征税;(2)具有收益税性质;(3)具有级差收入税的特点;(4)实行从量定额征收。

#### (一) 资源税的纳税人

在中华人民共和国境内开采资源税暂行条例规定的矿产品或者生产盐的单位和个人,

为资源税的纳税义务人。"单位"包括国有企业、集体企业、私有企业、股份企业、外商投资企业和外国企业;"个人"是指个体经营者和其他个人。

### (二) 资源税的征收范围

应当征收资源税的矿产品和盐共有七类,即七个税目:原油、天然气、煤炭、其他非金属矿原矿、黑色金属矿原矿、有色金属矿原矿和盐。

### (三) 资源税的税率税额

资源税的税率形式既有定额税率,也有比例税率。不同资源产品税额不同;同一资源产品因产品质量和产区不同,税额也不相同。对划分资源等级而未列举名称的,参考邻近矿山的税额标准,在浮动30%的幅度内核定,并报财政部和国家税务总局备案。资源税税目、税率见表18-3。

表 18-3 资源税税目税额幅度

| 税　目 | 税额幅度 |
|---|---|
| 一、原油 | 销售额的 5%～10% |
| 二、天然气 | 销售额的 5%～10% |
| 三、煤炭 | 销售额的 2%～10% |
| 四、其他非金属矿原矿 | 0.5～20 元/吨或者立方米 |
| 五、黑色金属矿原矿 | 2～30 元/吨 |
| 六、有色金属矿原矿 |  |
| 　稀土矿 | 0.4～60 元/吨 |
| 　其他有色金属矿原矿 | 0.4～30 元/吨 |
| 七、盐 |  |
| 　固体盐 | 10～60 元/吨 |
| 　液体盐 | 2～10 元/吨 |

### (四) 资源税的税额计算

(1) 纳税人开采或生产的应税产品销售的,其计算公式为:

$$应纳税额 = 销售数量 \times 单位税额$$

(2) 纳税人将开采或生产的应税产品自用或捐赠的,其计算公式为:

$$应纳税额 = 自用数量或捐赠数量 \times 单位税额$$

(3) 收购未完税产品,于收购环节代扣代缴资源税,其计算公式为:

$$应代扣代缴资源税 = 收购数量 \times 单位税额$$

### (五) 资源税的减免

(1) 开采原油过程中用于加热、修井的原油,免税。

(2) 纳税人开采或者生产应税产品过程中,因意外事故或者自然灾害等原因遭受重大损失的,由省、自治区、直辖市人民政府酌情决定减税或者免税。

(3) 自 2007 年 2 月 1 日起,北方海盐资源税暂减按每吨 15 元征收,南方海盐、湖盐、井矿盐资源税暂减按每吨 10 元征收,液体盐资源税暂减按每吨 2 元征收。

(4) 从 2007 年 1 月 1 日起,对地面抽采煤层气暂不征收资源税。

(5) 国务院规定的其他减免税项目。

### (六) 纳税义务发生时间及纳税期限

(1) 纳税人销售应税产品,其纳税义务发生时间是:

① 纳税人采取分期收款结算方式的,其纳税义务发生时间为销售合同规定的收款日期的当天。

② 纳税人采取预收货款结算方式的,其纳税义务发生时间为发出应税产品的当天。

③ 纳税人采取其他结算方式的,其纳税义务发生时间为收讫销售款或取得索取销售款凭据的当天。

(2) 扣缴义务人代扣代缴税款的纳税义务发生时间为支付首笔货款或者开具应支付货款凭据的当天。

(3) 纳税人自产自用应税产品的纳税义务发生时间为移送使用应税产品的当天。

纳税人的纳税期限为 1 日、3 日、5 日、10 日、15 日或者 1 个月,由税务机关根据实际情况具体核定。不能按固定期限计算纳税的,可以按次计算纳税。

以一个月为一期纳税的,自期满之日起 10 日内申报纳税;以 1 日、3 日、5 日、10 日或者 15 日为一期纳税的,自期满之日起 5 日内预缴税款,于次月 1 日起 10 日内申报纳税并结清上月税款。

### (七) 纳税地点

资源税的纳税地点有三种情况:

(1) 纳税人应当向开采或生产所在地主管税务机关缴纳,具体实施时应注意:纳税人跨省、自治区、直辖市开采资源税应税产品,其下属生产单位与核算单位不在同一省、自治区、直辖市的,对其开采的矿产品一律在开采地纳税。

(2) 纳税人在本省、自治区、直辖市范围内开采或者生产应税产品,纳税地点的调整由省、自治区、直辖市税务机关确定。

(3) 扣缴义务人代扣代缴资源税,向收购地主管税务机关缴纳。

### (八) 资源税与增值税的关系

(1) 资源税纳税人生产或开采应税产品销售或自用视同销售时不仅要缴资源税,同时又符合了增值税的征税范围,为增值税的纳税人,所以该纳税人既要缴资源税,也要缴增值税。

(2) 资源税属价内税,计算方法是从量定额征收,计税时不考虑价格问题,计税依据为初级应税资源产品的销售数量或自用数量。增值税属价外税,其销项税实行从价定率征收,计税依据为不含增值税的销售额,即:

$$销售额 = 应税资源的课税数量 \times 单价(不含税)$$

(3) 资源税应以初级矿产品数量为计税依据,如果是加工矿则需还原成原矿;增值税可对原矿征收,也可对加工矿征收,如为加工矿,则不需要还原。

## 二、资源税有关问题的探讨

我国现行的资源税征收体制源自1994年的税改,作为地方税种,资源税的税率由中央制定,收入归地方财政。多年来,资源税税率很少调整,资源税收入增长不能同经济增长相适应。特别是在近几年石油、煤炭价格高涨的背景下,中央资源性垄断企业取得了高额的利润,但地方政府的收益却没有相应增加。同时,过低的煤炭资源税背离了资源的租金价值,在煤炭资源领域存在大量的盲目开采,造成严重浪费,致使资源税保护国家资源、调节收入分配的作用没有得到充分发挥。

为此,财政部和国家税务总局上调了若干省市的煤炭资源税税额标准,自2007年2月1日起,焦煤的资源税税额统一为每吨8元。为促进资源节约集约利用和环境保护,推动转变经济发展方式,规范资源税费制度,自2014年12月起,煤炭资源税从从量征收改为从价征收。

国家开征资源税的目的在于保证企业之间的公平竞争,调解资产差异等造成的地区间、行业间的不平衡,保护和促进国有自然资源的合理开发与利用。因此,有必要对资源税体系进行重新规划。首先,扩大征税范围,除现有的部分矿产资源和盐之外,将森林、水、土等必须保护的资源也纳入资源税的征收范围。其次,调整计税依据和税率,使得纳税义务真正反映资源的级差租金,以鼓励合理有效地开发利用资源,避免浪费。

## 三、印花税

印花税是对经济活动和经济交往中书立、领受的应税经济凭证所征收的一种税。1988年8月,国务院颁布了《中华人民共和国印花税暂行条例》,于同年10月1日起恢复征收。《中华人民共和国印花税法》于2022年7月1日起施行。

印花税的特点:(1)兼有凭证税和行为税性质;(2)征收范围广泛;(3)税收负担比较轻;(4)由纳税人自行完成纳税义务。

### (一)印花税的纳税人

中华人民共和国境内书立、领受本条例所列举凭证的单位和个人,都是印花税的纳税义务人。具体有:(1)立合同人;(2)立账簿人;(3)立据人;(4)领受人;(5)使用人。

### (二)印花税的征税对象

现行印花税只对印花税条例列举的凭证征税,具体有五类:经济合同;产权转移书据;营业账簿;权利、许可证照;经财政部确定征税的其他凭证。

### (三)印花税的计税依据

印花税根据不同征税项目,分别实行从价计征和从量计征。

1. 从价计征情况下计税依据的确定

各类经济合同,以合同上记载的金额、收入或费用为计税依据;产权转移书据以书据中所载的金额为计税依据;记载资金的营业账簿,以实收资本和资本公积两项合计的金额为计税依据。

## 2. 从量计征情况下计税依据的确定

实行从量计征的其他营业账簿和权利、许可证照,以计税数量为计税依据。

### (四)印花税的税率

现行印花税采用比例税率和定额税率两种税率。比例税率有四档,即 0.05‰、0.3‰、0.5‰、1‰。

适用定额税率的是权利、许可证照和营业账簿税目中的其他账簿,单位税额均为每件 5 元。

### (五)应纳税额的计算

按比例税率计算应纳税额的方法:

$$应纳税额 = 计税金额 \times 适用税率$$

按定额税率计算应纳税额的方法:

$$应纳税额 = 凭证数量 \times 单位税额$$

### (六)纳税环节和纳税地点

印花税的纳税环节应当在书立或领受时贴花。

印花税一般实行就地纳税。

### (七)印花税的缴纳方法

印花税实行由纳税人根据规定自行计算应纳税额、购买并一次贴足印花税票(以下简称贴花)的缴纳办法。

为简化贴花手续,应纳税额较大或者贴花次数频繁的,纳税人可向税务机关提出申请,采取以缴款书代替贴花或者按期汇总缴纳的办法。

### (八)印花税票

印花税票是缴纳印花税的完税凭证,由国家税务总局负责监制。其票面金额以人民币为单位,分为壹角、贰角、伍角、壹元、贰元、伍元、拾元、伍拾元、壹佰元 9 种。

印花税票为有价证券。

印花税票可以委托单位或个人代售,并由税务机关付给 5% 的手续费,支付来源从实征印花税款中提取。

### (九)印花税的税收优惠

下列凭证免征印花税:

(1)已缴纳印花税的凭证的副本或者抄本。

(2)财产所有人将财产赠给政府、社会福利单位、学校所立的书据。

(3)国家指定的收购部门与村民委员会、农民个人书立的农副产品收购合同。

(4)无息、贴息贷款合同。

(5)外国政府或者国际金融组织向我国政府及国家金融机构提供优惠贷款所书立的合同。

(6)对房地产管理部门与个人订立的租房合同,凡用于生活居住的,暂免贴印花。

(7)对农牧业保险合同免税。

(8) 对军事物资运输凭证、抢险救灾物资运输凭证、新建铁路的工程临管线运输凭证免税。

(9) 对企业改制过程中部分印花税免征。

(10) 对按 0.5‰ 税率贴花的资金账簿减半征收印花税；对按件贴花 5 元的其他账簿免征印花税。

### （十）印花税的违章处理

(1) 在应纳税凭证上未贴或者少贴印花税票的，或者已粘贴在应税凭证上的印花税票未注销或者未划销的，由税务机关追缴其不缴或者少缴的税款、滞纳金，并处不缴或者少缴的税款 50% 以上 5 倍以下的罚款。

(2) 已贴用的印花税票揭下重用造成未缴或少缴印花税的，由税务机关追缴其不缴或者少缴的税款、滞纳金，并处不缴或者少缴的税款 50% 以上 5 倍以下的罚款；构成犯罪的，依法追究刑事责任。

(3) 伪造印花税票的，由税务机关责令改正，处以 2 000 元以上 1 万元以下的罚款；情节严重的，处以 1 万元以上 5 万元以下的罚款；构成犯罪的，依法追究刑事责任。

(4) 按期汇总缴纳印花税的纳税人，超过税务机关核定的纳税期限，未缴或少缴印花税款的，由税务机关追缴其不缴或者少缴的税款、滞纳金，并处不缴或者少缴的税款 50% 以上 5 倍以下的罚款；情节严重的，同时撤销其汇缴许可证；构成犯罪的，依法追究刑事责任。

(5) 纳税人违反以下规定的，由税务机关责令限期改正，可处以 2 000 元以下的罚款；情节严重的，处以 2 000 元以上 1 万元以下的罚款：

① 凡汇总缴纳印花税的凭证，应加注税务机关指定的汇缴戳记，编号并装订成册后，将已贴印花或者缴款书的一联粘附册后，盖章注销，保存备查。

② 纳税人对纳税凭证应妥善保存。凭证的保存期限，凡国家已有明确规定的，按规定办理；没有明确规定的其余凭证，均应在履行完毕后保存 1 年。

(6) 代售户对取得的税款逾期不缴或者挪作他用，或者违反合同将所领印花税票转托他人代售或者转至其他地区销售，或者未按规定详细提供领、售印花税票情况的，税务机关可视其情节轻重，给予警告或者取消其代售资格的处罚。

## 本章小结

财产税又称财产课税，是指以法人和自然人拥有的财产数量或者财产价值为征税对象的一类税收。财产税是一个历史悠久的税种，目前世界各国一般以财产税作为地方政府的主体税种。

财产税的课税对象是财产，税负不易转嫁，具有调节收入分配的职能。根据不同的标准，财产税可以分为一般财产税和个别财产税，静态财产税和动态财产税，财产价值税和财产增值税，经常财产税和临时财产税。财产税的征收对象可以分为动产和不动产。

我国现行财产税主要包括课征于城镇经营性房产的房产税；课征于城镇土地使用权的城镇土地使用税。对动产征收的税种主要是课征于拥有并使用车辆船舶的车船税，以及费改税的车辆购置税。与不动产有关的行为目的税包括：课征于房地产转让增值收益的土地增值税；课征于非农业占用耕地的耕地占用税；课征于不动产所有权转移的契税等。

随着国民经济的增长和人民生活水平的提高,财产税在我国税收体系中的地位也将越来越重要。以土地和房产为课税对象的几个税种,可以合并为物业税,每年按照评估价格征税。开征遗产税和赠与税。结合财产税的改革,对我国实行的土地批租模式也进行相应的改革,将一次性收取的几十年的租金改为按年收取,有利于政府对宏观经济进行调控。

资源税是以各种自然资源为课税对象、为了调节资源级差收入并体现国有资源有偿使用而征收的一种税。我国现行的资源税有必要在征税范围、计税依据、税率等方面加以改革,以充分发挥保护资源、避免浪费、促进资源的合理开发与利用的职能。

印花税是对经济活动和经济交往中书立、领受的应税经济凭证所征收的一种税。印花税是世界各国普遍征收、历史悠久的税种。

## 习　题

### 一、名词解释

财产税　　房产税　　城镇土地使用税　　耕地占用税　　车船税　　车辆购置税
土地增值税　　契税　　从价计征　　从租计征　　遗产税和赠与税　　物业税
土地批租　　资源税　　印花税

### 二、思考题

1. 财产税有什么特点?
2. 财产税有哪些类型?
3. 房产税的纳税范围是什么?对于自用房产和出租房产的计税依据分别是什么?
4. 如何计算车船税和车辆购置税?
5. 城镇土地使用税、耕地占用税的纳税范围和计税依据分别是什么?
6. 我国的财产税制度应进行哪些方面的改革?
7. 我国开征遗产税的基本条件是否具备?
8. 我国资源税的征税范围是什么?
9. 我国资源税应如何改革以达到保护资源的目的?
10. 印花税是如何缴纳的?
11. 某企业应纳房产税的房屋原值为 2 000 000 元,当地规定允许减降房产原值的 10%。请计算该企业全年应缴纳的房产税。
12. 某油田 3 月份生产原油 15 万吨(单位税额 12 元/吨),其中销售 13 万吨,用于自办油厂加工 2 万吨。请计算该油田 3 月份应纳的资源税税额。

# 第十九章
# 公共定价与政府性收费

**全章提要**

- 第一节　垄断市场的公共定价
- 第二节　蛛网市场的公共定价
- 第三节　竞争市场的公共定价
- 第四节　专卖收入
- 第五节　政府性收费

本章小结

习题

价格是市场的灵魂,一方面它反映了供求双方的力量对比关系,另一方面它又引导着供求双方的行为。在一个有效竞争的市场上,价格能够真实地反映供求双方的信息,包括能够真实地反映产品的边际成本,从而能够引导资源配置处在一个有效率的水平上。从理论上来说,产品的价格应由市场来决定;但是,在现实经济生活中,价格并不是完全由市场来决定的,在某些情况下是通过公共定价(指政府凭借行政权力规定产品的价格)的方式来决定的。这是为什么呢?其中的缘由与现实经济生活中的某些市场失灵,如垄断的存在、蛛网市场价格的不稳定以及收入分配的不公等不无关系。而获取财政收入也是一些国家对某些产品实行公共定价,更确切地说实行专卖的原因所在。此外,政府性收费作为价格的一种特殊形式,其性质和特征、基本构成等也需要关注。

思政案例

让公园姓"公"为公

## 第一节　垄断市场的公共定价

在市场经济条件下,资源配置是否有效取决于市场上产品的价格是否合理,而价格的合理与否又要进一步受到市场竞争条件的制约。在市场存在垄断的情况下,产品的价格可能高于产品的生产成本,在此情况下,公共定价是不是纠正这一市场失灵的行之有效的方法?公共定价时可供政府选择的定价方法有哪些?为此,本节将以边际成本定价法作为参照,对自然垄断市场上不同的公共定价方法进行效率与公平分析。

### 一、边际成本定价法

边际成本定价法是在市场需求曲线和厂商边际成本曲线给定的条件下,由两条曲线的交点来确定产品价格的方法。在竞争市场上,由市场需求曲线和市场供给曲线形成的均衡价格等于厂商的边际成本,从长期来看,也等于厂商的最低平均成本。这样,边际成本定价一方面保证了厂商获得最大收益,另一方面又保证了消费者能够获得低价,从而获得最大效用。所以,在竞争市场上,边际成本定价法是符合帕累托最优条件的一种定价方法。但是,在自然垄断行业,由于厂商在平均成本递减的规模经济阶段进行生产。因此,当政府按边际成本定价时,会给厂商带来亏损。

如图19-1所示,假设$D$为垄断厂商所面临的需求曲线,$MR$为垄断厂商的边际收益曲线,$MC$为垄断厂商的边际成本曲线,$AC$为垄断厂商的平均成本曲线。若由垄断厂商自行定价,垄断厂商将根据利润最大化的原则决定其产量和价格分别为$Q_3$与$P_3$。当我们对垄断厂商按其边际成本进行公共定价时,其产量与价格分别为$Q_1$与$P_1$。在$Q_1$的产量水平上,垄断厂商的平均成本高于边际成本,于是,企业出现亏损,亏损总额为阴影部分的面积$CFP_4P_1$,显然,企业无法维持再生产。在此情况下,解决这一问题的可能方法是用税收来弥补企业的亏损。但是,这一解决方法会带来两个新的问题:一是效率问题。用税收弥补亏损从效率的角度来看要求所征税收是总额税,但是,在现实经济生活中有种种因素(如总额税无法实现理想的再分配)限制了总额税的使用,因此,现行的税收并非完全中性的总额税,而是多少带有扭曲性影响的非中性税收。既然如此,税收的课征就不可避免地会产生超税负担,从而带来税收效率损失。伴随着税收的课征,还会发生相应的征纳成本。二是公平问题。用税收弥补企业的亏损,意味着消费者支付的价款仅够弥补产品的部分成本,而另一部分的成本则需通过政府向公众征税来弥补,其实质是用纳税人的钱补贴消费者,导致了产品的受益者与负担者在一定程度上的分离,显然,这既有害于公平,也有害于效率。

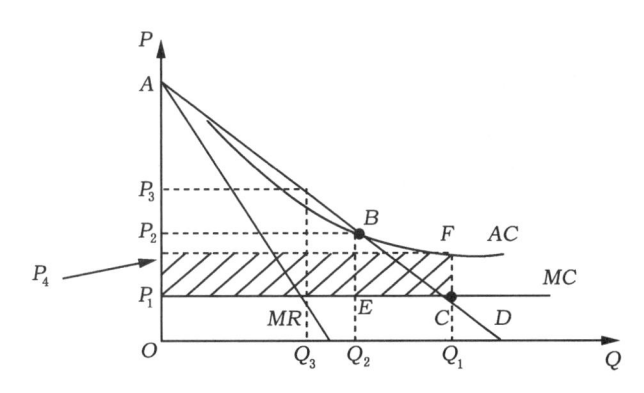

图 19-1 边际成本定价与平均成本定价的效率分析

用税收弥补亏损所带来的效率与公平问题,为自然垄断条件下公共定价偏离最优的边际成本定价法,寻求次优的、收支平衡的平均成本定价法提供了依据。

## 二、平均成本定价法

平均成本定价法是在市场需求曲线和厂商平均成本曲线给定的条件下,由两条曲线的交点来确定产品价格的方法。既然边际成本定价法会使企业发生亏损,从而无法实现社会福利最大化,那么至少应该限制企业的超额利润,使其盈亏相抵,收支平衡。本着这样一种基本的定价原则,按平均成本确定产品的价格,使社会福利达到次优状态,就成为自然垄断条件下公共定价的又一可选方法。

在图 19-1 中,需求曲线 $D$ 和平均成本曲线 $AC$ 相交时所确定的价格即为平均成本定价法下的价格 $P_2$,与此相对应的产量为 $Q_2$。此时价格等于平均成本,企业经营中既没有超额利润,也没有亏损,企业财务上刚好处于收支相抵的状态。

虽然,平均成本定价法下的产量 $Q_2$ 大于垄断厂商按利润最大化原则定价时的产量 $Q_3$;但是,该产量由于处在价格大于边际成本的水平上,小于效率所要求的产量 $Q_1$,因而仍然存在着效率损失,损失可用三角形面积 $BCE$ 来表示。

此外,平均成本定价的方法也存在着一些缺陷。第一,在正常利润被管制的情况下,自然垄断企业为获得更多的投资报酬将选择过多资本的投资组合,而不是成本最小的投资组合;同时,企业在政府定价时,将尽可能地多报成本以争取更高的定价标准,在执行期中也缺乏自觉降低成本的积极性,以增加在修订定价标准时讨价还价的筹码。第二,政府部门对企业财务和经营状况的了解程度显然不如企业,在信息不对称条件下做出的定价决策可能会使资源配置偏离平均成本定价的要求,使企业获得超过收支平衡状态的收入。

### 三、二部定价法

二部定价法是在弥补产品生产成本的基础上，使产品的价格等于产品边际成本的定价方法。它是平均成本定价法的变形，其出发点是"以收支平衡为条件实现经济福利最大化"。在二部定价法下，产品的价格由两部分组成：一部分是固定费用，是为取得产品的使用许可而定额交纳的费用，这部分费用只与消费与否有关，与固定成本有关，采用定额计算的方法；另一部分是从量费用，是为消费每单位产品而支付等于边际成本的价格，这部分的费用与消费数量有关，与变动成本有关，采用从量计算的方法。如固定电话费的收取通常采用的就是二部定价法，它既有每月固定收取的租费，又有按通话次数多少、时间长短和距离远近等从量计算的话费。由于固定费用是定额收取的，而从量费用是从量计算的，并且从量收费标准满足价格等于边际成本的条件，由此垄断市场所形成的均衡状态有可能达到 $P=MC$ 条件下的有效产量。

如图 19-1 所示，在按平均成本定价的情况下，其供给量为 $Q_2$，价格为 $P_2$，固定成本总额为 $P_2BEP_1$，变动成本总额为 $P_1EQ_2O$，与企业盈亏相抵，收支平衡。若按边际成本定价，则其供给量为 $Q_1$，价格为 $P_1$，其收入只能弥补变动成本总额 $P_1CQ_1O$，企业将发生亏损，亏损总额等于阴影部分的面积。所谓二部定价法，即将企业的亏损额（也即固定成本总额）按定额方式分摊给各用户，而变动成本则按从量方式弥补，由此求得收支平衡。二部定价法较之平均成本定价法能使社会获得更多的经济福利，这从图 19-1 中可以反映出来。在按平均成本定价的情况下，消费者剩余为三角形 $ABP_2$ 面积，而在二部定价情况下，由于矩形 $P_2BEP_1$ ＝阴影部分的面积（假设短期内企业固定成本不变），所以，消费者剩余为三角形 $ABP_2$ 面积＋三角形 $BCE$ 面积。

但是，需要注意的是，上述结论是建立在这样一种假设基础上的：不会因为二部定价法而导致大量的消费者退出。由于二部定价法要收取一笔与消费数量无关的固定费用，这样，消费量小的消费者支付的平均成本较高，而消费量大的消费者支付的平均成本则较低，这意味着小额消费者补贴了大额消费者。这对那些只想消费少量该产品的消费者来说，就会权衡再三，当固定费用大于该消费者按边际成本价格支付所能得到的消费者剩余时，消费者就会退出该产品的消费，从而造成该产品消费上的效率损失。

如图 19-2 所示，假设 $D_1$ 为产品需求曲线，在边际成本定价的情况下，社会净效益为 $ACP_1$ 扣除用税收弥补的固定成本 $P_2BEP_1$（假设不考虑超税负担与征纳成本）。在二部定价的情况下，当二部定价法使一部分消费者退出该产品消费领域时，产品需求曲线内移，假设为 $D_2$。这时，二部定价法要求消费者支付两部分费用：一部分是弥补固定成本的固定费用，为 $P_3FGP_1$，另一部分是弥补变动成本的从量费用，为 $P_1HQ_3O$，这时，社会净效益为三角形面积 $AHP_1$ 扣除固定缴纳费用 $P_3FGP_1$。假设在短期内企业的固定成本不变，于是，矩形 $P_2BEP_1$ ＝矩形 $P_3FGP_1$，相应地，边际成本定价下

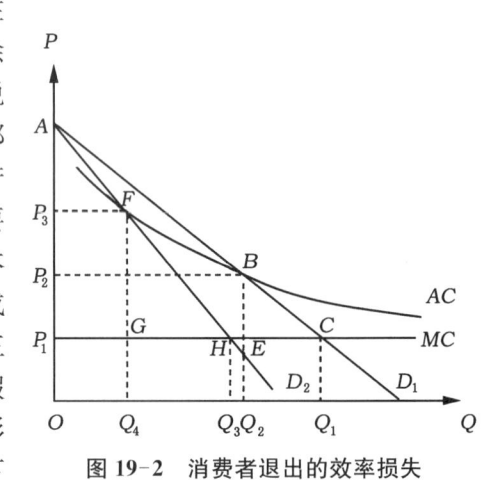

图 19-2　消费者退出的效率损失

的社会净效益为三角形 $ACP_1$ 面积扣除固定费用 $P_3FGP_1$。比较二部定价法与边际成本定价法的社会净效益,我们可以看到,二部定价法下消费者退出引起了效率损失,其损失额为三角形 $ACH$ 面积。

以上我们分析了自然垄断条件下公共定价的几种方法,它们各有利弊。在实践中,虽然平均成本定价法不是最有效率的,但它有两个比较突出的优点:一是相对比较简单;二是比较符合受益原则。当然,二部定价法在实践中也有一定的运用,在消费者退出极少的情况下,其不失为公共定价的一种较好的方法。

## 第二节 蛛网市场的公共定价

产品市场在供求双方的力量对比中达成均衡。但是,均衡往往是暂时的,经济运行经常处于波动中。这种波动是市场自发进行调整的一种反映,更是寻求有效率的市场价格的一种内在要求。然而,如果产品价格波动幅度过大,则会给经济带来不稳定,导致资源的非有效配置。尤其是当这种产品的供给事关国计民生时,市场的大幅波动给国民经济带来的不利影响将更为突出。作为政府诸多稳定政策中的一种,公共定价是否能够成为稳定蛛网市场价格的一帖良方。对此,本节将从蛛网市场的不稳定性和公共定价对蛛网市场的稳定作用两个方面进行分析。

### 一、蛛网市场的不稳定性

产品均衡价格和均衡产量的决定过程是一个动态变化的过程,是供求两种力量通过价格的形式相互作用的过程。当供求双方在短期内不能就某一价格和产量达成均衡时,市场就会出现波动,这种波动在某些产品市场上会进一步演化为大幅震荡的周期性波动。农产品市场价格波动的情形可能是这种动态变化过程的最好写照。

我们以某种农产品市场为例。假设:(1)现期的农产品价格决定了下一时期的农产品产量。(2)现期的农产品价格由同一时期的农产品供给量决定。在农产品生产中,从产品开始生产到可供市场出售,通常需要经历一定的时间,所以,现期的供给量等于上一时期的生产量。农民往往根据现期的农产品价格来决定他们在下一时期向市场供应的数量。反过来,这一时期的供应量又决定了同一时期的农产品的价格。

如果市场价格位于 $S$ 与 $D$ 的交点(见图 19-3),那么,市场处于均衡状态之中。农民按照 $P^*$ 的价格生产 $Q^*$ 数量的农产品,而消费者在 $P^*$ 价格时所愿购买的数量恰好等于农民在同一价格所愿出售的数量。在静态分析中,当市场实现均衡时,价格和产量将不再发生变化。

与静态分析不同,动态分析阐述的是经济活动从原均衡点到新均衡点的发展变化过程。在

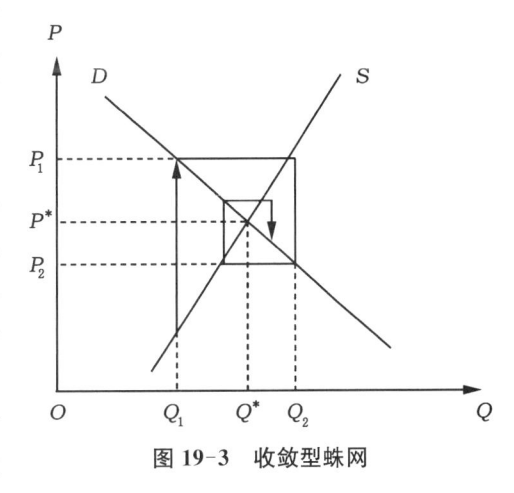

图 19-3 收敛型蛛网

现实经济生活中,均衡是暂时的,而波动则是经常的。这一点在农产品市场上表现得尤为突出。农业生产所固有的特殊性决定了农产品的生产经常要受到自然条件等因素的影响。假设由于某种原因,如自然灾害,农产品的产量骤然下降到 $Q_1$,即下降到均衡数量 $Q^*$ 之下。根据需求曲线,我们可以看到,对应于较低的产量,消费者所愿支付的价格较高,为 $P_1$。然而事情到此并未结束,我们还没有达到长期的均衡。因为在较高的价格水平上,根据供给曲线,农民在下一时期将生产 $Q_2$ 数量的农产品。这一产量高于均衡产量 $Q^*$。该产量在竞争的市场出售时,能得到什么样的价格呢?根据需求曲线,我们可以看到,价格会降低到 $P_2$。但是,我们仍然没有达到最终的均衡。根据这一较低的价格水平,农民将减少下一期的产量……

上述推理继续下去,我们发现,在时间序列中,某一时期较低的产量决定了这一时期较高的价格;而这一较高的价格又带来了下一时期较高的产量;这一较高的产量又将导致这一时期的价格走低。市场价格在各个时期围绕着均衡点上下波动,形成蜘蛛网似的图形。

最终的结果如何呢?从理论上来说,动态变化的途径及趋向,可以有三种不同的情况,每一种情况取决于供给的价格弹性与需求的价格弹性的对比关系。

第一种情况,如图 19-3 所示,供给弹性小于需求弹性。在这种情况下,价格变动引起的需求量的变动大于价格变动引起的供给量的变动,因而价格变动引起的下一时期供给量的变动相对较小,从而对同期价格变动的作用较小。这意味着在时间序列中每一时期的产量和价格偏离均衡产量和均衡价格的幅度是逐渐递减的,并最终趋向均衡值 $Q^*$ 与 $P^*$。因此,我们在图 19-3 中可以看到,波动的幅度逐渐缩小并且最终消失。这种情况称为收敛型蛛网。

第二种情况,如图 19-4 所示,供给弹性大于需求弹性。在这种情况下,价格变动引起的供给量变动大于价格变动引起的需求量变动,因而价格变动引起的下一时期的供给量的变动相对较大,从而对同期价格变动的作用较大。这说明在时间序列中,后续各年的产量和价格越来越背离均衡值 $Q^*$ 与 $P^*$。因此,在图 19-4 中表现为产量和价格波动的幅度越来越大。这种情况称为发散型蛛网。

第三种情况,如图 19-5 所示,供给弹性等于需求弹性。当初始时期的供给量为 $Q_1$,当期价格为 $P_1$ 时,后续各年的价格和产量的变动,将表现为围绕着均衡点无休止地波动,波动的幅度既不扩大也不缩小。至于波动幅度背离均衡值的程度,则取决于均衡被破坏时的初始状态。这种情况称为封闭型蛛网。

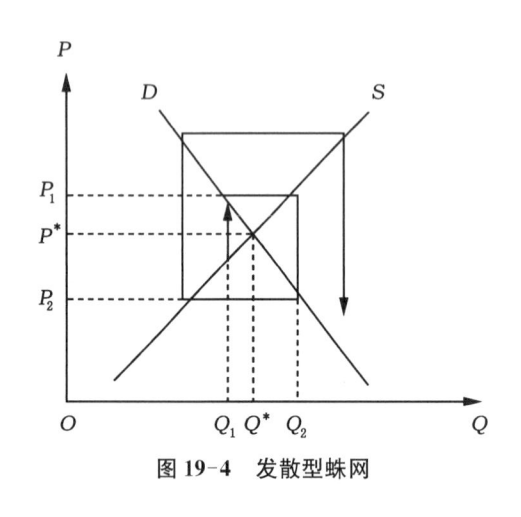

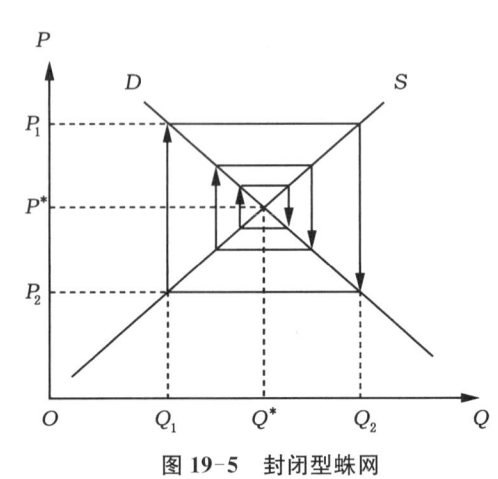

图 19-4 发散型蛛网

图 19-5 封闭型蛛网

以上分析表明,发散型蛛网市场和封闭型蛛网市场依靠其自身力量很难实现均衡,而收敛型蛛网市场虽然最终能实现均衡,但需要经过较长时期的大幅震荡。

## 二、蛛网市场的公共定价

蛛网市场的特征较多出现在农产品市场上,这与农业生产的特殊性密不可分。农业以有生命的动植物为主要劳动对象,以具有肥力为特征的土地为基本生产资料,它的根本特点是经济再生产与自然再生产交织在一起。因此,农业生产周期较长,受自然条件影响较大,生产具有强烈的季节性和地区性,人工控制较为困难。一旦发生自然灾害,或遇到不利的气候条件,农业产量就会大幅度减少。因此,在农产品市场上,农产品的供给由于受自然条件的制约而经常出现波动,但是,农产品的需求却由于它的"必需品"性质而呈现出相对稳定的特点。农产品市场上这种供给弹性与需求弹性的不对称,经常引起农产品价格的大幅波动。

与此同时,农业处于国民经济的"上游"地位,它的产品是人们生活资料的基本来源,是企业生产资料的基本来源,并成为众多工业产品的成本组成部分。因此,农产品是社会消费与社会生产的"必需品"。农业是国民经济的基础,农业的稳定与发展直接制约着国民经济的稳定与发展。农产品产量与价格的震荡必然会影响工业生产,波及市场物价,不利于国民经济的正常运行。因此,需要政府通过稳定政策进行干预,以减少由于农产品价格波动给国民经济带来的损失。

政府有诸多稳定农产品价格的方式,其中公共定价不失为一种行之有效的方式。公共定价的目的是将农产品的价格稳定在供给与需求相等时所对应的均衡价格水平上。这一均衡价格有助于引导下一时期的均衡产量,从而引导资源的有效配置。如图19-6所示,假设$D$为农产品的需求曲线,$LS$为农产品的长期供给曲线,$SS$为农产品的短期供给曲线(由于短期内产量难以调整,因此供给曲线为一条垂直于横轴的直线),则$P^*$与$Q^*$为农产品的长期均衡价格和长期均衡产量。又设某一年份农产品丰收,产量大幅度增加,并且产量为$Q_1$。这时,当期的农产品供给量大于长期均衡产量$Q^*$,形成超额供给,超额供给的产量为$Q_1-Q^*$。在此情形下,如果没有政府的干预,农产品的价格将大幅度下跌,直至$P_1$。为了维持长期均衡价格,政府必须收购超额供给部分的农产品,将它们储存起来,或用于出口。为维持公共定价,政府所花费的代价总额为:它要购买的农产品数量乘以长期均衡价格,即$(Q_1-Q^*)P^*$,从图19-6来看,政府支付的款项为矩形面积$EFQ_1Q^*$。如果某一年份农产品由于自然灾害而歉收,产量大幅度减少,则市场就会出现超额需求,农产品的价格就会大幅上扬。为此,政府必须销售库存产品,或者进口农产品,以消除超额需求,平抑物价,维持长期均衡价格。

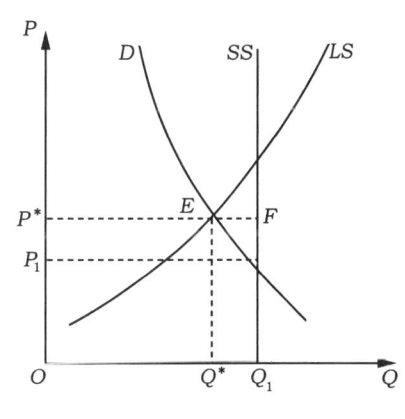

**图19-6 蛛网市场——农产品市场的公共定价**

由以上分析可见,通过公共定价有助于稳定蛛网市场——农产品市场的价格,从而起到稳定生产、稳定消费,乃至稳定国民经济的作用。这正是各国政府对农产品实行公共定价的原因所在。

## 第三节 竞争市场的公共定价

在一个竞争性的市场,产品的价格应通过供求双方的相互作用自发形成,以真实反映产品生产中所发生的成本和产品消费中所获得的效用,从而使资源的配置处在有效率的水平上。但是,现实经济生活中,竞争性市场上的某些产品受到了政府的价格管制,最为典型的例子是政府对奢侈品和必需品的公共定价。这种定价政策的目标是什么?它会对公平与效率产生怎样的影响?这是本节将要讨论的问题。

### 一、公共定价与公平

一般认为,某些基本的生活资料对于所有的社会成员都是必需的,而低收入者因经济拮据而无法购买或购买不足则是不公平的。所以,政府往往通过对必需品(如粮、油、副食品等)制定较低价格的方式来保证低收入者最基本的生活资料需要,以此来弥补这部分人的低收入水平。不仅如此,政府在对必需品制定较低价格的同时,往往还对奢侈品制定较高的价格,通过公共定价这种机制实现收入由高收入者向低收入者的转移,以实现公平目标。

如图 19-7 所示,假设 $X$ 产品为必需品,在低收入者的消费中所占比重较大,$Y$ 产品为奢侈品,随着收入水平的提高,该产品消费在整个产品消费中所占比重相应提高,因此,它在高收入者的消费中所占比重相对较大。$AB$ 为市场均衡价格时的收入预算线。在 $X$ 产品和 $Y$ 产品的价格处于均衡状态时,高收入者选择的产品组合为 $a$ 点[见图 19-7(a)],低收入者选择的产品组合为 $d$ 点[见图 19-7(b)]。

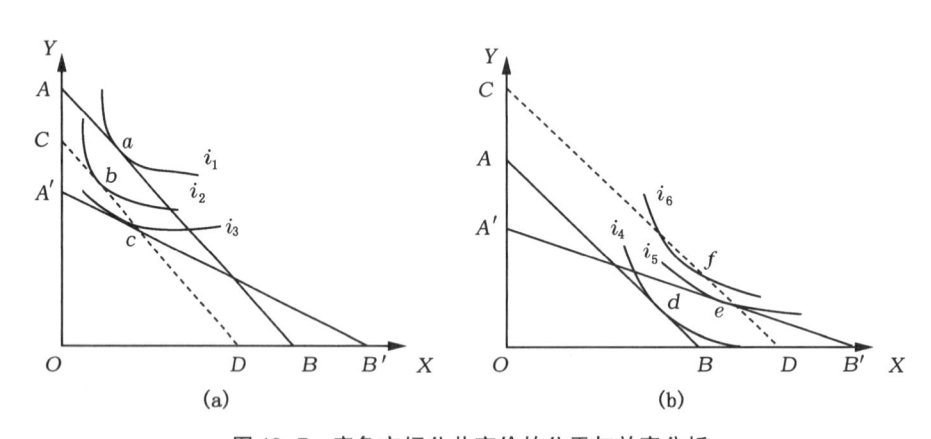

图 19-7 竞争市场公共定价的公平与效率分析

现在假设政府对两种产品实行公共定价:降低 $X$ 产品的价格,同时提高 $Y$ 产品的价格。随着两种产品相对价格的变化,收入预算线的斜率发生相应的变化,假设收入预算线由 $AB$ 旋转移动到 $A'B'$,于是,高收入者新的收入预算线 $A'B'$ 与其无差异曲线 $i_3$ 相切于 $c$ 点[见图 19-7(a)],相应地,他的效用水平由 $i_1$ 下降到 $i_3$。效用水平的下降部分是由于高收入者的实际购买力下降引起的。在消费组合由 $a$ 点移动到 $c$ 点的过程中,高收入者实际购买力的下降在价值量上相当于 $AC$ 数量的 $Y$ 产品。与此同时,在 $X$ 产品降低价格以后,低收入者

新的收入预算线 $A'B'$ 与其无差异曲线 $i_5$ 相切在 $e$ 点[见图 19-7(b)]，相应地，他的效用水平由 $i_4$ 提高到 $i_5$。效用水平的提高部分是由于实际购买力的提高所带来的。在消费组合由 $d$ 点移动到 $e$ 点的过程中，低收入者实际购买力的提高在价值量上相当于 $BD$ 数量的 $X$ 产品。

很显然，公共定价改善了收入分配状况，它通过提高奢侈品的价格降低了高收入者的实际收入，通过降低必需品的价格增加了低收入者的实际收入，从而改善了高收入者与低收入者之间的相对经济福利状况。但是，进一步的分析使我们发现，公共定价在增进公平的同时有可能会对效率带来较大负面影响。

### 二、公共定价与效率

我们假设用所得税与补贴的方式来替代公共定价的方式，并假设课征的所得税在价值量上相当于 $AC$ 数量的 $Y$ 产品（这意味着高收入者在所得税条件下减少的收入与公共定价条件下减少的收入是相当的），补贴的数额在价值量上相当于 $BD$ 数量的 $X$ 产品（这意味着低收入者在补贴条件下增加的收入与公共定价条件下增加的收入是相当的）。作这样的假设，使我们可以在减少同样多高收入者收入和增加同样多低收入者收入的条件下进行比较分析。

在图 19-7 中，政府对高收入者课征所得税后，高收入者的收入预算线由 $AB$ 平行下移到 $CD$[见图 19-7(a)]，与无差异曲线 $i_2$ 相切在 $b$ 点。将 $b$ 点的效用水平 $i_2$ 与 $c$ 点的效用水平 $i_3$ 进行比较，我们可以看到，对高收入者来说，公共定价和所得税使他们减少的收入都是相同的，但是，使他们获得的效用水平却不一样。其中，公共定价后的效用水平 $i_3$ 相对较低，而所得税后的效用水平 $i_2$ 相对较高，这之间的效用之差，就是公共定价相比所得税而言所带来的效率损失。进一步来说，是公共定价改变了产品的相对价格，对经济产生了扭曲影响所带来的效率损失。同样的情况也发生在补贴与公共定价的比较中。在补贴后，低收入者的收入预算线由 $AB$ 平行上移到 $CD$[见图 19-7(b)]，与无差异曲线 $i_6$ 相切于 $f$ 点。将 $f$ 点的效用水平 $i_6$ 与 $e$ 点的效用水平 $i_5$ 进行比较，我们可以看到，对低收入者来说，公共定价和补贴使他们增加的收入都是相同的，但是，使他们获得的效用水平却不一样。其中，公共定价后的效用水平 $i_5$ 相对较低，而补贴后的效用水平 $i_6$ 相对较高，这之间的效用之差，就是公共定价相比补贴而言所带来的效率损失，也就是公共定价改变了产品的相对价格，对经济产生了扭曲影响所带来的效率损失。

此外，必需品的公共定价具有溢出效应，它的利益并不完全为低收入者所享有，高收入者也能通过对必需品的消费来获得必需品低价的利益。

以上分析表明，在竞争市场上，公共定价能改善收入分配状况，在一定程度上实现公平目标，但是，与直接对贫困者补贴和对高收入者课税相比，它的效率更低，通过公共定价来增进公平将以较大的效率牺牲为代价。

## 第四节　专卖收入

如果说限制垄断、稳定微观市场以及改善收入分配引致了政府对某些产品的公共定价，那么，又是什么原因引致了政府对一些非市场失灵产品的专卖呢？专卖是国家获取财政收入的一种方式,尽管各国的专卖制度不尽相同,但是,对某些产品实行专卖的基本目的是相同的。在这一节里,我们将要了解:为什么要对某些产品实行专卖?专卖产品主要有哪些种类?它们应如何定价?产品实行专卖有什么利弊?

## 一、专卖的意义及目的

专卖(fiscal monopoly)是指国家凭借行政权力对某些产品的生产或销售实行强制性独占经营。显然,这与私人凭借资本与技术的优势或其他各种机会所形成的独占经营迥然不同。专卖单位可以根据国家授予的权力,在专卖业务范围内自主决定专卖产品的价格,从中获取专卖利润。这些产品若非专卖,则往往要课征消费税。因此,专卖利润中实际上包含了消费税,从这种意义上来说,专卖收入是一种变相的消费税。

各国政府对某些产品实行专卖的目的,因国而异,但归纳起来主要的目的不外乎有以下几个方面:

### (一) 财政收入的目的

实行专卖可将消费者应纳的税款包含于售价中,使消费者表面上无负税的感觉,实际上却在不知不觉中完成其对政府分担经费的义务,有寓税于价的效果。此外,专卖产品往往涉及面广、销售量大,所以,专卖收入也多而充盈,从而能为政府筹措到较多的财政收入。这是一些国家产品实行专卖的一个最基本的也是最主要的目的。

### (二) 经济政策的目的

产品实行专卖后,私人便不得再从事这种产品的生产经营活动,这意味着排斥了与之竞争的同种业务的存在。所以,专卖的结果是,政府不仅可以寓税于价,而且可以获得一般企业利润及独占利润。在生产方面,由于没有其他生产者竞争,所以政府可在适当的售价中,掌握产品的消费倾向,从而实行有计划的生产,达到供求平衡。此外,对某些产品实行专卖以后,可通过扩大企业规模,利用规模经济来降低产品的单位成本。

### (三) 社会政策的目的

某些消费品如果过量消费可能有害于身体健康,所以应限制其消费。政府实行专卖,可用寓禁于价的方式,提高产品的售价,来限制人们无益的耗费。另外,产品质量关系到国民的身体健康,如果让私人经营,在利益的驱动下,产品的质量难以得到保证。而由政府经营则可减少由于追逐利润而带来的产品质量问题。

## 二、专卖产品的种类及其定价原则

专卖产品依各国的生产和消费情况、财政需要和社会政策而定,其种类约可分为下列几种:

(1) 生活必需品的专卖,如盐及粮食等专卖;
(2) 非必需品的专卖,如卷烟、酒、茶等专卖;
(3) 投机赌博品的专卖,如彩票专卖;
(4) 禁止性产品的专卖,如鸦片专卖;
(5) 国防及工业必需品的专卖,如火药、硝矿及酒精专卖。

专卖不仅是政府的独占经营行为,而且是一种征税的方法,专卖产品中包含有税收的成分在内,因此,专卖产品的价格是由成本、经营利润以及税收三个基本要素构成的。在决定专卖产品实际售价时,应视其是否以财政收入为主要目的而定。如以财政收入为主要目的,则专卖价格应根据消费者的需要量来确定,以求得最大利益。如果不以财政收入为主要目的,则价格可根据产品的性质,分别按照下列原则来确定:

(1) 对生活必需品应依据低价原则。此类产品关系国计民生,从廉取价既可免除私人垄断,又可抑制物价高涨,符合社会公众利益。

(2) 对奢侈品及禁止性产品应依据高价原则。专卖产品如果在公众利益方面有限制消费的要求,例如酒类,就应收取高价,借以增加财政收入,并且可以收到寓禁于征的效果。需求弹性越小,价格就可相应定得越高,国家财政收入也就越多。

(3) 对国防及工业必需品应依据低价原则。以降低生产成本,提高产品竞争能力,扩大产品销路。

### 三、专卖的利弊

产品实行专卖有利有弊,从其优点来看,主要有以下几个方面:

(1) 增加财政收入。产品实行专卖,国家可以取得大量收入。由于专卖是国家凭借行政权力垄断一些产品的生产和流通,其价格由国家制定,专卖利润归国家所有,从而能给国家带来大量收入。而且专卖与间接税相似,消费者不易感觉负担。此外,由政府自己经营较易监督,无避税之弊。

(2) 防止私人垄断。专卖产品由国家经营可以防止私人垄断。例如盐是人们的生活必需品,也是用途很广的工业用品。不论是煮海为盐,还是制硝成盐,成本都比较低但获利较高。国家如果听由私商自由产制贩卖,私商之间难免竞相抬价,扰乱市场。并且,私商可能凭借资源优势形成垄断。

(3) 可使财政收入富有弹性。税率的提高或降低,均须经过立法机构的审议通过方能生效。而专卖产品的价格,政府可以为适应财政上的需要及时进行调整,或提高或降低,伸缩自如,不受牵制。

(4) 调节供给与需求。专卖产品由国家独占,生产与消费均有一定的计划,可以减少供求失调的矛盾。同时,对一些产品实行专卖,可以避免商人囤积居奇的问题,保持市场上价格的稳定。此外,通过专卖可以体现政府限制某些产品的政策意图。如烟和酒在很多国家都是消费量很大的消费品,对于国民健康与社会秩序害多利少,或是有害无利。所以各国的烟、酒的消费税都很重。不征税的,则由国家通过专卖形式,制定较高的价格独占专利。

专卖作为一种独占行为,在给政府带来财政收入、贯彻政府消费政策、体现政府收入再分配意图的同时,也存在着一些局限性。其最为突出的表现是,妨碍了经济的进步。产品实行专卖即意味着排斥了同业竞争。而自由竞争乃是经济进步的原动力,没有自由竞争,经济的进步就会受到影响。政府专卖产品越多,则私人经济活动范围越小,竞争也相应越少。专卖单位由于在经营上无竞争压力,因此,经营上往往缺乏积极性,这会导致产品生产成本增加,专卖利益减少,产品缺少改良创新,质量差而价格昂贵,从而造成效率损失。另外,立法机关监督专卖不如税收严格。税收的创设与税率的修改均需通过立法机关,而专卖价格往往由行政管理部门自主决定。正是由于专卖存在着这些局限性,因此,在一些反对独占组织的国家,例如英、美等国,均不采用专卖形式。这种专卖制度主要在德国、日本、我国等一些国家流行。专卖收入就其占财政收入的比重而言,在各国所占的比重都不大,且有日益下降的趋势。

## 第五节 政府性收费

政府性收费是价格的一种特殊形式,也是财政收入的一个组成部分,在性质上既有着不同于其他财政收入的特点,又有着与其他财政收入的相似之处,这一点在其与税收的关系上表现得特别明显。如何准确地理解政府性收费的含义,把握收费与税收的关系将是本节所要讨论的内容。在此基础上,我们还要进一步了解政府性收费的基本构成。

### 一、政府性收费的含义

#### (一) 收费的性质与特征

政府性收费是政府部门向公民提供特定服务、实施特定行政管理或提供特定公共设施时按照规定的标准收取的费用。政府要行使其职能,为社会提供产品和服务,就需要有一定的资金来源,收费是对政府履行职能进行补偿的一种重要形式。它在对政府提供服务进行补偿的过程中,具有这样一些基本特征:(1)政府性收费的主体是行政主体,即行使政府职能的行政机关或其授权单位。以民事主体身份从事民事活动(如咨询、培训)时所收取的费用不属于政府性收费。(2)政府性收费以政府行使特定职能为前提,即政府在为某些社会成员提供特定服务时才能收取费用。政府依据财产所有权所获得的收入(如利润、股息)不属于政府性收费。(3)政府性收费是直接对特定的受益对象征收的费用。政府性收费贯彻的是"谁受益,谁负担"的原则,负担费用的是那些直接从政府特定服务中得益的社会成员。(4)政府性收费不以营利为目的。政府收取费用是为了弥补或部分弥补成本,更为重要的,是为了促使使用者更有效地使用资源,或更好地对受益者实施行政管理,而不是为了获取利润。(5)收费标准通过政治程序制定。即收费标准由政府决定,当事人不得参与,所有特定的受益者均须按规定的标准支付费用。

因此,政府性收费是以经济交换为基础、以政治程序为方式(指收费标准的制定)、以提供服务为前提、以受益居民为对象、以提高效率为目的而收取的费用。

#### (二) 收费与税收的关系

税收和收费是政府收入的两种基本来源,它们在量上互替,质上互补,因此在性质上具有某些相同之处:第一,收费与收税的主体均为政府或其授权单位;第二,收费与税收都是政府参与国民收入分配的一种重要形式,从收入的性质上来说都属于财政性资金;第三,收费与税收的征收都有一定的"规制",即两者征收方面的规章制度都是通过政治程序制定的;第四,从收入的基本用途来看,收费收入与税收收入均用于履行政府的职能。

但是,收费与税收毕竟是两种不同形式的收入,因此,在性质上同时又有着各自不同的特点:

(1) 税收具有无偿性,而收费具有有偿性。这是税费之间的根本性区别,这种区别是建立在两种不同的收入机制基础之上的。税收是以政治权力为基础的政府收入形式。就一般性税收来说,纳税与受益之间没有直接的对应关系,个人缴纳税款时并不能直接从政府那里得到相应的产品或服务,因而一般性税收具有无偿性。而收费则是以交换(或直接提供服务)为基础的政府收入形式。付费与受益之间存在着直接的对应关系,付费者就是从政府那里获得特定服务(或利益)的受益者,因此,收费具有有偿性。为获得政府的特定服务而支付费用,是受益原则在公共消费领域内的一种有效运用。它使得受益者所支付的费用有可能较为接近政府提供产品或服务所耗费的边际成本,从而使资源的配置更有效率。

(2) 税收与收费在具体用途上有所不同。一般性税收没有指定的用途,通常是通过预算用于一般性的财政支出,它所提供的产品主要是具体受益对象难以确认的公共产品,如国防、一般的行政管理服务等。而收费有时会指定用途,即有时专门用于提供具体受益对象明确的混合产品,如高速公路、桥梁等公共设施或公共服务,部分收费在用途上比较注重受益者与付费者之间的联系。

(3) 税收具有普遍性和强制性,而收费具有特殊性和自愿性。税收在征收对象上具有普遍性,通常包括所得、商品、财产三大类型,征收范围几乎涉及社会各个经济领域。因此,税收收入在市场经济国家的财政收入中所占比重一般在 80% 以上,有些国家高达 90% 以上。由于它凭借的是国家政治权力,因此在征收上还伴有强制性的特征。而收费项目的消费一般局限于一个特定的范围,收费的特殊性而非普遍性决定了收费收入只是财政收入的一种补充形式。由于它以交换为基础,因此在消费与否的选择上具有自愿性。当然,因为收费的公共服务项目常常具有行政上或地域上的垄断性,因此人们的实际选择余地很小。

(4) 税收的征收具有固定性,而收费的征收则具有一定的灵活性。税收的课税对象、课税标准等一经立法,在相当长的时期内将固定不变。因此在通常情况下,税收制度具有稳定性和连续性,而不会经常进行变更。而收费项目由于事关局部而非全局,因此一些收费立项权往往下放给地方政府,由地方政府根据本地区的情况因地制宜地建立相应的收费制度。由于收费的立法层次较低,牵涉的范围较小,因此,相对于税收来说,收费具有较大的灵活性。这是各国地方政府收入中收费收入比重通常较中央政府更大的一个主要原因。

## 二、政府性收费的构成

在规范的市场经济体制下,政府性收费主要包括规费(fee)和使用费(user charges)两种。

### (一) 规费

规费是政府部门为自然人和法人提供特定行政许可性服务时所收取的费用。规费是对政府提供服务的一种补偿,与政府提供的服务数量有着密切的关系。政府部门提供的服务种类很多,但并不是对所有的服务都要征收规费,而是只对那些从政府的服务中获得了特定的利益、免除了特定的义务或证明了特定的权利身份的自然人和法人,才征收规费。规费的标准由政府决定,所有需要获得政府这种服务的自然人和法人都必须照章缴费。

政府作为市场的管理者,在有些情况下,必须运用行政权力通过颁证收费的方式规范和维护社会秩序,保障公众利益和公共安全。如为保障消费者利益,有必要对危险物品、药品等的生产、运输、保管、销售进行严格的管理,发证经营;为维护公共安全,有必要建立户籍制度,颁发居民身份证;为保障公民的合法权益,有必要开展行政仲裁和行政签证工作等。这些工作是政府履行其行政许可职能的一种体现,通过这种行政许可职能的行使,赋予了获证者进行某些行为的权力,同时相应地也就限制了未获证者的某些行为。

规费可分为行政规费和司法规费两种。行政规费是伴随政府部门各种行政活动而收取的费用,它主要包括外事规费(如护照费)、内务规费(如警察规费、户籍规费)、经济规费(如商标登记费、商品检验费)、教育规费(如毕业证书费),以及其他行政规费(如会计师、律师、医师等执照费)。司法规费是伴随政府部门各种司法活动而收取的费用,它主要包括诉讼规费和非诉讼规费。前者如民事诉讼费和刑事诉讼费;后者如出生登记费、财产转移登记费、遗产管理登记费、继承登记费以及结婚登记费等。

### (二) 使用费

使用费是政府部门向特定公共设施或公共服务的使用者收取的费用。它是对政府提供产品或服务进行补偿的又一重要形式。使用费的收费标准是通过特定的政治程序制定的,依据的是受益原则,即谁受益,谁负担,受益越多,负担越多。同时,公共设施使用者缴纳的使用费必须专款专用,专门用于该设施的建设和维修。但是,使用者所负担的费用并不一定能够完全弥补产品或服务的全部成本,因为收费标准通常低于产品或服务的平均成本,平均成本与收费标准之间的差额由税收来弥补,这部分差额实质上就相当于政府对使用者的补贴。使用费的收费项目主要是一些受益对象比较明确、受益数量能在一定程度上进行计量的公共设施与公共服务,如公共交通、公共娱乐设施、下水道、公共保健、教育设施等。

## 本章小结

自然垄断条件下,采用边际成本定价会给企业带来亏损。解决这一问题的可能办法是,用税收来弥补企业的亏损。但是,这又会带来两个新的问题:一是效率问题;二是公平问题。

平均成本定价法是自然垄断条件下公共定价偏离最优边际成本定价法、寻求次优定价法的一种可选方法。它的基本思想是:既然边际成本定价会使企业发生亏损,从而无法实现社会福利最大化,那么,至少应该限制企业的超额利润,使其盈亏相抵、收支平衡,使社会福利达到次优状态。当然,这种方法也存在着一些缺陷。

二部定价法是平均成本定价法的变形,是在收支平衡的基础上谋求社会经济福利最大化的一种定价方法。它较之平均成本定价法能使社会获得更多的经济福利。这一结论是建立在这样一种假设基础之上的:消费者不会因二部定价法而大量退出该产品的消费,否则,二部定价法会造成该产品消费上的较大效率损失。

蛛网市场上价格在各个时期围绕着均衡点上下波动,在供给价格弹性与需求价格弹性的对比关系中,形成了收敛型蛛网、发散型蛛网、封闭型蛛网。农产品市场在受外力影响的情况下,可能会呈现出发散型蛛网市场的特征,这与农业生产的特殊性密不可分。公共定价是政府稳定农产品价格的一种行之有效的方法。政府可通过增加或减少农产品库存量来减少市场上的超额供给或超额需求,使农产品的价格趋近供求相等时的均衡水平,从而引导资源的有效配置。

在竞争性市场上以公平为目标的公共定价能在一定程度上改善收入分配状况,但是,与直接对贫困者补贴和对高收入者课税相比,它的效率更低,通过公共定价来增进公平将以较大的效率牺牲为代价。

各国政府对某些产品实行专卖的目的主要有这样几个方面:一是财政收入目的;二是经济政策目的;三是社会政策目的。专卖的种类主要有生活必需品、非必需品、投机赌博品、禁止性产品、国防及工业必需品等。产品实行专卖能增加财政收入、防止私人垄断、使得财政收入具有弹性、调节供求等。但是,产品实行专卖即意味着排斥了竞争,专卖产品越多,竞争越少,经济的进步也就越缓慢。

政府性收费是政府部门向公民提供特定服务、实施特定行政管理或提供特定公共设施时按照规定的标准收取的费用。它具有这样一些基本特征:(1)政府性收费的主体是行政主体;(2)政府性收费的前提是提供特定服务;(3)政府性收费的对象是特定受益者;(4)政府性收费不以营利为目的;(5)收费标准通过政治程序制定。

税收与收费在性质上具有某些相同之处:第一,收费与收税的主体均为政府或其授权单位;第二,它们都属于财政性资金;第三,它们都有一定的"规制";第四,它们都用于履行政府的职能。但是,收费与税收在性质上又有着各自不同的特点:(1)税收具有无偿性,而收费具有有偿性;(2)一般性税收没有指定的具体用途,而收费有时用于专门的用途;(3)税收具有普遍性和强制性,而收费具有特殊性和自愿性;(4)税收的征收具有固定性,而收费的征收相对于税收来说具有一定的灵活性。

政府性收费由规费和使用费两部分构成。规费是政府部门为个人或企业提供特定服务时所收取的费用。它包括行政规费和司法规费两部分。使用费是政府部门向特定公共设施或公共服务的受益者收取的费用。

# 习　题

## 一、名词解释

公共定价　　边际成本定价法　　平均成本定价法　　二部定价法　　发散型蛛网市场
专卖　　政府性收费　　规费　　使用费

## 二、思考题

1. 反垄断措施能否有效地解决自然垄断问题,为什么?
2. 自然垄断条件下,公共定价为何经常偏离最优的边际成本定价?
3. 如何看待平均成本定价法下存在的一些局限性?
4. 二部定价法与平均成本定价法在定价的基本出发点上有何差异?请比较它们的效率状况。
5. 请作图分析二部定价法在消费者退出情况下的效率状况。
6. 试述政府稳定农产品价格的理论依据及其基本对策。
7. 在竞争性市场上以公平为目标的公共定价对效率会产生怎样的影响?
8. 产品实行专卖有何利弊?
9. 比较政府性收费与税收的异同。
10. 政府性收费具有哪些基本特征?

# 第二十章 公债

**全章提要**

- 第一节 公债概述
- 第二节 公债的经济效应
- 第三节 公债的规模
- 第四节 公债的负担
- 第五节 公债市场

本章小结

习题

债是按照合同的约定或法律的规定,在当事人之间产生的特定的权利与义务关系。公债是债的一种重要形式,它是政府依据借贷原则,以债务人身份向个人、公司企业、社会事业单位以及国际社会取得财政收入的一种方式。

思政案例

城投债的发展与转型案例

## 第一节 公债概述

### 一、公债的产生和发展

公债制度是在私债基础上发展和演变而来的,是伴随着阶级社会的出现而出现的。它产生于奴隶社会,到封建社会得到了一定程度的发展,但其快速发展出现在商品经济和信用经济高度发展的资本主义社会。至今,几乎所有国家,无论经济制度如何、经济发展水平怎样,都将公债作为政府筹集建设资金、弥补财政赤字和调控经济发展的手段。

### 二、公债的特点

公债的主体是政府,包括中央政府和地方各级政府,因而它是以国家信用为担保的债务,具有以下特点:

(1) 自愿性。即指一般情况下,人们自主决定是否认购公债和认购多少,没有政府的强制性规定。

(2) 有偿性。人们自愿购买公债的目的是获得一定的回报,政府必须按期还本付息,这是由借贷原则决定的。通常公债的利息率高于同期银行利率。

(3) 灵活性。即公债的发行与否及发行多少一般由政府根据财政收支的余缺状况灵活加以确定,而非通过法律形式预先规定。

以上三个特点是密切联系在一起的。公债的自愿性决定了公债的有偿性,如果是无偿的话,就不是自愿了,因而自愿可以说是基础,是公债最明显的特征。公债的自愿性和有偿性共同决定和要求发行上的灵活性。可以想象,如果政府可以按照固定的数额每年连续不断地发行公债,而不管经济条件及财政收支状况,那么,其结果或是一部分公债不能销售出去而需要强制派购,或是通过举债筹集的资金处于闲置,不能发挥应有效益,政府举债的机会成本将大大提高,资源得不到有效配置。所以,公债的自愿性、有偿性和灵活性是统一的、不可分割的。只有同时具备这三个特点才构成公债,否则不能算是真正意义上的公债。

### 三、公债的分类

公债按不同标准进行划分,可有多种分类方式。

#### (一) 按发行地域分类

公债可分为国内公债和国外公债,前者一般称为内债,后者一般称为外债。内债的债权人是本国公民和法人,公债的发行与还本付息一般以本国货币为计量单位。外债的债权人是外国政府、国际金融组织、外国银行、外国企业和个人,公债的发行与还本付息基本上以外币计量。内债一般不存在本国资源向国外转移的问题,不影响国内的资源总量。外债在还本付息时意味着国内资源向国外转移。因此,内债、外债对经济的影响是不同的。

### (二) 按照经济用途分类

公债可分为生产性公债和非生产性公债。生产性公债也可称为建设公债,是指政府将公债收入用于生产建设方面,主要是经济基础设施。这种公债,一方面政府拥有与公债等值的资产,以此作为偿债的保证;另一方面,政府还可以以公债投资所获得的收益来偿债,因而还本付息的能力较强。非生产性公债是指政府将公债的收入用于非生产性支出,例如社会保障行政管理等方面。此类支出不能形成相应的偿债能力,其还本付息的资金主要靠税收。按照经济用途来划分公债,对于分析公债的资源配置以及公债负担的归宿有着重要的意义。

### (三) 按照发行期限分类

公债可以分为短期公债、中期公债和长期公债。短期公债是指发行期限在1年或1年以内的公债,又称流动性公债。短期公债由于流动性强,受到市场的青睐,是中央银行执行货币政策、调节市场货币供应量的重要政策工具,也是弥补当年财政赤字和进行公债期限结构管理的重要工具。中期公债是发行期限在1~10年之内的公债(或1~5年的公债),主要目的是为弥补财政赤字,或筹集经济建设资金。长期公债是发行期限在10年(或5年)以上的公债,其中包括永久公债和无期公债。发行长期公债的目的主要是为了筹集经济建设资金。长期公债由于发行期限过长,债权人的利益受币值和物价的影响较大,因而推销起来往往较难,发行成本也会较高。

### (四) 按照流动性分类

公债可分为上市公债和非上市公债。上市公债是指能在证券市场上自由转让、自由买卖的公债。上市公债一般不记名,有期限、利率和票面价值的规定。这类公债的买卖价格,取决于债券市场的供需状况,并随着市场利率和币制的变化而波动,其价格一般与票面价值不相等。而非上市公债是指债权人不能在证券市场上公开交易,只能持有至到期并获取本金和利息的公债,这种公债的发行有时采用记名的形式。非上市公债的发行一般具有政治、经济等特定方面的原因和目的,为了保证发行,政府往往需要在利率和偿还方式上有所补偿。

### (五) 按照发行主体分类

公债可分为中央政府公债和地方政府公债。中央政府公债的发行由中央政府决定,公债收入列入中央预算,由中央财政支配,还本付息由中央政府承担。地方政府公债由地方政府发行并偿还,公债收入列入地方预算,由地方政府支配。

此外,公债还可以按有无利息与利息的支付方式划分为有息公债、有奖公债、有息有奖公债、有折公债、无息公债、无息无奖公债等几种;按公债的发行对象划分为货币公债、实物公债和折实公债;按公债的应募条件划分为强制公债、爱国公债与普通公债或自由公债;按有无担保可划分为有担保公债和无担保公债;按有无证券标志可划分为证券公债和登记公债;等等。

## 第二节 公债的经济效应

公债的发行、流通、偿还等过程对经济产生复杂多样的影响,既可以影响经济稳定和经济增长,也可以影响资源配置和收入分配。公债的经济效应历来是学者关注的热点问题,其中有两种观点不容忽视:一是李嘉图等价原理;二是公债的资产效应。

### 一、李嘉图等价原理

李嘉图等价原理是由古典经济学家大卫·李嘉图在1817年和1820年提出的,其基本含义是,政府选用征收一次总付税,还是发行公债为支出筹措资金,其对经济的影响是一样的。公债仅仅是延迟的税收,当前为弥补财政赤字而发行的公债将来必须通过征税来还本付息,而且,税收的现值与当前的财政赤字相等。从最终的经济效应来看,征税和政府借款在逻辑上是相同的。

李嘉图在19世纪提出了这一原理。在国债效应的争论中,李嘉图等价原理处于核心地位并且产生了深远的影响。1974年,巴罗发表了《政府债券是净财富吗?》,通过深奥的数学推理,再次将李嘉图原理推上了顶峰。

李嘉图等价原理的基本前提是:(1)无论是用税收还是用公债融资,初始时期政府的支出是不变的;(2)初始时期发行的公债必须用以后时期课征的税收收入来偿还;(3)资本市场是完全的,而且个人与政府的借贷利率是相同的;(4)个人对现在和将来的收入流量预期是确定的;(5)个人作为现在纳税人和未来潜在的纳税人,其行为就好像永远能生存下去一样;(6)个人能完全预见包含在公债发行中的未来时期的纳税义务;(7)所有税收都是一次总付税。

对于李嘉图等价原理一直以来就存在着反对者,人们从不同角度对这一原理提出质疑。反对者的主要理由如下:

(1)李嘉图等价原理成立的条件之一是政府所课征的税收是一次总付税。一次总付税只具有收入效应,是单纯地把收入从消费者手中等量地以税收的形式转移到政府手中,但是现实中的税收不可避免地存在替代效应,从而会影响消费者的经济决策,其中包括消费和投资决策。所以,举债和征税必定存在不同的效应,对消费者的影响并不会完全相同。

(2)个人理性行为是争议中心,个人是否会真正考虑到未来所承担的税收负担,纳税人的理性预期的程度或其偏好合理性与否都会影响到等价原理。李嘉图本人也认为,事实上人们并不同等地对待税收和公债,人们并不按照他们会永生的假设来安排本期的消费和投资,人们的年龄不同,对将来纳税义务的关切程度也不同。此外,纳税额并非一成不变,而是因人因时而异,更为重要的是,也不存在每人可按现值分摊未来的义务,从而如等价原理所言调整其资产组合的情况。即使人们认识到公债会体现为未来的纳税义务,他们也不可能通过任何合理的计算方式把这笔义务总额转换成每人的份额。

现实中,由于人们的短视性和对政府政策的不理解而产生公债错觉,从而意识不到现在的财政政策对将来税收变化的影响,这种短视行为会导致个人认为他的永久收入增加,从而增加消费。希腊经济学家达拉马格斯从实证性分析中得出结论:李嘉图等价原理适用于高公债—收入比的国家,而对低公债—收入比国家则不适用,原因与个人对政府债券的还本付息所需的未来纳税义务的预测不同有关。他认为,在以举债取代征税的情况下,消费者的行为是否变化取决于每个人准确获得税收负担信息的成本,这些成本包括:①税收可见度的成本。税收的可见性越低,人们越不能预测其税收负担。②征税时间的成本。未来纳税义务间隔时间越长,人们对实际税收的感觉越淡化,就越有可能引起减税的公债幻觉。③税制的复杂性程度成本。税制越复杂,消费者就越难以估计税收总负担。

(3) 消费偏好不同。对现期消费与未来消费偏好不同的个体对举债形式与征税形式的反应不同。例如,那些预期未来高收入者其对现期消费的效用偏好可能高于未来,因此喜欢借钱消费,并打算用以后的收入来偿还。对这一人群来说,消费决策更多地由当期收入决定。这样,发行公债会使这部分人的当期收入提高,而使当前消费增加。

(4) 流动性限制。李嘉图的观点是从永久收入的角度出发,认为消费者会像永久生存那样来决定本期的消费,这种消费水平是由永久性收入来决定的。这种假说的前提是消费者没有面临借债的限制。传统观点则认为,当个人面对流动性约束的制约时,发行公债将会使那些急于借款者的收入增加,从而会增加消费。

(5) 代际债务负担转移。传统观点认为,现期消费者会预期公债的将来债务负担不会落在他们身上,这笔未来税收可能会由下一代来承接。这种观点在不同年龄的人中的反应是不同的,而且确实会存在一定程度的代际债务负担转移。如果消费者存在这种预期,则发行公债,会使他们觉得获得了一笔额外的收入。

(6) 李嘉图等价原理隐含的假定条件是以举债取代征税不会发生再分配效应以及消费者的边际消费倾向都相同,这个假设是违背现实的。一方面,以举债取代征税会发生收入的再分配效应;另一方面,人们的边际消费倾向也是不同的,因此减税公债的发行必然引起社会消费的变化。

## 二、公债的资产效应

公债的经济效应包括短期效应和长期效应。短期效应主要是分析公债的收入创造效应或流量效应;而公债的长期效应是分析公债存量对经济的影响,即公债发行是否对民间部门持有的资产产生影响。公债的资产效应是指,公债作为持有者的一种资产,其发行量的变化将影响持有者的消费行为和投资行为,从而对经济产生影响。

李嘉图等价原理否认了公债的资产效应,认为公债仅仅是延期的税收,不是持有者的财富或资产,因此公债和税收的经济效应是一致的。

最早提出公债具有资产效应观点的是 A. P. 勒纳(A. P. Lerner)。勒纳在20世纪40年代提出了功能财政思想,并以此为理论基础,提出了国债消费资产效应理论。他认为,公债作为一种资产,会使持有者的消费支出增加,其原因有二:一是公债能增加民间资产,使人们产生富裕的感觉,从而使消费支出增加;二是拥有资产使人们提供劳动的意愿下降,而劳动意愿下降本身使储蓄降低,并且劳动意愿的下降意味着闲暇的增加,这两者都会使消费支出增加。这种由于公债资产增加而引致持有者消费增加的因果关系被后人称为勒纳效应。

庇古效应是指公债在经济不景气时具有扩大消费支出、在经济景气时具有抑制消费支出的效果,反映的是一种稳定器作用。该效应在经济萧条时期影响很大,而在经济繁荣时期则较小,其原因就在于人们持有资产是为了防备萧条,因而在萧条时期因为拥有公债这种资产而引致消费不变甚至增加,相反人们不会在经济繁荣时期为工资高、就业机会多而担忧,所以公债的资产效应在此时就不会发挥很大的作用。公债作为稳定经济的工具,还表现在公债的利息支付上。在萧条时期,税收收入减少,尤其是在累进结构中,这种趋势更为突出。这时,公债的利息支付仍保持在一定水平上,对消费需求无疑会起到维持性作用。而在经济繁荣时期,税收收入比国民收入增长得更快,与之相应,公债的利息支付却是一定的,这样,就起到了抑制通货膨胀的作用。

卡尔多效应是指公债发行可能导致劳动意愿、投资意愿下降以及资本积累减少。

公债的资产效应是财政的自动调节作用(或者说功能财政)原理的支柱。

公债的资产效应是与"公债幻觉"联系在一起的。公债幻觉是指公债持有者认为自己的财富因持有公债而增加,因而有可能增加消费需求,公债积累与公债消费的增加存在相关关系。

公债的资产效应问题,后来成为很多人关注的焦点。许多经济学家认为,勒纳只是在物价水平和国民收入水平变动时,把民间持有资产(公债)效应中的经济稳定效应作为核心,而没有从长期观点分析公债的资产效应对经济增长的影响。英国经济学家 J. E. 米德则从长期观点来分析公债的资产效应。米德把资产占可支配收入的比例越低,储蓄就越高称为庇古效应。因此,依据庇古效应的作用,减少公债将刺激储蓄增加。庇古效应的储蓄增加在以下两种意义上是重要的:第一,通过减少消费品需求,抑制通货膨胀,或者希望资产从消费中解放出来,这对经济增长有利;第二,即使在不希望消费支出变化的情况下,为了提高可支配收入,使消费需求恢复到必要的范围内,增加储蓄的刺激,具有能降低税率的间接效果。可见,米德与勒纳都强调公债对储蓄、消费、投资、劳动等的影响。但是,与勒纳认为公债的资产效应具有稳定经济的作用观点不同,米德则从经济增长的立场出发,认为公债的资产效应对经济增长具有副作用。

综上所述,李嘉图等价原理与公债的资产效应的区别主要集中在征税与公债筹资是否会影响当期消费、是否会造成负担转移上,两者都在理论上存在争议。但是,从实证研究看,公债的资产效应更具有说服力:一是这种理论符合政府用公债的手段来扩张当期消费总需求的政策目标,这也就是公债成为当今各国财政政策的重要组成部分的主要原因;二是这种理论引出了公债负担问题,对确定征税与发行公债筹资的效率界定有重要意义。

## 三、公债的需求效应

公债这种资产如果作为货币需求函数的变量,因赤字而造成的公债增加,在货币供给一定的情况下,货币市场上就会产生超额需求。根据 IS—LM 框架分析,可以看出,当公债供给增加时,收入和利率的各种组合所产生的货币需求会增加,从而引起 LM 曲线向左上方移动。在货币供给一定的情况下,公债供给的增加将引致货币需求的增加。因此,为了使货币市场恢复均衡状态,必须降低国民收入或提高利率,所以,公债对收入有一定的抑制作用。如图 20-1 所示,在货币供给不变时,如果政府支出增加,IS 曲线向右上方移动到 $IS_1$,与左上移动的 $LM_2$ 相交,均衡点为 $E_2$,与原先的均衡点 $E_0$ 相比,收入下降,利率提高。

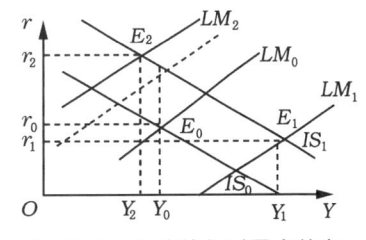

**图 20-1 公债的货币需求效应**

在货币供给不确定的情况下,也就是说,经济中的部分支出是用货币创造来融资的,则公债最终对国民收入的影响不确定。如图 20-1 所示,如果政府支出增加,$IS$ 曲线将向右上方移动,当这种赤字支出是用新创造的货币来融资时,则 $LM$ 曲线就会向右下方移动,如移至 $LM_1$,这种情况下的均衡点是 $E_1$,政府支出的扩张效应就出现了。如果赤字是由公债来弥补的,则公债的流动性效应通过公债存量的变化所引致的货币市场供求关系的变化,使 $LM$ 曲线向左上方移动,这不仅削弱了政府支出的扩张效应,还有可能在某一均衡点上完全抵消财政支出的扩张效应,甚至会产生抑制性作用,如点 $E_2$。当政府同时使用货币和公债两种融资方式时,$LM$ 曲线的最后位置无法确定,均衡点 $E_2$、$E_1$ 都不是长期均衡点,由此对收入和利率的影响也不能确定。收入的最终变化要取决于 $IS$ 曲线和 $LM$ 曲线的位移程度以及这两条曲线的斜率。

### 四、公债的流动性效应

公债的流动性效应是指公债在运行过程中具有使流通中的货币供给增加的效果,并由此产生影响经济活动的效应。其传导机制为,从公债的流动性程度变动到社会流动性变动,最终影响到经济活动水平的变动。公债的流动性贯穿于公债发行、流通以及偿还过程中,并且对通货膨胀、利率以及总需求产生影响。

#### (一) 公债发行的流动性分析

这种流动性效应主要是由公债的期限结构策略以及应债来源结构决定的。

1. 公债的期限结构不同,对货币影响也不同

长期公债对经济以及货币供给具有抑制性作用。由于长期公债流动性较小,变现能力较差,对市场货币流通的影响也较小。同时,由于长期债券利率较高,在政府债券高利率的示范效应下,银行利率有可能上升,这不利于民间的长期投资,从而对经济产生抑制性。但这种抑制性的效果是否明显取决于投资对利率的弹性,如果投资对利率缺乏弹性,则抑制作用不明显。

短期公债对经济以及货币供给的影响具有扩张效应。短期公债流动性很高,变现能力较强,具有"准货币"之称。同时,短期债券的利率一般较低,其示范作用使得银行利率也较低,对民间投资具有扩张的作用。

2. 不同的公债购买者也会影响公债的流动性

公债的购买者大致可分为三大类:银行和其他金融机构、企业单位和居民个人。下面分别对这三大类公债购买者购买公债的流动性效应进行分析。

(1) 中央银行承购公债的流动性效应。中央银行承购公债,既可以直接从财政机关购入,也可以从公开市场买进。如果中央银行直接从财政机关购进公债,则增加财政金库的存款,也相应增加了同等数额的基础货币;当财政安排这笔基础货币用于支出时,非银行部门在商业银行的社会存款增加,商业银行的准备金增加,从而贷款增加,存款继续增加。如此循环,货币供应量会以乘数效应扩大。

当中央银行从公开市场上购进公债时,如果交易的对象是社会公众,通常以签发支票的方式进行。交易完成后,债券出售者将支票交存商业银行并通过商业银行与中央银行的结算形成商业银行对中央银行的负债,基础货币被创造出来。商业银行经过一系列资产业务运用后,便产生基础货币对存款货币的乘数扩张效应。而假设社会公众把出售债券获得的

支票转化为现金,使现金运用于实物消费,则中央银行的公开市场业务就会使流通中的货币量增加,但是没有乘数扩张效应。如果中央银行在公开市场上的交易对象是商业银行,通常是增加商业银行在中央银行的存款准备金,这时,也创造了同等数额的基础货币。经过商业银行系统的资产业务运用后,基础货币将成倍地扩大为存款货币。

综上分析,我们可得出结论:中央银行只要作为公债的认购者,无论其交易对象是谁,也不论从何种途径购入公债,其结果都是商业银行对中央银行负债的增加,并对货币供给量产生乘数扩张效应,易引发通货膨胀。为此,各国政府禁止中央银行在公债发行市场购买政府债券,但允许其在流通市场(二级市场),通过买卖公债调控货币供应量(一级市场)。

(2) 商业银行购买公债的流动性效应。

① 持有超额准备的商业银行和其他金融机构购买公债的货币效应。我们假设商业银行在购买公债前均有超额准备 50 万元,各项存款 500 万元。那么,中央银行的资产负债表上其负债方的超额储备也将是 50 万元,并假设中央银行负债方其财政性存款为 50 万元。在公债发行后,如果商业银行用于购买公债的资金运用为 10 万元,在此情况下,商业银行与中央银行的资产负债将调整如下:商业银行的超额储备将减少 10 万元,同时增加 10 万元的债券占款,其资产运用总额与负债总额保持原有水平不变;但中央银行的负债方其超额储备将减少 10 万元,由原来的 50 万元减少为 40 万元,同时增加财政性存款 10 万元,由原来的 50 万元增至 60 万元。此时,资金由商业银行流向财政,商业银行的资产和中央银行的负债发生了结构变化,但资产和负债总额保持不变。当所得款项用于拨款支出后,商业银行购买债券的结果,是使货币供应总量等额增加。因为商业银行收到政府支出接受者的款项,各项存款将增加 10 万元,由原来的 500 万元增至 510 万元,同时,商业银行资产方的超额准备也增加 10 万元,与购买债券前的水平一样。中央银行负债方的超额准备金存款和财政性存款一增一减,总额不变。因此,如果持有超额储备的银行获得新国库债券,新债券持有只是相当于超额储备的减少和国库存款的增加,后者存款的所有权随后传给政府支出的接受者。可见,商业银行以其超额准备金购买公债的结果是扩大了货币供应量。

② 持有少量超额储备或没有超额储备的商业银行和其他金融机构购买公债的货币效应。当商业银行有能力收回已向社会发放的贷款,并以这笔贷款购买公债时,则收回贷款所减少的流通市场中的货币量刚好等于商业银行购买政府债券所付出的货币量,因此,这个过程并不改变货币供应量。

如果商业银行无法通过收回贷款以筹措购买公债的资金,而政府又强制商业银行购买公债,则商业银行可以通过向中央银行再贷款来筹措购买公债的资金,这种情况相当于中央银行向商业银行注入基础货币,货币供应量将会成倍增加。

(3) 非银行部门购买公债的流动性效应。企业购买公债的资金来源不同,其造成的货币效应也是不同的。

① 以银行存款购买公债。当企业用于购买公债的资金来源于自身的银行存款,则购买公债时,银行存款将减少,银行可用于贷款的资金来源也相应减少。但要全面考察这种变化对货币供应量的影响,就需要结合银行信贷活动的变化情况。

如果银行信贷活动由于资金来源减少而减少对企业的贷款,其结果将是,由于公债发行使财政支出增加,而由于贷款减少使企业支出减少。因此,公债的发行并不对货币供给量产生影响。

如果银行信贷活动并不因资金来源减少而减少对企业单位的贷款,而是通过减少现有的超额储备来实现的,这与商业银行持有超额储备购买公债所引起的货币供应量相对增加情况完全一样,其结果是,财政支出净增加。

如果银行既不可能由于企业存款减少而减少对企业放款,也无超额储备可供抵消,则企业存款减少的结果是,银行的信贷活动只能通过向中央银行的再贷款来维持,这种情况将导致货币供应量的乘数扩张。

② 用银行贷款购买公债。当企业资金紧张,无法以自有资金购买公债时,若企业需购买公债,只能挤占流动资金与固定资金,或依靠银行贷款来购买债券。当政府所获得的公债收入全部来自银行贷款,这无异于向银行透支,其结果是货币供应量绝对增加,公债的发行与货币的增发并无两样。

(4) 居民个人购买公债的货币效应。居民个人购买公债是否具有货币效果,主要取决于居民个人购买公债是否减少即期消费。

如果居民用减少其消费支出来增加公债购买,这时,政府可得到的债券收入完全是现实购买力在居民与政府之间的转移,既不增加流通中的货币供应总量,也不改变流通中的货币结构,此时,公债发行不具有货币效果。

如果居民购买公债的结果并没有压低原有的消费水平,或是用闲置在家不用于消费支出的手持现金,或是用减少在银行的储蓄存款来购买公债。这两种情况会产生不同的货币效应。在第一种情况下,居民购买公债的结果,直接改变的是流通中货币的结构,使潜在的购买力转化为现实的购买力。政府在把这笔以公债筹集的资金用于支出时,则会增加总支出,扩大总需求。在第二种情况下,公债发行的货币效应与上述公债发行使企业存款减少的情况一致。

**(二) 公债流通的流动性效应分析**

公债可分为可转让债券与不可转让债券。不可转让债券是指不能在金融市场上自由流通买卖的债券,如各种具有特殊用途的政府债券,由于其具有不可转让性,此类债券的认购者就是债券的最终持有人;可转让债券与之相反,具有流动性,可自由转让,认购者与最终持有人可具有不一致性,从而使公债的流通运动对货币供给产生一定的影响。

以下从四个方面对公债流通的流动性效应进行分析。

1. 公债在民间部门之间转让

在没有闲置购买力的情况下,当公债购买者因购买公债而减少的银行存款与公债出售者增加的银行存款相等,那么这种转让只是购买力在不同个体之间的转移,并没有产生新的货币,货币供给量不变。如果购买者利用闲置手持现金购买公债,那么购买公债的行为并没有导致银行存款减少;而公债出售时如果银行存款增加,通过乘数效应,货币供给量会扩大。如果公债出售而导致现金增加,现金量一增一减,不改变货币供给量,但可能会增加潜在的消费需求。

2. 公债在民间部门与商业银行之间转让

如果商业银行压缩贷款购买公债,则不会对货币供给量造成影响;如果商业银行购买公债的资金来源于其超额准备金,则会扩大货币供给量。

当公债由商业银行转让给民间部门时,民间部门在商业银行的存款减少,商业银行持有的政府债券减少,商业银行资金增加,形成超额准备金,由此引致贷款增加,使存款数量又恢复到原来水平,整个过程没有对货币供应量发生影响。

3. 公债在商业银行与中央银行之间的转让

中央银行向商业银行转让公债,商业银行则减少贷款或准备金,从而引致银根紧缩,减少货币供给量;中央银行向商业银行购买公债,商业银行准备金将增加,从而扩大贷款规模,银根放松,货币供给量扩大。

4. 公债在中央银行与民间部门之间的转让

中央银行将公债出售给民间部门,民间部门在商业银行的存款减少,商业银行准备金减少,从而贷款规模减缩,货币供给量减少;而中央银行购买公债则具有放松银根、扩大货币供给量的作用。

### (三) 公债偿还的流动性效应分析

公债的偿还是公债运行的最后环节,偿债资金的来源不同,对货币供给的影响也不同。偿债资金一般可来源于税收、发行新债和发行货币。以发行货币偿债的方式容易引发通货膨胀,所以政府一般不采用这种方式。政府偿还公债的资金主要由增加税收和发行新债来筹集。

1. 以税收偿债的货币效应

当政府征税时,社会上的货币供应量将减少,同时,政府在中央银行的财政存款会增加,相应增加中央银行的基础货币,因而这一过程具有回笼货币、紧缩通货的作用。而当政府还债时,如果偿还的对象是非银行部门,则不改变货币供给量;如果偿还的对象是商业银行,则扩大货币供给量,因为这一过程增加了商业银行的准备金(减少了其持有的政府债券),从而扩大了贷款规模,抵消了征税的货币收缩效应;偿还对象是中央银行,则没有扩张或减少货币量的效应(中央银行账户上财政存款和政府债券等量减少),但与征税过程结合起来考虑,则减少了货币供给量。

2. 借新债还旧债的货币效应

(1) 如果借债对象与还债对象属于同一类经济主体,则没有货币供给量变化效应。

(2) 如果新债的发行对象是非银行部门,偿还的是商业银行或中央银行持有的旧债。非银行部门购买公债,则减少其在商业银行的存款。如果以此偿还商业银行的旧债,商业银行得到政府还款时准备金将增加,贷款规模将扩大,从而扩大货币供应量。如果政府偿还中央银行旧债,则没有货币扩张作用,但从总体上考虑,具有紧缩货币的作用。

(3) 新债的发行对象是商业银行,偿还的旧债为非银行部门或中央银行持有,则商业银行在购买国债时,其贷款或准备金将减少。如政府将得到的资金偿还非银行部门持有的旧债,此部门在商业银行的存款将增加,这一过程对货币供应量无影响;如果偿还中央银行持有的旧债,则具有收缩货币量的作用。

(4) 新债的发行对象是中央银行,偿还的是非银行部门或商业银行持有的旧债,则货币供应量将扩大。

## 第三节 公债的规模

公债规模历来是研究公债问题的专家学者和从事公债业务的实际工作者颇为关心的问

题,因为公债规模的大小决定着政府规模的大小和一国债务负担,从而影响整个经济和社会的稳定与发展。如何衡量公债的规模?公债规模都受哪些因素影响?这是本节讨论的内容。

## 一、公债规模指标

### (一) 公债绝对量指标

通常,衡量公债绝对量的指标有以下几种:

1. 公债总额

公债总额也称公债余额,是指政府现存而尚未清偿的债务总额。在没有短期公债的情况下,公债总额是当年新债发行额与历年公债累计余额之和。

2. 公债发行额

公债发行额一般是指公债在某一年度的发行额。在平价发行的情况下,如果不考虑发行手续费等因素,公债发行额就是这一年的公债收入。另外,公债发行额也可分为内债发行额和外债发行额。这一指标是从政府收入角度来衡量公债的数量的。

3. 公债还本付息额

公债还本付息额一般是指在某一年度内政府对公债的偿还额。这一指标同样也包括内债还本付息额和外债还本付息额,是从政府支出角度来衡量政府的债务负担。如果将公债发行额减去公债还本付息额,可以得到公债净收入。所以,只有前者大于后者时,政府才有净债务收入可以利用。

### (二) 衡量公债规模的相对量指标

公债不是一个孤立的经济范畴,它与一个国家的国民经济和财政收支状况是密不可分的。因此,判断公债规模适度与否,不能只看公债本身的绝对值,还必须参考国际上惯用的一些相对经济指标和经验数据。

国际上衡量公债规模的相对指标主要有:

1. 公债负担率

公债负担率是一定时期的公债累积额占同期国民生产总值的比重。可用公式表述为:

$$公债负担率 = (当年公债余额 \div 当年 GDP) \times 100\%$$

这一指标是从国民经济的总体而不是仅从财政收支上来考察和把握公债的数量界限,是反映国民经济总体应债能力和公债规模最重要的指标之一。一国国内生产总值越大,国民经济的债务承担能力就越高,发债空间也就越大。国际上一般以欧盟《马斯特里赫特条约》规定的 60% 作为该指标的警戒水平。

2. 公债依存度

公债依存度是指当年的债务收入与财政支出的比率关系。其计算公式是:

$$债务依存度 = (当年债务收入额 \div 当年财政支出额) \times 100\%$$

债务依存度反映了一个国家的财政支出有多少是依靠发行公债来实现的。当公债的发行量过大,债务依存度过高时,表明财政支出过分依赖债务收入,财政处于脆弱的状态,并对财政的未来发展构成潜在的威胁。该指标包括两种计算口径:当分母为国家财政总支出时,称为国家财政的债务依存度;当分母为中央财政的总支出时,称为中央财政的债务依存度。国际上对债务依存度有一个较为模糊的警戒线,即国家债务依存度为15%～20%,中央债务依存度为25%～30%。

3. 公债偿债率

公债偿债率是指当年公债的还本付息额与当年财政收入的比率关系,表明当年的财政收入中必须拿出多少份额用于公债的还本付息。用公式表示为:

$$偿债率＝还本付息额／财政收入$$

该项指标越高,说明债务偿还越集中,公债结构越不合理,从而偿债能力越弱。该指标的计算口径也有两种:当分母为全国财政总收入时,得出的指标称为国家偿债率;当分母为中央财政总收入时,称为中央财政的偿债率。债务收入的有偿性,决定了公债规模必然要受到财政资金状况的制约。因此,要把公债规模控制在与财政收入相适应的水平上。关于这一指标,国际上公认的安全范围为8%～10%。

需要说明的是,上述这些指标并不能涵盖所有公债规模的数量指标。在分析公债问题时,人们往往还会根据需要,采用其他一些指标,如赤字率、借债率、居民应债能力等。

赤字率由当年财政赤字与GDP的比率来衡量,它反映了一国在当年以赤字支出方式动员了多大比例的社会资源。公债的原本作用是用来弥补财政赤字。当一国主要的财政收入不能满足公共支出需要时,发行公债弥补赤字是一种必然的选择和常规做法。直至今日,弥补财政赤字仍然是各国中央政府发行公债的主要原因。因而,赤字率的大小是公债规模大小的主要决定因素。

借债率由当年公债发行量与GDP的比率来衡量,它反映了当年GDP对公债增量的负担能力。国际上一般将该指标的警戒线设置为10%。

居民应债率由当年国内债务发行量与城乡居民储蓄存款余额的比率来表示,是从居民的储蓄水平来考察公债的发行规模。

## 二、公债规模的限制因素

### (一) 政府的偿债能力

政府偿债能力是指财政在某个时期可用于偿付债务本息的财力。政府举债实际上是政府以未来征税权作担保向国内外债权人借款,是政府作为债务人而发生的一种对外债务关系。这在客观上要求政府具备良好的信用等级,并保持适度的债务规模。较高的政府偿债能力不仅可降低政府在国内外市场上的举债成本,而且良好的政府信用也有利于扩大政府的举债规模。

政府偿债能力与国家经济发展水平和财政收入有一定的联系,但偿债能力本身并不等于国家的经济发展水平或财政收入规模。这是因为,一方面,公债不能直接从国民生产总值或国民收入中扣除,而只能从政府可支配的收入中扣除,因此偿债能力只能体现在国家财政收入的多少上;另一方面,由于存在其他方面的公共支出,一国的财政收入不可能全部用于清偿公债,因而财政收入规模也不等于政府的偿债能力。

国际上通行的衡量一国偿债能力的指标是公债偿债率和公债依存度。

### (二) 社会应债能力

公债规模不仅受政府偿债能力的制约,而且要受到社会应债能力的制约。一定时期内社会承购公债的能力称为应债能力,它是整个社会各种公债发行对象承购公债能力的汇总。在中国,公债的主要购买者为商业银行和其他非银行部门,包括个人、企业和机构投资者,他们购买公债能力的大小是公债规模的决定因素之一。

### 三、政府以公债筹资的效率界限

#### (一)以税收筹资有助于社会决策受到效率的约束

从政府部门的定义看,它是公共部门中不从事产品或服务的销售、不依靠销售取得主要收入来源、免费或部分免费地向公众提供产品或服务的单位总和,因此,政府部门的主要收入来源是税收。虽然对个别社会成员而言,是否纳税及纳税多少与其所享受的公共产品数量没有对等关系,但对整个社会而言,税收的多少直接关系到提供公共产品的数量和质量。如果整个社会希望获得更多和更高质量的公共产品,那么,社会成员就要缴纳更多的税收,减少自己的可支配收入,从而减少私人产品的消费。

在这里,税收(相当于公共产品的价格,社会成员要享受公共产品就必须有人纳税)起到了一种价格机制的作用。社会必须进行成本效益的比较,即比较增加(消费)公共产品所得的效益与减少(消费)私人产品所损失的效用,若公共产品的边际效用大于私人产品的边际效用,社会就会继续扩大公共产品的消费,让更多的资金以税收方式流入政府部门,一直到公共产品的边际效用与边际成本相等为止。虽然这种有效率的资源配置状态可能由于公共决策的特殊性质而不会实现,但从总体上说,税收筹资方式至少为社会的选择提供了一种成本效益比较的权衡机制,它有助于使社会决策受到资源配置效率的约束。

#### (二)公债筹资与税收筹资的区别

政府部门采用公债筹资方式会产生与税收筹资方式不同的情况,即当社会享受更多、更高质量的公共产品时,社会成员并没有为此而付出代价,他们并不牺牲什么经济利益。作为公债持有者,他(她)购买公债如同增加了一笔银行存款,到期可以获取本金和利息,至于公债的偿还则靠政府以后征税来解决,也就是说,以后为还债而纳税的人承担现时提供的公共产品的成本。

可见,采用公债筹资方式来提供公共产品实际上意味着延期的税收,它与直接以税收筹资的区别是:公债筹资把公共产品的受益与成本负担分割成两个不同的时期,使受益者与成本负担者变得不一致,现在的社会成员免费享用了公共产品所带来的效益,而未来的社会成员则要承担以往公共产品的生产成本。这实际上是把公债负担推向未来,公债的期限越长,这种受益者与成本负担者的不一致性就越明显。如果今年借债,政府不断以发新债还旧债的方式维持债信,直到 40 年以后再通过征税来偿还这笔债务,那么,显然是本代人受益,后代人承担成本。

以公债筹资来提供公共产品,与税收筹资不同,它缺乏资源配置效率的约束,因为社会享受公共产品的效益无法与它的成本相比较,这时,社会成员无须承担成本。因此,这种情况会使公共产品的提供规模有过分扩张的趋向,不利于公共产品的有效配置。

#### (三)公债筹资的效率界限

要使公共产品的规模达到资源配置效率的要求,就必须使公共产品的受益者与成本承担者相一致,只有具备这样的条件,社会才会进行成本效益的比较权衡,以便做出较接近效率状态的选择。政府部门的支出可分为经常性支出和资本性支出,这两类不同性质的支出究竟以税收筹资有效,还是以公债筹资更有效呢?

1. 政府部门的经常性支出应由税收筹资

在一定时期(如某一年)的政府支出中,有一部分直接形成当年的社会消费利益,这种支出被称作经常性支出。例如,政府行政管理是一项公共产品,为了提供这项产品,政府须支付公务员的工资、办公费用等;还有为提供国防这项公共产品,政府须定期支付军饷、练兵费用等。这些支出直接形成当年公共产品的成本,它与社会当年受到的公共服务利益直接相关。

如果以公债收入来承担当年的经常性支出,意味着让现在的人无偿享受公共产品的利益,而让以后的人来承担公债偿还的责任。公共产品的受益者与成本承担者的分离,难以使公共产品的提供达到有效配置的目标。只有使公共产品的受益者同时又是这一产品的成本承担者,社会才会进行成本效益的比较,从而使社会的选择比较接近效率状态。因此,我们可以得出以下结论:为了有助于实现公共产品的有效配置,政府部门的经常性支出原则上应采用税收来筹资,用公债筹资会使公共产品的提供规模超过有效率的提供水平。

2. 政府部门的资本性支出应(视具体情况)以适当的方式筹资

在一定时期(如某一年)的政府支出中,有一部分支出所产生的利益不仅发生在当年,而且还同时在今后若干年内发挥作用,这种支出被称为资本性支出。例如,政府建造的图书馆、大剧院等,它们将在今后很长的时期内为整个社会提供利益,其建造成本不能全部视作当年提供公共产品的成本,而应分摊到今后的受益年份中去。

如果用当年税收来承担当年全部资本性支出,就意味着让现在的人承担公共产品的全部成本,而让以后的人免费享受它所产生的效益,从资源配置的角度看,这会使公共产品的提供水平低于有效率的水平。因此,我们可以得出这样的结论:政府部门的资本性支出原则上不应以税收筹资作为唯一的渠道,通过公债筹资将成本分摊到今后的各个受益期,将有助于社会选择比较符合效率要求的公共产品提供水平。

那么,在怎样的情况下以税收筹资方式来支持资本性支出才是有效的呢?要使公共产品的配置实现效率,就应使本期的受益人承担本期的成本。本期成本包括两部分:一是经常性支出,二是资本性支出在本期的分摊额。因此,本期税收既要为经常性支出筹资,又要为资本性支出分摊在本期的成本筹资。就每一个受益期而言,本期应承担的成本未必需要实际支付,但如果要使每年分摊的成本由当年税收承担的话,就需要设立偿债基金,每年按应承担的部分用当年税收收入划入这一基金,专门用于偿债准备。从以上分析可得出这样的结论:资本性支出中应由本期承担的部分原则上应采用税收方式来筹资,若用公债方式来垫付实际上是把本期的成本推向未来,这样会使公共产品的受益者与成本负担者不一致,成本效益的权衡机制将遭到破坏。

3. 政府部门公债发行的限度

上述公债筹资的效率界限为公债的发行量规定了限度。当政府本期税收不足以支付经常性支出和资本性支出中本期的分摊额时,政府不应以公债筹资方式去弥补收支缺口,而应选择另外两种方式来解决:一是增加税收来弥补收支差额(如果政府部门提供公共产品的边际效用仍然高于私人产品的边际效用),二是削减政府部门支出(如果政府部门提供公共产品的效用已经低于私人产品的边际效用)。而政府部门的资本性支出中由以后各受益期所承担的部分才可以采用公债方式来筹资。公债发行的限度是对政府筹资能力的一种约束,这是实现资源有效配置的必要条件。

以上公债筹资的一些效率原则虽然简单明了,但在实践中极容易被忽视,甚至被废弃。这一方面是由于公共决策的特殊性质使公共产品难以实现有效配置,表现出的基本倾向是少征税,多支出,以借债方式把本期应承担的成本推向未来;另一方面是由于这些原则是对目前社会的制约,而它保护的未来社会又无法对现在的决策施加影响。因此,对政府发行公债实施某种限制是完全必要的,只有当每一届政府从长计议,自觉地约束自己时,公债筹资的效率原则才能得到贯彻。

## 第四节 公债的负担

### 一、对公债负担的认识

政府借债必须还债,这是理所当然的事情。人们往往将公债的还本付息看作是公债的负担,并以还本付息的金额或它占政府收入和支出的比重来衡量这一负担的大小。还本付息构成公债负担,这是不言而喻的,但我们的视角还可更开阔一些,可以从公债的整个过程、公债对收入分配的影响等方面来考察公债的负担。

#### (一) 从公债的整个过程(发行、使用以及偿还)看公债负担

本节所要论述的公债负担不是仅仅指还本付息,而是从公债的发行、使用以及偿还的整个过程来考察公债的负担。政府在发行公债时取得了一笔收入,它在一定时期内可以使用,待公债到期再还本付息。对政府或整个社会而言,公债的全过程是否形成公债负担取决于公债资金的来源、使用方向以及使用效果如何。如果这笔资金用于投资,在这段时期里获得了足以偿还公债本息的利润,且有余额,那么,我们就认为公债不仅没有造成负担,而且还改善了政府的财政状况,为整个社会谋了福利。但是,如果这笔资金所带来的经济效益小于还本付息金额时,我们就认为公债形成了负担。

这里,有必要先说明一下,以下对公债负担的分析主要依据这样的前提:社会总需求水平既定。倘若公债负担的分析前提发生如下改变:公债资金来源于本已闲置的资金(即政府不去用它就无人问津),用于兴办公共企业或事业,引致社会总需求增加,那么在这种情况下,先前分析的结论会发生改变,这在本节最后一段有所论述。

#### (二) 从公债对收入分配的影响看公债负担

本节所说的公债负担不仅仅是指公债给整个社会所带来的负担,即公债对效率(社会总福利)产生的不利影响(当然,如果公债能够改善效率,促进社会总福利,则不产生公债负担),而且还从收入分配的角度来分析公债对不同社会成员所产生的影响,即分析社会中哪些人受益、哪些人受损。

如果借债确实产生负担,最终由谁承担呢?政府不是公债负担的最终承担者,因为它总要通过各种手段取得收入以弥补损失,而这些收入最终来源于社会成员。从整个社会来看,政府欠了一部分社会成员的债,而由另一部分社会成员替政府还债,即"左手欠右手的债"。

虽然这只是资金的内部转移,但对各社会成员来说,其收入再分配的意义是不同的。

我们可以将与公债过程有关的社会成员分为三种:一是公债的持有者,他(她)是债权者,拥有到期支取本息的权利;二是公债资金使用的受益者,即政府公共提供受益者;三是还本付息资金的提供者。如果用公债投资的利润来偿还公债本息,则提供者是政府,而如果通过征税来偿还,则提供者是纳税人。各个社会成员在公债过程中担任的角色一般有所不同,分析这些角色所处的地位,对于我们观察公债负担对收入再分配的影响有着重要的意义。

## 二、短期公债的负担分析

如果公债须在短期内偿还,公债对收入分配的影响便表现为同一时期内社会各成员之间的利益转移。

对公债持有者而言,如果能在规定的期限内取回预期的本息,则公债对其并不构成经济负担,他的收入并不因为购买公债而减少;相反,他会因为公债利率高于市场利率而获得高于银行存款利息的额外好处。那么短期内偿还的公债究竟由谁负担呢?以下,我们就公债资金的用途(消费和投资),再结合各社会成员在公债过程中所扮演的角色,来分析短期公债的负担。

如果政府部门发行公债,用筹集的资金为社会免费提供公共产品或服务,那么,公债资金使用的受益者就是该产品或劳务的消费者(如用公债资金建造图书馆,公债资金使用的受益者即是该公共产品的消费者——广大读者)。各社会成员之间受益大小不同,这主要取决于两个因素:一是公债资金用于什么性质的产品或服务;二是各人对该产品或服务的效用评价。例如,图书馆或大剧院对读书爱好者和音乐爱好者而言效用较高,而公园、社会福利院对老年人和残疾或被遗弃儿童效用很高。

### (一)偿债资金依赖于税收的公债负担

由于政府部门公债用于公共提供(消费的一种方式,另一种消费方式是市场提供),这项支出并不能产生利润,所以,偿还公债本息的资金必然来源于税收。谁纳税,纳多少,谁得益,谁受损,纳税者是否就是受益者?这些问题最终可以归纳为公债资金使用的受益归宿与为公债还本付息而征税的税负归宿问题。

从理论上说,受益归宿应该与税负归宿一致,即严格按照税收的受益原则征税,公债的受益者就是本息的支付者,各人按其受益大小来承担成本。此时,公债对收入分配的影响是中性的,没有人受益,也没有人受损。

但在实践中,税收不可能完全按照受益原则来征收,这样,各人的受益与其承担的成本就会产生差异,有的人可能受益很多但承担成本很少,甚至不负担成本,而有的人受益很少但要缴纳很多税。此时,公债就影响到收入分配,因而产生负担。一般而言,若公债所筹集的资金用于主要使低收入阶层受益的项目,并且税收又具有累进性的话,这会使高收入阶层利益受损,而使低收入阶层受益,这实际上是在社会成员之间作了缩小贫富差异的收入再分配。

### (二)偿债资金来源于货币发行的公债负担

我们可以把政府以增发通货来偿债看作一种特殊形式的税收,即向货币持有者按照货币持有量征收比例税。当潜在的总需求与潜在的总供给达到均衡时,政府增发货币会引起通货膨胀,使货币持有者的实际购买力下降,同时也使以货币结算的债权价值下降。因此,用增发货币的方式来偿还公债本息会产生负担,负担者是货币持有者和公债持有者(包括其他债权人,如企业债券持有者)。

### 三、公债代际负担的分析

长期公债使公债过程中的受益者和本息的承担者分属于不同的时期。这种公债的用途不同,对收入分配的影响也就不同。如果现在的公债使当代人受益,使下代人受损,我们就认为公债造成了代际负担。长期公债会产生代际负担,但短期公债也会产生这一问题,这是因为如果政府不断地以发新债还旧债的方式来偿还本息,年复一年,偿债的责任就会延续到将来,此时,短期公债对收入分配的影响与长期公债并无什么区别。

下面,我们从公债的资金用途——消费及投资——两个方面来分析公债的代际负担。

#### (一) 政府部门公债用于消费——政府经常性支出

1. 从未来社会总体来看,还本付息并不造成代际负担

若政府部门公债用于本期的消费性支出,而本期又不准备偿还这笔债务,以发新债还旧债的方式将偿债责任推向未来,那么,未来社会的某一代人最终将要承担债务。政府到时以征税偿还本息,收入要从一些公民手中(他们不持有公债)转到另一些公民手中(债券持有者),后代人整体消费水平保持不变,他们的境况并未恶化。[①] 从未来社会整体来看,这只是经济利益在社会内部的转移,偿还本息本身并不会给未来社会整体造成负担,也就是说不会造成代际负担。

2. 公债的"挤出效应"会形成代际负担

我们要判断公债是否会对后代造成负担,主要看公债资金的来源如何,其使用效果又如何。一般来说,公债主要来源于私人部门打算用于储蓄的资金。由于公债的发行,使社会对货币资金的需求急剧上升,从而利率上升,这样,增加了私人部门投资的成本,公债挤占了私人投资,并用于现在的消费——政府的经常性支出,这就使未来社会失去了一笔本可不断创造收入的资产,从而使得产出能力以及可获得的福利水平下降。在这种情况下,公债给下一代造成了负担。

可能人们会问,如果现在政府发行公债的资金并不来源于私人部门的投资资金,而是来源于个人的消费资金,政府再将这笔资金用于经常性支出,这是否会造成代际负担呢?我们说,这是不现实的。因为,人们总是把消费多余的资金去安排储蓄或投资,去购买公债。只有当公债的发行使得社会总储蓄增加时,公债的一部分才能被认为来源于个人消费资金,但其主要部分是挤占了私人投资。因此,将公债资金用于政府的经常性支出,必然会挤占私人投资,导致资本形成的减少,从而使后人继承的资本存量减少。

#### (二) 公债用于投资——公共部门的投资性支出

上面谈到,公债来源于私人部门的投资再转用于政府消费,它会形成代际负担,而如果公债用于公共部门的投资性支出,它是否会造成代际负担呢?这一问题的答案取决于公共

---

① 参见哈维·S. 罗森:《财政学》,中国财政出版社1992年版。

部门与私人部门的投资收益率的大小。

若由公债所支持的公共企业部门投资的收益率高于它所排挤的私人企业部门投资的收益率,则公债不仅不会给后代造成负担,而且还会提高未来社会的福利。例如,私人部门的投资边际收益率为 10%,从而公债的利率为 10%,公共投资的收益率为 12%,公债把资金从较低投资收益率的私人企业部门转到较高投资收益率的公共企业部门。在若干年($n$)以后,这笔借款($A$)用于公共投资所形成的资产为 $A\times(1+12\%)^n$;而如果政府不发行公债,这笔资金将被私人企业占用,在 $n$ 年后它所形成的资产为 $A\times(1+10\%)^n$。

反之,若公债所支持的投资项目的收益率低于它所排挤的私人企业部门投资的收益率,例如,私人部门的投资边际收益率为 10%,从而公债的利率为 10%,公共投资的收益率为 9%,则 $n$ 年后公债用于公共投资所形成的资产为 $A\times(1+9\%)^n$。显然,这笔资产少于私人企业投资所形成的资产$[A\times(1+10\%)^n]$,这就减少了未来社会可得的资产,从而降低了后代的福利,甚至发生极端的情况,公共企业部门投资不仅没有收益还发生了亏损。例如亏损率为 10%,那么,这项投资所形成的资产价值在 $n$ 年后为 $A\times(1-10\%)^n$,未来社会可继承的资产大大小于将资金投资于私人部门的情形。在极端情况下,这笔资产将化为乌有,公债显然给后代造成了沉重的负担。

### (三) 公债的效率界限与代际负担

公债是否会造成代际负担,不仅取决于公债资金的用途如何(若用于消费,挤占私人部门的投资,则必然产生代际负担;若用于投资,则可能不产生负担),而且取决于投资的效率。一般来说,若公债将资金从效率较低的部门引向效率较高的部门,后代就会受益;反之,公债将使后代受损。因此,公债的效率界限同时也是鉴别它的代际负担的界限。

### (四) 公债偿还资金的来源与债信

公债与私债一样,都应受到"效率"准则的约束。但是,它们所受约束的程度却很不一样,私债的效率一旦出现问题(如果其投资收益率低于利率),它必须还本付息,若无法偿还,就要以资抵债;而公债的效率出现问题(甚至于投资收益率为负数),政府则可动用它的行政权力征税、增发货币,以应付债务的偿还,从而在表面上维持其债信。并且,政府还可以不断地发新债还旧债,使不良债务继续存在和发展。公债受效率的约束是如此无力,以至于公债规模日益增大,人们并不感到公债会存在什么债信问题、公债会给后代造成什么负担。在个别债权人看来有高度信用的公债,从整个社会来看可能是很不可靠的。

### (五) 公债能促进总需求就不会造成代际负担

值得注意的是,本章第二节和第三节的分析都是以社会总需求水平既定为前提的。增加政府部门的公债就必定减少等量的企业部门的投资,增加公共企业部门公债就必定要使私人企业部门的投资等量地减少。假如,经济处在这样一种情况:公债来源于社会的闲置资金(即政府不去使用,就无人问津),且实际的产出水平尚未达到潜在的总供给所能达到的水平,公债对闲置资金的使用使总需求增加,并由此使总产出增加。那么,上述结论就会改变。公债在这种假设前提下并不会造成代际负担,也不会造成短期负担,因为这笔资金若政府不去使用就形成了浪费,它把凝固的资产(相当于投资收益率为零的资金)盘活,并产生了效益。关于这一点将在后面有关章节专门论述。

## 第五节 公债市场

公债市场是公债发行市场和流通市场的总称,发行市场也称一级市场,流通市场也称二级市场。用发行公债代替增发货币来弥补财政赤字,是当今世界各国政府通行的做法。美国、法国、意大利、日本等发达国家,其债务余额占 GDP 的比重都在 50% 以上。公债发展到今天,已不再仅仅是一种政府筹资的工具,而且是现代信用经济的重要形式。但是,大量的公债发行必须以一个发育完善、运转流畅、高效有序的公债市场为依托。因为公债市场不仅可以筹集或调剂社会资金,而且还可作为财政政策和货币政策的结合点而传导宏观经济政策,因此公债市场的发展水平直接关系到政府经济目标的实现和市场宏观调控的程度。本节着重介绍公债市场的基本理论。

### 一、公债发行市场

公债发行市场是公债发行与推销的市场,是公债交易的初始环节,也是中央财政代表国家政府作为债务人与债权人之间发生的债权与债务关系的总和,其职能是完成公债发行,使中央财政筹集到所需的资金,为资金富余者提供投资并获取收益的机会。

#### (一) 公债发行的原则

1. 景气发行原则

所谓景气发行原则,是指发行公债应根据社会经济状况而定,必须有利于经济的稳定和发展。其基本出发点是,当社会总需求超过总供给、经济增长速度过快时,发行公债应起到抑制社会总需求、降低经济增长速度的作用;而当社会总供给大于总需求、经济增长速度过慢时,发行公债应起到刺激社会总需求增长、促进经济复苏的作用。这一原则可通过公债的流动性程度、发行对象、利率水平来体现。

2. 稳定市场秩序原则

所谓稳定市场秩序原则,是指发行公债不应导致整个证券市场价格水平的巨大波动,特别是要维持公债价格的稳定。一般来说,公债的大量发行,必然引致证券市场交易额的上升,引起公债和其他证券价格的变化。这种变化会对证券市场的稳定乃至整个社会经济的稳定都产生不利的影响,甚至搅乱证券市场秩序和社会经济秩序。因此,公债发行应该服从公债市场和资本市场的内在规律,根据国民经济运行和社会资金在一年中不同月份的周转闲散情况以及财政预算的需要,适度发行。并且要求政府经常向市场参与者通报政府的借款计划、新发公债的发行时间及发行条件,使市场逐步形成对公债发行较为稳定的预期,从而均衡市场供求。否则,容易造成市场供求不平衡,产生不必要的市场波动,影响公债的信誉和形象。

3. 发行成本最小原则

所谓发行成本最小原则,是指由发行公债所发生的利息和其他费用支出应尽量节约,最大限度地降低其筹资的成本。具体包括以下三方面含义:一是在每次公债发行时都能够使用在当时条件下的最低成本来筹集所需要的资金。二是降低全部公债的成本。公债的利息是政府的一种财政负担,而其他发行费用也须从国库支付,利息和其他费用过多,必将影响以后年度的财政支出;尤其是随着公债发行规模的不断扩大,公债的还本付息支出在全部预算支出中所占比重呈上升趋势。所以,应在公债发行时采取系统有效的债务管理技术来降低现有公债余额的成本。三是降低其他各种发行费用支出。大量通过柜台销售公债,就需要向银行的销售网点、证券公司的柜台、邮政储蓄所支付发行的手续费,而要降低各种发行费用的有效办法就是改进发行技术,采用市场化的发行方式,如公开招标,建立国家统一的公债记账结算系统,增加无纸化非实物券发行。只有这样,才能提高公债发行效率,降低公债发行成本。

### (二) 公债发行价格及发行利率

1. 公债发行价格

公债发行价格,就是政府债券的出售价格或购买价格。政府债券的发行价格不一定就是票面值,它可以低于票面值发行,少数情况下,也可高于票面值发行。按照公债发行价格与票面值的关系,可以分为平价发行、折价发行和溢价发行三种发行方式。

(1) 平价发行。平价发行就是政府债券按票面值出售,认购者按各种票面值支付认购金,政府按票面值取得收入,到期也按票面值还本。

平价发行的前提条件:一是市场利率要与公债发行利率大体一致。如果市场利率高于公债利率,按票面值出售便无法找到认购者或承购者;市场利率低于公债利率,按票面值出售,政府财政也将遭受不应有的损失;唯有市场利率与公债利率大体一致,公债既能顺利地发售出去,又不致增加国库负担。二是政府的信用必须良好。只有政府的信用良好,认购者才乐于按票面值认购,公债发行的任务才能获得足够保障。

市场利率与公债利率大体一致,除非利率处在政府监管之下;否则,在市场条件下,两者会经常出现不一致。因此,平价发行在发达的金融市场是不多见的。

(2) 折价发行。折价发行就是政府债券以低于票面值的价格出售,即认购者按低于票面值的价格购进,政府按这一折价取得收入,到期仍按票面值还本。

采取折价发行的原因是由于公债票面利率低于市场利率,为了弥补认购者因此而遭受的损失,以折价形式作为补偿;或者是由于发行任务较重,为了吸引、鼓励认购公债,以折价形式作为认购的额外收益,以保证公债的顺利发行。

(3) 溢价发行。溢价发行就是政府债券以超过票面值的价格出售,认购者按高于票面值的价格购进,政府按这一溢价取得收入,到期按票面值还本。

溢价发行比较有利于增加国家财政收入,但在正常情况下是难以推行的。只有在公债票面利率高于市场利率,其所得足以补偿溢价发行的差价条件下,认购者认为有利可图,溢价发行才能顺利进行;或者在预期市场利率下降的情况下,为了减少国家财政偿还利息的支出,采取溢价发行,可以提前取得差价收入以缓解未来的高息负担。

另外,除上述三种发行价格方式外,还有公债的贴现发行方式。所谓公债的贴现发行,就是按贴现利率计算出贴现利息,用票面金额扣除贴现利息后的公债发行方式。公债到期时,按票面金额兑付,不再计算利息。贴现发行虽然也是以低于票面金额的价格出售公债,但它不等于折价发行。折价发行按票面金额兑取本金时还要取得利息,发行时的折价只是作为损失的补偿或者额外收益;贴现发行则只按票面金额兑付,发行时的"折价"即为政府提前支付的利息。

2. 公债发行利率

公债发行利率是衡量投资者参与公债发行市场投资收益的重要指标。公债利率的高低

直接影响着发行主体的筹资成本以及承购者的购买欲望。因此,政府在设计公债利率时往往要根据以下几个因素来确定:

(1) 金融市场的利率水平。市场利率一般是指证券市场上各种证券的平均利率水平。市场利率决定着公债发行的利率,公债发行的利率必须与市场利率呈同方向变化。如果公债利率与市场利率背离过大,其结果要么增加政府筹资成本,要么使发行计划受阻。不过,在现代市场经济中,公债具有的基本特征,即灵活性、安全性和收益性已越来越为人们所重视,公债已成为金融机构、企事业单位和居民重要的经营和投资对象。公债作为一种金融商品和投资工具在货币市场、资本市场上占有重要地位,这就使公债利率成为一种具有代表性的市场利率,即基准利率。

(2) 社会资金供给量。公债的发行还受到社会资金状况的影响。公债利率应当反映资金供求的关系。一般来说,在社会资金供给量充裕,闲置资金较多时,公债利率应从低设计;相反,社会资金需求旺盛,供给匮乏时,公债利率应从高设计。如果在设计公债利率时忽视了社会资金供给量这一重要因素,在资金匮乏时设计低公债利率,而在资金充裕时设计高公债利率,不是对公债发行不利,就是增大筹资成本。

(3) 政府的信用状况。政府的信用状况是影响公债发行利率的另一个重要因素,尽管市场利率很大程度上受制于公债利率,但两者并非完全一致,这是因为公债是一种特殊的信用形式,政府的信用状况与公债的发行利率呈反方向变化。如果政府信用差,公债利率应高于市场利率;反之,公债利率可低于市场利率。如果公债利率设计与政府的信用状况相背离,或是在政府信用欠佳时调低公债利率而使发行受阻,或是在政府信用良好时调高公债利率而额外加重政府的利息负担。

(4) 公债期限的长短。一般来讲,公债利率的高低与其期限的长短呈同方向变化,期限较长的投资者负担的投资风险较大,因此,长期公债利率设计要高;短期投资者负担的市场风险较小,因此短期公债利率设计要低;而中期公债利率应介于两者之间。但当公债利率的设计服从于宏观调控政策时,公债利率有可能与期限相背离。

(5) 计息形式及利息支付的方式。单利率、复利率和贴现利率对投资者的实际收益水平和政府财政的筹资成本有着不同的影响,到期一次付息和分期付息对投资者实际收益水平和政府财政的筹资成本也有着不同的影响。在实际收益水平已定的情况下,按单利率计息的票面利率应高于按复利率计息的票面利率,到期一次付息的票面利率应高于分期付息的票面利率。目前,我国公债的付息方式分为如下三种:①附有票面利率,到期一次还本付息;②附有票面利率,每年付息一次;③低于面值发行,但到期时以面值偿还。从实践看,在公债到期以前,付息方式①和③没有每年给投资者支付利息,因此这两种公债被称为"零息公债";而付息方式②则每年给投资者支付利息,因此这种公债被称为附息公债。

### (三) 公债发行方式

建立一个高效、灵活、低成本和多样化的公债发行市场除了要具备一定的条件外,还要有市场化的发行方式。

公债的发行方式,是指作为公债发行主体的中央财政部门,代表国家对广大投资者推销公债时所采取的方式。公债的发行方式并不是唯一的,而是多种多样的。公债的发行方式大体有以下几种:

1. 固定收益出售方式

固定收益出售方式(sale on fixed-yield basis)是指发行人在公债市场上按预先确定的发行条件来推销公债的方式。其特点是：(1)认购期限较短，从公债开盘发售到收盘，一般必须在几天(最长为两周)的时间内完成。(2)发行条件固定，即公债的利率与票面价格相联系且固定不变，按既定的发行条件出售。这一既定的发行条件，往往是由财政部门通过事先与有关包销财团谈判或按照金融市场行情确定的。(3)发行机构不限，金融机构、邮政储蓄机构、中央银行、财政部门等都可以此方式发行或代理发行公债，但通常以前两种机构为主。(4)主要适用于可转让的中长期债券的发行。

2. 公募拍卖方式

公募拍卖方式(auction technique)是指由发行人在公债市场上通过公开招标推销公债的方式。其主要特点是：第一，发行条件通过招标决定，即认购者对准备发行的公债的收益和价格进行投标，推销机构根据预定发行量，通过决定中标者名单，被动接受投标决定的收益和价格条件；第二，拍卖过程由财政部门或中央银行负责组织，即以它们为发行机构；第三，主要适用于中短期政府债券，特别是国库券的发行。

公开招标方式根据所竞标的的不同，分为价格投标和利率投标。

3. 连续经销方式

连续经销方式(sale by tap technique)是指一种推销机构受发行人委托，在公债市场上设专门柜台经销并拥有较大灵活性的公债推销方式。其主要特点：一是经销期限不定；二是发行条件不定；三是随行就市；四是主要适用于不可转让债券，特别是对居民家庭的储蓄债券。

4. 直接销售方式

直接销售方式(private placement technique)是指一种由财政部门与认购者直接谈判确定发行条件的推销方式。其推销机构只限于政府财政部门，而不通过任何中介或代理机构。认购主要限于有组织的集体投资者，主要是商业银行、保险公司、养老基金及政府信托基金等，个人投资者不能以此种方式认购。直接销售方式主要适用于某些特殊类型的公债发行。

## 二、公债流通市场

公债流通是指一切买卖、转让已发公债的活动，而公债流通市场则是已发公债买卖、转让的场所，通常也称为二级市场。二级市场是相对于一级市场而言的。流通市场和发行市场的区别是：流通市场体现的是投资人与中介人之间，或投资人相互之间的关系；而发行市场体现的是发行人与中介人或投资人之间的关系。

公债作为一种信誉极高的金融商品，其内在属性离不开流通，流通市场的存在和发展是公债机制运行的内在必然要求。一个高度灵活、发达的公债交易市场是公债机制正常运行和稳步发展的基础和保证。因此，重视对公债流通市场的研究，不仅对公债发行市场，而且对整个公债运行机制都具有重大意义。

### (一) 公债流通市场的组织结构

公债流通市场同整个证券流通市场一样，按其所依赖的市场组织状况可分为有组织的场内交易市场和场外交易市场。

场内交易市场主要是指证券交易所交易，它是公债流通市场最基本、最规范的形式之一，是公债流通市场的中心。

场外交易市场，又称店头市场，或柜台交易市场，是指证券经纪商和证券自营商不通过证券交易所，而是在证券商之间或证券商与客户之间直接进行的证券分散买卖市场。

### (二) 公债流通市场的交易方式

公债交易是指各种可上市的公债券在流通市场上买卖转手的一种交易行为。这种买卖转手行为以某种方法和形态进行，构成了公债的交易方式。国际上常见的公债交易方式主要有现货交易方式、期货交易方式、回购交易方式和期权交易方式。

#### 1. 现货交易方式

公债的现货交易方式是指交易双方在成交后即时进行清算交割其债券和价款的方式。所谓"即时"，并不一定是成交的当时，它可以按照证券交易所通常采用的交割日期，如次日交割、例行交割等。也就是说，债券的成交日和交割日不一定是同一天，但必须相隔很近。

公债现货交易分为场内交易和场外交易。场内交易是指证券交易所的交易，场外交易是指"店头市场"的交易。

#### 2. 期货交易方式

公债期货交易方式，又称期货合约交易方式或定期清算交易方式，是指公债券买卖双方成交以后按契约中规定的价格、数量，进行远期交割的一种公债券交易方式。由于这种交易方式在清算时并不按照交割时的行市，而是按照买卖契约成立时的公债行市进行交割；同时，又由于买卖的不是现实的公债券，对于卖者，它是一种预售，对于买者，它又是一种预购，故被称为期货交易。

#### 3. 回购交易方式

公债回购交易是指在卖出（或买入）公债的时候，事先约定到一定期限后按规定的价格或收益率再买回（或卖出）同一牌名的公债的一种交易方式，在美国称为"回购协议交易"，日本称为"现先交易"。

#### 4. 期权交易方式

公债期权交易是指公债交易双方为限制损失或保障利益而签订，同意在约定时间内，按协定价格买进或卖出契约中指定的债券，也可以放弃买进或卖出这种债券的交易方式。

## 本章小结

公债是政府凭借自己的信誉，依据借贷原则，在国内和国外筹措财政资金的一种方式，具有弥补财政赤字、筹集建设资金和调控宏观经济的作用。与税收相比，公债具有有偿性、自愿性和灵活性的特点。公债的发行、流通和偿还过程都会对经济产生多种多样的影响，这些影响可归纳为需求效应、流通性效应等。公债规模的大小是影响公债经济效应和公债管理效果的重要因素。衡量公债规模的指标有两类：一类是绝对量指标，包括公债总额、公债发行额和公债还本付息额；另一类是相对量指标，主要包括公债负担率、公债依存度和公债偿债率。相对量指标在公债规模研究中具有更为重要的意义。公债的规模受到政府偿债能力和社会应债能力的制约，政府不可能无节制地发行公债筹措各种资金。政府公债筹资具有效率约束：政府的经常性支出以及资本支出中由本期承担的部分应由税收筹资，而政府部门资本性支出中分摊到以后各受益期的成本应由公债来筹资。

从短期公债的负担看,若政府部门发行的公债用于公共提供,公债是否形成负担取决于偿债资金的来源。从公债的代际负担看,若政府公债用于经常性支出,则公债具有"挤出"效应,会产生代际负担;若公债用于投资性支出,是否会形成公债负担取决于公共部门与私人部门投资收益率的大小,如果公债能够增加总需求,则不会形成代际负担和短期负担。

公债市场包括发行市场和流通市场,公债发行市场是公债流通市场的前提,而公债流通市场是公债发行市场的保证。

公债发行原则有景气原则、稳定原则和最小发行成本原则。

公债的发行条件包括公债期限、公债利率和公债价格。

公债主要采取四种发行方式:固定收益出售方式、公募拍卖方式、连续经销方式、直接销售方式。

公债交易的组织形式包括场内交易方式和场外交易方式。场内交易是指证券交易所的交易;场外交易是指证券交易所以外的公债的交易,包括柜台交易。

公债交易方式包括公债交易、回购交易、期货交易和期权交易,后三者是在现货交易的基础上衍生出来的。

# 习 题

## 一、名词解释

公债　上市公债　非上市公债　公债依存度　公债负担率　公债偿债率　公债市场　发行市场(一级市场)　流通市场(二级市场)　平价发行　溢价发行　场内交易市场　店头市场　现货交易　回购交易　期货交易　期权交易

## 二、思考题

1. 公债筹资与税收筹资有什么区别?
2. 政府公债筹资的效率界限是什么?
3. 衡量公债规模的指标有哪些?其含义是什么?
4. 在什么情况下,公债将给后代造成负担?
5. 公债对经济都有哪些影响?
6. 政府在发行公债时应遵循哪些原则?

# 第二十一章 财政宏观调控理论与政策

## 全章提要

- 第一节 需求管理中的财政理论与政策
- 第二节 促进社会总供给能力的财政理论与政策
- 第三节 财政政策与货币政策的协调配合
- 第四节 财政赤字及其弥补

本章小结

习题

## 第一节　需求管理中的财政理论与政策

需求管理理论的创始人是凯恩斯。在凯恩斯之前,以亚当·斯密为代表的古典学派认为市场机制十分完美,无需政府干预,提倡"自由放任"政策。凯恩斯在总结1929—1933年的大危机的基础上提出了需求管理理论。凯恩斯在《就业、利息和货币通论》中阐明危机的原因在于有效需求不足,即投资需求与消费需求不足,主张通过赤字财政政策来增加政府投资支出,弥补私人投资的不足,从而增加整个社会的有效需求,缓解失业问题。在凯恩斯之后又涌现出了众多的宏观经济学学派,虽然他们的观点各有不同,但是基本上都认为政府应对宏观经济进行有效干预。

### 一、社会总需求的构成与影响社会总需求的财政因素

在不考虑对外收支的情况下,社会总需求 $AD$ 是由非政府部门的消费需求 $C$、投资需求 $I$ 和政府购买性支出 $G$ 三部分组成,即:

$$AD = C + I + G \tag{21-1}$$

式中:消费需求 $C$ 是国民收入 $Y$、税收 $T$ 的函数,即 $C=C(Y,T)$;投资需求是真实利率 $R$ 的函数,即 $I=I(R)$。因此,社会总需求公式可以进一步表示为:

$$AD = C(Y,T) + I(R) + G \tag{21-2}$$

从公式(21-2)中可以明显看出政府购买性支出 $G$ 和税收 $T$ 是影响社会总需求的两个重要变量。

首先,变动 $G$。当政府购买性支出 $G$ 上升、税收 $T$ 不变时,如果 $C$ 与 $I$ 均不变,或虽有所减少,但减少的量小于 $G$ 的增加量,则必然引致总需求扩大。

其次,变动 $T$。在 $C$ 是 $T$ 的减函数的情况下[①],减少税收可以促使非政府部门的消费需

---

[①] 减税是否将引致非政府部门的消费需求扩大,对于这一问题经济学家们存在较大分歧。英国经济学家巴罗(R. J. Barro)认为,决定消费的一个重要因素是人们的财富,它相当于一个人终身收入的现值(present value of life time resource, PVLTR)。如果减税未使人们感到他们的 PVLTR 增加,则不会增加消费。由于人们意识到目前的减税必然引致公债的扩大(由于支出不变),从而使他们将来的税负会因目前的减税而加重,因此减税并未使纳税人感到财富增加。现假设政府支出不变,减税500亿元就产生了500亿元赤字。如果政府借债不受限制,500亿元赤字可全部采用发行公债的方式弥补。假设公债年利率为10%,期限为1年,则下一年税负将增加550亿元。因此,如果不考虑公债的再分配问题,并假设减税采用的是一次性定额减税(lump sum tax cut),那么减税虽然使纳税人的现期税后收入增加了500亿元,但下一年的税后收入将因公债的还本付息减少550亿元。这说明纳税人的 PVLTR 并没有改变,于是减税对消费需求也就没有影响。巴罗上述理论的基础是与19世纪经济学家大卫·李嘉图关于公债发行与征税条件下消费行为相同的观点。故这一观点目前在西方经济学中被称为李嘉图—巴罗等价定理(Ricardian-Barro Equivalence)。这一理论成为20世纪70年代新古典宏观经济学的一个重要内容。

求扩大,如果 $G$ 与 $I$ 均不变,则减税也可以引致总需求扩大。

因此,政府既可以通过变动政府购买性支出,也可以通过调整税收对总需求进行宏观调控,实施稳定政策。

## 二、财政乘数与国民收入的均衡水平

变动政府购买性支出和税收在一定条件下都可能引致总需求的变化,从而使产出水平和就业水平发生变化。但是究竟产出能增加或减少多少呢?建立在凯恩斯消费函数基础上的乘数模型可以回答此问题。

### (一)非政府部门投资需求固定的情况下,变动财政变量对产出水平的影响

根据凯恩斯学派的理论,在没有政府介入的体制中,国民收入 $Y$ 等于投资与消费的总和,即:

$$Y = C + I \tag{21-3}$$

其中:

$$C = a + cY \tag{21-4}$$

式(21-4)中的 $a$ 是常数,表示基本消费水平,即:即使国民收入为 0,人们仍然要消费,他们或者借钱,或者减少储蓄;$c$ 为边际消费倾向,表示每增加 1 单位收入将有多少用于消费。

将式(21-4)代入式(21-3)得:

$$Y = \frac{1}{1-c}(a + I) \tag{21-5}$$

式(21-5)中的 $\frac{1}{1-c}$ 是所谓的乘数,$(a+I)$ 为常数,因为在此模型中假设 $I$ 是固定的。

西方经济学中,乘数表示国民收入的变动量与引起该变动的最初注入量之间的比率。"注入"一般指投资、政府购买性支出、税收(或转移性支出)、净出口等。财政乘数大体上可分为三类:政府支出乘数、税收乘数、平衡预算乘数。

1. 政府支出乘数

在考虑政府购买支出 $G$ 的情况下[①],$Y = C + I + G$,将式(21-4)代入其中:

$$Y = \frac{1}{1-c}(a + I + G) \tag{21-6}$$

对式(21-6)微分:

$$dY = \frac{1}{1-c}(dG) \tag{21-7}$$

式(21-7)表示变动政府购买支出 $G$,将使均衡产出 $Y$ 发生怎样的变动。现假设增加政

---

[①] 由于购买支出与转移支付对需求的影响力度不同,故对产出的影响也不同。转移支付对需求的影响类似于税收,可视为负税收,将在税收乘数中予以说明。

府购买支出10亿元,边际消费倾向为0.8,在其他条件不变的情况下,产出将增加50亿元 $\left(\mathrm{d}Y=\dfrac{1}{1-0.8}\times 10=50\right)$;反之,减少政府购买支出10亿元,将使产出减少50亿元。政府支出乘数为 $\dfrac{1}{1-c}$,在 $c=0.8$ 时,乘数为5。

政府支出的增加之所以会引起国民收入倍数增长,是因为国民经济各部门都是互相关联的。政府购买支出增加1元假设可增加生产者A的家庭收入(工资、利息、地租、利润等);若A将收入的80%(0.8元)用于购买消费品,又会增加生产者B的家庭收入,B又将其中的80%(0.64元)用于消费……如此下去,最初注入的1元钱将使国民收入增加5元。在此过程中,国民收入增加或减少的规模取决于由边际消费倾向决定的乘数的大小。

2. 税收乘数

在考虑总额税的情况下①:

$$Y=a+c(Y-T)+I$$

化简后得:

$$Y=\frac{1}{1-c}(a+I-cT) \tag{21-8}$$

对式(21-8)微分:

$$\mathrm{d}Y=\frac{-c}{1-c}(\mathrm{d}T) \tag{21-9}$$

式(21-9)表示变动总额税 $T$ 将对产出产生怎样的影响。现假设减总额税10亿元,在消费是税收的减函数情况下,则产出将增加40亿元 $\left[\mathrm{d}Y=\dfrac{-0.8}{1-0.8}\times(-10)=40\right]$。总额税的乘数为 $\dfrac{-c}{1-c}$,若 $c=0.8$,乘数则为4。

与上例政府增支10亿元相比,减税10亿元对需求的扩张,从而对产出的扩张力度显然要小,尽管增支与减税都同样导致10亿元的赤字。其原因在于纳税人从减税中增加的收入并不是百分之百地用于当期消费,而是将部分(如20%)作为储蓄,于是减税10亿元,消费需求仅增加了8亿元。政府支出中的转移支付可视为负税收,其对有效需求的影响力度与税收相同。因为对转移支付的接受者而言,也可能不是将全部的转移支付款用于当期消费,所以转移支付的乘数也是 $\dfrac{-c}{1-c}$。

3. 平衡预算乘数

当增支与增税等量变动,即 $\mathrm{d}G=\mathrm{d}T$ 时:

$$\mathrm{d}Y=\frac{\mathrm{d}G}{1-c}+\frac{-c}{1-c}\mathrm{d}T=\frac{1-c}{1-c}(\mathrm{d}G)=\mathrm{d}G \tag{21-10}$$

式(21-10)说明平衡预算的乘数为1,即预算规模平衡扩大对产出仍具有扩张效应。

---

① 总额税与比例税对需求总量的影响趋势相当,但力度有所不同。

$dY = dG$。这其中的原因可以这样解释：当税收增加 1 元时，非政府部门可支配的收入相应减少 1 元，由于边际消费倾向的存在，消费支出的减少小于 1 元，其余表现为储蓄的减少（若边际消费倾向为 0.8，则每减少 1 元收入，消费减少 0.8 元，储蓄减少 0.2 元），但此时政府支出却实实在在增加了 1 元，两者相抵，仍使总需求产生了净增加额。

通过上述分析可说明，变动财政支出与变动税收对产出的影响极其类似，但是也存在不同之处，主要表现在两方面。首先是两种财政政策措施对新的均衡产出的组合结构有不同的效果。增加政府支出的结果，使产出中归于政府的部分上升，而减税的结果使产出中归于消费者的部分增加。因此，如何在两种财政政策措施之间抉择，取决于某种关于社会利益的价值判断，即希望资源更多地被用于个人消费支出，还是更多地被用于公共产品的提供。其次是政府支出的改变对经济的影响是肯定而直接的，而税收的变动却需通过其对个人消费支出的影响才能影响到产出和就业。减税后，人们可支配收入增加了，但据李嘉图—巴罗等价理论，人们不增加消费的可能性是存在的，因而对产出和就业就可能不产生影响，这一点在政府选择财政政策措施时是值得考虑的。

### （二）非政府部门投资变动情况下，变动财政变量对产出水平的影响

以上分析说明了财政变量对产出的扩张与收缩具有乘数效应，但如果将总需求的组成部分之一——非政府部门的投资 $I$——作为一个变量来考虑，就将发现原有财政变量的乘数效应会因非政府部门的投资变动而受影响。而非政府部门投资变动的原因又往往是扩张性财政政策所致。

当政府通过扩大财政支出来实施扩张性财政政策（赤字财政政策）时，如果中央银行的货币供给量保持不变，就会使资金市场上可供借贷资金因政府借款需求的上升而趋于紧缺，导致反映资金供求状况的利率上升。由于投资 $I$ 是利率的减函数，因此利率的上升就排挤了部分对利率敏感的非政府部门的投资，产生了所谓的挤出效应，致使扩张性财政政策的乘数效应受到影响。

关于在何种情况下扩张性财政支出政策会产生挤出效应的问题，经济学家们之间存在着不同观点。凯恩斯学派认为，只有当经济处于充分就业的产出水平时，才可能产生挤出效应；而古典学派则持不同观点。这里值得注意的是，扩张性财政支出挤出效应产生的两个前提条件：一是经济已走出萧条，处于复苏状况，或已在充分就业产出水平上运行；二是扩张性财政支出（赤字财政政策）没有引致货币供应量的扩大。第一个条件说明社会已不存在大量闲置资金，故政府借款需求的扩大，会引致可供借贷资金的短缺和利率的上涨。第二个条件说明中央银行没有通过扩大货币供给量的方式来降低利率，因此财政赤字并未引致社会总需求的扩大，只是通过发行公债将部分私人部门可支配的资金转给了公共部门，并通过紧缩性的货币政策排挤了部分非政府部门的投资需求。

## 三、财政稳定政策的运用

上面讨论说明了财政支出与税收都具有影响总需求的功能，需要进一步探讨的问题是政府如何运用财政政策措施将社会总需求控制在充分就业的产出水平上。

### （一）相机抉择财政政策

相机抉择财政政策（discretionary fiscal policy）又被称为稳定政策或积极的财政政策，

是指政府通过对经济形势的判断,从需求管理出发,采用反经济周期的财政政策措施来缓解经济波动。所谓反经济周期的财政措施,是指当经济陷入萧条状态,总需求小于充分就业产出水平时,政府就采用扩张性财政政策措施,即扩大政府支出,减少税收,以促进总需求的扩大;当经济处于过度繁荣状态,总需求大于充分就业产出水平时,政府就采用紧缩性财政政策措施,即减少政府支出,增加税收,以抑制总需求的过度膨胀。

由此可见,根据社会总供求的状况,可将宏观财政政策划分为三种类型:扩张性、紧缩性、均衡性(中性)。由于减税增支的结果必然形成财政赤字,故扩张性财政政策也被称为赤字财政政策。由于增税减支的结果可能形成财政盈余,故紧缩性财政政策又被称为盈余财政政策。均衡性财政政策是指在社会总供求处于均衡状态时,通过保持财政收支平衡来维持社会总供求平衡的财政政策。

虽然自凯恩斯提出需求管理理论后,相机抉择财政政策就为绝大多数国家政府所接受并付诸实践,在促进经济稳定发展方面也取得了一定的效果,但是在实施过程中相机抉择财政政策的局限性也逐步暴露。

### (二) 自动稳定器

政策制定者除了通过人为变动总需求构成中的财政变量 $G$ 与 $T$ 来实现稳定经济的目标外,还可以通过设计具有内在稳定功能的财政收入与支出制度来减缓经济波动幅度,缩小供求之间的差距。

所谓自动稳定器(automatic stabilizer),是指建立在政府预算内的具有自动稳定机制的制度或体系。例如,在支出方面有失业保险支付规定,在收入方面有累进制的所得税法。因此,当 GDP 下降(经济萧条)时,根据失业保险支付规定,不用人为调整,预算支出就会因失业人数增长,自动增加;根据累进的所得税率,税收收入会因个人收入下降而自动减少,从而形成财政赤字,减缓总需求下降速度。相反,当 GDP 上升(经济繁荣)时,预算支出中的失业保险支出会因就业上升而自动下降;税收会因居民收入上升而自动增加,从而自动形成财政盈余,或减少财政赤字,抑制总需求的增长速度。

从减缓经济波动幅度的角度讲,自动稳定器因无需人为操作,与相机抉择政策相比,可避免因判断失误和决策时滞所导致的调控效果不理想的问题;同时,也可以避免被政治家所操纵,形成所谓的政治商业周期。但是,在宏观调控中仅靠自动稳定器是不足以达到经济稳定目标的。因为在萧条时期,它只能缓解经济衰退的程度,而不能改变经济衰退的总趋势;在膨胀时期,它也只能抑制过度的需求,减缓通胀程度,而不能改变通货膨胀的总趋势。此外,自动稳定机制的运行需有一定的前提条件:所得税尤其是累进制的个人所得税占财政收入的相当比重,以及完善的社会保障制度。这两个条件一般发展中国家均较欠缺。因此,要促进经济稳定增长,除了发挥自动稳定器的作用之外,还须采用人为的相机抉择财政政策。

## 四、相机抉择财政政策的局限

建立在凯恩斯需求管理理论基础上的相机抉择财政政策在实施过程中逐步暴露出其局限,主要表现在四个方面。

### (一) 政策效应的时滞

任何经济政策从制定、执行到产生效应,或长或短都有一段时间间隔,即所谓的政策效应的时滞；同时，由于影响宏观经济的因素太多，难以逐一准确预计，因此往往会出现政策产生效应时的经济状况与当初制定政策时所预期的状况不一致的问题，从而使政策难以达到预期的效果。更有甚者，还可能起到反作用，致使以熨平经济周期为目标的相机抉择政策成为加剧经济波动的原因之一。图 21-1 显示了这一状况。假设在经济处于萧条时期（A 点）时，政策当局开始着手研究实施扩张性财政政策。但由于政策时滞过长，等经济从萧条期转入繁荣期（B 点）时，扩张性财政政策才开始奏效，将过度旺盛的需求进一步推向高潮（C 点），从而加剧了经济波动。图 21-1 中实线表示无政策干预时的经济周期，虚线表示政策干预后的经济波动幅度。

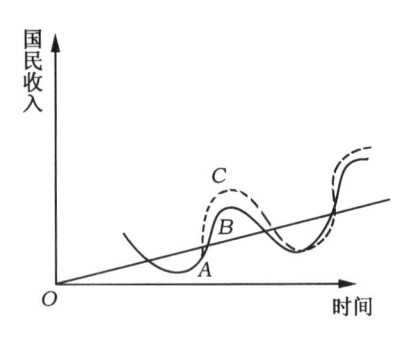

**图 21-1 政策时滞对稳定政策的影响**

### （二）财政政策缺乏弹性

政府预算有着多重目标，除了宏观经济稳定目标外，还有维护国家安全、提供社会保障、发展基础设施以及教育事业和医疗保健等目标。许多预算支出项目的规模是几年前甚至几十年前就已开始执行的。其中有一部分属于强制性开支（mandatory outlays），即现行法律中明文规定的开支，如社会保障支出。因此，为实施宏观稳定政策而快速增减财政支出规模，就难免导致支出浪费（扩张支出时），或影响其他支出目标的实现（紧缩支出时）。从另一角度讲，支出难以压缩也导致了紧缩性财政政策操作十分困难。

变动税收或许比变动支出稍具弹性，但是税法也具有多重目标，某些情况下甚至是政治妥协的产物，并不容易变动。特别是增税往往引起纳税人的不满，从而引发政局动荡。此外，增税对经济还存在反激励效应。在边际税率本已较高的情况下，增税的反激励效应更明显。因此一些经济学家认为，为尽量减少税收对经济行为的扭曲效应（税收超额负担），政府应尽可能地采用平稳税率（smoothing tax rate），即税率只有在政府长期财政收入需要变动时才应改变，而不应随政府的短期需要而频繁变动。

总之，在相机抉择财政政策的实施中，扩张性财政政策（减税增支）较易操作；而紧缩性财政政策（增税减支）则因支出刚性、增税阻力大而较难以操作。

### （三）非政府部门对宏观政策的预期

任何经济政策都不是在真空中实施的，政策所产生的效果是政府决策者与非政府部门共同行为的结果。因此，在政府不断运用相机抉择财政货币政策进行反经济周期的操作过程中，同时也逐步培养了非政府部门对未来经济政策进行预期的能力。它们根据过去政策的效果，结合当前经济现状，预期下一期政府将采用何种宏观经济政策，收缩还是扩张及其程度，然后将自己的经济行为建立在这种预期的基础上。这时的非政府部门已不再是简单被动地接受政策当局的宏观调控。理性预期学派认为，正是这一点动摇了相机抉择稳定政策实施的基础。传统凯恩斯学派的相机抉择稳定政策理论是以非政府部门无理性预期为基础的。他们始终假设非政府部门处于被动接受政策影响的地位。以此为前提，长期以来他们建立了大量的政府调控经济的计量经济模型。但是，当模型中行为方程式的参数因非政府部门经济行为发生变化而变动时，模型就不能运作了。因此，非政府部门的预期在某种程度上影响了凯恩斯学派的政策分析基础,同时也使相机抉择稳定政策的效果大受影响。

理性预期学派认为,政策当局所采取的政策能否实现政策初衷,必须视非政府部门对这些政策所作出的预期情况而定。如果非政府部门可以完全预期政策当局的政策效果,例如扩张性财政政策将使通货膨胀率上升几个百分点,从而采取基于自利原则的调整行为,那么政策原先的预期效果就会下降甚至完全失效。当然,非政府部门的预期不一定都是准确的,但相机抉择政策的预期效果只能在未被非政府部门完全预期的情况下才能获得部分实现,简言之,理性预期有以下两个主要论点:

(1) 凡是可以被非政府部门理性预期到的政策变动,政策效果均不存在;
(2) 只有在非政府部门未能"完全"预期到的情况下,政策效果才能实现。

因此,当人们的预期理性化后,扩张性财政政策就只能导致物价上涨而无产出的增长。这也是为什么20世纪70年代西方国家经济出现"滞胀"问题后,经济学家们开始抛开传统凯恩斯理论,寻求新的宏观经济理论的主要原因之一。

### (四) 不重视供给方面的研究

相机抉择政策是以凯恩斯的需求管理理论为基础的。该理论认为,总需求是决定产出与就业水平的决定因素。因此,在凯恩斯学派的模型中假设生产能力与工作意愿对产出不会产生限制性影响,只有人们的支出意愿(有效需求)限制了经济活动的程度。这说明凯恩斯学派的宏观财政政策不重视对供给方面的研究。正是这种对供给方面的忽视,使其宏观经济理论面对来自供给方面的冲击,如能源危机、农业歉收、工会要求增加工资等,显得无所适从。图21-2说明了在理性预期供给($RE/AS$)情况下,面对来自供给面的冲击,需求调节显得无能为力。图21-2中最初的理性预期总供给线 $RE/AS$ 与总需求线 $AD_0$ 相交于 $E_0$,产出为 $Y_0$,价格为 $P_0$。假设发生了能源危机,使总供给线左移至 $RE'/AS$,与 $AD_0$ 相交形成新的均衡点 $E_1$,产出下降为 $Y_1$,价格上升为 $P_1$。这时如果从需求调节着手,扩大总需求 $AD_0$ 至 $AD_1$,由图可见,非但不能增加产出,还使价格进一步升为 $P_2$。但如果能设法将 $RE'/AS$ 向右移动至 $RE''/AS$,就能使产出增加、价格下降。正是这种经济状态促使经济学家们从片面注重需求调节转向从供给方面寻求走出经济困境的途径,通过设计促使垂直供给线向右移动的财政政策来增加产出和就业,而不是仅仅通过变动需求线。

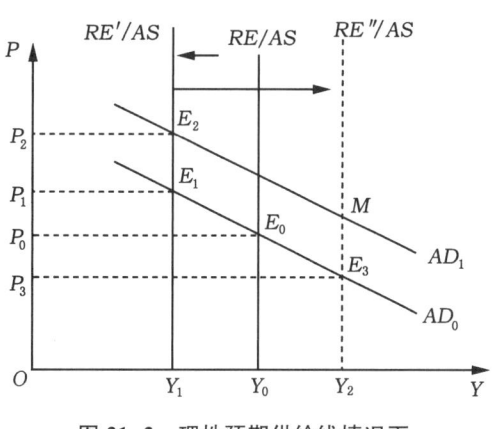

图 21-2 理性预期供给线情况下需求调节的结果

## 第二节　促进社会总供给能力的财政理论与政策

运用财政政策促进供给能力,从而促进经济长期增长也是宏观财政理论的组成部分。随着需求管理政策的不断实施,其所存在的缺陷也逐渐显露,人们逐渐认识到对于宏观经济失衡问题,需求管理政策仅是一种短期的治标政策,其往往顾此失彼。例如,增加总需求的扩张性财政政策会导致财政赤字上升,货币供应量增加,从而产生通货膨胀的问题;抑制总需求的紧缩性财政政策又可能导致通货紧缩、经济衰退、失业率上升的问题;长期使用扩张性财政政策甚至可能产生"滞胀"问题(例如美国等西方国家在20世纪70年代就曾产生此问题)。因此,它只是一种不得已而为之的权宜之计。要解决经济发展中的根本问题,财政政策的重点不应忽略促进社会供给能力的增长。同时,经济实践也证明了宏观经济的不平衡不能仅从需求方面寻找原因,很多情况下问题是由供给方面造成的。例如,因产业结构失调造成产品的供给结构不符合需求构成,导致有效需求无法释放(例如我国存在的高等教育供给不足,老百姓对教育的需求无法满足)。再如,20世纪70年代西方国家出现了因能源危机而导致的成本推动型通货膨胀问题。

## 一、决定社会总供给能力的因素与财政政策措施

决定社会总供给或者说产出能力的因素主要是要素投入与科学技术水平。要素包括自然资源、劳动力和资本。由于自然资源是一国先天所具有的,因此财政政策的重点是制定具有激励效应的财政政策措施,促进劳动与资本的投入以及科学技术水平的提高。

### (一)促进劳动供给与提高劳动者素质的财政政策措施

影响劳动供给的因素有多种,从财政的角度出发,主要是转移支付与税收。转移支付与税收通过直接或间接影响工资水平、财富状况以及对未来工资的预期,从而影响劳动供给。

在前面有关税收的章节中,我们已经知道对劳动报酬征税,因其改变了工作与休闲的相对价格,可能产生两种截然不同的效应:增加劳动供给与减少劳动供给。前者归因于税收的收入效应,后者归因于税收的替代效应。究竟哪一种效应占主导地位,需视具体的纳税人而定。从政府促进劳动供给的角度讲,就需要在税制设计中尽可能减少对劳动供给的反激励效应。

经济学家们在研究中发现,平均税率与边际税率对劳动供给的影响不同。如果边际税率保持不变,平均税率变动对劳动供给只产生收入效应(即平均税率上升,劳动供给增加;平均税率下降,劳动供给减少);如果平均税率不变,边际税率变动对劳动供给只产生替代效应(即边际税率上升,劳动供给减少;边际税率下降,劳动供给增加)。因此,要促进劳动供给,或者减少税收对劳动供给的反激励效应,政府在税率设计中就应尽可能降低边际税率,与此同时通过扩大税基(如降低起征点,减少免征额)来保持平均税率不变。这也是近些年世界各国在税制改革中的普遍做法。

政府在对低收入家庭和失业者(包括下岗、待岗人员)的补助(属转移支付性质)制度设计中,应尽可能避免西方高福利国家存在的养懒人的问题。补助既要保证受补助者的最低生活水平,又要鼓励其积极寻找就业机会。为了提高失业者的转岗能力,适应社会对高技能劳动者的需求,政府出资为失业者举办各种职业培训班,也是各国政府为促进劳动供给的普遍做法。此外,以工代赈也是一种较好的办法。即政府为失业者提供劳动的机会(如城市中的维护社区治安、维持交通秩序、打扫公共环境卫生等,农村中的水利、道路等基础工程建设)并付给其一定的报酬。

劳动者的素质主要包括受教育程度、健康状况,是一国经济发展的基础,也是社会总供给能力的重要组成部分。由于教育,特别是基础教育和公共卫生保健都是具有较大正外部

效应的产品,无论发展中国家还是发达国家都将其作为政府财政支出的重要项目,支出的绝对额及其占财政支出和国民收入的比重说明了一国政府对提高劳动者素质的重视程度和该国的劳动者素质状况。

**(二)促进资本形成的财政政策措施**

从某种程度上讲,财政政策对产出能力的影响或许更有效地表现在对资本的形成——储蓄与投资上。一国的储蓄与投资是由政府部门与非政府部门两部分组成的。在国民总储蓄水平既定的情况下,两部门的储蓄与投资就存在着此消彼长的关系。为此,这里需要讨论两个问题:一是如何运用财政政策措施提高社会总储蓄投资水平;二是社会总储蓄投资如何在两部门之间配置才能更有助于提高资源配置效率。

1. 促进非政府部门储蓄与投资的财政政策措施

非政府部门由家庭(个人)与企业两部分构成。家庭储蓄水平的高低是由家庭对现期消费与将来消费的偏好所决定的。影响此"偏好"的因素有多种,如对未来收益的预期、社会保障程度、国家的教育制度(子女教育经费主要由国家承担还是由个人承担)以及现期消费与将来消费的比价关系(利率)等。其中,政府主要通过征收利息所得税(变动储蓄报酬率)改变现期消费与将来消费的比价关系来影响家庭的储蓄意愿。如前所述,这其中也存在收入效应与替代效应的问题,因此对存款利息征收所得税对储蓄意愿的影响也存在不确定性。但是,即便是储蓄存款减少,也不一定意味着现期消费的增加。在我国,在银行间接投资比重过高的情况下,政府对储蓄存款利息征税由于降低了个人投资的机会成本,因此有助于提高家庭(个人)进行直接投资的积极性。但是,这需要进一步完善资本市场,开通多种个人投资渠道予以配合。

此外,政府还可通过税制设计来影响人们现期消费与将来消费的偏好,提高国民总储蓄水平。流转税由于不涉及对储蓄利息征税的问题,因而可避免因征收所得税而产生的不利于储蓄的替代效应。因此,尽管它在收入分配方面具有累退性,有失公平,但人们仍主张采用。特别是发展中国家,由于急需资金加快经济增长,需要保持一定的国民储蓄率,一般都将流转税作为主体税种。

企业储蓄由折旧费与公司税后保留利润构成,它们是企业投资能力的基础。影响企业投资意愿的因素主要是预期边际资本收益和投资风险。因此,政府激励企业储蓄投资的财政政策措施有:快速折旧、减免所得税、投资抵免、财政补贴(如通过财政贴息减少企业为贷款而支付的利息,降低资本使用成本),以及投资亏损弥补(政府为企业承担部分投资风险)。

2. 政府部门加入后,促进社会总储蓄投资水平的财政政策措施

以上讨论了如何运用财政政策措施增强非政府部门的储蓄与投资能力。现考虑政府部门加入后,如何运用财政政策增加社会总储蓄投资能力。具体政策措施有:税收、公债、削减政府消费性支出(主要是行政管理支出)。

税收对社会总储蓄投资水平的影响具有双重性。如果将非政府部门作为消费者对待,税收可以说是一种强制储蓄,因其降低了非政府部门的消费能力。此时若将增加的税收用于政府投资性支出,则增强了社会总储蓄投资能力。如果将非政府部门作为投资者对待,税收将降低非政府部门的储蓄投资能力。但如果政府将增加的税收用于投资性支出,并且投资收益大于非政府部门产出能力的损失,则同样可提升社会总储蓄投资水平。但是,如果政府部门没有将增加的税收用于投资性支出,或虽然用于投资,但投资收益不足以弥补非政府

部门产出能力的损失,则税收不能提高社会总储蓄投资水平。此外,在税率过高的情况下,减税则有助于提高非政府部门储蓄投资能力,若此时政府没有因减税而减少投资性支出,则减税可以促进社会总储蓄投资能力。

公债不同于税收,是有偿的自愿的政府筹资形式。但其对社会总储蓄投资能力的影响类似于税收,主要看公债被用于投资性支出还是消费性支出,投资效益是否高于非政府部门对该笔资金的使用。

第三项措施是从减少政府的消费性支出,主要是其中的行政管理支出的角度来提高社会总储蓄投资水平。由于行政管理支出基本上不能计算其直接效益,公共品的提供又没有竞争压力,加上官僚主义的存在,较容易造成支出规模过大的状况。如何压缩行政管理经费一直是政府的棘手问题。近年来,各国的普遍做法主要有两类:一是合理确定政府在市场经济中的职能,将市场能做好的事留给市场去运作,从而节约因对市场干预过多而导致的行政管理经费支出;二是精简机构。

3. 财政政策措施对两部门储蓄投资能力的配置

发达国家由于市场机制较完善,市场可自动形成较理想的经济结构(产业结构、积累与消费的比率等)。因此,政府主要通过减税来调动私人部门的储蓄与投资意愿,通过放松管制来进一步发挥市场机制的效用,无须通过刻意增大政府部门的储蓄投资能力来调整经济结构。但是在发展中国家,由于市场机制尚不健全,由市场决定的储蓄投资水平和产业结构往往不尽合理,需要通过增强政府的储蓄投资能力来提高社会总储蓄投资水平和调整产业结构。具体政策措施主要有两种:一是平衡式扩大预算规模,即通过增加税收来增加政府的投资性支出;二是通过赤字财政政策,即通过发行公债与征收货币贬值税(通货膨胀税)来增强政府部门的投资能力。

增加税收由于会导致税收扭曲效应扩大,因此大多数经济学家不主张多采用。赤字财政政策须视赤字的弥补方式而论。以增发货币的方式弥补财政赤字最终将导致严重的通货膨胀问题,这已被广大发展中国家的实践所证明。如果发行公债没有导致货币供应量扩大,则发行公债是一种较好的将非政府部门的部分储蓄投资或消费能力转为政府投资能力的方式。这样做虽然可能排挤部分非政府部门的储蓄投资或消费能力,但是在非政府部门投资意愿过低、投资结构不合理的情况下,是有其积极意义的。这里关键的问题是政府的支出方向与投资效益。

此外,在政府储蓄投资能力增强后,其对产业结构的调整并不局限于直接投资,也可采用财政信用与财政补贴的方式来引导非政府部门向经济发展中的瓶颈部门投资,向符合国家产业政策的行业、部门投资。

### (三) 促进科学技术水平提高的财政政策措施

政府促进科技水平提高的具体政策措施需根据科学技术的性质而定。对于科研成果不能直接用于生产取得收益的基础科学研究,由于其效益外溢性过大,私人投资者一般不愿投资,因此需由政府投资。对于应用性的科学技术,虽然其成果可给投资者带来极大收益,但是由于其研制开发需经历较长时间,在此期间只有投入而无产出,同时投资者还需承担研制失败的风险,因此政府为鼓励科技发展就应给予应用性的科技开发项目一定的财政税收政策优惠。此外,还需通过加强知识产权保护使投资人的利益免受侵害。

## 二、政府规模(宏观税率)与社会总产出水平的关系

从上述分析中,我们了解到变动税率会改变相对价格从而影响经济主体的经济决策(影响资源配置的选择),同时也明确了税收对非政府部门的劳动供给和储蓄、投资行为存在反激励效应。那么当税率为零时是否会因不存在反激励效应而使产出能力增强呢?回答是否定的。因为税率为零即意味着维持市场运行所必需的公共品(司法系统、规章制度、基础设施、基础教育、国防等)无法被提供,从而社会的产出水平将大幅度下降。这说明恰当的公共提供规模是保证市场有效运行的前提条件,对提高产出能力具有正效应。虽然为公共提供筹资的税收对生产要素的供给具有反激励效应,但两者合并考虑,公共提供对提高产出能力的正效应占主导地位。但是,如果公共提供规模过大(或者说政府规模过大),就会产生两方面的问题:一方面规模过大的公共提供无助于产出能力的提高;另一方面为维持庞大的政府机构运转需要增加税收,从而对要素的供给产生较大的反激励效应,二者合并考虑,税收的反激励效应将占主导地位。因此,将过于庞大的政府规模削减到它的有效规模,将有助于降低宏观税率,从而可减少因高税率而对劳动、储蓄、投资等要素供给的反激励效应,提高社会总产出水平。

## 第三节　财政政策与货币政策的协调配合

财政政策与货币政策是政府进行宏观调控的两大政策工具。由于其具有不同的特点,所适用的宏观背景条件也有所不同,因此在具体实施中存在着协调配合的问题。

### 一、从财政政策与货币政策各自的特点看财政政策与货币政策协调配合的必要性

#### (一)财政政策与货币政策效应的范围与侧重点不同

财政政策在刺激需求与调节经济结构方面具有较明显的作用,但是在限制社会总需求方面的作用较弱。因为减税与增支都较易实施,效果也十分明显,而减支与增税却十分困难。而且财政支出所形成的需求只占社会总需求的一部分。货币政策的调节范围覆盖全社会,尤其是社会需求总量,它通过调节货币供给量,在平滑需求、稳定物价水平方面具有较显著的效应。

#### (二)财政政策与货币政策作用的时滞不同,可控性也不同

一般来讲,财政政策的制定时滞较长,而实施后生效时滞较短。因为财政政策手段(税收、预算支出等)大多是具有法律效力的政策手段,其立法制定过程往往需要相当长的时间。而在政策实施后,由于税收与政府支出可直接影响微观经济主体的购买力,没有中间环节,从而可直接影响投资和消费需求,故生效时滞较短。与财政政策相反,货币政策的制定时滞较短,实施后生效时滞较长,并且可控性较差。因为货币政策一般可由中央银行根据经济状况自行决策,时滞较短;但是,货币政策从实施到产生作用要经过较复杂的传导过程,所需时间较长,并且多变,不易把握,其原因在于中央银行采取调节措施需要经过金融市场、商业银

行这些中介环节的传导,再影响到经济单位。以扩张性货币政策为例:货币供给量增加→利率下降→投资上升→产出增加。在这一过程中如果某个环节"短路",如利率因货币的流动性陷阱存在而不能随货币供给量的扩大而下降到足以使投资回升的水平,再如投资对利率不敏感,不能随利率的变动而变动,都会使扩张性货币政策的效果受影响。

### (三) 财政政策和货币政策的扩张效应不同

扩张性财政政策在促使产出与就业增加的同时,可能引致利率上升,从而有可能排挤非政府部门的投资;而扩张性货币政策却可以通过降低利率促使产出和就业增加,因而有利于鼓励非政府部门投资的增长。

## 二、财政政策与货币政策的选择

由于在特定条件下,财政政策与货币政策的调控效果客观上存在差异,因此实践中往往需要政府根据具体经济情况选择一种调控效果明显的政策作为重点调控手段。政策选择原理可以用 $IS$—$LM$ 模型予以说明。

首先,根据能够反映货币需求弹性状况的 $LM$ 曲线来判断财政政策的效果。货币需求总量是由投资货币需求和交易货币需求决定的,因此当货币需求对利率和收入水平均较敏感,即货币需求弹性较大($LM$ 曲线较平坦)时,财政政策的效果较好。因为,此时表示财政政策的 $IS$ 曲线的移动对利率的影响较小,而对产出的影响则较大,如图 21-3 所示。

在图 21-3 中,最初 $IS$ 曲线与 $LM$ 曲线相交于 $E_0$,利率为 $r_0$,产出水平为 $Y_0$。政府实施扩张性财政政策使 $IS$ 曲线外移至 $IS'$,与 $LM$ 曲线相交于 $E_1$,这时利率从 $r_0$ 上升至 $r_1$,上升幅度较小,但产出则从 $Y_0$ 增至 $Y_1$,增长幅度较大,说明财政政策效果较好。其原因在于,财政政策的实施没有使利率上升过高,从而扩张性财政政策的挤出效应不大。反之,如果货币需求弹性较小,即 $LM$ 曲线陡直,则财政政策效果不理想,如图 21-4 所示。

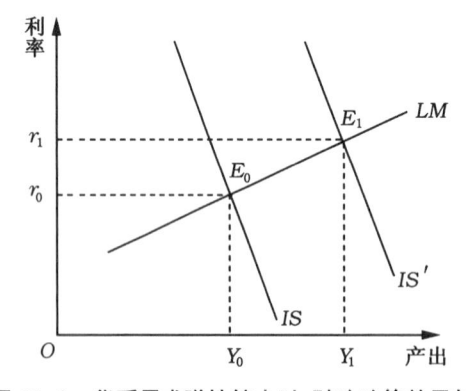

图 21-3 货币需求弹性较大时,财政政策效果较好 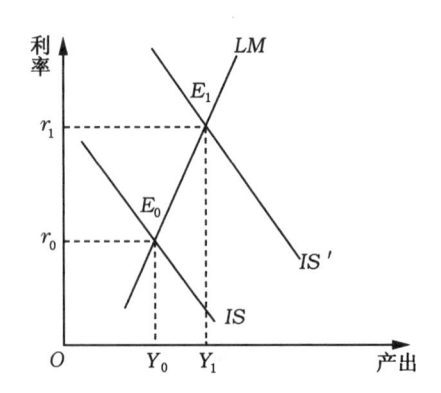　　图 21-4 $LM$ 曲线陡直,财政政策效果较差

在图 21-4 中,由于 $LM$ 曲线陡直,因此扩张性财政政策使 $IS$ 曲线移至 $IS'$(扩张力度与图 21-3 相同)致使利率大幅度上升,而产出增加却很少。因为利率的上升产生了较大的挤出效应,使扩张性财政政策的效果很大程度上被挤出效应抵消了。

其次,货币政策效果的显著性取决于 $IS$ 曲线的斜率。$IS$ 曲线的斜率主要由投资对利率的敏感程度决定。当投资对利率较敏感,即 $IS$ 曲线弹性较大(平坦)时,货币政策的效果较好,如图 21-5 所示。

在图 21-5 中,由于投资对利率敏感($IS$ 曲线平坦),因此当扩张性货币政策使 $LM$ 移至 $LM'$ 时,利率仅从 $r_0$ 降至 $r_1$,而产出则从 $Y_0$ 增至 $Y_1$,增幅较大。这说明扩张性货币政策效果较理想。反之,如果投资对利率不敏感,即 $IS$ 曲线陡直,货币政策的效果则不理想,如图 21-6 所示。

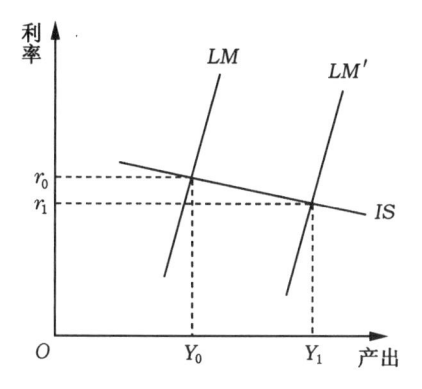

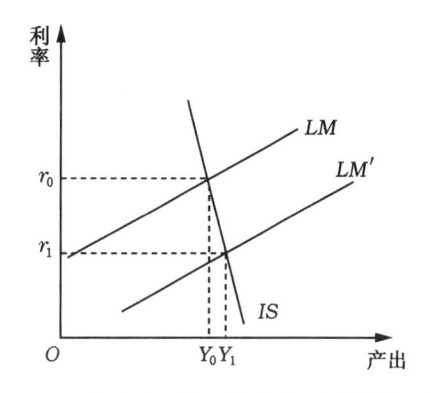

图 21-5 投资对利率敏感,货币政策效果较好　　图 21-6 投资对利率不敏感,货币政策效果差

在图 21-6 中,由于投资对利率不敏感,因此尽管扩张性货币政策使利率大幅下降,从 $r_0$ 降至 $r_1$,但产出却只增长了一点,从 $Y_0$ 增至 $Y_1$。这说明扩张性货币政策效果差。

上述分析说明,财政政策与货币政策的协调配合还体现在何种情况下应重点使用何种政策手段上。例如,在经济严重萧条时期,利率再低,也难以激起非政府部门投资者的投资欲望,这时若采用扩大政府支出的财政措施则能较有效地促进社会有效需求。反之,当投资对利率敏感时,则可偏重采用货币政策。

此外,如果经济调控目标是为了扩大非政府部门的投资,则应重点采用扩张性货币政策与减税;如果是为了扩大政府部门的投资能力,则需侧重采用扩大政府购买支出手段。

但是,更多的是两种政策配合运用,以一方法之优弥补另一方法之不足。例如,扩张性财政政策若产生了挤出效应,就可以增加货币供给量的扩张性货币政策予以配合,促使利率下降,以抵消或减少挤出效应。

## 三、财政政策与货币政策协调配合的基本模式

财政政策与货币政策配合模式基本上有以下四种:

### (一)双松政策模式

双松政策模式是指同时实行增支减税的扩张性财政政策与放松银根的货币政策。这一般适用于社会总需求严重落后于总供给,经济陷入严重萧条的状况。在这种经济状况下,双松政策可以强有力地刺激总需求扩大,降低失业率,促进经济复苏。但是,若长期采用双松政策,最终将因大量财政赤字导致货币供应量过大,引发通货膨胀,影响经济稳定与社会安定。

### (二)双紧政策模式

双紧政策模式是指同时实行减支增税的紧缩性财政政策与收紧银根的货币政策。这一

般适用于总需求严重大于总供给,通货膨胀严重的经济状况。此时唯有采用双紧政策才能有效抑制总需求,缓解通货膨胀。但是,双紧政策在抑制总需求的同时,也会使总供给受到抑制,若紧缩过了头,就会产生经济增长减缓以至停滞、失业率上升的局面。

### (三) 松财政紧货币政策模式

松财政紧货币政策模式是指在实行扩张性财政政策的同时辅之以收紧银根的货币政策。一般而言,在经济增长减缓以至停滞而通胀压力又很大的情况下,以及经济结构失调与严重通货膨胀并存的情况下,采用这种松财政紧货币的搭配模式较为适宜。因为松的财政政策具有同时刺激需求与供给能力的效应,以及通过加强重点建设与基础设施的财政投资调整产业结构的效应;而紧的货币政策具有控制通货膨胀的效应,两者搭配使用,就可以扬长避短、功能互补,形成宏观调控的"合力"。

### (四) 紧财政松货币政策模式

紧财政松货币政策模式是指在实行紧缩性财政政策的同时辅之以放松银根的货币政策。这种搭配模式比较适用于财政赤字较大与总需求不足并存的情况。通过这种政策搭配模式,可以既增加有效需求又不扩大财政赤字,从而同样发挥功能互补的作用。

此外,财政货币政策协调配合模式的选择还可从赤字财政政策的目标出发。如果赤字财政政策的目标是扩大总需求,则需采用扩张性货币政策予以配合;如果赤字财政政策的目标是通过财政支出结构的调整来调整经济结构,则需采用紧缩性的货币政策予以配合。

## 第四节 财政赤字及其弥补

无论是注重需求管理的财政政策,还是强调增强供给能力的财政政策,其实施结果都难免产生财政赤字。财政赤字是宏观财政理论与政策中的一个重要问题,但它又不仅仅是财政问题,而且是研究制定货币政策时需考虑的重要内容。在开放经济中,它还涉及国际收支平衡问题。

### 一、财政赤字的定义

财政赤字更确切地说应称为预算赤字,它是政府的经济行为违背了政府预算约束的产物。狭义的预算约束是指政府的总支出必须等于政府的经常性收入。

预算赤字可以根据其所要说明的问题从不同角度定义。较常用的定义有总预算赤字与原始赤字。

总预算赤字是指政府总支出超过政府经常性收入的部分。

$$\begin{aligned}总预算赤字 &= 预算支出 - 经常性预算收入 \\ &= 政府购买支出 + 转移支付 + 净利息支出 - 经常性预算收入\end{aligned}$$

原始赤字是指政府总支出减去净利息支出后超过政府经常性收入的部分。

$$\begin{aligned}原始赤字 &= 预算支出 - 净利息支出 - 经常性预算收入 \\ &= 政府购买支出 + 转移支出 - 经常性预算收入\end{aligned}$$

区分总预算赤字与原始赤字的意义在于,两种不同的赤字概念说明了不同的问题。总预算赤字说明政府在该年度内需借多少债才足以支付其全部支出。原始赤字说明政府该年的正常收入是否足以支付其该年的各项支出。净利息支出之所以被排除在原始赤字之外,是由于它是政府借债支付过去支出的费用,而不代表该年支出项目的费用。

## 二、财政赤字的弥补方式

当一国政府预算出现赤字时,采用何种方式进行弥补,主要取决于政策制定者的宏观经济目标。因为不同的弥补方式将对宏观经济产生不同的效应,但同时也受到一国客观经济条件的制约。

从财政赤字的弥补方式对货币供应量的影响出发,可以将各种赤字弥补方式分为两类:货币融资法与债务融资法。

货币融资法是指用增加货币发行的方式来弥补财政赤字的各种赤字弥补方式,大致可分为以下三种方式:

第一种方式是指财政部通过直接向中央银行透支的方式弥补赤字。透支额即是中央银行增发的高能货币额。

第二种方式是指中央银行直接购买政府债券,在中央银行购买政府债券的同时,财政部在中央银行的存款余额等量增长。这笔增长的存款余额即相当于中央银行增发的高能货币。

第三种方式是法律规定中央银行不能直接购买政府债券,但是在政府向公众发行债券后,中央银行可以在公开市场上从公众手中购买政府债券。于是在债券流入中央银行的同时,等量的高能货币也就流出了中央银行。

债务融资法是指通过向个人与企业(包括商业银行)出售政府债券来弥补财政赤字,即通过向非政府部门借款而不是通过增发货币来弥补财政赤字。

## 三、两类融资法的宏观经济效应及影响其效应的多种因素

财政赤字弥补方式的宏观经济效应主要表现在对货币供应量的影响上,而各种弥补方式最终是否会影响货币供应量及其影响程度又取决于多种因素。

### (一) 货币融资法的宏观经济效应及影响其效应的因素

货币融资法通过中央银行增发高能货币弥补赤字,无疑将产生财政赤字货币化的结果。但上述三种货币融资法方式在对货币供应量的影响上是有差别的,主要表现在创造货币的速度上。政府对货币融资法具体方式的选择主要取决于该国中央银行的独立程度。计划经济国家大多采用第一种方式。因为对计划经济国家来说,财政与银行就好比一个人身上的两个钱袋,不分彼此,都是政府可直接支配的资金,中央银行(如果有)仅仅是执行计划的工具,完全不具独立性;市场经济国家一般采用第二种与第三种方式。但近年来鉴于财政赤字对通货膨胀的影响日益严重,很多国家(包括我国)都以法律形式规定不能采用第一、二种方式弥补财政赤字。

第三种方式实质上是金融市场发达的市场经济国家的中央银行运用公开市场调节货币供给量的一个重要政策手段。中央银行在公开市场买进公债,货币供应量随之扩大;卖出公债,货币供应量随之减少。从这个意义上讲,公开市场操作是否将引致财政赤字货币化还要

取决于中央银行的货币政策。

由此可见,财政赤字的货币效应除取决于赤字的弥补方式外,在中央银行具有较大独立性的国家,更重要的是取决于中央银行的货币政策。

**(二)债务融资法的宏观经济效应及影响其效应的因素**

由个人和企业购买公债,一般讲仅仅是部分购买力从非政府部门手中转移到政府部门。就这一过程看,一般不会引致增发货币的结果。即使由商业银行购买公债,只要购买公债的资金来源是其真实存款,而不是由中央银行通过创造信用的方式支持其购买,那么商业银行购买公债与一般企业购买公债一样,不会直接引致货币供应量扩大的结果。商业银行只是将原准备贷给非政府部门的信贷资金贷给了政府,并未使信贷规模因发行公债而扩大。采用债务融资法的目的,从政策制定者的主观愿望讲,就是要尽可能地避免财政赤字货币化的结果。但是,能否实现这一目标,经济实践证明还需取决于一国多方面的客观因素。这些客观因素主要有财政赤字的规模、社会总储蓄量、对外筹资能力。

在政府预算赤字规模较大、国内储蓄有限的情况下,如果一国的对外筹资能力较强,那么政府可通过提高利率吸引外国资本购买本国公债(如美国),从而实现财政赤字债务化的目标。

对不具有世界硬通货的发展中国家来说,即使采用了债务融资法,但如果赤字规模过大,债务融资法的效果就可能不理想,往往难以完全避免财政赤字货币化的结果。

此外,需要指出的是,具有较强的对外筹资能力的国家虽然能够较成功地采用债务融资法,但是与此同时也给它们带来了另一个问题:国际收支逆差。以美国为例。20世纪80年代以来,美国政府实施松财政紧货币政策,致使美国预算赤字不断扩大,利率攀升。由于美国利率高于其他国家,国内外投资者纷纷将投资转向美国国内政府债券,以谋求高投资回报率,这在一定程度上缓解了美国国内资金供求紧张状况,同时也在一定程度上避免了财政赤字对私人投资的挤出效应。但由于购买美国政府债券必须以美元购买,因此增大了对美元的需求,引致美元升值。而美元升值又产生了两方面的问题:一是削弱了美国商品的出口能力,二是使美国人更愿意购买价廉物美的外国商品,从而导致美国国际收支日益恶化,成为继巨额财政赤字后困扰美国经济的又一大难题。因此,对发达国家而言,赤字债务化虽可避免通货膨胀问题,但仍需付出一定的代价。

**四、政策制定者的抉择**

以上讨论的关于两类融资法对货币供给量的影响问题,实质上是财政赤字对社会总需求的效应问题。货币融资法由于增加了货币供应量,降低或保持了原有利率水平,使政府购买支出上升的同时,并没有排挤非政府部门的投资与消费量,因而引致社会需求总量上升。这说明在一国需求总量已大于供给总量的情况下,货币融资法将会产生严重通货膨胀的后果;反之,在总需求不足的情况下,货币融资法将有助于促进总需求的增加。从理论上讲,在封闭条件下,债务融资法一般仅是国内投资、消费能力在非政府部门与政府部门之间的转移,并未增加社会总需求。因此可以得出这样一个结论:如果政府实施赤字财政政策的目标是增加社会总需求,则需采用货币融资法;如果仅仅是为了调节经济结构,或者是因为支出刚性无法压缩,则需采用债务融资法(但考虑到各国的客观经济条件,须严格把握赤字的规模,以保证财政赤字债务化政策目标的实现);如果是为了增加政府支配的财力,但又试图避免还本付息的负担,也需采用货币融资法,只是这种选择将会给经济发展埋下严重通货膨胀的隐患。为此,我国1994年出台的《预算法》明确规定,财政赤字不能以向银行透支的方式弥补。

## 本章小结

为了实现经济稳定增长的目标,政府既需要运用财政政策措施,从需求方面进行宏观调控,也需要通过财政政策促进社会供给能力增长。

本章所定义的财政宏观调控的内涵包括供求总量与供求结构。

财政支出与税收是影响社会总需求的两个重要财政变量,因此政府可以通过调整这两个变量对总需求进行宏观调控。通过建立在凯恩斯消费函数基础上的乘数可以计算出财政支出或税收变动对总产出的具体影响。本章主要介绍了财政支出乘数、税收乘数以及平衡预算乘数。但是,考虑到非政府部门投资是利率的函数,就不能忽略扩张性财政支出政策因可能引致利率上升,从而对非政府部门投资所产生的挤出效应。

从需求管理出发,政府既可以通过反经济周期的相机抉择财政政策来缓解经济波动,也可以通过制定具有自动稳定机制的税收与支出法规来促进经济稳定。但是,需求管理政策存在的局限也是不容忽视的,主要表现在:政策的时滞问题、财政政策手段缺乏弹性问题、非政府部门对宏观政策的预期问题、不重视供给方面的问题。

需求管理政策在实践中所暴露的缺陷使人们日益重视从促进社会供给能力的角度来实现经济稳定增长目标。社会供给能力是由要素(劳动、资本)的投入和科技水平决定的,因此财政政策的重点是制定具有激励效应的财政政策措施促进劳动、资本的投入以及科技水平的提高,其中须注意发展中国家政府与非政府部门储蓄投资能力的配置问题。此外,政府规模或者说宏观税率对社会供给能力的影响也很重要。因为当政府规模过大时,就会导致税收的反激励效应占主导地位。

财政政策与货币政策是政府进行宏观调控的两大政策措施。由于两者是控制社会需求总量的两个闸门,并且在宏观调控中具有各自的优势与局限,因此必须协调配合。一是表现在重点调控手段的选择上,即根据货币需求弹性状况($LM$)判断财政政策效果,根据投资对利率的敏感程度($IS$)判断货币政策效果;二是表现在两种政策的配合模式的选择上,双紧还是双松,或一松一紧。

无论是需求管理还是促进供给能力的财政政策都有可能产生预算赤字。预算赤字可分为总预算赤字和原始预算赤字。赤字弥补方式的选择主要取决于政策制定者的宏观经济目标。一般来讲,如果政府实施赤字财政政策的目标是增加社会总需求,则需采用货币融资法;如果是为了调节政府与非政府部门之间投资或消费的比例,则需采用债务融资法。但是,最终是否能够实现财政赤字债务化还取决于各国的宏观条件,如国内可供借贷资金量、对外筹资能力以及赤字规模。

## 习 题

一、名词解释

挤出效应　　相机抉择财政政策　　自动稳定器　　强制性支出　　总预算赤字

原始赤字　　货币融资法　　债务融资法

## 二、思考题

1. 如何运用财政支出与税收调节总需求？两类政策措施在对总需求的调节中有何区别？
2. 为什么说在投资需求固定的情况下,平衡预算的乘数为1？
3. 在投资变动情况下,财政乘数将发生怎样的变化？并说明理由。
4. 需求管理政策存在哪些局限？
5. 如何运用财政政策促进劳动供给？
6. 促进企业与个人增加储蓄和投资的财政政策措施有哪些？
7. 怎样运用财政政策促进社会总储蓄能力,以及如何在政府与非政府部门之间配置储蓄与投资能力？
8. 财政政策与货币政策有何区别？如何配合使用？
9. 弥补财政赤字的方式有哪几种？政策制定者应如何选择弥补方式？

# 第二十二章 政府间的财政关系

**全章提要**

- 第一节 政府的财政目标与收支规模的决定
- 第二节 财政的集权与分权
- 第三节 财政职能在中央与地方政府间的分工
- 第四节 政府间财政收支关系
- 第五节 政府间的财政转移支付制度
- 第六节 我国政府间财政关系概述

本章小结
习题

财政是国家治理的基础。在多层级的政府治理框架下,科学规范的政府间财政关系制度安排是推动科学发展、促进社会和谐、维护公平正义、实现长治久安的重要保障。

在现代市场经济国家大多实行多级政府体制。在这种体制下,中央政府和地方政府各自都拥有相应的财权,各级政府之间的财政关系可以表现为纵向与横向两个方面:纵向是指中央与地方政府之间的财政关系,而横向则指各地方政府之间的财政关系。

在本章,我们将主要对中央与地方政府间的纵向财政关系展开论述,以便了解财政职能为何要在中央与地方政府之间进行分工以及如何分工,并了解财政支出和财政收入如何在两者之间进行划分,以及中央政府如何实施科学、有效的转移支付制度,以实现对地方财政的宏观调控,并平衡各地区的经济发展。也就是说,我们将根据由各级政府的事权范围决定支出范围,然后再由支出范围决定财权大小的思路来阐述政府间的这种财政关系。[①]

思政案例

广东省以下财政体制改革方案

## 第一节　政府的财政目标与收支规模的决定

### 一、中央与地方政府的利益关系

中央政府与地方政府在经济利益上的关系将决定它们之间的财政关系。在处理两者的经济利益关系时有两种观点:一种观点是单从中央的角度出发,认为地方局部利益必须服从全国整体利益,并在实践中往往将此原则加以绝对化,将地方局部利益与全国整体利益相对立。在此观点指导下,中央政府命令地方政府采取服从行为,地方财政成为中央财政的派出机构,形成了各级政府"同吃一锅饭"的局面。虽然这使中央的财政政策易于贯彻执行,但是,地方完全依附于中央,严重束缚了地方的积极性。另一种观点是单从地方的角度出发,认为应给地方大量自主权,只要地方利益达到最大化,全国利益也会随之达到最大化。在这种观点指导下,地方政府采取自主行为,各级政府可以"分灶吃饭",追求自身利益的最大化。自主行为虽使地方财政充满活力,但过度追求地方利益可能会影响国民经济的正常运行。

那么,如何处理好地方利益与国家利益的关系呢?在市场经济条件下,这种利益关系往往是通过一个科学规范的、以规则为基础的政府间财政关系制度来加以协调的,例如,西方一些发达国家采用"分税制"来处理中央与地方财政的利益关系,各级政府都有各自的事权范围、支出范围以及稳定的财权与财源,中央政府拥有足够的收入以转移支付的方式来加强对地方财政的调控力度。但在计划经济国家,在政企不分的情况下,这种利益关系只能通过政府间财政合同的权宜性办法,即财政包干的形式来加以协调。

---

① 政府间财政关系涉及方方面面,但归结起来主要是三要素,即事权、财权、财力,各种不同类型的体制都是这三要素不同的组合形成的。在分配财权时,应当坚持按各级政府的职能和税种属性来划分,对不同层级政府支出责任的财力保障通过转移支付来解决,以实现财力与事权(支出责任)相匹配。

## 二、中央与地方政府的财政目标及收支规模的决定

以上所述的中央与地方政府的利益关系,是驱动中央与地方政府财政行为的经济动力,而这种财政行为则受其财政目标制约。

### (一) 中央政府与地方政府的财政目标

中央政府与地方政府虽有许多相似之处(它们都是国家行政机关的组成部分),但两者也有区别,表现在管辖的事务范围及空间范围方面不同,所以,两者考虑问题的角度不同。中央政府从本国居民的共同利益出发,其目标是谋求全国利益最大化,也就是说,它从整个国家的全局来考虑资源配置、收入分配以及经济稳定和发展问题;地方政府则从本地区居民的共同利益出发,其目标是谋求本地区利益最大化。

### (二) 政府的财政行为及收支规模的决定

政府的财政行为可表现在筹集财政收入和安排财政支出两方面。

政府通过税收或其他形式取得财政收入,在此过程中耗费了一定的资源,一方面征税产生征纳费用,另一方面征税会产生税收超额负担(总额税除外),两者都随着财政收入的增加而增加。此外,财政收入的增加是以个人可支配收入的减少为代价的,个人的效用损失也随之增加。可见,财政收入的边际成本呈递增趋势。

政府取得财政收入以后,必须进行财政支出活动,为管辖区域的居民谋福利。根据边际效益递减规律,随着财政支出上升,其所产生的效益逐步减少,即财政支出的边际效益呈递减趋势。

必须强调的是,财政收入的成本和财政支出的效益与管辖区域居民的效用评价有关,凡是不由该地居民承担的成本,不包含在该政府财政行为的成本曲线中;同理,凡是不由该地居民享受的效益,也不包含在该政府财政行为的效益曲线中。

政府通过财政行为实现财政目标。与其他经济行为一样,对政府的财政行为需进行成本效益分析。根据政府财政利益最大化的目标,各级政府的财政收支规模将取决于其收入的社会边际成本与支出的社会边际效益的等量关系。在边际成本与边际效益相等处,相应管辖区域居民的利益便达到最大化,相应政府的财政收支规模达到最优状态。

在图 22-1 中,在边际成本曲线 $AB$ 和边际效益曲线 $CD$ 相交的 $E$ 点,居民利益达到最大,其表现为三角形 $ACE$ 的面积,最优财政收支规模为 $OF$。如果高于这一规模,则边际成本大于边际效益,居民利益将遭受损失;如果低于这一规模,则边际效益大于边际成本,居民利益未达到最大化。我们可以用该方法来确定各级政府的财政收支规模。具体地说,中央财政的收支规模由全国居民的边际成本和边际效益曲线确定,地方财政的收支规模由本地区居民的边际成本和边际效益曲线确定。

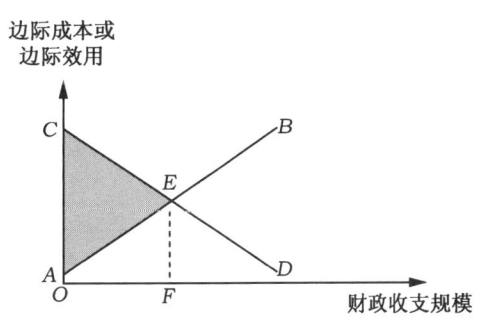

图 22-1 财政收支规模的决定

## 第二节 财政的集权与分权

财政职能的行使有无分工及如何分工,实际上是一个财政集权与分权的关系问题,它所对应的是在一个多级政府体制下中央与地方政府之间的财政关系。财政集权与分权的程度如何,会直接表现在不同的财政管理体制上。例如,在高度集权的计划经济体制下,采用的是"统收统支"的财政管理体制;在经济性分权的市场经济体制下,采用"分税制"来协调中央政府与地方政府之间的财政关系。

人们对财政的集权与分权问题各执己见,并为实行集权型的财政管理体制与分权型财政管理体制提供理论依据。

关于财政分权与集权的理由具体如下:

### 一、财政分权的理由

分权主张者认为,各地居民对公共产品的需求不尽相同,地方政府比中央政府更了解当地居民的愿望,因而能做出更有效的提供决策;财政分权有助于提高地方政府官员的责任心和积极性,因为如果地方政府有一定的征税权,并且地方政府由当地居民定期选举,那么,这些官员就会关心自己的政绩,争取连任官职;实行财政分权可以使人们与政府的关系更为密切,使人们对地方政府如何安排支出有发言权,从而提高纳税的自觉性;财政分权有利于组织财政收入,因为,对于零星分散的纳税人和一些小税种,地方政府更具有征管优势;在财政分权下,生活在财政支出高、成本高的城市,就必须提供更多的财政收入,这会迫使居民做出更好的选择,也有利于形成合理的城市规模。

### 二、财政集权的理由

集权主张者认为,为了有效配置资源,全国性的公共产品应由中央政府来提供,准全国性的公共产品也应由中央政府提供,这样可以适当解决地区间的经济外部性问题;公共产品的大规模生产可以降低成本,达到规模经济;由中央政府出面才能有效解决地区之间和私人之间的收入再分配问题;在宏观调控方面,中央具有综合优势,它可以通过紧缩性或者扩张性的财政政策来稳定和发展经济;财政集权有利于中央政府征收财政收入,因为中央政府管辖区域宽广,可以防止流动性人口的收入漏税,并能完整地认识税基,制定适当的税率,还能减少由地方决定税率所致的无序税收优惠减免现象。

### 三、集权与分权的协调

在过度集权的情况下,地方没有独立的经济利益,缺乏财政自主权,完全依附于中央,成为中央财政的代理机构。如果要达到资源最优配置,中央政府必须充分了解各地居民的偏好。然而在现实生活中,中央政府并不是万能的,财政集权失灵会使财政集权难以达到财政分权的效率水平。即使在财政集权基础上进行分级管理,由于其实质仍是集权,所以也难以达到财政分权的效率水平。如果在财政集权条件下实行分级管理使地方财政拥有自主决策权,那么财政集权实质上已变为财政分权。过度集权,多级财政实际上是形同虚设,与此对应的必然是高度集权的"统收统支"的财政管理体制。

在过度分权的情况下,地方政府完全独立于中央政府,中央政府不拥有对单个居民征收财政收入的权力,财政收入的征收权完全分散在各个地方政府手中,地方政府将部分财政收入资助给中央政府。在这种情况下,中央政府实际上已不拥有政治独立性,也缺乏财政权力,无法行使政府职能。

在现实生活中,各国的财政关系基本上是集权与分权的结合,只是结合的程度不同而已,而不存在绝对的集权或分权。例如,英国、荷兰等单一制国家,财政分权的程度比较低,而澳大利亚、美国等联邦制国家的财政分权程度比较高。绝对的集权与单纯的分权都是不可取的,需要考虑在哪些方面、多大程度上以及如何集权和分权,关键是逐步完善公民政治意愿表达机制以及对政府行为约束机制,合理定位各级政府职责,并在此基础上划分和调整各级政府间的收支,减少上级政府对下级政府的制度外干预。而且随着时间的推移,一国的政府间财政关系也会发生一些变化,例如,随着我国经济体制改革的不断深入,财政关系也逐渐从集权向分权转变。

从以上分析可知,正因为财政集权与财政分权各具必要性及优点,所以,在实践中,各国都在寻求一种能适合自己国情的、财政集权与分权适度结合的财政关系。既然财政的集权与分权关系需加以协调,那么,中央与地方政府各自都应有自己的事权,都应行使各自的职能。

## 第三节　财政职能在中央与地方政府间的分工

财政职能是财政学的基础理论之一。财政的三大职能,即资源配置、收入分配和宏观调控(或称经济稳定和增长),在单一政府的情况下只能由唯一的政府行使。但是,在一个多级政府体制中,就产生了财政职能如何分工的问题。在前面一节,我们讨论了财政集权与分权问题,这实际上回答了财政职能为何必须分工的问题,在这一节,我们要进一步讨论财政职能如何分工的问题。财政职能的分工也可称为事权的划分。事权的合理划分是正确处理中央与地方财政关系的基础。

现代财政联邦制理论认为,在一般情况下,财政的收入分配和宏观调控职能由中央政府行使,而财政的资源配置职能则由中央政府和地方政府共同行使。W. E. 奥特斯在其极具影响的著作《财政联邦制》(*Fiscal Federalism*)中指出,联邦制下的各级政府有三个主要目标:有效地配置资源;合理地分配负担和收益;稳定经济运行。从经济学角度看,与市场失灵有关的提供公共品、处理外部性等方面应由州和地方政府负责,因此,有效配置资源的任务主要应由州和地方政府承担。而合理分配收入和稳定经济显然是联邦政府的使命。[1] 我们认为,财政联邦制的理论可以为我们所借鉴,因为即使在单一制的国家,同样也会遇到中央政府和地方政府的职能分工问题。我们很难想象,一个地方政府的作用可以大到影响整个经济活动的程度,例如每个地方政府各自发行货币和执行独立的货币政策,这种稳定经济的宏观政策地方政府显然不可能有效地实施,唯有中央政府才能实施;我们也难以想象中央政府

---

[1] 参见财政部财政制度国际比较课题组:《外国财政制度丛书——美国财政制度》,中国财政经济出版社1998年版。

能有效地配置一切资源,以最低的成本提供所有的公共产品来满足所有人的需要,这种资源配置的职能应由中央政府和地方政府共同行使。因此,在多级财政体制中,必然形成财政职能分工的格局。

## 一、收入分配职能

财政的收入分配职能,其目标是实现人与人之间的收入分配的公平。要实现这一目标,可以通过两条途径:一是个人间的直接收入再分配;二是地区间的间接收入再分配。无论通过哪条途径,财政的收入分配职能都需由中央政府集中统一行使。以下我们从两个方面来分析。

### (一) 个人间的收入再分配

在开放的市场经济条件下,全国形成一个统一的大市场,劳动力、商品、资本能自由流动。如果某一地方政府实行高福利的收入再分配政策,对低收入者提供更多补助,而对高收入者课征重税,则低收入者会大量迁入该地区,高收入者会纷纷迁出该地区,这样,该地区财政支出将急剧上升,而财政收入则下降,导致高福利政策难以为继。而且,高税率使已有投资缺乏后劲,并排斥新投资者。地方利益由于高福利政策的实施而受损,因此各地会纷纷减少补助,降低税率,导致财政的收入分配职能失效。因此,地方政府若行使收入分配职能,不仅难以实行收入再分配,而且还会使资源配置遭到扭曲。

在封闭和半封闭的经济中,劳动力、商品和资本的流动具有重重障碍,在这种情况下,各地区可能在收入再分配方面发挥较大作用。特别是在地方政府没有独立的收入来源,其支持的转移支付资金可以从中央财政获得,从而在无须增加本地区税收负担的条件下,地方财政的收入分配作用会进一步得到加强。但这会导致地方保护主义泛滥,形成诸地方割据的局面,影响资源配置效率。随着市场经济的成熟,全国统一市场的形成,收入再分配职能必然由中央政府集中统一行使。

### (二) 地区间的收入再分配

各个地区提供相同公共产品,但公共产品的成本负担不同,所需征收的税收各异。一般来说,提供相同公共产品,经济落后地区的税负相对较重。这样,由于所处地区不同,居民税负不同,违反横向公平原则,因而,各地的收入差距应得到缓解。但各地区处于平等地位,落后地区不能强迫发达地区给予援助,而发达地区也不会自觉自愿给予落后地区无偿援助。因此,必须由中央政府出面,将发达地区的部分收入集中起来,然后转移支付给落后地区。

另一方面,如果各地政府独立执行不同的收入再分配政策,将会影响市场机制的正常运行。各个地方的税率高低不同,会引起劳动力和资本的流动,该流动使资源从最有效使用的地区转到低效使用地区,从而有损资源配置的效率。

可见,不论是个人之间还是地区之间的收入再分配都不适宜由地方政府实行,而应由中央政府集中统一实行。

## 二、宏观调控职能

财政的宏观调控职能,其目标是实现社会总供给与社会总需求之间的平衡,这关系到整个社会的全局利益,该项职能只能由代表全社会利益的中央政府来行使。

### (一)地方财政政策失效

在宏观调控方面,中央具有综合性优势。经济繁荣时,中央政府采取增税减支措施抑制通货膨胀;经济萧条时,中央政府采取减税增支措施促进经济增长。这些措施如果由单个地方政府实行,则政策力度不够,会形成效应漏损。例如,一个地区实行扩张性财政政策,通过减税增支促进本地区有效需求,刺激经济发展,结果政策所产生的影响会大量渗透到其他地区,使其他地区在不付出任何代价的情况下获益。其具体表现为:大量新增的有效需求用于购买外地商品和劳务,对本地区的经济刺激不足。同样,如果某地区实施紧缩性的财政政策,需求的减少会具体表现为对外地商品和劳务的消费上,本地经济仍然过热。在这些情况下,地方财政政策失效。因此,宏观调控必须在全国范围内实行,应由中央政府负责行使这一职能。

与前面讨论收入再分配的情况相似,在非成熟市场经济中,劳动力、商品、资本不能自由流动,各地方政府单独实行宏观调控时,仍会产生一定的预期效果。然而,这不符合市场经济统一大市场的要求,随着市场经济的成熟,这种现象将会逐步消除。

### (二)地方财政缺乏宏观调控的政策手段

宏观调控需要财政政策与货币政策相互配合。几乎所有国家的货币政策都是由中央政府控制的。这是因为,一方面如果地方政府拥有货币发行权,则地方会利用创造新货币的方式增加对其他地区资源的购买,导致货币流通混乱,造成通货膨胀压力,从而使地方政府的货币政策完全失灵。另一方面,宏观调控需要政府实行周期性的预算赤字或盈余,即经济萧条时,减税增支,扩张经济;经济繁荣时,增税减支,紧缩经济。地方政府难以进入全国性资本市场,难以为地方预算盈亏融资。

从以上分析可知,在要素充分流动的情况下,财政的宏观调控职能只能由中央政府集中统一行使。

## 三、资源配置职能

财政的资源配置职能涉及生产什么和怎么生产这两个基本经济问题,并通过财政的消费和生产活动来实现。以下,我们从公共产品和混合产品的提供、公共生产以及政府对市场低效率的纠正政策这三方面讨论资源配置职能在中央与地方政府间的分工。

### (一)公共产品和混合产品的提供

1. 公共产品的提供

如果在全国范围内规定一个相同的公共产品提供水平,那么,不同地区的人们对公共产品的需求差异将被忽视,这必将导致效率损失。图 22-2 说明了中央政府统一提供公共产品的效率损失。

假设只有两个地区,地区 1 对公共产品的需求曲线为 $D_1$,地区 2 的需求曲线为 $D_2$,如果公共产品的提供成本平均分担,则税负为 $OP$。地区 1 居民认为公共产品的最佳提供量为 $Q_1$,地区 2 居民则认为公共产品最佳提供量为 $Q_2$,而中央政府却统一提供 $Q_3$ 的

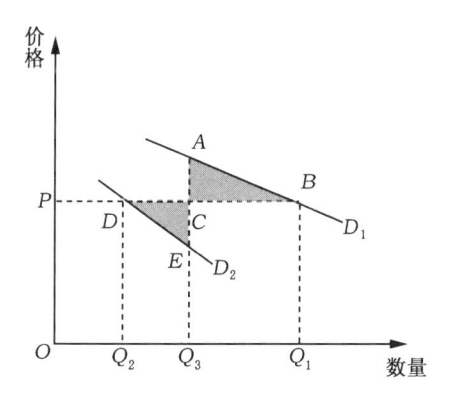

图 22-2 中央政府统一提供公共产品的效率损失

量。这样,对地区1而言,公共产品显然提供不足,效用未达最大化,产生效率损失$S_{\triangle ABC}$;而对地区2来说,提供过多,也会产生效率损失,其表现为$S_{\triangle CDE}$。如果公共产品由地方政府提供,地区1的提供量将上升到$Q_1$,而地区2的提供量将下降到$Q_2$,两地居民的境况都将得到改善,并能消除效率损失。因此,公共产品统一由中央财政提供会产生资源配置的效率损失,而由地方政府承担这一职能是比较适宜的。

此外,各种公共产品的受益范围在空间上有所不同,公共产品的受益范围决定了各级政府的职能划分。公共产品可分为全国性公共产品和地方性公共产品。全国性公共产品,其受益范围涉及全国,如国防、最高法院、航空、大规模交通运输主干设施等,应由中央政府提供;地方性公共产品,其受益范围仅限于某一地区,如城市市政设施、地区性交通、城市公安,应由地方政府提供。

按公共产品的受益范围来确定中央与地方在公共产品提供上的责任,其积极意义在于将公共产品的成本与效益统一在同一个政府管辖区域,公共产品的受益范围应该是其成本负担的范围,即受益者必须同时是成本负担者,这有利于各级财政将公共产品的成本效益内部化,从而建立起有效的资源配置约束机制,使各级政府的财政行为受到提供公共产品的成本、效益两方面的制约。

2. 混合产品的提供

混合产品在消费过程中具有一定程度的外部效应,即产品消费所带来的影响在一定范围内和一定程度上涉及他人和社会,例如,教育使个人受益的同时,也使社会受益,如果居民在北京大学接受教育后移居上海工作,这样,上海会因为迁入了受过良好教育的人才而受益。

混合产品究竟该由哪级政府提供,这应考虑外部效应所涉及的范围。如果某项混合产品的外部效应涉及全国,则对外部成本征税或对外部效益补贴应由中央政府负责。如果外部效应只涉及某一地区,则相应责任应由该地区政府负责。

### (二) 公共生产

对于具有自然垄断性质的生产部门,国家可以采用公共生产方式,关键在于不同自然垄断部门的公共生产应该由哪级政府负责。一般来说,自然垄断具有较强的地域性,不同的自然垄断部门,其地域范围不同。全国性的自然垄断,如航空、铁路,其公共生产应由中央政府负责;地区性的自然垄断,如自来水、天然气、电力等,其公共生产应由地方政府负责。

我国长期存在的政企不分的局面,其实质就是公共生产的范围超出了具有自然垄断性质的生产部门,即在许多市场机制能有效调节的生产领域也采取了公共生产方式。公共生产的分级管理方面,中央政府管理关键的大型企业,地方政府管理非关键的中小型企业,形成了企业对政府的行政隶属关系,地方政府实际上成为地方企业的所有者,这些企业与地方财政紧密联系,形成地方垄断。地方财政通过对企业的所有权来干预企业经营活动,并将之纳入地方财政追求地方利益最大化的轨道,这完全违背了市场经济条件下形成全国统一大市场的客观要求。市场经济的发展,急需切断企业对政府的行政隶属关系,让企业在市场中展开有效竞争。

### (三) 对市场低效率的纠正政策

人们相信市场机制基本上可以实现对私人财物的合理配置,但在某些方面或某些产品上需要加以调节,因此,财政可以采取间接控制的办法(例如以税收或其他财政手段改变私人财物的相对价格)来影响市场,以纠正市场机制可能造成的低效率。财政的间接控制是建立在肯定市场机制对资源配置的有效性基础之上的,因而,这种控制必须保证市场竞争的公平性,对同一种商品或劳务应采取同样的财政政策,以保证商品、资金的自由流动,这就需要在全国范围内实行统一的财政政策,而这一要求只有中央财政才能实现。如果让各地方政府自发决策的话,则不可能形成统一的财政政策,因为地方财政往往只从本地区的利益出发,必然对不同地区的商品、劳务或投资经营活动采取不同的财政政策,从而阻碍了商品和资金在地区间的流动,严重地阻挠了市场机制对资源的合理配置。因此,对市场低效率的纠正政策只能由中央财政来行使。

从以上论述可知,财政的三大职能在中央与地方政府之间的分工应该为:收入分配、宏观调控职能应由中央政府统一行使,而资源配置职能则应根据公共产品的受益范围、自然垄断部门的地域性,由中央与地方政府分工执行,资源配置职能中对市场机制低效率的纠正政策,则应由中央政府来执行。

## 第四节　政府间财政收支关系

前一节,我们论述了财政职能在中央与地方政府之间的分工问题,即事权的划分问题,在这一节我们将讨论政府间的财政收支关系,即介绍规范的"分税制"下中央与地方政府间财政收支划分的理论。

### 一、"分税制"简介

"分税制"是一种以分税为主要特征,以划分中央与地方政府的事权与财权为实质,并同时配套实施政府间财政转移支付制度的财政管理体制。分税制在西方国家已有上百年的历史,至今已形成一套比较完整、系统的财政管理体制。

"分税制"以政府间事权为基础,确定各级政府的支出责任和支出范围,划分各级政府财政收入,并且在各级政府之间分权、分征、分管和维持原状。分税是指按税种(或税源)将全部税收划分为中央和地方两套税收体系;分权是指划分各级政府在税收方面的立法权、征管权和减免权;分征是指设置中央和地方两套税务机构,分别征税;分管是指中央政府与地方政府分别管理和使用各自的税款,不得混淆或平调、挤占。分税制的配套措施是实行规范的财政转移支付制度,中央政府以规范的形式将集中的一部分财政收入补助给地方,以满足地方基本财政支出的需要,实现对地方财政支出的宏观调控。实行分级财政预算制度,在法律规定的事权范围、税权税源、财政补助等范围内,各司其职、各负其责。

### 二、财政收支的划分原则

#### (一) 支出划分原则

巴斯特布尔(C. F. Bastable)提出了关于划分中央支出与地方支出的三项原则:

1. 受益原则

政府提供的服务,按其受益范围划分支出责任。凡其受益范围是全国居民,则支出属于中央政府财政支出；凡其受益范围是地方居民,则支出属于地方政府财政支出。

2. 行动原则

政府提供的服务,按其活动涉及范围划分支出责任。凡政府公共服务的实施必须统一规划,则其支出属于中央政府财政支出;凡政府公共服务的实施必须因地制宜,则其支出属于地方政府财政支出。

3. 技术原则

政府提供的服务,按其技术要求划分支出责任。凡政府提供的服务,其规模庞大,需要高技术才能完成的,则其支出属于中央政府财政支出;否则,属于地方政府财政支出。

### (二) 收入划分原则

塞利格曼(E. R. A. Seligman)提出了关于划分中央收入和地方收入的三项原则:

1. 效率原则

该原则以征税效率高低为划分标准,如房产税、土地税划为地方税。这是由于作为课税对象的房产和土地分布在各个辖区,地方税务人员比较熟悉当地情况,便于掌握税源、了解房价,征管便利。而所得税的征收对象为收入,由于纳税人的流动性,收入所在地会经常发生变化,因此将其划为中央税,征收较方便。即流动性强的税种划归中央,流动性弱的税种划归地方。

2. 适应原则

该原则以税基的广狭作为划分标准。凡是税基宽广的税种划归中央,如关税、所得税等;凡是税基狭窄的税种划归地方,如城市维护建设税、房产税等。

3. 恰当原则

该原则以分配公平为划分标准。凡是对于中央实施收入再分配和宏观调控十分重要的税种划归中央,凡不重要的税种划归地方。在西方国家,所得税的作用就在于调节全国居民的收入差距,因此由中央政府来征收。

迪尤(John. F. Due)也提出了划分中央和地方收入的两项原则:

1. 效率原则

该原则与塞利格曼的效率原则在内容上相同。

2. 经济利益原则

该原则以促进经济利益为标准。若税收划归地方,有利于全国经济的发展,则作为地方税是合适的,否则应作为中央税。

## 三、政府间支出责任的划分

在划分政府间支出责任的过程中贯穿了两个基本思想:其一就是中央能够考虑超越地方范围的事务;其二就是地方政府比较了解本地居民的愿望和需求。我们在上一节已经说明了中央与地方政府事权的划分,即财政职能的分工(这是政府间支出划分的基础),在本节又论述了财政收支的划分原则,这些都为财政支出责任的划分奠定了基础。

### (一) 支出责任在政府间的划分原则

1. 中央政府的支出责任

(1) 中央政府负责宏观调控政策的实施。

(2) 中央政府负责收入再分配政策的实施。
(3) 中央政府负责受益范围涉及全国的公共产品的提供。
(4) 中央政府负责外部效应波及全国的混合产品的提供。
(5) 中央政府负责全国性自然垄断行业的公共生产。
(6) 中央政府负责对地方财政的调控，包括：弥补地方财政的收支缺口；保证各地方政府间有共同的最低服务标准；避免或缩小各地方政府间的财政净利益的差别；矫正辖区间的外溢；引导或矫正地方财政行为，使之符合中央的意图或政策。

2. 地方政府的支出责任

(1) 地方政府负责受益范围限于某区域的公共产品的提供。
(2) 地方政府负责外部效应波及本地区的混合产品的提供。
(3) 地方政府负责地方性自然垄断行业的公共生产。

3. 中央政府与地方政府共同的支出责任

中央政府与地方政府共同负责受益范围既涉及全国又涉及地方的公共产品的提供。例如，九寨沟既供当地人民游玩，又供全国各地人民旅游，则当地政府与中央政府都有责任维护。

### (二) 支出责任的具体划分

我们可以按照上述划分原则对政府间支出责任按具体项目进行详细划分，如表 22-1 所示。

表 22-1 政府间支出责任划分一览表

| 支出分类 | 支出责任 | 理由 |
| --- | --- | --- |
| 国防 | 中央 | 全国性公共产品 |
| 外交 | 中央 | 全国性公共产品 |
| 外贸 | 中央 | 全国性公共产品 |
| 环境保护 | 中央 | 全国性混合产品 |
| 货币政策 | 中央 | 宏观调控 |
| 财政政策 | 中央、地方 | 若能有效地在政府间协调 |
| 对个人的转让支出 | 中央 | 个人间的收入再分配 |
| 失业保险 | 中央 | 个人间的收入再分配 |
| 行业补贴 | 中央 | 宏观调控 |
| 自然资源 | 中央 | 地区间收入再分配 |
| 工农业 | 中央 | 全国性自然垄断 |
| 航空和铁路 | 中央 | 全国性公共产品 |
| 地区间贸易管理 | 中央 | 宏观调控 |
| 教育、卫生 | 地方 | 地方性混合产品 |
| 公园、市政建设 | 地方 | 地方性公共产品 |

续　表

| 支出分类 | 支出责任 | 理　由 |
|---|---|---|
| 地方性交通 | 地方 | 地方性自然垄断 |
| 消防、警察 | 地方 | 地方性公共产品 |
| 移民 | 中央 | 效益分享与成本分担的范围具全国性 |

资料来源：
(1) Shah, Anwar. "The Reform of Intergovernmental Fiscal Relations in Developing and Emerging Market Economics," *Policy and Research Series*, Washington, D.C: World Bank, 1994, 23: 12.
(2) Shah, Anwar. "The New Fiscal Federalism in Brazil," Washington: World Bank Discussion Papers, 1991, 124: 7.
(3) Shah, Anwar and Qureshi, Zia. "Intergovernmental Fiscal Relations in Indonesia," Washington: World Bank Discussion Papers, 1994, 239: 30.

支出责任划分一览表只是给我们提供了一个支出责任划分的基本框架，但在实践中，由于国情不同，支出责任划分也各不相同。比如，教育支出在美国、德国和日本是中央和地方的共同责任，而在加拿大主要是地方的责任；卫生支出在美国和加拿大是地方的责任，而在德国和日本是中央和地方的共同责任。详细情况如表22-2所示。

表22-2　若干国家中央与地方支出责任的划分

| 内容 | 美国 | 加拿大 | 德国 | 日本 |
|---|---|---|---|---|
| 国防 | 中 | 中 | 中 | 中 |
| 外交 | 中 | 中 | 中 | 中 |
| 国际贸易 | 中 | 中 | 中 | 中 |
| 金融与银行政策 | 中 | 中 | 中 | 中 |
| 管制地区间贸易 | 中 | 中 | 中 | 中 |
| 立法与司法 | 中、地 | 中、地 | 中 | 中 |
| 对个人的福利补贴 | 中、地 | 中 | 中 | 中、地 |
| 失业保险 | 中、地 | 中、地 | 中 | 中、地 |
| 全国性交通 | 中、地 | 中、地 | 中 | 中 |
| 地区性交通 | 地 | 地 | 地 | 中、地 |
| 环境保护 | 地 | 地 | 中、地 | 中、地 |
| 对工业、农业、科研的支持 | 地 | 地 | 中、地 | 中、地 |
| 地区性规划 | 地 | 地 | 地 | 地 |
| 教育 | 中、地 | 地 | 中、地 | 中、地 |
| 卫生 | 地 | 地 | 中、地 | 中、地 |
| 公共修建的住宅 | 地 | 地 | 地 | 地 |
| 供水、下水道、垃圾 | 地 | 地 | 地 | 中、地 |

续 表

| 内容 | 美国 | 加拿大 | 德国 | 日本 |
|---|---|---|---|---|
| 警察 | 地 | 地 | 地 | 中、地 |
| 消防 | 地 | 地 | 地 | 中、地 |
| 公园、娱乐设施 | 地 | 地 | 地 | 地 |

注：本表中"中"表示中央政府，"地"包括省/州及其下级政府。
资料来源：马骏、郑康彬：《西方财政实践》，中国财政经济出版社1997年版，第245页。

当然，支出责任的划分在实践中也会做出一些调整，比如近年来美国联邦政府开支中的人力资源支出，就包含了卫生和医疗项目，这就意味着卫生方面的开支由中央和地方政府共同承担。

法国在教育支出责任划分上较具特色，责任分工非常明确。中央、大区、省和市镇政府分别管理并负责大学、高中、初中、小学的建设及正常运行费用，各级学校教师的工资统一由中央政府支付。值得一提的是，法国政府认为办学校是政府的职责，因此，即使是私立学校，只要与政府签订合同，即可获得经费资助，其教师工资全部由中央政府承担，学校的建设运营费用也可得到地方政府的补贴。[1]

## 四、政府间的收入划分

税收是政府财政收入的主要来源，收入划分主要指税收收入的划分。美国著名财政学家马斯格雷夫（Richard A. Musgrave）于1983年根据公平与效率准则所提出的分税原则（The Principle for Tax Assignment）已经普遍被人们认为是指导政府间划分税收收入的基本思想。[2] 因而，我们完全可以借鉴这一基本思想来讨论如何分税的问题。以下，我们扼要介绍马斯格雷夫分税原则的内容。

### （一）马斯格雷夫的税收划分原则

1. 属于中央政府的税收

（1）具有收入再分配性质的税收。这类税如果划归地方，则有差别的地方税率会促使居民迁移，使居住地的选择遭到扭曲。因此，这类税应由中央政府在全国范围内统一征收，发挥中央政府收入再分配的职能。

（2）有助于经济稳定的税收。这类税收一般是累进性的。当一国经济萧条时，国民收入下降，平均税率随之下降，刺激投资和供给，经济逐步恢复；当一国经济高涨时，国民收入上升，平均税率随之上升，抑制投资和供给，经济逐步回落。在此过程中，累进税率起到了经济自动稳定器的功能，这类税划归中央，有助于中央政府行使宏观调控职能。

（3）税基分布不均匀的税收。这类税如果划归地方，则会引起地区间税源不平衡，导致地区间财政收入能力的差异，加大地区间财政净利益的差距。

（4）税基流动性大的税收。这类税如果划归地方，各地税率不同，会引起税基流动，这种流动并不反映资源的有效配置，而是考虑了地区财政净利益的因素。

---

[1] 参见楼继伟：《中国政府间财政关系再思考》，中国财政经济出版社2013年版，第201页。
[2] 参见 Musgrave, Richard. "Who Should Tax, Where and What?" In *Tax Assignment in Federal Countries*, by C. E. McLure(1983)。

(5) 易转嫁的税收。这类税如果划归地方，某一地区生产者的税负可以转嫁给其他地区的消费者，从而使该地区的生产成本由其他地区居民不合理地分担，因此由中央政府征收比较合适。

2. 属于省(或州)政府的税收

应是以居住地为依据的税收，例如销售税和消费税。

3. 属于地方政府的税收

地方政府负责课征税基分布均匀、税基流动性小、不易转嫁的税收。

4. 属于各级政府的税收

受益税及收费对各级政府都适用。

### (二) 税种的具体划分

按照上述分税原则，我们可以划分各种不同的具体税种。

(1) 关税，应划归中央政府，以减少不同地区间税收差别对外贸造成的扭曲。

(2) 所得税，关系到全国的收入再分配，应由中央政府统一征管。

(3) 财富税是对资本、财富、财富转移、继承与遗产课征的税收，这些税种与要素资源配置相关，为了保证市场机制的高效运行，应划归中央政府。

(4) 资源税，税基不具有流动性，但税基分布很不均匀，应由中央与地方分享。凡涉及国民经济全局的战略性资源，如石油、天然气、重要金属矿产资源划归中央，其他非战略性资源，如森林、采石场、小型煤矿方面的资源税可划归地方政府。

(5) 土地税、房产税属于地方政府。这类税税基不具有流动性，地方政府又比较熟悉当地情况，易于征管。但地方政府应行使制定财产估价标准等方面的管理职责，并做好所辖区域内的收支协调工作。

(6) 销售税应区分单阶段销售税和多阶段销售税。前者如消费税、零售税，可划归地方政府，但邻近地区采用的税率，差别不能过大。后者如增值税，以体现税收中性为目标，实行抵扣机制，并对出口实行退税，这些都要求集中税权，划归中央政府。

(7) 对劣值品的课税，如对烟、酒征收的国内产品税，对环境污染征收的环保税适合由各级政府征收，这主要取决于劣值品影响的范围是全国性的还是地方性的。

(8) 使用费与受益税适合由各级政府征收，只要与受益范围相适应，不引起资源配置的扭曲。作为受益税的社会保障税，可由中央与地方政府协同征管，中央侧重于制定统一的政策标准，地方负责具体操作。

以上划分对于我们划分政府间的税收具有一般的指导意义，但是，我们不能生搬硬套，要根据国情，适当参考。在实践中，各国的做法有所不同。一般来说，各国将关税划归中央，财产税划归地方，其余税种的划分则考虑收入分配、经济稳定、征收效率等因素。若干国家的主要税种划分如表22-3所示。

表22-3 若干国家中央与地方之间主要税种的划分

| 国家<br>内容 | 美国 | 加拿大 | 德国 | 日本 |
|---|---|---|---|---|
| 关税 | 联邦 | 联邦 | 联邦 | 中央 |

续 表

| 内容\国家 | 美国 | 加拿大 | 德国 | 日本 |
|---|---|---|---|---|
| 公司所得税 | 联邦、州 | 联邦、省 | 联邦、州 | 中央、地方 |
| 个人所得税 | 联邦、州 | 联邦、省 | 各级 | 中央、地方 |
| 增值税 |  | 联邦 | 联邦、州 | 中央 |
| 销售税 | 州 | 省 |  | 中央、地方 |
| 财产税 | 地方 | 地方 | 州、地方 | 地方 |
| 对用户收费 | 各级 | 各级 | 地方 | 各级 |

资料来源：马骏、郑康彬：《西方财政实践》，中国财政经济出版社1997年版，第250页。

必须注意的是，政府间的税收划分通常伴随着政府间税基分享或收入分享的问题。所谓税基分享，是指两个或两个以上级别的政府在一个税基上征收各自的税率。在税基分享中，税基通常由较高级别的政府（上级政府）决定，而较低级别的政府（下级政府）则在同一税基上征收补偿性税率，即进行税收附加。这种税基分享机制只流行于发达国家。而在发展中国家常采用的办法是收入分享机制，它可以替代税基分享机制。

另外，政府间财政收支关系不仅涉及政府间支出责任的划分及政府间税收的划分，而且还涉及中央对地方财政的宏观调控所引出的政府间财政转移支付制度。下一节我们将专门论述政府间的财政转移支付制度。

## 第五节 政府间的财政转移支付制度

以上我们介绍了规范的"分税制"下政府间财政收支划分的理论，中央和地方各级政府都各有其责，各有财源，以便各司其职。那么，这是否意味着中央政府就不需要对地方财政进行宏观方面的调控呢？如果不是，原因何在？中央如何进行调控？实际上，中央政府往往通过"分税制"的重要配套措施——规范的政府间财政转移支付制度，来实现对地方财政的调控。在这一节，我们将重点介绍"分税制"下中央政府对地方政府的财政转移支付制度，并把它简称为"转移支付"，"拨款"或"补助"是转移支付的同义词。

### 一、转移支付的定义及理由

#### （一）转移支付的定义

转移支付，是指公共部门无偿地将一部分资金的使用权转让给他人所形成的支出。一般包括社会保障支出、公债利息支出以及各种补助金支出。我们在此要讨论的是政府间的财政转移支付，即一个国家的各级政府之间在既定的事权、支出范围和收入划分框架下财政资金相互转移，包括上级财政对下级财政的拨款、下级财政对上级财政的上解、共享税的分配以及不同地区间的财政资金转移。

从转移支付方向考虑，政府间财政转移支付有两种模式：一种是上下级政府间的资金转移，即纵向转移支付；另一种是同级政府间的资金转移，即横向转移支付，表现为财力富裕地区向财力不足地区转移资金。其中,纵向转移支付是各国普遍采用的。我们在本节要论述的重点就是纵向的自上而下的转移支付。

**(二) 实行财政转移支付的理由**

1. 加强中央政府对地方财政的宏观调控

转移支付是对实行分税以后的财政收入分配格局进行再次调整。实行分税制,并不意味着地方可以拥有足够的税收收入来平衡财政收支,地方所能支配的税收仅仅是地方相对稳定的一部分财政收入,其财政收入与财政支出所存在的缺口,通过财政补助或转移支付予以弥补。这样,中央政府可以对地方政府的财政支出进行控制和调节,以实现中央政府的宏观政策目标。

2. 实现政府间纵向财政平衡

纵向财政不平衡是由于政府间事权与财权划分不相匹配造成的。各国政府划分为中央政府和地方政府,各级政府在划分事权的基础上确定支出责任。在分税制下,地方政府提供公共产品的作用日益重要,但在收入划分方面,为了不扭曲市场机制,中央集中了大量收入。中央财政收入能力远远大于支出需求,而地方财政收入能力难以满足支出需求,这样,就形成了纵向财政不平衡。各国纷纷通过转移支付补充地方财力,以保证地方政府正常履行职责。现在,一些发达国家的中央财政收入占财政总收入的比例都在50%以上,例如,2021财年,美国这一比重为55.5%,日本为60.9%。① 为消除纵向财政不平衡,中央政府一般采取无条件转移支付方式。

3. 实现政府间横向财政平衡

由于自然资源、地理环境、人口分布、社会结构、历史状况、经济水平的不同,各地财政收入能力和财政支出需求相差悬殊,即财政净利益差别极大,造成公共服务水平的极大差异,在一些贫困地区和少数民族地区,甚至连最低的公共服务标准也难以达到,如普及义务教育、提供基本卫生保健、保障安全饮水等也存在困难。因此,中央政府应该通过转移支付以减少财政净利益的巨大差距,保障达到最低公共服务标准,以实现横向财政平衡。

4. 外部效益

地方政府提供的公共产品或服务,若其受益范围超过本地区,则会产生外部效益,即其他地区居民在不承担任何成本的情况下受益。地方政府只根据本地区居民的效益进行分析,不会考虑外溢到其他地区的效益,因此,其公共产品的提供水平将低于最优提供水平,导致资源不合理配置。

外部效益如果只涉及少数地区,则可以由这几个地区相互协调。但如果涉及许多地区,则相互协调的成本很高,难以达成一致意见。在这种情况下,应由中央政府采取配套转移支付,以激励地方政府提供更多的公共产品。

5. 规模经济

有些公共产品和服务,如供水、供电,具有规模经济,即使用者越多,人均成本越低,产出达到相当规模时才能获得成本节约带来的利益。如果由特定的地方政府独立供应,由于财力限制,难以达到合适水平,因此应由中央政府实施转移支付,以激励地方政府达到适当规模。

---

① 资料来源于相应财年的预算并经简单计算得到。

6. 实现中央政府特殊目的

（1）中央政府应保持经济稳定。经济繁荣时，中央减少对地方的转移支付，以限制地方支出；经济萧条时，中央增加对地方的转移支付，以鼓励地方支出。例如，20世纪30年代，各国地方政府为了对付经济危机而举办的许多公共福利事业，都曾经得到过中央政府的转移支付。

（2）中央政府帮助地方政府应付非正常事件。在地方遇到严重自然灾害等非正常事件时，中央采用有条件非配套转移支付，促使地方政府将所有转移支付资金用于灾后恢复工作。

（3）其他特殊社会目的。例如，美国联邦对州和地方的教育补助规定，接受补助的学区不能实行种族歧视和种族隔离政策。

## 二、转移支付的种类

在制订转移支付方案时，根据资金用途是否有具体规定，可分为有条件的和无条件的；根据资金分配是否要求地方自行承担一定比例的资金，可分为配套和非配套的；根据分配额是否受限制，可分为封顶的和不封顶的。

对于不同转移支付形式的影响，可以用经济学方法进行分析。我们假定地方政府提供的公共产品 $X$ 的量用横轴表示，居民其他消费品 $Y$ 的量用纵轴表示，为了分析方便，我们假定地方政府提供的公共产品就是受补助的公共产品。

### （一）无条件拨款

无条件拨款是指未规定资金用途，又不要求地方政府承担配套资金的拨款，例如中央在某一时期补助地方政府3亿元，由地方政府自行安排。无条件拨款的影响如图22-3所示。

无条件拨款，使地方政府预算约束线右移。图22-3中，纵轴表示地方居民的总消费量，横轴表示地方政府提供的公共品总量。为分析简便起见，假设1单位公共品与1单位居民消费品的价格均为1元。拨款前，地方预算约束线为 $AB$，与无差异曲线的切点 $E_1$ 是社会福利最大化点；拨款后，地方预算约束线为 $CD$，与无差异曲线的切点 $E_2$ 是社会福利最大化点。$E_2$ 与 $E_1$ 相比，受补助公共产品的数量增加了，由 $OX_1$ 增加到 $OX_2$，但增加额小于补助额 $BD$，这是由于无条件拨款使地方政府减少了自己对受补助公共产品的支出。如果地方政府的公共产品都接受无条件补助，则地方政府的税收努力程度下降，税收由 $AY_1$ 下降到 $AY_2$。

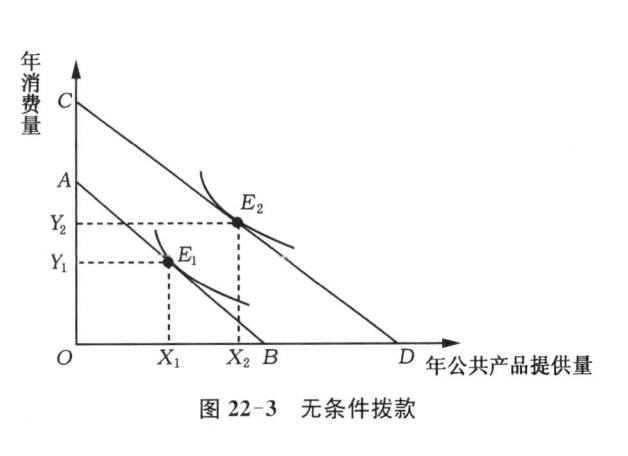

**图 22-3 无条件拨款**

无条件拨款对资金用途不加以规定，资金未必用于中央政府优先选择的公共产品，这不利于中央政府特定目标的实现。无条件拨款的主要作用是弥补地方财力的不足。

### （二）有条件非配套拨款

有条件非配套拨款是指规定了资金用途，但不要求地方政府承担配套资金的拨款。例如,中央政府在某一时期补助地方政府 1.5 亿元,指定用于教育支出。

在图 22-4 中,拨款前,地方预算约束线为 AB,社会福利最大化点为 $E_1$;拨款后,地方预算约束线为 AFD,社会福利最大化点为 $E_3$,$E_3$ 表明受补助公共产品的消费未达到 AF 数量,因此拨款资金未用完。例如,中央政府拨给地方政府 1.5 亿元教育经费,但该地区教育经费只用了 1 亿元,则多余的 0.5 亿元不能用于其他公共产品,只能还给中央。$E_3$ 与 $E_2$ 相比,处于较低的无差异曲线上,即当受补助公共产品的消费未达到 AF 数量时,有条件非配套拨款所能达到的效用水平低于无条件拨款。如果受补助公共产品的消费超过 AF 数量,则其经济学分析类似于无条件拨款。

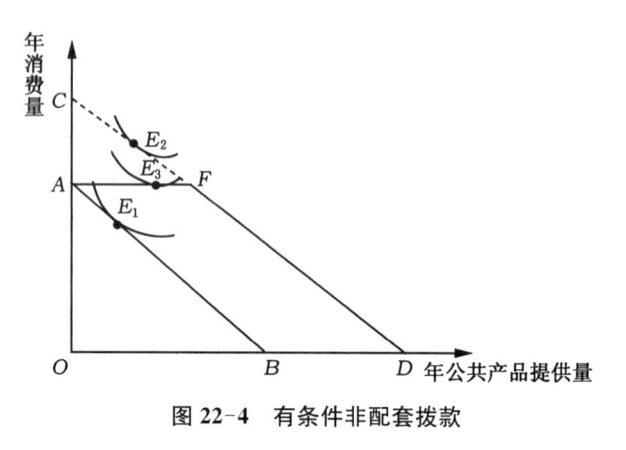

图 22-4 有条件非配套拨款

### (三) 有条件配套不封顶拨款

有条件配套不封顶拨款,是指规定了资金用途(但未规定限额),并要求地方政府承担一定比例自有资金的拨款。例如,中央政府每拨给地方政府 1 元教育经费,则要求地方政府同时配套提供 1 元教育经费。

图 22-5 中,拨款前,地方预算约束线为 AB,社会福利最大化点为 $E_1$;拨款后,地方预算约束线为 AC,社会福利最大化点为 $E_4$,$E_4$ 与 $E_1$ 相比,受补助公共产品数量增加了,由 $OX_1$ 增加到 $OX_4$,这是由于拨款的收入效应和替代效应。收入效应,即地方可支配财力增加;替代效应,即受补助公共产品相对价格下降,两者都促使地方政府提供更多的受补助公共产品。

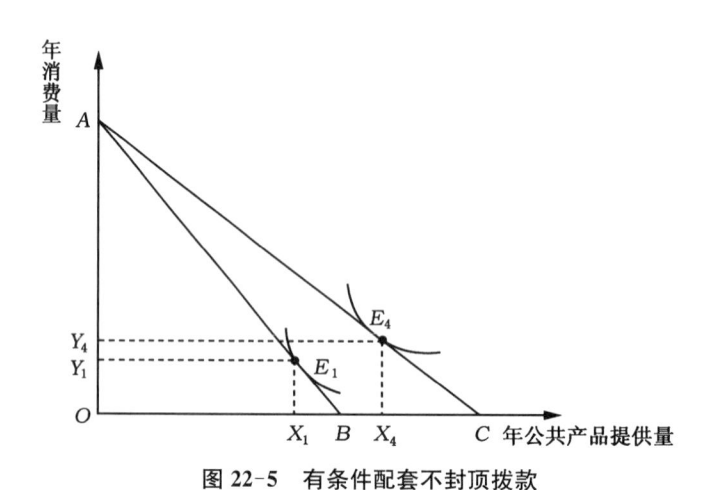

图 22-5 有条件配套不封顶拨款

有条件配套不封顶拨款是矫正外部效益的一种方法,拨款的目的是鼓励地方政府提供更多具有外部效益的公共产品。当然,实施拨款计划时面临一个较难解决的问题,即如何正确衡量地方政府的外部效益。

### (四) 有条件配套封顶拨款

有条件配套封顶拨款,是指规定了资金用途和最高限额,并要求地方政府承担一定比例资金的拨款。例如,中央政府每拨给地方政府1元教育经费,则要求地方政府同时配套提供1元教育经费,但中央的拨款以1亿元为限。

在图22-6中,拨款前,地方预算约束线为 $AB$,社会福利最大化点为 $E_1$;拨款后,地方预算约束线为 $AFD$,社会福利最大化点为 $E_5$。在 $AF$ 段,中央政府给予地方政府配套拨款,在 $FD$ 段,超过了拨款的最高限额,中央政府不再提供配套拨款。$E_5$ 与 $E_1$ 相比,受补助公共产品数量增加了,但与有条件配套不封顶拨款条件下的 $E_4$ 相比,受补助公共产品数量较少。如果受补助公共产品的消费未超过 $AF$ 段,则其经济学分析类似于有条件配套不封顶拨款。

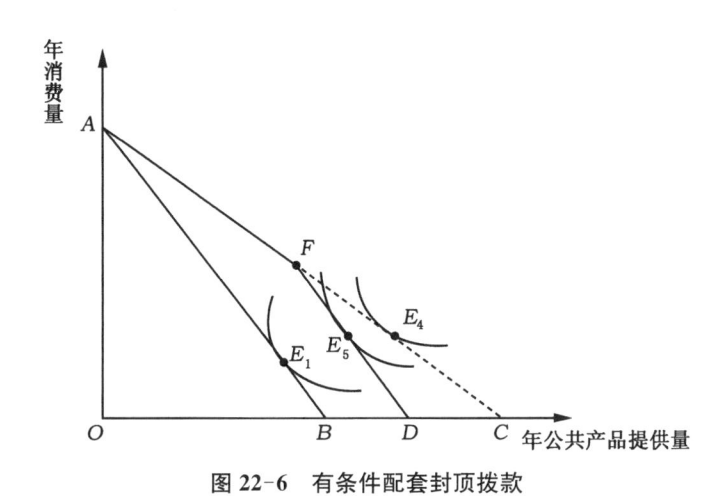

图 22-6 有条件配套封顶拨款

有条件配套封顶拨款也是矫正外部效益的一种方法,但由于中央财力有限,不能无限制地增加这类配套拨款。

### (五) 分类拨款与分项拨款

中央政府有条件拨款,对资金用途要作出规定。根据对资金用途的规定范围大小,有条件拨款可分为分类拨款和分项拨款。

分类拨款,只就某一类支出的拨款总额作出规定,但不规定具体项目,在同类范围内,地方政府自行决定拨款的具体使用项目。分项拨款,则规定了具体项目。例如,中央政府拨款,规定用于教育支出,地方政府可以自行决定增加教师工资、购买图书及计算机或建造学生宿舍等,但大方向必须是教育,这属于分类拨款。而如果中央政府拨款,规定必须用于增加教师工资,这属于分项拨款。

经验表明,地方政府以拨款形式获得的收入比地方自有收入会带来更多的地方公共支出。据估计,美国地方政府收到1美元补助,将其中的40美分用于公共支出,而私人收入增加1美元,公共支出仅增加10美分。[①] 人们把这一现象称为"粘蝇纸效应"(flypaper effect)

---

① 哈维·S. 罗森:《财政学》,中国财政经济出版社1992年版,第701页。

或"归宿的粘蝇纸理论",即钱粘在它所到达的地方。

## 第六节 我国政府间财政关系概述

在1980年以前,我国政府间财政关系基本上以"统收统支"为特征,基本做法是"以支定收,一年一变"。在这种财政收支关系下,地方财政只是中央财政在地方的派出机构,并没有实际的资金支配权,这严重地束缚了地方的积极性,阻碍了经济的发展。

从1980年起,我国对各省、市、自治区(北京、上海、天津三大城市除外)实行"财政包干"体制,1983年起,除广东、福建两省继续实行大包干财政体制外,其他省、自治区、直辖市一律参照江苏的做法,比例上缴或比例补助。自1988年开始,上海等地开始实行广东、福建的定额上缴或定额补助的大包干办法。"财政包干"体制与"统收统支"相比,扩大了地方财政的自主权,调动了地方政府理财的积极性,地方财力逐步增长,促进了地方经济的发展。但是,在这种体制下,中央对地方的放权不规范,中央与地方政府以承包合同的方式来维持相互之间的经济关系,其结果是诱发了地方的种种短期行为,出现了区域封锁与行政垄断,使中央财政收入占全国财政收入的比重下降,使财政收入占GDP的比重也下降,严重影响了中央政府宏观调控职能的实施,也阻碍了国民经济的发展。

"财政包干"体制不仅不适应社会主义市场经济发展的要求,而且日益成为社会主义市场经济健康运行和发展的桎梏,因此,我国于1992年起在部分地区进行分税制的改革试点,随后于1994年在全国范围内推行了"分税制"。其总体目标是适应建立社会主义市场经济体制的客观要求,科学界定各级政府的事权,在事权基础上确定各级政府支出范围,并按税种划分各级政府财政收入,分设中央、地方两套税务体系进行征管,并通过税收返还和转移支付来调节中央与地方的财政关系,以达到资源最优配置。其设计原则是存量不动,增量调整,逐步提高中央宏观调控能力,为建立合理的财政分配机制创造条件。

应当指出,我国目前运行的"分税制"与现代市场经济国家中规范的"分税制"相比还有较大的差距。相信随着经济体制改革的不断深入、法制建设的不断完善,以及对"分税制"的继续改革,我国的"分税制"将日趋规范。关于我国分税制的主要内容、取得的成效以及有待改革和完善的问题等将在下面论述。

### 一、我国分税制改革的主要内容

#### (一)中央与地方的事权和支出划分

根据现行中央政府与地方政府事权的划分,中央财政承担的主要任务是国家安全、外交和中央国家机关正常运转,调整国民经济结构,协调地区发展,实施宏观调控,发展中央直接管理的事业。地方财政承担的主要任务是地方各级政权机关正常运转,以及发展本地区经济、事业。

中央财政具体支出为:国防费,武警经费,外交和援外支出,中央级行政管理费,中央统管的基本建设投资,中央直属企业的技术改造和新产品试制费,地质勘探费,由中央财政安排的支农支出,由中央负担的国内外债务的还本付息支出、公检法支出和文化、教育、卫生、科学等各项事业费支出。

地方财政具体支出为：地方行政管理费，公检法支出，部分武警经费，民兵事业费，地方统筹的基本建设投资，地方企业的技术改造和新产品试制经费，支农支出，城市维护和建设经费，地方文化、教育、卫生等各项事业费，价格补贴支出以及其他支出。

### (二) 中央与地方的收入划分

根据中央与地方政府的事权及支出范围，按税种划分中央与地方收入。将维护国家权益、涉及全国性资源配置、实施宏观调控所必需的税种划归中央；将同经济发展直接相关的税种划归中央与地方共享；将适合地方征管的税种划归地方，并充实地方税税种，增加地方税收收入。1994年分税制的改革对中央和地方收入进行了划分，之后在实施过程中又进行了一些调整。以下是当时的收入划分和随后的相关调整情况。

1. 中央固定收入

1994年原方案包括：(1)关税及海关代征的消费税和增值税；(2)消费税；(3)中央企业所得税；(4)地方银行和外资银行及非银行金融企业所得税；(5)铁道部门、各银行总行、各保险总公司等集中上缴的收入(包括营业税、所得税、城市维护建设税和利润)；(6)中央企业上缴利润等。

有关外贸企业出口退税，原规定除1993年地方已经负担的20%部分列入地方上缴中央基数外，以后所发生的出口退税全部由中央财政负担。2003年10月对出口退税机制进行了改革，从2004年开始出口退税改为由中央和地方共同负担。财政部根据改革前各地出口退税情况，核定各地出口退税基数，基数内退税全部由中央负担，超基数部分中央和地方按分享比例分担。2005年，分担比例由中央和地方原按75∶25改为按92.5∶7.5比例分担。此后从2015年起，出口退税(包括出口货物退增值税和营业税改征增值税出口退税)又全部由中央财政负担，地方2014年原负担的出口退税基数，定额上解中央。

2. 地方固定收入

1994年原方案包括：(1)营业税(不包括铁道部门、各银行总行、各保险总公司向中央集中上缴的部分)[①]；(2)地方企业所得税(不包括地方银行和外资银行及非银行金融企业所得税)和地方企业上缴利润；(3)个人所得税；(4)城镇土地使用税；(5)固定资产投资方向调节税[②]；(6)城市维护建设税(不包括铁道部门、各银行总行、各保险总公司集中上缴部分)；(7)房产税、车船使用税[③]、印花税、屠宰税[④]、农牧业税[⑤]、农林特产税[⑥]、耕地占用税、契税、土地增值税、国有土地有偿使用收入等。

从2002年开始，改革原方案中划分企业所得税和个人所得税收入的办法，对这两项税收收入实行中央与地方按比例分享。改革的具体内容在下面的"中央与地方共享收入"中论述。

---

① 2017年10月30日，国务院常务会议通过《关于废止〈中华人民共和国营业税暂行条例〉的决定》，标志着营业税被正式废止。
② 2012年11月9日，《中华人民共和国固定资产投资方向调节税暂行条例》被废止。
③ 1993年改名为车船税，现行征收依据为2012年1月1日起施行的《中华人民共和国车船税法》。
④ 《屠宰税暂行条例》自2006年2月17日起废止。
⑤ 自2006年1月1日起，废止《农业税条例》，全部免征牧业税。
⑥ 自2006年1月1日起，取消除烟叶以外的农林特产税。

### 3. 中央与地方共享收入

1994年方案原定的共享税种和分享比例为：增值税，分享比例为中央75%，地方25%[①]；资源税，按不同资源品种划分，海洋石油资源税作为中央收入，其余非海洋石油企业缴纳的部分归地方政府[②]；证券交易税，分享比例为中央50%，地方50%（上海和深圳两市）[③]。

除了增值税、资源税和证券交易税作为共享收入以外，从2002年起，所得税也改为中央与地方的共享收入。改革的主要内容是：(1)共享范围。除铁路运输、国家邮政、中国工商银行、中国农业银行、中国建设银行、中国银行、国家开发银行、中国农业发展银行、中国进出口银行以及海洋石油天然气企业缴纳的所得税作为中央收入外，其他企业所得税和个人所得税收入由中央和地方共享。(2)分享比例。2002年中央和地方各分享50%；2003年中央分享60%，地方分享40%；国务院决定，从2004年起，中央与地方所得税收入分享比例继续按中央分享60%，地方分享40%执行。(3)基数计算。以2001年为基期，按改革方案确定的分享范围和比例计算，如果地方分享的所得税收入小于地方实际所得税收入，差额部分由中央作为基数返还地方；反之，则差额部分由地方作为基数上缴中央。(4)跨地区经营、集中缴库的中央企业所得税等收入按相关因素在有关地区之间进行分配。(5)中央因改革所得税收入分享办法而增加的收入全部用于对地方（主要是中西部地区）的一般性转移支付。

### （三）中央财政对地方的税收返还

按照1994年制定的收入划分方法，原来属于地方主要税源的消费税全部和增值税的75%上划给中央，为了减小改革的阻力，保护地方既得利益格局，中央采取"维持存量，调整增量"的办法，逐步达到改革目标的方针，为此制定了中央对地方的税收返还的方法。税收返还数额的计算方法为：以1993年为基期，按地方净上划中央的收入数额（消费税＋75%增值税－中央下划收入）作为中央对地方的税收返还基数，将其全部返还给地方。同时规定，1994年以后，税收返还数额还有一定的增长，税收返还的增长率按照各地区"两税"（消费税和增值税的75%）增长率的1∶0.3的系数确定，即"两税"每增长1%，税收返还增长0.3%。此外，还规定如果1994年以后上划中央的"两税"收入达不到1993年基数的，相应扣减税收返还基数。这些规定将"两税"的增长与地方的切身经济利益联系起来，更有利于促进地方增加"两税"的积极性。

在2016年全面推开"营改增"调整中央与地方增值税收入划分后，为确保地方既有财力不变，国务院调整了中央对地方原体制增值税返还办法，由1994年实行分税制财政体制改革时确定的增值税返还，改为以2015年为基数实行定额返还，对增值税增长或下降地区不再实行增量返还或扣减。返还基数的具体数额，由财政部核定。

### （四）机构设置

分设中央和地方两套税务机构，分别征管。具体做法是，将原有的一套税务征管机构分开设立国家税务局和地方税务局。国家税务局负责征收中央税和共享税，地方税务局负责

---

[①] 进口增值税归中央政府；自2016年5月1日起，所有行业企业缴纳的增值税均纳入中央和地方共享范围，中央分享增值税的50%，地方按税收缴纳地分享增值税的50%。

[②] 矿产资源税收入全部为地方财政收入；水资源税仍按水资源费中央与地方1∶9的分成比例不变；河北省在缴纳南水北调工程基金期间，水资源税收入全部留给该省。

[③] 自2016年1月1日起，证券交易印花税收入全部归中央政府，其他印花税收入归地方政府。

征收地方税。中央税、共享税和地方税的立法权集中在中央,共享税中地方分享部分,由国家税务局直接划入地方金库。

2018年,我国税收征管体制发生了重大变化,省级和省级以下国税、地税机构正式合并,具体承担所辖区域内的各项税收、非税收入征管等职责。国税地税机构合并后,实行以国家税务总局为主与省(区、市)人民政府双重领导管理体制。

**(五)原体制的处理**

为顺利推行分税制改革,1994年实行分税制后,原体制下的中央补助、地方上解及有关结算事项暂时不变,过渡一段时间再逐步规范化。原来中央拨给地方的各项专款该下拨的继续下拨。当时规定地方1993年承担的20%部分出口退税以及其他年度结算的上解和补助项目相抵后,确定一个数额,作为一般上解或一般补助处理,以后年度按此定额结算。

## 二、分税制改革取得的成效

1994年实行的分税制改革,是新中国成立以来政府间财政关系领域力度最大、影响最为深远的制度创新。经过2002年所得税收入分享改革、2004年出口退税负担机制改革、2009年成品油税费改革、2016年全面推行"营改增"以及2019年以来的增值税增量留抵退税制度等不断调整和完善,初步形成了符合我国国情、适应社会主义市场经济体制要求的政府间财政关系架构。

分税制实施以来,运行情况基本良好,且取得了一定的成效,主要表现在以下几个方面:

**(一)初步建立起分税制财政体制框架**

我国按分税制的原则和要求初步建立起分税制财政体制框架,结束了原有的多种财政包干体制形式,实现了财政体制的简化。

初步规范了中央与地方的财政关系。在对中央和地方政府事权重新加以界定的基础上,划分了各级政府支出范围,并把收入划分为中央固定收入、地方固定收入、中央与地方共享收入,使中央与地方的利益关系趋于明晰,减少了相互挤占的情况。

初步建立了财政转移支付制度,形成了一般转移支付与专项转移支付互相协调的转移支付体系;转移支付结构不断优化,近年来中央财政致力于控制专项转移支出的增长,加大一般性转移支付力度,一般转移支付比重持续增加;转移支付办法不断完善,透明度逐步提高,这对均衡地区间财力差距、提高财力薄弱地区公共服务能力、改善其公共服务状况起到了积极的作用。在分税制基础上建立完善的转移支付制度体系,推动了公共服务均等化,促进了社会公平与正义。

**(二)"两个比重"显著提高,中央宏观调控能力不断增强**

由于进一步规范了中央与地方的财政关系,较好地发挥了中央和地方的积极性,中央财力和地方财力都不断壮大,财政收入占GDP的比重和中央财政收入占全国财政收入的比重逐步上升。1999年财政收入迈上万亿元台阶,2003年、2005年又相继突破2万亿元和3万亿元大关,2021年,全国一般公共预算收入达到202 554.64亿元,其中中央财政收入91 470.41亿元,地方财政收入111 084.23亿元。[1] 一般公共预算收入占GDP的比重从

---

[1] 数据来源于国家统计局网站,https://data.stats.gov.cn/。

1993年的12.6%上升到2021年的17.6%,同年,中央大口径财政收入(包括中央一般公共预算收入、中央政府性基金预算收入、中央国有资本经营收入、中央社会保险基金收入)占GDP的19.1%,扭转了分税制改革前财政收入占GDP的比重不断下降的趋势;中央财政收入占全国财政收入的比重有较大提高,由1993年的22%上升到2021年的45.2%[①],改变了改革前中央依靠地方的被动局面,由地方向中央转移支付,变为中央向地方转移支付,从制度上保证了中央财政在资源分配上的主导地位,强化了中央政府宏观调控职能。

### (三) 促进资源优化配置和产业结构调整

实行分税制后,原属地方主体税种的流转税大部分划归中央,抑制了地方投资冲动和干预企业的利益冲动,各地发展"小酒厂、小烟厂"的积极性下降。"十一五"时期企业所得税改革和成品油税费改革,进一步优化了中央和地方以及地区间收入分享方式,弱化了财政体制对地方追求数量型经济增长的刺激作用,规范了政府与企业的关系;地方企业所得税划归地方,促使地方政府注重企业效益的提高和税收征管的加强。2016年"营改增"的全面实施,一方面实现了增值税对货物和服务的全覆盖,基本消除了重复征税,打通了增值税抵扣链条,促进了社会分工协作,有力地支持了服务业发展和制造业转型升级;另一方面将不动产纳入抵扣范围,比较完整地实现了规范的消费型增值税制度,有利于扩大企业投资,增强企业经营活力。而留抵退税政策的落地实施,减少了对企业现金流的跨期占用,有效帮助企业解决资金困难,支持企业扩大生产投资,有效激发市场活力。

## 三、分税制有待完善的问题

尽管近30年的政府间财政关系改革对推进中国市场经济体制建设、推动科学发展及构建和谐社会功不可没,但是由于我国的特殊国情,分税制改革受到了一些客观条件的制约,有些改革没有到位,加之有些实际情况已发生变化,因此,现行政府间财政关系仍然存在不少问题,需要进一步深化改革。

### (一) 政府间事权和支出责任划分不够清晰

我国1994年实行的分税制,虽然解决了中央与地方收入分享格局调整问题,奠定了公共服务均等化的基础,但由于客观条件所限,政府间事权和支出责任划分基本上沿袭了1993年以前中央和地方支出划分格局,改革进展缓慢。在新的形势下,现行的中央与地方财政事权和支出责任划分仍然还不同程度存在不清晰、不合理、不规范等问题,如政府职能定位不清,一些本可由市场调节或社会提供的事务,财政包揽过多,同时一些本应由政府承担的基本公共服务,财政承担不够;中央与地方财政事权和支出责任划分不尽合理,一些本应由中央直接负责的事务交给地方承担,一些宜由地方负责的事务,中央承担过多,地方没有担负起相应的支出责任;不少中央和地方提供基本公共服务的职责交叉重叠,共同承担的事项较多;有的财政事权和支出责任划分缺乏法律依据,法治化、规范化程度不高等。[②] 从各国分税

---

① 1993年数据转引自楼继伟:《中国政府间财政关系再思考》,中国财政经济出版社2013年版,第126页;2021年数据为一般公共预算收入数据,来源于财政部网站 http://www.mof.gov.cn/。

② 需要说明的是,自2016年以来,我国在推进中央与地方财政事权划分、完善中央与地方支出责任划分方面做了不少努力,如确定了义务教育、基本就业服务、基本养老保险等18项基本公共服务领域中央与地方分别需要承担的财政事权和支出责任。

制建立与发展的历史来看,它们都按照国家法律规定,明确划分各级政府的事权。我们在事权划分方面,应明确各级政府及其职能部门的职责权利,在理顺政府的职能后,以法律形式规范政府间事权和支出的划分。

还有,我国分税制关于政府间事权的划分只涉及中央与省一级的事权划分,而对省以下各级政府的事权则没有明确的规定(财权却大多集中在省级政府),因此出现了省以下各级政府的财权与事权关系不对称问题,财政收支矛盾随体制运行而越发集中于基层县和乡,有些基层政府曾一度连正常的支出都无法保证。①

值得一提的是,我国分税制体制在设计上并未考虑与我国现行政府分级体制配套问题(行政设立了五个级次,即中央、省、地市、县、乡,而财政体制只有中央、省和地方三级),过多的行政级次分割了政府间的财政能力,导致基层政府财权与事权的不对称。

### (二) 收入划分不够规范

按照税收收入的内在属性,成熟市场经济国家一般将税基流动性较强、地区间分布不均、税负易转嫁、涉及收入分配等的税种,如增值税、所得税等划归中央政府收入;将税基较为地域化、地方政府能较好掌握信息的税种划归地方政府收入。与国际通行的按税种属性划分收入相比,可以看出我国在税收划分中存在的问题:增值税由中央与地方按 75∶25 比例分享(现已改为 50∶50),并给予地方税收返还增量,地方分享比例仍较高,不利于有效遏制地方追求数量型经济增长的冲动,而且增值税是容易转嫁的间接税,生产企业和销售企业所在地分享增值税不尽合理,会造成地区间财政利益的不合理分配;所得税按其属性应划归中央税,而我国企业所得税和个人所得税均为共享税,违背了政府间收入划分通则,这只能是权宜之计,极不规范。城建税按行业、企业在中央与地方之间划分也不尽合理,因为城建税属于受益税,所以,它适合划归地方。

我国地方税界限不清,大多具有共享税的性质。一般来说,地方税税基的选择应是纯地方性的,应该是流动性较差,且具有相对独立性,而不是全国性税基让渡给地方。但是,1994年分税制改革时,我国并没有以真正的地方税为基础,而只是在当时的财政收入体制中把一部分收入划归地方,由于这些收入大都是全国性的收入项目,从而使得部分地方税成为实质上的共享税。

我国地方税源不充足,地方税种仍不健全,收入水平不高,自给率偏低。在国外,财产税作为地方税的主体税种,构成地方财政的主要收入来源,具有稳定性;而在我国还未形成统一的财产税体系,有些税种尚未开征,如遗产税和不动产税等,财产税并非构成地方政府的主要收入。其他一些地方税税种零星分散,收入不多。总之,地方财政时常处于捉襟见肘的尴尬境地。

### (三) 税收权限过于集中

我国现行分税制只涉及税收征管权,而税收的立法权、税法解释权、税种开征停征权、税目税率调整权、减免税审批权都集中在中央。这种制度设计使得地方难以从实际出发筹集稳定、可持续的收入,有些地方政府不得不采用非正规的、没有法律依据的方式筹集收入,影

---

① 《国务院关于推进中央与地方财政事权和支出责任划分改革的指导意见》(国发〔2016〕49 号)提出,省级政府要参照中央做法,结合当地实际,按照财政事权划分原则合理确定省以下政府间财政事权;要根据省以下财政事权划分、财政体制及基层政府财力状况,合理确定省以下各级政府的支出责任,避免将过多支出责任交给基层政府承担。

响了收入分配秩序。我国1985年着手建立地方税时,尽管曾明文规定部分税种的税收管理权下放给地方,但多数管理权限至今仍未到位,地方税与中央税的管理办法几乎相同,从而有损地方税的独立性。

我国应在保证中央利益的前提下,赋予地方政府一定权力。中央税、共享税的立法权、征收权和管理权应完全集中于中央;对于全国统一开征并且对宏观经济影响较大的地方税,由中央制定基本法规和实施办法,将部分调整权下放给地方;对于全国统一开征、对宏观经济影响较小的地方税,中央制定基本法规,地方制定实施办法;对于具有明显地域性特点的地方税,可允许地方拥有立法权、征管权。经中央批准,地方政府可开征某些地方性税种。

为了保证中央利益,中央可对地方立法权作出一定的限制,地方不能制定有损中央政府税收权益的税法,也不能制定有损其他地区利益的税法,更不能制定有损当地居民权益的税法(如侵蚀中央税税基、利用税收优惠与其他地区过度竞争、歧视性征税等)。

### (四)政府间转移支付有待完善

世界各国转移支付的形式通常有两类:一般性转移支付和专项转移支付。前者旨在均衡地区间财力差异,以促进地区间基本公共服务水平均等化;后者则侧重于解决外部性问题,实现中央特定政策目标。受政府间事权和支出责任划分不够清晰等因素的影响,我国政府间转移支付制度的设计不够扎实。转移支付制度的设立与政府间事权划分相关性较弱,政策目标不够明确,转移支付体系也较为凌乱,专项转移支付一般化的特征日益明显。

在分税制改革初期曾经考虑配套建立政府间转移支付制度,但由于当时中央集中财力有限,因此以调节地区间财力差异为目标的一般性转移支付制度未能及时出台。[①] 现行转移支付制度体系实质上是渐进改革的产物,许多转移支付项目的设立都与当时中央政府出台的相关政策对接,着力推进政策目标的实现,这在一定时期内发挥了重要的作用,但日积月累形成了目前种类繁多、结构复杂、目标多样的转移支付体系:转移支付结构不尽合理,一般性转移支付比重依然较低;专项转移支付使用范围几乎涉及了地方财政支出的所有项目,部门管理的专项转移支付项目繁杂,资金分散,不利于发挥资金的规模效益,不利于对资金使用效果进行有效的监督和管理,也不利于地方自主理财和提供符合当地实际需要的服务;专项配套政策缺乏规范的设计程序和依据,容易加重地方财政的负担(特别是财力较弱的地区)。

因此,我们必须尽快建立起科学、规范的财政转移支付制度。第一,进一步优化转移支付结构。按照中央与地方财政事权和支出责任划分原则,规范转移支付分类设置,厘清边界和功能定位。合理划分中央和地方事权与支出责任,逐步推进转移支付制度改革,形成以均衡地区间基本财力、由地方政府统筹安排使用的一般性转移支付为主体,一般性转移支付和专项转移支付相结合的转移支付制度。第二,进一步规范一般性转移支付制度。建立一般性转移支付稳定增长机制。逐步将一般性转移支付中属于中央委托事权或中央地方共同事权的项目转列专项转移支付,属于地方事权的项目归并到均衡性转移支付,建立以均衡性转

---

[①] 从1995年起实行过渡时期转移支付办法,基本思路是:从中央财政每年增加的收入中拿出一部分,主要用于对边远少数民族地区和贫困地区的转移支付,调节这些地区的最低公共服务水平。从2002年起,过渡时期转移支付的概念不再沿用,其资金合并到中央财政因所得税分享改革增加的收入中分配,统称为一般性转移支付。但一般性转移支付的比重仍然较低,其均等化功能不强。

移支付为主体、以老少边穷地区转移支付为补充并辅以少量体制结算补助的一般性转移支付体系。第三，进一步加强专项转移支付管理。清理整合专项转移支付，严控新设专项转移支付项目。清理整合要充分考虑公共服务提供的有效性、受益范围的外部性、信息获取的及时性和便利性，以及地方自主性、积极性等因素。建立健全专项转移支付定期评估和退出机制，对其中目标接近、资金投入方向类同、资金管理方式相近的项目予以整合，严格控制同一方向或领域的专项数量。第四，进一步完善省以下转移支付制度。省以下各级政府要比照中央对地方转移支付制度，改革和完善省以下转移支付制度。与省以下各级政府事权和支出责任划分相适应，优化各级政府转移支付结构。①

## 本章小结

在本章中，我们就如何处理中央与地方政府的财政关系展开了论述。财政的集权与分权各具必要性及优点，所以，在现实生活中，各国都在寻求一种集权与分权适度结合的财政关系。中央与地方政府应各自拥有一定的事权，行使相应的职责。政府的职能分工应该是：收入分配和经济稳定的职能应由中央财政统一行使；资源配置职能则应依据公共产品的受益范围、自然垄断部门的地域性，由中央和地方财政分工实行；中央对市场机制低效率的纠正政策应由中央财政来执行。然后本章介绍了规范的"分税制"内容，论述财政收支原则、政府间支出责任的划分以及收入的划分，并介绍了分税制的重要配套措施——政府间财政转移支付制度。最后对我国政府间财政关系做了概要介绍，主要对1994年实行的分税制改革内容、改革成效以及有待完善的问题作了初步的探讨。

## 习 题

### 一、名词解释

地方性公共产品　　财政集权与分权　　分税制　　政府间财政转移支付
一般性转移支付　　专项转移支付　　无条件拨款　　有条件非配套拨款
有条件配套封顶拨款　　有条件配套不封顶拨款　　分类拨款　　分项拨款
粘蝇纸效应　　巴斯特布尔的支出划分三原则　　塞利格曼的收入划分三原则

### 二、思考题

1. 试述市场经济条件下财政职能在中央与地方政府之间分工的理论依据。
2. 简述规范的"分税制"的主要内容。
3. 简述市场经济条件下政府间支出责任划分的原则。
4. 简述马斯格雷夫的税收划分原则。
5. 试述实行财政转移支付的理论依据及政策措施（即财政转移支付的种类）。
6. 试述自1994年起我国实行的"分税制"的主要内容。你认为分税制的成效有哪些？还存在哪些问题？应该采取哪些对策？

---

① 马海涛：《完善财政转移支付体系》，《经济日报》，2023年6月27日。